KB083531

명공서판청명집 징악문

Translation for Enlightened Judgements 淸明集, on Punishments 懲惡

옮긴이

임대희(任大熙, Im Dae-Heui)
1953년 경주 출생. 덕수초등학교, 중앙중·고등학교, 서울대학교 동양사학과, 공군사관학교 교수부 역사교관, 일본 도쿄[東京]대학, 일본 이바라키[茨城]대학 전임강사. 일본 쓰쿠바[筑波]대학 역사인류학계 외국인 방문학자, 일본 교토[京都]대학 외국인 초빙교수. 남경사범대학 법학원 강좌교수. 경북대학교 사범대학 역사과 교수 겸 아시아연구소 소장. 경북대학교 명예교수.

명공서판청명집 징악문名公書判淸明集 懲惡門

초판인쇄 2021년 7월 20일 **초판발행** 2021년 7월 30일
지은이 만정증손 **옮긴이** 임대희 **펴낸이** 박성모 **펴낸곳** 소명출판
출판등록 제13-522호 **주소** 06643 서울시 서초구 서초중앙로6길 15, 2층
대표전화 02-585-7840 **팩스** 02-585-7848
전자우편 somyungbooks@daum.net **홈페이지** www.somyong.co.kr

값 37,000원 ⓒ 한국연구재단, 2021
ISBN 979-11-5905-390-0 93360

이 번역도서는 2007년 정부재원(교육인적자원부 학술연구조성사업비)으로 한국연구재단의 지원에 의하여 연구되었음.

명공서판청명집 징악문

名公書判淸明集 懲惡門

만정증손慢亭曾孫 지음 │ 임대희 옮김

이번에 역자가 번역한 『청명집淸明集』은 남송대의 판례집判例集이다. 『청명집』은 흔히 법률을 어느 정도 이해할 수 있어야만 납득할 수 있는 부분이 많기 때문에, 읽었을 때 내용은 알겠는데 왜 그러한 처분이 내려지는지 알기 어렵다는 소리를 자주 들었다. 『청명집』은 내용상 「관리문」, 「부역문」, 「문사문」, 「호혼문」, 「인륜문」, 「인품문」, 「징악문」으로 나누어지는데, 이 가운데 「호혼문」은 이미 박영철 씨가 역주하여 출간한 적이 있다. 이번에 「징악문懲惡門」을 역주譯註하여 출간한다.

『청명집』은 여러 곳에서 송대의 시대적인 중대 사안에 대해 언급하고 있다. 가령, 「징악문」에서는 '경계법境界法'이 그 당시 사회적으로 어떻게 영향을 미치고 있었는지를 잘 나타내고 있다. 그리고 「호혼문」의 세부 구성을 살펴보면, 그것이 오늘날의 민사법의 세부적인 구성에 못지않게 치밀하고 정교하게 짜여져 있음을 알 수 있다. 시가슈우조[滋賀秀三] 씨가 그의 『중국 가족법의 원리』 뒷부분의 목차를 보면, 「호혼문」의 목차 배열 방식을 원용援用하고 있다. 이를 볼 때, 앞으로 누군가가 『송대 형사법 연구』라는 저서를 출간하게 된다면 『청명집』 내의 「징악문」의 분류 방식을 기본적으로 원용하게 되지 않을까 생각된다. 그리고 앞으로 누군가 「인륜문」, 「인품문」, 「관리문」, 「부역문」, 「문사문」에 대해 역주 작업을 하게 된다면, 그것은 송대 뿐만 아니라, 중국 전통 사회의 법적인 제재 방식의 모습을 이해하는 데에 크게 도움을 줄 수 있을 것으로 생각된다.

오래 전 이야기인데, 『당률唐律』을 대학원생들이 이해하기 쉬운 교재로 만들기로 이 분야의 전공을 같이하는 교수님과 의견의 일치를 본 적이 있다. 그 때, 책 제목을 『중국 고대 형법中國古代刑法』(상·하)으로 하기로 합의를 보았다. 초벌 원고 집필이 끝나 그 원고를 제본하여 책자로 묶어두고 작업하였는데, 이를 우연히 보신 어떤 법학 교수께서, "'고대법'이라고 하면 이미 옛 것으로 사라져버린 것에 지나지 않아, 그 법의 효력이 이미 끝나버렸다는 인상을 강하게 풍길 수 있다"고 지적하셨다. 이어서 그 교수는, 그에 비해 '전통법'이라고 하면, 시대가 흘러갔더라도 각 시대 사람들이, 지나간 법에 대해서 해석闡釋을 할 수 있는 것이어서, 그 부분에서는 '전통법'이라고 불러주는 것이야말로 해당 시대 사람들이 자신이 처한 현실에서 계속적으로 의미를 부여할 수 있는, 시대를 초월할 수 있는 진정한 법 개념이라고, 고전적인 법의 의미에 대해 정곡을 찌르는 말씀을 하셨다.

일반적으로 법전法典이 전국적인 범위에서 질서를 유지하기 위한 규정을 설정할 목적으로 만들어진 것이라면, 판례判例는 각 지역에서 그 법전을 적용하는 과정에서 일어나는 현실적인 모순을 다루는 것이어서 법의 집행 과정에서 재판관의 고뇌가 담겨져 있을 수 있다. 그러므로 오늘날의 재판관이 전통법의 판례를 읽더라도 크게 감동을 얻을 수 있다. 이렇게 보면, 법사法史를 연구하는 입장에서 중국 전통시대의 법률 운영을 파악하고 이해하는 데 판례가 매우 중요하다고 할 수 있다.

최근 중국 전통법 연구 상황을 살펴보면, 기존에 알려지지 않았던 여러 가지 원原사료가 발굴되는 경우가 많아서, 이제까지는 당연하게 생각했던 가설假設들이 이들 새로운 자료로 말미암아 달리 해석되지 않을 수 없는 경우가 많이 나타난다. 다시 말해서, 중국 법사 연구에 있어서는 이렇게 새로운 자료의 뒷받침을 받아 과거의 인식과 이해가 바뀌기도 하고, 보다 설득력^{說得力} 있는 새로운 시각^{視覺}이 모색되기도 하였다. 특히, 중국의 전통법의 추상적인 부분에 대해 보다 구체적인 설명이 가능해지는 경우가 많아지고 있다.

중국 전통법에 대해 접근하는 방식은 대체로 세 가지로 나눌 수 있다. 첫째로 법전을 통해서 그 당시의 규정을 파악해 가는 방식, 둘째로 판례를 통해 법 집행 방향의 변화를 추적하는 방식, 셋째로 형법지^{刑法志} 등을 통해 법이 시대적 상황에 따라 달리 전개되어 가는 흐름을 이해하는 방식이다.

중국의 오랜 역사 속에서 법전으로서 가장 완성된 모습을 갖추었던 것은『당률^{唐律}』일 것이다.『당률』은 그 시대까지 형성되어 왔던 나름대로의 법리^{法理}를 바탕으로 하여, 체계를 갖춘 것으로 널리 알려져 있다. 얼마 전에, 경주^{慶州}의 손^孫씨 종가가 자신의 집안에서 보존하고 있던 고적^{古籍}을 한국학중앙연구원에 기증하였는데, 그중에서『지정조격^{至正條格}』이 발견되었다. 전체 3권 가운데 1권만이 발견된 것이기는 했지만, 현존하는 해당 자료 가운데 유일^{唯一}하게 잔존하는 것이어서, 이는 학계에서 상당한 주목을 받았다.

그 밖에도 최근에 많은 법전^{法典} 형태의 자료들이 출토되고 있다. 내용적으로 보더라도, 후대에 지배 개념이 달라진 이후에 형성되었으리라고 생각해 오던 법의 내용을, 상당한 부분 내포하고 있는『수호지진묘죽간^{睡虎地秦墓竹簡}』이 발견된 이후에, 법가^{法家} 개념과 유가^{儒家} 개념의 경계 어디에서 나뉘어지게 되는지 고개를 갸우뚱하게 되는 경우도 있다. 또한『이년율령^{二年律令}』이 출토되면서, 한초^{漢初}에 이미 27률이 형성되었음을 알게 되었다. 그 밖에도, 오간^{吳簡} 등 그동안 존재조차도 생각하지 못 했던 새로운 자료들이 시대와 지역을 가리지 않고 출토되어, 중국 전통법 연구에 새로운 차원을 제공해 주고 있다. 이러한 전통을 이어받아,『당률』에 소의^{疏議}까지 붙이게 되었고, 이러한 법률 운용 방식이, 오늘날에도 법조문^{法條文} 아래에 (법률)해석(法律)解釋을 붙여서, 법조문法條文 자체와 같은 법률효율을 가지게 하고 있는 경우가 많은 것을 볼 때에 전통이 가지는 무거운 힘을 느낄 수 있겠다. 이러한 자료들의 등장과 연구를 통해, 앞으로 중국 전통법에 대해 구체적인 사실이 규명되고 거기에 따라 새로운 이해와 통찰이 이루어질 수 있으리라 믿어진다.

판례의 경우, 당대唐代에도 몇몇 판례가 나오기는 했지만 각광을 받을 정도로 대규모적이지는 않았다. 그러나 최근에 남송南宋 시기의 『청명집』이나 청대淸代의 『형안회람刑案匯覽』과 같은 자료들은 중국 전통법 연구에 있어서 획기적인 주목을 받고 있다. 아직 우리에게는 연구의 대상이 되기에는 벽찬 『형안회람』은 그 구성이나 배열을 살펴보면 연구에 있어서 활용도가 매우 높을 것 같다.[1]

판례에 있어서는 중국의 '추심秋審'에 관련된 연구가 중국이나 일본에서 활발히 이루어지고 있다. 중국이나 일본에서는 그 제도에서부터 진행 절차에 이르기까지 광범위하게 분석이 이루어지고 있는데, 아직 한국에서는 이에 대해 주목하는 연구가 눈에 잘 뜨이지 않는다. 최근 전주대학이 『추안급국안推案及鞫案』을 힘들여서 번역했는데, 아직도 이를 이용하는 연구가 거의 없다는 데 아쉬움을 느끼지 않을 수 없다. 『추안급국안』에서 크게 눈에 띄는 사실은 형 집행은 왕王의 결정에 따라야 하는데, 왕이 무수리를 생모生母로 두었던 경우, 무수리와 관련된 피고인들이 대부분 사형에 처해졌다. 이러한 사실을 보면, 과연 그러한 시대에 공정한 법 집행이 이루어졌었는지 의구심을 갖게 되기도 한다.

---

[1] 옮긴이는 오래전에 "청대 발총發塚 사례에 관한 연구"라는 글을 쓰기 위해서 『형안회람』을 읽었다. 그런데, 도저히 해석이 되지 않는 부분이 여러 군데 나타나서 애를 먹었던 적이 있다. 그 글자를 뜻으로 해석하니 도저히 알 수 없는 내용이 되어버리는 것이었다. 나중에 그 부분은 몽고족蒙古族 사람의 이름이거나 만주족滿洲族 사람의 이름이었는데, 그 점을 전혀 눈치 채지 못하고, 사람 이름을 한 글자 한 글자씩 해석해 놓고 보니, 전혀 엉뚱한 해석이 나왔던 것이다. 나의 한문漢文 실력이 이렇게나 미흡했던가 하고 스스로 매우 자책自責하기도 하였고, 나의 한문 실력이 왜 이렇게 모자랄까 그 때 고민했던 것을 생각하면 지금도 실소失笑를 금할 수 없다.

『형법지』를 살펴보면, 법 집행에서 어떠한 제약을 받았는지를 알 수 있다. 법의 제정은 끊임없이 변화하는 시대적 상황에서, 이에 대응하기 위한 필요에 따라서 이루어진다. 따라서 그것에 대한 이해는, 결국 변화하는 시대적 환경에 대한 이해와 병행並行하여 이루어져야 할 것이다.

중국의 법사法史학자들은 중국법이 세계적으로 법계法系를 갖추고 있는 극소수極少數의 법체계라는 자부심을 갖고 중국 전통시대의 법 가운데에서 인정관人情觀. 도덕관道德觀. 인치관人治觀. 자연관自然觀. 평등관平等觀을 찾아서 분석할 수 있다고 자랑한다. 그들은 옛 사람들이 해당 법을 어떻게 인식하였는지를 밝혀낼 수 있다고 주장할 뿐 아니라, 오늘날을 살아가고 있는 우리들이 해당 법에 대해 어떻게 이해하고 있는지도 알 수 있다고 자부하고 있다. 그들은 중국 전통법은 더 이상 서양 학자들이 근대 이래로 한발 아래로 굽어내려 보듯이 무시했던 법체계가 아니라 독자적인 특색을 갖춘 예법禮法의 결합체였다고 강조한다.

앞으로 이『청명집』및 중국 전통법에 관련된 분야의 연구 및 이해를 위해서, 많은 노력이 필요하리라고 생각된다. 이 책의 말미에 '『청명집』 관련 연구 논문 목록'이라는 항목에서도 언급하였듯이, 본 역자는『청명집淸明集』「호혼문」을 여러 차례에 걸쳐서 역주譯註하여,『중국사연구』에 게재하였었다.[2] 그와는 별도로 그 뒤에 박영철 씨가『청명집淸明集』「호혼

2 임대희 · 박구철 역, 「譯註『淸明集』「호혼문」卷四」,《중국사연구》33, 2004.
   임대희 · 박구철 역, 「譯註『淸明集』「호혼문」卷五」,《중국사연구》34, 2005.
   임대희 · 박구철 역, 「譯註『淸明集』「호혼문」卷六(上)」,《중국사연구》37, 2005.
   임대희 · 박구철 역, 「譯註『淸明集』「호혼문」卷六(下)」,《중국사연구》38, 2005.
   임대희 · 박구철 역, 「譯註『淸明集』「호혼문」卷七(上)」,《중국사연구》41, 2006.
   임대희 · 박구철 역, 「譯註『淸明集』「호혼문」卷七(下)」,《중국사연구》42, 2006.
   임대희 · 박구철 역, 「譯註『淸明集』「호혼문」卷八(上)」,《중국사연구》47, 2007.
   임대희 · 박구철 역, 「譯註『淸明集』「호혼문」卷八(中)」,《중국사연구》55, 2008.
   임대희 · 박구철 역, 「譯註『淸明集』「호혼문」卷八(下)」,《중국사연구》62, 2009.
   임대희 · 박구철 역, 「譯註『淸明集』「호혼문」卷九(上)」,《중국사연구》73, 2011.
   임대희 · 박구철 역, 「譯註『淸明集』「호혼문」卷九(中)」,《중국사연구》80, 2012.
   임대희 · 박구철 역, 「譯註『淸明集』「호혼문」卷九(下)」,《중국사연구》84, 2013.

문」을 역주하여 소명출판에서 출판하였다. 이번에 본 역자가 『청명집淸明集』 「징악문」을 역주하여 소명출판에서 출판하게 되었다. 앞에서도 언급하였듯이, 『청명집淸明集』에는 「관리문」, 「부역문」, 「문사문」도 있고,[3] 「인륜문」, 「인품문」도 있으므로,[4] 이 부분도 역주가 출판되었으면 좋겠다.[5] 그에 따라, 당시의 법 전체의 흐름을 이해하는 데에 도움이 될 것이라고 생각한다.

그와 함께 전통시대의 마지막 법전法典인 『대청율례大淸律例』와 더불어, 『형안회람刑案匯覽』은 중국 전통법에 입각한 판례判例일지라도 당시의 시대적 상황을 법적인 관점에서 총정리하여 기록해 놓은 것이므로, 본 옮긴이는 연구자들이 이를 잘 활용하면, 중국 전통시대의 역사상歷史像을 보다 구체적으로 그려내는 데 크게 도움이 될 것으로 생각한다.

---

3   박서진·임대희, 「명공서판청명집名公書判淸明集 권일卷— 관리문官吏門 역주譯註」, 《대구사학》135, 2019; 박서진·임대희 「명공서판청명집名公書判淸明集 권삼卷三 부역문賦役門 역주譯註 Ⅰ」, 《중국사연구》118, 2019; 박서진·임대희 「명공서판청명집名公書判淸明集 권삼卷三 부역문賦役門 역주譯註 Ⅱ」, 《중국사연구》122, 2019; 박구철·임대희 「명공서판청명집名公書判淸明集 권삼卷三 문사문文事門 역주」, 《역사교육논집》71, 2019.

4   「인륜문」, 「인품문」도 초보적인 역주는 되어 있으므로, 기회가 된다면 학술지에 게재하려고 한다.

5   그밖에, 중국에서 『명공서판청명집』(중화서국)이 출판될 때에, 부록附錄으로 첨부한, 〈부록Ⅱ, 勉齋先生黃文肅公文集〉, 〈부록Ⅲ, 後村先生大全集〉, 〈부록Ⅳ, 文文山集〉들도 지금 초보적인 번역이 준비되어 있는데, 이들 문장도 중국의 판례를 살펴보는 데에 도움이 되므로, 언젠가는 소개할 수 있는 계기가 마련되었으면 좋겠다.

명공서판청명집 징악문 __ 차례

범례凡例

번역은 가급적 이 분야를 전공하는 석사과정 대학원생이 읽을 수 있는 수준에 맞추었다. 따라서, 본문에는 "한글漢字" 형태로 표기하였으며, 각주에는 "漢字"를 그대로 표기하였다.

송대宋代를 연구하는 제1차 사료의 성격을 띠고 있으므로, 이 자료를 통해서 그동안의 연구 성과를 파악할 수 있도록 각주를 통해서 소개하였다.

판본에 대해서는 중화서국에서 나온 점교點校본의 설명에 충분히 나와 있으며, 또한 타카하시 요시로高橋芳郎가 쓴 「"名公書判淸明集"」, 임대희 옮김, 『판례로 본 송대사회』(민속원, 2019)은 ① 『淸明集』에 관련된 갖가지 소개를 비롯하여, ② 이제까지 나왔던 여러가지 板本의 구체적인 차이를 설명하고, ③ 이제까지 『淸明集』을 연구하였던 기초적인 연구를 나열하였고, ④ 『淸明集』을 사용하여 이루어진 연구 성과들을 언급하고 있다.

청명집의 「호혼문」 등의 다른 부분과는 달리, 이 「징악문懲惡門」이 실린 곳은 상해도서관의 판본뿐이다. 그런데, 중화서국본은 이를 필자 본인의 문집 등에서 가져오기도 하고, 문집을 통해서 교감校勘하기도 하여서 정확하게 하려고 노력하였다. 그 사이에 생기는 글자의 차이에 대해서는, 주기注記하여 근거를 밝히기도 하였다.[1] 상해도서관 소장본에 대해서는, 외국인이 열람하기에 매우 어렵게 되어 있다. 몇 년 전, 상해도서관에 갔을 때에는 1주일 전에 열람 신청하여야, 관장館長의 허가를 받은 뒤에 보여줄 수 있다고 하였다. 당초에 도서관에서는 곧 마이크로필름으로 촬영하려고 하므로, 나중에 다시 오면 편리해질 것이라면서, 그 당시에 영인影印을 하는 데에는 한 쪽당 50위엔元을 받는다고 했었다. 그 뒤 5개월 뒤에 다시 방문하니 마이크로필름에서 프린트하는 데에 한 쪽당 100위엔元을 받는다고 한다. 일본의 학자들 가운데에는 이것을 복사하여 몇 명이 다시금 복사하여 소장하고 있다. 상해도서관 소장본은 활판인쇄된 것은 아니며, 베껴 쓴 것으로서 필체가 도중에 몇 번이나 바뀌고 있었다.

중화서국의 점교본의 경우에, 애초에 2책으로 출간된 초판본은 중간에 빠진 글자 등이 많아서, 나중에 2쇄를 내면서 한권으로 합집合輯하였는데, 초판본에서 빠졌던 부분은 2쇄를 만들면서, 쪽수를 넘기지 않는 범위 내에서 글자를 빼거나 새로 첨가하여 보충하였다. 그러나 그러한 내용을 명기하지 않았다. 엄밀하게 말하자면, 2쇄는 수정본에 해당한다. 유준문劉俊文 씨가 만든 『中國基本古籍庫』는 상해도서관 소장본을 이용한 것이며, 중화서국판의 위의 사정을 거친 뒤에 나온 것이므로, 조금이라도 더 엄밀하게 되었으리라고 생각되므로, 이를 원문으로서 제시한다.

표기에 있어서, 한국식 한자 발음보다는 한자漢字 본래의 발음에 따랐다.

한글과 한자가 같은 내용일 경우, 본문과 각주에서는 한자를 작은 글씨로 표기하였고 발음이 다른 내용설명인 경우에는 [ ]로 표기하였다. 본 과제의 중간보고에서 심사위원들께서 지적한 내용에 대해서는 가급적 수용하여 결과보고에서는 이를 내용에 반영하였다. 심사위원 여러분께 감사드리는 바이다.

번호를 붙일 때의 원칙에 대해서 여러분들이 갖가지 제안을 해 주셨는

---

1   최근에 출판된 임대희 엮음, 『판례로 본 송대사회』(민속원, 2019)라는 책에서 "상해도서관의 판본"이나 "중화서국본"에 관련된 내용을 다룬 글이 두 편 실려 있다. 분량이 꽤 길게 서술되어 있으므로, 자세한 것은 그쪽으로 미루도록 한다.

데, 내용은 같더라도 구분이 용이하게 하기 위해서, 지금의 방식대로 하도록 한다. 번잡한 표기 방식이 되면, 이용자가 혼란스러울 수도 있을 것이기 때문이다.

慢亭曾孫에 대한 소개*

　지은이(著者 또는 筆者)라고 하면, 이『청명집淸明集』을 한 사람이 전체를 아울러 썼다면 성립이 가능하지만, 胡穎石璧(76건)·蔡杭久軒(71건)·范應鈴西堂(41건)·翁甫浩堂(28건)·吳勢卿雨巖(25건)·吳革恕齋(23건)·劉克莊後村(22건) 등의 많은 판안자判案者가 등장한다.[1] 따라서, 여기에서 해결하여야 하는 문제는 ① 누가 이『청명집淸明集』에 실린 판안判案을 엮었느냐編 하는 문제와 ② 이 많은 판안判案을 어떻게 결집結集하였느냐 하는 것을 밝혀내어야 할 것이다. 이를 위해서, 그동안 많은 선학先學들이 정리한 연구[2]를 바탕으로 이를 밝히도록 하는 것이 낫겠다.

　『청명집淸明集』의 宋本 序文에 "慢亭曾孫引"이라고 남아 있으므로, 만정증손慢亭曾孫이 이를 엮었던編 과정에 간여했던 것은 분명하다. 그러나 각 판안判案에는 해당 건件을 재판하였던 사람의 이름이 적혀 있으므로, 만

＊　이 부분은 출판사(소명출판)의 편집진에서 요청하였기에, 작성하여 보충한 것이다.

1　이들 판안자判案者들에 관해서는, 그들에 관한 기존의 연구에 관해서, 해당 판안들에 가급적이면 소상하게 소개하려고 애써서 밝혀 놓았다.

2　陳智超,「宋史硏究的珍貴史料－明刻本『名公書判淸明集』介紹」中國社會科學院 歷史硏究所 宋遼金元史硏究室 點校,『名公書判淸明集』, 中華書局, 1987·2002. (附錄Ⅶ); 柳立言,「『名公書判淸明集』的無名書判－硏究方法的探討」,『中國古代法律文獻硏究』 5, 2011; 타카하시 요시로오(高橋芳郞),「명공서판청명집名公書判淸明集」, 임대희 옮김,『판례로 본 송대사회』, 민속원, 2019, 668~689쪽 등을 참고.

만정봉(幔亭峰) | 임대희 촬영

정증손幔亭曾孫 본인이 지은이에 해당하는 인물은 아니고, 쉽게 보자면 그
는 엮은이[編者]에 해당하는 것으로 볼 수 있다. 어떤 자료에는 만정幔亭이
무이산武夷山에 있는 봉우리幔亭峰를 의미한다고 해서, 어떤 학자들은 그 봉
우리의 연혁이나 만정봉幔亭峰에 관한 여러 가지 고사古事를 설명하는 경우
도 있으나, 여기에서 이 부분에 대해서는 생략한다.

『청명집淸明集』의 경우에는 여러 가지 판본이 있으며, 宋版本과 明版本
으로 크게 나뉘어질 수 있다. 明版本의 계통을 이은 14권[足本] 上海圖書館
所藏本을 바탕으로 하여서, 中華書局이 출판한『명공서판청명집名公書判淸
明集』이 되었다. 만정증손幔亭曾孫은 宋本 (景定[3]年에 쓰여진) 序文[4]에 "幔亭曾孫
引"이라고 일부만 남아 있을 뿐이나, 宋本이 나오는 단계에서는 만정증손
幔亭曾孫이 엮은이[編者]의 역할을 한 것이라는 점은 확실하다고 볼 수 있다. 엮
은이의 역할은 중요하다. 누구의 판안判案을 선택할 것인지,[5] 그 판안들은

---

3   1260~1264. 宋 理宗(趙昀) 시대의 연호.
4   幔亭曾孫,「宋本殘序」(附錄 I), 中國社會科學院 歷史研究所 宋遼金元史研究室 點校,『名
      公書判淸明集』, 中華書局, 1987・2002.
5   柳立言,「『名公書判淸明集』的無名書判－研究方法的探討」,《中國古代法律文獻研究》
      5, 2011에는『청명집』에 들어 있는 判案을 作者가 어떠한 인간관계로 참여하게 되었는지
      를 유추하고 있는데, 나름대로 설득력이 있는 셈이다. 이러한 과정을 통해서 모두 엮은
      이[編者]의 역할이 발휘되는 것이라고 생각된다.

어떠한 구성으로 배열할 것인지를 엮은이가 결정하는 것이다.[6]

진지초陳智超 씨에 따르면, 만정증손幔亭曾孫은 복건 숭안현 사람이라고 하면서, "만정증손幔亭曾孫이 첨염부詹球夫"라면서도, 그가 편찬했을 가능성은 낮다고 판단하고 있다.[7] 만정증손에 대한 구체적인 설명으로는 타카하시 요시로[高橋芳郞의 「명공서판청명집名公書判淸明集」[8]에 소상하게 설명되어 있다. 편자編者 만정증손幔亭曾孫은 실명實名을 내는 것에 의미를 두지 않았던 것 같다. 아마도 주현관의 막우幕友같은 직직에 있던 사람이었을 가능성도 생각해 볼 수 있겠다. 그러면서, 번잡煩雜하고 인내성이 필요한 재판실무의 지침서로 삼을 만한 판안判案을 묶은 것이 『명공서판청명집』이 아니었을까 추측된다. 『명공서판청명집』 판안判案을 쓴 작자로서 이름란에 적힌 인물은, "만정증손幔亭曾孫"의 서문 집필시기인 경정景定 2년보다 약간 앞선 시대의 사람이 많다. 영종조寧宗朝 후기부터 이종조理宗朝에 걸쳐, 서기西紀로 말하자면 1210년부터 1260년경에 활약한 인물들이다. "만정증손幔亭曾孫"이 『명공서판청명집』의 편자였다면, 그는 판안判案을 쓴 작자로서 이름란에 실린 인물들과 교제가 있었거나, 직접 교제가 없었다면 중간에 판안判案을 쓴 작자와 교제가 있던 인물들과 친교가 있었을 것이다. 그러한 교류가 없었다면, 거의 같은 시기 사람들의 서판書判을 이렇게 많이 수집할 수 없었을 것이다. 또 이 시기 "만정幔亭"이라 불린 인물에는 첨사문詹師文이 있었다. 『민중리학연원고閩中理學淵源考』 권30, 및 민국 30년 간刊 『숭안현친지崇安縣親志』 권23·환적宦績에 의하면, 숭안현의 인물로 경원 2년(1196)에

---

6 「호혼문」의 세부 구성을 살펴보면, 그것이 오늘날의 민사법의 세부적인 구성에 못지않게 치밀하고 정교하게 짜여져 있음을 알 수 있다. 시가슈우조滋賀秀三 씨가 그의 『중국 가족법의 원리』 뒷부분의 목차를 보면, 「호혼문」의 목차 배열 방식을 원용援用하고 있다. 이를 볼 때, 앞으로 누군가가 『송대 형사법 연구』라는 저서를 출간하게 된다면 『청명집』 내의 「징악문」의 분류 방식을 기본적으로 원용하게 되지 않을까 생각된다.

7 陳智超, 「宋史研究的珍貴史料—明刻本『名公書判淸明集』介紹」 中國社會科學院 歷史研究所 宋遼金元史硏究室 點校, 『名公書判淸明集』, 中華書局, 1987·2002(附錄VII).

8 타카하시 요시로오高橋芳郞, 「명공서판청명집名公書判淸明集」, 임대희 옮김, 『판례로 본 송대 사회』, 민속원, 2019, 668~689 쪽에 소상하게 잘 설명되어 있다.

진사, 가정 2년(1209) 강서제점형옥사의 검법관으로 임명되어 「얼옥무원讞獄無冤」을 남긴 인물이었을 것이라 한다. 진덕수眞德秀(1178~1235)와 추응룡鄒應龍(1172~1244)과 친교親交가 있었고, 저작著作에 『만정유고幔亭遺稿』, 『통전류요通典類要』가 있었다고 한다.[9] 아무튼 『명공서판청명집』은 숭안崇安 지역의 첨詹 씨 일족 가운데 누군가에 의해 편찬되었을 가능성이 많았을 것이라고 타카하시 요시로高橋芳郞 씨는 추측하고 있다. 그 뒤에, 『명공서판청명집名公書判淸明集』은 장사유張四維가 이를 『영락대전永樂大全』에 집어넣었을 때에 권전서卷前序[10]를 썼으며, 융경隆慶 3년에 성시선盛時選이 인쇄할 때에 권후서卷後序[11]를 썼는데, 이때는 이미 명판明版이 되는 것이다.

그리고 류립언柳立言[12] 씨는 송판宋版 『청명집』이 새겨진 1261년 또는 그 약간 뒤에 가장 많은 판안을 남긴 호영胡穎, 胡石壁[13]이 절서浙西나 호남湖南 등에서 관직을 맡았는데, 그와 같은 사람이 중심이 되면서, 가까운 사람이나 친구들의 많은 서판書判을 모아서 편집한 것이 송판宋版 『청명집』일 것이라고 보고 있다. 그에 아울러진 사람들이 정극鄭克, 포증包拯, 장영張咏, 장제현張齊賢이었을 것이며, 또한 정주학程朱學과 같은 노선을 견지하고 있는 유극장劉克莊, 채항蔡杭이나, 복건 진덕수陳德秀, 강서 범응령范應鈴, 복건 유극장劉克莊, 호남 호영胡穎, 복건 송자宋慈, 광동 이앙영李昻英, 복건 방대종方大琮, 복건 옹보翁甫와 같은 인물들이 이에 힘을 합친 것이라고 보고 있다.

---

9   경력經歷이나 교우交友 등으로 보더라도, 모두 『명공서판청명집』의 편자로 어울리지만, 단지 그가 20세에 과거에 급제했다 하더라도 경정景定 2년에는 86세가 되어, 약간 시기가 이른 것처럼 보인다.

10 隆慶(1567~1572)己巳 張四維, 「刻淸明集序」, 中國社會科學院 歷史硏究所 宋遼金元史硏究室 點校, 『名公書判淸明集』(附錄 I), 中華書局, 1987・2002.

11 盛時選, 「淸明集後序」, 中國社會科學院 歷史硏究所 宋遼金元史硏究室 點校, 『名公書判淸明集』(附錄 I), 中華書局, 1987・2002.

12 柳立言, 「『名公書判淸明集』的無名書判－硏究方法的探討」, 『中國古代法律文獻硏究』5, 2011.

13 호영胡穎이 쓴 판안判案 가운데, 가장 일찍 쓴 것은 1243년에 쓰여졌다. 그리고 그는 1271년에 사망하였다.

간예 姦穢

12-1. 강간
逼姦

채구헌(蔡久軒)¹

반부^{潘富}는 왕부^{王府}의 머슴으로, 칼로 위협하여 주가^{主家}의 첩을 강간^逼
^姦[2]하고, 강간을 빌미로^[因姦],[3] 주가^{主家}의 재산을 절도^{竊盜}하게 하였으니, 그

---

1   蔡久軒 : 채항蔡杭(1193~1259)은 자字가 구헌久軒이며, 복건福建 건양建陽 채씨 가족^{五代九}
    ^儒의 한 사람이다. 남송南宋 이종理宗시대에 참지정사參知政事에 까지 이르렀다. 『청명
    집』에 그의 서판書判은 72편이나 있는데, 그 대부분은 그가 강남동로^{江南東路}제점형옥사^提
    ^{點刑獄使}였을 때 쓰여진 것이다. 송대에는 로路의 장관이라고 할 수 있는 제형사^{提刑使}, 전운
    사^{轉運使}, 안무사^{按撫使} 등의 관원들이 지부^{知府}나 지주^{知州} 등과 같은 지방장관을 겸직하는
    경우도 많았다. 그의 판사^{判詞}는 유가적 전통법률 정신에 입각하고 있다. 채항과 관련된
    연구로는, 郭東旭・李婕, 「南宋蔡杭法律思想探析—以『名公書判清明集』爲中心」, 《宋
    史研究論叢》, 2007을 참고할 필요가 있다.
2   逼姦 : 협박해서 간통하다. 즉 "강간하다"의 의미이다.
3   因姦 : "因"을 "구실"이라고 풀이할 수도 있다. 구실은 "핑계 삼을 밑천" 또는 "변명할 재

죄는 죽어 마땅하다.

이에 척장脊杖[4] 20대에 처결하고決脊杖二十,[5] 광남廣南[6]의 원악주군遠惡州軍[7]으로 자배刺配[8]하여, 외채外寨에 구금拘鎖[9]하는 처벌을 내리지만, (유배지로 압송

료"의 뜻도 있다. 여기서 "인간姦姦"은 아마도 강간한 자가 강간당한 자를 이용한 것을 뜻할 텐데, 그것은 절도에 도움을 받거나 또는 절도를 교사하여 갈취함을 뜻할 것이다. 당사자로서는 감추려고 하였을 것이고, 그러한 약점을 이용한 것이리라.

4 脊杖 : 척장은 척배脊背 즉 등뼈가 있는 부위를 치는 장형杖刑이다. 그런데, 『청명집』에 등장하는 척장은 형구刑具의 종류를 언급하는 것이 아니라, 송대 형법의 특징인 절장법折杖法을 적용하는 것이다. 이에 대한 자세한 내용은 「징악문」 권12-18 〈詐官作威迫人於死〉의 각주 참조.

5 決脊杖二十 : 『청명집』에서 보이는 장형量刑의 양형量刑 표기는 크게 감장臀杖과 척장折杖法에 의거한 杖刑이 있다. 『청명집』에서 보이는 척장은 12대, 13대, 15대, 17대, 20대로 집행되는 경우가 가장 많고, 감장의 경우에는 80 · 100대가 일반적이다. 절장법의 제정이나 변천 및 운용에 관해서는 가와무라 야스시川村康 지음, 「송대折杖法 초고」, 임대희 엮음, 『판례로 본 송대 사회』, 445~533쪽, 민속원, 2019 참고. 원문은 《早稻田法學》 65-4, 1990에 나와 있다. 「징악문」 권12-1 〈逼姦〉에서는 12대, 15대, 20대가 나오고 있으므로, 政和 8년(1118)의 규정이 적용되었을 가능성이 높다. 따라서 政和 8년에 개정된 절장법을 채택한 셈이다. 建隆 4년(963)에 개정된 절장법에 따른 환산표는 「징악문」 12-12 〈豪橫〉의 각주, 남송 理宗 연간(1225~1264)의 절장법에 따른 환산표는 「징악문」 12-15 〈豪橫〉의 각주를 참조. 척장과 관련하여, 본 번역서에서는 「징악문」 권12-12 〈豪橫〉, 「징악문」 권12-15 〈豪橫〉, 「징악문」 권12-18 〈詐官作威迫人於死〉에도 각각 각주를 달아 놓았으므로 참조하기 바란다.

政和 8년(1118)의 절장법에 따른 환산표(川村康의 표)

	徒					杖					笞				
	3년	2년반	2년	1년반	1년	100	90	80	70	60	50	40	30	20	10
척장	20	17	15	13	12										
둔장						20	17	15	13	12					
소장											10하	8하	7하	6하	5하

6 廣南은 지금의 광동성, 광서성 일대를 지칭한다.

7 遠惡州軍 : 남송 초 유배지는 14등급으로 나뉘어져 있고, "遠惡州軍"으로 유배되는 것은 세 번째로 무거운 벌이다.

8 刺配 : "黥配"라고도 한다. "刺"는 "자刺 즉 "묵형墨刑"을 지칭하는 말이다. "配"는 "유형流刑"을 지칭하는 말이다. 즉, 문신한 후에, 유배를 보내는 형벌이다. 자배는 당말 · 오대이래 출현한 특수한 형벌이다. 자배형刺配刑은 척배脊杖(장형杖刑) · 자면刺面 · 유배형流配刑 · 도역徒役(충군充軍)을 중첩적으로 가하는 형벌이었으므로 사형死刑 다음으로 무거운 중형重刑에 해당한다고 볼 수 있다.

9 拘鎖 : 구금하다는 뜻. 구금과 동일한 의미이다. 『宋史』 「刑法志」에 "法無拘鎖之條, 特州縣一時彈壓盜賊姦暴, 罪不至配者, 故拘鎖之, 俾之省愆"이라 되어 있다. 郭東旭 · 鄭迎光,

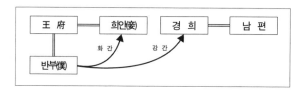

하여 보내라는 명령이 있을 때까지) 기다리게 한다[聽候].[10] 처음에 희안喜安이 눈이 맞아 관계를 가졌고[和姦], 그다음에 경희慶喜를 강간[逼姦]했는데, 둘 다 주인[王府]의 물건을 도둑질하였으므로,[11] 희안喜安은 척장脊杖 15대로 처결하고, 경희慶喜는 척장脊杖 12대로 처결하나, 편관編管[12]하는 것은 면제한다. 희안은 왕부王府로 다시 돌려보내고, 경희慶喜는 그 남편에게 돌려보내도록 한다. 또한 전후의 진술한 문서를 구비하여, 왕부王府에 문서[牒]를 보내 조회照會하라. 압수해 온[索到][13] 장물에 관해서는 왕부王府의 간인幹人[14]으로부터 누

『宋朝司法腐敗現象』簡論」,《河北大學學報》, 2005 참고.

10 聽候 : 일반적으로 어떤 업무를 처리하기 전에 상급 관청의 명령을 기다린다는 뜻으로 사용된다.

11 이 사건의 실제적인 모습이 어떠하였는지는 명확하지 않은 점이 있다. 반부가 주가王家의 첩을 칼로 위협하여 강간하고 이를 이용하여 주가의 재물을 절도했다고 하나, 반부가 첩의 도움을 받아 절도했는지, 아니면 첩이 절도하도록 강박하고 절도한 재물을 반부가 갈취했는지 분명치 않다. 더구나 희안은 화간하고 주가의 재물을 절도한 죄를 받았고, 경희는 강간당하고 주가의 재물을 절도한 죄를 받았는데, 이 경우도 재물을 절도하여 스스로 취했는지 아니면 반부에게 강탈당했는지 분명치 않은 것이다.

12 編管 : 사형死刑과 유형流刑 이하의 형벌 사이에 커다란 격차가 생겨 있었는데, 이 간격을 줄이기 위해서 편배編配형이 생기게 되었다. 편관編管은 죄인을 원격지에 강제적으로 이동시켜서[流謫], 그 지역의 지방관청의 감찰 아래에 두는 형벌이며, 배소配所에서의 생활은 일반 시민과 다름없었다. 거작居作을 수반하지 않는 점에서는 명청시대의 유형에 앞선 것으로 볼 수 있다. 가족을 수행할 수 있었다. 무기형無期刑이었으나, 은사恩赦에 즈음하여서는 개별적인 심의를 거쳐서 방면될 수 있었다. 辻正博, 「宋代の編管制度」, 『唐宋時代刑罰制度の硏究』, 京都大學學術出版會, 2010; 남현정, 「宋代 刺字刑의 시행과 사회적 인식의 변화」, 임대희 엮음, 『판례로 본 송대 사회』, 360~399쪽, 민속원, 2019; 정우석, 「宋代 編管刑의 등장과 그 시행상의 특징」, 임대희 엮음, 『판례로 본 송대사회』, 400~443쪽, 민속원, 2019; 「징악문」, 권12-13 〈爲惡貫盈〉의 각주 "編管" 참조.

13 索到 : "索"은 "가져오게 하다", "찾아오게 하다"는 의미이다. 여기서의 "到"는 어떤 행위가 완료되었음을 의미한다. 따라서 索到는 "가져온"·"찾아온"·"제출한" 등으로 해석할 수 있다. 본문에서는 장물을 가져오게 한 것이므로 "장물을 압수했다" 혹은 "압수한 장물"로 번역하는 것이 문맥에 합치한다.

구에게 넘겨주었으며[交付]¹⁵ 이를 인계받았다[交領]¹⁶는 수령증[狀]을 받았는지[取彺交人交領狀]¹⁷ 확인한 뒤에, 이를 보고[申]하도록 하라.

潘富爲王府之僕, 挾刃以逼姦主家之妾, 因姦以竊盜主家之財, 罪不可勝誅矣. 決脊杖二十, 刺配廣南遠惡州軍, 拘鎖外寨, 聽候押遣. 喜安先係和姦, 慶喜後係逼姦, 並偸盜主物, 喜安決脊杖十五, 慶喜決脊杖十二, 免編管. 喜安交還王府, 慶喜責還其夫, 仍具先後供狀, 牒王府照會. 其索到贓物, 取王府幹人交人交領狀, 申.

14   幹人 : 간복幹僕 · 간당인幹當人 · 간당약미인幹當掠米人 등이라고도 한다. 송대宋代에는 부호富豪나 관호官戶에서 종종 간인을 두어 전장田莊, 방관放款, 수식收息, 납세納稅, 창고관리倉庫管理, 무역貿易, 소송처리訴訟處理 등의 업무를 맡겼다. 현대식으로 말하자면 실무담당자 혹은 관리인, 사설경영인 등의 의미로 볼 수 있다. 간인에 관해서는 周藤吉之「宋代莊園の管理 ─特に幹人を中心として」, 『中國土地制度史研究』, 東京大學出版會, 1954 참조; 蔣楠楠, 「社會變革下的宋代司法秩序 ─ 從司法活動中的"幹"說起」, 《南京大學學報》, 2014-4 참조; 「징악문」 권12-28 〈檢法書擬〉의 각주 "幹僕"을 함께 참조.

15   交人 : "누군가에 인계하다"는 의미이다. 원문의 "交人交領狀"은 "交人狀"과 "交領狀"으로 나누어 해석할 수도 있다. 즉 交人狀은 身體受領證이고, 交領狀은 物品受領證이다. 따라서 "왕부의 간인으로부터 身體受領證과 物品受領證을 받고, 이를 보고[申]하라"고 번역할 수 있다.

16   交領 : "돈이나 물건을 주고받다"라는 의미이다.

17   交人交領狀 : 여기에서는 "어떤 사람에게 장물이나 사람을 전달[交領]하였다는 수령증을 받다[取]"로 보는 것이 낫겠다.

12-2. 간음을 고발하더라도, 명확한 증거가 없다면, 각각 가벼운 쪽에 따라 처결한다
告姦[18]而未有實跡各從輕斷[19]

호석벽(胡石壁)[20]

본관은 부임 초에, 수행인들을 단속하여[約束][21] 밖에 나가 물의를 일으키지[生事][22] 못하게 했다. (이렇게 한 이유는) 대개 일반[尋常][23] 관원들을 보면, 대다수가 사인[私人]들을 방치하고, 그들의 관청 출입을 금지하지 않음으로써, 예를 들면 관청의 중요한 일[關節][24]을 누설[漏]하는 일도 있기 때문이다.

---

18 告姦 : "사악한 행위를 고발하다"로 볼 수도 있지만, 판결의 내용으로 보면 간통 사건을 고발한 것이다.

19 이 판결문은 2건의 안건에 관해 판결하고 있는 듯하다. 즉 "재판관인 호석벽의 수행인이 문제를 야기"한 것과 "정응진이 종실녀와 사통하여 처로 삼은 것인데, 양자의 안건이 모두 증거가 명확하지 않음으로써 가벼운 쪽에 따라 논죄하여 처벌한다"는 내용이다. 『청명집』에서 한 건의 판결문 속에 2개의 사안이 언급되고 있는 것은 매우 이례적인 경우이다.

20 胡石壁 : 석벽石壁은 호號이고, 명名은 영穎이며, 자字는 숙헌叔獻이다. 형호남로荊湖南路 담주潭州 상담현湘潭縣 출신이다. 紹定 5년(1232)에 진사進士가 되었다. 지평강부겸절서제점형옥知平江府兼浙西提點刑獄, 호남제점형옥겸제거상평湖南提點刑獄兼提擧常平, 광동경략안무사廣東經略安撫使 등을 역임하고, 咸淳 연간에 사망하였다. 『宋史』 卷461에 그의 열전列傳이 수록되어 있다. 그는 남송 후기에 유가 경서를 많이 읽은 지식인으로 알려져 있으며, 그의 판문判文은 문학적으로도 창작적인 면이 있다고 하는데, 그는 먼저 성인聖人의 어록으로 시작하는 경우가 많다고 일컬어진다. 법률에 대해서 조예가 깊은 사대부였다. 그의 판안判案은 『청명집』에 76편이나 실려 있다. 郭東旭・王瑞蕾, 「南宋儒家化法官的法治理念與司法實踐－以理學家胡穎爲例」, 《河北大學學報》, 2007-4; 萬里, 「宋代唯物主義法學家胡穎事跡著述與思想考述」, 《長沙電力學院學報》, 2001-3; 陳麟, 「司法判決書的文學化」, 《浙江人大》, 2003-4; 劉馨珺, 「南宋獄訟判決文書中的"健訟之徒"」, 《中西法律傳統》, 2008 참고.

21 約束 : 명사의 의미로는 "규정"・"단속"・"통제" 등이고, 동사의 의미로는 "규정하다"・"단속하다"・"통제하다"・"절제하다" 등이다.

22 生事 : "문제를 일으키다"・"말썽을 부리다"・"소란을 피우다" 등의 의미이다.

23 尋常 : "보통"・"평상"・"일반"이라는 의미이다. 예를 들면, 일반 백성은 심상백성尋常百姓이라고도 한다.

24 關節 : 이 문장에서 사용된 關節은 "관련 사안"・"관련 문서" 등의 의미도 있고, 또 "청탁이나 뇌물수수" 등의 의미도 있다. 문맥상으로 볼 때, 사인私人들이 관청에 출입하면서, 관청 업무와 관련된 내용을 누설하는 폐단이 있음을 의미하는 것으로 생각된다.

□□□□□□□仝,²⁵ 오랫동안 고용되어 왔으면서^{[久備使令]26} 어찌 본관이 뜻하는 바를 숙지하지 않고 규정을 위반하여 드디어 문제를 야기하는 데까지 이르렀단 말인가?²⁷

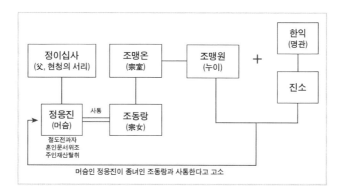

머슴인 정응진이 종녀인 조동랑과 사통한다고 고소

그 실상은 확실히 알기 어렵지만, 만약 (수행인들이) 집에서 두문불출하고 있으면서, 다른 사람들이 그들의 이름도 듣지 못하고 그들의 얼굴도 알지 못한다면 어찌 비방이 생겨나겠는가? 어떤 문제가 발생한 것에는 반드시 그 원인이 있으므로, 그들이 어찌 죄가 없다고 할 수 있겠는가? (다만 명확한 증거가 없으므로) 가벼운 쪽에 따라 논죄하여 장형^{杖刑} 20대에 처결하고, 3개월간 벌봉^{罰俸28}에 처한다.²⁹

---

25 □□□□□□□仝 : 이 부분은 仝앞에 7자^字가 누락되어 있어, 의미가 통하지 않는다. 아마도 누락되어 있는 부분은 "일반 관원들이 사인^{私人}들의 관청 출입을 방치함으로써 발생하는 폐단과 관련된 내용"일 것으로 추정된다.

26 久備使令 : 앞에 누락된 부분인 "□□□□□□□仝"가 있어, 전체 문장이 매끄럽게 연결되지 않는다. "구비사령^{久備使令}"은 "오랫동안 하인들을 부리다"·"오랫동안 하인들을 두다" 혹은 피동태로 "오랫동안 하인으로 고용되다" 등으로 해석할 수 있을 것이다.

27 이 문장은 "어찌 본관의 의도에 대해 알지 못한단 말인가? 이에 규정^[約束]을 위반하여, 드디어 문제가 발생하는 데까지 이르게 된 것이다"라고 해석해도 될 것이다.

28 罰俸 : 송대에 각급 관원에 대한 법정의 직권과 책임이 규정되어 있으므로, 그 위법 실직 행위에 대해서 감독과 책임을 추구하게 되어 있었다. 그 책임의 대소^{大小}와 경중^{輕重}에 따라 그 책임^{責任} 주체^{主體}에 대하여 인신^{人身}의 자유를 제한하는 편관^{編管} 또는 기관^{羈管} 등이나 또는 작위^{爵位}나 관직^{官職}을 박탈하거나 출강^{黜降}하는 제명^{除名}이나 늑정^{勒停} 등이 있었으며, 또는 경제적인 처벌로서 벌봉^{罰俸}이나 속동^{贖銅, 별금} 등이 있었을 것이다. 그 가운데

한익韓翼은 명관命官[30]으로, 그는 진소陳紹, 조맹원趙孟圓[31]과 함께, '머슴僕[32]인 정응진鄭應臻이 종녀宗女[33]인 조동랑趙冬娘과 사통私通하였다'고 소송을 제기하였는데, 그 소송 내용詞[34]은 상당히 이상하다고 생각되었다. 이에 저

벌봉은 백관百官이 공무상에서 가벼운 실수를 저질렀을 경우에 일정한 액수의 봉급을 감봉하는 행정 처분이다. 벌봉罰俸은 당대 현종 때(712)부터 시작된다(임대희, 「唐朝의 官僚 處遇改善과 贓罪 處罰 嚴格化」, 《중국사연구》 59, 2009 참조). 벌봉罰俸과 벌금罰金은 별개 개념이다. 벌봉은 관료에게만 대상으로 집행한다. 벌금으로 거두어들인 돈은 관부가 갖도록 하였으며, 1품관에게는 매월 동전 8관貫을 매겼으며, 9품관에게는 1관 50문을 매겼다. 그리고 송대에 들어와서도 벌봉罰俸과 속형贖刑은 그 성격을 달리하고 있다. 邢琳, 「宋代縣級官員問責制」, 《中州學刊》, 2014-7; 陳駿程·張其凡, 「宋朝懲治官員之原因初探」, 《蘭州學刊》, 2006-11; 李俊清, 「宋代對政府官員的法律監督」, 《中國行政管理》, 1998-3; 魏殿金, 「論宋代的羈管刑」, 《漳州師範學院學報》, 2000-3; 高葉青, 「"宋無罰金之刑"質疑」, 《陝西師範人學學報》, 2008-5. 속형贖刑에 관해서는 「징악문」 13-9 〈敎令誣訴致死公事〉의 각주 참조.

29 수행인들이 규정을 위반하고 문제를 야기했지만 증거가 불충분하다는 이유로 "가벼운 쪽에 따라 논죄하여" 처벌한 것이다. 다만 구체적으로 어떠한 문제를 야기하였는지에 대해서도 불명이고, 전후 문맥관계에서 볼 때도 의문점이 많은 판결 내용이다.

30 命官: "중앙정부가 임명한 관원"이라는 의미이다. 문헌기록에서는 "朝廷命官"이라는 용어로 사용되기도 한다. 송대의 경우, 현縣의 장관인 지현知縣 이상의 관원들은 命官이라고 할 수 있다.

31 원문에는 孟圓으로 되어 있지만, 문장의 의미상으로 볼 때 조맹원趙孟圓일 것이다. 조맹원은 조동랑의 고모에 해당한다.

32 僕: 여기에서의 "복僕"은 일반민이 상류층에 고용된 고용인의 의미가 강하다. 노비가 僕인 경우도 물론 있었다. "幹僕"에 관해서는 「징악문」 권12-28 〈檢法書擬〉의 각주 "幹僕"을 참조. 僕과 관련된 연구로서는, 戴建國, 「"主仆名分"與宋代奴婢的法律地位－唐宋變革時期階級結構研究之一」, 《歷史研究》, 2004-4; 黃武强, 「西周春秋的仆和庶人不是奴隸－兼評郭沫若同志的戰國封建論」, 《廣西社會科學》, 1988-2; 李海燕, 「從尾, 仆, 童, 妾, 宰等字看中國古代奴隸的生活」, 《安徽文學》, 2015-4; 郭東旭, 「論宋代婢仆的社會地位」, 《河北大學學報》, 1993-3; 柯昌基, 「宋代的奴隸」, 《四川院學報》, 1983-2; 戴建國, 「宋代奴婢問題再探討」, 《中國史研究》, 2011-1; 王延中, 「宋代奴婢實態研究」, 《史學集刊》, 1989-4 참조.

33 宗女: 송대宋代의 황실皇室인 조趙 씨 성을 가진 여성이라는 의미이다. 황실과 가까운 친인척의 범위로 이해하기 쉬운데, 송대의 경우에는 황실과 직접 관계없이 조趙 씨 성을 가진 것만으로도 종녀로 되는 경우도 있다. 따라서, 판결문에서 "宗女"라고 표현되어 있더라도 주의해서 판단해야 할 것 같다. 李智萍, 「宋代宗女婚姻論略」, 《殷都學刊》, 2004-1; 李智萍, 「宋代宗女婚姻論略」, 《殷都學刊》, 2004-1; 吳旭霞, 「試論宋代宗室之婚姻」, 《江西社會科學》, 1996-4; 苗書梅, 「宋代宗室, 外戚與宦官任用制度述論」, 《史學月刊》, 1995-5 참조.

34 詞: 판결문 내에서 사용되는 "詞"는 "소송"·"소송의 내용"·"소송을 제기하다"·"진

녁 무렵에 정응진鄭應璡을 소환해 보니[責], 사대부의 옷[儒服]을 입고 있어, 도저히 머슴이라고는 여겨지지 않았다.

다음날 아침, 그의 부친 정이십사鄭廿四라는 자가 현청縣廳의 서리胥吏로서 잔심부름했다는 것을 듣고, 이에 다시 정응진鄭應璡과 조동랑趙冬娘을 불러들여 자세히 심문해 본 결과, 정응진鄭應璡의 실상이 비로소 드러났던 것이다. (정응진은) 머슴과 같은 무리일 뿐만 아니라 도적과 같은 무리라고 해야 할 것이다.

주州의 문서를 조사해[契勘]35 보니, 정응진鄭應璡은 단평端平 2년(1235년)에 모응조毛應祖의 의복을 훔쳤기 때문에, 해당 주州로부터 처벌을 받고, 영산채靈山寨에 구금拘鎖되었다. 과거 도둑질할 때의 나쁜 마음은 지금까지 이어져, 종실宗室36인 조맹온趙孟溫의 집에 고용되어, 주인의 기력이 쇠약해진 것을 기회로 삼아, 그 딸을 꾀어 사통姦穢하였다. 또 매인媒人37 빙서聘書38까지 위조하여, 조맹온趙孟溫이 사망하자, 드디어 (조맹온의) 딸을 차지하고[據其女],39 그 집을 집어 삼키려고 하였다. 이는 '술수를 쓰면 사람을 속일 수 있다'는 발상인 것이다.

그러나 정응진鄭應璡은 이러한 전과前科를 갖고 있는 이상, 어찌 종녀宗女와 부부가 될 수 있겠는가? 게다가 먼저 (조동랑과) 사통私通한 후에 그녀를 아내

술'·'진술하다'라는 의미이다. 여기서는 문맥상 "소송의 내용"으로 해석해 둔다.

35　契勘 : 어떤 구체적인 사실이나 실상을 "조사하다"·"검토하다"·"살펴보다"라는 의미이다.

36　宗室 : 송대宋代의 황실皇室인 조趙 씨 성을 가진 사람이라는 의미이다. 송대에는 종실인 이들 조 씨에 대하여 많은 특혜를 주고 있다. 행정 능력도 없는 조 씨들에게 지현知縣 등의 지방관을 맡겨서, 무능한 지방관을 색출하면, 그 상당한 부분을 이들 조 씨들이 차지하고 있었다. 임대희,「송대 "對移"제도의 실행」,『판례로 본 송대사회』, (민속원, 2019), 626~666쪽 참조.

37　媒人 : 중매인을 지칭하는 말이다. 각 시대마다 매인을 칭하는 용어는 달랐지만, 양가의 입장을 조정하면서 성혼成婚까지 이어지도록 하며, 성혼 후에는 정당하게 부부가 된 것에 대한 증인의 역할을 하기도 했다. 郝建平,「中國古代的媒人淺議」,《天府新論》, 2010-4; 朱蕾·任仲書,「宋代社會中媒人的活動與影響」,《渤海大學學報》, 2008-3 참조.

38　聘書 : 여기서의 빙서聘書는 "혼인증빙서"라는 의미로 보인다.

39　〈옮긴이주〉 이 부분의 해석에서, 본래는 "딸과의 관계를 이용하여"로 하였으나, 이근명 교수의 지적을 받아 수정하였다. 이에 고마움의 마음을 여기에 적어두고 싶다.

로 맞았고[先姦後娶],[40] 중매인[媒]과 빙서聘書도 없는 상황에서 처妻로 삼을 수 있다면, "동린東隣의 담을 넘어 무작정 끌고 오는[踰東家牆而摟]"[41] 것과 다를 바 없으므로, 이를 허용한다면 누구나 아내로 삼을 수 있을 것이다.

　조맹온趙孟溫은 살아생전에 흉악한 머슴을 통제할 수 없었지만, 그의 누이동생인 조맹원趙孟圓은 집안이 몰락한[家破] 후에 고녀孤女[42]를 다시 지켜낼 (수습할) 수 있었다. 이는 의義로운 행위라 할 수 있을 것이다. 정응진鄭應瑧은 스스로 음보[蔭][43]를 받은 적이 있다고 하나, 아직 진위가 밝혀지지 않았다[未委虛實].[44] 우선 자환刺環[45]은 면제하여[46] 감장勘杖 100대에 처결하고, 문서를 보

40　先姦後娶 : 송대에는 이혼시 이유 중의 하나로서 "정을 통한 후에 결혼하는 사례"였다(仁井田陞, 『中國身分法史』, 576쪽 참조). 『慶元條法事類』第80 〈雜文〉에는 "諸先姦後娶爲妻者, 離之"라 되어 있다. 남송대의 규정에서는 "先姦後娶"의 경우에는, 강제로 이혼시키는 범위를 처妻에게까지 관官에서 적용시킬 수 있는 범위로 적용하고 있었다고 최해별, 「남송시기 지방관의 간죄姦罪 처리 원칙」(《동양사학연구》150, 2020, 91쪽, 각주17)는 간주看做하고 있다.

41　踰東家牆而摟 : 『孟子』「告子章句 下」, "踰東家牆而摟其處子, 則得妻, 不摟則不得妻, 則將摟之乎".

42　중국 전통사회에서는 부친만 사망한 경우에도 고孤라고 하였기 때문에 고녀孤女가 된 것이다.

43　蔭 : 여기서의 "蔭"은 음서蔭敍의 자격資格을 의미한다.

44　未委虛實 : "아직 구체적인 실상이나 진위여부가 밝혀지지 않았다"는 뜻이다.

45　刺環 : 일종의 문신형인 묵형墨刑에 해당한다. 묵형을 집행할 때 그 모양에 따라 자방환刺方環·자원환刺圓環 등으로 분류할 수 있고, 집행되는 부위는 귀 뒤·손등·얼굴 등을 들 수 있다. 죄목에 따른 자자刺字의 모양과 부위를 명확하게 규정한 것으로, 일단 처음에는 사람들의 눈에 잘 보이지 않는 귀 뒤에 환형環形이나 방형方形·원형圓形으로 자자한 후, 3번 이상 죄를 저지른 자부터 얼굴에 자자를 하였음을 알 수 있다. 죄를 범하면 무조건 얼굴에 자자를 하던 과거와는 달라진 모습이라 하겠다(남현정, 「宋代 刺字刑의 시행과 사회적 인식의 변화」, 임대희 엮음, 『판례로 본 송대사회』, 민속원, 2019, 360~399쪽 참조).

46　음蔭의 진위가 확실히 밝혀지지 않았는데도 불구하고 사대부 관인으로 간주하여 자환을 면제하고 있다. 관인이 자자되는 판어는 『청명집』에서 전혀 나타나지 않는다. 북송 초기에는 관리가 뇌물을 받으면 기시형棄市刑에 처하거나 장살杖殺하거나 자자한 후 사문도沙門島에 배류하는 등 엄격히 다스렸다고 하지만 이후, 중앙 집권의 강화를 위해 관리들의 지지가 필요하자 관대해졌다. 남송대가 되면 더욱 관대해져 『경원조법사류慶元條法事類』는 『宋刑統』보다 한층 더 처벌이 가벼워졌다. 자자에 처해진 자들은 사대부 관인이 아닌 것이 확실하겠다. 범죄 등의 이유로 자자를 당한 대부분의 경우는 관인을 도와 행정실무를 담당하는 서리에 해당한다고 할 수 있다.

내 정응진을 지계채^{芝溪寨}에 압송하여 구금^{拘鎖}하도록 한다.

조동랑^{趙冬娘}은 나이가 어려 세상물정을 잘 모르며, 또 종녀^{宗女}라는 것을 염두에 두어, 특별히 처벌하는 것은 면제한다. 이전의 판결에 따라^{照已判}, 조맹원^{趙孟圓}에게 인도하여 책임지고 관리하게 하고^{責付},[47] 그 아버지의 복상이 끝나기를^{服澗} 기다려, 그녀의 고모인 조맹원^{趙孟圓}을 주혼^{主婚}[48]으로 삼아, 법률규정에 따라^{照條}[49] 시집보내도록 하라.

또한 먼저 각서를 받아서^{責狀}[50] 서류 보관함에 함께 보관하도록 한다.[51]

---

47 責付 : 법률에 의거하여 피고인을 감옥에 구속시키지 않아도 될 경우에는 친척이나 합당한 사람에게 피고인을 맡겨 책임지고 관리하도록 한다는 의미이다. 여기서는 문맥상 피고인의 자격이 아니라, 피고인이 처벌대상에서 벗어난 상태에서 친척인 조맹원에게 "책임지고 관리하도록 한다"라는 의미로 해석하는 것이 바람직하다.

48 主婚 : 결혼식을 주관하는 사람을 지칭하는 말이다. 일반적으로 양가의 가장이 주혼^{主婚}이 된다. 주혼은 조부모·부모 혹은 그 외의 친척이 담당하였다.

49 照條 : "법률규정에 따라"라던가 "혼인절차에 따라"로 해석하는 것이 좋겠다. 이전의 판결에서 조맹원에게 책임을 맡겼고, 그 판결문에 조맹원의 책임을 조목조목 명기해 두었을 가능성이 있다. 참고로 송대 법제 관련 참고 자료로서는, 『宋刑統』·『宋會要』·『宋大詔令集』·『慶元條法事類』·『作邑自箴』·『州縣提綱』·『清明集』등이 있다.

50 責狀 : "판결에 복종한다는 서약서"를 의미이다. 때로는 "서약서를 제출시키다"라는 의미도 있다.

51 附案 : "서류철에 붙여두다". 즉 "관련 서류 보관함에 함께 보관해 두다"라는 의미이다. 부안^{附案}의 "案"은 "案卷" 즉 문서철의 뜻이다. 일반적으로 형사 관련 문서 등 공문서는 連寫하여 案卷으로 작성해 두는 것이 원칙이다(『唐律疏議』, 第485條, 斷獄律, 17조〈應言上待報而輒自決斷〉[소의]《獄官令》(《唐令拾遺》, 757쪽, 獄官令 2조)에 의하면 "杖罪 이하는 縣에서 집행^決한다. 徒(罪) 이상은 縣에서 판결^{斷定}하고 州로 보내 覆審을 마친 뒤, 徒罪와 流罪 가운데 장형·태형으로 집행해야 할 경우와 혹은 贖銅을 징수해야 할 경우에는 곧 (州에서 형을) 집행하거나 贖銅을 징수한다. 그러나 大理寺 및 京兆府·河南府에서 판결한 徒罪, 官人의 罪, 그리고 뒤에 雪減이 있는 것은 모두 (尙書)省에 보고하고, 尙書省의 刑部(省司)에서 覆審하여 잘못이 없으면 즉시 하급관서에 알리며, 만약 부당한 것이 있다면 사건에 따라 시정하여 바로잡는다. 만약 大理寺 및 각 州에서 流罪 이상을 판결하거나 혹은 (관원을) 除名·免官·官當하는 경우에는, 모두 그 문안을 連寫하여 尙書省에 보고하며, (이 때) 大理寺 및 京兆府·河南府의 경우는 문안을 밀봉해서 전송한다. 만약 (황제의) 車駕가 出行하면, (大理寺 및 京兆府·河南府는) 곧 諸州의 例에 준하여 사안을 복심하여 끝까지 事理를 밝힌 후에 (상서성에) 上奏한다"고 하였다. 연사^{連寫}는 문서를 작성할 때, 첨삭이나 위조를 방지하기 위하여 글자와 글자의 획을 끊지 않고 이어 쓰는 것을 말한다. 따라서 "附案"은 "문서철에 첨부하다"라는 뜻이다.

當職到任之初, 卽約束隨行人, 不許出外生事. 蓋見尋常官員, 多是縱容私人, 出入無禁, 或漏關節, □□□□□□全, 久備使令, 豈不熟知當職之行事, 而乃首犯約束, 遂致引惹生事. 其虛其實, 固未可知, 然若使杜門在家, 人不聞其姓名, 不識其面目, 則誹議何從而生. 事必有因, 烏得無罪, 從輕決二十, 罰俸三月. 韓翼身爲命官, 與陳紹·孟圓訴僕鄭應臻姦宗女冬娘, 其詞甚異. 當晚責鄭應臻, 假儒服以飾其身, 不覺其爲僕也. 次早乃聞其父鄭卄四者, 在縣衙爲諸吏走使, 遂再喚上鄭應臻及冬娘審問, 應臻眞形乃始呈露, 不惟類僕, 又類賊矣. 契勘卅案, 得見鄭應臻於端平二年因偸盜毛應祖衣物, 蒙本州斷罪, 拘鎭靈山寨. 今盜心猶故, 因在宗室趙孟溫宅服役, 欺主公之困弱, 誘其女而姦穢之. 又假作媒人聘書,[52] 於孟溫故後, 欲遂據其女而有其室. 自爲計術可以欺人矣, 不思應臻已係作過拘鎭之人, 豈應與宗女爲配. 況又先姦後娶, 而媒聘俱無, 如此而可以爲妻, 則踰東家牆而摟者, 皆可以妻矣. 孟溫不能制悍僕於身在之前, 其妹孟圓乃能收孤女于家破之後, 此擧可謂義哉. 鄭應臻自稱有蔭, 未委虛實, 且免刺環, 勘杖一百, 牒押下芝溪寨拘鎭. 冬娘年少無知, 念係宗女, 特與免斷, 照已判, 責付孟圓, 候其父服滿, 從姑主婚, 照條召嫁, 仍先責狀附案.

12-3. 사인이 간통으로 말미암아 싸우기까지 하였으므로, 죄명을 적용하여 체포하여 처벌할 뿐 아니라 (그 처분에) 훈계의 뜻도 덧붙이다
士人因姦致爭旣收坐[53]罪名且寓敎誨之意

조(趙)지현(知縣)

관청에 접수된 송사訟事의 사안이 (풍교와) 관련[關繫][54]이 있는데도, 만약 단지 옳고 그름을 따져 죄명을 적용하여 처벌만 하고, 조금이라도 깨우쳐 가르치는敎化 뜻을 덧붙이지 않는다면, 선정善政이 아니다.

---

52 聘書 : 혼인婚姻과 관련되어 보내는 글이다.
53 收坐 : "체포하여 처벌하다"는 의미이다.
54 關繫 : ①"關聯" 또는 "牽涉", ②"관련 사실에 대하여 작용하고 영향을 미침對有關事物的作用和影響婚姻"이다. ①의 용례로는 송宋 나대경羅大經의 『鶴林玉露』에 "某縣有母訴其子者, 此關繫風敎, 不可不施行"이 있다. ②의 용례로는 명明 팽시彭時의 『彭文獻公筆記』에 "此事關繫非小, 一或乖禮, 何以示天下"가 있다.

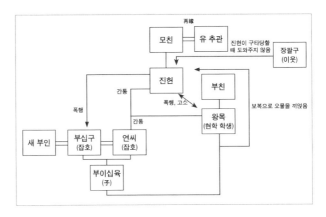

연 씨[阿連]는 본래 부십구[傅十九][55]의 아내였는데, 음탕하고 행실이 바르지 못하여[不檢],[56] 남편을 저버리고 다른 사람을 따르더니, (마침내) 진헌[陳憲]·왕목[王木]과 간통[57]하였다. (그로 인하여) 싸움을 하고 송사를 한[爭·訟][58] 안건[案件]이 현청[縣廳]에 접수되었다.

전임관[前政] 기대경[棊大卿][59]은 그 남편과 함께 이 안건을 처벌하였는데, (그녀를) 압송하여 현 밖으로 추방하였다. 그들이 저지른 행위를 추적한 결과, 연 씨[阿連]도 부십구[傅十九]도 잡호[雜戶][60]였다.

---

55 『청명집』에 숫자를 사용한 이름이 많이 나온다. 두 자리 숫자를 사용한 경우가 100여 차례 나타나고, 세 자리 숫자를 사용한 경우도 10여 차례 나오고 있다. 그리고 배행[排行]을 나타내는 "元·大·太·亞·仲·季·小·細·些·少" 등의 글자 뒤에 숫자를 붙인 경우도 자주 나타난다. 또한, 숫자 뒤에 신분이나 성별을 나타내는 한자를 사용할 때도 있다. 唐智燕, 「談談『名公書判淸明集』中的數字名」, 《文史雜談》, 2008-2; 唐智燕, 「『名公書判淸明集』數字名探析」, 《漢語史研究集刊》, 2008 참조.

56 不檢: 자기 행실을 검속하지 못함을 말한다.

57 이 부분에 대해서, 최해별, 「남송 시기 지방관의 姦罪 처리 원칙—『청명집』의 판례를 중심으로」, 《동양사학연구》, 150, (2020)에서, 정리를 잘 해놓았다. 특히, 그 뒷부분에 실린 〈표1〉에 "『청명집』수록 姦罪관련 판례"에서 이 주제와 관련된 판례가 어떤 것이 있는지 꼼꼼하게 잘 정리하고 있다.

58 일반적으로는 "쟁송[爭訟]"이라고 하면 "송사를 다투다"라고 하겠지만, 여기에서는 판결문을 통하여 상황을 파악하자면, "爭·訟"으로 읽어서 "싸움을 하였기에 송사를 하게"된 것으로 이해하는 것이 낫겠다.

59 大卿: 송대 구시[九寺]의 장관이다.

60 雜戶: 각종 잡역[雜役]에 종사하였기 때문에 잡호[雜戶]라고 하였을 것이다 (高橋芳郎, 「宋代

진헌陳憲이라는 자는[61] 관료를 배출한 집안의 후예라고 자칭自稱하고 또한 그는 모친이 유劉추관推官[62]에게 재가再嫁할 때 모친을 따라 (유추관의 집)에 들어갔으니隨,[63] 마땅히 좋은 환경에 감화薰染되어 훌륭한 사람이 되어야 했다. (그런데) 욕심이 많아 이익만을 얻으려하고 수치스러움도 모르고 연 씨阿連를 남편에게서 빼앗고覇占,[64] 연 씨의 남편인 부십구傅十九를 때린 모든 것이 관련 서류案牘[65]에 자세히 기록되어 있다. 이 사건의 시말始末을 조사해 보니, 역시 그는 흉악한 사람이었다.

왕목王木이라는 자는 집안 대대로 학문하는 자이므로 인정과 도리를 충분히 알 수 있을 터인데 연 씨阿連와 공공연하게 간통宣淫[66]함에 이르러,

---

の"良賤制"と雜人・雜戶」,《史朋》20, 1986) 그런데, 송대에는 그다지 잡호에 주목하고 있지 않았던 것 같다. 송대의 잡호가 그 앞 시대의 잡호와 동일한 요소를 띄고 있었다고 할 수 없을 수도 있겠지만, 일반적으로 비슷한 요소를 가지고 있었다면, 위진남북조 시기부터 당대에 이르기 까지를 서술한 오가따 이사무尾形勇, 「양천제의 전개와 그 성격」, 전영섭 옮김, 『세미나 수당오대사』 (서경, 2005)에서 다룬, 잡호雜戶에 해당하는 내용이 유용하게 참고가 될 것이다. 또한, 그곳에 소개된 전영섭, 『중국중세 신분제연구』 (신서원, 2001)등 한국에서의 연구 성과가 이 부분을 이해하는 데에 도움이 될 것이다. 이와는 시대가 많이 달라진 송대宋代의 잡호등의 신분에 대해서는 여러 가지 논란이 있을 수 있겠지만, 일반적으로 노비와 일반민의 중간에 위치하는 예속인으로 보는 것이 타당할 것이다.仁井田陞, 『唐令拾遺』戶令에는 "凡反逆相坐, 沒其家爲官奴婢, (註略) 一免爲番戶, 再免爲雜戶, 三免爲良人, 皆因敕有所及, 則免之"라고 되어 있다. 잡호에 관해서는 張維訓, 「略論雜戶賤民等級的消亡」, 《江西社會科學》, 1982-4 등 참조.

61 　중화서국 표점본에는 "係是雜戶. 陳憲者"라 되어 있는데, 중간에 있는 마침표를 제거하고 "係是雜戶陳憲者"로도 볼 수 있을 것이다. 그렇게 된다면, "잡호인 진헌은"과 같이 번역할 수도 있지만, 문맥상으로 약간 이상하다. 의미상 표점본에 있는 대로 해석하는 것이 무방할 것이다.

62 　推官 : 당대唐代에 처음 설치된 관직으로, 주로 각종 형사・민사 사건을 담당하였다. 중앙관청의 경우에는 각 부部에 설치되었으며, 부府・주州와 같은 경우에는 절도추관節度推官・관찰추관觀察推官 등을 설치하였다.

63 　隨; 재혼하는 모친을 따라간 자식이 되는 셈이다. "義子"(『淸明集』卷7, 戶婚門)・"隨母男"(『宋會要』)이라고 표기되는 경우도 있다(남은혜, 「南宋代 여성의 持參財産 所有 實態」, 임대희 엮음, 『판례로 본 송대사회』, 민속원, 2019, 254~295쪽 참조).

64 　覇占 : "세력을 이용하여 타인의 물건을 탈취하다"라는 뜻으로, 여기서는 "부인을 빼앗다"라는 의미이다.

65 　案牘: "공문서", "관문서"를 의미한다.

66 　宣淫 : 『左傳』宣公 9년 조條에 실려 있는 "公卿宣淫"이라는 표현의 전箋에 "宣, 明也. 揚也. 言公卿教化之主, 乃至於示淫, 民無所師效"라 되어 있다. 경우에 따라서는, "國君과 卿들

이로 인해 진헌陳憲에게 구타를 당하자, 관청에 소송을 제기했다. 당시一時[67] 현의 관청縣道[68]에서는 (진헌이) 직사관職事官의 아들이라는 이유로, 형벌을 면제해 주었다. 왕목王木은 스스로 뉘우치고 스스로 경계하여야 했다. 그러나 애욕에 빠져 (연 씨를) 잊지 못하고 도리어 연 씨阿連를 거두어 집으로 데려가, 함부로 부친父親의 노비婢使로 삼아, 또 다시 간통하였다. 이로 인해 장가도 가지 않았다. 부친이나 조부의 하녀女使[69]와 간통하는 것은 법으로도 금지되어 있고, 또한 첩을 처로 삼는 것도 옛 사람들古人이 경계하였다는 것을 왕목王木은 생각지도 않았던 것이다. 이 점도 또한 이미 오래된 관례이다其事亦旣久矣.[70]

연 씨阿連는 (잡호의 신분이면서도) 주제넘게上僭[71] (왕목의) 생모生母와 함께 놀러 나갔다. 그때 진헌이 수작을 걸어, 길을 막고 희롱하였다. 이로 인해 싸움이 발생하였는데, 이 역시 스스로 자초한 것이다取曲辱.[72] 여기서 만약 왕목이 자중하고, 조금만 참았다면 싸움은 일어나지 않았을 것이다. 하지만 왕목은 일시적인 울분을 참지 못해, 도리어 연 씨의 아들인 부이십육傅廿六[73]에게 진헌陳憲을 집으로 끌고 오도록 시켜서, 문을 닫아걸고 무차

이 공공연하게 문란한 행동을 하는 것"을 일컫는 경우도 있다.

67　一時 : "당시"라는 의미이다.

68　縣道 : 현청 혹은 현당국의 의미이다. 참고로 남송대의 현縣의 총수는 약 704곳 정도였다.

69　女使 : 송대 천민 여성인 비녀婢女와 유사한 신분인데, 어떤 면에서는 여성 고용노비를 칭하는 면이 있다. 이에 관해서는 郭東旭, 「論宋代婢僕的社會地位」, 《河北大學學報》, 1993-3; 王延中, 「宋代奴婢實態硏究」, 《史學集刊》, 1989-4; 宋東俠, 「宋代"女使簡"論」, 《河北學刊》, 1994-5; 郭琳, 「宋代女使在家庭中的地位 – 以『名公書判淸明集』爲中心的考察」, 《濮陽職業技術學院學報》, 2010-2; 郭尙武, 「論宋代保護奴婢人身權的劃時代特征 – 據宋民法看奴婢的人身權」, 《晉陽學刊》, 2004-3; 李錫炫, 「宋代 隷屬民의 成立과 身分性格」, 《東洋史學硏究》73, 2001; 李錫炫, 「宋代 隷屬民의 生命權과 社會的 地位」, 《中國學報》43, 2001; 李錫炫, 「宋代 雇傭人身分과 法的 地位」, 《宋遼金元史硏究》3, 1999 등 참조.

70　其事亦旣久矣 : "이 일도 또한 이미 오래된 관례이다"라는 문장은 문맥상 상술한 앞의 내용을 의미하는 것으로 보는 것이 타당할 것으로 생각되나, 경우에 따라서는 뒤의 문장과 연결해서 해석할 수도 있을 것이다.

71　上僭 : "아랫것이 참월僭越을 행한다"라는 의미이다. 『詩經』 「邶風」 〈綠依〉, "衛莊姜傷己也, 妾上僭, 夫人失位, 而作是詩也." 『詩經』 「衛風」 〈碩人〉, "莊公惑於嬖妾, 使驕上僭".

72　取曲辱 : 수치를 당한다는 의미일 가능성이 있다. 유사한 용례로『左傳』 「昭公13年」 조條에 "王曰, 大福不再, 祈取辱焉, 然丹乃歸于楚"라고 있다.

별적으로 구타하여[從而毆打], 치아[齒] 하나를 부러뜨리고 또한 오물을 끼얹게 했는데, 이러한 보복[報復] 또한 심한 행위이다. "소를 끌고 남의 전답[田]을 짓밟는 것[牽牛蹊人之田]"[74]은 진실로 옳지 못한 것이다. 그렇다고 해서 '그 소를 빼앗는 것'은 옳단 말인가?

당사자 쌍방[兩造][75]이 출두하여 진술한 것이 명확하니[供對],[76] 처단을 내려야[豫決][77] 마땅할 것이다[合行].[78] 부이십육은 함부로[不合][79] 왕목王木의 종범[隨從]이 되어, 진헌陳憲을 구타하였으니, 감장 80대에 처결한다.

왕목은 함부로 수범[首犯]이 되어 부이십육과 함께 진헌을 구타하였다. 원래 왕목王木은 현학縣學의 학생이기는 하지만, 이 사건을 계획한 주동자[工作人]로 처벌해야 하고[斷遣],[80] 아울러 '하권전[下拳錢]'[81]을 징수하도록 강제[監][82]해야 한다. 진헌陳憲은 함부로 연 씨의 길을 막고 희롱하였으니 마땅히 죄

---

73 傳廿六 : 연 씨[阿連]의 수모가자[隨母嫁子]에 대한 사례로 볼 수 있다(우성숙, 「宋代 女性의 再婚과 財産問題」, 임대희 엮음, 『판례로 본 송대사회』, 민속원, 2019, 144~187쪽 참조).

74 牽牛蹊人之田 : 『左傳』 「宣公11年」조에는 "抑人亦有言曰, 牽牛蹊人之田, 而奪之牛, 牽牛以蹊者, 信有罪矣, 而奪之牛, 罰已重矣"이라 되어 있다.

75 兩造 : "원고와 피고" 즉 소송당사자를 지칭하는 말이다.

76 供對 : "소송 사건에서 사건 당사자끼리 얼굴을 마주보고 공술하게 하는 것"을 의미한다.

77 豫決 : "판결을 내리다"라는 의미이다. 豫決의 용례를 들면, 『朱文公政訓』에는 "民有冤抑, 無處伸訴, 只得忍遏, 便有訴者, 半年周歲, 不見消息, 不得豫決"이라 되어 있다. 또 『慶元條法事類』 卷8 「職制門」에는 "諸公事有疑, 或不可專行者, 縣申州, 州不能決者, 申所屬監司, 又不能決, 申尙書本部, 皆與決行下, 不得持兩端, 及泛言依條例"이라 되어 있다.

78 合行 : "(이상으로, 이를 위해) 장차 무엇을 해야 한다" 혹은 "장차 어떠어떠한 것을 하기 바란다"는 의미이다. 하급 기관에 보내는 공문서의 말미에 주로 사용된다.

79 不合 : "함부로"의 의미이다.

80 斷遣 : "판결견발[判決遣發]" 혹은 "단죄행견[斷罪行遣]"의 의미이다. "斷"은 "판결한다"는 뜻이고, "行遣"은 원래는 "처치한다", "처분하다"라는 의미이지만 동시에 "질책한다"는 의미도 포함한다. 이견[理遣]·기견[起遣]·구견[區遣]·단견[斷遣] 등 遣의 사용법은 모두 "처치한다"라거나 "처분한다"라는 뜻으로 같은 의미로 쓰이고 있다. 그리고 "斷遣"은 "처분·처치"·"판결처치"·"判決發落之意"라고 해석되고 있다.

81 下拳錢 : 폭행 사건이 발생하였을 경우, 먼저 주먹으로 선제공격하여 구타한 사람에게 부과하는 벌금의 일종으로 생각된다. 일종의 폭행과태료. 『折獄龜鑑』 卷八에는 "近時州縣間, 固有便民輸下拳錢者, 然官自取之, 則不足以懲惡, 而適所以招怨, 斯失其本矣, 云云"이라 되어 있다.

82 監 : "감독하다" 혹은 "강제로 ~하다"라는 의미이다.

가 있으나, 상처를 입은 점을 감안하여, 별도로 처벌하는 것은 면제한다[亦合有罪, 念其被傷, 且免收坐, 責狀入案].[83] (그러나) 사건의 정황을 서류에 보관해 두어, 이후 또다시 이와 같은 사건을 일으킨다면 소환해서 이전에 범한 죄와 아울러 처벌하도록 한다. 장팔구[張八九]는 이웃사람[鄰人]으로 진헌陳憲이 맞는 것을 보고도 근처에 있던 사람들과 돕지 않았으므로[張八九係鄰人, 見陳憲被打, 不與四鄰救勸],[84] 소장[小杖][85] 12대에 처결한다. 그 외의 사람은 방면한다.

진헌[陳憲] 구타 사건에 관해서는 관사에서 이와 같이 시행하나, 왕목과 연 씨의 사건에 관해서는 이것과 별도로 처분할[區處][86] 필요가 있다. 왕목[王木]은 사인[士子][87]으로 나이가 바야흐로 성년이 이르렀으니, 만약 학문에 정진하고 공명[功名]에 뜻을 두고 노력했다면, 어찌 다른 사람들의 업신여김을 당하게 되었겠는가? 사욕[私欲]을 탐하고, 대의를 거스르는 것은 심히 탄식할 만하다. 혈기가 왕성하다면 색욕을 경계해야 하는데[血氣方剛, 戒之在色],[88] 이미 저지른 과실은 진실로 다시 저질러서는 안된다. 혼인[婚姻]은 예[禮]에 의

---

83 亦合有罪, 念其被傷, 且免收坐, 責狀入案 : "죄가 있는데 상처가 있어 처벌을 면제한다"는 것은 이치에 맞지 않다. 다만 문맥상 은사가 시행되고 있었던 점으로 고려해 볼 때, 처벌의 범위가 상당히 완화되었던 것으로 생각된다.

84 구조하지 않은 경우에는, 『당률소의』「포망률」에는 "인리[鄰里]가 강도나 살인을 당하여 통보했는데도 구조하지 않은 경우에는 장형 100대에 처하고, (소리를) 듣고도 구조하지 않은 경우에는 1등을 감한다. 힘과 형세가 (약하여) 즉시 달려가 구조할 수 없는 경우에는 신속하게 가까운 관사에 통보해야 하는데, 만약 통보하지 않은 경우에는 역시 구조하지 않은 죄로써 논죄한다. 그리고 해당 관사가 즉시 구조하지 않았다면 도형 1년에 처한다. 절도의 경우에는 각각 2등을 감한다"(임대희·김택민 주편, 『譯註唐律疏議』〈各則下〉, 456조, 「포망률」, 6, 鄰里被強盜) 한국법제연구원, 1998, 3305〜3306쪽 참조)와 같은 처벌을 할 수 있었다.

85 小杖 : 원래 장형을 집행할 때 사용하는 형구[刑具]지만, 여기서는 "소장[小杖]이라는 형구를 사용하여 장형을 집행하는 것"을 의미한다. 소장은 길이가 4척 5촌[四尺五寸]이며, 가장 넓은 부분이 6분[六分]이며, 좁은 부분이 5분[五分]이다.

86 區處 : "분별하여 처리하다"라는 의미이다.

87 士子 : "士人"의 아들로 볼 수 있으나, 여기서의 사자[士子]는 사인[士人]과 같은 의미로 쓰여지고 있다.

88 血氣方剛, 戒之在色 :『論語』「季氏」"孔子曰, 君子有三戒, 少之時, 血氣未定, 戒之在色, 及其壯也, 血氣方剛, 戒之在鬪, 及其老也, 血氣既衰, 戒之在得".

해 성립되는 것이고, 처妻는 의義에 의해 합치되는 것이 하늘의 도리인데, 어찌 이를 거스르는 것을 용서할 수 있단 말인가? 현령의 직분으로서 이 일을 바로잡고자 한다. 이번 달부터 사인士人으로서의 도리를 따라, 애욕愛欲을 끊고, 유가의 '분비계발憤悱啓發'[89]과 불교의 '용맹정진勇猛精進'[90]을 생각하여, 음란한 비[淫婢](즉 연 씨)를 내쫓고 따로 정처正妻를 맞이하도록 하라. "남편은 남편답고, 부인은 부인다워야 비로소 가정의 도道가 바로 선다夫夫婦婦而家道正"[91]는 것은 유가儒家의 가르침이다. 마땅히 여기에 힘써야 할 것이다.

또 부십구傅十九는 연 씨阿連와 이혼하지도 않았으면서, 새로운 부인을 맞았으므로 그 죄가 있다 하겠다. 하지만 누차 은사恩赦가 내려졌기에, 더 이상 조사하지는 않는다. 연 씨阿連도 처벌을 면해주고, 숙부 연덕청連德清에게 책임을 지워 즉시[日下][92] 다른 사람과 혼인시키도록 하라. 만일 또다시 함부로 왕 씨王氏(즉 왕목)의 집에 돌아간다면, 이전의 사건을 소급하여 엄중하게 처벌할 것이다.

詞訟到官, 事有關繫, 若但剖析曲直, 收坐罪名, 而不少寓教化之意, 非善政也. 阿連原係傅十九之妻, 淫蕩不檢, 背夫從人, 與陳憲·王木姦通, 爭訟到縣. 蒙前政綦大卿倂其夫勘斷, 押出縣界, 迹其所犯, 係是雜戶. 陳憲者, 自稱爲宦家之後, 又隨其母嫁劉推官, 自當薰染爲善. 頑賴無恥, 覇占阿連, 卽毆傅十九, 案牘具存, 遡其始末, 亦一兇人. 王木者, 家世業儒, 合知理法. 先與阿連宣淫, 嘗被陳憲毆打, 訟至有司. 一時縣道以職事之子, 與免坐罪. 自此痛自懲創可也, 夫何溺愛不忘, 竟收阿連歸家, 妾以爲乃父婢使, 旣復姦通, 因之不娶. 殊不思姦父祖女使, 法令弗容, 以妾爲妻, 古人有戒. 其事亦旣久矣. 阿連上借,

---

89 憤悱啓發: 『論語』「述而」"子曰, 不憤不啓, 不悱不發, 擧一隅而示之, 不以三隅反, 則吾不復也".
90 勇猛精進: 『無量壽經』"勇猛精進志願無倦, 專求淸白之法, 以慧利群生".
91 夫夫婦婦而家道正: 공자의 정명론正名論에 해당하는 말로, 자신의 본분에 맞는 행동을 해야 한다는 의미이다. 『易經』「家人」, "父父, 子子, 兄兄, 弟弟, 夫夫, 婦婦而家道正, 正家而天下定矣".
92 日下: "당일"·"즉시"라는 의미이다.

同其生之母出遊. 陳憲姦詐, 遮道嘲謔, 遂至成爭, 此何自取曲辱. 王木若能自咎, 少忍須臾, 便自可以無爭. 一時發忿, 却使阿連之子傅廿六將陳憲拖歸本家, 關閉門戶, 從而毆擊, 損折一齒, 又沃之以不淨之物, 其報復亦甚矣. 牽牛蹊人之田, 固非也, 奪之牛, 可乎. 兩造在庭, 供對旣明, 合行予決. 傅廿六不合隨從王木, 毆打陳憲, 勘杖八十. 王木不合爲首同傅廿六毆打陳憲, 旣係縣學生, 合追工作人斷遣, 倂監下拳錢. 陳憲不合欄路嘲謔阿連, 亦合有罪, 念其被傷, 且免收坐, 責狀入案, 今後如在外生事, 追上倂其前犯, 別作施行. 張八九係鄰人, 見陳憲被打, 不與四鄰救勸, 決小杖十二. 餘人放. 此官司施毆打陳憲之事如此, 然於王木·阿連之事, 亦當區處. 王木士子, 春秋方盛, 若刻苦讀書, 銳意功名, 豈當自處人下. 私欲旣勝, 大義遂乖, 甚爲歎息. 血氣方剛, 戒之在色, 已往之失, 固不可追. 婚以禮成, 妻由義合, 天倫所在, 豈容或虧. 縣令奉爲, 正救此事. 自今月始, 恪遵士檢, 斷絶愛繩, 思聖門之慎悱啓發, 想釋氏之勇猛精進, 逐去淫婢, 別婚正室. 夫夫婦婦而家道正, 吾儒事也, 尙勉之哉. 傅十九不曾離棄阿連, 別自娶妻, 合有罪名, 累經赦恩, 與免根究. 阿連免斷, 責付其叔連德淸, 日下別行嫁人. 如敢再歸王氏之家, 追上重斷施行.

12-4. 공사의 간악한 행위
貢士[93]姦汚

범서당(范西堂)[94]

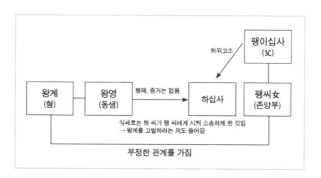

"벽이나 담장 등에 구멍을 뚫고 서로 들여다보거나 담을 넘어 서로 만
난다면 부모와 일반 사람들이 모두 천하게 여길 것이다[鑽穴隙相窺, 踰牆相從, 父
母·國人皆賤之]"[95]라는 것은 옛 성현의 가르침이다. 왕계王桂·왕영王榮 형제는 유
학을 배워 모두 천부天府[96]에 이름을 등재하였고, 향곡鄕曲의 수재라고 일컬
어져서 과거에 합격할 정도였으므로, 상술한『맹자孟子』의 글을 읽지 않았

93　貢士 : 향시에 급제한 자를 지칭한다.
94　范西堂 : 범응령范應鈴의 호號이다. 자字는 기수旂叟이며, 풍성인豐城人, 지금의 강서 출신이다. 영
　　종寧宗 개희開禧 원년(1205)에 진사進士가 되었다. 이어 영신위永新尉·지숭인현知崇仁縣과 무주
　　撫州·기주 통판蘄州通判을 거쳐, 길주 지주吉州知州를 역임하였다. 금부낭관金部郞官 및 광서
　　廣西·절동제점형옥사浙東提點刑獄使 등을 역임하였다. 호남전운판관겸안무사湖南轉運判官兼
　　安撫司를 맡았을 때에는 동료僚僚가 소동을 부렸으므로 이를 제어하였다. 대리소경大理少卿
　　으로 발탁되었다. 저서로는『西堂雜著』10卷과『對越集』49卷이 있다(『宋史』卷410,「范
　　應鈴傳」참조).
95　鑽穴隙 …… 皆賤之 :『孟子』「滕文公 下」,"不待父母之命, 媒妁之言, 鑽穴隙相窺, 踰牆
　　相從, 則父母國人皆賤之".
96　天府 : 원래 서주西周시대 왕실의 당안고檔案庫를 지칭하는 말이다. 여기서 "天府"에 이름
　　을 등재하였다는 말은 "과거科擧 시험에 합격하여, 그 이름이 문서보관함에 올라가 있다
　　는 것"을 비유적으로 나타내는 말이다. 혹은, 후술하였듯이 "計吏"가 되었다는 말에서 알
　　수 있듯이, 이 지역을 대표하여 중앙에 올라가 어떤 역할을 했을 수도 있겠다.

을 리가 없다. 그 책을 읽었으면서도 경계하는 바를 어겼다면 성현에 대한 죄인이고, 이는 사람들이 모여드는 장터[市朝]에서 매질[撻之市朝][97]을 당해도 어찌 가엾다 하겠는가? 어리석고 무지해서 죄를 범한 자와 비교하면 죄가 한층 무거운 것인데, 왕계王桂가 바로 그런 사람이다.

왕계王桂의 옆집에 하십사何十四라는 자가 살고 있었고, 팽 씨彭氏의 딸을 들여 존양부存養婦[98]로 삼고 있으면서, 나이가 23살이 되어도 아직 혼례를 올려[成畢][99] 주지 않는 것은 부모父母의 과실이다. 왕계王桂도 예禮로써 자신의 행동을 억제하지 못하고, 담에 구멍을 뚫기도 하고, 담을 넘기도 하는 등 하지 않는 일이 없었다. 처음에는 울타리 너머로 소식을 전했으나[道][100] 이윽고 문을 열고 왕래하게 되었다. 『시경詩經』의 「포포무사抱布貿絲」[101]에서 "그에게도 본래 뜻이 있었다[彼固有意]"는 말이나, 『진서晉書』의 「투사절치投梭折齒」[102]에서 "이 어찌 허물이 없겠느냐[此豈無尤]"는 말처럼, 어떤 문제가 발생하는 데에는 모두 그 이유가 있는 것이다.[103] 이런 일들이 계속 되면서 해를 넘기게 되었고, 오랫동안 이런 일들을 숨겨왔지만 아이를 임신하게 되자 비로소 이 사건이 드러나게 되었다.

하십사何十四는 감히 왕계가 두려워 일을 밝히지 못하였고[吐剛],[104] 왕계도 자신의 세력을 믿고 인정하려 하지 않았다. 그녀의 생부生父인 팽이십사彭二

---

97 撻之市朝: 『孟子』「公孫丑上」, "曰, 不動心有道乎. 曰, 有, 北宮黝之養勇也. 不膚橈, 不目逃, 思以一豪挫於人, 若撻之於市朝".

98 存養婦: '양로養老를 위해서 고용된 여성'이라는 의미로 해석하는 것이 무난하리라고 생각된다.

99 成畢은 '성필成匹'일 것이라 생각해 해석했다.

100 여기서의 "道"는 '전하다'라는 의미이다.

101 抱布貿絲: 『詩經』「衛風」〈氓〉, "氓之蚩蚩, 抱布貿絲, 匪來貿絲, 來卽我謀".

102 投梭折齒: "鄰家高氏女有美色, 鯤嘗挑之, 女投梭, 折其兩齒. 時人爲之語曰": "任達不已, 幼輿折齒". 鯤聞之, 傲然長嘯曰: "猶不廢我嘯歌".(『晉書』권49, 「謝鯤傳」) 옆집 딸에게 말을 걸었다고 해서 북에 맞아서 이[齒]가 부러뜨려진 것.

103 간통한 두 사람 모두에게 그럴 의사가 있고 허물이 있었다는 의미이다.

104 吐剛茹柔: 『詩經』「大雅」〈烝民〉, "剛則吐之, 維仲山甫, 柔亦不茹, 剛亦不吐." 딱딱한 것은 뱉고 부드러운 것은 먹는다는 뜻으로, "강한 것은 두려워하고 약한 것은 업신여김"을 비유하여 이르는 의미이다.

十四는 관청에 소송을 제기하면서, 하십사^{何十四}의 죄를 늘어놓았다. 고소장은 상당히 격한 어조로 되어 있었고, 마치 하십사^{何十四}에게 분한 마음이 있는 것 같았지만, 실제로는 하십사^{何十四}가 (팽 씨에게 시켜) 소송하게 한 것이었다. (왕계는 그 실상을 잘 모르고) 왕계^{王桂}는 팽 씨^{彭氏}의 말을 인용하기를 "하십사^{何十四}의 집안은 본래 문란합니다^{擾雜}"고 하면서 자기변명^{自解}을 늘어놓았는데, 이는 팽 씨^{彭氏}가 하 씨^{何氏}를 소송한 것이 바로 왕계^{王計} 자신을 소송한 것임을 알지 못했던 것이다.[105]

만일 왕계^{王桂}가 올바른 마음가짐을 지니고, 안숙^{顏叔}처럼 절조를 지키고^[顏叔之有節],[106] 양병^{楊秉}처럼 현혹되지도 않고^[楊秉之不惑],[107] 이웃집 팽 씨의 딸과 거리를 두었다면 비록 추문^{醜聞}이 있다 하더라도 애초부터 이와같은 사건에 연루되지도 않았을 것이다. 이러하였다고 한다면, 지금 자신에게 떳떳치 못하고^[自反不縮],[108] 이미 부정한 관계를 함께 가졌음을 인정하였으므로^[供認],[109] 음일^{淫泆}의 죄를 범한 것은^{速淫泆之辜]}[110] 어찌 남의 탓이라 하겠는가? 게다가 왕계^{王桂} 형제는 차례로 계리^{計吏}[111]가 되었고, 또한 유가^{儒家}였다. 이런 학식 있는 형제^[金昆玉友][112]가 서로 학문이나 덕행을 더 닦아야^[磨琢] 하는데도

---

105 팽 씨가 하십사를 고발한 목적이, 간접적으로 왕계 자신을 (법정으로 끌어내어) 고발하려 한 의도가 있었음을 꿈에도 생각하지 못했던 것이라는 의미이다.

106 顏叔之有節:『詩經』「小雅」, 巷伯, 毛傳, "昔者顏叔子獨處于室, 隣之釐婦, 又獨處于室, 夜暴風雨至而室壞, 婦人趨而至, 顏叔子納之, 而使執燭, 放乎旦而炝盡, 搢屋而繼之, 自以爲辟嫌之不審矣".

107 楊秉之不惑:『後漢書』권84,「楊震傳付 楊秉傳」, "秉性不飮酒, 又早喪夫人, 遂不復娶, 所在以淳白稱, 嘗從容言曰, 我有三不惑, 酒·色·財也".

108 自反不縮:『孟子』「公孫丑」上, "昔者曾子謂子襄曰, 子好勇乎, 吾嘗聞大勇於夫子矣. 自反而不縮, 雖褐寬博, 吾不惴焉. 自反而縮, 雖千萬人吾往矣".

109 供認 : "안건에 대해서 당사자가 그 죄행이 공소장과 마찬가지였었다고 인정을 하다"라는 의미이다.

110 速淫泆之辜:『書經』「酒誥」, "天非虐, 惟民自速辜".

111 計吏 : 계리^{計吏}의 역할이 어떠한 것이었는지는 분명하지 않다. 한대^{漢代} 군국^{郡國}에 시행된 상계^{上計}제도 아래에서 입경상계자^{入京上計者}를 '상계리^{上計吏}' 혹은 "계리^{計吏}"라고 했다. 여기에서 "계리"도 왕계^{王桂} 형제가 지방관을 대신하여 "계리"의 역할을 한 적이 있는 것을 지칭하는 것인지도 모른다.

112 金昆玉友 : "昆玉"이란 "남의 형제의 경칭^{敬稱}"으로서『南史』권23「王彧傳」에 "(王)銓雖學

불구하고, 선현을 모범으로 삼는 것에 힘쓰지 않고, 오히려 변변찮은 행동으로 여기도록 이르게 되고 만 것이다. 만일 이전의 수의售儀 조자고曹子賈와 같은 사람이 풍속과 교화를 담당하는 관직에 있었다면 (이런 부끄러운 사건으로 出廷해 온 왕계는) 그 관청의 사람들에게도 어찌 부끄러워 얼굴을 들 수 있었겠는가? 『시경詩經』의 강한江漢,113 여분汝墳114에서 볼 수 있는 덕화德化는 기대할 수도 없는 것이다.

왕영王榮이 하십사何十四의 문을 두드리고 행패를 부린[打門]115 것은 확실한 증거는 없지만, 상황으로 판단해 볼 때 충분히 있을 수 있는 일이다. 이것은 틀림없이 하십사何十四가 왕계王桂를 고소한 일 때문에 행해진 것일 것이다. 그것은 형을 사랑하는 마음에서 나온 것이지만, 또한 무책임한 짓은 아니었더라도, 정도正道에서 나온 행위도 아니어서 아쉬울 따름이다.

왕계王桂는 사죄私罪를 저지른 자이므로 향거鄕擧,(즉 貢士)116라도 면책 받을 수 없다.117 가벼운 규정에 따라, 주학州學에 보내 하초夏楚118 20대에 처하라. 또한 서원의 학적學籍에서 제명하여[屛出院],119 악록嶽麓120에 수치121를 끼

業不及弟錫, 而孝行齊焉, 時人以爲, 銓·錫二王, 可謂王昆金友"라는 기사가 있다.

113 江漢: "江漢, 尹吉甫美宣王也, 能興衰撥亂, 命召公平淮夷"(『詩經』 「大雅」·〈江漢〉), 선왕宣王의 선정善政과 소호召虎의 공로功勞를 기린 것이 이 시이다.

114 汝墳: "汝墳, 道化行也, 文王之化行乎, 汝墳之國, 婦人能閔其君子, 猶勉之以正也"(『詩經』 「周南」 〈汝墳〉), 여인이 전쟁터에 나갔다 돌아온 남편을 반기는 시이다. 모시서毛詩序에서는 문왕文王의 덕화德化가 여수汝水 근처의 지역에까지 미쳤음을 노래한 것이다.

115 打門: "대문을 두드렸다"고 처벌할 것은 아니므로, 여기에서의 "打門"이란 "집안 사람을 두드려 패다"라거나 "혈연을 두드려 패다"로 해석하는 것이 낫지 않을까 생각된다.

116 鄕擧: 향시鄕試에 합격한 사람을 의미한다.

117 이 문장에서 "私罪徒"는 사죄私罪 가운데에서 도죄徒罪에 해당한다고 볼 수 있으며, "鄕擧不免"의 鄕擧는 박탈되지 않다"로 볼 수 있다. 그러므로 이 문장의 해석에 있어서, "왕계王桂는 사죄 가운데 도죄에 해당하지만 향거鄕擧의 자격資格은 박탈하지 않으므로"라고 번역할 수도 있을 것이다.

118 夏楚: 남을 징계하는데 사용하는 회초리로, 하夏는 가榎를, 초楚는 형荊을 지칭한다. "채찍으로 때려서 가르친다"는 의미이다.

119 屛出院: 서원書院의 학적에서 제명한다는 의미이다. 屛은 "逐"이거나, "棄"의 의미이다.

120 嶽麓: 서원이라는 의미이다.

121 嶽麓之羞: 서원에서 제명시켜서 서원에 수치를 안기지 않도록 하라는 의미이다. "嶽麓

치지 않도록 하라.

　鑽穴隙相窺, 踰牆相從, 父母‧國人皆賤之, 此聖賢格言也. 王桂‧王榮兄弟習儒, 俱登名
於天府, 號鄕曲之英, 預賢能之選者, 孟子之書, 安可不讀. 讀其書而犯其所戒, 是聖賢之罪人
也, 撻之市朝, 夫何足恤. 較以愚而無知, 罪當加等, 王桂其人也. 桂之鄰牆有何十四者, 納彭
氏之女爲存養婦, 年二十有三矣, 猶未成畢, 父母之過也. 桂不能以禮自防, 鑽穴踰牆, 靡所不
至. 初隔離以道其消息, 旣開戶以通其往來. 抱布貿絲, 彼固有意, 投梭折齒, 此豈無尤. 展轉
踰年, 竟成久假, 及其懷孕, 其事方露. 何吐剛而不敢發, 桂恃强而不伏認. 其父彭二十四入狀
于官, 數何之罪, 詞雖激切, 若有所愼, 實何有以使之也. 桂乃執彭說以自解, 謂何之家本自擾
雜. 不知彭之訟何, 乃所以訟己也. 倘能介然自立, 如顔叔之有節, 楊秉之不惑, 隔比鄰而分爾
汝, 縱有醜言, 初無相干. 今自反不縮, 已行供認, 以速淫泆之辜, 他何尤焉. 且兄弟泆僭計吏,
亦是儒家, 金昆玉友, 更相磨琢, 不能以前修自勉, 而卑陋之見, 以至于此. 使他時售儀曹子
賈, 居風化之職, 豈不慁其庭中人, 無復可望其有江漢‧汝墳之效也. 王榮打何十四之門, 雖
無實證, 跡有可疑. 此必怒其訟王桂而爲之. 彼以愛兄之道來, 亦不闊略, 但惜其未出于正爾.
王桂係犯私罪徒, 鄕擧不免, 且從輕典, 送學夏楚二十, 仍令屛出院, 毋眙嶽麓之羞.

――――
　書院"과 관계되는 단어로 추정된다.

12-5. 승관이 백성의 처를 감금하고, 도리어 그 남편을 도둑이라고 한다
僧官[122]留百姓妻反執其夫爲盜

옹호당(翁浩堂)[123]

승려인 행만行滿은 여천을呂千乙이 자신의 물건을 훔쳤다고 소송하고, 여천을도 승려인 행만이 자신의 처를 감금[關留][124]하고 있다고 소송했다. 물건을 훔치거나, 다른 사람의 처를 감금하거나 하는 것은 인정人情과 도리道理에 있어 모두 중대한 사안인데, 두 사람의 주장[兩詞][125]은 아직 진위가 밝혀지지 않으므로, 동현東縣[126]이 조사를 해 올린 증거[追會][127]와 진술에 의해, 공평하게[從公][128] 판결해야 한다[定斷].[129] 그런데 어떤 한[何一][130] 황당한 남자[妄男子]가 서徐통판通判 선교랑宣教郎[131]이라 자칭하며, 곧바로 관청 앞에 이르러, 승

---

122 僧官 : "僧人之官也, 如僧正, 僧統等是." 본 사건에서 등장하는 승관僧官 행만은 어떠한 승직僧職을 가지고 있었는지는 불명이다. 승관에 관련된 연구로서는, 白文固, 「남북조 수당 승관제도의 탐구」와 謝重光, 「진晋당唐 승관제도를 고찰하여 약술略述함」이 『중국사원경제사연구』(何玆全 주편, 안순형·임대희 옮김, 학고방, 2013)에 실려 있다.

123 翁浩堂 : 옹보翁甫. 자字는 경산景山이고, 호號는 호당浩堂이며, 건영부建寧府 숭안崇安, 福建 출신이다. 寶慶 2년(1226)에 진사進士가 되었다. 淳祐 12년(1252) 임안부臨安府 지부知府가 되었다. 高楠·吳克燕, 「南宋家庭中的養老田糾紛」, 《蘭台世界》, 2008-9; 高楠·趙樹旺, 「宋代家庭中的未析產業糾紛」, 《宋史研究論叢》 8, 2007; 莫家齊, 「南宋民事訴訟證據制度管見—兼論中國古代不采法定證據制度」, 《現代法學》, 1985-2.

124 關留 : "구금하다" 혹은 "가두다"라는 의미이다.

125 兩詞 : "두 건의 소송"을 지칭하나, 여기서는 문맥상으로 두 가지 소송을 제기한 "두 사람의 주장"으로 번역해 둔다.

126 東縣 : 현縣에 따라서는 현위가 복수로 설치되는 경우가 있다. 그런 때는 관할 구에 따라 동위東尉나 서위西尉라고 불렀다. 여기에서는, 동위의 관할 구역을 동현이라고 표현한 것으로 추정된다. 한편 동현은 범인을 관할하는 현 또는 범인이 거주하는 현일 가능성도 있다.

127 追會 : "追查"·"查處"의 의미이다.

128 從公 : 〈징악문〉 12-8 因姦射射의 각주 "從公" 참조.

129 定斷 : 정안定案·판단과 결정을 내린다는 뜻으로서, "판결을 내리다"라는 의미이다.

130 何一 : 사람 이름일 가능성도 있지만, 문맥상 "어떤 누구"라고 보는 것이 타당하다.

131 宣教 : 기록관인 선교랑을 지칭하는 것으로, 원래 선덕랑宣德郎이라 했는데 궁성의 남문과 이름이 같아 휘종徽宗 정화4년에 선교랑으로 개칭되었다. 여기에서는 '良家의 자식'이

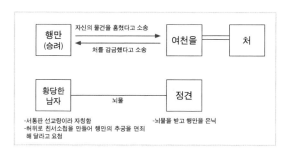

행만
(승려)

자신의 물건을 훔쳤다고 소송 →

← 처를 감금했다고 소송

여천을 — 처

황당한
남자 — 뇌물 — 정견

-서통판 선교랑이라 자칭함
-허위로 친서소첩을 만들어 행만의 추궁을 면죄
해 달라고 요청

-뇌물을 받고 행만을 은닉

려 행만行滿의 대리로서 출두하려 했다. 본관[當職]이 청자[廳子]132를 통해 여러 차례 자중을 촉구하자 겨우 물러났다. 그런데 숨 돌릴 틈도 없이[不旋踵],133 이번에는 조趙비각秘閣134의 서명銜名135이 들어 있는 봉인된 문서[封狀]를 이용하여, 허위로 친서소첩親書小帖136을 만들어, 이 승려의 추궁을 면죄해 달라고 요청해 왔다. 이처럼 관리의 이름을 빌어[寓貴]137 이런 요상한 승려를 감싸주는데도, (한편으로는) 암암리에 소송당사자들을 화해[和對]시킬 수밖에 없는 것이다. 어찌 일개 승려가 백성의 처妻를 감금하면서 관청의 출두명령도 따르지 않고, 게다가 어찌 그 남편을 도둑이라 몰아세울 수 있단 말인가? 이것은 하늘은 있는데 태양은 없다는 것과 같은 이치[理]이다. 만약 지현知縣이 뜻을 굽혀 이것을 받아들인다면 어떻게 리와 백성[吏民]138을 바라볼

라는 '미칭美稱'으로 사용되었다.

132 廳子 : 감관監官의 사령使令. 공인아역公人衙役 가운데에서 '수력手力'을 가리키고 있을 가능성도 있다.

133 不旋踵 : "행동을 하기에 시간이 너무 부족하다"라는 것으로, 즉 "시간이 매우 짧음을 비유하는 말"이다. 어떤 경우에는 "물러나지 않는 것"을 지칭하기도 한다.

134 秘閣 : 직비각直秘閣 · 비각교리秘閣校理 등과 같은 관직을 지칭한다. 『宋史』卷164, 「職官志」참조.

135 銜名 : 문서 등에 서명한 것을 지칭한다. 단독으로 서명한 것을 단함單銜이라 하고, 2명 이상의 연대서명하는 것을 회함會銜 혹은 연함聯銜이라고 했다.

136 小帖 : 원칙적으로 「帖文」은 상급에서 하급 관청으로 내리는 문서이다.

137 寓貴 : 직역하면 "귀인 혹은 귀족에 의거하다"라는 의미이나, 문맥상 관직의 사칭이나 관리의 명의 도용 등의 방법을 의미하는 것이므로, 우선은 "관리의 이름을 빌어"로 번역해 둔다.

138 屈超立, 「科擧制興宋代吏治」, 《齊魯學刊》, 2003-3.

면목이 있겠는가?

정견鄭堅은 패인牌引[139]을 가지고 (죄인을) 체포할 때, 서徐선교랑宣敎郞이 직접 건네준 관회官會[140] 30관貫을 받아 챙기고, 제멋대로 행만行滿을 감추어 주었으므로, 감장勘杖 100대에 처결하고, 지계채芝溪寨로 압송한 뒤 구금하라. 아울러 그 뇌물에 대해 추궁하고監贓,[141] 거듭 사건의 전말을 적어, 주州에 보고하여, 서리의 자격名糧[142]을 박탈시키고 제명開落[143]시키도록 한다. 서

---

139 牌引 : 범인을 체포할 때 발급한 증명서일 것으로 판단된다.

140 官會 : 송대에 쓰여지던 화폐로서, 동전이 무거웠기 때문에 종이로 된 어음과 같은 형태였다고 보면 될 것이다. 애초에는 민간 조직에서 발행하기 시작했는데, 이것을 점차로 官에서 발행하는 것으로 전개된다. 錢引이나 關子 형태도 있었으나, 회자會子가 보편적으로 되었으며, 일정한 화폐貨幣로서의 기능을 띠게 된 지질紙質을 갖춘 어음 형태로 바뀌게 되었다. 加藤繁, 『中國經濟史考證(上·下)』, 1941; 包偉民, 「試論宋代紙幣的性質及其歷史地位」, 《中國經濟史硏究》, 1995-3; 汪聖鐸, 「南宋對會子的兩次大規模"稱提"」, 《中國錢幣》, 1993-1; 王申, 「論南宋前期東南會子的惟質與流通狀況」, 《淸華大學學報》, 2019-3 참고.

141 監贓 : 주로 송대宋代의 사료에 많이 나타나고 있는데, 그 가운데에서도 특히 『청명집』에서 많이 쓰이고 있다. 감장監贓은 중국의 현행 법률에서는 "追贓(贓罪를 追窮하다)"이라고 사용되고 있다. 감장도 추장追贓과 마찬가지로 "贓罪를 追窮하다"로 해석하는 것이 무난할 것이다. 이 경우에 추궁할 뿐 아니라, 그에 근거하여 이를 처벌하는 과정도 포함하고 있다고 보아야 할 것이다. '贓'이라는 것은 "貨財의 利得"(張斐, 『律表』)을 일컫는데, 직무의 형편을 이용하여 침탐侵呑하거나 훔치거나 편취騙取하는 경우나 또는 그 밖의 수단으로 공공재물을 점유하거나 개인의 재물을 수회受賄하는 행위이다. 그에 따른 대상물로서는, 범죄인이 불법적으로 얻은 재물이나 소지할 수 없는 물품 및 범죄에 사용된 본인재물이다. 또한, 장죄贓罪를 적용하는 대상은 반드시 관인이나 서리만이 아니라는 점을 유념하여야 할 것이다. 『청명집』에 감장監贓이 모두 22안건에 실려 있는데, 그 가운데 「징악문」에 6안건이 실려 있다(이에 대해서는 「징악문」 권14-6 〈檢法書擬〉의 각주에 실어 놓았음). 「관리문」 권2에 5안건(「관리문」 권2-4 〈裕齋縣尉受贓〉; 「관리문」 권2-13 〈郡吏借補權監稅受贓〉; 「관리문」 권2-15 〈冒官借補權攝不法〉; 「관리문」 권2-16 〈虛賣鈔〉; 「관리문」 권2-19 〈對移貪吏〉)이 실려 있다. 「호혼문」 권5-8 〈從兄盜賣已死弟田業〉과 더불어, 「인품문」 권11에 5안건(「인품문」 권11-1 〈宗室作過押送外司拘管爪牙並從編配〉; 「인품문」 권11-7 〈士人以詭囑受財〉; 「인품문」 권11-14 〈違法害民〉; 「인품문」 권11-19 〈姦贓〉; 「인품문」 권11-42 〈官兵驕傲當行責罰以警其餘〉)이 실려 있다. 이것은 해당 卷에 "監贓"과 관련되는 내용을 다루었기 때문일 것이다. "監贓"에 대한 보충적인 사항에 대해서는, 「징악문」 권14-6 〈檢法書擬〉의 각주 監贓에 다시 한 번 서술하였으며, "免監贓"에 관해서는 「징악문」 권12-19 〈治豪橫懲吏姦自是兩事〉을 참조. "贓罪"에 관해서는 陳漢生·梅琳, 「我國古代法律中"贓"罪的規定」, 《上海大學學報》, 1995-3 등 참고.

142 名糧 : 여기서는 서리 자격을 박탈한다는 의미이다. 친정명량親丁名糧의 약칭. 공량公糧·

^徐통판^{通判}은 덕망이 뛰어나고 사대부 사이에서도 존중받고 있는 사람으로, 현재는 엄릉^{嚴陵; 嚴州}에 재임 중이다. 어떤 사람이 함부로 서^徐통판^{通判}의 본택^{本宅}의 선교랑^{宣敎郞}의 이름을 거짓으로 빌려, 관청을 어지럽히고, 향민^{鄕民}에게 해를 가하려고 했는지는 아직 밝혀지지 않았다. 전인^{專人}[144]을 엄주^{嚴州}[145]로 파견해서 이 사건에 대해 자세히 조사하여 보고하도록 하라. 또 전례^{前例}에 따라, 별도로 패인^{牌引}을 내려 행만^{行滿}을 체포하도록 독촉하고, 또 서^徐통판^{通判} 본택^{本宅}의 간인^{幹人}[146]도 소환^追하도록 하라.

僧行滿所呂千乙盜己之物, 呂千乙又訴僧行滿關留其妻. 盜物, 留妻, 情理俱重, 兩詞未知虛實, 自合由東縣追會供證, 從公定斷. 夫何一妄男子, 自稱係是徐通判宣敎, 直至廳前, 欲代僧行滿出頭. 當職使廳子再三傳語, 諭令自重, 方且退廳. 不旋踵間, 又用趙秘閣銜名封狀, 假作親書小帖, 乞免追僧. 使寓貴果於庇此夭僧, 只得私下與兩爭人和對, 豈有一僧關留百姓之妻, 不伏出官, 却又反執其夫爲賊之理. 此是有天無日世界. 知縣若復曲狗, 當何面目見吏民乎. 鄭堅承牌引追人, 輒受徐宣敎親手付度官會三十貫, 縱令藏慝行滿, 勘杖一百, 押下芝溪寨拘鎖, 幷監贓, 仍具因依申州, 開落名糧. 徐通判盛德令名, 士論推敬, 見任自在嚴陵, 未委何人輒敢假借本宅宣敎名目, 撓官府而害鄕民, 專人具申嚴州審會. 仍照已行, 別給牌引催追, 幷追徐宅幹人.

<hr/>

공비량^{公費糧} 등이라고도 하는데, 원래는 월급을 주는 명부이며, 서리에게 주는 월급 등을 의미한다.

143 開落 : 개탈^{開脫}·면제^{免除} 혹은 제명^{除名}의 의미이다. 開除落籍의 약칭.

144 專人 : 상급 관청에서 하부기관에 긴급한 일을 처리하기 위해 파견된 사람이다.

145 嚴州 : 지금의 절강성^{浙江省} 서부^{西部}에 해당하는 신안강^{新安江} 유역에 위치한다. 동쪽으로는 절강의 항주^{杭州}·금화^{金華}·구주^{衢州} 등과 접해 있고, 서쪽으로는 안휘^{安徽}의 휘주^{徽州} 등과 접해 있다.

146 서통판^{徐通判} 본택^{本宅}의 간인^{幹人}은 이 사건에 직접적으로 간여하고 있지 않지만, 서통판의 명의가 도용되었으므로, 간인을 소환해서 조사하도록 한 것으로 볼 수 있다.

12-6. 도사의 간통 사건은 남편의 고발에 따라 체포한다
道士姦從夫捕[147]

호석벽(胡石璧)

의심스러운 것을 반드시 사실이라고 할 수는 없지만, 비난[誘議][148]이 끊임 없이 일어나는 것은 이에 상당하는 의혹[無自][149]이 있기 마련이다. 원래부터 여도[呂道]가 선술[仙術]을 찾고자 봉도[蓬島][150]도 멀다고 생각하지 않았고, 도[道]의 진리를 찾기 위해 공동산[崆峒山][151]에까지 갈 정도였다. 그런데 만약 복기[伏氣]·연형[鍊形]·수진[修眞]·양성[養性][152]을 잘 익혔다면 사람들이 무엇 때문에 그를 비난 하겠는가? 반드시 평소 그의 행실에 문제가 있기 때문에, 세간 사람들이 그

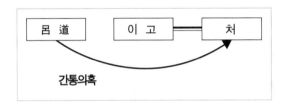

147 　姦, 從夫捕 : 『慶元條法事類』 卷80, 「雜文」 〈諸色犯姦〉에 "諸妻犯姦, 從夫捕 諸違法成婚, 其妻未離正, 而犯姦者, 夫及夫同籍之人, 因執捕, 而殺傷姦人, 竝聽, 依捕格法"이라고 되 어 있다. 부인이 간통하여, 부인을 체포할 때에 남편이 동의해야 가능하다는 의미이다. 종부포[從夫捕]에 관해서는, 최해별, 「남송대 "有夫者" 姦通의 처벌에 관한 연구─"姦從夫 捕"를 중심으로」, 《동양사학연구》 121, 2013이라는 연구가 있다.

148 　誘議 : "非議"라는 의미이다. "誘"은 "毁"와 동일한 의미로, 다른 사람을 악의적으로 공격 하거나 비난하는 것을 뜻한다.

149 　無自 : "진실"이 없다거나 "본연"이 없다는 의미로 본다면 "의혹"이라는 의미로 해석할 수 있을 것이다.

150 　蓬島 : 삼신산[三神山]의 하나이다. 『楚辭』 「遠遊篇」이나 『史記』 「封禪書」 등에 관련 기사 가 있다.

151 　崆峒山 : 지금의 감숙성[甘肅省] 평량시[平凉市]에 위치하고 있으며, 도교의 성지로 알려져 있다.

152 　伏氣·鍊形·修眞·養性 : 장생술의 일종이다. '복기[伏氣]'는 일종의 호흡법이고, 각종 운동을 통한 신체의 단련법이 '연형[鍊形]'이고, 정신수양법의 일종이 '수진[修眞]'이며, 질병 치료술의 일종이 '양성[養性]'이다. 이에 관해서는 窪德忠, 『道敎と中國社會』, 平凡社, 1965; 吉岡義豊, 『道敎と佛敎』, 日本學術振興會, 1959 참조.

에게 손가락질을 하는 것이다. 재물을 탐하는 사람은 도둑으로 의심을 받게 되는 것이고, 색色을 밝히는 사람은 음란하다고 의심받게 되는 것이다. (그러므로 여도가 의심을 받는 것은) 어찌 전혀 근거가 없는 것이라 할 수 있겠는가? 법률 조문在法[153]에는 "무릇 간통 사건은 남편의 고발에 따라 체포한다諸姦, 許夫捕"[154]라고 되어 있다. 이 사건의 경우, (남편인) 이고李高가 고소하지 않았으므로, 관사官司가 직접 일을 만들어 관여할 필요는 없을 것이다. 첨청僉廳[155]의 판결원안擬[156]에 따라 처리하도록 하라.

疑似之迹, 固未必然, 謗議之興, 要豈無自. 呂道若果能求仙蓬島, 訪道崆峒, 伏氣鍊形, 修眞養性, 則人孰從而議之. 必其素行有觭, 所以爲旁觀者之所指. 自人必貪財也, 然後人疑其爲盜, 人必好色也, 然後人疑其爲淫. 是豈皆無所自哉. 但在法, 諸姦, 許夫捕. 今李高旣未有詞, 則官司不必自爲多事, 照僉廳所擬行.

---

153 在法 : 『청명집』에 실려 있는 법률 조문은, 율律·칙勅·령令·격格·지휘指揮·간상看詳 등의 법률형식에서 유래하였으며, "政和名例勅"에서 온 부분이 많다. 『청명집』에서 인용된 것을 통해서 볼 때에, 남송시대에는 율칙律勅을 병용하고 있었던 것을 알 수 있는데, 칙에서 인용한 것은 아직 그 유래를 확실히 밝히기 힘든 곳이 많다(王志强, 「南宋司法裁判中之法條考」, 楊一凡總 主編, 『中國法制史考証』 甲編 第5卷, 中國社會科學出版社, 2003; 孔學, 「『名公書判淸明集』所引宋代法律條文述論」, 《河南大學學報》, 2003-3). 여기에서 인용한 법규라는 것은 『慶元條法事類』 권80, 「捕亡勅」〈諸色犯姦〉, "諸姦(妻)犯姦, 從夫捕"에서 파생된 규정으로 볼 수 있겠다. 그런데, 이 부분에서 첨가해 둘 내용이 있다. 仁井田陞씨는 「淸明集 戸婚門の硏究」(仁井田陞, 『中國法制史硏究 : 法と習慣 : 法と道德』, 東京大學東洋文化硏究所, 1964)의 제11절을 이에 割愛하여, 『淸明集』에서 인용되고 있는 "法文"의 사례를 분석하고 있다. (仁井田陞, 「淸明集 戸婚門の硏究」(임대희 엮음, 『판례로 본 송대 사회』, 민속원, 2019, 697~815쪽) 참고.
154 諸姦, 許夫捕 : 이 부분의 해석을 "남편이 체포하는 것을 허락한다許夫捕"고 할 수 밖에 없겠지만, 실제적으로는 "남편의 고발에 따라 체포한다從夫捕"로 보는 것이 합당할 것이다.
155 僉廳 : "簽廳"과 동일한 의미이다. 관리인 경우에는 부府·주州·군軍·감監의 막직관幕職官인 첨서판관청공사簽書判官廳公事를 지칭하며, 관청인 경우에는 첨서판관청을 지칭한다. 路와 州의 재판과 공사의 초안을 작성하는 첨서의 관청을 가리킨다.
156 擬 : 대체로 지방관인 지현知縣이나 지주知州·지부知府 이외의 관리가 작성한 판결 초안草案을 지칭한다.

12-7. 서리의 간통
吏姦

유후촌(劉後村)[157]

　　남편이 처의 간통을 고소한 경우에, 관사官司는 마땅히 조사해야 한다. 그러나 이 간통 사건은 현장에서 체포한 상태도 아니고, 소송 시점도 매우 지체된 경우이다. 또 처는 이미 이혼離緣당한 상태이며棄離,[158] 이에 관한 은사恩赦도 실시되었으며, 동시에 다른 사건과 함께 고소訴한 경우이다. 관사의 입장에서는 비록 이 사건에 대해 명확하게 그 진상을 샅샅이 규명하고자 하더라도, 상술한 바와 같은 여러 가지 정황이 얽혀 있어 아직 제대로 진상이 규명된 상태는 아니다.

　　소송을 제기한 채팔삼蔡八三은 이 씨阿李를 처로 맞아들였는데, 그녀는 음란하여 정절을 지키지 아니하고, 번번이 현리縣吏인 엽당葉棠과 간통하였으니 처벌받아 마땅하다. 이 씨阿李와 엽당의 대질 진술에 따르면, 간통은 실제로 작년 6월 이후의 일이라고 하였다. 하지만 채팔삼의 소송에서는, 작년 10월 7일에 외출했다 돌아오니, 처와 엽당이 집에서 간통하는 것을 직접

157　劉後村 : 명名은 극장克莊(1187~1269), 자字는 잠부潛夫, 호號는 후촌後村이다. 복건로福建路 흥화군興化軍 보전현莆田縣 출신이다. 은음恩蔭으로 관직에 진출한 후에 동진사출신同進士出身의 공명功名을 수여받았으며, 용도각학사龍圖閣學士에 이르렀다. 그는 남송의 호방파豪放派 사인詞人의 한명이다. 그는 매우 폭넓은 교유관계를 맺고 있었으며, 남겨놓은 작품도 많았다. 『後村先生大全集』에 江東提點刑獄使 때의 서판 2권이 수록되어 있고, 대부분은 『名公書判淸明集』과 중복된다. 大澤正昭, 「劉後村の判語-『名公書判淸明集』と『後村先生大全集』」, 《중국사연구》(대구) 54, 2008; 屈超立, 「劉克莊司法活動述論」, 『南宋史及南宋都城臨安硏究(續)』下, 人民出版社, 2013; 王述堯, 「劉克莊硏究綜述」, 《古典文學知識》, 2004-4 참고.

158　棄離 : 『慶元條法事類』 권80, 「雜律」 〈戶令〉에는 "諸婦人, 犯姦, 非義絶, 幷與夫之緦麻以上親, 姦未成, 離與不離, 聽從夫意. 被夫同居親强姦, 雖未成, 而妻願離者, 亦聽"이라 되어 있다. 즉 아내가 남편의 친척과 간통한 경우에 있어서, 간통한 아내와의 이혼 여부는 남편의 뜻에 따른다는 것이다. 남편의 매우 가까운 친척에 강간당한 경우는 아내가 이혼하기를 원하면 들어주어야 했다.

목격하고, 그들을 현장에서 붙잡기 위해 인보^{隣保}159를 소리쳐 부르는 사이에, 엽당^{葉棠}이 도망함으로써, 소송을 제기하지 못했다고 한다. 만일 채팔삼이 주장한 것이 사실이라면, 간통하는 현장에서 직접 붙잡지 못하고, 또 즉시 고소하지 못한 것은 채팔삼 본인의 실수이다.

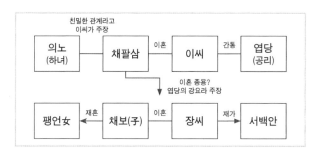

또 채팔삼^{蔡八三}의 소송에서는 "엽당이 채팔삼 자신의 처(妻, 즉 李氏)와 간통한 사실을 그 집안의 며느리에게 발각될 것이 두려워, 채팔삼에게 이혼서^{離書}160의 초안^{草本}을 쓰도록 하고, 채팔삼 자신의 아들인 채보^{蔡保}에게 시켜 그대로 베껴 적게 하고, 며느리인 장 씨^{阿張}와 이혼시켰다고 한다. 이혼은 반드시 심각한 불화가 있어서 부득이한 사정에 의해 하는 것인데, 어찌 특별한 이유도 없이 타인의 사주를 받아 쉽게 처와 헤어질 수 있단 말인가? 관계자의 진술과 이혼서를 조사해 보니, 그것은 자식부부(채보와 아낙네 장 씨)가 화목하지 못해서 이혼^{仳離}161에 이른 것이었으며, 채팔삼과 처 이 씨^{李氏}도 모두 그 정황을 알았기^{知情}162 때문에 이혼서에 날인^{着押}163

---

159 鄰保 : 당송대 향촌의 하부조직으로, 연대책임을 지는 기본단위이자, 때로는 징세업무에도 활용된 기층단위였다. 이에 관해서는 松本善海 , 「鄰保組織を中心したる唐代の村政」, 『中國村落制度の史的研究』, 岩波書店, 1977, 384~412쪽 참조.

160 離書 : '休書'라고도 하며, '離婚狀'을 지칭하는 말이다. 이혼장이라고도 해도, 오늘날의 부부합의에 의한 이혼서류라기보다는 남편이 부인을 쫓아낼 때, 작성하는 서류라고 보는 것이 타당할 것이다.

161 仳離 : 본래 '이별하다'라는 의미이지만, 여기서는 의미상 '이혼하다'라는 것을 의미한다. 『詩經』「王風」〈中谷有蓷〉에 "남편과 생이별한 여인이 한숨 쉬며 한탄하네[有女仳離, 嘅其嘆矣]"라고 되어 있다.

162 知情 : "실제 사정을 알다' 혹은 '어떤 사건의 정황을 알다'라는 의미이다. 예를 들면, 관

한 것은 아닐까?[164] 게다가 그들이 이혼한 것은 작년 2월의 일이고, 엽당
과 이 씨가 간통한 것은 6월 이후이므로, 간통 사건과 채보의 이혼과는 서
로 관계가 없는 것으로 보인다.

한편 채팔삼이 작년 윤12월에 현에 와서 소송을 제기하였을 때, 관사가
비로소 조사하기 시작했다. 금년 2월이 되어 이혼서를 직접 작성해서 처 이
씨와 이혼하고, 별도로 증서[批約][165]를 교환하고 의복류를 이 씨에게 인도했
다[交領衣服]. 이미 이혼한 후에 또 다시 현縣과 부府에 소송을 제기한[經縣][166] 것
이다. 관사가 소송을 모두 수리하고, 사건에 관련된 모든 증인[一行人][167]을 소
환해서[索上] 자세히 조사하자 그 정황이 명확하게 밝혀졌다.[168]

엽당과 이 씨는 부적절하게 간통했으므로 도죄徒罪에 처해야 한다[不合姦
通, 合係徒罪].[169] 그러나 이에 관해서는 "옥보玉寶의 은사恩赦"[170]가 내려졌기 때
문에 그 죄는 면제한다. 채팔삼蔡八三은 이미 이혼서를 작성해서 처와 이혼

사官司가 부정한 사실을 알고도 불문에 붙인다면 이는 지정知情에 해당한다.

163 着押 : '서명・날인'의 의미이다. '화압花押'을 찍는 것을 지칭하는 말이다.

164 이것은 순수하게 여성의 자의自意에 의해 이혼한 경우이다. 죄를 지어 처벌을 받아 관에
    의해 이혼한 경우와는 다르다(우성숙, 「宋代 女性의 再婚과 財産問題」, 임대희 엮음, 『판
    례로 본 송대사회』, 민속원, 2019, 144~187쪽 참조).

165 批約 : 직역하면 "批(날인・확인 등)를 한 계약서"라는 의미이다. 예를 들면, 토지의 일부
    분을 저당 잡았다가 후에 다시 돌려받았을 경우에는 원래의 계약서에 다시 돌려받았다
    는 것을 날인하여 이를 증거로 삼았다.

166 經縣 : '縣에 소송을 제기하다'라는 의미이다.

167 一行人 : 사건에 관련된 '관련자 모두' 혹은 '사건에 관련된 모든 증인'이라는 의미이다.

168 姦從夫捕의 규정이 있지만, 여기에서는 사건이 발생했을 때에 즉시 고발해야 유효하며,
    소송하는 동안에 이혼하였으므로 이것이 간통한 아내의 처벌에 영향을 미치고 있다(최
    해별, 「남송대 "有夫者 姦通의 처벌에 관한 연구―"姦從夫捕"를 중심으로」, 『동양사학연
    구』 121, 2013 참조).

169 不合姦通, 合係徒罪 : 『唐律疏議』第410條「雜律」22〈姦〉에 "諸姦者, 徒一年半, 有夫者徒
    二年, 部曲・雜戶・官戶, 姦良人者, 各加一等"(무릇 姦한 자는 도형 1년반에 처한다. 남
    편이 있는 경우는 도형 2년에 처한다. 部曲・雜戶・官戶가 良人을 姦하였다면 각각 1등
    을 더한다)이라 되어 있다(임대희・김택민 주편, 『譯註唐律疏議』〈各則 下〉, 한국법제
    연구원, 1998, 3227쪽 참조).

170 玉寶赦恩 : 『宋史』卷40, 「寧宗本紀」, 嘉定 15년 春正月 乙未條에 "以受寶大赦"라 되어 있
    는데, 판결문에서의 "去年"은 嘉定 14년(1221)을 의미하는 것으로 생각된다.

하였으므로, 뒤늦게 후회하더라도 되돌릴 수는 없다. 채보는 처인 장 씨[阿張]와 이혼한 지 이미 1년이 지났고, 장 씨[張氏]는 이미 서백안[徐伯安]에게 재가했고, 채보 또한 팽언[彭彦]의 딸과 재혼했으므로, 법적으로 되돌린다는 것은 어려운 것이다.

다만 엽당은 공리[公吏][171]의 신분이면서 법을 두려워하지 않고 이 씨와 간통했으므로, 비록 은사가 내려졌다 하더라도 장형 100대에 처결[從杖一百][172]하여, 서리[吏人]된 자들에게 본보기로 삼도록 한다. 이 씨[阿취]에 관한 문건은 그의 본관(本貫, 즉 본적지)인 숭안현[崇安縣, 建寧府]으로 보내서 관할하도록[交管][173] 맡기고, 다른 곳에서 또다시 소송을 일으키지 못하도록 하라. 이 씨의 진술에서는 "채팔삼이 하녀[女使]인 익노[宜奴]를 돌보면서, 이 씨[阿취]를 꾸짖고 괴롭혀 이혼하게 만들었다"고 하였으나, 이에 대해서는 더 이상 추궁[追及]하지 않는다. 채팔삼이 작성한 이혼서와 의복 등을 인도한다는 증서[領約]는 판결문서에 첨부하도록 하고 장 씨[阿張]의 이혼장은 되돌려준다. 나머지 사람들은 모두 석방하도록 한다.

---

171 公吏 : 서리[胥吏]와 같은 개념으로 송대의 서리는 크게 공인[公人]과 이인[吏人]의 두 부류로 나눌 수 있다. 이인은 직급에서 첩사[貼司]까지의 주현의 인리[人吏]를 지칭하고, 공인은 관청의 전부[專副]나 고자[庫子]·칭자[稱子]·도자[掐子]·장직[杖直]·옥자[獄子]·병급[兵級]과 같은 부류로 볼 수 있다. 이에 관한 연구로는 宮崎市定,「胥吏の陪備を中心として」,『アジア史研究』 3, 同朋舍, 1958; 周藤吉之,「宋代州縣の職役と胥吏の發展」,『宋代經濟史研究』, 東京大學出版, 1962; 黃寬重,「從中央與地方關係互動看宋代基層社會演變」,《歷史硏究》, 2005-4, 補充하여 修訂한 뒤에,「宋代基層社會的權力構造與運作—以縣爲主的考察」,『中國史新論·基層社會分冊』, 臺北 : 中央研究院·聯經出版社, 2009; 梅原郁,「宋代胥吏制の槪觀」,『宋代官僚制度研究』, 同朋舍, 1985; 苗書梅,「宋代州級公吏制度研究」,《河南大學學報》, 2004-6; 苗書梅,「宋代縣級公吏制度初論」,《文史哲》, 2003-1 및 朴淳坤,「宋代地方胥吏의 모습」, 임대희 엮음, 552~593쪽,『판례로 본 송대 사회』, 민속원, 2019, 552~593쪽 등 참조. 좀 더 구체적인 내용은 「징악문」 13-27 〈以累經結斷明白六事, 誣罔脫判, 昏賴田業〉의 각주 '公吏' 참조.

172 從杖一百 : 『唐律疏議』 第410條,「雜律 22」,〈姦〉에 "무릇 姦한 자는 도형 1년 반에 처한다. 타인의 部曲妻나 雜戶·官戶의 婦女를 姦한 자는 장형 100대에 처한다[諸姦者, 徒一年半, 姦他人部曲妻, 雜戶·官戶婦女者, 杖一百]"(임대희·김택민 주편,『譯註唐律疏議』〈各則 下〉, 한국법제연구원, 1998, 3227~3228쪽 참조).

173 交管 : "상대방 관할[管轄]에 위임한다"라는 의미이다.『慶元條法事類』卷75,「刑獄門」에 "其罪人在路或有病患, 卽申官司, 州委兵官, 縣委巡尉, 交管醫治"라 되어 있다.

夫告妻姦, 官司所當施行. 但登時不捕, 久方有訴, 妻已棄離, 又復該赦, 方且倂他事胃罣
論訴, 官司雖欲盡情追究, 不可得也. 蔡八三娶阿李爲妻, 淫婦不能守節, 輒與縣吏葉棠姦通,
是誠可罪. 據阿李·葉棠供對, 其通姦實在去年六月以後, 八三所訴, 却稱去年十月初七日,
因出外回來, 親見其妻與葉棠在家行姦, 當捉住嘔叫鄰保, 被葉棠脫走, 不容論訴. 若果如此,
登時旣不親捕, 又不告論, 乃是蔡八三自失. 又稱葉棠因與其妻有姦, 恐其兒婦窺覿, 遂寫下
離書草本, 唆使其子蔡保謄寫, 離棄兒婦阿張. 且離必有深爭, 不得已而後遣棄, 豈有無故被
人唆使, 輒自離其妻者. 追人供對, 索出離書參照, 蓋因其夫妻不和, 遂從此離, 蔡八三與妻阿
李, 皆知情自押. 況其事在去年二月, 而葉棠與阿李有姦, 却在六月以後, 似於前事不相干涉.
蔡八三去年閏十二月內經縣告論, 官事方行追究, 今年二月, 又自立離書, 將妻阿李遣棄, 及
別立批約, 交領衣服. 旣離之後, 又復經縣經府論訴, 官司盡人之詞, 索上一行人審究, 其情節
已自分明. 葉棠·阿李不合姦通, 合係徒罪, 該遇玉寶赦恩, 亦合原犯. 蔡八三已立離書, 將妻
遣棄, 難以追悔. 蔡保離妻阿張, 已逾一年, 阿張旣改嫁徐伯安爲妻, 蔡保亦再聘彭彦之女, 法
難追改. 但葉棠身爲公吏, 不懼條令, 與阿李姦通, 雖已該赦, 合從杖一百科斷, 以爲吏人之
戒. 阿李牒押回本貫崇安縣交管, 不得在外別惹詞訴. 阿李所供蔡八三因顧得女使宜奴, 遂
將阿李儻傒遣棄, 免追究. 蔡八三原立離書·領約, 連粘附案, 阿張離書給還. 餘人並妨.

12-8. 간통하였으므로 사사에 처한다
因姦射射

범서당(范西堂)

역대 왕조에서 대대로 법을 제정할 때에는 인정[情]과 도리[理]를 참작하
고 심혈을 기울이지 않음이 없었다. 만약 그것이 인정과 도리에 어긋난
것이었다면, 후대까지 이어지는 법이 될 수 없었을 것이다.
그런데 임계현臨桂縣: 廣南西路 桂州 출신의 황점黃漸은 유학자[儒者]라고 자칭하
며 소학小學174에서 학생들을 가르치는 것을 생업으로 삼고 근근히 생활하

---

174 小學: 송대의 소학小學은 주현소학州縣小學과 재경소학在京小學으로 나눌 수 있다. 송대의
주현소학의 효시는 至和 원년(1054) 경조부소학京兆府 小學의 설립을 들 수 있다. 일반적으

던 자였다. 그런데 그는 영복현[永福縣; 廣南西路 桂州]에 임시로 살며, 도 씨[陶氏] 집에서 처와 함께 신세지고 있었다. 이는 너무 가난하여 어쩔 수 없었다고 감안할 수도 있을 것이다. 그렇지만 승려인 묘성[妙成]과 황점의 집주인인 도잠[陶岑]은 서로 의복[衣服]의 문제로 분쟁 중이었는데, 그것이 결국 황점의 처까지 연루되었다. 이로 인해 결국 쌍방간은 서로 간통했다고 고발한 것이다. 위사[尉司]가 이 사건을 보고하고[解上],175 현[縣]에서는 황점·도잠과 승려 묘성에게 각각 장형 60대[杖六十]176의 형벌에 처했지만, 황점의 처인 주씨[阿朱]에게는 처벌대신[免斷]177 군채[軍寨]178로 압송하여, 사사[射射]179라는 형벌

로 8세에서 12세의 아동들이 내사[內舍]·상사[上舍]에서 교육을 받았다. 3개월에 한 번씩 시험을 보아, 진급이나 퇴학 등의 조치를 취하였다.

175 解上 : '解'는 '보내다'·'발송하다'·'압송하다'·'보고하다'라는 의미이다. 「징악문」 13-10 각주 '解來' 참조.

176 杖六十 : 『당률소의』 第410條 「잡률 22」 〈諸色犯姦〉에서는 "무릇 姦한 자는 도형 1년 반에 처한다[諸姦者, 徒一年半]"라 되어 있다(임대희·김택민 주편, 『譯註唐律疏議』 〈各則 下〉, 한국법제연구원, 1998, 3227쪽 참조). 여기에서 장형 60대로 처벌한 것은 어떠한 법률 조문에 의거한 것인지는 불명이다.

177 免斷 : "처벌을 면제하다"라는 의미도 있으나 여기서는 "통상적인 형벌을 부과하는 것을 면제하다"라는 의미로 볼 수 있다.

178 軍寨 : 북변 방비를 위해 만들어진 시설이다. 또한 諸州나 교통상의 요충지에 설치된 순검사[巡檢司]에 소속하는 병사들의 주둔지이다(松本善海, 「中國村落制度史の諸問題」, 『中國村落制度の史的研究』, 岩波書店, 1977, 237쪽; 曾我部靜雄, 「宋及び宋以後の鄕村形態-五代宋の鄕村制」, 『中國及び古代日本における鄕村形態の變遷』, 吉川弘文館, 1963, 126쪽 참조).

179 射射 : "간통죄를 범한 부인을 兵營에 보내어 兵士의 妻로 삼는 형벌 가운데 하나"라고 보는 견해도 있고, "군인 가운데 희망자가 있으면 그에 맡겨 妻로서의 役에 할당한다"라는 견해도 있다. 병사들이 활쏘기 내기를 하여 이긴 사람이 妻로 삼는 것으로 보여진다. 이는 재판의 판결문에서 소위 '정신대[挺身隊]' 역할과 비슷한 처벌을 내린다는 것은 이해하기 어려운 부분이며, "役에 처한다"라고 보는 것이 보다 타당할 것이다. 여기서 役이란 군인의 아내 역할, 즉 뒷바라지로 빨래·바느질·취사담당 등으로 하기 싫은 일을 억지로 해야 하는 것으로 보아야 할 것이다. 만약 "군인 가운데 희망자의 처로 할당한다"라고 본다면 항상 군채[軍寨]로 호송을 해야 할 텐데, 문장 속에 "押下軍寨射射"와 "縣司押下射射"로 나오는 것으로 보아 군채만이 아닌 현사[縣司]에서도 호송해서 사사[射射]시키는 것을 볼 수 있다. 즉 관청에서 주관하여 役을 시키는 것으로 보아야 할 것이다. 문장 속에 "淫濫之婦, 俾軍人射以爲妻"라 되어 있고, 문맥으로부터 생각해 보아 "간통죄를 범한 부인을 병영에 보내 병사의 아내로 만든다"라고 해석하는 일본의 견해도 있다. 『청명집』 「징악문」 14-6 〈與戌兵射給多中者爲妻〉의 각주 참조.

에 처했다.

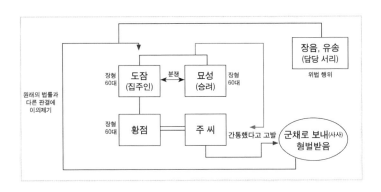

도대체 이러한 판결은 어떠한 법률 조문에 근거하여 내린 것일까. 이에 황점이 소송을 제기했고, 현의 부서로부터 관련 서류[案]를 조사하고 또 관계자를 추궁하여 대질하니, 실상은 황점이 소송을 제기한 내용과 같았다. 이와 같이 잘못된 판결을 내린다면, 어떻게 소송 분쟁을 막을 수 있겠는가. 무릇 법률 조문에서는 "간통을 범한 경우에는 도형 2년에 처결하고, 만약 승려나 도사道士가 간통하였을 경우에는 죄를 한 등급 더 무겁게 처벌한다[在法, 諸犯姦, 徒二年, 僧道加等]"[180]고 되어 있다. 또 법률 조문에는 "간통을 범한 경우에는, 반드시 남편의 고소가 있어야만 체포한다"고 되어 있다. 또한 법률 조문에는 "처가 간통을 범한 경우, 이혼[離緣] 여부는 처의 의사에 관계없이 남편 뜻에 따른다"라고 되어 있다. 지금까지 황점은 한번도 간통에 대해 고소하지 않았다. 단지 도잠과 승려가 번갈아 소송분쟁하면서 주 씨를 연루시킨 것에 불과했고, 실제로 간통이 있었는지 없었는지 그 여부에 대한 사실마저도 여기에서 어떻게 알 수 있겠는가.[181]

180　在法, 諸犯姦, 徒二年, 僧道加等:『唐律疏議』第410條,「잡률 22」〈姦〉에 "무릇 姦한 자는 도형 1년 반에 처한다. 남편이 있는 경우는 도형 2년에 처한다[諸姦, 徒一年半, 有夫者徒二年]"라 되어 있고, 여기에는 '有夫'의 경우이므로 '徒二年'이 적용된다(임대희・김택민 주편,『譯註唐律疏議』〈各則 下〉, 한국법제연구원, 1998, 3227쪽 참조).

181　이 부분에서 사건의 핵심이 잘 드러나지 않은 점이 문제라고 할 수 있겠다. 첫째 간통 사건이 성립하는 조건이고, 둘째 소송담당 관인에 대한 내용이 빠져 있다는 점이다. 이에

"간통 사건의 경우에는, 반드시 남편의 고소가 있어야만 체포한다又法, 諸犯姦, 許從夫捕"는 법률 조문에는 이러한 깊은 뜻이 담겨 있다. 또 황점은 이혼을 원한 것이 아니었는데, 현의 부서에서는 그 처를 군채軍案로 보내 사사射射라는 형벌에 처했던 것이다. 음란한 부인을 사사射射에 처한 조치는 예전부터 이뤄져 온 일이고, 본관이 지금까지 재임했던 주현에서도 누누이 행해왔다. 그러나, 아래의 세 가지의 경우,[182] 즉 잡호雜戶로 전락된 경우·원래부터 남편이 없는 경우·혹은 간통한 아내를 남편이 받아들이기를 원하지 않아서 간통한 아내가 돌아갈 곳도 없는 경우에 관사官司로서도 처리가 곤란하므로 비로소 이런 조치를 취했던 것이다.

남편이 고소하지 않았는데도 간통죄로 판결을 내리고, 남편이 이혼[離絲]을 원한 것도 아닌데 강제로 다른 사람의 아내가 되도록 처한 조치는 지금까지 들어본 적도 없고 법률의 뜻과도 완전히 다르게 처리한 것이다. 만일 사실 관계가 불명확曖昧[183]할 뿐 아니라 간통에 대해 남편이 고소하

대해서, 黃寬重, 「從中央與地方關係互動看宋代基層社會演變」, 《歷史研究》, 2005-4, 補充하여 修訂한 뒤에, 「宋代基層社會的權力構造與運作—以縣爲主的考察」, 『中國史新論・基層社會分冊』, 臺北 : 中央研究院・聯經出版社, (2009)에 실었다. 그리고, 박순곤, 「宋代 地方胥吏의 모습」(임대희 엮음, 『판례로 본 송대사회』, 민속원, 2019, 552~593쪽)에서는 본래 "황점은 이혼을 원한 것이 아니었는데, 현縣에서는 그의 처를 군채軍案로 보내 희망자에게 준 것이다. 몸가짐이 나쁜 부인을 군인 희망자에게 처로 준다는 조치는, 우선 잡호로 전락된 경우나, 원래 남편이 없는 경우, 그리고 남편이 원래 상태로 되돌리는 것을 허락하지 않는 경우에, 갈 곳도 없고 조정으로서도 처리가 곤란한 자에 한 해 비로소 취하는 것이었다". 그런데 이 건에서 "황점은 간통 사건에 대해 제소하지도 않았고, 단지 도잠과 승려와의 소송분쟁에 관련되어 아주阿朱가 나오게 된 것에 불과했으며, 실제로 간통이 있었는지 여부에 대한 사실은 알 수가 없다"면서, 이 처리의 근거에 부당성을 지적하고 있다.

182 이 세 가지의 경우에 본래의 남편이 포함되는지 여부는 불명不明. 이 부분은 잡호雜戶 생성 과정에 관한 것을 좀 더 밝혀보면 파악할 수 있을 것이다.

183 曖昧 : 첫째로 "(태도, 의도 따위가) 애매모호하다"라는 뜻이 있으며, 둘째로 '남녀 간의 행위가 애매하거나, 떳떳하지 못하다'는 뜻이 있다. 그런데 『청명집』에서는 이 남녀 사이의 "간통姦通"을 "애매曖昧"라고 표현하는 경우가 있다(최해별, 「남송대 有夫者姦通의 처벌에 관한 연구—「姦從夫捕」를 중심으로」, 《동양사학연구》 121, 2013 참고). 가령, 「인륜문」, 10-24 〈남편이 처를 버리려고 떳떳하지 못한 남녀관계曖昧를 빌미로 무고한다夫欲棄其妻誣以曖昧之事〉; 「인륜문」 10-33 〈며느리가 나쁜 소문을 시어머니에게 뒤집어 씌워 자신의 죄

지도 않았는데 간통한 아내를 처벌하고, 남편이 희망하지 않았는데도 그 처를 이혼시킨다면, 타인의 은밀한 일을 함부로 폭로하면서 고소[告訐]하는 일이 다반사로 발생하여, 억울하게 처벌[羅織]되는 사람이 비일비재하게 될 것이다. 이렇게 된다면 오늘날 대다수의 부인들은 사사[射䠶]라는 처벌을 면치 못할 것이다. 게다가 아낙네 주 씨에게는 갓난아이가 있는데 그들을 이혼시킨다면 부모 자식 관계를 갑자기 끊어버리게 되는 것이다. 이를 어찌 참을 수 있겠는가. 나이도 차지 않은 어린 아들은 가엽게도 어미 없는 몸이 되어 버리고, 비록 법률에 따라 공명정대[從公]184하게 처리하

를 면하려고 꾸민다[婦以惡名加其舅以圖免罪]〉; 「인륜문」 10-34 〈처와 간통했다고 함부로 아들이 아버지를 무고하다[子妄以姦妻事評父]〉; 「인륜문」 10-35 〈남녀관계에 대한 고소가 있는 이상, 강제적으로 이연시켜야 한다[旣有曖昧之訟合勒離雕]〉; 「징악문」 12-8 〈간통하였으므로 사사[射䠶]에 처한다[因姦射䠶]〉; 「징악문」 13-7 〈돈을 대어 주고 살인죄로 다른 사람을 무고하다[資給誣告人以殺人之罪]〉; 「징악문」 13-21 〈다리에 못을 박다[釘脚]〉에 이러한 사례들이 나오고 있다. 이러한 점을 고려해 보더라도, 본 조문의 부분에서는 "사건이 명확하지 않고 애매모호하다"라는 뜻으로 해석하는 것이 타당하다. 「징악문」 13-21 각주 曖昧 참조.

184 從公 : 여기서의 "從公"은 "공정함에 따라", "공평무사함에 의거하여", "공명정대함에 따라"라는 의미이며, "從私"에 대립되는 개념으로 이해할 수 있다. 그런데 최해별 씨는 「남송대 "有夫者" 姦通의 처벌에 관한 연구―"姦從夫捕"를 중심으로」, 『동양사학연구』 121, 2013이라는 논문에서 "從公"의 "公"에는 수컷이라는 의미도 있으므로 "公=황첨"이라고 보았다. 이는 상당히 참신한 시각에서 보는 관점이라고는 할 수 있지만 설득력이 있는지에 관해서는 의문이 든다. 청명집에서 "從公"이라는 용어가 등장하는 판결문을 예로 들면 다음과 같다. 「관리문」 권1-3 〈勸諭事件於後〉; 「관리문」 권1-11 〈縣官無忌憚〉; 「관리문」 권1-33 〈懲戒子姪生事擾人〉; 「관리문」 권2-24 〈監稅遷怒不免對移〉, 「부역문」 권3-13 〈比自白脚之高産者差役〉; 「호혼문」 권4-3 〈羅琦訴羅琛盜去契字賣田〉; 「호혼문」 권4-12 〈使州索案爲吳辛訟縣抹干㮣不當〉; 「호혼문」 권4-23 〈隨母嫁之子圖謀親之業〉; 「호혼문」 권5-10 〈典賣園屋旣無契據難以取贖〉; 「호혼문」 권5-11 〈物業垂盡賣人故作交加〉; 「호혼문」 권5-13 〈田隣侵界以此見知曹帥送一削〉; 「호혼문」 권5-16 〈爭山各執是非旨參旁証〉; 「호혼문」 권5-17 〈經二十年而訴典買不平不得受理〉; 「호혼문」 권6-1 〈已賣而不離業〉; 「호혼문」 권6-2 〈執同分贖屋地〉, 「호혼문」 권6-7 〈兄弟爭業〉; 「호혼문」 권6-13 〈訴姪盜賣田〉; 「호혼문」 권6-17 〈叔姪爭〉; 「호혼문」 권7-1 〈生前抱養外姓歿後難以搖動〉; 「호혼문」 권7-4 〈探鬮立嗣〉; 「호혼문」 권7-6 〈不當立僕之子〉; 「호혼문」 권7-13 〈官司幹二女已撥之田與立繼子奉祀〉; 「호혼문」 권7-15 〈雙立母命之子與同宗之子〉; 「호혼문」 권7-19 〈出繼子破一家不可歸宗〉; 「호혼문」 권8-9 〈立繼營葬嫁女並行〉; 「호혼문」 권8-14 〈所立又亡再立親房之子〉; 「호혼문」 권8-15 〈命繼與立繼不同〉; 「호혼문」 권8-22 〈出繼不肖官勒歸宗〉; 「호혼문」 권8-26 〈檢校㷋幼財産〉 공정함에 따라[從公]; 「호혼문」 권9-18 〈過二十年業主死者不得受理〉; 「호혼문」 권9-36 〈賃人屋而自起造〉; 「인륜문」 권10-20 〈兄弟

더라도 어찌 그 삶이 온전할 수 있겠는가. 이는 정치가 백성들에게 해^害를 가하는 일례가 되는 것이다.

또 승려가 간통한 경우 일반인보다 무겁게 처벌해도 좋은데, 여기서는 단지 장죄^{杖罪}를 부과하는데 그쳤다. 또 부인의 화간^{和姦}[185]은 도형^{徒刑} 2년에 처결해야 하는데 여기에서는 처벌을 면해주고 있다. 이와 같이 부인의 처벌을 면제하고 승려의 죄를 가볍게 처벌하고 있는데, 이들에게는 더 무거운 형벌^{刑罰}을 내려도 괜찮은 것이다^{不妨從厚}.[186]

그런데 왜 황점은 도잠·묘성과 같은 죄를 받아야만 했을까. 어찌 주 씨는 사사^{付之軍士}라는 처벌을 받아야만 했을까. 이전의 판결에서는 가볍게 처벌해야 할 것을 무겁게 처벌하고, 무겁게 처벌해야 할 것을 가볍게 처벌했던 것이다. 이는 잘못된 판결이 아니겠는가. 지방의 장관들은 친민관^{親民官}으로서 마땅히 법을 올바르게 집행해야 하는데, 법률 조문에 근거하지 않고, 자기 마음대로 법을 함부로 집행한다면, 백성들이 의지할 곳은 어디란 말인가.

『역경^{易經}』의 「가인^{家人}의 괘^卦」[187]에 기술되어 있는 것은 변하지 않는 고

争葬父責其親舊調護同了辦葬事);「인품문」 권11-11 〈客僧妄訴開福絶院〉;「징악문」 권12-5 〈僧官留百姓妻反執其夫爲盜〉;「징악문」 권12-39 〈士人教唆詞訟, 把持縣官〉;「징악문」 권13-24 〈峒民負險拒追〉;「징악문」 권13-28 〈假爲弟命繼爲詞, 欲誣賴其堂弟財物〉 등을 들 수 있다. 위에 열거한 판결문에서 등장하는 "從公"의 의미는 모두 "공정함에 따라"; "공평무사함에 의거하여"; "공명정대함에 따라"; "타당한"이라는 의미로 사용되고 있다. 그런데 이 문장에서만 "從公"의 公을 수컷이라는 의미로 이해하여 "公=황점"으로 보는 최해별 씨의 시각^{視覺}이 어느 정도 설득력을 가질 수 있는지에 대해서는 의문이 든다.

185 和姦:『당률소의』 第410條,「잡률 22」〈姦〉에 "무릇 和姦의 경우, 해당 조문에 婦女의 罪名이 없다면 男子와 같게 한다^{諸和姦, 本條無婦女罪名者, 與男子同}(임대희·김택민 주편,『譯註 唐律疏議』〈各則 下〉, 한국법제연구원, 1998, 3227쪽)"이라 되어 있고, 앞의 '諸姦, 徒一年半, 有夫者, 徒二年'과 함께 '徒二年'에 해당된다.

186 불방종후^{不妨從厚}:"不妨從厚"라고 할 때의 "厚"는 "관대함"으로도 볼 수 있는데, 이럴 경우 "관대함에 따라 처벌해도 무방할 것이다"로 해석할 수 있다. 다만 문맥상 어색하다고도 볼 수 있다. 이 부분은 좀 더 검토할 여지가 있겠다.

187 家人一卦:『易經』「家人의 卦」에, "象曰, 家人·女正位乎內, 男正位乎外·男女正·天地之大義也. 家人有嚴君焉. 父母之謂也. 父父·子子·兄兄·弟弟·夫夫·婦婦, 而家道正. 正家而天下定矣"이라 되어 있다.

금의 이치이다. 무릇 한 가정을 꾸리고 있는 경우라면, 항상 이를 좌우명으로 삼아야 할 것이다. 그래야만 천하天下의 모든 집안에 있어서, 「가인의 괘」에 기술된 동서고금의 이치가 실현될 것이고, 제후에 봉해질 정도의 훌륭한 덕행인德行人들만 모인 세상比屋可封[188]이 될 것이다. (그렇게 된다면) 어찌 다시금 남녀문제로 소송을 제기하여 관부官府를 시끄럽게 하는 일까지 발생하겠는가.

『예기禮記』「예운편禮運篇」에 기술되어 있는 것도 성인의 가르침인데 "무릇 인간은 음식을 맛보고, 음성을 분별해서 듣고, 색채를 구별하는 능력을 가지고 이 세상에 존재하고 있는 영물靈物이다夫人食味, 別聲"[189]라는 사실을 어찌 모른단 말인가. 인간들이 이러한 존재라고 한다면, 천하에 소송 분쟁을 없애기 위해서는 '법法을 버리고 예禮로써 가르치는 것'에 힘을 기울여야 하는 것이다. 이것이야 말로, 주공周公과 공자孔子의 가르침이 나날이 천하에 널리 펼쳐지는 것이 되는 것이고, 그리하여 결국 복희씨伏羲氏가 통치하던 태평성대의 시대가 도래할 것이다. 이렇게 된다면, 재판 과정에서도 소송 당사자인 원고와 피고 두 사람만 있어도 되는 것이고, 다른 많은 관련자가 필요하지 않을 것이다. 또 칙령격식勅令格式이 대대로 전해질 필요도 없고, 상정일사詳定一司의 관리[官][190]도 만들 필요가 없으며, 조법사류條法事類와 같은 법전도 편찬할 필요가 없으며, 신명지휘申明指揮와 같은 조칙이나 명령도 계속 반포할 필요가 없는 것이다.

문인이나 유학자儒士도 원래 이와 같이 되기를 원했던 것이다. 어찌 무

---

188 比屋可封 : 요순시대에, 현인賢人들이 매우 많아, 각 가정에는 모두 봉작封爵을 받을 만한 덕행인德行人이 매우 많았다는 말이다. 『漢書』「王莽傳上」에는 "明聖之世, 國多賢人, 故唐虞之時, 可比屋而封"이라 되어 있다.

189 夫人食味, 別聲:『禮記』「禮運篇」에 "故人者, 天地之心也. 五行之端也. 食味, 別聲, 被色, 而生者也. 故聖人作則, 必以天地爲本, 以陰陽爲端, 以四時爲柄, 以日星爲紀, 月以爲量, 鬼神以爲徒"라 되어 있다.

190 詳定一司之官 : '상정일사칙령소詳定一司勅令所'를 바탕으로 설치된 관료로, 칙령 내용 등을 검토하는 관리이다. 이에 관해서는 曾我部靜雄, 「宋代の法典類」,《東北大學文學部研究年報》15号, 1965 참조.

관들까지 이러한 것을 알 필요가 있을 것인가?[191] 성왕의 가르침은 경세經
世를 위한 것이고, 역대 왕조에서 대대로 법률을 제정한 것은 소송과 같은
분쟁을 처리하기 위함이다. 즉 이 두 가지를 병행해서 통치해야만 될 것이
며, 서로 모순이 되지 않도록 해야 할 것이다. 앞의 현縣에서 내린 판결은
모두 주부主簿[192]나 현위縣尉[193]가 담당하고 있었던 것이다. 현의 장관인 지
현長官도 아니면서 관인의 허가를 받지 않은 소송장白狀[194]을 접수하고, 담
당 관리所司[195]도 아니면서 판결문서를 작성한 것은 모두 위법행위이다.
담당 서리인承吏[196]인 장음張廞과 유송劉松을 잡아서 조사하면, 반드시 뇌물
수수를 한 정황을 포착할 수 있을 것이다.[197] 원래대로라면 이것은 상급기
관인 로路에 보내야 하지만, 이번에는 상급기관에 보내지 않고, 그들에게
각각 장형 100대에 처결한다. 아낙네 주 씨阿朱는 전 남편인 황점에게 넘겨
주고, 그 죄상에 관한 책임 각서를 받아두고, 다시는 영복현永福縣 지역에
발을 들여놓지 못하게 한다. 만약 이를 위반하면 우선 장형 100대에 처결
하도록 한다. 묘성은 해당 현에서 이미 판결한 바에 따라 영천현靈川縣 : 廣南西

---

191 재판관인 범서당范西堂이 "무관들까지 이러한 것을 알 필요가 있을 것인가"라고 한 것은,
    예로써 백성들을 잘 가르치면 태평성대의 시대가 도래할 것이므로, 무력을 가진 무관들
    이 백성을 통치하는데 개입할 필요까지 없는 평화로운 상태에 놓인다는 것을 의미하는
    것으로 볼 수 있다.

192 主簿에 관해서는 李立, 「宋代縣主簿初探」, 《城市研究》, 1995-4; 祁琛雲, 「北宋開封府赤
    畿縣主簿任職資格與遷轉途徑考述」, 《北京教育學院學報》, 2014-4; 魏麗, 「宋代縣佐制度
    研究」, 《靑海師範大學學報》, 2014-3 참조.

193 縣尉 : 송대에 있어서 현의 치안을 담당하던 관리로, 그 업무는 징세, 소송심사 등으로 확
    대되어 갔다. 현위에 관해서는 祁琛雲, 「北宋開封府赤畿縣尉的選任與遷轉」, 《北京教育
    學院學報》, 2015-5; 陳振, 「關於宋代的縣尉與尉司」, 《中州學刊》, 1987-6; 姜錫東, 「宋代的
    武臣縣尉」, 《河北大學學報》, 2006-3; 鄭迎光, 「宋代地方治安巡邏制度探析」, 《河南社會
    科學》, 2007-2; 賈文龍, 「宋代縣制改良與積困問題探析?」, 《河北大學學報》, 2007-2 참조.

194 白狀 : '관청의 날인을 받지 않은 상태의 기소장'을 말한다.

195 所司 : '담당 관리' 혹은 좁은 의미에서는 '담당서리'를 의미한다.

196 承吏 : '어떤 일을 담당한 胥吏'를 지칭한다. 『청명집』의 용례에 '承差'나 '承捕'가 있고, '承
    某吏'라는 총칭으로, "무슨 일을 분부받은 서리"라는 의미가 될 것이다.

197 여기에 서리들의 농간이 들어가 있다고 보여진다. 박순곤, 「송대 지방서리의 모습」, 임대
    희 엮음, 『판례로 본 송대사회』, 민속원, 2019, 552~593쪽 참조.

路_{桂州}으로 압송해서 그들이 관할하여 처벌하도록 하라.[198]

祖宗立法, 參之情理, 無不曲盡. 儻拂乎情, 違乎理, 不可以爲法於後世矣. 臨桂黃漸, 竊衣縫掖, 以小敫爲生, 僑寓永福, 依于陶氏之家, 携妻就食, 貧不獲已, 此已可念. 寺僧妙成與主人陶岑互相衣物, 遂及其妻, 因謂有姦. 尉司, 縣以黃漸, 陶岑與寺妙成各杖六十, 其妻阿朱免斷, 押下軍寨射射. 此何法也. 黃漸有詞, 縣司解案, 倂追一行供對, 與所訴同. 如此斷事, 安能絶訟. 諸法, 諸犯姦, 徒二年, 僧道加等. 又法, 諸妻犯姦, 許從夫捕. 又法, 諸妻犯姦, 願與不願聽離, 從夫意. 今黃漸卽不曾以姦告, 只因陶岑與寺僧交訟, 牽聯阿朱, 有姦與否, 何由得實. 捕必是夫, 法有深意. 黃漸卽非願離, 縣司押下射射. 淫濫之婦, 俾軍人射以爲妻, 此固有之. 當職昔在州縣, 屢嘗施行. 第三人以上方爲雜戶, 或原來無夫, 或夫不願合, 無可歸宿之人, 官司難於區處, 方可爲此. 未聞非夫入詞, 而斷以姦罪, 非夫願離, 而强之他從, 殊與法意不合. 若事之曖昧, 姦不因夫告而坐罪, 不由夫願而從離, 開告訐之門, 成羅織之獄, 則今之婦人, 其不免於射者過半矣. 況阿朱有子, 甫免襁褓, 使之分離, 遽絶天親, 夫豈忍爲. 數歲之子, 貧而無恃, 雖曰從公, 焉保其生. 以政事殺民, 此其一耳. 寺僧犯姦, 加於常人可也, 今止從杖罪. 婦人和姦, 從徒二年可也, 今乃免斷. 婦斷, 寺僧減降, 不妨從厚, 胡爲黃漸與之同罪, 胡爲阿朱付之軍人. 重其所當輕, 而輕其所當重, 爲政如此, 非謬而何. 守令親民, 動當執法, 舍法而參用己意, 民何所憑. 家人一卦, 古今不可易之理也. 凡人有家, 當日置於座側. 然必於天下之家道, 盡合乎易之家人, 比屋可封矣, 豈復有男女之訟更至官府. 禮運之說, 亦前聖之格言, 夫人食味, 別聲, 被色, 而生斯世, 豈容不知. 然斷天下之訟, 盡于舍法而用禮, 是乃周公・孔子之道, 日與天下磨礱浸灌, 爲羲皇之世矣. 兩造具備, 豈復有人. 勅令格式之文不必傳, 詳定一司之官不必建, 條法事類之書不必編, 申明指揮之目不必續, 文人儒士固願爲之, 何待武弁始知有此. 聖王垂訓, 所以經世, 祖宗立法, 所以治訟, 二者須並行而不悖也. 縣司此斷, 悉由簿尉, 非長官而受白狀, 非所司而取草欵, 俱爲違法. 行下勘問承吏張廳, 劉松, 必有取受, 本合送勘, 今且免行, 各從杖一百. 阿朱付元夫交領, 仍責立罪狀, 不許再過永福, 如違, 先從杖一百. 妙成照本縣已行, 押下靈川交管.

---

198 이 안건에 관해서는, 최해별, 「남송대 "有夫者" 姦通의 처벌에 관한 연구―"姦從夫捕"를 중심으로」, 《동양사학연구》 121, 2013에 상세하게 다루고 있다.

12-9. 병사의 처가 행방불명이 되었는데, 추사가 뇌물을 받고 철저하게 수색하지 않다
兵士失妻推司[199]受財不盡情根捉

무주(婺州)[200]

    길에 물건이 떨어져도 주워가지 않으며[道不拾遺],[201] 집집마다 밤이 되어도 문을 닫아걸지 않아도 안심하게 살 수 있게 하는 것[戶不夜閉][202]은 지방관으로서 가장 긴급하게 처리해야 할 업무 중의 하나인 것이다.[203] 병사의 처[營婦][204]인 아낙네 엽 씨[阿葉]는 한밤중에 건장한 남자에게 강제로 납치되었지만, 순검巡檢[205]은 찾지 않고 방치하였다. 이에 그 남편인 장진張震이 주

---

199   推司 : 사건의 신문訊問을 담당하는 기구로서 옥사獄司·국사鞫司라고도 불리운다. 이에 반해서 검법檢法·의형議刑을 담당하는 기구를 법사法司라고 부른다.

200   청명집에서는 판안자의 이름 대신에 지명으로 쓰여진 경우가 자주 있다. 징악문에서만 하더라도, 징악문 12-09(婺州), 징악문 13-21(婺州), 징악문 13-31(天水)가 나오고 있다. 이곳에 나오는 "무주婺州"에 대해서는 당중우唐仲友일 가능성을 언급하는 분도 있다. 당중우의 고향이 무주(지금의 浙江金華)인데, 주희朱熹로부터 여러번 탄핵당했으며, 청명집이 주희 계통의 사람들이 만들었기 때문에 본명을 쓰지 못 했을 것이라는 설명이지만 조금 논거가 부족한 셈이다. 唐仲友에 대해서는 임대희, 「宋代 "對移"제도의 실행」『판례로 본 송대사회』, 민속원, 2019, 661쪽, 각주 131에 구체적인 언급이 있다.

201   道不拾遺 : 『韓非子』外儲說 左上에 "자산이 정사를 바로잡기를 5년, 나라 안에 도둑이 없어지고, 길에 물건이 떨어져 있어도 줍는 사람이 없었다子産退而爲政五年, 國無盜賊, 道不拾遺"라고 되어 있고, 『史記』「商君傳」에 "법령이 시행된 지 10년 만에 진의 백성은 마음으로 복종하게 되었다. 길에 떨어진 물건을 몰래 줍지 않았고, 산에 도둑이 없었으며, 생활은 풍족하였다行之十年, 秦民大說, 道不拾遺, 山無盜賊, 家給人足"라고 되어 있다.

202   戶不夜閉 : 『禮記』「禮運篇」에 "음모는 닫혀서 일어나지 않고, 절도와 난적은 생겨나지 않는다. 그래서 대문을 닫아걸지 않고 안심하고 생활하니, 이것을 대동大同의 세계라 한다是故謀閉而不興, 盜竊亂賊而不作, 故外戶而不閉, 是謂大同"고 되어 있다.

203   관관은 진鎭 중의 백성이 하루라도 안심하며 살 수 없을 것을 우려하고 또한 분실한 물건이 되돌아오고 밤중에 문을 활짝 열어놓아도 안심할 수 있는 치안을 유지하는 것이 지방관으로서의 가장 긴요한 임무라고 보았다.

204   營婦 : 영부營婦가 쓰이고 있는 사례가 없으나, '병사의 처'라고 해석해 두고자 한다.

205   巡檢 : 금병禁兵이나 사병土兵을 통괄하며, 지방 치안을 유지하는 역할을 하였다. 경우에 따라서는, 변경지대나 요충지에 설치되어 변방을 관할하기도 하였다. 관위는 비교적 낮았지만, 북송초기의 순검 가운데에는 관위가 비교적 높은 사람도 있었다. 순검이 관할하

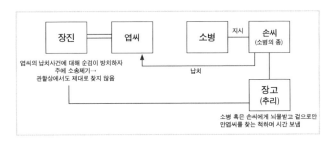

州에 소송을 제기해 왔다. 관할 상廂[206]에서는 함부로 사건과 관계없는 자無干人[207]를 범인으로 지목해서 압송[208]해 놓고 자신들의 책임을 다했다고[塞責] 했다. 추리推吏[209]인 장고蔣估는 엽 씨阿葉를 숨기고 있는 집[210]과 한패가 되어 이 사건의 중요 참고인을 비호庇護하면서 추궁追究하지 않고, 단지 겉

는 지역은 통일적이지 않았는데, 예를 들면 한 개의 현縣을 관할하는 순검이 있었지만, 때로는 몇 개의 주현州縣을 관할하기도 하였고, 심지어 10개 주州를 관할하는 순검까지도 있었다. 주로 관할 지역의 치안治安을 담당하기도 했다. 대도회大都會나 관진요새關津要塞·하도河道·해방海防·변방邊防 및 광대한 향촌의 사회치안을 책임졌다. 로路에는 도순검사都巡檢使가 설치되었고, 주에는 순검사巡檢使를 설치하였는데, 인구가 드문 곳이나 치안 임무가 무겁지 않은 주(州:軍·監·府)에는 2∼3의 주를 합쳐서 1명의 순검을 두기도 하였다. 苗書梅,「宋代巡檢初探」,《中國史硏究》, 1989-3; 蕭忠文,「論宋代巡檢司設置的作用及意義」,《江西公安專科學校學報》, 2000-1; 孫茜,「淺議宋代巡檢制度及其啓示」,《吉林公安高等專科學校學報》, 2006-6.

206 本廂 : '廂'은 남송대 도시에 설치된 구역으로, 1명의 순검이 있어, 방화나 치안을 담당하였다. 후에 경찰권을 우관隅官에 이행함으로써, 순검은 방화救火의 임무가 중심이 되었다. 상廂에는 미결수들을 수용하는 감옥소가 설치되어 있었다. 상에 관해서는 加藤繁,「宋代における都市の發展に就いて」,『支那經濟史考證』卷上, 東洋文庫, 1952; 曾我部靜雄,「都市區劃の成立－廂と隅」,『中國及び古代日本における鄕村形態の變遷』, 吉川弘文館, 1963 참조.

207 無干人 : '간인干人'은 "사건에 관계가 있는 사람"이라는 의미이므로, 무간인無干人은 '사건에 관계없는 자'라는 의미이다. 그런데, '간연인干連人'이라는 말은 현장검증할 때에 기로耆老, 보정保正, 사자가족死者家族, 행흉인行凶人 등의 간연인을 모두 현장에 나오도록 해서 증인으로 삼는다는 규정이 있는데, 여기에서의 간인干人과 관련이 있는지는 확실치 않다 (『宋會輯稿』「刑法 6」).

208 解上 : 여기에서의 '解'는 '압송하다'라는 뜻으로 쓰여지고 있다. 「징악문」 12-8 각주 '解上' 참조.

209 推吏는 推司라고도 하며, 胥吏 가운데 옥송獄送을 담당하는 吏人을 지칭하는 말이다.

210 판결문 내용으로 보아, 소 씨蘇氏 집안을 지칭한다.

으로만 찾는 척하며 시간만 보냈을 뿐이었다. 대개 성내城內에서는 가옥이 인접해 있어 혹시라도 무슨 수상한 점이 있으면 쉽게 알 수 있을 터인데 어찌 병사의 처가 실종되었는데도 끝내 찾아내지 못한 것일까. 이로 볼 때, 담당서리들이 농간을 부려 이를 은폐하려 한 것이 명백하다[211]고 볼 수 있다. 그래서 이에 사건의 내막을 명확하게 다시 조사한 결과 다음과 같은 사실이 밝혀졌다. 즉 소병蘇炳이라는 자의 비婢인 아낙네 손 씨阿孫가 땅 밑으로 비밀통로를 파서 엽 씨阿葉을 꾀어내어, 약 40일간이나 그 집에 몰래 잡아두었으므로, 다른 사람들은 이를 전혀 알지 못하게 된 것이다. (손 씨의) 주인인 소병은 처음에는 이러한 사실을 몰랐다고 진술했지만, 그 렇다고 (사건의 정황으로 볼 때) 그에게 책임이 없다고는 할 수 없다.

어떤 사건의 소송이 관청에 접수되어, 이에 관한 정황이 자세히 밝혀지게 되었는데, 조사해 보니 장고蔣估가 뇌물을 받은 것도 소 씨 집안蘇家으로부터 받았던 것인데, 이를 모른다고 하는 핑계가 말이 된단 말인가? 왕청王淸 등과 같은 사람들은 무고誣告를 당한 것으로, 실제로 그들이 죄를 지은 것은 아니다. 소병은 죄인을 도망케 한 장본인으로서, 그저 방관하고 있었다는 것은 법리法理에 비추어 용서받을 수 있단 말인가. 장고蔣估는 도형 2년에 처결하고, 인근 주隣州로 자배刺配[212]하고, 뇌물을 받은 부분에 대해서는 강제적으로 변제시킨 후에, 유배지配所로 압송하도록 하라. 엽 씨阿葉 은 도형 2년에 처결하고, 신분은 관기官妓로 삼고, 포강현浦江縣[213]으로 압송해서 구류하며, 함부로 이곳저곳을 돌아다니지東西 못하도록 하라.[214] 아낙네 손 씨阿孫는 도형 2년에 처결하고, 유정劉政은 장형 100대에 처결하고, 외채外寨[215]로 보내며, 차후 원래의 병영營으로 돌아오는 것은 허락하지 않

211 송대 주현州縣의 공리公吏들이 자신들이 장악하고 있는 권한을 이용하여 법을 왜곡하면서 뇌물을 받고 무고無辜한 사람들을 속이고 있는 사례로서, 이 안례案例를 이용하기도 한다.
212 刺配에 대해서는 남현정, 「宋代 刺字刑의 시행과 사회적 인식의 변화」, 임대희 엮음, 『판례로 본 송대사회』, 민속원, 2019, 360~399쪽 참조.
213 浦江縣 : 지금의 절강성浙江省 금화현金華縣이다.
214 엽 씨를 처벌하는 이유를 이 판결문에서는 제대로 설명되어 있지 않았다.

는다. 유육劉六은 장형 100대에 처결한다.

道不拾遺, 戶不夜閉, 郡治之先事也. 營婦阿葉, 中夜爲强有力者挾而匿之, 巡徼之司置而不問. 其夫張震訟之于州, 本廂輒將無干人解上塞責. 推吏蔣估陰與匿亡之家表裏爲一, 案内緊要人隱而不追, 不過泛然行根捉, 苟延歲月而已. 且城闉之内, 比屋聯居, 安有軍士失妻, 終於不獲. 吏姦蒙之, 顯然可見. 尋行改勘, 隨得其情. 蘇炳婢阿孫窑爲地道, 誘致阿葉, 藏實其家, 凡四十餘日, 外人烏得知之. 始者蘇炳辭以初不知情, 猶有可諉者, 及事到有司, 情狀其見. 勘之蔣估, 賄賂之行, 自蘇氏出, 謂之不知可乎. 王淸之輩, 爲其攀惹羅織, 實非辜. 蘇爲逋逃主, 旁觀自若, 豈法理之所容, 蔣估徒二年, 刺配鄰州, 監贓遣行. 阿葉徒二年, 籍爲官妓, 押下浦江縣拘管, 毋令東西. 阿孫徒二年. 劉政杖一百, 除移外寨, 永不許還原營. 劉六杖一百.

215 寨 : 채寨는 방어防禦를 목적으로 하는 것으로서, 대체로 산山을 끼고 군데군데 작은 성城으로 둘러싸고, 성문城門근처의 부분은 성벽城壁을 두겹重城 구조堡寨로 쌓는 경우도 있었으며, 또한 지휘하는 장수將帥가 거처居處하는 곳에는 다시 방어설비를 갖추고 있다. 그 규모規模나 형태形態는 행정行政 등급等級의 서열序列에 따라서 차이가 있었다. 또한, 천하에 잘 알려진 원림園林도시도 있었다. 보채堡寨는 요금遼金이나 요송遼宋의 변계邊界 양측兩側에 있었다. 또한, 엄청난 비가 쏟아졌거나 강强한 지진地震이 빈번頻繁하였기 때문에 생기는 여러 가지의 요인에 따른 영향影響을 받았기 때문에, 황하黃河등의 하류河流에서 여러 번에 걸쳐서 물길의 변동이 있었고, 전쟁이 자주 일어났거나, 도시가 빈번하게 새로 만들어지거나 부수어지는 일이 있었기 때문에, 도시중심부中都를 중심으로 하여, 사방으로 뻗어가는 방식으로 이루어졌다. 郭東旭·王軼英,「北宋河北沿邊的寨鋪建設述略」,《宋史研究論叢》8; 田曉霈,「宋眞宗年間曹瑋築"山外四寨"考論」,《西夏學》, 2018-2; 王茂華·王曾瑜,「遼宋金時期京津冀地區城市空間形態與群體格局」,《河南師範大學學報》, 2018-6; 蔣曉春,「巴蜀地區宋蒙城寨考古工作述要」,《黃河. 黃土. 黃種人》, 2017-22; 任歡歡,「西北堡寨在宋夏戰爭中的作用 — 以靑澗城爲例」,《北方論叢》, 2017-4; 楊文,「試論北宋在河湟區域的堡寨修築戰略」,《靑海民族大學學報》, 2011-2; 薛正昌,「定戎寨鹽池與宋夏戰爭 — 兼論鹽文化」,《西夏研究》, 2010-1; 程龍,「論北宋西北堡寨的軍事功能」,《中國史硏究》, 2004-1; 强文學·黃領霞,「宋夏戰爭中的鄕兵與堡寨」,《天水師範學院學報》, 2003-6; 馬東海,「宋夏定川寨之戰部分古地名考釋」,《固原師專學報》, 1993-1; 蒲國樹·陳世松,「宋末涪州治所 — 三台寨考察」,《四川文物》, 1987-3.

12-10. 정 씨의 아들 정병
丁氏子丙

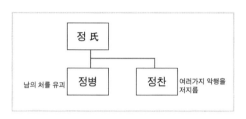

정 씨[丁氏]의 아들 정병[丁丙]은 명가[名家]의 후예이다. 최근에 정찬[丁粲]은 여러 가지 악행을 서질렀는데, 그러한 사건이 어사대[御史臺]까지 올라가 있다. 본인은 사건이 밝혀지자 도망쳐 숨어 지내며 나타나지 않는다. 관할 주[本州]에서는 체포 명령을 받고, 편히 쉴 틈도 없을 정도였으나, 체포를 담당한 서리[承追之吏]216는 그가 도망간 곳을 아직 찾지 못했다.

정병[丁丙]은 정찬[丁粲]의 형제지간으로, 그 역시 다른 사람의 처[妻]를 유괴[誘拐]하는 등 악행을 저지르고도 조금도 자신의 잘못을 뉘우치지 않는다. 명가[故家]의 후손이 지켜야 할 도리가 있는데, 명가[名家] 자손들의 몸가짐이 이런 지경에 이르렀으니, 어찌 향리에서 얼굴을 들고 다닐 수 있을까. 관할 주[本州]에서는 그 훌륭한 선조를 생각해, 오로지 그 자손을 지키고자 했으나, 만일 이런 행동을 그대로 방치해 두고, 조금의 벌도 내리지 않는다면, 언젠가는 되돌릴 수 없는 큰 죄[滔天之罪]217를 범하게 되고 말 것이다. 그래서 주학[郡庠]218으로 압송해서 하초[夏楚]219에 처결하고, 다른 사람은 방면한다.

---

216 承追之吏 : 『청명집』 「징악문」 12-8 각주의 '承吏'와 유사한 용례로 '追捕'의 임무를 담당하는 서리를 지칭한다.

217 滔天之罪 : 『書經』 「堯典」에 "蕩蕩懷山襄陵, 浩浩滔天"이라 되어 있다.

218 郡庠 : 주학[州學]의 별칭으로, 송대 지방관학[地方官學] 중의 하나이다. 송대의 지방 행정구역은 크게 3단계로 나눌 수 있다. 첫째, 로[路] 둘째, 주[州]·부[府]·군[軍]·감[監] 셋째, 현[縣]이다. 각 지방 행정구역에는 모두 국립학교인 관학[官學]이 설치되었는데, 州에 설치된 관학이 주학이다.

丁氏子丙, 名家之後也. 近者丁粲重犯不韙, 上于御史臺, 事發逃走, 宿留不出. 本州備准督捕之命, 幾無寧日, 承追之吏, 未知逃戻之所. 丁丙, 卽其兄弟也, 復乃盜人之妻, 畧不知所忌憚. 故家遺俗, 舉動若此, 何以自立於鄕曲. 本州念其先世, 非不欲一意保全之, 若罰不傷其毫毛, 適滋其他日滔天之罪. 押下郡庠夏楚, 餘人放.

---

219 夏楚 : 학교에서 선생이 사용하는 회초리를 지칭한다. 여기에서는 주학에서 회초리를 사용하여 범죄자의 잘못을 훈계하는 방편으로 사용된 것이다.

유락誘略1

12-11. 타인의 비첩을 꾀어내어 팔다
誘人婢妾雇賣

양자연梁自然은 탁청부卓淸夫의 하녀女使2인 벽운碧雲을 꼬드겨서 자신의 집에 숨겨두었다. 5일이 지난 후 양자연의 처인 진 씨阿陳가 벽운의 머리카락髻을 자른 후 그녀를 다른 사람에게 되팔아 버렸기雇賣3 때문에 탁청부가 소송詞4을 제기하게 되었다. 양자연은 여러 차례 소환해도 출두하지 않고, 오히려 부府에 소송을 제기하면서 "관할 현本縣에서 조모祖母를 꼬박해 끌고 갔습니다"라고 하였다. 이로써 타인의 하녀女使를 꾀어 내어 (다른 사람에게 매매한) 자신의 죄를 감추려고 한 것이다. 사부使府5의 전인專人6이 (양자연을)

1 　誘略 : "화유약매和誘略賣"의 약칭으로, "꼬드겨 내어, 강제로 팔다"라는 의미이다. 여기서 '和'는 "강제성을 동반하지 않고, 일정하게 설득하다"라는 의미이고, '略'은 상대방의 의사와 관계없이 강압적이거나 속이는 행위를 진행하였을 경우에 사용되는 용어로 다소 강제성을 지니고 있다. 『징악문』 14-32의 각주에서 매녀賣女, 매처賣妻, 고처雇妻 등이 본인도 양해하는 상황 아래에 생겼기 때문에 팔려나가는 것이다. 남송시대에는 국가도 어쩔 수 없었으므로, 사법적인 처단의 대상이 되지 않았다. 그러나 약매掠賣, 略賣의 경우에는 국가가 단속하여 처벌하게 된다. 약매가 송대에 특히 많이 발생하게 되었던 것은, 생활이 빈곤하였다는 보편적인 이유 이외에도, 그 이전과 달리 송대에는 경제적인 활성화가 이루어졌으므로, 돈의 효용이 절감하게 되었으며, 인구매매를 하려는 시장이 형성되었으므로, 이를 대상으로 범죄적인 활동이 늘어났기 때문이라고 볼 수 있다. 史繼剛, 「宋代嚴禁拐賣人口」, 《西南師範大學學報》, 1991-2; 宋乾·宋豔玲, 「試論宋代嚴禁賣人口」, 《河北工程技術職業學院學報》, 2004-1; 宋乾, 「試論宋代略賣人口的幾個問題」, 《樂山師範學院學報》, 2004-9; 史繼剛, 「宋代嚴禁拐賣人口」, 《西南師範大學學報》, 1991-2 참조.
2 　女使 : 송대 천민 여성인 비녀婢女와 유사한 신분인데, 어떤 면에서는 여성 고용노비를 칭하는 면이 있다. 이에 관해서는 宋東俠, 「宋代"女使簡"論」, 《河北學刊》, 1994-5; 郭琳, 「宋代女使在家庭中的地位一以『名公書判淸明集』爲中心的」, 《漢陽織業技術學院學報》, 2010-2 등 참조. 「징악문」 12-3의 각주 참조.
3 　雇賣 : 전매轉賣 행위라고 보면 될 것이다.
4 　詞 : '소송' 혹은 '소송을 제기하다'라는 의미이다. 때로는 『청명집』에서 '진술' 혹은'진술하다'라는 의미로 사용될 때도 있다.
5 　使府 : 『청명집』에서는 사부使府·사주使州라는 용어가 종종 등장한다. 사부·사주라고

현으로 압송하여 조사해서[對]7 증거를 확보하고[責據]8 자백을 받아낸[供招]9 결과 (사건이) 명확하게 밝혀지게 되었다.

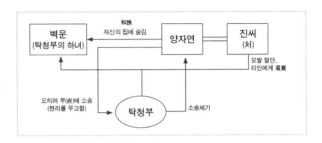

양자연은 타인의 하녀[女使]를 꾀어 낸 후 그녀의 머리카락을 자르고, 게다가 현리[縣吏]를 무고[誣告]10한 죄까지 지었다. 이 경우에는 "두 가지 이상의 범죄를 행한 경우에는 마땅히 무거운 바에 따라 처벌해야 한다[係二罪俱發, 合從重]"11는 법률 조항에 해당된다. 이에 해당하는 법률 조문을 조사해 보니[照

할 때의 '使'는 지부[知府]나 지주[知州] 앞에 붙이는 경칭[敬稱]의 의미라고 보는 것이 타당하다. 경우에 따라서는 '使'는 로급[路級]의 지방관인 전운사[轉運使]나 제형사[提刑使] 등을 의미하는 경우도 있다. 남송에서는 부주[府州]의 장관들 중에서 안무사[按撫使]를 겸하기 때문에 사부라는 말이 정착되었다고 생각한다. 따라서 '使臺'에서의 使는 로급[路級]의 지방관일 가능성이 크므로, 使臺는 '路級의 지방관이 내린 臺判'일 것으로 생각된다. 闊建飛, 「宋代慕職州縣官體系之形成」, 《中山大學學報》, 2018-4; 袁藝華, 「新發現的南宋"使府酒務" 錢牌」, 《中國錢幣》, 2002-1.

6　專人 : 상급 관청에서 하부기관에 긴급한 일을 처리하기 위해 파견된 사람이다.

7　對 : '供對'의 '對'와 같은 뜻일 것이다. '供對'는 '소송 사건에서 사건 당사자끼리 얼굴을 마주보고 공술하게 하는 것'을 의미한다.

8　責據 : 여기서 나오는 책거[責據]의 의미에 대해서는 불명이다. 다만 여기서의 '거據'는 '증명서' 혹은 '증거문서' 등의 의미로 볼 수 있다. 그렇다고 한다면, 첫째, 책거는 '증명서를 받다' 혹은 '증명서를 받아내다'라고 볼 수 있으며, 둘째, '조사해서 진술을 받아내다' 혹은 '심문해서 자백을 받다' 등의 의미로 볼 수도 있을 것이다. 이 부분의 해석 문제에 대해서는 차후의 검토가 필요하다.

9　供招 : "피고인이 자신의 범행을 자백하고 인정하다"라는 의미이다.

10　誣告 : 여기서 '현리를 무고했다'는 말은 '관할 현[本縣]에서 조모를 포박해 끌고 갔습니다'라고 부[府]에 소송장을 제출한 것을 의미한다. 陳致朋·於澤卉, 「誣告反坐制度的歷史沿革及現實價值」, 《哈爾濱學院學報》, 2018-6; 李華, 「宋代訴訟中減少誣告的規範及措施」, 《長安大學學報》, 2013-2; 劉昕, 「宋代政府對訟師教唆誣告行爲的法律規制」, 《湖南社會科學》, 2012-3.

得[12], "(타인의) 머리카락을 자른 경우에는 도형徒刑 1년 반에 처한다在法, 髡髮, 徒一年半"[13]라고 되어 있다. 머리카락을 자른 죄를 위의 조항에 비부比附[14]한 후에, 죄罪 1등等을 감해서[15] 도형 1년으로 처결하고자 한다. 만약 가벼운 처벌에 따라 판결하면 감장勘杖 100대로 처결해야 하지만, 관할 현本縣으로서는 감히 독단으로 처리하지 못하고, 즉시 부府에 보고해서 지부의 명령을 받고자 한다.

관찰추관察推[16]이 심의看詳[17]한 결과, 건양현建陽縣, 福建路 建寧府의 보고에 의하면 "양자연이 하녀女使인 벽운을 꼬드겨 내어 머리카락을 자르고, 은닉

---

11   係二罪俱發, 合從重:『唐律疏議』第45條,「名例律 13」〈二罪從重〉에는 "두 가지 이상의 죄가 함께 발각된 경우는 중죄重罪로써 처벌한다諸二罪以上俱發, 以重者論"라고 되어 있다.

12   照得 : 공독公牘으로 자주 사용되고, 자기의 견해의 의론을 서술할 때 앞머리에 놓이는 말이다. 이 말은 이후 최종적인 판단과 결론이 제시되는 것이 아니며, "조사해 보니", "조사해 보면" 정도의 의미를 갖는 경우가 많다.『청명집』「징악문」14-10의 각주에 좀 더 구체적으로 밝혀두었다.

13   在法, 髡髮, 徒一年半:『宋刑統』권21〈鬪毆故毆故殺〉門. "무릇 싸우다가 사람을 구타하여 치아를 부러뜨렸거나, 귀나 코를 손상시켰거나, 한쪽 눈을 다치게 하였거나, 손가락이나 발가락을 부러뜨렸거나, 또는 뼈에 금이 가게 했거나, 끓는 물이나 불로 사람을 상해하였다면 도형 1년에 처한다. 치아를 두 개 이상 또는 손가락이나 발가락을 두 개 이상 부러뜨렸거나, 두발을 깎아버린 경우에는 도형 1년 반에 처한다諸鬪毆人, 折齒毀缺耳鼻, 眇一目, 及折手足指, 若破骨, 及湯火傷人者, 徒一年. 折二齒二指以上及髡髮者, 徒一年半"(임대희 · 김택민 주편,『譯註唐律疏議』〈各則 下〉, 한국법제연구원, 1998, 3018~3019쪽 참조)라고 되어 있다.

14   比附 : 어떤 범죄 행위에 대해 적용할 수 있는 구체적인 법률 조문이 없을 경우에, 이에 유사한 법률 조항을 이용하여 처벌하는 것을 비부比附라고 한다. 이에 대한 구체적인 사항은, 나까무라 시게오,『판례를 통해서 본 청대 형법』임대희 박춘택 옮김, (서경, 2004)의「제2장 비부의 기능」을 참조하기 바람. 또한, 黃春燕,「中國傳統法律中比附制度的思想淵源」,《河南社會科學》, 2016-8; 黃春燕,「論中國傳統司法實踐中的比附定罪」,《政法論叢》, 2015-6; 黃楨,「再論流刑在北魏的成立 ─ 北族因素與經典比附」,《中華文史論叢》, 2017-4; 黃春燕,「唐朝比附制度硏究」,《法學論壇》, 2015-5; 黃春燕,「論中國傳統法比附援引與緣定罪之間的張力」,《山東社會科學》, 2012-7; 孫振宇,「法律史視角下比附援引的現代化路徑」,《濟南職業學院學報》, 2018-3; 陳新宇,『從比附援引到罪刑法定─以規則的分析與案例的論證爲中心』,北京大學出版社, 2007; 김대홍,『조선의 법추론 引律比附』, 민속원, 2019, 참조.

15   여기서 죄 1등을 감한다는 것은 아마도 일반 여성의 머리를 자른 것이 아니라, 하녀 즉 여사女使의 머리카락을 잘랐기 때문으로 생각된다.

16   察推 : 관찰추관觀察推官의 약칭略稱이다. 관찰추관은 대체로 주州에 설치되어, 사법사무를 담당하는 관리이다.

17   看詳 : '사건의 내용과 처리의 경과를 조사하다'라는 의미이다.

한 것에 대해 탁청부가 소송을 제기한 사건에 관해서, 지현知縣의 판결원
안書擬[18]은 관련 법률 조항에 비부比附하여 도형 1년에 처결하든가, 혹은 가
벼운 쪽에 따라 감장 100대에 처해야 한다"고 하였다. 이 사건에 관해서
(본관의 관할하에 있는) 모某 관청[19]에서 조사한 후, 이에 대한 답신을 (관할 현
에) 보내야 하는 상황이다. 양자연이 탁청부의 하녀女使를 꼬드겨 낸 사실
은 이미 그의 자백으로 명백해졌지만, 머리카락을 자른 건에 대해서는
자신의 처인 진 씨가 한 소행이라고 진술하고 있다. 양자연의 처인 진 씨
가 현재 관청에 출두하지 않은 이상, 양자연이 처벌을 받아야 할 것이다.
그리하여 만약 양자연을 도형徒刑에 처한다면, 이는 처의 죄를 양자연이
받게 되는 것이다. (이는 타당한 처벌은 아니다). 하지만 분명한 것은 양자연이
(타인의 하녀인 벽운을) 꼬드겨 내어 자신의 집에 숨긴 것은 그의 자백에 의해
명백하고, 또 부府에 뚜렷한 근거도 없이 함부로 소송을 일으켜 타인을 무
고誣告하면서 자신의 죄를 숨기려 한 점 등은 마땅히 처벌해야 한다. 따라
서 지현知縣의 판결원안에 따라, 양자연을 감장 100대에 처결하고, 현縣으
로 압송하여, 타인의 머리카락을 자른 죄로 처벌하고자 한다. 다시 한 번
말하거니와 지부의 명령臺旨[20]을 받들도록 하라. (그런 연후에 縣에서는) 지부
知府：判府[21]의 판결臺判을 받들어 시행하도록 하라.

梁自然和誘卓淸夫女使碧雲, 藏匿在家, 經隔五日, 其妻阿陳將碧雲鬢剪下, 誘去雇賣, 致卓淸夫
有詞, 屢追不出, 却經府入詞, 稱本縣將祖母細吊, 以掩其誘人奴婢之罪, 準使府專人押下縣對訖申,
責據梁自然供招分明, 梁自然旣和誘人家女使, 後剪其鬢, 又誣訴縣史, 係二罪俱發, 合從重, 照得在

18　書擬：하위 부서에서 올라온 판결의 원안原案이 되는 문장을 일컫는다. 「징악문」
　　12-21, 「징악문」 12-25, 「징악문」 12-28, 「징악문」 14-06에서 보이는 판례가 이에 해당하
　　고, 이 판결문에 입각하여 상위 부서의 長(「징악문」에서는 宋自牧)이 '단斷'이나 '단죄
　　斷罪'를 내리고 있다.
19　어느 관청인지 명확하지 않으나, 관찰추관일 것으로 추정된다.
20　臺旨：'상급 관청의 명령'이라는 의미이다. '臺'는 상급 관청에 대한 경어적 용법이다. "臺
　　判"은 '府州 이상의 상급 관청에서 내린 판결'을 지칭한다.
21　判府：고위관료가 부府나 주州의 장관이 되었을 경우에 '判'이라는 용어로 지칭하기도 한다.

法, 髠髮, 徒一年半. 欲將剪髻之罪, 比附上條, 減等放, 徒一年上定斷, 或從輕, 勘杖一百. 本縣未敢專, 輒申府, 取自行下使府, 判察推看詳. 據建陽縣申到卓淸夫論訴梁自然, 將女使碧雲誘去剪髻藏匿事, 知縣書擬, 欲將梁自然照法比附, 徒一年, 或從輕勘杖一百. 蒙送某看詳, 呈. 照得梁自然引誘卓淸夫女使, 供招已明, 但剪髻一節, 供稱其妻阿陳下手. 阿陳旣不出官, 合將梁自然收罪. 若從徒罪科斷, 便合其妻坐罪. 但梁自然旣供通引誘匿, 情節分明, 又復經府, 妄詞誣執, 以掩其罪, 自合科斷. 欲照知縣書擬行下, 將梁自然勘杖一百, 仍押下縣界, 坐以髠髮之罪. 更合取自臺旨. 奉判府臺判, 從行.

호횡豪橫[1]

12-12. 호강들의 횡포
豪橫

채구헌(蔡久軒)

본관이 (그 현에) 들어서자, 여러 무리들이 길을 막아서며 울면서, 호강豪强[2]인 방염나方閻羅·방진정方震霆·방백육관方百六官에게 피해를 당한 것을 하소연

---

1   豪橫: 호횡이란, 호민豪民이 향리鄉里에서 횡포橫暴를 자행한 것을 의미한다. 일반적으로는 "권세를 믿고 행패를 부리다"라는 의미로 쓰이고 있다. 그러나 여기에서는 명사적인 용법으로 쓰이고 있다. 따라서 호걸豪傑이나 호협豪俠의 선의善意를 가진 의미도 있겠지만, 이곳에서는 약간 긍정적인 의미를 띠고 있는 경우가 아니라고 볼 수 있겠다. 아래의 각 주에 나오는 호강과 비슷한 경우일 것이다. 梁庚堯,「豪橫與長者: 南宋官戶與士人居鄉的兩種形象」,《宋代社會經濟史論集》, 台北 允晨文化出版社 1986; 李永卉,「宋代豪橫的危害以及懲治」,《安徽師範大學學報》, 2010-1 참조. 그런데, 黃慶中,「名公書判清明集 懲惡門 豪橫類中的豪民」,《中正歷史學刊》12, (2009)에서는, "『淸明集』 懲惡門에서 왜 '豪橫類'를 설정했겠느냐"를 前言에서 설명하였다. 청명집에서 다루어진 판사判詞는 처리한 안건案件이 많이 다루어져있고, 이는 대부분 基層社會 인물이나 평민 백성들과 연관이 있는 것이다. 公侯將相이나 정치사건 또는 典章制度는 編年體 혹은 政書類의 政治史 史籍에 주요내용을 다룰 것이다. 따라서 심판을 한 관원이 작성한 판사判詞는 書房에서 작업한 史官들이 적어 내놓은 史籍과는 다를 수 밖에 없다. 아무래도 판사判詞에서는 民生에 근접하여 있기에 官員이나 士人들의 눈 속에 비친 호민豪民을 다루게 된다. 마치 社會史나 文化史의 각도에서 출발한 것이 될 것이므로, 政治史의 각도에서 출발한 시각과는 차이가 생길 수 밖에 없을 것이라고 보고 있다.

2   豪强: 권세나 세력을 가지고 횡포를 부리는 사람들을 지칭하는 말이다. 송대의 지방 호강세력은 매우 강대하였으므로, 위법違法을 저지르기도 하고, 세력을 등에 업고 토지를 겸병하기도 하고, 사법에 간여하기도 하고, 심지어 살인을 저지르기도 하였다. 고도의 중앙집권을 실시하고 있던 송조宋朝로서는 지방에서 대항 세력이 나오는 것을 용납할 수 없었으므로, 때로는 조정에서 나서서 진압하기도 하였지만, 지방관부와 호강의 관계는 매우 복잡하였다. 어떤 때에는 손을 잡기도 하였으며, 어떤 때에는 마찰이 발생하기도 하였다. 賈芳芳,「宋代的豪强勢力及其與地方官府的關係」,《河北大學學報》, 2009-1; 刁培俊·張國勇,「宋代國家權力滲透鄉村的努力」,《江蘇社會科學》, 2005-4; 王善軍,「强宗豪族與宋代基層社會」,《河北大學學報》, 1998-3 참조.

하고 있었다. 이들이 길거리에 줄지어 나와, 그들의 억울함을 계속해서 하소연하였는데, 그 내용은 권세가들이 자신의 권세를 믿고 향리에서 횡포를 자행하거나, 사람들을 구타하고, 다른 사람의 재산을 불법으로 가로채고, 살인이나 상해를 자행하였다는 것이었다. 그들은 저마다 이유없이 학대당하고 있다고 부르짖고, 이를 갈며 원한이 뼈에 사무쳐, 땅에 엎드려 울면서, 타일러도 물러나려고 하지 않았다. 본관이 생각하기에, 조정으로부터 관직을 위임받은 이상, 백성들의 생활을 잘 살펴 악인惡人을 없애고, 선량한 사람은 지켜주는 것이야말로 본관의 직분職分일 것이다. 이에 양진楊珍·왕백창王伯昌·서선徐璿·장부봉章附鳳·방천기方天驥·승종정僧從定·엄실嚴實·방주方住·방필승方必勝·방일선方日宣·홍천십오洪千十五·정수鄭琇·첨사준詹士俊·팽원부彭元敷·정춘程椿·정신程申 등 16명의 소송장을 순서대로 해당 주本州[3]로 보내어 조사하게 하였다.

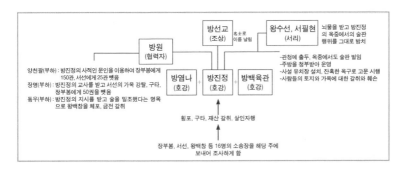

그런데 방진정方震霆은 자신의 권세를 믿고 태연하게 출두명령을 거부하고 관청에 나올 생각마저 하지 않았다. 이에 로[臺][4]는 주州를, 주州는 현縣을, 현縣은 순위巡尉[5]를 감독하고, (방진정과 관계가 있는) 담당 서리承吏와 (연계

3　여기에서의 "本州"는 신주信州를 지칭한다.
4　臺 : 여기서의 臺는 중앙 관청이 아니라, 지방의 로급路級 관청을 지칭하는 것으로 생각된다. 경우에 따라서는 중앙 관청으로 이해하더라도 통할 수 있으나, 일단 路級으로 이해하여 해석하기로 한다.
5　巡尉 : 巡尉는 巡捕를 담당하는 縣尉라는 의미이다. ex. 宋 葉適《故宝謨閣待制知平江府趙公墓銘》: "公始至，以策授巡尉，悉捕減。『慶元條法事類』卷75,「刑獄門」에 "其罪人

하는 것을) 끊고 막은 후 비서批書[6]를 발급하라고 강력하게 명령하자, 그 후에야 마지못해 방진정方震霆이 관청에 출두하였던 것이다.[7] 그러나 방진정方震霆은 옥중에서도 평소와 다름없이 생활하며 술판을 벌이는 등 태연하게 행동하였다. 옥리獄吏도 옥리대로 그 위세를 두려워한 탓인지, 아니면 뇌물을 받고 농락되었는지는 몰라도, 그가 시키는 대로 하면서, 감히 조사하려고도 하지 않았다. 이에 본 관청에서는 옥관獄官[8]에게 비서批書를 제출시키고, 옥리를 경형黥刑[9]에 처한 후에야 비로소, 방진정의 불법행위 몇 가지를 보고하기에 이르렀던 것이다.

아! 호강豪強 무리의 두려움이 이와 같다면, 백성에게 해를 입히는 것은 헤아릴 수 없을 정도가 아니겠는가. 피해자가 진술한 바를 모두 자세히 조사해 보니, 실로 놀랄 만할 정도였다. 방진정方震霆은 주방酒坊을 청부맡아 운영하고 있었는데, (密造나 密賣에 관해서) 관청처럼 엄격하게 단속하면서 자백서白狀를 접수하고, 사설 유치장牢房[10]을 설치하고, 고문을 위한 여

在路或有病患, 卽申官司, 州委兵官, 縣委巡尉, 交管醫治". 『宋會要輯稿』「刑法」 2-152, 表 "(紹興)二十一年閏四月十六日, 知沅州傳寧言, 湖南北路風俗, 每遇閏月之年, 前期盜殺小兒以祭淫祠, 謂之探生, 望逐路師臣・監司督責巡尉, 如一任之內糾察探生七人以上, 依獲疆盜法, 特與推賞, 失于糾察, 因事發覺, 巡尉坐失捕強盜之罪, 從之〈옮긴이주〉 이 부분의 해석에서, 이근명교수의 지적을 받아 수정하였다. 이에 고마움의 마음을 적어둔다.

6　批書 : 주관 관청이 관인에게 준 파견 지령서나 근무 평가서 등 관인으로서의 근무에 관한 서면을 말한다. 魏峰, 「宋代印紙批書試論 ─ 以新發現"徐謂禮文書"爲例」, 『文史』, 2013-4; 丁建軍, 「宋朝官員印紙批書制度探究」, 『河南大學學報』, 2014-2; 過偉, 「攀登新的高度 ─ 贊賀《廣西各族民間文藝硏究叢書》第一批書問世」, 《民族藝術》, 1989-2.

7　이 부분에서, 김민호 교수의 구체적인 가르침을 받아, 쉽게 읽을 수 있도록 만들었다. 이에 감사드린다.

8　獄官 : 어떤 사건의 재판을 담당한 책임자이다. 그러므로 옥관獄官은 특정 직책에 있는 관원은 아니라고 볼 수 있을 것이다.

9　黥刑 : 송대宋代 형벌의 하나이다. 묵형墨刑이라고도 한다. 이것이 생겨나서 소멸되는 과정은 당시의 정치와 법률체계의 연혁과 관련이 있다. 따라서, 묵형이 실시될 필요가 있는 물질적인 배경이나 실시대상 또는 이것이 시형施刑되는 원인 등은 이것이 만들어진 시대의 정신적인 측면의 영향을 반영하여 되었다고 볼 수 있다(宋斌, 「黥刑探析」, 『江蘇技術師範學院學報』, 2010-7).

10　牢房 : 유치장을 말한다. 당시 지역에 권력을 가진 세력가가 사설 유치장을 설치한 것으로 알려져 있다. 이에 관해서는 加藤繁, 「唐宋櫃坊考」, 《東洋學報》 12-4; 曾我部靜雄, 「櫃

러 가지 도구들도 구비해 두었다. 또 관청처럼 판결문을 작성한다든지, 사람을 체포하여 매달아 놓고 때리기도 하였다. 퇴직한 서리[罷吏]를 끌어 들여 그곳의 간부[廳幹][11]로 삼고, 흉악한 사람들을 불러 모아 하수인으로 삼고, 외출할 때에는 그들의 시중을 받았는데, 마치 현직 관리와도 같은 모습이었다.

술을 밀조密造하거나 밀매密賣했던 행위를 구실삼아 협박하여 금전을 갈취하고, 비유卑幼[12]의 재산을 잠식蠶食하고, 일반민의 묘지와 수풀을 훼손하고, 형벌이나 생살여탈生殺與奪과 관련된 소송분쟁[公事]을 독점하여, 나쁜 행위를 하는 도구로써 이용하고 있었다.[13] 이러한 행위가 날로 더 심해져, 그 해독이 이웃 마을에 퍼졌으며, 친족들의 원한을 샀으며, 형제까지도 피해를 입고 그 고통을 견디기 어려울 정도가 되었는데, 모두 한결같이 그를 책망하지 않는 자가 없었다.

사람들의 원성을 사고, 악행을 거듭하는 것이 상술한 바와 같은데도, 관청에서 매번 그들의 악행을 막지 못하는 것은, 바로 호강豪强들이 한결 같이 재산을 축적하고, 떳떳하지 못한 방법으로 부富를 얻어 이로써 아낌 없이 돈[錢, 會刁]을 사용하여 탐욕스런 서리와 결탁하며, 체면도 없이 고개를 숙이면서 무지한 사인[土]에게 빌붙으며, 재물[寶貨]을 아끼지 않고 수치를 모르는 관리와 결탁했기 때문이다. 이러한 악행을 계속해서 행하면서, 그 세력을 키우자, 주현州縣의 교활한 관리는 이들 세력에 복종하였다. 그들의 재력은 귀신마저도 부릴 수 있을 정도로 충분하고, 그들이 남을 헐뜯고 비방하면 왕공王公마저도 속일 수 있을 정도였다.[14] 그렇기 때문에, 세상

房と禁房と牢房」,『文化』5-9; 近藤一成,「宋代地主の營利活動と買撲坊場」,《早稻田大學大學院紀要》1, 1975 등 참조.

11 廳幹 : 어떤 기관의 간부幹部를 지칭한다.

12 卑幼 : 항렬行列이 낮거나 나이가 어린 사람을 말한다.

13 豪民의 財富가 나올 수 있는 곳은 "불법수입不法收入"이었는데, 여기에 들고 있는 사례가 일반적인 상식으로는 터무니없기는 하지만 "불법수입"의 대표적인 방식이었을 것이다. 黃慶中,「名公書判淸明集 懲惡門 豪橫類中的豪民」,《中正歷史學刊》12, 2009, 121쪽.

14 호민豪民이 절대로 國法을 겁내지 않는 것이 아니었다. 豪民은 胥吏의 도움이 있었기에 비

의 훌륭한 사대부들마저도 또한 이들을 두려워하는 것이다.

지금 해당 주本州의 좌원左院[15]이 조사한 (방진정의) 악행을 보면 백가지 가운데에서 한두 가지도 되지 않고, 방진정方震霆이 자백한 것도 열가지 가운데 네다섯 가지에도 미치지 못한다. 그 가운데에서 재물을 갈취한 행위를 예로 들면, "사주私酒[16]를 판매했다"는 명목으로 양진楊珍에게서 관회

로서 司法을 마음대로 움직일 수 있었던 것이다. 豪民이 官員을 농락할 수 있었기에 비로소 이익집단利益集團의 바탕이 굳건해질 수 있었던 것이다. 胥吏의 입장에서는 豪民이 그들에게 錢財를 가져다 주기에 그들과 결탁結託하게 되었고, 중요한 "수입收入"의 래원來源을 얻을 수 있었던 것이다. 현관縣官의 입장에서 보더라도, 수회收賄인지認知 與否를 떠나서라도 임기任期동안에 무사無事하게 지날 수 있다면 좋은 일이었던 것이다. 有限한 임기동안 현지의 民과 다툼이 있는 것으로 보이지 않는 것으로, 성공하면 널리 좋은 이름을 남길 수 있을 것이고, 실패하게 되면 그 상대의 배후는 더욱 완강하였던 것이며, 아마도 이를 배상賠償하게 되는 것은 관료들의 앞길을 가로 막는 것이 될 수도 있었던 것이다. 黃慶中,「名公書判清明集 懲惡門 豪橫類中的豪民」,《中正歷史學刊》 12, (2009) 128쪽.

15 左院 : '좌사리원左司理院'을 지칭하는 것으로 생각된다.

16 私酒 :『宋會要』食貨 21-8, 乾道 5년 3월 6일조에도 "提擧江南東路常平茶鹽公事翟紱言, 饒·信兩州諸縣, 多醞私酒, 擅於鄉村置立拍戶, 抑勒鄉人沽買, 錢每月月三二百文, 騷擾人民, 據奪常平坊場課利"라고 되어 있다. 관주무官酒務에서는 정부에 신고한 규정량을 초과하여 양조하였는데, 이를 사주私酒라 한다. 박호拍戶, 각점脚店·박호泊戶로 하여금 주변의 향촌에 강제 판매하게 했다. 신고한 규정량 외에 양조한 것이므로, 의도적으로 신고하지 않고 양조해서 판매하면 밀조주密造酒가 되는 셈이다. 주업酒業을 관영官營으로 운영하지만, 매박買撲하여 경영하는 방장場場이나 주호酒戶가 만들어놓은 민영주업民營酒業이 있다. 관영하여서 크게 이익이 생기지 않는 지역이나 경영이 잘 되지 않는 곳은 민간인에게 매박하였다. 그 가운데에서도 매박買撲으로 이익이 많이 남는 곳은 다시금 관영官營으로 돌리는 경우도 있었다. 또는 향촌 지역에서는 주호酒戶에게 술을 팔도록 특별히 허락해 주는 경우도 있었다. 이렇게 민간인에게 위탁하여 술을 판매하는 것은 사주私酒에 속하지 않는다. 魏天安,「宋代的官監酒務與官酤法」,《中州學刊》, 2008-4; 楊師群,「宋代官營酒務」,《中州學刊》, 1992-4; 楊師群,「宋代的酒課」,《中國經濟史研究》, 1991-3; 李華瑞,「關于宋代酒課的幾個問題－與楊師群同志商榷」,《中國經濟史研究》, 1994-2; 楊師群,「宋代酒課幾個問題的再商榷－答李華瑞同志」,《中國經濟史研究》, 1994-2; 李華瑞,「試論宋代的酒價及其酒的利潤」,《中國經濟史研究》, 1991-3; 李華瑞,「宋代酒課的征收方法析論」,《河北學刊》, 1993-2; 李華瑞,「試論宋代榷酒制度中的買撲形式」,《西北師大學報》, 1991-1; 石見,「宋代的酒務與酒課」,《上海財稅》, 1995-7; 黎世英,「宋代的酒政」,《南昌大學學報》, 1992-3; 李華瑞,「論宋代酒業產銷的管理體制」,《河北大學學報》, 1993-3; 魏天安,「宋代的萬戶酒」,《廣西社會科學》, 2008-2; 古林森廣,「宋代における酒の販賣機構－とくに脚店と拍戶について一」,《明石工業高等專門學校研究紀要》 17, 1975, 黃慶中,「名公書判清明集 懲惡門 豪橫類中的豪民」,《中正歷史學刊》 12, (2009) 참조.

300관, 배목排木[17]을 징발했다는 구실로 양진에게서 관회 40관을 갈취하였다. 또 정만일程萬一 등으로부터 '사주私酒'의 명목으로 120관을 갈취하였으며, 홍신일洪辛一로부터는 사주私酒를 구입했다는 명목으로 300관을 갈취하였으며, 동일한 명목으로 왕백관王伯關으로부터 315관을, 첨사준詹士俊으로부터 1,000관을 갈취하였다. 또 서선徐璿으로부터는 술이 취한 채 도장道場에 들어갔다고 협박하여 누점樓店의 부지地骨[18]를 빼앗았다.

또 우보隅保[19]의 관물官物 징수를 빌미로 35관을 갈취하고, 승려 원인圓仁으로부터 100관을 갈취하였다. 이것은 방진정方震霆이 강제로 재물을 갈취한 것에 대해 자백한 것인데, 이는 실제로 행한 행위 가운데 극히 일부에 지나지 않는다.

다음으로 전업田業의 사취詐取에 대해 살펴보면, 방득方得의 뽕나무밭을 훼손하고, 방덕方德의 울타리를 부수고, 기산旗山·화첨오산花尖塢山을 가로채

---

17 排木 : 『宋會要』兵2-23, 元豊 5年 6月 11日條에 의하면 "詔, 廣南路保甲, 依戎·瀘州例, 令自置里頭無刃鎗·竹鏢·排木·弓刀·萬箭等, 保下閱習, 若遇捕盜, 器甲竝從官給"이라 되어 있는데, 이로 보아 "무기로 사용된 나무막대기"의 일종으로 보인다. 민간으로부터 배목 등과 같은 무기를 징발했을 것으로 보인다. 또『宋史』卷191, 兵志, 元豊 5年條에도 "詔, 江南保甲, 如戎, 瀘故事, 自置裏頭無刃槍·竹標·排木·弓刀·蒿矢等, 習武技, 遇捕盜, 則官給器械"라 되어 있다. 魯林波·葡秀秀·李延超, 「台江縣苗族反排木鼓舞保護現狀及對策研究」,《四川體育科學》37-3, 2018; 劉丹, 「生態變遷下苗族反排木鼓舞的功能研究」,《黃河之聲》, 2017-15; 向娟, 「淺談苗族反排木鼓舞與民俗文化的聯系」,《佳木斯教育學院學報》, 2010-1; 蘇曉紅, 「黔東南反排木鼓舞的文化傳承與發展路向」,《貴州大學學報》, 2009-1.

18 地骨 : 일전양주제一田兩主制에서의 저지低地. 仁井田陞, 「明淸時代の一田兩主慣習とその成立」(『中國法制史研究』〈刑法〉收錄); 周藤吉之, 「南宋の田骨·屋骨·園骨−特に改典就賣と關係について」,《東方學》21, 1960; 草野靖, 「地權槪念の分化一田骨·田根·田租の俗稱の意味すること」,『中國近世の 寄生地主制−田面慣行』, 汲古書院, 1989 등 참조.

19 隅保 : 송대에 민간 자위自衛 무장단체가 여러 가지 생겨있었는데, 우단隅團이 그 가운데 하나였다. 우총隅總은 그 우두머리였다. 우보隅保는 우총 대보장大保長의 합칭合稱으로 보여진다. 그 가장 중요한 임무는 지방질서를 유지하는 것이었다. 한편으로는, 우관隅官과 보정保正의 준말이라는 견해도 있다. "隅保"에 대해서는 曾我部靜雄, 「南宋の隅と隅官附, 彈壓と緝捕−中國の行政區域としての隅の起源」,『法制史研究』10, (1960) 이나 黃慶中, 「名公書判淸明集 懲惡門 豪橫類中的豪民」,《中正歷史學刊》12, (2009) 참조.

고, 서 씨徐氏의 집앞의 밭을 빼앗고, 또 방일선의 연못 부근의 건물과 울타리를 친 원림도 빼앗었다. 또 방현랑方賢郎의 집터 등을 가로채고, 이재李材 등의 전세田稅를 신고해서 납입하지 않았다. 또 정수鄭琇의 노판전魯畈田[20] 대금 50여 관을 편취하고, 또 정수鄭琇가 백니판전白泥畈田을 담보설정[典]하였을 때에도 60관 정도를 편취하였다. 황창옥黃倉屋을 담보설정[典]하였을 때에는 25관 정도를 편취하고, 황니판전黃泥畈田을 매입할 때에는 50관 정도를 편취했으며, 또 정수鄭琇가 담보 잡힌 밭을 되찾으려고 할 때에는 55관 정도를 빼앗고, 정석두程石頭의 토지를 매입하고도[斷田根][21] 대금을 지불하지 않았다. 홍천구洪千九와 주백사周百四의 집을 차지하고, 장부봉章附鳳의 문관당석門關塘石을 훼손하였다. 이것은 방진정方震霆이 토지와 가옥田業 편취에 대한 악행을 자백한 내용으로, 이는 실제로 그가 행한 행위의 극히 일부에 불과하다.

이 외에도 제가齊家[22]와 정수鄭琇와의 거래에 있어서 그 대금 110관 정도를 횡령하고, 서徐대감大監을 위해 신 씨辛氏의 집을 매입했을 때도, 잔금을 가로채 돌려주지 않고, 조曹사호司戶[23]의 혼례에서는, 남의 물건을 돌려주 사

---

20 魯畈田: "판전畈田"이라는 것은 양쪽 산에 끼어있는 비교적 평탄한 논沖田 아래에 위치하는 토지를 가리킨다. 또 하나의 의미로는, 향촌鄕村에서 산악山嶽 쪽으로 이어지는 주간主幹도로의 양측에 대칭적對稱的으로 끼어있듯이 분포하고 있는 농전農田을 일컫는 경우도 있다. 어쩌면 이러한 용어가 중국의 어느 특정 지역에서만 쓰고 있는 사투리일 수도 있다. 이 용어는 대부분 지명으로 쓰여지는 경우가 많아서, "판전畈田"앞에 "로魯"라던가, "황니黃泥"라던가, "백니白泥"라는 관형적冠形的 용어가 붙는데, 특수한 지역을 가리키고 있다. 이 부분은 李倩교수와 趙晶교수와 屈超立교수의 敎示를 받았다. 이에 感謝의 뜻을 表한다.

21 斷田根: '전근田根'은 토지의 소유권을 의미한다. 斷(田)根은 토지매매를 지칭한다.

22 齊家: 여기서의 "齊家"는 "齊氏 집안"이라는 의미로 생각되지만, 제가齊家라는 인물일 가능성도 있다.

23 司戶: 지방 주부州府의 육조六曹는 사공司功·사창司倉·사호司戶·사병司兵·사법司法·사사司士 참군參軍이 그 업무를 관장하는데, 그 가운데에서도 사호참군은 호적戶籍·계장計帳·혼구婚媾 등의 경제적 권한을 장악하고 있었으므로, 요관要官으로 간주되었다. 대부분의 주에서는 육조참군六曹參軍을 모두 두는 것이 아니라, 상주上州에서 4개 참군을 임명하였고, 하주下州에서는 그 업무를 합쳐서 3개 참군만을 두기도 하였다. 그 가운데에서도 사호참군은 생략하기 어려운 자리였다. 당서唐書를 인용하여 통계를 내보면, 각 주의 사

지 않았다. 이것은 방진정方震霆이 횡령, 사기에 대해 자백한 것으로, 이는 실제 그가 행한 행위의 일부에 불과하다.

　방원方愿은 방진정方震霆과 함께 일을 한 악인惡人이다. 그가 수족같이 부린 부하로는 양천팔楊千八·장명張明·동우童友 등이 있고, 이들 모두 난폭한 악인들, 남의 것을 빼앗지 않으면 만족하지 못하는 무리들이었다. 방원은 방진정方震霆과 함께 그의 형인 방전수方攍水의 하수인을 부려, 장부봉章附鳳의 250권券을 빼앗고, 방덕方德의 원점園店, 조전早田 5곳을 빼앗았다. 양천팔은 방진정의 사적인 문인文引:私引을 이용하여 장부봉을 끌고와서 150관을 빼앗고, 또 서선에게 25관을 빼앗았다. 장명張明은 방진정의 교사風旨를 받고 서선의 가옥을 강탈하는 것과 마찬가지로 헐값에 인수하고 포박한 채로 때렸으며 또 장부봉의 50권券을 빼앗았다. 동우童友는 방진정의 지시指揮24를 받고 술을 밀조했다는 명목으로 왕백창王伯昌을 체포하여, 자신이 신고하면 받게 될 상전賞錢 명목으로 돈을 갈취하였다勒其白納賞錢.25 또 서선徐瑢으로부터 25관을 빼앗았다. 이것은 범죄인들이 각각 자백한 악행으로,

---

호참군은 중앙정부의 고급관직에서 폄적貶謫되어 온 경우가 많다(87%). 그리고 사호참군이 그다음 임직任職으로 나아간 통계를 보면, 34%가 그 직위가 올라간 것을 볼 수 있다(李福長·許福德,「唐代州府僚佐中的司戶參軍—以吐魯番出土文書爲例」,《華東師範大學學報》, 2008-5; 薛軍,「唐代的司戶參軍事和司法參軍事」,《法學雜志》, 1990-1). 그런데, 송대의 경우에 관해서는 아직 그러한 연구가 없는 듯하다.

24　指揮 : 제왕의 조칙이나 명령 또는, 상서성尙書省이나 육부六部에서 하급 기관에 내린 칙문勅文의 해석을 가리킨다. 그런데 이러한 의미가 변형되어, 이곳에서는 이러한 의미를 바탕으로, 상급기관의 명령이나 또는 윗사람으로 부터의 지시를 의미하고 있다. 좀 더 자세한 내용은「징악문」권12-32〈母子不法同婆相齊〉의 각주나「징악문」권13-20〈叔誣告姪女身死不明〉의 각주 "指揮"를 참조. 尤東進,「北宋禁軍兵力分布硏究——以仁宗朝爲中心」,《新宋學》8, 2019; 雷家驥,「漢晉之間吳蜀的督將與都督制」,《魏晉南北朝隋唐史資料》, 2018-1.

25　勒其白納賞錢 : '백납白納'은 '내지 않아도 되는 세금을 납부하다'·'허위로 납부하다' 등의 의미로 해석해도 될 것이다. '상전賞錢'은 '상금으로 받는 돈' 즉 일종의 '현상금'이라는 의미이다. 勒其白納賞錢의 의미에 대해서는 정확하게 그 의미를 알 수 없지만, 문맥상으로 볼 때, 왕백창의 사주私酒를 포착하여, 그의 불법적인 행위를 신고하면 상전賞錢을 받게 되므로, 동우童友는 왕백창王伯昌에게 자신이 받게 될 상전賞錢 명목으로 돈을 갈취한 것이 아닌가 생각된다.

이는 세력을 이용하여 다른 사람의 재물을 편취한 악행 중의 극히 일부에 불과하다.

그 밖에 관청에서 아직 추궁하지 못한 악행으로는 정재칠程再七과 오십사吳十四를 죽음으로 내몬 행위가 있고, 마원일馬元一·나신일羅辛一·송천이宋千二를 때려 살해한 행위도 있다. 또 작년에는 부하인 양천구楊千九와 제홍齊興 등이 방모方某 씨를 때려죽인 사건이 있는데, 모두 이 사건에 대한 증인이 있다. 그 밖의 사건에 대해서 일일이 다 열거할 수 없을 정도인데, 하나하나 그것들을 열거한다면 그 죄는 처벌할 수 없을 정도로 많은데, 입으로 언급하는 것마저도 입을 더럽힐 정도이다.

칙勅에서는 "무릇 길흉사에 모인 사람들에게 주현州縣과 방무坊務26에서 함부로 술을 강매하면 도형 1년에 처결한다諸人戶吉凶聚會, 州縣及坊務輒抑勒令賣酒者, 徒一年"27고 되어 있다. 또 "무릇 강제로 매매·임대·위탁시켜 다른 사람의 재물을 갈취하였다면, 장형 100대에 처하여 인근 주隣州로 유배시키고編管, 재범한 경우에는 도형 2년에 처하고, 은사恩敎가 내려져도 인근 주에 유배시킨다諸强賣買·質借·投託之類, 取人財物者, 杖一百, 再犯者, 徒二年, 雖會敎, 配鄰州"28고 되어 있다. 또 "무릇 세금으로 체납한 액수가 10관貫인 경우에는 장형 80대에 처한다諸稅蒲十貫者, 杖八十"29고 되어 있고, "무릇 전택田宅을 전매典賣함에 있어서, (원금과) 이자를 합한 부채액을 갚는 대신에 (田宅으로) 대체하여准折 (전택을 전매하여) 이를 강탈하면 장형 100대에 처한다諸典賣田宅, 以有利債負准折者, 杖一百"30

26　坊務 : 방무坊務에 대해서는 불명이나, 송대 도시 내부에는 크게 방坊과 시市로 구분할 수 있는데, 방무坊務는 도시 내의 중심 지역 내지는 인구 밀집 구간일 것으로 생각된다.

27　諸人戶吉凶聚會, 州縣及坊務輒抑勒令賣酒者, 徒一年:『慶元條法事類』卷36, 「庫務門」에는 "諸人戶吉凶聚會修造之類, 州縣及坊務輒抑勒令賣酒及麴引者, 徒一年. 當職官不覺察與同罪. 許被抑人經監司越訴"라고 되어 있다.

28　諸强賣買·質借·投託之類, 取人財物者, 杖一百, 再犯者, 徒二年, 雖會敎, 配鄰州:『慶元條法事類』卷80 雜門에는 "諸强賣買·質借·投託之類, 取人財物, 杖壹伯, 鄰州編管. 再犯者, 徒貳年, 雖會敎刺配鄰州"라고 되어 있다.

29　諸稅蒲十貫者, 杖八十:『慶元條法事類』卷36, 「庫務門」〈商稅〉廄庫勅.

30　諸典賣田宅, 以有利債負准折者, 杖一百:『慶元條法事類』卷36, 「庫務門」〈商稅〉. '准折' 이라고 할 때의 준准은 '비조比照' 혹은 '안조按照'의 의미이고, 절折은 '절합折合'의 의미이다.

고 되어 있다. 법률 조문[律]에서는 "무릇 형兄을 구타한 경우에는 도형 2년 반에 처하고, 숙부를 구타한 경우에는 1등급을 가중하여 처벌한다諸毆兄者, 徒二年半, 叔父加一等"[31]고 되어 있다.

칙勅에서는 "무릇 공무公務상의 명목으로 사람을 잡아들여 재물을 강요한 경우에는 절도죄로 처벌한다. 기보耆保[32]의 경우에도 마찬가지로 처벌한다諸公事追捕人乞取財物, 以竊盜論, 耆保同律"[33]고 되어 있다. 또 "관청이나 개인을 속인다든지, 재물을 갈취한 경우에 있어서, 그 액수가 50필疋이면 본성本城[34]에 유배한다"라고 되어 있다.

방진정方震霆이 진술한 것에 따라 그가 편취한 재물의 액수를 합하면 관회官會 2,280관貫, 전錢 15관貫 정도이고, 토지나 돈을 편취한 액수를 합하면 견絹 50여 필에 달한다. 따라서 척장脊杖[35] 20대에 처결한 후, 본성本城에 배

즉 '준절准折'은 어떤 물건이나 물품의 가격을 다른 물건이나 물품의 가격으로 환산하는 것(혹은 환산하여 배상하는 것)을 의미하는 말이다. 예를 들면, 현금 1억을 빌렸을 경우에, 채무자 즉 빌린 사람이 이 돈을 갚을 능력이 없다면, 현금 1억 대신에 자신이 보유하고 있는 토지나 주택으로 채권자에게 넘겨 줄 경우에 준절准折이 되는 것이다. 따라서 "諸典賣田宅, 以有利債負准折者, 杖一百"은 토지와 가옥을 전매典賣하는 경우에 있어서, 이 전매 방식이 (원금과) 이자를 갚기 위해 토지와 가옥이 부채를 대신 갚는 방법으로 운용되어진 경우에 장형 100대에 처한다는 의미이다. 위의 문장과 유사한 법률 조문으로는 『慶元條法事類』卷80 雜門에는 "諸以有利債負准折當耕牛者, 杖一百, 牛還主"라고 되어 있다(『청명집』「호혼문」권9-8). 〈重疊〉에는 "典賣田地, 以有利債負準折價錢者, 業還主, 錢不追"라 되어 있다. '준절准折'과 '준절準折'은 서로 통용되어 쓰이고 있겠지만, 『청명집』에서는 '준절准折'로 쓰이는 경우가 더 많은 듯하다.

31 諸毆兄者, 徒二年半, 叔父加一等：『宋刑統』권22〈夫妻妾媵相毆幷殺〉門.
32 耆保：原作「保耆」. 据『續資治通鑑長編』卷143乙. 송대에는 현縣아래에 기耆와 보保를 두었으며 그 범위에서 향역鄕役을 맡은 사람을 기장耆長이나 보장保長이라고 불렀다(陳明光, 「宋朝逃田産權制度與地方政府管理職能變遷」, 『文史哲』, 2005-1).
33 諸公事追捕人乞取財物, 以竊盜論, 耆保同律："律" 疑當作 "罪".
34 本城：송대에 있어서 배예配隷하는 죄인을 수용하는 곳으로는 보통 '본성本城'과 '뇌성牢城'이 있다. 일반적으로 '뇌성'에는 '본성'보다 무거운 형벌을 집행하는 범죄인을 수용했다. '본성'과 '뇌성'에 수용된 죄인은 노역에 종사하지만, 군적軍籍에도 편입되어 상군廂軍의 신분도 취득했다. 曾我部靜雄, 「宋代の刺配について」, 《文化》29-1, 1965 참조.
35 脊杖：「징악문」12-1에서 政和 8년(1118)의 절장법에 따른 환산표를 제시하였는데, 여기에 참고로 建隆 4년(963)에 개정된 절장법에 따른 환산표를 제시해 둔다. 「징악문」권12-26〈斷罪〉의 각주에 실린 표〈宋代 五刑 沿革〉을 참조. 그리고 남송 이종 연간(1225~

류配流[36]시켜, 세력을 이용하여 불법적으로 악행을 일삼는 자들의 본보기로 삼아야 한다. 하지만 본관이 깊이 생각하건대 방진정方震亭의 윗대 조상인 방선교方宣敎는 소흥紹興 연간에 명사名士로 꼽힐 정도의 인물이었다. 자

1264)의 절장법에 따른 환산표는 「징악문」 12-15의 각주에 실어 두었다. 가와무라 야스시川村康, 「宋代 折杖法 初考」, 임대희 옮김, 『판례로 본 송대사회』, 민속원, 2019, 423, 448, 461, 463쪽 참조. 薛梅卿, 「北宋建隆"折杖法"辨析」, 《中國政法大學學報》, 1983-3; 戴建國, 「唐代刑罰體系的演變 — 以杖刑爲中心的考察」, 《史學集刊》, 2010-4; 榮玲魚, 「淺析宋代折杖法的性質與作用」, 《山西大同大學學報》, 2009-1; 鄺璐, 「宋朝新設刑罰制度及其特點」, 《池州師專學報》, 2005-6; 魏殿金, 「試析宋配的刑罰內容」, 《中國史硏究》, 2001-4; 呂志興, 「『折杖法』對宋代刑罰重刑化的影響」, 《現代法學》, 2007-5; 郭鳳麗, 「折杖刑的産生及其對宋代刑事制度的影響」, 《蘭台世界》, 2014-6 참조. 척장脊杖과 관련하여, 본 번역서에서는 「징악문」 권12-1 〈逼姦〉; 「징악문」, 권12-15 〈豪橫〉, 「징악문」 권12-18 〈詐官作威追人於死〉에도 각각 각주를 달아 놓았으므로 참조하기 바람.

建隆 4년(963)의 절장법에 따른 환산표(川村康표)

	流				徒					杖					笞				
	가역류	3000리	2500리	2000리	3년	2년반	2년	1년반	1년	100	90	80	70	60	50	40	30	20	10
配役	3년	1년	1년	1년															
脊杖	20	20	18	17	20	18	17	15	13	20	18	17	15	13					
臀杖															10下	8下	8下	7下	7下

36 配流 : 배류配流를 이해하기 위해서는, 송대의 형벌 체계에 대해서 개괄적인 설명을 할 필요가 있다. 송대의 형벌 체계가 명칭으로는 당률의 형벌체계를 폐지한 것은 아니라고 하더라도, 형집행은 절장법折杖法 등과 같이 송대의 방식으로 처리하였다. 그에 덧붙여 부가형으로서 자배법刺配法이나 편관법編管法이 추가되었다. 그밖에 고급 문무관원文武官員이나 왕공王公에게는 안치법安置法이 있었으며, 본래 양로적養老的인 성격을 가진 거주법居住法이 있었다. 송대에는 편배법編配法이 생기는데 자배刺配·기관羈管·편치編置·안치安置·거주居住 등의 다양한 형벌 형태가 나타난다. 송대의 형벌 체계에서는 주형主刑은 점차 가벼워지는 경향을 띠었지만, 부가형附加刑은 날로 엄중해져 갔다. 또한, 송대에는 법내法內의 형벌은 상대적으로 관대해지면서도, 법외法外의 형벌은 혹독스러워져 가면서, 기시棄市·요참腰斬·효수梟首·능지凌遲·해형醢刑·부심剖心과 같은 참혹한 각종 육형肉刑이 나타났다. 滋賀秀三, 「刑罰の歷史」, 『中國法制史論集 : 法典と刑罰』(創文社, 2003); 郭東旭, 「宋代的刑罰制度」, 『宋代法制硏究』(河北大學出版社, 2000); 戴建國, 「宋代刑罰體系」, 『宋代刑法史硏究』(上海人民出版社, 2008); 辻正博, 「宋代編配考」, 『唐宋時代刑罰制度の硏究』(京都大學學術出版會, 2010); 魏殿金, 「宋代五刑的名實分離」, 《南京財經大學學報》, 2003-2; 鄺璐, 「宋朝新設刑罰制度及其特點」, 《池州師專學報》, 2005-12를 참조. 배류配流와 관련된 죄명의 내용을 좀 더 구체적으로 「징악문」 권12-26 〈斷罪〉의 각주에도 다시 한 번 설명해 두었다.

손이 훌륭한 조상의 가르침을 받지 않고, 이와 같이 악행을 일삼은 것은 슬퍼해야 할 일일 것이다. 이러한 명사名士의 자손에 관해서는 관대하게 처리해야 할 것이다. 게다가 진술한 사건 가운데에는 사면赦免을 받아 처벌받지 않아도 되는 행위도 있으므로, 특별히 처벌을 경감해서 감장 100대에 처한 후, 남강군南康軍으로 편관編管시키기로 한다.[37]

방원方顓이 편취한 재물의 액수는 견絹 5필疋에 해당하므로, 척장脊杖 12대에 처한 후 휘주徽州로 편관編管[38]시키고, 양천팔楊千八이 편취한 재물의 액수는 견絹 3필疋 정도이므로, 척장脊杖 12대에 처한 뒤, 묵형[刺方環][39]에 처한 후, 요주饒州[40]로 편관編管시킨다. 장명張明과 동우童友는 각각 감장勘杖 100대에 처한 후, 건녕부建寧府와 구주衢州로 편관한다. 장자의章子宜는 뇌물 명목으로 이곳저곳에 관회官會를 뿌렸으므로 감장 80대에 처결한다. 그 밖의 사람들은 모두 석방한다.[41]

---

37 정우석, 「송대 編管刑의 등장과 그 시행상의 특징」, 임대희 엮음, 『판례로 본 송대사회』, 민속원, 2019 참조.

38 編管 : 편관은 배류와 달리 이동해 간 지역에서 물리적으로 구속되어 있는 것이 아니라 부적簿籍에 기입하여 감독하고 관리하기 때문에 배류보다 훨씬 가볍고 느슨한 형벌이라 할 수 있다. 어떤 조직이나 기관에 배속되어 관리되는 경우에는 사용되지 않았고, 일반적으로 죄인을 고향에서 다른 지역으로 이동시키는 양상을 보였으며 무기형이 아니라 대체로 6년이 지나면 고향으로의 귀환이 허용되었다. 남현정, 「宋代 刺字刑의 시행과 사회적 인식의 변화」, 임대희 엮음, 『판례로 본 송대사회』, 민속원, 2019, 360~399쪽 참조.

39 刺方環 : 『宋史』「刑法志」의 이 규정은 죄목에 따른 자자刺字의 모양과 부위를 명확하게 규정한 것으로, 일단 처음에는 사람들의 눈에 잘 보이지 않는 귀 뒤에 환형環形이나 방형方形, 원형圓形으로 자자刺字한 후, 3번 이상 죄를 저지른 자부터 얼굴에 자자를 하였음을 알 수 있다. 죄를 범하면 무조건 얼굴에 자자를 하던 과거와는 달라진 모습이라 하겠다. Brian E. Mcknight은 원형의 자자 안에 사각형의 자자를 한 것으로 해석했다(Brian E. Mcknight, *Law and Order in Sung China*, Cambridge University Press, 1992, p.349; 남현정, 「宋代 刺字刑의 시행과 사회적 인식의 변화」, 임대희 엮음, 『판례로 본 송대사회』, 민속원, 2019, 360~399쪽 참조).

40 饒州 : 지금의 강서성江西省 파양현鄱陽縣이다.

41 신체에 문신을 그린 후 배류配流되는 자배刺配와 편관은 원칙적으로 그 규정과 적용 범위가 완전히 다른 형벌임에도 불구하고 차츰 그 두 형벌이 혼용되어 처결되고 있는데, 이는 편관형의 규정과 사회적 인식이 점차 변화됨에 따라 편관編管보다 엄한 형벌이었던 자자刺字의 엄형적 성격과 낙인적 효과도 동시에 변화가 이루어졌고, 결국 이로 인해 두 형벌을 나누고 있던 법적 적용기준과 규정이 완전히 무너져버린 것으로 보아야 할 것이다.

방진정方震霆과 방원이 이미 진술한 바와 같이, 그들이 갈취한 재물 중에서 토지나 전錢·관회는 모두 기한을 정하여 몰수시키고[監還],[42] 소송 당사자들이 갈취당한 돈을 반환받았다는 수령증取詞人領狀[43]을 받은 후 이를 보고하도록 한다. 주방酒坊에 관해서는 해당 주本州의 조사를 거친 후, 즉시 폐쇄시키고, 지역민이 조금도 해를 입는 일이 없도록 하라. 해당 주本州에 공문을 보내어, 녹문錄問[44]이 끝나면 즉시 처벌하여 압송시키도록 하라. 한편 이상과 같은 내용을 각 주현에 방을 붙여 알리도록 한다.

또 요주饒州 사리원司理院[45]에서는 "본원本院에서 자세히 조사하여 밝혀진 바로는, 왕수선王守善과 서필현徐必顯은 명백히 각각 신주信州[46] 사리원司理院에서 조사를 담당하는 서리로서, 이번 사건을 둘러싸고 방백육관方百六官 등이 불법으로 백성들을 괴롭힌 악행 등을 조사하는 역할을 담당함에도 불구하고, 많은 뇌물을 받아, 감옥에서 술판을 벌이는 행위 등을 그대로 방치하고, 사건도 올바로 조사하지 않았습니다. 이와 관련하여 귀 관청의 적절한 조치를 받고자 합니다"라는 보고를 보내 왔다. 방백육관은 지방에서 횡포를 부리고, 그의 사기와 강탈 등과 같은 행위가 이르지 않은 곳이 없었다.

정우석, 「송대 編管刑의 등장과 그 시행상의 특징」, 임대희 엮음, 『판례로 본 송대사회』, 민속원, 2019, 400~443쪽 참조.

42 監還 : '監'은 '감독하다'라는 의미이고, '還'은 '반환하다·몰수하다'라는 의미이다.

43 詞人領狀 : '領狀'은 '수령증을 교부하다'나 '확인증을 교부하다'라는 의미로 보면 될 것이고, '詞人'은 '소송 당사자'라고 보면 될 것이다.

44 錄問 : 죄상罪狀을 문서文書에 써서 묻다. 송대의 사법절차에는 "심신審訊·녹문錄問·검법檢法·의판擬判·집체심핵集體審核"이라는 과정이 있었다. 녹문錄問은 사법관이 1차적으로 심문하고 조사한 후, 다시 녹문관원이 재차 사건의 과정을 조사하고 심의하는 과정 중의 하나였다. 陳佳佳, 「宋代錄問制度考論」, 《政法論壇》 35-2, 2017; 霍存福, 「宋代"鞫讞分司":"听""斷"合一与分立的体制机制考察」, 《社會科學輯刊》, 2016-6.

45 司理院 : 송대의 주州·부府·군軍·감監 등에 설치한 형옥기구刑獄機構이다. 오대五代 이후, 諸州에는 마보원馬步院을 설치하여 지방의 형옥을 관장하였다. 송 태조 開寶 六年(973)에 사구원司寇院으로 개칭하고, 사구참군司寇參軍을 두었다. 태종 太平興國 四年(979)에는 사리원으로 개칭하였다. 사구참군은 사리참군司理參軍으로 개칭하였다. 규모가 큰 대주大州나 형송刑訟의 업무가 번잡한 곳에는 좌사리원左司理院, 우사리원右司理院을 설치하였다. 〈징악문〉 12-32의 각주에도 司理院에 관한 설명이 있다.

46 信州 : 지금의 강서성江西省 상요현上饒縣이다.

익양현^{弋陽縣, 江南東路 信州} 주민의 원한은 뼈에 사무쳤으며, 그 횡포를 호소하는 자들이 길거리에 가득차 있다. 이러한 행위에 대한 판결은 엄중하게 하지 않으면 안 된다. 그런데도 서리인 왕수선^{王守善}과 서필현^{徐必顯}은 많은 뇌물을 받고 감옥에 있는 죄인에게 술자리를 제공해 주는 등 확실하게 조사하여 보고하지 않았는데 이는 법을 두려워하지 않는 것이 명백하다. 이 사건은 매우 중요한 사건인데도 불구하고 오히려 이와 같이 나태하게 처리했다면, 그 외의 사건에 대해서도 법을 왜곡해서 자신에게 유리하도록 해석하거나, 부정한 것을 올바르다고 하는 등 헤아릴 수 없을 정도의 부정을 저지르지 않았다고 할 수 있을까. 따라서 왕수선^{王守善}과 서필현^{徐必顯}은 각각 척장^{脊杖} 20대에 처한 후, 1천 리에 배류^{配流}시킨다. 아울러 이러한 내용을 여러 주^州·군^軍의 옥^獄[47]에 공문을 보내 널리 알리도록 하라.

當職入境, 卽有遮道羣泣, 訴爲豪强方閣羅震霆百六官虐害者. 旣而纍纍道途, 訴之不絕, 無非橫逆武斷, 打縛騙乞, 違法吞幷, 殺人害人之事. 訴之者皆號呼告寃, 嚙齒切骨, 伏地流涕, 諭之不去. 當職自惟受公朝委寄, 觀風問俗, 鋤姦衛良, 乃其職守, 於是節次將楊珍·王伯昌·徐璿·章附鳳·方天驥·僧從定·嚴實·方注·方必勝·方日宣·洪千十五·鄭琇·詹士俊·彭元敷·程椿·程申等十六狀, 送本州追究. 方震霆豪橫自若, 拒追不顧. 臺督之州, 州督之縣, 縣督之巡尉, 斷鋼承吏, 索取批書, 然後徐徐出官, 供帳坐獄, 宴飮自如. 獄吏非訖於威, 則訖於貨, 聲喏趨事, 弗敢問也. 本司索獄官批書, 追獄史黥斷, 然後具數條不法者申上. 吁, 豪强之可畏如此, 其爲民害可勝計哉. 詳諸公言, 良亦可畏. 承幹酒坊, 儼如官司, 接受白狀, 私置牢房, 杖直枷鎖, 色色而有. 坐廳書判, 捉人吊打, 收受罷吏, 以充廳幹, 嘯聚兇惡, 以爲僕廝, 出騎從徒, 便是時官, 以私酤爲脅取之地, 以騙脅爲致富之原, 吞幷卑幼產業, 斫伐平民墳林, 兜攬刑死公事, 以爲擾害柄欛. 日引月長, 毒遍閭里, 怨結親族, 雖其兄弟, 亦不堪

47　獄 : 미결수^{未決囚}나 피의자^{被疑者} 등을 구속시켜 심문하는 곳을 말하며, 지금의 유치소^{留置所}에 해당한다. 엄밀하게 말하면 현재의 감옥(형무소)과 같이 징역을 행하는 시설은 청말까지 존재하지 않았다고 보는 것이 타당할 것이다. 또한 중국에는 고대로부터 고도^{皐陶}, 소하^{蕭何} 등 수많은 인물들이 "감옥의 神"으로 모셔졌다. 그들 대다수는 감옥의 법률이나 사법과 밀접한 관련이 있었다(韓濤, 「監獄之神－人選與流變」, 《아시아 연구》(경북대) 18, 2014).

侵害之苦, 莫不羣起而攻之. 歛怨積惡, 有如此者. 而官司施行, 每不能傷其毫毛, 無他, 豪斷取財, 不義致富, 不吝錢·會, 以結有求之吏, 不憚慇懃, 以結無識之士, 不惜寶貨, 以結無恥之官. 惟其積惡, 勢燄熏灼, 是以州縣猾吏, 匍匐歸之. 惟其財力足以搬使鬼神,[48] 毁謗足以欺惑王公, 是以世之賢士大夫, 亦有畏之者. 今據本州左院所勘, 雖未及其百之一二, 震霆所招, 未及其十之四五, 如强騙財物, 則以私酒解官爲名, 騙去楊珍酒會三百貫, 以科排木爲名, 騙去楊珍四十貫, 又令程萬一等以私酒騙去一百二十貫, 以洪辛一私飮, 而騙取三百貫, 以王伯關飮酒, 騙去三百一十五貫足, 以詹士俊私下飮酒, 騙去一千貫, 以徐璙醉入道場, 則脅取樓店之地骨, 因隅保催納官物, 則騙乞三十五貫, 因僧圓仁事, 則取一百貫. 此震霆供認强騙財物之一二也. 如欺詐田業, 則斫方得之柘林, 拆方德之籬地, 占其旗山, 花尖塢山, 占其徐氏屋前園業, 又占方日宣塘頭住屋, 又占其牆原園, 又占方賢郎屋基. 又不招李材等田稅. 又詐賴鄭琇魯畈田價錢五十貫足. 又典鄭琇白泥畈田, 詐賴其六十貫足. 如典黃倉屋, 則詐賴其二十五貫足. 如買黃泥畈田, 則又詐賴其五十貫足. 又如鄭琇贖田, 則多取其五十五貫足. 斷程石頭田根, 而不還其錢·會, 占據洪千九, 周百四之屋宇, 毁拆章附鳳之門關塘石. 此則震霆供認欺詐田業之一二也. 此外如齊家與鄭琇交易, 則拘奪其錢一百一十千足, 如爲徐大監買辛氏之居, 則拘奪其餘錢不還, 如爲曹司戶行嫁, 則拘留他人器用. 此震霆招認兜攬詐賴之一二也. 至於同惡相濟如方愿, 爪牙羽翼如楊千八·張明·童友, 皆狼愎暴戾, 不奪不饜. 方愿則同震霆推其兄擫水之人, 騙去章附鳳二百五十券, 占去方德園·店·早田五項. 楊千八則承震霆私見, 勾追章附鳳, 騙去一百五十貫, 又騙去徐璙二十五千. 張明則受震霆風旨, 抄估徐璙屋舍, 將徐璙縛打, 又騙去附鳳五十券. 童友則受震霆指揮, 捉王伯昌私酒, 勒其白納賞錢, 又騙取徐璙二十五貫. 此則各人供招乘勢欺騙之一二也. 其他官府未及窮究之事, 如逼死程再七·吳十四, 打死馬元一·羅辛一·宋千二, 去年又同爪牙楊千九·齊興等打死方姓人, 皆有時日知見. 其他姦私之事, 不可具述, 窮之則罪不勝誅, 言之則汙人口煩. 勅, 諸人戶吉凶聚會, 州縣及坊務輒抑勒令買酒者, 徒一年. 諸强賣買·質借·投託之類, 取人財物者, 杖一百, 鄰州編管,[49] 再犯者徒二年, 雖會赦, 配鄰州. 諸稅蒲[50]十貫者, 杖八十. 諸典買田宅, 以有利債負准折者, 杖一百. 律, 諸毆兄者, 徒二年半, 叔父加一等. 勅, 諸公事追捕人乞取財物, 以

48　搬使鬼神: '搬'이라는 글자는 본래 빠져 있었으나, 상해도서관 소장본에 따라서 보충하였다.

49　鄰州編管: "編"은 원문에는 "騙"이라고 잘못 기록되어 있으나, 고쳐 놓았다.

50　王志强,「南宋司法裁判中之法條考」, 楊一凡總主編,『中國法制史考証』甲編第五卷, 中國社會科學出版社, 2003에는 "蒲"는 "逋"로 해야 한다고 되어 있다.『慶元條法事類』卷36,「庫務門 1」, 商稅·廊庫勅, "諸匿稅者, …… 稅錢滿十貫, 杖八十".

竊盜論, 者保同律.[51] 諸詐欺官私, 恐嚇取財物者, 贓五十疋, 配本城. 方震霆供認騙乞之數, 計官會二千二百八十貫, 見錢十五貫足, 而欺詐田業與詐價錢不與, 紐計絹五十餘疋, 合決脊杖二十, 配本城, 以爲豪强武斷者之戒. 當職重念震霆遠祖方宣敎, 在紹興年間, 預名賢之數, 子孫不讀祖書, 罪惡至此, 亦可悲矣. 前賢之後, 合從三有, 兼所招亦有係敕前者, 特與從輕勘杖一百, 編管南康軍. 方願騙乞, 紐絹計五疋, 決脊杖十二, 編管徽州. 楊千八[52]騙乞, 紐絹三疋有零, 決脊杖十二, 刺方環, 編管饒州. 張明·童友各勘杖一百, 編管建寧·衢州. 章子宜爲人行賕分首官會, 勘杖八十. 餘人並放. 應該震霆·方願, 已供認退還田業及詐賴錢·會等, 並一一責限監還, 取詞人領狀, 申. 其酒坊請本州契勘, 卽日住罷, 毋使一方之民, 受此無窮之害. 牒本州從條錄問訖, 卽時引斷押遣, 仍鏤榜州縣. 幷據饒州司理院申, 具勘到王守善·徐必顯各是信州司理院推吏, 準本司押下根究, 爲承勘方百六官等違法害民等事, 接受重賂, 縱令供帳坐獄飮宴, 不行根究, 違慢等事情因, 呈奉臺判. 方百六官豪橫一方, 欺騙取奪, 無所不至, 弋陽之民, 怨入骨髓, 訟之者茫茫道路. 本司訟獄, 究勘不爲不嚴, 而吏王守善·徐必顯乃接受重賂, 縱令供帳坐獄, 飮宴自如, 更不根究申上, 可見慢令. 此乃手本嚴緊之事, 猶敢如此, 其他舞文弄法, 以曲爲直, 何可勝計. 各決脊杖二十, 配一千里, 仍遍[53]帖諸州軍獄.

12-13. 악행이 헤아릴 수 없을 정도로 가득 차다
爲惡貫盈[54]

채구헌(蔡久軒)

요주饒州·신주信州에는 완송頑訟[55]이 가장 번잡하였으며, 또한 간호奸豪[56]가 가

51 律: "律"은 "罪"로 해야 할 듯하다(王志强, 「南宋司法裁判中之法條考」, 楊一凡總 主編, 『中國法制史考証』甲編 第五卷, 中國社會科學出版社, 2003).
52 楊千八: "八"은 원문에는 "人"이라고 잘못 기록되어 있으나, 위의 문장에 따라서 고쳐 놓았다.
53 遍帖諸州軍獄: "遍"은 원문에는 "編"이라고 잘못 기록되어 있으나, 여기에서는 고쳐 놓았다.
54 爲惡貫盈: 『書經』「泰誓 上」에는 "商罪貫盈, 天命誅之"이라 되어 있다.
55 頑訟: 국가나 지방정부의 입장에서 볼 때, 정당하지 않다고 인식되는 비정상적 소송을 포괄적으로 지칭하는 용어이다. 어떤 의미에 있어서는 건송健訟도 유사한 개념이다. 건

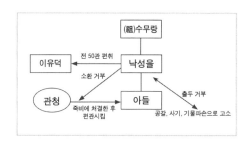

장 많은 지역이다. 이에 본관은 부임 초기에 먼저 이러한 행위에 대해 금령^{禁令}
을 내렸다. 앞으로도 호민^{豪民}이 세력을 등에 업고 도리에 어긋난 행동을 한다
면, 그들의 죄를 물어 편배^{編配57}에 처한다는 뜻의 방을 붙이는 등등, 실로 여러
차례 훈육하였지만, 그럼에도 불구하고 이러한 완건^{頑健}한 호민^{豪民58}들은 잘
못을 뉘우치거나 고치려 하지 않았던 것이다. 파양^{鄱陽}의 낙성을^{駱省乙}은 선량
한 사람을 약탈^{漁獵59}하여 부富를 축적하고, 이 지역에서 도리^{道理}에 벗어나게

송에 대해서는 「징악문」, 권12-19 〈治豪橫懲吏姦自是兩事〉; 「징악문」, 권12-33 〈訟師官
鬼〉; 「징악문」, 권13-1 〈譖鬼訟師〉; 「징악문」, 권13-27 〈以累經結斷明白六事, 誣罔脫判, 昏
賴田業〉에도 관련된 각주를 실어 놓았음. 劉馨珺, 「南宋獄訟判決文書中的"健訟之徒"」,
范忠信·陳景良 主編,《中西法律傳統》6, 北京大學出版社, 2008 참조.

56 姦豪 : 姦은 奸과 동일한 의미이다. 여기서의 姦은 불법적인 행위를 포괄적으로 지칭하
는 개념이며, 豪는 豪民으로 볼 수 있다. 즉 '불법을 자행하는 세력가'라는 의미이다.

57 編配 : 송초^{宋初}에 평화를 회복하자 사형에 해당하는 많은 범인 가운데 사형을 감해줄 수
있는 수단으로서 만들어낸 새로운 형종이다. 배군^{配軍}(또는 배예^{配隸}·배류^{配流}를 포함)이
나 편관^{編管}과 기관^{羈管} 등의 형명을 일컫는다. 편관과 편배는 구별하여야 한다. 편배는 편
관과 자배^{刺配}의 양종^{兩種}을 포괄한다. 편관은 자배와 같지 않은데, 편관은 자면하지 않는
점이 다른 것이다. 滋賀秀三, 「刑罰の歷史」, 『中國法制史論集－法典と刑罰』, 創文社,
2003; 魏殿金, 「論宋代的"羈管"刑」,《漳州師範學院學報》, 2000-3 참조. 「징악문」, 12-13 〈爲
惡貫盈〉 각주 編管 참조.

58 豪民 : 호민^{豪民}은 지방 관사^{官司}에서 중요한 사무를 위탁받아서 불법^{不法} 행위^{行爲}를 저지
를 때에, 그 불법행위가 대부분 옥송^{獄訟}과 연관이 되기도 하였다. 호민들은 특히 관사를
"모칭^{冒稱}"하기를 좋아하였는데, 실제의 행위에서 "관원^{官員}"의 흉내를 내기도 하였다. 黃
慶中, 「名公書判淸明集 懲惡門 豪橫類中的豪民」,《中正歷史學刊》12, (2009) 126쪽. 賈芳
芳, 「宋代地方豪民與政府的關系」,《河北大學學報》, 2013-4.

59 漁獵 : 捕魚打獵. 어업과 수렵^{狩獵}. 고기잡이와 사냥. 그런데, 여기에서는 該當 시대의 상
황으로 볼 때에 약탈이나 침탈이 많았다는 설정으로 쓰이고 있는 듯 하다. 丁君濤, 「唐五代
漁獵戶的生産活動」,《古今農業》, 2019-4; 王勇, 「六朝長江中下遊地區的漁獵采集活動」,《
古今農業》, 2015-1; 孫立梅, 「遼金時期的月亮泡與漁獵文化傳承」,《蘭台世界》, 2013-33; 韓

세력을 떨치고 있었다. 다른 사람의 재물과 전토田土를 협박해 갈취하고, 고아나 과부를 속여 희생물로 삼는 한편, 소송분쟁을 좌지우지하면서 재판을 문란하게 하기도 했다鬻獄.[60] 이로 말미암아 소민小民들은 그들에게 아무 죄도 없는데도 소송 사건에 연루되어 죄인이 되어 버리는 것을 두려워하면서, 분노가 일어나더라도 이를 참고 삼키며, 감히 화가 나도 이를 입밖에 내려고도 하지 않았던 것이다.[61]

작년 9월에 요교妖教[62]를 구실로 이유덕李有德으로부터 전錢 50관을 편취하였다. 이 사실이 관청에까지 알려졌음에도 불구하고, 그는 관청의 소환을 거부하며 출두도 하지 않았으며, 6개월 동안 공문을 보내어 소환을 독촉했지만, 끝까지 나오지 않았다. 본관은 단지 낙성을과 함께 악행을 행한 그의 아들을 죽비竹篦[63]에 처결한 후 편관編管[64]시켜, 우선은 낙성을이

<hr />

榮・吳文苑,「遼金時期遊牧 漁獵民族陶瓷飲具研究」,《江蘇大學學報》, 2011-3; 盧偉,「渤海國農牧漁業發展研究」,《安徽農業科學》, 2009-2; 張志勇,「遼朝畜牧法與漁獵法考述」,《東北史地》, 2008-1; 都永浩,「中國北方漁獵民族的歷史演變」,《黑龍江民族叢刊》, 2007-6; 姚偉鈞,「中國古代畜牧漁獵經濟論略」,《社會科學戰線》, 2001-5.

60 鬻獄 : 사법적 특권을 이용하여, 각종 뇌물을 받는 행위를 의미한다. 소송을 생업으로 하면서 재판을 좌지우지하는 송사訟師를 처벌하는 사례는 『청명집』에서는 그 밖에도 「징악문」 12-33〈訟師官鬼〉, 「징악문」 13-1〈譖鬼訟師〉 등에도 나타나고 있다(張本順,「無訟理想下的宋代訟師」,《社會科學戰線》, 2009-5); 董春林,「法律視域下南宋紹興冤獄的政治取向」,《中南大學學報》, 2013-2).

61 편관법의 가장 큰 특징인 범죄의 예방 기능이 더 이상 통용되지 않게 되었으며, 사실상 그 예방적 기능을 거의 상실하였다. 정우석,「송대 編管刑의 등장과 그 시행상의 특징」, 임대희 엮음, 『판례로 본 송대사회』, 민속원, 2019, 400~443쪽 참조.

62 妖教 : 국가에서 공식적으로 인정받지 못한 불법적인 종교 등을 포괄적으로 지칭하는 말이다. 요교妖教는 기원전 5~600년 사이에 페르시아 사람 조로아스터(자라수슈트라)가 창립한 것이다. 불火을 숭상用하므로 "배화교拜火教"라고도 칭한다. 요교妖教의 처벌에 관해서는 趙章超,「宋代巫術妖教犯罪與法律懲禁考述」,《宗教學研究》, 2002-4 참조.

63 竹篦 : 태형笞刑보다 가벼운 처벌로, 법률 조문에 기록되어 있는 형벌에는 포함되지 않는다. 일종의 회초리로 때리는 가벼운 형벌로 볼 수 있는데, 『청명집』에는 사인士人들의 처벌에 죽비를 사용한 경우가 종종 등장한다.

64 編管 : 자자刺字를 하지 않고 배류配流하는 형벌을 편관編管이라고 하는데 일종의 유배형에 해당한다. 이에 비해 자자刺字・장척杖脊・배류를 동시에 부가하는 형벌을 자배刺配라고 한다. 처벌형태를 분석하여, 송대의 형벌을 절장법折杖法의 형태로 변형하여 둔장臀杖・척장脊杖으로 나타나며, 이것을 포함하여 송대의 형법체계는 둔장・척장・편관・자

스스로 소행을 고칠 것을 기대하였다. 그렇지만 그는 조금도 반성하지 않고, 그의 악행은 도리어 심해지고, 법을 두려워하지 않고, 함부로 지부^{知府}·도대우사^{都大右司}[65]의 관직명이나 성명^{姓名}, 나아가 본관의 성명^{姓名}을 도용하여, 길거리에 게시판을 세워 민호^{民戶}로부터 함부로 금전을 징수하였다. 또 심한 경우에는 흉악한 무리들을 모아, 깃발을 들고 징과 목탁이나 북을 두드리고, 피리나 호루라기 같은 것을 불기도 하면서, 집집마다 돌아다니며 돈이나 술을 강요하였다. 이로 인해 그들이 지나간 뒤에는 집 안에 남아 있는 것이 거의 없을 정도로^{所至雞犬一空} 강탈하는 바와 마찬가지 행위를 하였던 것이다.

이 때문에 우선 축응린^{祝應麟}·원진룡^{袁震龍}이 소송을 일으키고, 이어 정안시^{程安時}·채경공^{蔡景恭}·이원삼^{李元三}도 각각 소송을 일으켰다. 그들의 소송 내용은 모두 공갈과 사기, 상해와 기물파손 등과 같은 것들이었다. 그래서 본 관청에서 낙성을 체포하여 소환하려 하자, 역시나 완강하게 출두하려 하지 않고, 봄부터 겨울이 되어도 출두를 명한 문서는 실행되지도 못

배·사형을 내용으로 하는 새로운 5형 체계를 구성하게 된다는 학설도 있다. 편관은 죄인을 외지로 보내서 그곳의 호적^{戶籍}에 편입시켜서 관부^{官府}의 감독을 받도록 하는 형벌이다. 편관에는 척장을 하고 배류를 하는지에 대해서는 약간의 변천하는 과정이 있었다. 송초^{宋初}에 관리들이 범장^{犯贓}하여 당사^{當死}되어야 하는 경우가 자주 발생하였다. 따라서 장살^{杖殺}하거나 기시^{棄市}의 형刑을 실시하는 경우가 자주 발생하였다. 그 징벌이 차츰차츰 가벼워지면서, 범장자^{犯贓者}에게 장척^{杖脊}하고 경배^{黥配}하게 되었다. 송宋 신종^{神宗} 시기부터 명관^{命官}에게는 장형^{杖刑}이나 경형^{黥刑}을 실시하지 않게 되었다. 이에 따라서 편관이라도 다시 장형을 실시하지 않게 되었고, 직접 외지에 배류하여 편관시킨 것이다. 정치적인 원인으로 편관된 경우에도 이와 같이 하였다. 잡범^{雜犯}에게는 죄가 편관이면 덧붙여서 결장^{決杖}과 도역^{徒役}을 결합^{結合}하여 병용^{並用}하였다. 따라서 이를 적용하는 범위는 매우 넓었는데, 관리들의 장죄^{贓罪} 가운데 사형에 이르는 경우, 재판을 잘못하여 사죄^{死罪}에 이르게 한 경우, 사형수에 연좌된 가족들에게 이 형벌을 적용하는 경우가 많았다. 辻正博,「宋代の編管制度」,『唐宋時代刑罰制度の研究』, 京都大學學術出版會, 2010; 郭東旭,「宋代編管法」,《河北大學學報》, 1992-3; 呂志興,「宋代配刑制度探析」,《西南師範大學學報》, 2004-1; 戴建國,「宋代加役流刑辨析」,《中國史研究》, 2003-3; 郭東旭,「宋代酷刑論略」,《河北大學學報》, 1991-3; 정우석,「宋代 編管刑의 등장과 그 시행상의 특징」, 임대희 엮음,『판례로 본 송대사회』, 민속원, 2019, 400~443쪽;「징악문」권12-1〈逼姦〉의 각 주 刺配 참조.

65　都大右司 : '都大提擧茶馬司' 등의 약칭.

하고 그대로 보관되어 있었던 것이다. (그가 이런 행동을 취할 수 있었던 이면에는) 어느 정도의 뇌물을 관리들에게 주었기 때문으로 생각된다. 가까운 이웃마을에서도 그를 두려워했고, 현채縣寨에서도 그를 두려워하면서 어느 누구도 감히 그를 책망하지 못했다. 낙성을도 집에 가만히 앉아, 지부臺府로부터의 출두명령에도 모른 척하고 있었다. 게다가 그는 곳곳에 있는 부하들로부터 많은 은그릇을 가져오게 하여, 주성州城, 파양현 내에 근거지置局을 설치해 공리公吏들에게 뇌물로 바쳤다. 만일 본관이 뇌물을 준 사람들과 받은 사람들을 체포하여 조사한 후, 편관編管에 처하는 것과 같은 조치를 취하지 않았더라면, 결국 낙성을은 아직도 출두하지 않은 채 사건은 유야무야로 종식되었을 것이다.

  원래 본관은 사법刑獄을 담당하면서 법률을 집행하는 관리로써, 사기와 공갈 등을 단속하는 직무를 맡고 있는데도, 낙성을은 악행을 행함에 있어서 본관의 이름을 도용해 사기나 공갈의 명목으로 이용했다. 법률을 무시하는 것이 이보다 심한 것은 없을 것이다. 잡초를 방치하면 결국 곡물에 해가 되고積莠不除, 終害嘉穀,[66] 들개와 이리는 잡지 않으면, 결국 마을로 내려와 해를 입히는 것과 같다豺狼不法, 終禍鄕井.[67] 법률 조문律[68]에 의하면 "공문서·사문서를 위조해서 재물을 얻은 경우에는 도죄盜罪에 준하여 처

---

66 積莠不除, 終害嘉穀 : 陳旉, 『農書』卷上, 耕耨之宜篇, 第8, "春秋傳曰, 農夫之務去草也, 以言盡去積莠, 卽可以望嘉穀茂盛也"라고 되어 있다. "랑유불제積莠不除"에 관해서는, 「징악문」 14-1 "大惡人 : 元惡"에 각주를 다시 붙여 놓았다.

67 豺狼不法, 終禍鄕井 : 들개와 이리를 잡지 않으면 결국 마을로 내려와 해를 입힌다는 의미이다. 판관들은 죄에 대해 비교적 관대하게 형벌하는 것을 지향하였다. 따라서 일종의 육형肉刑이라 할 수 있는 자자刺字를 형벌로 부과하는 것에 대해서 비교적 신중한 태도를 견지하고 있음을 알 수 있다. 그러나 판관들은 잡초를 방치하면 결국 곡물의 해가 되고 들개와 이리를 잡지 않으면 결국 마을로 내려와 해를 입히는 것과 같이 악인들은 선량한 백성을 위해 처벌하지 않으면 안 된다고 보았다(남현정, 「宋代 刺字刑의 시행과 사회적 인식의 변화」, 임대희 엮음, 『판례로 본 송대사회』, 민속원, 2019, 360~399쪽 참조).

68 諸詐爲官私文書以取財物者, 准盜論 : 『宋刑統』권25 〈欺詐官私取財物〉門의 "臣等參祥" 條 및 『唐律疏議』第373條, 「詐僞律 12」〈詐欺官私取財物〉에 "무릇 官이나 私人을 사기하여 재물을 취득한 자는 절도에 준하여 논죄한다諸詐官私以取財物者, 準盜論."임대희·김택민 주편, 『譯註唐律疏議』〈各則 下〉, 한국법제연구원, 1998, 3177쪽 참조.

벌한다諸詐爲官私文書以取財物者, 准盗論」"[69]고 되어 있으며, 또 법률 조문律[70]에서는 "공갈恐喝로 재물을 얻은 경우에는 도죄盗罪에 준하여 처벌하는 형벌보다 한 등급 무거운 처벌을 가한다恐喝取財, 准盗論, 加一等"라고 되어 있다. 만약 (법률 조항에 의거하여) 장형杖刑에 따라 처벌해야 할 경우라면, (이 안건은) 인근 주에 편관해야 하며, 또 법률 조문에 기록되어 있는 것처럼 도죄准盗罪에 준하여 논죄한다면, 이 경우에는 유형 3천 리로 처결해야 할 것이다.

또 칙勅에는 "소환했는데도 도망가서 출두하지 않는 경우에는 본래 처벌받아야 할 죄보다 2등급 무겁게 해서 처벌한다諸被追私逃者, 加本罪二等"[71]라

---

69   准盗論 : 도죄가 아닌 유형의 범죄를 도죄처벌 형량을 차용하여 처벌하는 것을 일컫는 것이다. 기본적으로는 도죄의 처벌 기준과 부합하지만, 처벌의 상한선에서는 약간의 차이가 있을 수 있다. 준도론准盗論에 관해서는 박구철・최덕경, 「당대 절도법의 적용범위-准盗論을 중심으로」,《중국사연구》 67, 2010 참조.

70   恐喝取財, 准盗論, 加一等:『宋刑統』권19〈恐喝取人財物〉門 및『唐律疏議』第285條, 「賊盗律 38〉〈恐喝取人財物〉, "무릇 공갈로 남의 재물을 취득한 자는 准盗論로 논하되 1등을 더한다. (공갈이) 비록 두렵거나 꺼려할 정도는 아니더라도 재물의 주인이 두려워서 스스로 준 경우도 역시 같다諸恐喝取人財物者, 准盗論, 加一等, 雖不足畏忌財主而自與亦同"(임대희・김택민 주편,『譯註唐律疏議』〈各則 上〉, 한국법제연구원, 1997, 2462쪽 참조).

71   "又勅, 諸被追私逃者, 加本罪二等" : 언제 만들어진 칙勅인지 분명하지 않다. 이 부분은『唐律疏議』卷28 捕亡15／465條「被囚禁拒捍走」〈律文〉諸被囚禁, 拒捍官司而走者, 流二千里. 傷人者, 加役流. 殺人者斬, 從者絞. 若私竊逃亡, 以徒亡論. [疏議曰, …… 若私竊逃亡, 謂被囚禁而私逃者, 從上條流・徒役限內而亡, 一日笞四十, 三日加一等, 過杖一百, 五日加一等, 此是事發更爲, 合重其坐. 注云事發未囚而亡者, 亦同, 謂罪人事發被追, 拒捍官司逃走及私竊逃亡, 亦與在禁逃亡罪同. [율문] 囚禁되어서 官員(官司)에게 항거하고 달아난 경우는 유형2천리에 처한다. (이로 말미암아) 사람을 해친 경우는 加役流에 처한다. 사람을 살해한 경우는 참수형에 처하고, 종범은 絞首刑에 처한다. 만약 혼자 몰래 도망한 경우는 (도형수・유형수가 복역기간 내에) 도망한 것으로써 논죄한다. [소의] ……"만약 혼자 몰래 도망한 자"라는 것은 수금되었는데 몰래 도망한 경우를 말하며, 위 조문의 "유형수・도형수가 복역 기한 내에 도망하였으면 1일에 태형40대에 처하고, 3일마다 1등씩 더하며, 장형100대를 초과하면 5일마다 1등씩 더한다"(68)는 규정에 따르되, 이 경우는 사건이 적발된 뒤에 다시 (죄를) 범한 것이므로 그죄를 가중해서 처벌해야 한다. 주에서 "사건이 적발되었지만 아직 수금되지 않은 상태에서 도망한 경우도 역시 동일하다"라고 한 것은 죄인이 사건이 적발되어 추격 당하다가 관원에게 항거하고 도주하였거나 몰래 도망한 경우는 역시 "수금 중에 도망한" 죄와 동일하다는 것을 말한다. (임대희・김택민 주편,『譯註唐律疏議』〈各則 下〉, 한국법제연구원, 1998, 3305～3306쪽 참조)의 부분과 연관이 있다고 보여진다. [소의]에 규정된 "一日笞四十, 三日加一等, 過杖一百, 五日加一等"이라는 규정을 볼 때에 唐律에서는 도망간 날짜에 따라서 罪를 정했던 것은

고 되어 있다.

낙성을이 이유덕·축응린·원진용으로부터 편취한 3건의 전錢·회자會子는 견絹 10필로 환산되는데, 그 외에 사기와 공갈 혹은 출두거부죄拒追之罪는 여기에 포함되어 있지 않다. 이러한 행위를 (법률 조항에 비부하면) 도죄徒罪에 해당하고, (실제 처벌은 가중처벌하여) 묵형墨刑:黥을 가한 후에 배류配流에 처벌하여黥配,[72] 악한 행위를 자행한 사람들의 본보기로 삼아야 할 것이다. 그렇지만 낙성을이 수무랑修武郎[73]의 손자孫子임을 감안하여, 우선은 그의 처벌을 경감시켜末減,[74] 감장 100대에 처한 후 남강군南康軍[75]에 편관編管시키도록 하라.

그 밖의 범죄인에 대해서는 첨청簽廳에서 별도로 판결원안을 작성한 후에 판결을 내리도록 한다. 그 밖의 안건에 대해서는 판결원안대로 처리

나타나고 있으나, "被追私逃者, 加本罪二等"라는 부분은 당대에는 아직 규정되지 않고 있다. 그런데, 淸代. 劉衡撰, 『讀律心得』卷2, 「通用加減罪例」[淸同治七年楚北崇文書局刊本], "一凡犯罪逃走者, 於本罪上加二等, 罪止杖一百·流三千里. 罪人拒捕律. 一凡犯罪拒捕者, 於本罪上 加二等, 罪止杖一百·流三千里. 同上律"에 이에 해당하는 규정이 있다. 아직 이 규정이 언제부터 생겼는지는 알 수 없다. 唐宋시대에는 "被追私逃者" "事發被追" "私竊逃亡"라고 일컬어지던 용어가 淸代에는 "犯罪逃走"라고 표현방식이 바뀐 점도 눈에 띄인다. 이 부분은 劉馨珺 敎授의 指敎를 받았다. 이에 感謝드린다.

72　黥配 : 일반적으로 자배刺配라는 표현을 쓰고 있다. 자배를 사용하는 경우보다는 빈도가 낮지만 경배黥配라는 표현을 쓰고 있는 판어가 나오고 있다. 이러한 예를 통해 남송대 판관으로 대표되는 사대부들은 자배와 경배를 크게 구분 없이 같은 의미로 사용한 것으로 보인다. 『청명집』에서 일반적으로 '자배刺配'라는 용어를 쓰고 있지만, '경배黥配'라고 쓰는 경우로서는, 이곳 이외에도 「官吏門」권2-8〈頂冒可見者三〉; 「人倫門」권10-34〈子妾以姦妻事誣父〉; 「人品門」권11-13〈罪惡貫盈〉; 「人品門」권11-16〈逢出過犯人史檢擧陞陟〉; 「人品門」권11-38〈點史爲公私之蠹者合行徒配以警其餘〉; 「懲惡門」권13-1〉〈譖鬼訟師〉에서도 黥配 라는 용어를 사용하고 있다. 『고려사』에서는 '刺配'는 사용하지 않지만, '黥配'를 쓰고 있는 事例로서는, 『高麗史』「世家」卷 20; 『高麗史』「列傳」卷12에 나타나고 있다. 남현정, 「宋代 刺字刑의 시행과 사회적 인식의 변화」, 임대희 엮음, 『판례로 본 송대사회』, 민속원, 2019, 338쪽 참조.

73　修武郎 : 하급 무관의 일종이다. 무신武臣 중에서 第44階에 해당하는 관직이다.

74　末減 : "가볍게 형벌을 부가한다" 혹은 "가볍게 처벌한다"는 의미이다. 『左傳』昭公 14年에 "숙어의 나쁜 점을 세 번이나 책하여 그의 허물을 묵살하거나 가벼이 보아주지 않았다三數�叔魚之惡, 不爲末減"라고 되어 있다. '말末'은 '박薄'의 의미이고, '감減'은 '경輕'의 의미이다.

75　南康軍 : 지금의 강서성江西省 성자현星子縣이다.

하라. 또 뇌물에 사용된 은^銀에 대해서는 동주^{東州76}의 주학^{州學}으로 보내 교육경비^[養士用]로 사용하도록 하라.

饒・信兩州, 頑訟最繁, 姦豪最甚. 當職到任之初, 首行下禁戢, 繼又鏤豪民武斷勘正編配之榜, 三令五申, 非不切至. 頑健之徒, 曾莫悛改. 如鄱陽之駱省乙者, 以漁獵善良致富, 武斷行於一方, 脅人財, 騙人田, 欺人孤, 凌人寡, 而又健於公訟, 巧於鬻獄. 小民思其羅織, 吞氣飲恨, 敢怒而不敢言. 去年九月, 以妖教爲名, 騙李有德見錢五十貫足. 事旣到官, 拒追不出, 文移半載, 頑獷自如. 本司僅將其同惡之子, 決竹篦編管, 姑欲開其自新之路. 旣不少懲, 怙惡尤甚, 蔑視三尺, 擅寫知府都大右司銜位姓名, 及當司姓名, 標揭通衢, 勒令民戶出錢. 甚至聚集兇徒, 旗羅梆鼓, 吹風哨齒, 輪鬥叱喝, 索錢索酒, 所至雞犬一空, 無異强劫. 首招祝應麟・袁震龍論訴, 繼招程安時・蔡景恭・李元三節節陳訴, 無非脅財騙業, 傷人害物之事. 本司追逮, 又復頑然, 自春而冬, 文移引匭, 不知其幾積賄. 不惟鄉閭畏之, 而縣寨亦畏之, 莫敢誰何. 安坐堂奧, 視臺府之追逮如無有也. 方且分遣爪牙, 多賫銀器, 置局州城, 賂公吏. 若非本司捉獲, 將行賕人, 受賕吏勘斷編管, 則駱省乙亦終於不出. 且本以刑獄法守爲名, 正是鋤治騙脅之司存. 今駱省乙敢爲姦慝, 反以司存爲騙脅之長本, 干犯刑憲, 莫此爲甚. 稂莠不除, 終害嘉穀, 豺狼不去, 終禍鄉井. 按律, 諸詐爲官私文書以取財物者, 准盜論, 又律, 恐喝取財, 準盜論, 加一等, 從杖者, 鄰州編管. 又律, 準盜論, 流三千里. 又勅, 諸被追私逃者, 加本罪二等. 駱省乙騙李有德・祝應麟・袁震龍三項錢・會, 自該絹十疋, 而騙業拒追之罪不預焉. 所當徒斷黥配, 爲姦民之戒. 以係修武郎之孫, 姑從末減, 勘杖一百, 編管南康軍. 其餘同惡之人, 僉廳別擬, 案後追斷, 餘照擬行. 所有贓銀, 遣下東州州學, 以助養士之用.

---

76   東州 : 여기서 말하는 동주^{東州}는 해당 주의 동부를 지칭하는 것인지, 특정한 지역명칭인지는 불명이다. 혹은 범인이 거주하는 주^州일지도 모른다. 혹은 "東"에 주인^{主人}의 의미가 있으므로 범인을 관할하는 주이거나 범인이 거주하는 주일지도 모르겠다. 「징악문」 12-16 〈押人下郡〉에도 동주라는 명칭이 보인다.

12-14. 호강
豪强

이당李鐺[77]은 학자 신분이면서도 호방한 기질을 가지고 향리에서 횡행橫行하고, 이린李驎은 거칠고 난폭한[鑫獷] 인간으로 이리처럼 사나운 기질을 가지고 향리에서 횡행橫行하고 있었다. 비록 악행을 행하는 방법이나 구체적인 행위는 다르다고 하지만, 향리鄕井에서 해害를 끼치는 점에서는 동일하다. 그런데 이 두 사람은 서로 사이가 나빠서 빈번히 소송을 일으켜 문장은 장황하고 쓸데없는 소송장을 작성하여[連篇累牘][78] 서로 평소의 악행을 고발하고 있었다. 각각 옥중에서 진술한 부분은 실제 행한 악행 가운데 일부에 지나지 않지만, 그들이 행한 많은 악행을 헤아려보면 모두 "불응위不應爲"[79]의 죄에 해당한다. 우선 가벼운 처벌에 따라 각각 감장勘杖 100대에 처결한다. 이로써 사단을 만들어 소동을 일으키는 경우[生事不靖者]

---

77   李鐺 :『청명집』卷11-20,「인품문」,〈公吏〉, 慢令, 이라는 판결문 서두에는 "弋陽縣大段慢令, 如前此李鐺等狀, 只任收倒, 及本司回狀後, 竝不見一字行移"라 되어 있는데, 본건과 마찬가지로 해당該當 안건도 蔡久軒이 담당했으므로, 이 사건과도 일정한 관련성을 지니고 있다.

78   連篇累牘 : 문장은 많고 길게 적고 있지만 실제 내용은 전혀 가치가 없음을 의미하는 말이다.

79   不應爲 : 법률 조문에 정조正條가 없음에도 불구하고 성립되는 죄상으로, "해서는 안 되는 행위"라는 조항의 처벌 규정에 해당한다.『宋刑統』卷二七,「雜律」〈違令及不應得爲而爲條〉에 "諸不應得爲而爲之者, 笞四十. 事理重者, 杖八十"이라 되어 있다.『唐律疏議』第450條,「雜律」62〈不應得爲〉에도 "무릇 해서는 안 되는데 한 자는 태형 40대에 처한다. 이치상 그 사안이 무겁다면 장형 80대에 처한다[諸不應得爲而爲之者, 笞四十. 事理重者, 杖八十]"라 되어 있다(임대희・김택민 주편,『譯註唐律疏議』〈各則 下〉, 한국법제연구원, 1998, 3277쪽 참조). 불응위不應爲에 관해서는 中村茂夫,「不應爲考－"罪刑法定主義"の存否をも巡って」,《金澤法學》26-1, 1983; 甘露,「從一个判例看中國古代的"不應得爲"罪」,《北京航空航天大學學報》, 2004-2 등 참조. 그리고 한국과 관련된 연구로서 김대홍,「조선시대『大明律』不應爲조에 관한 연구」,《법사학연구》49, 2014에서는 최근까지의 관련 연구도 섭렵하면서, 이 문제에 관한 여러 측면을 검토하고 있다.

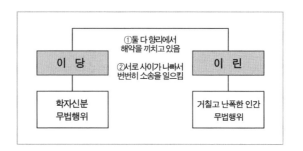

의 본보기로 삼고자 한다. 그런데도 잘못을 뉘우치지 않고 쓸데없는 소송을 제기한다면, 지금까지의 죄를 모두 합쳐 처벌하여, 편관編管에 처하기로 한다. 그 밖의 행위에 대해서는 판결원안擬代로 처리하라.[80]

李鐘儒衣儒冠, 以豪俠橫行, 李麟甕牖大片, 以强狼橫行. 雖深險粗暴不同, 其爲鄕井之害則一. 兩不相能, 紛紛起訟, 連篇累牘, 各指其平日之過惡. 今據各人獄中所認, 曾不及十之一二, 揆之所犯, 皆不應爲, 且從輕各勘杖一百, 以爲生事不靖者之戒. 如更不悛, 再興詞訴, 追上重斷編管, 餘照擬行.

12-15. 호민의 횡포
豪橫[81]

채구헌(蔡久軒)

제천오齊千五, 齊振叔는 제만사齊萬四와 함께 제만념오齊萬念五[82]를 구타했다.

---

80 일단 「감장勘杖」의 판결을 내리면서 재범 혹은 재사가 있다면, 다시 별도의 (더 무거운) 처분을 행한다고 선고하기도 하였다. 가와무라 야스시川村康, 「宋代 折杖法 初考」, 임대희 옮김, 『판례로 본 송대사회』, 민속원, 2019, 444~533쪽 참고.

81 豪橫 : 梁庚堯, 「豪橫與長者: 南宋官戶與士人居鄕的兩種形象」, 『宋代社會經濟史論集;下篇』, 臺北, 允晨文化公司, (1997)에서는 "호횡豪橫이라는 것이, 사인私人의 재산財産을 빙자하여, 官을 어지럽히거나 民을 어지럽히는 것이나 그 형태를 일컫는다擾官擾民"라고 표현하였다. 黃慶中, 「名公書判淸明集 懲惡門 豪橫類中的豪民」, 《中正歷史學刊》 12, (2009).

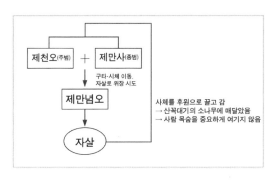

때리고 차고 할 때, 심지어 어떤 물건[他物][83]을 사용하기를 12차례[十二下][84]나 행하였는데, 이로 인해 제만념오는 목을 매어 자살하기에 이르렀던 것이 다. 따라서 그 죄는 결코 가볍다고 할 수 없다. 그런데도 (자신의 책임을 회피 하려고) 제만념오의 사체死體를 후원後園으로 끌고 왔고, 심지어 산꼭대기[山頭]로 옮겨 그것을 소나무에 매달았다.[85] 여러 번 구타를 가하기도 하고 심지어 한 번도 아니고 여러 번 시체를 옮기는 등, 이는 사람의 목숨을 전혀 중시여기지 않은 행위이다. 제천오는 부유한 세력가로써, 그는 자신의 세력을 이용하여 재판의 정황도 바꿀 수 있을 정도였다. 요컨대 그들이 제만념오를 구타한 점을 미루어 필시 그것만 했을 리는 없다. 제만념오가 죽어버린 이상, 누구도 그를 대신해서 하소연할 수는 없다. 제천오에게는 척장脊杖[86] 12대에 처결한 후 2천 리에 편관編管한다. 제만사는 감장勘杖

---

82 齊万念五 : 『청명집』에 보이는 인명人名에는 "제만념오齊万念五"나 "장흑념이蔣黑念二" 등과 같이 '念'이라는 글자가 사용되고 있는데, 여기서의 '念'은 20이라는 의미로 생각된다. 『청명집』에 나타나는 일반민들의 성명에 숫자를 사용하여 항렬 등을 사용하는 경우는 매우 많다.

83 他物 : 여기서 타물他物이라는 말은 손이나 발 등과 같은 신체 부위 외에 나무, 쇠, 돌 등등 과 같이 "어떤 물건"이라는 포괄적인 의미를 지칭한다.

84 十二下 : 여기서의 '下'는 '횟수'를 의미하지만, 어떤 경우에는 '동작의 완료'를 의미하는 용법으로 사용되기도 한다. 여기서도 '횟수'뿐만 아니라 '동작의 완료'라는 의미로 이해 해도 문맥상 큰 오류는 아니라고 생각된다.

85 제천오 등의 구타에 의한 원인으로 제만념오가 자살하자, 제천오 등은 자신들의 구타행 위를 감추려고, 사체를 뒷동산으로 끌고가서 산에 목을 매어 자살한 것처럼 위장하려 했 던 것으로 보인다.

100대에 처결하고, 그 밖에 대해서는 모두 판결원안^擬대로 처리하라.

齊千五振叔同齊萬四行打齊萬念五, 拳踢及他物計十二下, 以治萬念五自縊身死, 罪已不輕矣. 既將齊萬念五之屍移在後園, 又移去山頭, 將屍掛在松樹. 打之而至再至三, 移屍亦至一再, 全不以人命爲重. 齊千五家富而橫, 力足以變移獄情, 想行打必不止此. 齊萬念五已死, 其誰爲之辨哉. 決脊杖十二, 編管二千里. 齊萬四勘杖一百, 餘並照擬行.

12-16. 죄인을 압송해서 주로 보내다
押人下郡

채구헌(蔡久軒)

대개 동주^{東州}에서는 다음과 같은 일에는 무관심하다. 예를 들면 상관개^{上官開} 등은 (벌로서) 주학^{州學}으로 압송해서 학습하도록 되어 있었다. 그런데도 상관개^{上官開}에게는 단지 한가하게 압송하여 주학에 보낸 꼴이 되어버려, 그에게 아무런 깨우침도 주지는 못했던 것이다. 아마도 이와 같은 정황이 나타난 것에는 막관^{幕官}[87]이 그 직무에 적합하지 못한 자를 선발하

---

86 脊杖:「징악문」12-1에서 建隆 4년(963),「징악문」12-12에서는 政和 8년(1118)에 개정된 절장법折杖法에 따른 환산표를 제시해 두었는데, 여기에서는 남송 理宗 연간(1225~1264)의 절장법折杖法에 따른 환산표를 제시해 둔다. 이 가운데 판어에서 실제로 확인된 곳은 도형 1년에서 도형 2년까지의 부분이다. 邱志誠,「寫在身體上的宋政權成立宣言 — 折杖法新論」,《宋宋歷史評論》, 2018; 侯軍亮,「宋代刑罰制度新探 — 法律表達與司法實踐之落差」,《蘭台世界》, 2018-1.

남송 理宗 연간(1225~1264)의 절장법에 따른 환산표

	도					장					태				
	3년	2년반	2년	1년반	1년	100	90	80	70	60	50	40	30	20	10
척장	20	17	15	13	12										
둔장						20	?	?	?	?					
소장											20?	15?	12?	?	?

고, 또 어떤 행위를 몰래 처리하거나 은폐하려고만 했기 때문에, 상급 관원들이 그 실태를 올바로 알 수가 없게 되었던 것이다.

호일명胡一鳴은 산도 움직일 수 있을 만큼의 세력가인데, 그를 압송한 장소가 구주衢州인 것은 어찌된 일인가? 우선 이 점에 대해 문서를 보내 확인[取會]88할 필요가 있다. (처단을 내린) 요주饒州로부터는 "이미 옥급獄級89인 위준魏俊을 보내 (호일명을) 구주까지 압송[管押]90했습니다. 이감移監 증명서[交領事狀]91는 판결문에 첨부하였습니다"라고 하며, 관할 감사[本司]92에 확인하도록 요청하고 있다. 그러나 대판臺判을 받아 보니 "호일명은 상당한 재산가이므로, 반드시 그를 압송함에 있어서는 지체되는 어려움이 있을 것이다"리고 지적하고 있다. 애초에 사정이 어떻게 되어 휘주徽州나 지주池州 등으로 압송되지 않았는지, 혹은 단지 파양현鄱陽縣에 머무르게 하여 (감시하

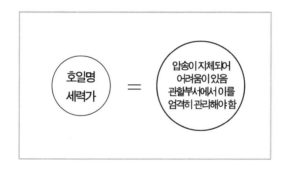

---

87   幕官 : 막직관幕職官의 약칭이다. 막직관은 부府·주州·군軍·감監 등의 지방장관들이 정무를 처리함에 있어서 이를 보좌하는 역할을 하며, 각종 조세장부, 문서, 세금징수 등과 업무를 처리했다. 막직관으로는 첨서판관공사簽書判官公事(첨판簽判)·판관判官·추관推官·서기書記 등이 있다.

88   取會 : '회동취색會同取索'·'회문취색會問取索'·'추취회문追取會問' 등과 유사한 의미로, '조회照會하다' 혹은 '확인確認하다'로 번역할 수 있을 것이다.

89   獄級 : 옥자절급獄子節級의 준말로, 옥리獄吏를 지칭한다.

90   管押 : '임시구류臨時拘留' 혹은 '관령압송管領押送'의 의미이다.

91   交領事狀 : 여기에서는 위준이 호일명을 구주로 압송한 후, 구주 당국으로부터 죄수를 건네받았다는 것을 확인하는 증명서와 같은 의미이다.

92   本司 : 여기서의 본사本司는 전운사漕司·안무사帥司·제형사憲司·제거사倉司 등과 같은 감사監司가 설치된 로급路級의 관청을 의미한다.

게 하는 조치를 취하지 않았는지) 의심스럽다. 구주^{衢州}와 같이 다른 로^{[衢州外路]93}에 그대로 두게 된다면 이는 호일명이 바라는 바일 것이다. 주^{州94}에 공문을 보내, 만약 아직 호일명을 압송하지 않았다면, 요주^{饒州}에 그대로 구금시키고, 이러한 상황의 증명서를 첨부해서 조정^{朝廷}이나 어사대^{御史臺}에 보고하도록 하라.

大槪東州不以此等事爲意. 且如上官開, 押下州學習讀, 乃只押得一假上官開入學, 更無理會. 如要是幕官不得其人, 蒙蔽行私, 所以上之人不得而知也. 胡一鳴力可移山, 何用往衢州, 姑備省箚取會. 據饒州申, 已差獄級魏俊, 管押前去衢州訖. 取到魏俊交領事狀附案外, 申本司, 乞照會. 奉臺判, 胡一鳴多貲, 前途必有留滯之患, 且初何不送徽·池諸郡, 或只留在鄱陽, 置之衢州外路, 便入其計. 牒州, 或未押遣, 只拘管饒州, 以憑申朝廷及御史臺.

12-17. 호민이 대부^{臺部}로 월소하여, 감사를 억누르려고 하다
豪民越經臺部控扼⁹⁵監司

오우암(吳雨巖)⁹⁶

요주^{饒州} 등의 주^州에서는 "관^官은 약하고 민^民은 강하다^{官弱民强}"라고 알려져 있다. 여기에서 "(민이) 강하다^强"고 하는 것은 일반 서민^{齊民}을 가리

93 　衢州外路 : 이 판결을 작성한 채구헌은 당시 강남동로제형사^{江南東路提刑使}로 재임하였을 가능성이 높으며, 구주^{衢州}는 양절동로^{兩浙東路}에 소속된 지역이므로, '외로^{外路}'라는 용어를 사용했던 것으로 보인다.
94 　여기서의 주는 문장의 의미로 볼 때, 요주^{饒州}일 것으로 판단된다.
95 　控扼은 控制扼守의 약칭으로, '통제하여 방어하다'라는 의미이다. 즉 '어떤 지역이나 사람을 장악하거나 통제하여 지켜내다'라는 뜻으로 사용된다.
96 　吳雨巖 : 본명은 오세경^{吳勢卿}이며, 자^字는 안도^{安道}이며, 호^號는 우암^{雨巖}이며, 건안^{建安, 福建} 출신이다. 淳祐 元年(1241)에 진사^{進士}가 되었으며, 처주^{處州}의 지주^{知州}·절서전운부사^{浙西轉運副使} 등을 역임했다. 그가 작성한 판결문^{判決文}은 대다수가 강남동로^{江南東路}의 지방장관으로 재임할 때에 작성된 것이었다.

유우일
(호민)
→ 나쁜 일을 저지르고 범법 행위 자행

부당한 처벌에 대한 이의신청이 倉司로 넘어감(정식경로: 監司)
→ 유우일의 재력이 서리들도 마음대로 할 수 있는 정도라는 걸 알 수 있음

유우일 관련 일에 대해 倉司에서 민첩하게 움직임
→ 관할 監司가 서류를 가져가게 하는 것은 監司가 다시 재판처리를 할 수 없게 되고
국법은 행해질 수 없음

→ 監司가 직접사건의 시시비비를 판단해서 공정하게 사건을 바로잡고,
관청도 그 직분을 지킬 수 있도록 해야 함

키는 것이 아니라, 아마도 호민豪民을 지칭하는 것으로 생각된다.[97] 만일
이러한 호민豪民은 나쁜 일을 저지르고 범법행위를 하더라도, 주州·현縣의
관청에서마저 감히 그들을 책망하기 어려운 무리들이다. 또 이들은 감사
監司[98]가 사실을 규명하려고 하자, 자신들이 불리해짐을 깨닫고, 중앙 관
청으로 월소越訴[99]하여 자신들의 조사를 관할 밖의 관청으로 돌리기도 하

---

[97] '吏强官弱'·'吏能制官'이라는 말로 대표되는 판관 및 관료의 위기의식도 자자刺字라는
중형重刑을 서리胥吏에게 부과한 이유가 될 수 있겠다. 그래서 吏는 강하고 官은 약하며,
吏가 官을 제압하는 경우가 발생했고 실제로 판관判官은 향촌사회에서 그런 현상을 목격
하고 인지하였다. 지방관, 즉 판관의 고투苦鬪의 기록인 『청명집』에 보이는 바와 같이 지
방관의 행정을 방해하는 최대의 적은 역설적이게도 지방관의 행정을 보좌하는 데 필요
불가결한 서리였다고 해도 과언이 아닐 것이다. 그러므로 중앙관료들은 서리를 통제하
기 위한 강력한 형벌刑罰을 만들었고 서리계층에 대한 멸시풍조와 부정적 인식으로 인해
판관判官의 법적용 역시 다른 계층에 비해 상대적으로 강력했다고 보인다. 따라서 향촌鄕
村에서 그러한 현상을 인지했던 판관은 서리를 견제하며 자자에 처하고 향촌에서 영향
력을 발휘할 수 없도록 배류配流하였던 것이다. 자자에 처해진 자들의 신분 혹은 직업적
경향성을 분석해 볼 때, 서리가 압도적으로 많지만 다음으로 다수多數 나타나는 자들은
화도訟徒 또는 호횡豪橫이라고 불리는 사람들이다. 그들은 주로 지역의 실력자로서 재판裁
判과 관련된 분쟁에 많이 개입하였다. 소송에 개입하는 화도들은 대체로 형세지가形勢之家
나 사인士人·서리 등인데, 이 중에서 가장 다수를 점하는 것이 서리였다. 결국 판어判語
에서 화도로 나오는 자들도 대부분 서리 출신이라는 것이고, 자자에 처해지는 직업적 경
향성이 더욱 뚜렷해진다(남현정, 「宋代 刺字刑의 시행과 사회적 인식의 변화」, 임대희
엮음, 『판례로 본 송대사회』, 민속원, 2019, 360~399쪽 참조).

[98] 監司 : 송대宋代의 지방행정구역인 路에 설치한 전운사轉運司·안무사安撫司·제점형옥사
提點刑獄司·제거상평사提擧常平司 등을 감사監司라고 총칭했다. 이러한 관청에서는 각 주 관
리를 감찰해야 할 책임이 있었기 때문에 "감사"라고 한 것이다. 감사에 관해서는 靑木敦,
「宋代の監司の語義について」,《歷史學研究》753, 2001, 參照.〈징악문〉13-15「以劫奪財
物誣執平人不應末減」의 각주 監司 참조.

[99] 越訴 : 재판의 심급審級을 뛰어 넘어 소송을 제기하는 것을 월소라 한다. 예를 들면, 현縣

였다. 그들의 위세[聲價]100를 보면 단순히 주州의 관리들과 견줄 수 있을 뿐만 아니라, 감사監司와도 견줄 만한 자들이라고 할 수 있다. 이렇게 해서 죄를 면하고 나쁜 일을 해도 된다고 한다면, 이 또한 감사監司를 무시할 뿐만 아니라 중앙 관청마저도 농락하는 것이라 할 수 있다. 심한 경우에는, 이미 범행을 인정하고101 이미 판결이 내려진 것에 대해서도, 각종 수단을 강구해서 감쪽같이 법망을 피해 가는 경우도 있었다. 이것은 조정의 기강網紀과 관련된 사안이므로, 직접적으로 문제되는 사건이 미세하다 하더라도 무시할 만한 성질의 것은 아니다.102 감사監司가 경시되어진다면, 조정朝廷도 경시되어지는 것이고, 나아가 아마도 '세상의 도리'도 경시될 수 있는 것이다.

유우일留又一의 사건에 대해서는 옥사獄司103가 조사하여, 각 담당자의 기안起案과 전임자가 내린 결정으로 판단해 보면 그 계약서 위조104나 교사主

을 거치지 않고, 곧바로 상급기관인 주로 소송을 제기하면 월소가 되는 것과 같은 경우이다. 일반적인 소송은 아래에서 위로의 단계가 있고, 진행순서에 따라 소송하도록 되어 있으나 월소의 경우에는 단계와 진행순서를 초월하여 소송하였다. 그러나 북송 말에서 남송에 이르는 시기에 이르러, 위의 본문에서 나타나는 것과 같은 터무니없는 건송健訟적인 성격의 월소가 크게 증가하자 이를 금하였다. 관련된 연구로는, 靑木敦, 「北宋末－南宋の法令に附された越訴規定について」,《東洋史研究》58-2, 1999; 郭東旭, 「南宋的越訴之法」,《河北大學學報》, 1988-3 등이 있다.

100 聲價 : 명성이나 사회적 지위 등을 지칭하는 말이다. 여기서는 호민豪民들의 "위세나 세력" 등의 의미로 볼 수 있다.

101 招伏 : 자신의 범행을 인정하는 자백서를 의미한다.

102 豪民의 사회관계가 지방사회를 돌파하여 이미 중앙정부에까지 이르게 되어버린 사례이라고 볼 수 있다. 그렇게 볼 수 밖에 없는 이유는 판결문의 바로 뒷 부분에 잘 설명되고 있다. 黃慶中, 「名公書判淸明集 懲惡門 豪橫類中的豪民」,《中正歷史學刊》12, (2009), 129쪽.

103 獄司 : 여기에서는 로급路級 단계의 감사監司를 가리키므로, 제점형옥사提點刑獄司를 지칭하는 것이라고 생각된다. 이 부분에서 관련된 주급州級의 기구에 관하여 구체적인 설명을 애초에 포함하였었는데, 오히려 혼돈을 가져올 수 있어서 생략하였다. 이 과정에서 이근명 교수의 敎示를 받았다. 이에 感謝의 뜻을 表한다.

104 爲僞契 :『唐律疏議』第374條「詐僞律」13〈詐僞官私文書及增減〉에 "무릇 관·사의 문서를 위조하거나 증감하고 속여서[欺妄] 재물財物과 상물賞物을 구하거나 몰입沒入·배상賠償(備償)을 기피하고자 한 경우는 절도에 준하여 논죄한다. 장물로 인한 피해가 가벼운 경우는 관문서를 위조한 법례에 따른다[諸詐爲官私文書及增減, 欺妄以求財賞, 及避沒入備償者, 準盜論. 贓輕者從詐爲官文書法]"(임대희·김택민 주편,『譯註唐律疏議』〈各則 下〉, 한국법제연구원, 1998, 3179

使[105] 등에 대해서는 모두 죄상罪狀이 확실하므로, '장형杖刑에 처한 후 편관編管'시킨 처벌은 당연한 것이다. 만일 그것이 부당하다면 사건의 전말을 밝혀 중앙으로 이의를 신청하고 관할 감사本司로 재판 처리를 하도록 하는 것이 정식 경로인데도 불구하고, 이 사건은 예외적으로 창사倉司[106]로 넘어가 버렸다. 현재 창사倉司 쪽에서 그런 뜻의 문서가 전해져 왔는데, 이것을 보면 실로 유우일留又一의 재력이 서리胥吏도 마음대로 할 수 있는 정도의 것임을 알 수 있다. 그러나 창사倉司의 첨청簽廳에서는, 중앙에서 돌아온 사건에 대해서는 부符[107]가 전해져 온 후 (창사의 결제를 받은 뒤) 명령을 내려야 함을 알고 있음에도 불구하고, 어떻게 된 일인지 부符가 아직 전해지지도 않았는데, 그저 유우일留又一의 소송만으로 관할 감사本司에 관련 서류를 요청하는 등 상당히 성급했고, 또 주州 쪽에도 서리胥吏를 압박해 서류를 관장하려는 등 실로 성급한 일이었다. 다른 사건에서 이 정도로 민첩하게 움직인 것은 들어본 예가 없었다. 유우일留又一로서는 급히 서류를 가져가 버리는 것만으로, 관할 감사本司가 다시 재판 처리[審理]를 할 수 없게 되고, 이로 인해 그저 팔짱만 끼고 관할 감사本司를 억누르고 자신의 안전을 기도한 꼴이 되어버렸던 것이다.[108] 만일 관할 감사本司가 그대로 서류를 들고 가도록 내버려두고, 이의를 제기하지 않는다면, 감사監司는 없

쪽; 배수현, 「宋代 부동산거래 계약서의 위조 양상」, 임대희 엮음, 『판례로 본 송대사회』, 민속원, 2019, 102~142쪽 참조).

105 主使 : 어떤 일을 도모함에 있어서 주동자의 역할을 담당하고, 타인을 교사敎唆하여 범죄 행위를 하는 것을 지칭한다.

106 倉司 : 제거상평차염공사提擧常平茶鹽公事를 지칭한다. 흔히 제거상평사提擧常平使라고도 한다. 〈징악문〉 13-27 以累經結斷明白六事, 誣罔脫判,昏賴田業의 각주 提幹 참조.

107 符 : 여기서 지칭하는 符가 구체적으로 무엇을 지칭하는 지는 불명이다. 아마도 '증명서의 일종'을 지칭하는 것으로 생각된다, 여기서는 문맥으로 볼 때, '중앙 관청에서 보낸 어떤 증명서나 문서'를 지칭하는 것으로 판단된다.

108 官・民 사이에 지켜져야 하는 "距離"가 있는 것인데, 이 거리가 제대로 지켜지지 않고, 절차도 제대로 지켜지지 않는 경우를 名公들로서는 가치관의 顚覆이 오게 된다고 염려하고 있다. 黃慶中, 「名公書判淸明集 懲惡門 豪橫類中的豪民」, 《中正歷史學刊》 12, 2009, 132쪽.

는 것과 같고, 국법國法은 행해질 수 없고, 나쁜 자들이 생각하는 대로 되므로 모든 일이 잘못되는 상황으로 나아가게 되는 것이다.[109] 이 사건은 매우 중요한 사안이기 때문에, 중앙에서도 강기綱紀라는 것을 우선으로 생각해서, 창사倉司로부터 문서를 되찾아 관할 감사本司로 송부하고, 관할 감사本司가 직접 사건의 시시비비를 판단해서, 공정하게 그 일을 바로잡고, 관청도 그 직분을 지킬 수 있도록 해야 한다. 본관當職은 개인적인 정情에 좌우되는 것이 결코 아니고, 그저 강기綱紀가 바로 설 수 있도록 염두에 두고 있는 것이다. 서류를 구비해서 상세히 보고하고자 한다. 또 이 사건에 대해 주州에도 공문을 보내 이를 알려주기 바란다.

饒州等州, 官弱民强. 所謂强者, 非謂一切齊民, 蓋謂一等豪民也. 凡是豪民, 作姦犯科, 州縣不敢誰何者. 監司纔要究見分饒, 自度不得志, 卽越經臺部, 埋頭陳詞, 脫送他司. 則其聲價非特可與州郡相勝負, 抑可與監司相勝負矣. 可以脫罪, 可以行姦, 又非特視監司如無, 抑亦視臺部爲可玩侮矣, 甚至有已招伏, 已議斷, 被其用此計而竟至漏網者. 此其有關於朝廷上下之紀綱, 未可以細故視之. 監司輕則朝廷輕, 蓋有關於世道也. 有如留又一之事, 詳獄司所勘, 及節次所擬, 並前政所行, 其爲僞契, 其爲主使, 一一分明, 杖罪編管, 實當其罪. 縱使所斷未當, 可分明其因依, 乞從臺部行下本司審斷, 而乃脫送倉司. 今倉司移牒, 尤見留又一財力足以役使吏人. 且倉司僉廳明知省部送下事件, 符到呈行, 因何於符未到之前, 只憑留又一之詞, 便索本司案, 如恐不及. 又迫本州吏抱案, 曾不移時. 及他送下事, 未聞如此之急者. 留又一之計, 欲急索去案, 則本司不得以再催照斷, 而坐受其控扼耳. 若使本司可以泯黙發案, 不行申控, 則監司可廢, 國法不行, 姦民得志, 手足倒植. 事關利害, 欲望省部以綱紀爲念, 索回倉司人案, 發過本司, 容當職自與之平心審見是非, 庶幾體統順而司存可以自立. 當職初無忿嫉之心, 特爲紀綱設, 案件詳悉備申, 仍牒報本州.

---

109 倒植 : 거꾸로 심다. 즉 상하가 전도되었다는 의미로, 처지가 매우 곤궁하고 위급함을 비유한다.

12-18. 관을 사칭해 자신들의 위세를 과시하고, 타인을 죽음으로 몰아넣다
詐官作威追人於死

오우암(吳雨巖)

장경영張景榮은 총령소總領所[110]의가 곡식이나 마초馬草등을 사들이는 자
금糴本[111]을 맡아서 관리하고 있었다. 자장子場[112]을 열어 화적和糴[113]을 청부

---

110 總領所 : 남송대南宋代 총영소의 주요 기능은 감군監軍과 이재理財였다. 남송대 총영소에
관해서는 雷家聖, 『聚斂謀國－南宋總領所研究』, 萬卷樓圖書出版公司, 2013 참조.

111 糴本 : 민전緡錢이나 견백絹帛, 금은金銀, 교자交子 및 향약鄕藥, 보화寶貨등이 모두 糴本으로
쓰일 수 있었다. 남송 시대에는 재정財政이 몹시 핍박하였으므로, 심지어 고신告身이니 도
첩度牒・회자會子등으로도 적본糴本으로 충당할 수 있었다. 관부官府에서 적본糴本을 충실
히 갖추도록 요구하지 않았으므로, 적본이 유명무실해져 버렸고, 결국 민간의 부담이 커
져 버렸다. 여기에서 "민전緡錢"의 민緡이라고 하는 것은 '엽전을 꿰는 가는 줄'을 가리
킨다(니시지마 사다오西嶋定生 지음, 『중국의 역사－진한사』 최덕경 임대희 옮김, 239
쪽, 혜안, 2004).

112 子場 : 송대에, '場'은 '務'와 함께 전매품이나 상세商稅, 관용품의 조달調達이나 구매 혹은
세금 징수 등을 처리하기 위한 관청의 말단조직을 의미하였다. 이 문장에서는 화적和糴
을 실시하기 위해 설치한 장소와 같은 의미로 사용되었다. 楊宇勛, 『取民與養民 : 南宋的
財政收支與官民互動』, 臺灣師範大學歷史研究所, 2003.

113 和糴 : 관부官府가 출자出資하여 백성에게 양식을 공평하게 구매하는 것을 말한다. 주로,
군량이나 관료의 봉록을 안정적으로 공급하기 위한 목적으로 운용되었으므로, 경사京師
지역이나 변방의 중진重鎭에서 실시되었다. 송대 화적和糴은 당대唐代에 비해 매우 광범위
하게 시행되었다. 관부 화적和糴의 적본糴本은 銅錢・鐵錢・銀・鹽・茶・紙幣・度牒 등
다양하였다. 화적에는 박적博糴・편적便糴・대적對糴・결적結糴・표적表糴・기적寄糴 등
수십 종이 있었다. 그러나 크게는 치장화적置場和糴과 억배징구抑配徵購의 두 종류로 나눌
수 있다. 치장화적은 관부가 지정한 장소에서 부호富豪나 상인商人을 초래招徠하여 양초糧
草를 내다 팔았다. 이는 중국에서 몹시 오래전부터 시행되어 왔는데, 관중管仲이나 이회李
悝가 실행한 평적平糴은 물가를 억제하는 것이었고, 공군供軍에 힘쓰는 것이 목적이었던
것은 한무제漢武帝시기 공군供軍에 힘쓰기 위하여 서남이西南夷에 실시한 적량糴糧이었다.
"糴"이라는 것은 자원自願이라는 전제 아래에 정부가 시가時價를 벗어난 금액으로 농민의
잉여생산물을 구매하는 것이었다. 그 주요한 것으로는 양초였다. 송조宋朝가 화적을 실
시한 것은 변방군의 군저軍儲와 경성京城 관리의 녹봉이었으며, 이를 통해서 조운漕運 양초
의 부족을 메꾸려는 것이었다. 李曉・孫堯奎, 「宋朝置場收購的法規與執行」, 《文史哲》,
2006-3; 李曉・孫堯奎, 「中日兩國學者關于宋朝和糴和買制度研究綜述」, 《中國史研究動
態》, 2007-3; 杭宏秋, 「宋代和糴備荒之利弊及其思考」, 《中國農史》, 1995-4; 魏姬姬, 「宋代
和糴利弊初探」, 《中國社會經濟史研究》, 1985-3; 李曉, 「宋朝的政府購買制度」, 《文史哲

받고 있었다[招耀].[114]

원래 이것은 부민富民[115]이나 남호攬戶[116]의 직職이지만, 총령소總領所에서는 원래 이런 무리들이 관료[官]를 사칭하여 그 위세를 부리는 것을 허용하지 않았다. 그런데도 장경영張景榮은 남호攬戶의 신분이면서도 감히 관명官名을 도용하고, 함부로 판결서判決書를 작성하고, 통형筒型의 형틀[枷]를 사용해 조사하거나 징벌懲罰을 하는 등의 행위를 향인鄕人에게 자행하였다. 그리하여 그 해악害惡을 입는 사람들이 한두 사람이 아니다.

한편 영세을寧細乙이라는 자는 돈을 받고 쌀을 넣기로 되어 있었는데, 그

》, 2002-3; 姜錫東,「宋朝賒糴制度述論」,《中國經濟史研究》, 1992-3; 龍登高,「宋代糧價分析」,《中國經濟史研究》, 1993-1; 徐東升,「讀"宋朝政府購買制度研究"」,《中國社會經濟史研究》, 2011-3; 袁一堂,「宋代市糴制度研究」,《中國經濟史研究》, 1994-3; 袁一堂,「北宋的市糴與民間貨幣流通」,《歷史研究》, 1994-5; 袁一堂,「宋代河北路便糴地域考略」,《河北學刊》, 1998-1; 袁一堂,「北宋的市糴與民間貨幣流通」,《歷史研究》, 1994-5; 蔡華,「北宋義倉制度述論」,《甘肅理論學刊》, 1993-5 참조.

114 招糴 : 상인이나 부농을 모집하여 곡물을 매입하는 것을 지칭한다.

115 富民 :『청명집』의 판어判語에 쓰이는 용어에는 지방관들의 보편적인 선입관이 작용하고 있는 경우를 살필수 있다. 호횡豪橫, 호강豪强, 호민豪民 등의 용어로 쓰여지는 경우에는 해당자들의 그 경제력이 형성된 과정에서부터 어긋나는 점이 있었다는 인식이 엿보이게 된다. (징악문 13-7에 나오는 "富民"의 각주 참조) 그런데 비해서, 부민富民이라고 쓰여진 경우에는 다른 편견없이 "재산이 있는 사람" 정도의 표현이라고 보여진다. 더욱이, 국가가 그 통치력을 향촌으로 뻗힐 수 있는 매개媒介역할을 담당하는 것이 부민이었다고 보는 경우도 있다. 刁培俊・張國勇,「宋代國家權力滲透鄕村的努力」,《江蘇社會科學》, 2005-4, 刁培俊,「宋代鄕村精英與社會控制」,《社會科學輯刊》, 2004-2; 刁培俊,「宋代的富民與鄕村治理」,《河北學刊》 25-2, (2005), 최근에는 당송 시대에 기층基層을 통제할 수 있었던 것을 "부민"계층階層이 일어났기 때문이라고 보는 견해도 있지만, 아직은 너무 서두르는 경향도 엿보인다고 할 수 있다. 林文勛,『唐宋鄕村社會力量與基層控制』〈上篇: 唐宋"富民"階層的崛起〉(雲南大學出版社, 2005); 林文勛,「"富民"階層; 唐宋以來中國社會內部新興的社會力量 – 再論中國古代"富民"階層研究的意義」,『中國古代"富民"階層研究』(雲南大學出版社, 2008); 林文勛,「唐宋"富民"階層槪論」,『宋史研究論叢』(河北出版社, 2008).

116 攬戶 : 서리胥吏나 남호攬戶는 납기 전에 민호의 양세를 거둬 버리고 있기 때문에 그들의 전미錢米가 면제될 뿐이었고, 또한 이로서 양세가 대부분 남호에 의해서 거둬지고 있었다는 것을 알 수 있다(朴淳坤,「宋代 地方胥吏의 모습」, 임대희 엮음,『판례로 본 송대사회』, 민속원, 2019, 552~593쪽 참조). 남호攬戶가 청명집淸明集에서는 상당히 중요한 개념이다. 관리문 2-17, 부역문 3-2, 부역문 3-8, 부역문 3-10, 인품문 11-6, 징악문 12-18, 징악문 12-31에 출현하고 있다.

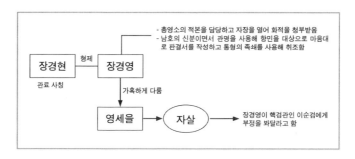

부족분이 그다지 많지도 않았다. 장경영張景榮은 평소 영세을寧細乙과 친분이
있고[爾汝], 나이도 영세을寧細乙보다 어린데도 불구하고, 일단 이런 자리에 오
르자, 영세을寧細乙을 가혹하게 다루고, 자신이 얼마만큼 무서운 사람인지
를 모른다고 하면서 자신의 위세를 부리면서, 인정사정 볼 것 없이 부족분
을 채우라고 협박했던 것이다. (여기에 참을 수 없던 영세을이 장경영의 집 앞에서 목
을 매달고 사망한 사건이) 발각發覺[117]된 후에는 감히 인맥을 동원하는 등 무리한
[把持][118] 행동을 하였다[計置].[119] 핵검관覈檢官[120]인 이李 순검巡檢에게 부정을 봐
달라고 하고, 또 초검관初檢官[121]이 검시檢屍하지 않는 단계에서는 사람을 사

117　發覺 : '비밀모의나 죄상을 폭로하는 것'을 지칭하는 말이다. 어떤 범죄사실을 관청에 고
　　　발하는 의미로 보아도 무방할 것이다.
118　把持 : 여기서는 권리나 지위 등을 독점하고, 다른 사람의 참여를 허락하지 않는다는 의
　　　미이다. 그러므로 '무엇을 자기 마음대로 하다'로 번역해 둔다. 용례로 보면 파지조정把持
　　　朝廷, 파지향리把持鄕里, 파지관사把持官司 등으로 사용된다.
119　計置 : 주획조판籌劃措辦. "어떤 일을 계획하여 실행하다"라는 의미이다.
120　覈檢官 : 사체에 대한 검시를 2회 이상 실시하는 경우를 핵검覈檢이라 하고, 이를 담당하는
　　　관리를 핵검관이라 한다. 이에 관해서는 石川重雄, 「南宋期における裁判と 檢死制度の
　　　整備－"檢驗(驗屍)格目"の施行を中心に」, 《立正大學東洋史論集》 第3号, 1990 참조. "檢
　　　覆"에 대해서는 「징악문」 권13-9〈教令誣訴致死公事〉의 각주 58 참조. "檢驗"에 대해서는
　　　「징악문」 13-19〈姊妄訴妹身死不明而其夫願免檢驗〉의 각주 참조.
121　初檢官 : 제1차로 사체에 대한 검시를 하는 관원을 초검관이라고 하였다. 송대의 법령에
　　　서는, 현縣 단계의 초검관과 복검관은 현위에게, 주州 단계에서는 사리참군司理參軍이 담당
　　　하였는데, 남송시대가 되면 현위와 순검이 파견되는 기회가 특히 많아진다. 송대의 검험
　　　檢驗은 초검初檢과 복검覆檢의 두 단계로 나뉘어져 있었다. 또 초검관과 핵검관의 검시 소
　　　견이 서로 다른 경우에는 "복검"이 반복되어 실시되었고, 또 검시 소견에 이의異議가 있는
　　　경우에는, "취검聚檢"이 실시됨과 동시에, 취검관聚檢官이 파견되어 진상을 확인하게 했다.
　　　최해별, 「宋代 檢驗제도에서의 결과보고－"檢狀"類 문서를 중심으로」, 《梨花史學研究》

체死體에 가까이 하지 않도록 하고, 경우에 따라서는 검분檢分하지 않도록 하여 자신의 죄를 벗으려고 기도했다. 향인鄕人을 대하는 처사가 이와 같았으며, 관청을 대하는 태도 또한 이와 같이 고약했다.

만일 본관本官이 이에 대해 엄격하게 처리하지 않고, 또 필畢감세監稅[122]와 같이 성실하게 직분을 다해 명확하게 조사하는 사람이 없었다면, 아마도 영세을寧細乙의 원한은 풀어지지 않았을 것이고, 장경영張景榮 형제는 점점 악행을 자신의 뜻대로 하였을 것이고, 진鎭 중의 백성들은 하루라도 안심하며 살 수 없게 되었을 것이다. 부府에 보고해 장경영張景榮은 척장脊杖[123] 15대에 처결하고, 얼굴에 자자형刺字刑: 刺面[124]을 집행한 후에 인근 주州로 유배 보내도록 하라. 형제인 장경현張景賢도 함께 관료官僚를 사칭하였지만, 영세을寧細乙이 장경영張景榮의 집에서 목을 맨 것에서도 알 수 있듯이,

---

47, 2013; 郭東旭, 『宋代法律與社會』, 人民出版社, 2008; 黃道誠, 「宋代司法檢驗的制度化·法律化」, 《雲南社會科學》, 2008.1.

122　監稅 : '監謀課稅務'의 약자로, 감당관監當官의 하나이다. 상세商稅 등을 징수하는 관원이다.

123　脊杖 : 『청명집』에 등장하는 "척장脊杖"은 송대의 절장법折杖法에서 규정된 형벌 체계를 가리킨다. 그런데, 고려율高麗律은 唐·宋·遼·金·元에 이르는 오랜 기간에 걸쳐서 중국의 법체계로부터 영향을 받았던 만큼(영남대 민족문화연구소 편, 『고려시대 율령의 복원과 정리』, 경인문화사, 2009), 당률에 없는 부분도 자주 등장한다. 脊杖에 대해서, 『고려사』 「형법지」 〈명례〉에서는 脊杖이 금척金尺을 이용하였다고 하면서, 그 규격을 알려주고 있다. 즉, 형구刑具로 되어 있다. 동아대 석당학술원, 『국역고려사』 권19, 경인문화사, 2011 참조. 〈盜賊〉에 나오는 脊杖은 송대의 절장법을 원용援用한 형벌 방식으로 나오고 있다. 채웅석(『고려사 형법지 역주』, 신서원, 2009)의 해제에 "척장배도脊杖配島"를 언급하고 있는데, 이 부분은 송대에 "자자刺字한 후 사문도沙門島에 배류配流"하는 형벌 처리 방식을 원용한 것이라고 생각된다. 사문도沙門島에 관한 연구로서는, 郭東旭, 「刺配沙門島」芻議」, 《河北大學學報》, 1987-3; 程皓, 「北宋配隸沙門島芻議」, 《首都師範大學學報》, 2010增刊; 譚金土, 「刺配沙門島」散考」, 《蘇州大學學報》, 1986-3; 楊芹, 「宋代流刑考一以流沙門島的情況爲主要事例」, 《中山大學學報》, 2005-1을 참조. 척장脊杖과 관련하여, 본 번역서에서는 「징악문」 권12-1 〈逼姦〉; 「징악문」 권12-12 〈豪橫〉; 「징악문」 권12-15 〈豪橫〉; 「징악문」 권12-18 〈詐官作威追人於死〉에도 각각 각주를 달아 놓았으므로 참조하기 바람.

124　刺面 : Brian E. Mcknight은 원형의 자자刺字 안에 사각형의 자자를 한 것으로 해석했다(Brian E. Mcknight, *Law and Order in Sung China*, Cambridge University Press, 1992, p.3490), 남현정, 「宋代 刺字刑의 시행과 사회적 인식의 변화」, 임대희 엮음, 『판례로 본 송대사회』, 민속원, 2018, 360~399쪽 참조.

원한을 품고 있었던 것은 오직 장경영張景榮때문이지, 장경현張景賢에게 원한을 품었던 것은 아닌 것 같다. 현縣에 공문을 보내어[帖縣],[125] 관명을 사칭한 서류冒官白帖[126]를 제출시키도록 하고, 특별히 장경현張景賢에 대한 처벌은 면제해 준다. 다른 사람에 대해서는 장경영張景榮의 명령대로 움직였을 뿐이므로, 깊이 추궁[追及]하지는 않는다. 필畢감세監稅에 대해서는 서장사書長司[127]에 보고해 추천하도록 하라. 이李 순검巡檢에 대해서는 우선 임지任地로 돌려보내, 별도로 처리하도록 하라.

張景榮承領總所糶本, 置子場招糶. 此乃富民及攬戶之職, 總所初未嘗容其詐官作威也. 景榮乃敢以攬戶而行官稱, 輒行書判, 以箇鎭訊決而加於鄕人, 其被害者非一. 而寧細乙者, 領錢入米, 所欠不多, 張景榮平時本與之同閭巷, 相爾汝, 而年齒又在其下. 一旦乘此加無狀於寧細乙, 以示無恐, 其迫已甚矣. 發覺之後, 又敢把持計置, 使薅檢官李巡檢, 曲加藏匿於初檢官未檢時, 意欲無人臨屍, 使檢或不成, 可以白脫罪罟. 施於鄕人者旣如此, 施於官府者又如此. 若非本司行下嚴峻, 又有畢監稅者循公盡職, 討見分曉, 則寧細乙之寃, 終不得伸, 而張景榮兄弟, 愈見得志, 虎視狼貪, 一鎭之民, 終無寧居之日矣. 牒府將張景榮決脊杖十五, 刺面, 配鄰州. 張景賢雖同冒官, 但寧細乙縊於景榮樓下, 則其心專怨景榮, 而不及景賢. 帖縣索上冒官白帖解來, 特免斷. 餘人皆爲景榮所使, 幷免硏窮·畢監稅送書長司, 具呈薦擧. 李巡檢放回任, 別聽施行.

---

125 帖縣 : '縣에 공문을 보내다'라는 의미이다.
126 冒官白帖 : '모관冒官'은 '정모관직頂冒官職' 등의 약칭일 것이다. 여기서는 '관직명을 사칭한 서류'의 의미로 사용되었다.
127 書長司 : 서표사書表司를 지칭하는 것으로 생각된다. 서표사는 각 주의 주호主戶 3만 이상인 경우에 사원使院·서표사·구원勾院·주사州司 등을 설치하였는데, 정식 관료 외에 서리 가운데 비교적 상층부에 해당하는 부류일 것으로 생각된다. 이에 관해서 『淳熙三山志』 卷13, 版籍類4에는 "建隆四年, 使·州·院人吏員缺, 幷募有田産, 諳公事人充. 不足, 則據數均于屬縣曹司正員內差補. 開寶六年, 諸州主戶三萬以上者, 使院·書表司·勾院, 共五十人. 州司三十人"이라 되어 있다.

12-19. 호횡을 벌하는 것과 서리의 부정을 벌하는 것은 각각 별개로 처리한다
治豪橫懲吏姦自是兩事

오우암(吳雨巖)

이 세상에 서리[吏]를 고소했다고 처벌받은[坐罪] 사례를 들어본 적이 없다. 그 소송이 허위소송이라는 것을 명확히 알아도 처벌하지 않고, 또 건송[健訟]128이라는 것을 명확히 알아도 처벌하지 않는다. 이는 아마도 서리[吏]를 고소하는 것이, (그들을 처벌함에 있어서) 도적[盜賊]·실물[失物]을 소송한 (것을 처벌하는) 것처럼 반좌[反坐]129가 적용되는 것이 아니기 때문이다. 그러나 소송하는 사람들 중에는 서리[吏]를 고소한다는 명목을 취하면서도 실제 목적은 다른 것에 있는 경우도 있어 그 점을 잘 살피지 않으면 안 된다. 감사[監司]는 천자[天子]의 눈과 귀가 되어 직무를 수행하는 관료인 이상, 그 명목만을 보고, 그 실제를 관찰하지 않는다면, 어떻게 사악한 무리[姦惡]들을 징계하고, 올바른 정치를 펼 수 있겠는가.

지금 낙일비[駱一飛]는 서리[吏]를 소송하려고 관청에 출두했는데, 그 실 목

---

128 健訟: 중앙정부나 지방정부 입장에서 볼 때, 불필요한 소송이거나 혹은 허위소송과 같이 비정상적 소송이 난무하는 정황을 포괄적으로 지칭하는 용어이다. 건송[健訟]에 대해서는 「징악문」 권12-33 〈訟師官鬼〉; 「징악문」 권13-1 〈譁鬼訟師〉; 「징악문」 권13-27 〈以累經結斷明白六事, 誣罔脫判, 昏賴田業〉에도 관련된 각주를 실어 놓았음. 劉馨珺, 「南宋獄訟判決文書中的"健訟之徒"」, 范忠信·陳景良 主編, 『中西法律傳統』 6, 北京大學出版社, 2008; 赤城隆治, 「南宋期の訴訟について─"健訟"と地方官」, 『史潮』 16, 1985; 靑木敦, 「健訟の地域的イメージー11~13世紀江西社會の法文化, 人口移動をめぐって」, 《社會經濟史學》 65-3, 1999; 小林義廣, 「宋代吉州の歐陽氏一族について」, 《東海大學紀要》 64, 1996; 郭東旭, 「宋代之訟學」, 『宋史研究集刊』, 浙江古籍出版社, 1986 참조.

129 反坐: 무고[誣告]한 사람에게 처벌을 하는 것을 의미한다. 즉 다른 사람을 무고한 사람은 무고를 당한 사람이 받아야 할 형벌로 처벌한다는 의미에서 反坐라고 한 것이다. 무고반좌[反坐]의 법에 관해서는, 임대희·김택민 주편, 『譯註 唐律疏議』 〈各論 下〉 第342條, 「鬪訟律」, 鬪訟 41 〈誣告反坐〉 (한국법제연구원, 1998)에 "무릇 他人을 무고[誣告]한 자는 각각 반좌[反坐]한다. 또한 (진상을) 調査하여 彈劾해야 할 관원이 사사로움을 품고서 事案을 彈劾함에 사실대로 하지 않았을 경우에도 역시 이와 같이 (처리)한다[諸誣告人者, 各反坐. 卽糾彈之官, 挾私彈事不實者亦加之]" 참조.

적은 전혀 다른 곳에 있었다. 낙일비 부자^{父子}는 흉악한 무리들이라고 할 수 있으며, 그들이 행한 악행은 매우 많았다. 즉 낙일비는 타인의 재물을 빼앗고 민심을 혼란하게 했으므로, 장형^{杖刑}에 처한 후에 편관^{編管}시켰다. 그 장남도 요교^{妖敎}를 선전하고 양민을 속였으므로, 장형에 처한 후에 편관시켰다. 차남은 한층 더한 악행을 저질렀는데, 예를 들면, 민중을 몽둥이로 구타한다든지, 묵형^{[刺環]130}과 같은 문신을 새기기까지 하였으므로, 척장^{脊杖}에 처한 후, 자배형^{刺配刑}에 처하였다.

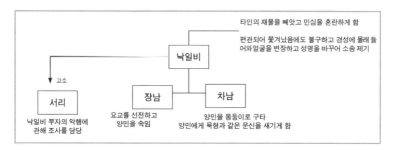

이 세 사람은 누차 제점형옥^{提点刑獄}과 지주^{知州}가 사건이 있을 때마다 처벌을 내렸지만, 처단할 때마다 그들의 악행은 날로 증가했는데, 이 세상에서 이와 같은 악행을 반복하는 자도 없을 것이다. 낙일비^{駱一飛}는 이미 편관^{編管}되어, 이미 이 지역에서 쫓겨난 자인데도 불구하고, 1년도 경과되지 않은 사이에 경성^{京城}으로 몰래 들어와, 얼굴을 변장하고, 성명^{姓名}을 바꾸어, 2개월 동안 호부^{戶部}에 4번, 형부^{刑部}에 4번이나 소송을 제기했다. 이와 같이 중앙 관청인 성부^{省部}를 우롱하는 것 자체부터 처벌되어야 할 행위이며,[131] 또한 그들이 소송하는 실제 목적은 서리^[吏]를 고발하려는 것이

---

130 刺環 : 남송대 재지실력자인 호횡은 향촌에서 백성을 괴롭히는 경우가 많았으며, 심한 경우에는 사사로이 고문을 하고 감옥에 넣기도 하였는데, 위의 판어에서 볼 수 있는 것과 같이 사적으로 자자^{刺字}를 실시하기도 하였던 것이다. 이러한 상황은 남송대 치안 약화로 말미암아 제대로 통제되지 못한 지방 세력의 횡포를 보여주는 한편, 자자의 남발로 인해 자자의 범죄예방 효과도 약화되었음을 추정해 볼 수 있겠다. 이는 또한 자자^{刺字}에 대한 남송인의 인식도 변화하게 만들었을 것이다(남현정, 「宋代 刺刑의 시행과 사회적 인식의 변화」, 임대희 엮음, 『판례로 본 송대사회』, 민속원, 2019, 360~399쪽 참조).

었다. 고발당한 서리[吏]는 이전에 그들의 악행에 관해 조사를 담당한 사람들이었다.

낙일비의 진의를 추측해 보면, 아마도 악행으로 처벌된 후, 그의 명성에 어느 정도 타격을 입었기 때문에, 지금 유배당한 곳에서 고향으로 돌아왔더라도, 이전에 자행했던 각종 횡포를 고향에서 행하기는 어려웠을 것이다. 그리하여 낙일비는 오직 서리[吏]를 고발함으로써, 관청을 좌지우지할 수 있고, 향리에서의 평판도 고칠 수 있으며, 자신의 위세를 떨칠 폭도 넓혀, 결국 '묵형을 당한 자가 제후가 된[當黥而王]'[132] 고사故事처럼 자신도 그렇게 될 것이라고 생각했을 것으로 추측된다. 심지어 세간에서 "낙일비는 두려워할 만한 유력자로, 감사[監司]와 지주[知郡]가 처벌을 내렸더라도, 낙일비 측에서 다시 서리[吏]를 고소해 죄를 뒤집어씌울 수 있다. 관청의 세력이 약해지면, 결과적으로 호민[豪民]의 세력이 강해진다"라는 평판이 나도록 하여, 이후 낙일비[駱一飛]에 대해 뭔가 소송분쟁이 일어나도, 관청에서는 결코 낙일비를 처벌하기 어렵게 되고, 결코 조사도 할 수 없을 것이며, 오히려 후환을 두려워하게 될 것이라는 계산을 하고 있었을 것이다.

"뱀을 똑바른 대나무 통에 넣더라도, 뱀의 휘어지는 성질은 변하지 않는 것이고[蛇入竹筒, 曲性終在],[133] 맹수를 우리에서 끄집어내더라도 점점 더 사나워질 뿐이다[虎兕出柙, 咆哮愈甚]"[134]라는 것은 바로 이러한 경우를 두고 하는

---

131 豪民의 휘젓고 다닐 수 있는 범위가, 자신이 있는 지방사회에만 해당하는 것이 아니라, 중앙정부에까지 미치고 있는 점을 지적하고 있다. 송대에는 상당히 중앙집권이 강화되어 있었으므로 모든 사항이 상급 기관에 보고되고 있는데도, 이렇게 활개치고 다니는 점에서 豪民의 불법이 어느 정도이었는지 파악될 수 있을 것이다. 黃慶中, 「名公書判淸明集 懲惡門 豪橫類中的豪民」,《中正歷史學刊》12, (2009) 122쪽.

132 當黥而王 : 법을 어겨 묵형을 당했다가 이후 회남왕淮南王으로 임명된 경포黥布의 고사이다. 『史記』卷91, 黥布列傳에는 "當刑而王"이라 되어 있다.

133 蛇入竹筒, 曲性終在 : 蛇入竹筒, 曲性猶在와 동일한 의미이다. 즉 뱀이 곧게 뻗은 대나무 통에 들어가더라도, 굽어지는 뱀의 성질은 여전히 변하지 않는다는 말로, 타고난 본성은 고치기 어렵다는 것을 비유하는 말이다.

134 虎兕出柙, 咆哮愈甚 : "虎兕出柙"에서 虎와 兕이 목롱木籠에서 도망쳐 나오다는 뜻이다. 악인惡人이 도망쳐 나오거나, 악인이 나쁜 일을 함으로써, 이 악인을 주관主管하는 사람이

말이다. 따라서 관청에서 추궁하려 하지 않고, 서리[吏]도 감히 그에게 대적하지 않는다면, 선량한 백성들은 그의 먹이가 되어 버리고 말 것이다. 이는 '곡물이 잘 자라도록 하려면, 잡초[稂莠]135를 제거하지 않으면 안된다'는 것과 같은 논리이다. 본관으로서는 낙일비[駱一飛]에게 특별한 사적인 감정을 품고 있어서가 아니라, 단지 백성들을 위해 그의 악행을 뿌리뽑으려고 하는 것뿐이다.136

이전에 처벌받은 편관[編管]이라는 형벌을 가중하여, 이번 사건의 죄목을 합산하여, 재차 그에게 처벌을 내리고자 한다. 법관[法官]137의 형량에서는 도형 1년에 처한다는 것이지만, (본관은) 우선 둔장[臀杖] 20대에 처하고, 도형[徒刑]에 해당히는 형벌은 척장[脊杖] 10대로 환산하며[折徒杖十],138 지주[池州, 江南東路]로 편관[編管]시키고자 한다.139 해당 지역으로 유배보내고, 지주[池州]에 공문서를 보내 낙일비를 엄격하게 감시하도록 하고, 함부로 방면하여, 자신

책임을 저야 함을 비유하는 말이다. 兕는 서우[犀牛]와 같은 야수[野獸]를 지칭하며, 柙은 짐승을 가두는 목롱을 의미한다. 『論語』季氏篇에 "虎兕出於柙, 龜玉毁於櫝中, 是誰之過與"라고 되어 있다.

135 稂莠: 랑유[稂莠]에 관해서는 「징악문」 14-1의 각주 23에 실어놓은 "稂莠不除"를 참조하면 좋겠다.

136 判詞에 나타나고 있는 것은, 案件을 判決한 결과이다. 案件의 "審判 過程"은 대체로 模糊하고 확실하지 않다. 범관[法官]·피고[被告]·원고[原告] 사이에서 서로의 動機도 다시 나타나기 어렵다. 判詞속에 나타나는 名公들은 正意의 化身이며, 勝利者의 모습이었다. 결과는 이미 결정되어진 것이었고, 豪民들은 머리를 수그리고 죄를 인정함으로써 종결이 되었다. 名公들은 곳곳에서 "紀綱"을 강조하고 있으나, 案件을 審理하고 있는事案 자체의 검토는 생략되어 있다. 名公들은 자신들이 公道를 佳持하고 있고, 豪民은 분명히 犯罪者의 지위에 처해있다는 점을 우선 강조하면서, 豪民이 "나쁜 사람"이라는 形象을 그려내고 있다. 黃慶中, 「名公書判淸明集 懲惡門 豪橫類中的豪民」, 《中正歷史學刊》 12, (2009) 133쪽.

137 法官; 陳景良, 「宋代"法官"·"司法"和"法理"考略 −兼論宋代司法傳統及其歷史轉型」, 《法商硏究》, 2006-1.

138 折徒杖十: 절장법에 의거하여, 도형을 척장 10대로 환산하여 처벌하는 것을 의미하는 것으로 생각된다. 단, 절장법에 도형을 척장 10대로 처벌하는 경우는 없다. 도형은 최소한 척장 12대로 된다.

139 판관의 재량에 따라 자배[刺配]와 편관의 적용에 변화가 있을 수 있다는 사실을 보여주는 판례이다. 정우석, 「송대 編管刑의 등장과 그 시행상의 특징」, 임대희 엮음, 『판례로 본 송대사회』, 민속원, 2019, 400~443쪽 참조.

의 고향에서 악행을 일삼지 못하도록 하라. 다만 낙일비가 고소한 서리 중에는 명백히 고소당할 만한 불법을 행한 서리도 있으므로, 이들에 대해서도 처벌하지 않으면 안 된다. 호민들의 횡포橫暴에 대한 처벌은 호횡豪橫의 처벌이고, 서리의 악행에 대한 처벌 역시 서리의 악행에 대한 처벌로서 다스려야 하며, 각각의 악행에 대해 공정해야 처벌하고자 한다. 조걸曹杰은 도형 1년에 처결하고, 50리로 편관시킨다. 서초徐超[140]는 장형 100대에 처결한다. 다만 그들이 부정으로 획득한 재물에 대한 추궁은 면제한다免監贓.[141] 낙일비는 이미 장형을 받고 이미 편관을 받은 자이지만, 그에 대해서는 철저히 추궁해야 하므로, 관할 주本州의 통판通判에게 녹문錄問[142]시키고, 또 이 사건에 관해서 중앙 관청인 성부省部와 어사대御史臺에 보고하도록 하라.

天下未聞有因訴吏而坐罪者, 明知其帶虛不坐, 明知其健訟亦不坐, 蓋訴吏猶訴賊失物, 終無反坐也. 然有名爲訴吏而實非訴吏者, 却不可不察故. 監司爲耳目之官, 于其名, 不于其實, 何以折姦慝, 何以行實政.

今駱一飛雖因訟吏到官, 而其情乃大謬不然. 駱一飛父子凶德參會, 罪惡貫盈. 一飛以强

140　문맥상 曹杰과 徐超는 부정을 자행한 서리일 것으로 추정된다.

141　免監贓 : "면감장免監贓"은 '감장監贓을 면제한다'라는 뜻으로 볼 수 있다. 판결문에 "免監贓"이라는 곳이 자주 등장한다. 「인륜문」, 권10-36 〈弟婦與伯成姦且棄逐其男女盜賣其田業〉; 「징악문」, 권12-19 〈治豪橫懲吏姦自是兩事〉; 「징악문」, 권12-37 〈教唆與吏爲市〉; 「징악문」, 권13-2 〈撰造公事〉 등에 나타나고 있다. "본래는 감장監贓하여야 하겠지만, 여러 가지로 처벌을 하였으므로 굳이 감장까지 할 필요가 있겠느냐"는 어감語感으로 읽혀진다. 따라서, 감장 자체는 뇌물 수수 등에서 반드시 수반되는 것으로 받아들여지기도 한다. "면감장免監贓"인 경우에 재판관이 판결문에 그에 대한 이유를 설명하지 않고 있으므로, 재판관의 자의적인 결정에 맡겨지고 있다고 보아도 될 것이다. "감장"인 경우의 판결 내용과 비교해 보더라도, "면감장"인 경우의 판결 내용의 법행 정도에서 그다지 차이가 구분되지 않는다. 본래라면 수반되어야 할 "감장"을 면제하는 것이므로, 피고인에게 배려를 베풀어 주는 것으로 볼 수 있다. "감장監贓"에 대해서는 「징악문」, 권12-5 〈僧官留百姓妻反執其夫爲盜〉과 「징악문」, 권14-6 〈檢法書擬〉의 각주에 다시 한 번 설명하였다.

142　錄問 : 송대의 사법절차에는 "심신審訊・녹문錄問・검법檢法・의판擬判・집체심핵集體審核"이라는 과정이 있었다. 녹문錄問은 사법관이 1차적으로 심문하고 조사한 후, 다시 녹문관원이 재차 사건의 과정을 조사하고 심의하는 과정 가운데 하나였다.

取民財, 誑惑民聽, 杖罪編管. 其長子又以鼓倡妖教, 欺編良民, 杖罪編管. 其次子又加甚焉, 甚至自將百姓行杖刺環, 亦遭決脊刺配. 此三項, 凡經累政提刑‧累政太守節次斷治. 每一番懲斷, 必一番分外猖獗, 天下未有稔惡至於此極也. 一飛係已編管, 已移家人, 曾未一年, 潛身京城, 改頭換面, 變名易姓, 兩月之內, 經戶部者四, 經形部者四, 其玩視省部, 已自可罪. 然其名則訴吏也, 所訴之吏, 只是向來行案之人. 其心蓋謂曾經催折, 少損聲光, 今雖逃回, 難復恣橫, 唯有訴吏一節, 可以必官司之施行, 可以改鄉曲之視聽, 可以取威定霸, 可以當黥而王. 且使聞者私相告語曰, 駱一飛眞可畏哉. 臺郡雖能斷治, 駱一飛又能論配吏人, 官終弱, 民終强. 今後一飛有事到官, 決不敢行案, 決不敢承勘, 毋自貽悔. 彼其蛇入行筒, 曲性終在, 虎兒出柙, 咆哮愈甚. 官不敢復問, 吏不敢正視, 善良其魚肉矣. 保嘉禾者去稂莠, 當職於駱一飛, 不加忿嫉, 但欲去之而已. 只照前次所受編管罪名, 今旣再出, 合與再斷. 法官所定, 係徒一年, 且決臀杖二十, 折徒杖十, 仍編管池州. 就移其家, 牒諸池州, 嚴與拘監, 毋得放還, 爲本鄉害. 但所訴吏, 稍得實者, 亦當與之行, 庶幾治豪橫自是治豪橫, 懲吏姦自是懲吏姦, 不失於偏. 曹杰徒一年, 編管五十里. 徐超杖一百, 幷免監贓. 一飛係杖已, 已編管人, 姑與盡情, 更委本州通判錄問, 仍申省部‧御史臺.

12-20. 탐욕스러운 현령과 함께 향리의 은밀한 일을 찾아내어 배군을 하수인으로 삼아 자신의 재산을 늘리려 하다
與貪令捃摭[143]鄕里私事[144] 用配軍爲爪牙豐殖歸己

송자목(宋自牧)[145]

진영陳瑛은 조趙지현知縣이 '체만替滿'[146]할 때에 그를 위해 숙식을 제공하는 등의 편리를 제공安停[147]하고, 조지현도 진영으로부터 편리를 제공받을安將安停[148] 때에는 진영陳瑛에게 편의를 봐 주는周旋[149] 등의 배려를 해 주었다. 지금 다른 건에 대한 현縣의 서류를 제출시켜 조사해 보니, (縣 측에서) 정당한 이유도 없는데도平白[150] (누군가에게) 벌을 주어科罰[151] 얻은 금액이 1천 관貫이

---

143 捃摭 : 적취摘取·수집搜集·채집採集과 동일한 의미로, 무엇인가를 수집하거나 찾아내어, 다른 사람에게 타격을 주다는 뜻이다.

144 私事 : 공사公事와 대비되는 말로 "사적인 일"이라는 의미일 것이다. 여기에서 "향리의 은밀한 일"이란 진영陳瑛이란 사람이 자신의 이익을 도모하기 위해 향리에 거주하고 있는 사람에게 트집을 잡아 죄를 주고 있는 현령과 결탁하여 사리를 도모한 것을 말한다.

145 宋自牧 : 본명은 송자宋慈, 1186~1249이고, 자字는 혜부惠父이며, 자목自牧은 호號이고, 건양建陽, 지금의福建 출신이다. 송대에서 가장 저명한 제형관提刑官 중의 한 명으로, 1247년 법의학 전문 저작으로 유명한 『洗冤集錄』 5卷을 집필하였다. 주희의 제자인 오치吳稚의 문하생으로, 嘉定 10年(1217)에 진사進士에 급제하였으며, 절강은현위관浙江鄞縣尉官, 장정지현長汀知縣, 소무군통판邵武軍通判을 거쳐, 광동제점형옥廣東提点刑獄, 강서제점형옥겸간주지주江西提点刑獄兼略州知州, 광동경략안무사廣東經略按撫使 등을 역임하였다. 중국에서는 TV드라마 등으로 자주 등장하여 인기가 높으며, "宋提刑"이라고 불리운다. 張宜,「也談大宋提刑官宋慈」,《歷史敎學》, 2006-1 참고. 그리고, 宋自牧의『洗冤集錄』은 이 분야를 연구하는데에 매우 중요한 자료이므로,「징악문」 13-19의 각주 檢驗과「징악문」 14-5에서 다시 한번 소개하기로 한다.

146 替滿 : 만체滿替와 동일한 의미로, '관료의 임기가 만료되어 교체되다'라는 뜻이다.

147 安停 : 은정隱定과 동일한 의미이지만, 여기서의 안정安停은 진영이 조지현의 임기만료시에 그를 위해 각종 숙식을 제공하는 등과 같은 편의를 제공한 것을 의미한다.

148 安將安停 : 안장안정安將安停이라고 할 때의 '安將'의 의미에 대해서는 불명이지만, 문맥상 "安將安停"은 '진영이 조지현을 위해 각종 편의를 제공해 줄 때'라는 의미로 생각된다.

149 周旋 : '내쫓다'·'서로 왕래하면서 도움을 주다' 등의 의미이고, 여기서는 후자의 의미로 사용되었다.

150 平白 : '별다른 이유도 없이', '정당한 이유도 없이'라는 의미이다.

151 科罰 : 처벌處罰과 동일한 의미이다.

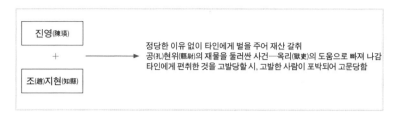

나 되었다. 그것은 명목상으로는 잠시 빌린다[暫借]고 했지만, 실제로는 강탈[白奪]152한 것과 다름없었다. 진영陳瑛은 이때에도 여기에 개입하여[旁緣]153 6,000~7,000민緡이나 되는 재물을 교묘하게 가로챘던 것이다. 이렇게 보면, 모신毛信이 고소한 것도 모두 허위는 아니었던 것으로 생각된다. 이것은 모두 진영陳瑛이 풍부한 재력을 이용하여, 현縣의 관리와 결탁했기 때문인데, 본 사건과 관련된 사람도 한 무리만이 아니고, 죄를 면하려고 각종 방법을 강구한[營救]154 사람도 한두 사람만이 아니다.

이처럼 이미 공孔현위縣尉의 재물을 둘러싼 사건에서도, 옥리獄吏의 도움으로[周旋] 진영陳瑛은 법망法網을 교묘히 빠져나갔는데, 이번에도 또 이런 악행을 다시 저지르고도 시간을 지연시키며, 소환이나 조사만 계속 진행될 뿐, 지금까지도 명확한 결론도 내지 못하고 있는 정황이다.

지금 또 모육사毛六四가 수감[縲絏]155된 안건에 대해서 소환한 뒤 자세히 조사해 본 결과, 이에 대해서도 언급하지 않으면 안 된다. 도대체 예전부터 타인에게 편취騙取당한 것을 고발했다고 해서, 고발한 사람이 포박되어 고문을 당하고[繃吊],156 도리어 고발을 당한 자는 태연자약하게 그것을 지

---

152 白奪: 대가를 지불하지 않고, 뺏는 것을 의미한다.

153 旁緣: 의장依仗 · 빙차凭借의 의미이다. 즉 서로 도움을 주고받다 혹은 서로 연결고리가 되어 활동하다 등등의 뜻으로 볼 수 있는데, 일반적으로 불법적인 행위를 할 때에 서로 유착관계를 가지고 도움을 주고받는 경우에 많이 사용되는 용어이다.

154 營救: 設法援救. "營"은 모구謀求의 의미이다. 즉 각종 방법을 동원해서 도와주거나 구원해 줌을 의미한다.

155 縲絏: 죄인을 묶을 때 사용하는 포승줄을 의미한다. 때로는 감옥牢獄을 지칭하기도 한다.

156 繃吊: '繃扒吊拷' 등의 약칭으로, '衣服을 강제로 벗기고, 신체를 끈으로 묶어 고문을 행하는 것'을 지칭하는 말인데, 여기서는 소송 당사자가 도리어 '포박되어 고문을 당하거나

켜보는 따위의 도리道理가 어디에 있단 말인가. 또 어째서 현재 존재하고 있는 관련자를 조사하지 않고, 이미 사망한 자가 강압에 의해 진술한 사실[供執]157을 채용하는 따위의 도리가 있단 말인가. 이런 것을 잘 생각해 보면, 조사를 담당한 추리推吏158가 무엇인가의 정실情實에 이끌려 부정不正을 자행하지 않았다면, 발생할 수가 없는 것이리라.159 원래 이 사건은 권權지록知錄160이 담당할 무렵부터 이상하다고 여겨져 온 것인데, 그럼에도 불구하고 소환과 조사追會를 연기한 것에 불과한 것이었다.

그 시점에서는 다른 건의 편취騙取에 대한 소송은 발생하지 않았고, 조趙지현知縣의 판결도 아직 나오지 않은 상태였다. 현재 사실관계가 밝혀졌고, 사건에 관련된 사람들의 진술도 명확하게 나와 있는데, 결과적으로 고소인을 도리어 포박한 상황이 되어 있다. 이렇게 되어서는 단순히 억울하게 죄를 뒤집어 쓴 사람이 그 원통함을 참지 못할 뿐만 아니라, 본관도 그 아픔을 보고서는 불쌍한 생각을 억누를 수가 없을 정도이다.

도리都吏161에게 알려, 해당 관청의 서리 한 명을 선발하여 파견하고, 나아가 관사款司162와 추사推司 두 명을 선발하여[踏逐],163 진영陳瑛을 고소한 두

폭행을 당하는 것'을 비유하는 말로 사용되었다.

157 供執 : 供은 '진술·공술'의 의미이고, 執은 '증거로 삼다·증명하다 혹은 제출하다' 등의 의미가 있다.

158 推吏 : 추리推吏는 추사推司라고도 하며, 서리胥吏 가운데 옥송獄訟을 담당하는 리인吏人을 지칭하는 말이다.

159 豪民이 鄕里를 橫行하는 것에 대해서, 결코 모든 사람들이 울분을 참는 것은 아니었다. 縣府도 이미 국가 公權力이 지방에 존재하는 것이었으므로, 자연히 평민이 억울함을 씻는 對象이 되었다. 이러한 정황에서 옥관獄官·추리推吏를 비롯하여 현관縣官 마저도 모두 豪民이 농락하는 對象이 되었으며, 이를 짓밟고 "獄을 다스리는 정황으로 변하게 된"것이다. 이는 豪民들의 지방에서의 權勢가 결코 움직일 수 없는 것이 아니었다는 점을 보여주고 있다. 黃慶中,「名公書判淸明集 懲惡門 豪橫類中的豪民」,《中正歷史學刊》 12, (2009) 129쪽.

160 知錄 : 주원州院의 지사록知司錄이나 지록사참군知錄事參軍 등의 약칭이다.

161 都吏 : 도리는 원래 한 대漢代에 직관명職官名이며, 당시에 주로 형벌 관련 업무를 담당하였다. 송대宋代의 도리가 구체적으로 어떤 역할을 했는지는 불명이나, 지방 관청의 서리胥吏였을 가능성이 높고, 주로 재판獄訟 관련 업무를 담당했을 것으로 추정된다.

162 款司 : 송대의 주현州縣에서 추사·관사 등은 재판獄訟 업무를 보좌하였다. 많은 서리들이 이 역할을 하였다.

건의 소송 사건의 고소인과 피고인을 소환해서, 해당 관청의 관직[簽官]을 겸임하고 있는 조趙 사법참군[司法]164에게 위임하여, 사경당四景堂165에서 명확하게 조사를 하게 하고, 정직하게 진술하지 않는 경우에는 고문[繩訊]166을 해서라도, 진실을 밝힐 수 있도록 한다. 또 이미 도착한 서류 외에, 주원州院167에서 아직 송부하지 않은 지금까지의 판결서도 가져오게 해서 사건의 내막을 재차 조사하도록 하라[問引].168 주원州院에서 현재 조사에 임하고 있는 추사推司는 구금해 두고, 우선 이 한 건에 관한 판결을 사법참군[司法]과 함께 검토해서, 명확하게 사건의 정황을 파악한 뒤, 피고인을 소환해서 조사에 임하도록 하라. 이 사건은 원래 조趙지현知縣이 부임지를 옮기는 과정에서 발단이 된 것이고, 과벌科罰169 건도 추궁한다면, 사실을 밝힐 수가 있을 것이다.170

陳瑛安停趙知縣於替滿之時, 趙知縣作意周旋陳瑛安將安停之際. 今詳索到別項縣案, 其

---

163 踏逐 : 방심訪尋 혹은 멱구覓求의 의미로, '찾다'・'구하다'라는 뜻이지만, 송대에 있어서 관원을 선발하는 과정에서, 신하가 인재를 조정에 천거하는 것을 답축踏逐이라고도 하였다.
164 司法 : '司法參軍'의 약칭이다.
165 四景堂 : 여기 나오는 사경당四景堂의 소재지에 관해서는 불명이다. 다만, 사경당의 명칭에 관해서는 宋・李格非撰, 『洛陽名園記』富鄭公園에 "洛陽園池, 多因隋唐之舊, 獨富鄭公園最爲近闊, 而景物最勝. 游者自其第, 東出探春亭, 登四景堂, 則一園之勝勝可顧覽而得"에 보인다.
166 繩訊 : '고문拷問하다'라는 의미이다. 劉馨珺, 『明鏡高懸－南宋縣衙的獄訟』, 五南圖書公司, 2005; 鄭穎慧, 「宋代刑訊制度及其實踐」, 《保定學院學報》, 2009-1 참조.
167 州院 : '州司'라고도 하며, 녹사참군청錄事參軍廳을 지칭한다. 주州에는 주원과 사리원司理院이 있었는데 모두 형옥刑獄을 관장하였다. 주원은 녹사참군錄事參軍이나 지록사참군知錄事參軍이 관장하였다. 주가 부府로 승격하면, 부원府院이 되었다.
168 問引 : '引問'와 같은 의미로 생각된다. 즉 자순咨詢・초래문화招來問話의 의미이다. 여기서는 재판관이 초심을 하는 과정에서 자백을 받아 낸 후, 관례에 따라 범죄인을 압송하여 지방 관청에서 심문하는 것을 의미하는 것으로 판단된다.
169 科罰 : 여기에서의 과벌科罰은 과벌전科罰錢을 부과한 것을 가리킨다. 남송시대에 과벌전의 폐단은 심각했던 것으로 알려져 있다.
170 이 판결문은 사실 관계가 불분명하여, 진영의 불법적인 행위에 대한 구체적인 내용을 파악하기 어렵다. 따라서 다음 판결문인 「징악문」 12-21・12-22의 판결문과 관련지어 이해할 필요는 있다.

平白科罰, 動計一千貫, 名曰暫借, 實則白奪. 而陳瑛是時亦於此旁緣騙取物業, 至於六七千
緡. 則毛信所訴, 豈爲全虛. 皆緣陳瑛財力豐厚, 專與縣官交結, 而此獄干連非一輩, 營救非一
人, 所以前一次孔縣尉財物, 獄吏周旋, 旣脫身善去, 今此姦計復行, 拖延年餘, 追會徒繁, 至
今査無定論. 今喚上審驗, 毛六四之被縲絏, 猶有可言. 自古豈有論人騙乞, 偏受綳吊, 而被執
者反安然坐視之理. 又豈有見在人又不勘, 勒令供執已死人虛當之理. 詳此, 則謂推吏非受
情弊不可也. 前此權知錄者, 雖曰開端差舛, 然亦不過延引追會. 又其時別理騙乞之訟未興,
趙知縣科罰之案未出, 今旁證已明, 他詞交至, 而猶與之縛倒詞人, 非特訴寃者痛不能堪, 而
當職視此瘡瘢, 亦惻然不能堪矣. 送都吏, 選差本司人吏一名, 及踏逐差款司推司二名, 喚上
兩項訴陳瑛人及干連人, 委請本司兼僉趙司法, 於四景堂反覆詰問, 不直供者細訊, 惟實之
歸. 及見索到及索州院未到案, 發照問引, 會州院見行推司拘下, 先將一項案連與司法看過,
今深熟, 方可引上一行人勘. 此獄當自趙知縣移居其家內一項, 科罰推尋, 便見情實.

12-21. 검법관[171]의 판결원안
檢法書擬

진영陳瑛은 어질지 못한[不仁] 마음으로, 의롭지 못한 부富를 추구하고, 현
의 관청에 출입하면서 나쁜 일을 일삼았다. 또 배예配隸[172]된 자와 결탁해

---

171 檢法官 : 형부刑部 · 대리사大理寺 · 어사대御史臺 · 호부戶部 · 삼사三司 · 각로各路의 제점형
옥사提點刑獄司에서는 검법관檢法官을 설치하여, 법률 업무를 주관하도록 하였다. 제점형
옥사를 줄여서 '제형사提刑司' 또는 '헌사憲司' · '헌대憲臺'라고 불렀다. 제점형옥사가 처음
설치되었을 때에는 지방의 형옥刑獄을 처리하고 억울한 안건들을 조정하며 법을 위반하
는 관리들을 사찰하고 적발하기 위해서 설치되었다. 제점형옥사의 속관屬官은 검법관과
간판공사幹辦公事가 있다. 제점형옥사 설립 초기에는 제형提刑과 동제형사신同提刑使臣 2명
의 속관만이 있었으나, 업무가 과중됨에 따라 더 많은 속관이 필요하게 되어 검법관과
간판공사를 따로 두게 되었다. 서지영, 「宋代 提點刑獄司의 機能變化」, 임대희 엮음, 『판
례로 본 송대사회』, 민속원, 2019 참조.
172 配隸 : 配隸充軍의 약칭이다. 유죄流罪를 보내어 배역配役시켰다. 장杖 이상의 경우에는 자
면刺面과 부자면不刺面으로 구별하였으며, 본주本州의 뇌성牢城에 배配하였다. 그 소재지의
멀고 가까움이나 환경에 따라서, 500리里 · 1,000리이상 및 광남廣南 · 복건福建 · 형호荊湖
의 구별이 있었다(滋賀秀三, 「刑罰の歷史」, 『中國法制史論集 : 法典と刑罰』, 創文社,
2003; 辻正博, 「北宋時代の"配隸"」, 『唐宋時代刑罰制度の研究』, 京都大學術出版會,
2010; 淮建利, 「宋朝的配隸法與廂軍中的配軍」, 《史學月刊》, 2007.11).

악행惡行을 조장하고, 재판 분쟁에 관여해서 남의 재물을 가로채는 등 자기의 이익을 챙기기에 급급했다. 하지만 이로 인해 다른 사람들로부터 원한의 표적[衆怨之府][173]이 되는 것 등과 같은 사실을 깨닫지 못하는 것 같았다.

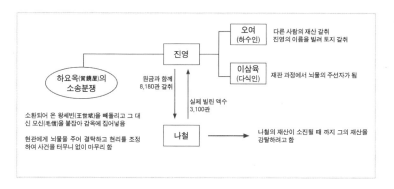

지금 진영陳瑛이 진술한 것에 의해 그 소행을 보면, 돈을 빌려주고 그 이자를 받는 것은 세상에서 일반적으로 이뤄지는 것이지만, 진영陳瑛만큼 타인의 절박한 상황을 이용해 그 재산을 빼앗는 악랄한 사람도 없을 것이다. 나철羅喆은 처음에 600관貫을 진영陳瑛으로부터 빌렸는데, 일단 이런 관계를 맺게 되자, 실타래에 실이 엉키어 들어가듯이 원금을 변제해도 이자가 눈덩이처럼 불어남으로써, 진영陳瑛은 강경하게 이자를 변제하라고 협박하면서 강제로 토지계약서를 쓰게 했는데, 이것은 명백히 위법행위이다[本錢已還, 累息爲本, 逼迫取償, 已是違法].[174] 게다가 장운용張雲龍을 이용해, 나철이 돈을 떼어먹었다고 트집을 잡아[誣賴],[175] 터무니없는 소송을 제기하겠다고

---

173 衆怨之府:『左傳』昭公 12年, "숙손소자가 관리에게 명하여 숙종소에게 정사에 관한 일이 있으니 조정에 나가 기다리게 하라고 이르게 하고 말하기를, "나는 남의 원망 받는 몸이 되지 않겠다"라고 했다[昭子命史, 謂小待政於朝, 曰, 吾不爲怨府]".

174 本錢已還, 累息爲本, 逼迫取償, 已是違法:「징악문」 12-12 〈豪橫〉의 각주 '諸典賣田宅, 以有利債負准折者, 杖一百'이나,『慶元條法事類』卷80 雜門의 "諸以有利債負准折當耕牛者, 杖一百, 牛還主"의 법률 조항으로 볼 때, "진영이 원금을 포함하여 이자를 변제하기 위한 방편으로 토지계약문서를 작성하게 한 것은 불법인 것"이다(李鍾贊, 「宋代 不動産 거래와 親隣法」,《法史學硏究》31, 2005; 배수현, 「宋代 부동산거래 계약서의 위조 양상」, 임대회 엮음,『판례로 본 송대사회』, 민속원, 2019, 102~142쪽 참조).

하면서[告□以興訟],[176] 현縣의 관청으로까지 이 사건을 끌고 가, 나철에게 1,000민緡을 기고寄庫[177]에 납부하게 함으로써 화해한 것이다. 그러나 사실은 이 돈은 진영陳瑛이 마음대로 가져간 돈과 마찬가지인 셈이다. 이렇게 해서 진영陳瑛은 비옥한 토지[美田]를 갈취했을 뿐만 아니라, 기고寄庫에 납부하였으나, 아직 처분 미결정의 돈도 자기의 것으로 만들어 버리는 등 제멋대로의 행동을 하며 위세를 떨쳤는데, 이런 악행을 하늘[鬼神][178]이 보고 있다는 것은 꿈에도 생각지 못했을 것이다.

지금 쌍방의 말을 비교해 본 결과[兩詞對定],[179] 나철이 실제로 빌린 금전의 액수는 합계 3,100관貫이었는데도, 진영陳瑛은 원금과 이자를 합쳐 도합 8,180관貫이나 갈취했다. 강제로 나철의 토지를 빚의 담보로 설정하였고[準還],[180] 또 기고寄庫에 납부한 돈을 제외하더라도, 4,400관 남짓의 재물을 갈취했다는 계산이 나온다. 즉 진영陳瑛의 속셈을 들여다보면, 진영陳瑛은 나철의 재산이 소진될 때까지 그의 재산을 강탈하려고 했던 것이다.

또 (진영은) 하팔賀八 즉 하요옥賀饒屋[181]의 소송분쟁을 주관하면서, 처음에

---

175 誣賴 : '무고하다' 즉 '다른 사람에게 죄를 뒤집어 씌우다'라는 의미이다.

176 告□以興訟 : '告' 다음의 글자가 공백으로 처리되어, 정확한 의미를 파악할 수 없지만, 문맥상 '터무니없는 소송을 제기하겠다고 하면서'로 번역해 둔다. 흥송興訟은 '소송꾼들이 소송하기를 좋아하여 터무니없는 소송을 제기하는 것'을 지칭한다.

177 寄庫 : 분쟁 중인 물건·금전·계약서 등을 분쟁이 해결될 때까지 관청에 공탁供託하는 것을 지칭한다. 『宋會要輯稿』「職官」79-36b, "應民戶紛爭未決之財, 幷取贖賣未定之訟, 其財皆寄於官, 謂之寄庫, 俟已定奪, 則給還之民戶"에서 분쟁이 발생하여 아직 해결되지 않은 재물이나 回贖되어야 하는데도 아직 회속되지 않은 訟事의 재물은 모두 관청에 寄託하여야 한다. 이를 "寄庫"라고 한다. 이는 定奪이 끝난 뒤에는 돌려주어야 한다)." 또 기고에 관해서는 酒井忠夫,「宋代における寄庫の制に就いて」,《史潮》8-2, 1938 참조.

178 鬼神 : 여기서 말하는 鬼神은 단순한 귀신이 아니라 인간이 아닌 절대적인 존재를 상징적으로 나타내는 말로, 하늘天이라는 의미와 동일하게 사용된 것으로 판단된다.

179 兩詞對定 : 소송 당사자를 서로 대면시켜 진술시키고, 이를 바탕으로 사건의 진상을 판단하는 것을 지칭하는 말이다. 양사兩詞는 '소송 당사자인 원고와 피고'를 지칭하며, 대정對定은 '당사자를 대면시켜 놓고 진술하게 하여 판결을 내리다'라는 의미이다.

180 準還 : "빌린 돈을 변제하는 대신 물건을 건네는 것"으로, 準은 '準折'일 것이다.

181 하팔과 하요옥이 동일인물인지 아니면 별개의 인물인지에 대해서는 불명이지만, 문맥상 하팔과 하요옥을 동일인물로 번역해 둔다.

는 소환되어 온 왕세빈王世嬪을 빼돌리고 그 대신 모신毛信을 붙잡아 감옥에 집어넣었다. 결국에는 뇌물을 받아 챙긴 현관縣官과 결탁하고[責緣],[182] 현리縣吏를 조종하여 사건을 터무니없이 마무리 지었다[白休].[183] 오로지 이익만 구하려고 하고, 어찌 법리法理는 돌아보지 않는 것인가?

현재 진영陳瑛은 심문을 받고 있지만, 온갖 수단과 방법을 동원하여, 옥리獄吏에게 많은 뇌물을 주고, 고소인에게 도리어 고문을 가하도록 하여 소송을 취소하도록 협박했다. 이처럼 마을에서 제멋대로 악행을 자행하고, 마을 사람들을 핍박하고 있는데, 그 해악은 독사의 독만큼 해로운 것이리라. 악행으로 모은 돈[惡貫][184]이 너무 많으므로, 이제 그 죄는 면할 수 없다.[185]

법률 조문에서는 "무릇 재물을 사취詐取한 액수가 50관貫에 이르면, 본성本城에 유배한다[諸欺詐取財滿五十貫者, 配本城]"[186]라고 되어 있고, 또 "매매賣買·대차質借·위탁投托 등의 명목을 빌려 재물을 취하면서, 그것이 실질적으로 강탈에 의해 행해졌을 경우에는 강도죄强盜罪로서 논죄論罪한다[諸以賣買·質借·投托之類爲名以取財, 狀實强奪者, 以强盜論]"[187]고 되어 있다. 따라서 진영陳瑛은 척장脊杖 20

---

182 責緣 : '뇌물을 사용하거나 또는 연고에 의해 관직을 얻다'라는 의미이다.

183 白休 : '헛되이 끝나다'·'헛되이 종료하다'라는 의미이다.

184 惡貫은 화폐의 품질이 좋지 않은 경우를 가리키기도 하며, 여기에서는 구체적으로 어떠한 의미인지에 대해서 불명하지만, 의미상으로 볼 때, '악행으로 모은 돈'으로 번역해 둔다.

185 名公들은 자주 증오스러운 말투를 사용하거나, 뱀이나 호랑이와 같이 사람을 해치는 짐승을 이용하여 호민豪民들을 그에 유추類推시키거나 수혜자受害者의 여론輿論을 판사判詞속에 鋪陳시켜서 判決語의 效力을 더하려고 하고 있다. 이를 통해서, 열독자閱讀者(대부분이 刑事사건을 담당하고 있는 部署 機關이거나 朝廷의 臺省에 있는 責任者)로 하여금 충분히 "주의를 환기시키거나", "경고警告"를 받도록 하는 것이다. 덧붙여, 名公들은 이러한 情緖나 道德的인 용어를 이용하여, "자신이 공정하게 처리하고 있다"는 입장을 강조하여, 다시금 (朝廷의) 관원들의 "권위權威"를 형상화하였던 것이다. 黃慶中, 「名公書判淸明集 懲惡門 豪橫類中的豪民」, 《中正歷史學刊》 12, (2009), 134쪽.

186 諸欺詐取財滿五十貫者, 配本城 : 『慶元條法事類』 卷11, 「職制門」에는 "諸詐欺官私, 以取財物, 贓伍拾匹, 命官將校奏裁, 餘配本城"이라 되어 있다.

187 諸以賣買·質借·投托之類爲名以取財, 狀實强奪者, 以强盜論 : 『慶元條法事類』 卷80 雜門에는 "諸强賣買·質借·投托之類, 取人財物, 杖壹伯, 隣州編管, 再犯者, 徒三年, 雖會赦, 配隣州"이라 되어 있다.

대에 처결한 후, 1천 리에 유배하고자 한다. 또 오여吳與[188]는 원래 유배된 사람인데, 지금 진영陳瑛의 하수인이 되어 다른 사람의 재산을 편취하고, 또 진영陳瑛의 이름을 빌려 토지를 갈취하였는데 그것이 도합 500관貫 이상에 이른다. 악한 행위를 돕고, 남의 토지를 빼앗으려고 도모하기도 하고, 또 보차전保借錢[189] 100관을 받았으므로, 척장脊杖 15대에 처결한 후 500리에 유배시키고자 한다. 이삼육李三六은 다식인茶食人[190]이지만, 재판 과정에서 뇌물의 주선자가 되어 전錢 50관貫을 수취했으므로, 척장脊杖 13대에 처결한 후, 300리에 유배하고자 한다. 아울러 강탈한 타인의 재산은 모두 반납시키고, 이에 대해서는 문서를 보내어 별도로 보고하라. 나철羅喆·나무재羅茂才는 우선은 구금拘禁해 두도록 하고, 모신毛信과 모육사毛六四는 즉시 석방하도록 한다.

陳瑛操不仁之心, 貪不義之富, 出入縣道, 以神其姦,[191] 交結配隷, 而濟其惡, 主把公事, 孳攫民財, 但知爲一家之肥, 不知爲衆怨之府. 今據所招情犯言之, 放債取息, 世固有之, 然未有乘人之急, 謀人之産如陳瑛者也. 羅喆, 始者借其錢六百貫, 一入圈繢, 纏磨不休, 本錢已還, 累息爲本, 逼迫取償, 勒寫田契, 已是違法. 甚至唆使張雲龍誣賴不還, 告□以興訟, 取媚縣道, 令納千緡寄庫以從和. 操担押圉, 惟意所欲. 旣以此逼寫膏腴之業, 又以此沒其寄庫未盡

---

188 吳與 : 오여吳與가 구체적으로 어떤 인물인지는 불명이지만, 「징악문」 12-20 〈與貪令捃摭鄕里私事用配軍爲爪牙豐殖歸己〉의 판결문과 연결하여 생각해 볼 때, 그 제목에 나오는 배군配軍에 처해졌던 인물로 추정된다.

189 保借錢 : 보차전의 의미에 대해서는 불명이다. 담보차전擔保借錢이라는 의미인지, 아니면 원문의 "受保借錢一百貫"에서 차전借錢을 수보受保했다는 의미인지 불명이다. 다만 문맥상으로 볼 때, "금전을 차용하는 과정에 개입하여 획득한 금전"일 가능성이 있다.

190 茶食人 : 송대 민간기구인 서포書鋪에서 소송 활동을 전문적으로 담당한 사람들이다. 즉 그들은 국가에서 봉급을 받는 자가 아니라, 민간에서 소송활동을 담당하던 자로, 현대적인 의미로 보면, 변호사 내지는 법무사의 역할을 일부 대행했던 사람으로 볼 수 있지만, 반드시 현재의 변호사나 법무사와 동일한 개념으로 사용할 수 없는 특수한 계층이다. 서포나 차식인茶食人은 합법적이며 관방官方이 인정하고 있는 긍정적인 표현이나, 송사訟師나 건송健訟은 비합법적이며 부정적인 표현이다. 茶食人에 관해서 陳智超, 「宋代的書鋪與訴師」, 『劉子健博士頌壽紀念宋史硏究論集』, 同朋舍, 1989; 高橋芳郎, 「務限の法と茶食人-宋代裁判制度硏究 1」, 《史朋》 24, 1991 참조.

191 以神其姦 : '神'은 의미상으로 '伸'일 가능성이 높다.

之錢. 專務行覇以自昱, 烏知鬼神之所瞰. 今兩詞對定, 羅喆前後實借去錢三千一百貫, 陳英則累本利共取八千一百八十貫, 勒寫田業準還, 又寄庫支用外, 悉是白奪其四千四百餘貫之業. 原其設心措慮, 非空羅氏之産不休. 乃若主持賀八饒屋之訟, 始則執毛信打奪所追人王世斌, 寔之牢固, 終則受其財賄, 賂緣縣官, 號召縣吏, 便可白休. 惟得之求, 寧顧法理. 今其身罹憲綱, 猶運通神之力, 厚賂獄吏, 拷縛詞人, 逼令退款, 則其橫行閭里, 吞噬鄉民, 其毒豈特如蛇蝮而已哉. 惡貫已盈, 罪不容貸. 在法, 諸欺詐取財滿五十貫者, 配本城. 又法, 諸以賣買・質借・投托之類爲名以取財, 狀實强奪者, 以强盜論. 欲將陳英決脊杖二十, 配一千里. 吳與係已配人, 既爲牙爪謀騙, 又作陳英名擠縛田業, 計五百貫以上, 助惡謀業, 受保借錢一百貫, 欲決脊杖十五, 加配五百里. 李三六係茶食人, 行賕公事, 受錢五十貫, 欲決脊杖十三, 配三百里, 幷監贓所奪錢業, 送案別呈. 羅喆・羅茂才且監下, 毛信・毛六四先放.

12-22. 단죄
斷罪

송자목(宋自牧)

진영陳英의 탐욕스럽고 간악한 행위야말로 아무래도 심하도다! 위로는 탐욕스런 현령縣令의 심복이 되어, 향리鄉里의 은밀한 일을 찾아내 그것을 구실로 재물을 갈취하고, 아래로는 배군配軍[192]을 수하로 두어, 위세를 떨치며 남을 구속하고 협박해, 자신의 재산을 늘렸다. 나 씨羅氏 사건[193]으로

---

192 配軍 : 지방의 잡군인 상군廂軍에 편입하는 것이다. 상군은 중앙의 금군禁軍과는 달리 자질이나 장비 모두가 열악하였고, 전투보다는 지방의 중요한 곳이나 관아官衙의 경비를 담당하였으며, 그 밖의 여러 잡역雜役에 구사驅使되었던 집단이었다. 배군配軍에 즈음하여서 얼굴에 입묵入墨하는 경우가 많았는데, 그 유무有無에 따라서 자자刺字와 부자자不刺字로 구별하였다. 또한 배配되는 군軍의 단위의 종류에 따라서 본성本城・뇌성牢城・중역重役으로 구분이 있었다. 그 영소營所의 소재지의 멀고 가까움이나 환경에 따라서, 본주本州・인주隣州・500리里・1,000리・2,000리・3,000리・원악주遠惡州・사문도沙門島 등의 등급이 있었다(滋賀秀三, 「刑罰の歷史」, 『中國法制史論集: 法典と刑罰』, 創文社, 2003; 辻正博, 「北宋時代の"配隷"」, 『唐宋時代刑罰制度の研究』, 京都大學學術出版會, 2010; 淮建利, 「宋朝的配隷法與廂軍中的配軍」, 《史學月刊》, 2007-11).

4,400관[貫]이라는 재산을 갈취했지만, 그 외에도 (일반민들이) 살이 잘리고 피를 빨리는 일을 당하면서도 눈을 감아 아픔을 참고 입을 막아 고통을 참는 경우가 얼마나 있는지 알 수 없을 정도이다. 호남[湖南] 지역의 도적의 대부분은 궁핍한 하호[下戶]들이 원통함을 가슴에 품고 일어난 것이다. 본 사건이 주현[州縣]에서 본 관청[同]으로 올라올 때까지 1년 가까이 걸렸는데, 그동안 옥관[獄官]과 추리[推吏]는 뇌물에 놀아나고[奇玩釣餌],[194] 한 사건이 양관[兩官][195]을 거치는 동안 모든 수단이 동원되었으며 그 결과 오히려 고소인의 두 손과 두 다리가 포박되고 문드러져 죽음으로 내몰렸던 것이다.

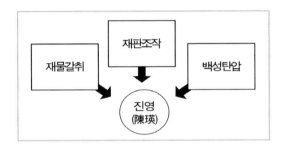

만일 본 관청에서 관리를 파견해서 증거문서[干照][196]를 제출시키도록 하지 않았다면, 호강[豪强][197]인 진영[陳瑛]의 생각대로 되는 것일 뿐만 아니라, 고소인은 무고죄로 벌을 받게 되었을 것이다.[198]

---

193 羅氏 사건은 「징악문」 12-21의 판결문에 나오는 사건을 지칭한다.

194 奇玩釣餌, "厚賂沉迷" : 모두 뇌물을 받고 부정을 저지른 행위를 비유하는 말이므로, '뇌물에 놀아나다'로 번역해 둔다.

195 兩官 : 여기서 말하는 양관[兩官]은 '옥관'과 '추리'를 지칭하는 것으로 보인다.

196 干照 : '증거문서'를 통칭하는 말이다. 따라서 간조[干照]에 포함되는 각종 증거문서는 매우 다양하다고 할 것이다. 예를 들면, 토지소송과 관련된 증거문서에는 계약서·세금납부 증서 등이 간조로 채용될 것이다. 형사소송에서는 '자백서' 혹은 '진술서' 등도 간조가 될 수 있는 것이다. 陳景良, 「釋'幹照' — 從"唐宋變革"視野下的宋代田宅訴訟說起」, 《河南財經政法大學學報》, 2012-6; 耿元驪, 「宋代鄕村社會秩序與法律運行機制 — 『淸明集』所見之鄕村訴訟」, 《山西大學學報》, 2019-6.

197 豪强 : 여기서는 진영을 악질 세력가인 '호강'으로 표현하고 있다.

198 이 부분은 「징악문」 12-20, 「징악문」 12-21에 이어지는 내용이며, 진영과 관련되는 안건이다. 그들은 "한손으로 하늘을 가릴 수 있는 힘"을 갖고, 국가권력에 의부[依附]하지 않는

만일 이런 사정을 고려한다면, 진영의 악행은 강도強盜와 별반 다를 바 없으므로, 그는 원악주군遠惡州軍으로 배류配流[199]시켜야 한다. 검법관檢法官에게 보내 심리審理해 본 결과, 악惡한 행위에 분노하는 마음을 누르고, 공정하게 법을 적용하고자 했으니, 진영陳瑛을 연행해서 법률에 따라 처벌하도록引上照斷[200] 했다. 따라서 판결원안에 따라 하나하나 집행하도록 하라.

甚矣, 陳瑛之貪黷姦狡也, 上則爲貪令作囊橐, 捃撫鄉里私事, 與之推剝取財, 下則用配軍爲爪牙, 旁緣氣勢剝縛, 因而豐殖歸己. 卽此一項, 已白奪四千四百貫之業, 其他被其嚼膚吮血, 合眼受痛, 緘口茹苦者, 不知其幾. 湖南之盜賊, 多起於下戶窮愁, 抱寃無所伸. 此事自州縣而至本司, 將及一年, 獄官則爲其奇玩釣餌, 推吏則爲其厚賂沉迷, 越歷兩官, 托延百計, 及其終也, 反將詞人兩手兩脚縛爛終死定論. 若非專官專吏, 索齊干照案牘, 不特豪强依然得志, 而被害之家反被誣罔之形矣. 若酌其情而論, 情同强盜, 合配遠惡. 送之檢法, 止欲抑疾惡之忿心, 行酌中之公法. 幷引上照斷, 遵照擬判, 逐一結斷.

다면, 가령 남호攬戶라던가 우총隅總과 같은 "의관방擬官方"신분을 얻는 것으로 국가권력과 결합하였다. 회뢰賄賂를 통하거나 현관縣官이나 서리胥吏와 교류하면서 사기를 꾀하는데, 결코 성공하지 않는 경우가 드물었다. 여기서 "의관방擬官方"이라고 하는 것은 남호나 우총과 같은 지방 사무 직무를 맡아서 관부와 서로 밀접하게 이어지면서 관방官方의 권력과 유사한 권력을 얻었던 것을 일컫는다. 따라서, 남호나 우총이 이 그 직권을 초과하는 행위를 행사하면 범죄 사실로 성립되고 있는 것이다. 黃慶中, 「名公書判清明集 懲惡門 豪橫類中的豪民」, 《中正歷史學刊》 12, (2009) 128~129쪽.

199 配流 : 특지特旨에 따른 배류는 일반 유형流刑과 마찬가지로 집행 형태는 구별이 없지만, 다음과 같이 몇 가지 차이가 나타난다. 보통이라면, 유형流刑의 실형을 받지 않는 관인官人에 대해서도 배류형을 내리는 경우가 있다. 관인이 배류되는 경우에는 제명되고, 모든 관작 등이 박탈되지만, 배소配所에서의 거작居作은 면제되었다. 배류 후에 다시 사관仕官하려는 경우에도 보통의 유형 같으면 6년을 기다려야 하였지만, 배류된 관인의 경우에는 3년 후에 사관할 수 있었다. 또한 배류를 집행하기 전에 장형杖刑이 병과倂科되는 경우가 있었다. '결장배류決杖配流'인 경우에 상당한 중죄이거나 황제의 강한 질책을 받은 경우에 행해졌던 율외律外 형벌이었다. 송대의 배류는 자면刺面 배류와 부자면不刺面 배류의 2가지로 나뉘어졌다. 당률에서는 유형流刑 보내는 거리를 지정하지만, 송대에는 '嶺南遠惡處'라던가 특정한 지역을 지정하여 배류보낸다(辻正博, 「流刑の理念と現實」, 『唐宋時代刑罰制度の研究』, 京都大學學術出版會, 2010 참조).
200 引上照斷 : 인상引上은 '누구 누구를 연행하다'라는 의미이다. 照斷은 '법률 조문에 따라 처벌하다' 혹은 '판결원안에 따라 처리하다', 또는 '이전의 판결에 따라 처리하다'라는 의미이다.

12-23. 주·현의 관청과 결탁해서, 퇴직한 서리와 배군을 부하로 두어, 타인의 재산을 빼앗는 등, 그 죄악은 이루 말할 수 없이 크다
結托州縣蓄養罷吏[201]配軍奪人之産罪惡貫盈

송자목(宋自牧)

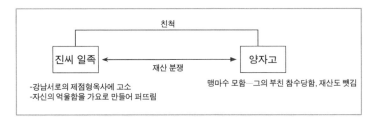

본관이 강남서로江南西路의 제점형옥사提點刑獄司[202]로 부임했을 때, 이 지역에는 진 씨陳氏 일족이 있었고, 원래 양자고楊子高와는 친척 간이었다. 후에 재산을 둘러싼 분쟁 때문에, (권세를 가진 양자고가) 맹마수孟馬帥를 모함하고, 이로 인해 그의 부친은 참수를 당하였으며, 재산 또한 빼앗겼다[併其財物].[203] 진 씨陳氏는 강남서로의 제점형옥사[憲司][204]에 고소하고, 게다가 자신의 억울함을 가요[歌]로 만들어 인쇄하여, 강남서로 지역 여러 곳에 퍼뜨렸다. 당시 본관은 이 사건을 해결하기 위해[下落],[205] 몇 번이나 양자고를 소

---

201 罷吏 : '퇴직한 서리'·'면직된 주현의 서리'라는 의미이다. 이 가운데에는 각종 부정을 자행하여 면직된 서리들이 다수를 차지하였다.

202 提點刑獄司 : 路에 설치되어, 형옥刑獄을 담당한 관원으로, 제점형옥사에 관해서는 石濤, 「北宋提點刑獄司研究」, 《聊城大學學報》, 2003-1; 戴建國, 「宋代的提點刑獄司」, 《上海師範大學學報》, 1989-2; 黃玉環, 「提點刑獄公事與審院, 御史臺推勘官」, 《貴州民族學院學報》, 2005-5; 王曉龍, 『宋代提點刑獄司制度研究』, 人民出版社, 2008; 王曉龍, 「從提點刑獄司制度看宋代路之性質」, 《中國歷史地理論叢》, 2008; 서지영, 「송대 제점형옥사의 기능 변화와 그 의미」, 임대희 엮음, 『판례로 본 송대사회』, 326~359쪽, 민속원, 2019 등 참조.

203 併其財物 : '재물을 병합하다'라는 의미이지만, 여기서는 '재산을 빼앗다'로 번역해 둔다.

204 憲司 : 제점형옥사提點刑獄司의 별칭이다.

205 下落 : '결착結着'·'귀결歸結'·'안치安置'·'발락發落'의 의미이다. 이 문장에 있어서 中華書局 표점본에는 "當職是時下落遺, 累追不獲"이라고 되어 있는데, "下落遺"의 의미가 불명

환했지만 출두하지 않았으므로, 지금 이 사건과 함께 조사하고자 한다.

　當職任江西提刑日, 有陳姓一族, 原與楊子高是至親, 後因財穀交爭, 被其挾勢讒間於孟馬帥之前, 斬其父首, 倂其財物. 及陳氏亦經江西憲司有詞, 且廣印怨歌, 西路散貼. 當職是時下落遺, 累追不獲, 合倂勘問.

12-24. 또 하나의 판결
又判

송자목(宋自牧)

　양자고楊子高는 이른바 '돈을 너무 밝히는'[銅臭][206] 악당과 같은 부류이자, "농단壟斷하는 천부賤夫"[207]였다. 또 자신의 위세를 빌려 자행한 횡포는 호랑이나 이리보다 포악했고, 타인에게 상처를 입히고 해를 가하는 것은 독사보다도 심했다. 또 주州와 현縣의 관리와 결탁해서, 그들의 의도[風旨][208]에 영합하여[稟聽風旨], 퇴직한 서리[罷吏]와 배군配軍을 길들여서는 하수인[爪牙]으로 만들었다. 만약 무엇이든 소유하고자 한다면, 다른 사람의 재산이

　이다. 중화서국 표점본의 "當職是時下落遺, 累追不獲"을 "본관은 당시 이 지역에 이미 부임해 왔던 때였으므로, 누차 그를 소환하였으나 그를 포획하지 못했다"로 번역할 수도 있을 것이다. 만약 이 문장을 "當職是時下落, 遺累追不獲"으로 표점을 바꾸고, 遺를 '遣'의 오자誤字로 파악하여 해석할 수도 있을 것이다. 여하튼 이 문장은 차후 검토의 여지가 많다.

206 銅臭: '돈을 너무 밝히고, 인정人情을 중시하지 않는 사람'을 비유적으로 이르는 말이다. 예를 들면, 어떤 사람이 돈을 너무 밝히면, '동취銅臭가 가득찬 사람'이라고 하였다. 『後漢書』烈傳, 卷42, 崔烈傳, "烈於是聲譽衰減, 久之不自安, 從容問其子鈞曰, 吾居三公, 於議者如何, 鈞曰, 大人少有英稱, 歷位卿守, 論者不謂不當爲三公, 而今登其位, 天下失望, 烈曰, 何爲然也, 鈞曰, 論者嫌其銅臭".

207 壟斷賤夫: 『孟子』「公孫丑章句下」에 "古之爲市也, 以其所有, 易其所無者, 有司自治之耳, 有賤丈夫焉, 必求壟斷而登之, 以左右望而罔市利, 人皆以爲賤, 故從而徵之, 徵商自此賤丈夫始矣".

208 風旨: 군주君主의 뜻이나 의도를 지칭하는 말이다. 범칭하여 타인의 뜻이나 의도로 사용되고 있다.

나 부인을 빼앗기도 하고, 미워하는 상대가 있다면, 그 집을 풍비박산내거나, 그의 목숨을 빼앗기도 했다. 또한 그의 악행도 조세의 납입시기[作業成熟之後]209에 행한 것이고, 또 장차 본관의 이임[離任]도 다가오는 시기이므로, 그에 대한 처벌을 내리지 않으면 안 된다.

하지만 양자고는 오히려 병이 있다고 핑계삼아[名作抱病], 시간을 지체하여 교묘하게 형벌[刑名]을 피했는데, 이는 질병을 가장하여[粧點疾病] 조사를 면하려고 기도한 것이다. 그러나 인력[人力]210을 구타하여 죽인 안건에 대해서는 증인을 조사하지 않으면 안 되고, 토지[田産]를 갈취한 안건 또한 관련 서류를 제출해야 한다. 특히 관명[官名]을 사칭한 안건에 대해서는, 제출시킨 고신비서[告身批書]는 모두 위조[僞造]한 것으로, 그 흔적이 남아 있었다. 사건을 담당한 서포[書舖]211를 소환해서 확인해 보았는데, 역시 위조가 명백했다. 법률 조문에 준하여[準律], "제서[制書]212를 위조하여 작성하거나, 자구[字句]를 바꾸거나 한 경우에는 교수형[絞]에 처한다[詐爲制書, 及增減者, 其罪當絞]"213라고 되어 있는데, 이 일만으로도 (양자고를 처형해서) 법의 권위를 바로 잡을 수가 있을 것이다.

그러나 문제가 되는 세 가지 안건 중에서, 두 가지 안건214이 아직 조사

209　作業成熟之後 : 곡물 수확이 끝난 후에는 조세를 납부해야 하므로, '조세납입시기'로 번역해 둔다.

210　人力 : 송대[宋代]의 인력[人力]은 크게 '관청의 잡부'와 '장원에 고용된 고용인'으로 나눌 수 있다. 이에 관해서는 高橋芳郎, 「部曲・客女から人力・女使へ」, 『變革期アジアの法と經濟』, 1986 참조.

211　書舖 : 서포[書舖]와 동일한 의미이다. 서포란 소송장을 대필하거나, 각종 문서의 공증[公證]도 행한 대서인[代書人]을 지칭한다(草野靖, 「健訟と書舖戶」,《史潮》16, 1985; 陳智超, 「宋代的書舖與訟師」, 『劉子健博士頌壽紀念宋代史論集』, 同朋舍, 1989; 戴建國, 「宋代刑事審判制度研究」,《文史》31, 1988 등 참조).

212　制書 : 황제의 유지[諭旨]를 받들어 작성한 문서 등을 모두 제서라고 한다. 즉 제서에는 칙[勅]・제조[制詔]・사[赦]・유[諭]・차[箚] 등이 있다. 趙彦昌・黃娜, 「中國古代制書研究(上)(下)」,《山西檔案》, 2009-4・2009-5; 徐海容, 「論宋代制書的文體形態和文學性」,《文藝評論》, 2012-8.

213　詐爲制書, 及增減者, 其罪當絞 :『宋刑統』권25〈僞造寶印符節〉門 및『唐律疏議』第367條, 「詐僞律6」〈詐爲制書及增減〉, "무릇 허위로 制書를 만들거나 增減한 경우는 교수형에 처한다. 아직 시행하지 않은 경우는 1등을 감한다[諸詐爲制書, 及增減者絞, 未施行者減一等]"(임대희・김택민 주편,『譯註唐律疏議』〈各則 下〉, 한국법제연구원, 1998, 3162쪽 참조).

중인 상태이고[圖結],215 동시에 본인이 직접 관명[制司]216을 사칭하여 취득한 부정소득분에 대해서도 죄를 부가할 필요가 있다. 그러므로 우선 척장脊杖 20대에 처결한 후, 영덕부英德府, 廣南東路의 뇌성牢城217에 자배刺配하고, 관리를 파견해서 녹문錄問218하고, 복장服狀219을 받은 후에 집행하라. 나머지 두 가지 안건에 대해서는 원院220에 공문을 보내어 한꺼번에 묶어서[一面]221 조사하도록 하라. 다만 본인本人, 양자이 상당한 재력[通神之財]222과 엄청난 세력[狹山之力]을 가지고, 본관의 이임離任 후에, 자신에게 유리한 발언을 해서 진술[供述]을 번복[番異]223할 수도 있다고 여겨지므로, (만약 이런 일이 발생한다면) 이미 조사한 내용을 중앙省에 보고하고, 이때에는 상술한 위조 고신告身224과 관

---

214 인력을 구타하여 죽인 것, 토지를 갈취한 것 이 두 가지 안건을 지칭한다.

215 圖結 : '날인을 받은 신원보증서'라는 의미도 있고, '범죄인을 석방할 때에, 보증인을 세워, 그의 날인을 받는 것'을 의미하기도 한다. 여기서는 문맥상 "아직 조사 중인 상태이고"라는 의미로 번역해 둔다.

216 制司 : "제사制司"의 의미에 대해서는 불명이나, 사료상에서 "四川制司"·"京湖制司" 등과 같은 용례로 사용되기도 하는데, 아마도 '路級의 관료'를 지칭하는 용어로 생각된다. 이 문장에서의 제사制司는 '路級의 관료'로 볼 수도 있고, 혹은 포괄적인 의미로서의 "관직"이라는 의미로 해석할 수도 있을 것이다.

217 牢城 : 광남廣南의 원악군주遠惡軍州의 뇌성에 보내어 충역充役시키는 것은 송대의 사법에서는 상당히 중형重刑에 해당한다. 그보다 무거운 형벌은 사문도沙門島에 보내어 충역시키는 것이다. 이들 죄범의 유형類型으로는 ① 좌장류坐贓類, ② 모반류謀叛類, ③ 말로末路로서 획죄獲罪한 류類, ④ 도류盜類, ⑤ 내외內外로 교결交結하여 죄를 얻게 된 경우로 나누어진다. 劉偉, 「廣南牢城罪犯類型分析」, 『經營管理者』, 2009-2; 郭東旭, 「"刺配沙門島"芻議」, 《河北大學學報》, 1987-3 참고. 牢城에 관해서는 「징악문」13-2에 다시 한번 각주를 붙였다.

218 錄問 : 죄상罪狀을 문서文書에 써서 묻다.

219 服狀 : 범죄인이 자신의 죄상을 인정하는 진술을 받은 후 작성한 확인서 내지는 증명서 등의 의미일 것으로 생각된다.

220 여기서의 원院은 주원州院을 지칭한다.

221 一面 : '두 가지의 사건을 동시에 진행하는 것'을 의미한다.

222 通神之財 : '통신通神'은 돈이 많음을 비유하는데, 돈이 많으면 신神과도 통하여 되지 아니하는 일이 없다는 것을 이르는 말이다.

223 番異 : 범인이 녹문을 행할 때나 형벌을 집행할 때, 자신의 진술을 번복하고 억울함을 호소하는 것을 번이翻異라고 한다(徐道隣, 「翻異別勘考」, 《東方雜誌》6-2, 1972 참조).

224 告身 : '관원증명서' 혹은 '신분증명서'·'임명장'을 지칭하는 말이다. 관고官告 혹은 관고官誥라고도 한다.

련된[一宗]225 서류까지 첨부해서 보고하고 중앙으로부터의 문서를 받은 후 [繳申],226 이에 관한 명령을 받들도록 하라.

楊子高銅臭惡類, 鱷斷賤夫, 逞威倚勢, 暴於虎狼, 傷人害物, 毒於蛇虺, 結托州縣官吏, 稟聽風旨, 蓄養罷吏・配軍, 分任爪牙. 意之所欲, 則奪人之産, 據人之妻, 心之所嫉, 則破人之家, 狀人之命. 惡貫盈於作業成熟之後, 姦狀敗於當職將去之時, 尙且名作抱病, 遷延日子, 巧避刑名, 粧點疾病, 圖免鞫勘. 然而毆死人力, 猶須見證追會, 旁奪田産, 亦要干照索齊. 至如假官一節, 索到告身批書, 皆是揩洗書壞, 難掩蹤跡, 喚取前項書舖辨驗, 造僞曉然. 準律, 詐爲制書, 及增減者, 其罪當絞. 卽此一節, 便可明正典刑. 但以其所犯三罪, 其二尙未圓結, 兼以本人動稱制司財賍尙有交加, 且先決脊杖二十, 刺配英德府牢城, 差官錄問, 取服狀先斷. 餘二犯帖院, 一面接續催勘. 尙慮本人有通神之財, 逞挾山之力, 片詞番異於當職已離後, 照已具檢申省. 仍將前項告身一宗文字繳申, 乞賜敷做行下.

12-25. 검법관의 판결원안
檢法書擬

왕원길王元吉 또한 간민姦民227 중에서 가장 악질적인 사람으로, 각종 공로를 세워 상賞을 받았다고 속이고[頂冒],228 제속制屬229이라고 가칭假稱230하였으

---

225 一宗: 일건一件과 유사한 의미로, 여기서는 '한 건의 서류'로 번역해 둔다.
226 繳申: '하급 기관에서 올라온 문서에 확인한 후에, 하부기관으로 돌려보내다'라는 의미이다.
227 姦民: '악행을 행한 사람' 혹은 '범법행위를 자행한 사람'이라는 의미이다. 여기서의 姦은 '불법행위' 내지는 '위법행위'를 자행한 사람들을 포괄적으로 지칭하는 용어이다.
228 頂冒: 모명정체冒頂替, 정명모성頂名冒姓의 약칭이다. 즉 '다른 사람의 성명姓名을 도용冒칭칭하는 것'을 말한다. 호횡豪橫들이 "사칭詐稱"하거나 "가칭假稱"하는 것은 기본적으로 이러한 유형이 모두 "관원官員"을 모방模倣하고자 하는 심리가 있었기 때문이었다. 사환仕宦하고자 하는 것이 호민이나 평민平民 백성百姓들의 심리 속에서 갈구하는 원망願望이었던 것이었다. 黃慶中,「名公書判淸明集 懲惡門 豪橫類中的豪民」,《中正歷史學刊》12, (2009) 127쪽.
229 制屬: "제속制屬"의 "제制"는 제치사制置使의 간칭簡稱이다. 제사制司라고 하면 제치사를 지칭한다. "制屬"은 제치사의 속관屬官이다. 제치사制置使는 당唐 大中5년 설치되어서, 변방

며, 호민豪民인 양자고楊子高와 결탁해서 그의 후견인後見人이 되어, 국법國法을 무시하고, 양민良民에게 해害를 입혔는데, 그들의 악행惡行을 한마디로 다 표현할 수 있는 것은 아니다.

그 가운데에서도 눈에 띄는 것을 열거하면, 관사制司의 이름을 도용하여, 사염私鹽[231] 가격을 올리고, 포호鋪戶[232]를 속박하고 강압하여, 강매한 사염의 대금을 받을 때에도取償, 사약私約을 작성시켜 돈을 편취하는 등, 이러한 방

군무를 관리하고 지방질서를 장악하였다. 북송 초기에는 이를 설치하지 않았으나, 남송 때에는 금金과의 전쟁 작전을 하다보니 빈번히 설치하게 되었다. 제치사는 자주 여러 로路의 군무를 나누어 처리하였다. 여기에서는 제치사를 가칭假稱하였다고 나오고 있으므로, 이는 매우 엄중한 범죄행위이다. 이 부분은 屈超立 교수 및 李偉 교수와 趙晶 교수의 教示를 받았다. 이에 感謝의 뜻을 表한다.

[230] 관명官名을 사칭 한 것을 일컫는데, 이는 엄중한 범죄 행위에 속한다.

[231] 私鹽 : 송대의 공식적인 염업鹽業정책은 크게 보자면, 전매제專賣制와 매박제買撲制로 나눌 수 있다. 매박買撲염업은 천섬로川陝路・양절로兩浙路・강서로江西路에서 실시하였다. 그 가운데, 천섬로川陝路에서는 정염井鹽 위주였는데, 산産・운運・소銷의 단계로 나누어진다. 송대의 염업 방식은 양절로와 강서로의 해염海鹽이 신종神宗의 熙豐 연간을 전후하여 널리 퍼졌다. 그런데, 이러한 공식적인 염업을 통한 방식은 구매자의 입장에서는 가격의 차이가 컸으므로, 사염私鹽이 보편적으로 흥성하였다. 송대에 사염 대한 처벌은 시기에 따라 변하였는데, 남송이 되면 사전私煎과 사판私販에 대한 처벌은 이전에 비해서 준엄해졌다(「징악문」 12-32 참조). 전체적으로 보아서, 사전私煎한 사람에 대한 처벌이 사판私販한 사람에 대한 처벌보다 엄하였으며, 소금생산 현장에 있는 사람에 대한 처벌이, 현장에 있지 않은 사람보다 무거웠다. 주범主犯에 대한 처벌이 종범從犯에 대한 처벌보다 높았다. 직접 죄를 저지른 사람에 대한 처벌이 무거웠다. 도시나 소금생산지의 사람들에 대한 처벌이 농촌이나 소금을 생산하지 않는 곳의 사람에 대한 처벌보다 엄격했다. 郭正忠, 「宋代私鹽律述略」,《江西社會科學》, 1997-4; 林日擧, 「宋代鹽業弊政及其引發的地方性暴亂」,《史學集刊》, 2003-2; 羅益章, 「宋代官吏的私鹽販賣」,《鹽業史研究》, 1995-2; 楊永兵, 「宋代的買撲鹽業」,《鹽業史研究》, 2010-2 참조. 私鹽에 관련된 각주는 〈징악문〉12-32에도 형량을 중심으로 실었다.

[232] 鋪戶 : 중앙 정부가 호적戶籍을 관리하는 차원에서 설명하자면, 상업활동에 종사하거나, 특히 점포를 소유하고 있는 호戶를 포호鋪戶라고 칭했는데, 주로 "도시에서 점포를 개설한 인호人戶"를 지칭하는 말이다. 張玲, 「論宋代交引鋪戶與入中、榷賣的關系」,《山西大同大學學報》, 2014-6; 姜錫東, 「宋代糧商的成分、內部分工與經營狀況」,《中國經濟史研究》, 2000-3; 郭正忠, 「宋代鈔引鹽的銷售體制」,《鹽業史研究》, 1990-1; 高壽仙, "行業組織"抑或"服役名冊"? ― 宋代"團行"和明代"鋪行"的性質與功能」,《北京大學學報》, 2011-6; 李曉, 「論宋代民間資本的流向」,《文史哲》, 2000-5; 陶德臣, 「宋代茶商集團勢力的發展」,《農業考古》, 2004-4.

법으로 부정 취득한 액수는 1,000관貫 남짓이나 되었는데, 그 피해자가 어느 정도인지 조차 알 수 없을 정도였다.[233]

법률 조문에서는 "대차質借·투탁投托 등의 명목으로 (재물을 빼앗거나) 혹은 관명官名을 사칭詐稱해서 사람을 파견하고 체포시키거나 해서 재물을 뺏은 경우는 강도와 동일하게 처벌한다[質借, 投托之類爲名, 其詐稱官遣人追捕以取財者, 以强盗論]"[234]고 되어 있다. 이 법률 조문에 따라, 이 한 건만으로도 이미 교수형絞刑에 해당한다. 게다가 자식을 강남 지역江南으로 보내 장사시킬 때, 동전官錢을 부수어 사모사주전砂毛私鑄錢[235]으로 만들어, 상당한 이익을 보려고 계획하고, 결국 이런 사전私錢이 호남湖湘의 상인들 간에 많이 유통하는 경우가 많았다. 법률 조문에는 "전錢을 깎아 동銅을 얻은 것이 (그 무게가 10근이거나) 그것을 매매하거나 그것을 사용한 경우에, 그 무게가 10근斤에 이르면, 500리에 유배시킨다[剪鑿錢取銅, 及賣買興販之者, 十斤配五百里]"[236]라고 되어 있다.

---

233 黃慶中, 「名公書判淸明集 懲惡門 豪橫類中的豪民」, 《中正歷史學刊》12, (2009) 122쪽에서는, 이 부분의 사정이, 〈징악문〉 12-12에서 방진정方震霆이 "술을 밀조密造하거나 밀매密賣했던 행위를 구실삼아 협박하여 금전을 갈취했던 것[以私酤爲脅取之地]"과 마찬가지로 왕원길王元吉과 같은 호민豪民이 국가전매國家專賣에 속해야 할 재부財富를 불법 수단으로 획득하는 것으로 보았다.

234 質借, 投托之類爲名, 其詐稱官遣人追捕以取財者, 以强盗論:『당률소의』 제372조「사위율」〈詐稱官捕〉에 "무릇 허위로 관원이 되거나 관사로부터 파견되었다고 사칭하여 사람을 체포한 자는 유형 2,000리에 처한다. 관원을 사칭하여 (범인을) 체포하거나 (관원을) 사칭하고 (범인을) 추적하여 체포한 경우는 도형 1년에 처한다[諸詐爲官及稱官所遣, 而捕人者, 流二千里, 爲人所犯害, 而詐稱官捕, 及詐追躡人者, 徒一年]"(임대희·김택민 주편,『譯註唐律疏議』〈各則 下〉, 한국법제연구원, 1998, 3174쪽 참조).

235 砂毛私鑄錢 : 사모전砂毛錢은 국가에서 주조한 관전官錢이 아니라, 민간에서 주조한 불법적인 화폐의 하나이다. 그러므로 사모사주전砂毛私鑄錢이라 한 것이다. 송대 중앙정부에서는 민간에서 전錢을 주조하는 사주私鑄를 금지하고, 사모전砂毛錢·경소전輕小錢 등과 같은 불법적인 화폐의 사용을 금지했다. 이를 위반하면 처벌되었으며, 위반한 자를 신고하면 포상을 실시하기도 했다. '砂毛'에 관해서는『慶元條法事類』卷6 職制門에는 "勅, 州縣鄕村市井賣買交易及輸納官錢等, 公然將私鑄砂毛錢混雜行使, 悉因關津稅務不曾搜檢商旅等人, 得以循習博易般傳, 更無畏憚"이라 되어 있다.

236 剪鑿錢取銅, 及賣買興販之者, 十斤配五百里 : 이 판결문의 법률 조문은『慶元條法事類』卷二十九『榷禁門二·坯鑿錢宝·雜敕』에 "諸坯銷及磨錯, 剪鑿錢取銅以求利, 或鑄造器物, 若工匠及賣買興販之者 (…中略…) 十斤皆配五百里"라 되어 있다. 또『唐律疏議』 제391조「雜律」〈私鑄錢〉, "무릇 사사로이 錢을 주조한 자나 또한 이미 만들어진 錢을 갈거

왕원길王元吉 부자의 경우, 그들이 진술한 바에 의하면, 그것이[237] 500관貫이나 되었는데, 근斤으로 환산하면 어느 정도가 될지 알 수 없을 정도이다. 더 심한 경우도 있는데, 공장工匠의 과세액課程[238]을 강제로 독촉하여, 예쯻로 분路分[239]의 수취 할당액을 충당시키자, 그것을 견디지 못하고 물에 뛰어 들어 투신자살한 사람이 두 명, 소금을 실은 배가 표류하자, 거기에 대한 제재로서 구타打撻를 당하고, 선장이 물에 뛰어 들어 투신자살한 사람이 한 명, 양민良民의 딸을 첩妾으로 삼자, 목을 맨 부친이 한 명이었다. 법률 조문에서는 "다른 사람을 위협해서 죽음으로 몰고 간 경우에는 고투살故鬪殺[240]으로 처벌한다在法, 以恐懼逼迫人致死者, 以故鬪殺論]"[241]라고 되어 있다. 왕원길王元吉 등이 행한 죄질은 여러 차례의 교수형絞刑을 받아야 마땅하다. 이처럼 나쁜 짓을 거듭한 이상, 어떻게 운 좋게 처벌을 면할 수가 있겠는가? 왕원길王元吉은 척장脊杖 20대로 처결하고, 광남廣南의 원악주군遠惡州軍으로 배류配流하라. 지금까지의 소금의 매매계약은 무효로 하고, 현縣에 공문을 보내, 가옥을 조십일趙十一에게 되돌려 주어給屋業還趙十一[242] 그가 관리하도록 하며管業,[243] 고소

나 잘라 얇게 하거나 작게 해서 銅을 취하여 이윤을 추구한 자는 도형 1년에 처한다諸私鑄錢者, 若磨錯成錢令薄小, 取銅以求利者, 徒一年"(임대희 · 김택민 주편,『譯註唐律疏議』〈各則 下〉, 한국법제연구원, 1998, 3203쪽 참조).

237 여기서 그것이란 사모사주전砂毛私鑄錢으로 획득한 이익이 500관이나 되는 것을 의미한다.
238 課程 : 염세鹽稅 · 다세茶稅 · 상세商稅 등을 정과程課 혹은 과정課程이라고 하며, 좁게는 염전매鹽專賣 수입으로도 볼 수 있다.
239 路分 : '로분도감路分都監'의 약칭이다. 즉 路를 관할구로 하고 있는 도감都監이다. 남송대에 이르러서는 점차로 허함虛銜이나 한직閑職이 되었다.
240 故鬪殺 : 싸우다가 고의로 살해한 경우를 말한다.
241 在法: 以恐懼逼迫人致死者; 以故鬪殺論;『唐律疏議』賊盜 第261條, "諸以物置人耳鼻及孔竅中, 有所妨者, 杖八十, 其故屛去人服用飮食之物, 以故殺傷人者, 各以鬪殺傷論. 若恐迫人, 使畏懼致死傷者, 各隨其狀, 以故鬪戲殺傷論." 무릇 물건을 다른 사람의 귀 · 코나 구멍孔竅 속에 넣어 (신체기관의 정상적인 기능에) 지장을 주었다면 장형80대에 처한다. 만약 고의로 사람에게서 입고 쓰고 마시고 먹을 것을 제거屛去하여 그로 인해 사람을 殺傷하였다면 각각 鬪殺傷罪로 논한다. 만약 다른 사람을 恐喝하거나 脅迫해서 두렵게하여 죽게하거나 다치게 하였다면 각각 그 상황에 따라서 故 · 鬪 · 戲殺傷으로 논한다(임대희 · 김택민 주편,『譯註唐律疏議』〈各則 上〉, 한국법제연구원, 1997, 2410~2412쪽 참조).
242 給屋業還趙十一 : 급환給還은 '무엇을 반환하다' · '무엇을 돌려주다'라는 의미이다.
243 管業 : '토지를 관리하다' · '토지를 관할하다'라는 의미이다.

인詞시은 석방하기를 바란다.

王元吉, 亦姦民之尤也, 頂冒功賞, 假稱制屬, 結托豪民楊子高爲聲勢, 蔑視國法, 毒害下民, 蓋不一端而足. 今姑以大者言之, 旁緣制司名色, 增長私販鹽價, 鎖縛抑勒舖戶, 取償者, 則又執私約以欺騙, 計贓一千貫有餘, 被害者不知其幾人矣. 在法, 質借, 投托之類爲名, 其詐稱官遣人追捕以取財者, 以竊盜論. 卽此一項所犯, 已該絞刑. 又況遣子商販, 往來江右, 動以官錢易砂毛私鑄, 搬入攝夾雜行用, 以求厚利, 遂使私錢流入湖湘販者衆. 在法, 剪鑿錢取銅, 及賣買興販之者, 十斤配五百里. 元吉父子所犯, 據供已五百貫, 以斤計之, 抑又不知其幾千百矣. 甚至以趣辦工匠課程, 取媚芮路分, 致投之水者二人, 以鹽船漂泊, 趕打稍工赴水者一人, 占據良人女爲小妻, 逼迫其父自縊者一人. 在法, 以恐懼逼迫人致死者, 以故鬪殺論. 若元吉之犯絞刑, 蓋亦屢矣. 惡貫已盈, 豈容倖免, 欲將王元吉決脊杖二十, 配廣南遠惡州軍. 所前日賣鹽廢約, 並不行用. 仍帖縣, 給屋業還趙十一管業, 詞人放.

12-26. 단죄
斷罪

송자목(宋自牧)

양자고楊子高는 자신이 무슨何等[244] 대단한 사람이라고, 함부로 제속制屬[245]이라고 하는 것일까? 또 왕원길王元吉은 양자고楊子高와 죽음도 꺼리지 않는 친분을 맺고 있는데, 이는 바로 친구 간에는 유유상종한다는 말과 통하는 말이다. 이들은 제사制司인 예장芮將의 명성을 믿고, 사망한 왕거王擧의 관자官資[246]를 사칭하고 있다. 원래 소금에 대한 이익은 국가에 의해서만 이뤄져야 하는데, 이들은 몰래 내다 팔고, 게다가 강제로 강매하는抑配[247] 등, 마음

---

244 何等 : '어떤'·'무슨'의 의미이다.
245 制屬 : 「징악문 권12-25, 검법관檢法官의 판결원안儉書擬」에서도 주석을 붙였듯이, 여기에서는 제치사制置使의 속관屬官으로 간주하는 것이 나을 듯하다.
246 官資 : 관리官吏의 경력이나 직위 또는 봉록을 일컫는다.

대로 수탈을 자행하였다. 동전[銅]248에 대해서는 법률로 엄격하게 규제하고 있는데, 공공연하게 화폐를 깎아내고 사주私鑄를 자행하였는데, 이러한 사모전砂毛錢을 지니고 있어도, 누구 하나 이를 제지하지 않았고, 결국 강서江西의 삼각파전三角破錢249이 완전히 호남일대에 나돌기에 이르렀다. 또 양민良民의 부녀자를 빼앗아, 첩妾이나 비婢로 삼아도, 이것을 소송에서 진술하지 않은 자가 7명이나 된다. 그리고 죄 없는 양민을 살해하였거나, 물에 뛰어들어 죽게 하거나 자살하게 한 경우가 4건이나 된다.

조금이라도 자신에게 이익이 된다면 반드시 "숲을 태워버리고, 못에 물을 빼내는 행위[焚林竭澤]"250를 하여, 세상 사람들의 원한을 샀고, 그 원한은 "인육人肉을 먹고, 그 피부를 벗겨 내어 그것에 깔고 잘 수[食肉寢皮]"251 없는 것을 아쉬워할 정도였다. 상강湘江의 강물을 다 사용해도 세상 사람들의 원한을 다 씻기에는 부족하고, 남산南山의 대나무를 전부 사용해도[汗南山之竹],252 이 두 사람의 악한 행위[惡業]를 다 적기에는 부족할 것이다.

원래대로라면, 이들은 교수형에 처해서, 백성들의 원한[衆憤]을 풀어주어야 하지만, 본관이 이임離任한 후, 교활한 방법을 강구하게 할 시간을 주게 될까[停囚反以長智]253 염려스럽다.254 게다가 자신의 하수인[爪牙]255들을 동원해

---

247 抑配 : 강행탄파强行攤派. 즉 '강제로 할당해서 물건을 사게 한다든지, 부역에 나오게 하는 행위'를 의미이다.

248 銅 : 여기서의 銅은 엄밀하게 말하면 동전銅錢을 지칭하는 말이다.

249 三角破錢 : 원형의 동전을 깎았기 때문에 파손되어 각진 모양을 삼각이라 표현한 것으로 보인다. 혹은 동전의 3할 정도로 마모되어 파손된 것을 지칭하는 것일 수도 있을 것이다.

250 焚林竭澤 : "焚林而田, 竭澤而漁." 단지 눈앞의 이익만 생각하는 것을 비유하는 말이다. 『淮南子』本經訓, "鑽燧取火, 構木爲臺, 焚林而田, 竭澤而漁"이라 되어 있다.

251 食肉寢皮 : '고기는 먹고, 껍데기는 벗겨내어 깔고 자다'라는 의미이다. 『左傳』襄公 21年에 "然二子者, 譬于禽獸, 臣食其肉, 而寢處其皮矣"라 되어 있다.

252 汗南山之竹 : '남산의 대나무를 사용하여, 죽간竹簡을 만들다'라는 의미이다. 한죽汗竹은 원래 '기름을 뺀 대나무'의 의미이지만, '죽간에 기록한 문서'라는 의미로 확대되었다.

253 停囚反以長智 : '범죄인에게 시간을 줌으로써, 도리어 각종 방법을 강구하게 하다'라는 의미이다.

254 죄인들을 교수형에 처해야 하지만, 재판관이 이임을 얼마두지 않은 상태에서, 사형에 처하려면 각종 법적 절차가 필요하므로, 그 과정에서 재판관이 이임하게 되면, 죄인들이

계속 도움을 구할 수도 있을 것이다. 재력財力이 있으면 무엇이든 할 수 있고, 약간의 틈만 있으면 그것을 이용해 반드시 법망을 빠져나가고 말 것이다. 어떻게 "호랑이를 길러 화禍를 자초하고[養虎遺患]",256 "꺼진 불씨를 다시 살리게 하는[死灰復燃]"257 것과 같은 상황을 그냥 둘 수 있겠는가?258

왕원길王元吉은 원래 정한 결정대로 처벌해야 하며, 검법관檢法官이 정한 죄명罪名259에 따라, 광주廣州 최봉군摧鋒軍에 자배刺配해야 하므로 일단은 구금

각종 방법을 동원하여 술책을 마련하는 것을 염려한다는 의미이다.

255 爪牙: 일당·동료·부하·같은 무리 등의 의미이다. 여기서 '하수인'이라고 번역해 두지만, 사실은 동료나 같은 무리도 포괄해서 이해하는 것이 바람직할 것이다.

256 養虎遺患: 『史記』 「項羽本紀」에 "漢欲西歸, 張良·陳平說曰, 漢有天下太平, 而諸侯皆附之, (…中略…) 今釋弗擊, 此所謂養虎自遺患也, 漢王聽之"라 되어 있다.

257 死灰復燃: 『史記』 「韓長孺傳」에 "其後(韓)安國坐法抵罪, 蒙獄吏田甲辱安國, 安國曰, 死灰獨不復燃乎, 田甲曰, 然卽溺之"라 되어 있다.

258 판사判詞 속에서 명공名公들은 통상 세가지 방식을 통하여 호민豪民에 대한 묘사描述을 이루어내고 있다. ① 죄상罪狀을 열거하고, ② 문사文辭로 그것을 유형화類型化시키고, ③ 비교比較(官과 民의 비교, 良民과 豪民의 비교)로나눌 수 있다. 그 가운데, 주목할 수 있는 것은 "比較"이다. 호민의 불법행위가 항상 국가 권력의 의부依附와 결합에 따라서, 명공들이 보기에는 조정의 "기강법도紀綱法度"가 깡그리 사라지는, 매우 엄중한 사정에 이를 수 있게 되는 것이다. 관官이 약弱하고 민民이 강强해지는 현상(「징악문」 12-17 각주 참조)은 호민의 불법행위가 "정의正義"의 제재制裁를 받는 것을 일단 "억제抑制"하게 될 것이고, 또한 관민관계가 다시금 "관존민순官尊民順"(民이 반드시 卑微해지는 것이 아니라, 官員들이 희망하는 것은 百姓들의 順服이다)을 기본적 활동 방식으로 삼는 것이었다. 따라서, 명공名公들은 판사判詞속에서 자신들이 그리고 있는 "공권력公權力" 상징의 목적이 바로 지방 사회속에서의 공권력의 지위를 거듭 천명하고자 하는 것이었고, 동시에 호민豪民을 악인惡人으로 꾸며내는 것이었다. 黃慶中, 「名公書判淸明集 懲惡門 豪橫類中的豪民」, 《中正歷史學刊》 12, (2009) 134~135쪽.

259 罪名: 「징악문」 권12-12 〈豪橫〉의 각주에서도 한번 언급하였지만, 다시 한 번 여기에서 송대의 형벌체계를 정리하고 넘어가는 것이 좋을 듯하다. 처벌 형태를 분석하면, 당률에서의 '태형笞刑'이 송대의 형벌에서는 절장법折杖法 형태로 바뀌면서 '둔장臀杖, 963~'이 되었다가 '소장小杖, 1108년 이후'으로 바뀌었다. '장형杖刑'은 '척장脊杖, 1108년 이전'으로 변형되었다가, '둔장臀杖, 1108년 이후'으로 바뀌었다. 당률에서의 '도형徒刑'은 '자자刺字'를 하지 않고 '배류配流'하는 '편관編管'이라는 방식으로 변형되었으며, '유형流刑'은 '자자'·'척장'·'배류'를 동시에 부가하는 형벌인 '자배刺配'로 바뀌었다. 이는 일종의 유배형流配刑이 주형主刑이 되면서 여러 가지 부가형附加刑을 첨가한 것에 해당한다. 그리고 '사형死刑'에도 '능지처참陵遲處斬'의 형태가 추가되는 경우도 있다.

이를 정리하면 송대의 형법체계는 '소장小杖', '둔장臀杖'과 더불어, '척장脊杖'이 수반되는 '편관編管'·'자배刺配'·'사형死刑'을 내용으로 하는 새로운 5형 체계를 구성하게 된다는 학

[拘監]260해 두고, 즉시 유배지로 압송하도록 하라. 부정하게 얻은 재물은 그 집안사람으로 하여금 강제로 납부하도록 하고, 그 외의 사항은 전례典例에 따라 시행하도록 하라[照行].261 또 원래 가지고 있는 위조 능지綾紙262나 원래

宋代 五刑 沿革

唐/宋	開成2年(832년)	大中7年(853년)	建隆4年(963년)	神宗熙寧2年(1069)	大观2年(1108년)	政和8年(1118년)	
死刑	斬·絞	斬·絞	斬·絞	斬·絞	斬·絞	斬·絞	
流刑	流放?	脊杖(配役)	命官仍實行杖黥刑法	命官無杖黥法	脊杖(配役)編配	刺配(脊杖+刺字+配流)	
徒刑	徒刑	徒刑	脊杖(放)	(編管再也不受杖刑)		脊杖(放)	編管(脊杖+配流)
杖刑	脊杖	脊杖	臀杖	臀杖?	臀杖	臀杖	
笞刑	笞	笞	臀杖	臀杖?	小杖	小杖	

위의 표는 川村康,「송대折杖法 초고」(임대희 엮음,『판례로 본 송대사회』, 민속원, 2019에 번역되어 실려 있다. 원문은 『早稻田大學』65-4, 1990)를 바탕으로, 郭東旭,「宋代的編管法」,『河北大學學刊』, 1992-2를 참조하였고, 이에 屈超立 教授 와 戴建国 教授의 敎示를 더하여 만들었다. 그런데, 開成 2年·大中 7年에서 政和 8年에 이르기까지의 死刑은 重杖處死라고 되어 있는 경우도 있으나, 法典의 규정에는 나타나지 않는다. 또한, 963년부터 1069년까지는 命官仍實行杖黥刑法하였으나, 1069년부터는 命官에게 杖刑이나 黥法을 실행하지 않았다(『宋史』「刑法志 3」).

설도 있다. "둔장"과 "소장"에 관련된 내용은 「징악문」 권12-1과 「징악문」 권12-12, 「징악문」 권12-16의 각주에 실려 있는 표를 비교해 보면 이해될 것이다. 辻正博,「宋代の編管制度」,『唐宋時代刑罰制度の研究』, 京都大學學術出版會, 2010을 비롯하여, 郭東旭,「宋代編管法」,《河北大學學報》, 1992-3; 呂志興,「宋代配刑制度探析」,《西南師範大學學報》, 2004-1; 戴建國,「宋代加役流刑辨析」,《中國史研究》, 2003-3; 戴建國,「唐代刑罰體系的演變－以杖刑爲中心的考察」,《史學集刊》, 2010-4.

260 拘監 :「징악문」에서의 "구감拘監"의 의미意味는 "혼혼문"에서의 의미와 달라진다. "다른 주州를 편관編管한 뒤에 감시監視·관속管束하다"는 뜻으로 보아야 할 것이다. "구감拘監"은 "구류감금拘留監禁"으로서, "감옥監獄에 구금拘禁되다"라는 의미로 될 수 있으며, 그 죄행罪行이 매우 엄중하며, 또한 "정범正犯"에 속하며 실제로 죄행을 범했던 사람이라고 보여진다. 중국에서는 오랜 옛날부터 구금拘禁하는 장소가 감옥監獄뿐 아니라, 성황묘城隍廟나 옥신묘獄神廟, 또는 심지어 일련의 여인숙旅店 등도 해당되었으며, 이 가운데에는 가벼운 죄罪를 저지른 사람도 있지만, 혐의嫌疑가 있는 사람, 그리고 한낱 증인證人인 경우도 해당되었다. 이 부분은 李倩교수와 趙晶교수 및 屈超立교수의 敎示를 받았다. 이에 感謝의 뜻을 표表한다.

261 照行 : '照某某施行'의 의미로, '某某에 따라 시행하다' 혹은 '某某에 따라 행하다'라는 의미이다.

262 綾紙 : 송대에 있어서 관료들이 지니고 있는 고신告身은 능지綾紙를 사용하였는데, 관품의 고하高下에 따라 서로 다른 능지를 사용했다. '능지'에는 관위·성명·연령·본관 등이 적혀 있다. 張東光·邵鳳琳,「宋代官憑文書告身的管理機構官告院」,《檔案管理》,

제출하지 않아도 되는 문서 그리고 소환해도 출두하지 않은 자는, 재차 소환하지 않으므로, 이들에 대해서는 별도로 처리해서 보고하라. 이미 구금되어 있는 왕원길王元吉은 광주廣州 최봉군推鋒軍으로 유배하도록 하라.

楊子高何等物數, 輒以制屬自呼. 王元吉與結死交, 正是凶德參會. 倚恃制司芮將聲勢, 頂冒死人王擧官資. 鹽利乃國家所資, 至敢夾帶私販, 抑配強敷, 肆爲侵奪. 銅於法禁最重, 公然剪鑿私鑄, 搬販砂毛, 莫敢誰何, 逐使江西三角破錢, 盡入湖南一路界內. 姦占良人婦女爲小妻, 爲寵婢, 不敢陳論者七人, 賊殺無辜平民, 或赴水, 或自盡, 死於非命者四項. 一孔微利, 必欲焚林竭澤. 萬口交怨, 恨不食肉寢皮. 傾湘江之水, 不足以洗百姓之冤. 汗南山之竹, 不足以洗二兇之惡. 本合坐以絞罪, 庶可以快衆情, 但以當職行去官, 且慮停囚反以長智. 兼其分遣爪牙, 紛然求援, 富有財力, 可以通神, 纔一轉身, 必至漏網, 豈可養虎遺患, 縱令死灰復燃. 王元吉且照檢法所定罪名, 刺配廣州推鋒軍, 拘監重後, 日下押發, 贓監家屬納, 餘照行. 所有本人頂冒綾紙, 曾無收索, 及原追未到人, 曾無再催, 別呈. 已取上王元吉, 斷配廣州推鋒軍.

12-27. 거인이 백성을 학대하거나 재산을 빼앗는 등의 횡포를 자행하다
擧人[263]豪橫虐民取財

송자목(宋自牧)

익명의 문서[匿名文書][264]는 본래부터 수리受理해서는 안 된다. 그렇다고 해서 담일기譚一夔의 악행[惡業]을 덮어두어서도 안 된다. 인본印本[265]은 명확하

2014-1; 丁春梅, 「從公文用紙看宋代官府對文書檔案保護的重視」, 《檔案學通訊》, 2006-4; 丁春梅, 「中國古代公文用紙等級的主要標識」, 《檔案學通訊》, 2004-2.

263 擧人 : 공거貢擧의 고시考試에 응시하는 각 과의 사인士人들을 모두 거인擧人이라 했으며, 속칭 거자擧子라고도 했다.

264 匿名文書 : 『續資治通鑑長編』 卷173, 皇祐 4년 11월, 丙午條에 "毋得以匿名文書上聞, 其輒送官者論如律"이라 되어 있고, 『唐律疏議』 제351조 「투송율」 〈投匿名書告人罪〉 "무릇 익명으로 투서하여 다른 사람의 죄를 고발한 자는 유형 2천리에 처한다諸投匿名書告人罪者流二千里"(임대희·김택민 주편, 『譯註唐律疏議』 〈各則 下〉, 한국법제연구원, 1998, 3125쪽 참조).

지 않으므로 베껴 써서 서류보관함에 보관[附]266하고, 증거[憑]를 소송장과 서로 비교해, 사실[虛實]267을 밝힌 후 처리하도록 하라.

匿名文書, 固不可受. 譚一夒罪惡, 亦不可不知. 印本糊塗, 謄過附案, 以憑參合民詞, 審虛實施行.

12-28. 검법관의 판결원안
檢法書擬

담일기譚一夒는 호민豪民 가운데에서도 사악한 사람으로, 관자官資268를 속여 "제속制屬"이라 사칭하고, 비슷한 무리들과 결탁하여 서로 한 패거리가 되었으며, 또 무뢰배無賴輩들을 양성하여 자신들의 하수인[瓜牙]269으로 삼기도 했다. 그리하여 위세를 등에 업고, 선량한 백성[善民]들을 압박하여 그들에게 해독을 입히는 등 그들의 악행은 일일이 열거할 수 없을 정도이다.

예를 들면, 허위 소송을 일으켜[撰造公事]270 타인의 산지山地를 협박해서 뺏고, 일반 민의 소송에 개입하여 몰래 재물을 편취騙取했다. 또 관청[制司]271의

---

265 印本 : '인쇄되어 있는 서류'라는 의미이다. 『慶元條法事類』 卷17, 「文書門」에 "諸私雕印文書, 先納所屬, 申轉運司, 選官詳定, 有益學者聽印行. 仍以印本具詳定官姓名, 送秘書省國子監"이라 되어 있다.

266 附 : 여기서 '附'는 서류 하나를 철해서 덧붙이는 것을 말한 것이다.

267 虛實 : '거짓과 진실' 혹은 '허위와 사실'의 의미이다.

268 官資 : '관리官吏의 경력이나 직위' 혹은 '봉록'을 의미한다.

269 瓜牙 : 하수인[瓜牙]을 의미한다. 호민豪民이 지방사회에서 행세하는 데에는 "평민"과 "하수인" 그리고 "주현관州縣官이나 서리胥吏등 같은 관부官府의 사람"들과 관계가 발생하게 된다. 평민은 판사判詞에 주로 피해자控訴人의 신분으로서 출현하고 있다. 그리고, 하수인[瓜牙]은 공범共犯으로 연대하여 판사判詞에 등장한다. 그런데, 호민이 이득을 얻게 해 주는 대상은 주현州縣관리나 서리였다. 이는 국가권력과 관련되는 것을 줄 수 있었기 때문이다. 그밖에도 호민은 지방사회 속에서 정부政府다루는 직무를 넘겨받는 경우도 있었다. 이를 통해서 부분적으로 국가가 수여하는 권력을 얻을 수 있었던 것이다. 黃慶中, 「名公書判淸明集 懲惡門 豪橫類中的豪民」, 《中正歷史學刊》12, (2009) 124쪽.

270 撰造公事 : 찬조撰造는 '날조捏造하다'라는 의미이고, 공사公事는 '소송을 일으키다' 혹은 '소송 사건'이라는 뜻이다. 『淸明集』 卷13-2 「懲惡門」, 〈撰造公事〉 참조.

소금 가격을 올려 사람들을 꾀어 팔고, (그 지불을 체납하면) 그들을 핍박하거나 포박하면서, 그들의 전택田宅을 담보로 삼아 이를 빼앗았다.[272] 또 타인과의 거래에서도 한번 계약이 결정되면, 한사코 대금을 지불하려 하지 않았고, 혹은 계약문서[合子文字][273]를 작성해 금전과 물품을 빌려주고는, 이자에 이자를 거듭 붙여 타인의 재산과 토지[産業]를 (채무담보로) 빼앗아 갔다. 처가妻家의 재산도 속여 빼앗고, 관전官田마저도 지대地代를 징수하려고 하였다. 이러한 그의 악행惡行에서 볼 때, 그의 다른 악행도 짐작이 갈 것이다.

최근 대리인[假手][274]을 통해 관할 주本州에 증명서[文解][275]를 신청해 왔는데, 이것도 호랑이에게 날개를 달아준 것과 같은 것으로, 점점 악행의 정도가 심해지고, 해를 입는 자도 많아졌다. 사소일謝小一이 진홍매陳洪邁 등 25명과 함께 관청에 소송을 제기한 안건 등은 담당 관청[所司][276]의 조사에 의해 사실관계가 밝혀졌다. 그곳에서 각각 부정하게 획득한 소득을 환산해서 계산

---

271 制司 : 여기에서의 '제사制司'는 제치사制置使라는 관청을 의미하는 것으로 보인다.

272 담일기譚一夔는 호민 가운데에서도 사악한 사람인데, 黃慶누, 「名公書判淸明集 懲惡門 豪橫類中的豪民」,《中正歷史學刊》12, (2009) 122쪽에서는, 「징악문」 12-12에서 방진정方震亘이 "술을 밀조密造하거나 밀매密賣했던 행위를 구실삼아 협박하여 금전을 갈취했던 것[以私點爲脅取之地]"과 마찬가지로 담일기는 국가전매에 속해야할 재부財富를 불법수단으로 획득하는 것으로 보았다.

273 合子文字 : '계약증서'·'계약문서'의 의미이다. 『朱文公文別集』卷9, 公移에 "上戶乘此旱傷細民闕食之際, 强以此小錢作合子文字借貸"라 되어 있다.

274 假手 : '시험에서의 대필 행위 등과 같은 부정행위'를 지칭하는 말이다. 여기서는 '타인을 대리로 하여' 혹은 '대리인을 통해'라는 의미일 것으로 생각된다. 『宋史』卷165, 職官志에 "國子監無叩問師資之益, 學官不以訓導爲己任, 補試伺察不嚴, 有假手之弊"이라 되어 있고, 宋史』卷156, 選擧志에 "度宗初, 以雷同假手之弊, 多由於州郡試院繼燭達旦, 或至次日辰, 已猶未出院, 其所以間日者, 不惟止可以惠不能文之人, 適足以害能文之士, 遂一遵舊制, 連試三日"과 "十年, 省試, 命大院, 別院監試官於坐圖未定之先, 親監分布坐次, 嚴禁書鋪等人, 不許縱容士抛離座案, 過越廊分, 爲傳義假手之地"이라고 되어 있다.

275 文解 : 각종 '증명서'를 지칭한다.

276 所司 : '주관 관리' 혹은 '담당 관리'·'담당자'라는 의미이다.

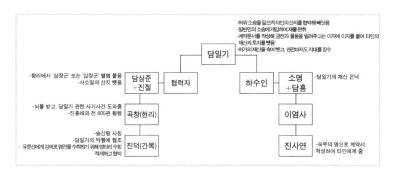

해보니, 4,360여 관貫, 17계관회界官會277 500여 관貫에 이르렀다. 세상에서 담일기譚一夔만큼 횡포를 거듭하며 국법國法을 무시하는 자도 없을 것이다. 법률 조문에는 "무릇 사기詐欺로 타인의 재물을 빼앗은 것이 액수로 50관貫에 이른 경우에는 본성本城에 배류配한다在法, 諸欺詐取人財物滿五十貫者, 配本城"278고 되어 있다. 또 "매매賣買·대차貸借·투탁投托279의 명목으로 (타인의 재물을 빼앗거나), 다른 사람을 포박하거나 해서 타인의 재물을 빼앗은 경우에는 강도強盜로 처벌하는 것과 동일하게 처벌한다"고 되어 있다.

담일기譚一夔와 같은 자는 마땅히 사형에 처해야 하며, 배군配軍에 처한다면 그의 행위에 비해 가벼운 처벌이 되지만, (법률규정에 따라) 척장脊杖 20대로 처한 후, 2,000리에 유배시킨다. 동시에 부정소득분에 대해서는 강제로 거둬들이도록 하라.

담삼준譚三俊과 진절陳節은 평소 담일기와 함께 악행을 자행한 사람들로써, 향리에서는 '삼장군三將軍' 혹은 '십장군十將軍'이라는 별명을 가지고 있는데, 대체로 어떤 인물인가는 충분히 짐작이 간다. 어찌 그들의 악행이 동일한 무리들과 공모한 후 사소일謝小一의 산지山地를 뺏은 1건 뿐이겠는

---

277 十七界官會 : 界는 지폐인 관회官會의 유통기간을 말하는 것으로, 송대에는 일반적으로 3년마다 구지폐를 신지폐를 바꾸었다. 그러므로 통상 3년이 1계界가 되는 셈이다. 이에 관해서는 加藤繁, 「北宋四川交子の界分について」, 『支那經濟史考證』 下, 東洋文庫, 1953; 曾我部靜雄, 「南宋の 紙幣」, 『宋代財政史』 生活社, 1941 참조.

278 在法, 諸欺詐取人財物滿五十貫者, 配本城 : 『청명집』 「징악문」 12-21의 각주 186 참조.

279 投托 : '투탁投託'이라고도 하며, 투고탁신投靠托身의 줄인 말이다 즉, 파산한 농민이나 소민小民 등이 유력가의 세력에 기대거나 노비가 되든지 하면서 몸을 의탁하는 것을 가리킨다.

가. 담삼준譚三俊과 진절陳節은 각각 척장脊杖 15대로 처결한 후 500리里에 편 관하라.

곡창谷昌도 원래 현리縣吏였는데, 뇌물을 받고[資給],[280] 담일기와 관련된 사 기 사건에서 그들을 도와주었다. 게다가 진홍매陳洪邁의 전錢 600관貫을 횡령 해서 자기의 것으로 해 버리기도 했는데, 다른 악행에 대해서도 또한 충분히 짐작할 만하다. 곡창谷昌은 척장脊杖 20대에 처한 후 1,000리에 유배시키고, 부 정하게 획득한 액수에 대해서는 강제로 거둬들이도록 하라.

진덕陳德은 그의 간복幹僕[281]으로, 감히 승신랑承信[282]을 사칭하면서, 담일 기譚一夔가 타인을 사로잡아 협박하면서 재물을 편취할 때, 모두 진덕이 도 와주었던 것이다. 또 유문선劉文先에게 강제로 염전鹽錢을 수취하기 위해 엉 터리 수회手會[283]를 적게 하고, 그에게 협박을 가하기도 했는데, 이로보아 그 밖의 악행에 대해서도 짐작할 수 있다. 진덕陳德은 척장脊杖 20대로 처한 후 1,000리에 유배하고, 부정하게 획득한 소득에 대해서는 강제로 거둬들 이도록 하라.

소명蕭明·담흥譚興·담문譚文·이염사李炎四는 각각 담일기의 고용인[人力][284]인 데, 그중에서 소명蕭明과 담흥譚興은 주인主人의 악행을 도우면서 재산은닉

---

280 資給 : "금품을 지급하거나 자금을 원조하다"라는 의미로, 일반적으로는 부정한 행위를 하기 위한 목적으로 자금원조하는 경우에 많이 사용된다고 볼 수 있다. 이 자금資給은 이 밖에도, 권13-4(무고誣告하다誣訐), 권13-6(돈을 대어 주고 고발시키다資給告訐), 권13-7(돈 을 대어 주고 살인죄로 다른 사람을 무고하다資給誣告人以殺人之罪), 권13-8(다른 사람에게 돈을 대어 주고 무고시키다資給人誣告)에도 나오고 있다.

281 幹僕 : "관리인"이라고 할 수 있는 "간인幹人"의 별칭이기도 하다. 간당인幹當人, 간당약미인 幹當掠米人 등이라 하기도 했다. 노복奴僕이 간인幹人의 역할을 한 경우에는 간복幹僕이라 하기 도 하였으나, 간복＝노복간인이라는 등식이 반드시 성립된 것은 아닐 것으로 추정된다. 이에 관해서는 周藤吉之「宋代莊園の管理─特に幹人を中心として」,『中國土地制度史 研究』(東京大學出版會, 1954) 참조.「징악문」권12-1〈逼姦〉의 각주 '幹人'을 함께 참조.

282 承信 : 무관인 '승신랑'을 지칭한다. 白文固,「北宋文武官員恩蔭制度探究」,《史學月刊》, 2002-3.

283 手會 : 수회手會의 정확한 의미에 대해서는 불명이지만, 문맥상으로 볼 때, "본인이 직접 작성한 문서" 내지는 "본인 직접 작성한 약정서" 등의 의미일 것으로 생각된다.

284 人力 : 송대의 인력人力은 크게 '관청의 잡부'와 '장원에 고용된 고용인'으로 나눌 수 있다. 이에 관해서는 高橋芳郎,「部曲・客女から人力・女使へ」,『變革期アジアの法と經濟』, 1986 참조.

^{[隱寄]285} 건으로 함부로 백성들을 무고하여 그들에게 해^害를 가하였으므로, 각각 척장^{脊杖} 15대로 처한 후, 500리^里로 편관하라. 담문^{譚文}은 계약서를 제출하지 않았으므로 감장 80대에 처결하도록 하라.

이염사^{李念四}는 죄를 추궁하자, 주인인 담일기^{譚一夔}가 여러 곳에 뇌물을 바칠 때 도움을 준 인물로, 계부^{繼父}인 사소일^{謝小一}을 구슬려서 사기와 다름없는 토지계약서^{[地契]286}를 쓰게 하고, 그것을 담일기에게 주었으므로 감장 100대에 처결하라. 진사연^{陳士淵}은 숙부의 명을 받들어 계약서를 작성하여 타인에게 주었으므로 처벌은 면제한다. 고소인인 담안진^{譚安進} 등은 석방하도록 하라.

譚一夔, 豪民之傾險者也, 冒受官賞, 詐稱制屬, 父結同黨爲羽翼, 蓄養無賴爲爪牙, 誇張聲勢, 凌壓善民, 流毒一方, 不可殫述. 或撰造公事, 恐嚇奪人之山地. 或把握民訟, 暗中騙取其資財. 或高擡制司鹽價, 誘人贖買, 逼迫捉縛, 準折其田宅. 或與人交易, 契一入手, 則契面錢抵揑不肯盡還. 或作合子文字, 貸之錢物, 則利上紐利, 準折産業以還. 騙業及於妻家, 索租及於官地, 卽此推之, 他可知矣. 近年以假手請本州文解, 如虎而翼, 聲燄愈張, 被害愈衆. 如謝小一以陳洪邁等二十五人, 相率赴司伸訴, 所司勘究, 具得其實, 紐計諸色贓, 計四千三百

285　隱寄 : 세금 등을 면제받거나 감면받기 위해 "재산 등을 몰래 은닉하다"는 의미이다. 특히, 송대의 부민^{富民}은 세역^{稅役}을 벗어나거나 자산을 은닉^{隱匿}하기 위해서, 토지재산을 관호^{官戶}나 사관^{寺觀}・하호^{下戶}・도망민^{逃亡民}들에게 궤탁^{詭托}하기도 하였다. 『慶元條法事類』 卷47, 「賦役門」에, "諸詐匿減免等第或科配者, 謂以財産隱寄, 或假借戶名, 或詐稱官戶, 及立詭名挾戶之類, 以違制論"이라 되어 있다. 謝舒曄, 「論中國宋代的"詭名子戶"現象及其法律應對－兼論我國目前的"一人多戶口"現象」, 《遼寧行政學院學報》, 2014-7; 薛政超・屈雪芬, 「宋代富民詭名寄産及挾戶規模考察」, 《邵陽學院學報》, 2012-1; 楊貴, 「詭名子戶對宋代戶口統計的影響」, 《陝西師大學報》, 1986-3; 王曾瑜, 「宋朝的詭名挾戶 (上)(下)」, 《社會科學研究》, 1986-4, 1986-5; 周寶珠, 「關於宋代詭名戶問題」, 《開封師院學報》, 1978-2; 邢鐵, 「從"相冒合戶"到"詭名子戶"－唐宋家庭規模的延續性」, 《河北師範大學學報》, 2013-5; 李偉國, 「『宋會要輯稿』"逃移"一則斷句注釋之商榷」, 《古籍整理硏究學刊》, 1985-3; 穆朝慶, 「論宋代的"戶多丁少"問題」, 《中州學刊》, 1984-3; 周寶珠, 「關於宋代詭名戶問題」, 《開封師院學報》, 1978-2 참고.

286　地契 : 토지를 매매할 때 작성하는 증서이다. 일종의 토지소유권을 증명할 수 있는 증서로, 여기서는 '토지계약서'로 번역해 둔다. 송대는 묘^墓를 조영할 때, 매지계^{買地契}를 사용하였는데, 이것을 '지계^{地契}'라고도 한다. 朱瑞熙, 「宋代土地價格研究」, 《中華文史論叢》, 2006-2; 李裕群, 「宋元買地券研究」, 《文物季刊》, 1989-2.

六十餘貫, 十七界貫會五百餘貫. 蓋世間未有如一夔之豪橫, 而不顧國法者也. 在法, 諸欺詐取人財物滿五十貫者, 配本城. 又法, 以賣買・質借・投托之類, 追捕人以取財物者, 以強盜論. 如一夔係犯死罪, 一配有餘, 欲將譚一夔決脊杖二十, 配二千里, 仍監臟. 譚三俊・陳節平日與一夔同惡相濟, 邑人有三將軍・十將軍之號, 亦可概見, 又何止同謀奪謝小一山地一項而已. 欲將陳節・譚三俊各決脊杖十五, 編管五百里. 谷昌係罷縣史, 受其資給, 凡一夔欺詐取財者, 皆本人佐之, 至於匿下陳洪邁錢, 計六百貫入己, 其他可知, 欲將谷昌決脊杖二十, 配千里, 監臟. 陳德係腹心幹僕, 冒稱承信, 凡一夔鎖縛取財者, 皆本人助之, 至於[287]勒劉文先白寫領鹽錢手會, 及私自脅取, 其他亦可得知. 欲將陳德決脊杖二十, 配千里, 仍監臟. 蕭明・譚興・譚文・李念四各係人力, 內蕭明・譚興助主爲惡, 至妄以隱寄事誣害平民, 欲各決脊杖十五, 編管五百里, 譚文索契不到, 勘杖八十, 李念四得罪, 其主資給, 乃說令繼父謝小一白寫地契與之, 勘杖一百. 陳士淵承叔父之命, 寫契與人, 免科. 詞人譚安進等放.

12-29. 판결
斷

이미 녹문(錄問)[288]도 끝났으므로 경력을 사칭한 이부첩(吏部帖) 및 문해첩(文解帖)의 제출을 요구하고, 판결원안(擬判)에 따라 각각 처리하도록 하라.

已錄問訖, 索冒賞吏部帖及文解帖, 遵照擬判, 逐一施行.

---

287 至於 : 원래는 "主於"로 되어 있으나, 상해도서관 판본에 의해 교정한 것이다.
288 錄問 : 녹문은 판결 전에 행한 재판절차 과정의 하나이다. 도죄(徒罪) 이상의 범죄에 대해, 사건의 조사가 끝나고 최종 재판관이 판결을 내리기 전에, 다시 녹문이라는 과정을 거쳤다. 그러므로 형벌의 종류나 집행기관에 따라 녹문 진행 방법이 다양하였다. 陳佳佳, 「宋代錄問制度考論」, 《政法論壇》, 2017-2.

12-30. 하귀는 지현에게 무례한 행위를 하다
何貴無禮邑領事

마유재(馬裕齋)[289]

조趙 지현知縣은 현청縣治에서 거주하지 않고, 민가民家에 머무르기도托迹 하고,[290] 또 궁색한 곳에 머무르기도[291] 함으로써卑隘 사람들로부터 모욕을 당하고 있다. 하귀何貴 등이 현청縣廳에 달려들어 서리吏를 잡아챘을 때에도 주변에 한 명의 병졸卒도 없었기 때문에, 직접 주먹을 휘두르고 이와 같은 치욕을 당했는데, 이로 보아 평소 읍정邑政이 올바르게 행해지지 않았음을 알 수 있다. 그러나 천자天子의 명命을 받아 지현知縣이 되고, 사士와 민民을 관리하는 책임

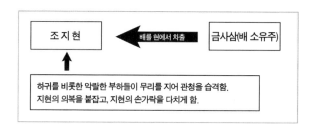

289 馬裕齋 : 마광조馬光祖(1200~1273)의 자字는 화부華父이고 호號가 유재裕齋이다. 금화군공金華郡公에 봉해졌으며, 시호謚號는 장민莊敏이다. 寶慶 二年(1226)에 진사進士가 되었으며, 그 뒤, 연강제치사沿江制置使, 강동전운사江東轉運使, 지림안부知臨安府를 역임하였고, 세 번이나 지건강부知建康府를 맡았고, 호부상서戶部尙書·대학사大學士를 거쳐서 참지정사參知政事에 이르렀다. 1269년에 지추밀원사知樞密院事를 맡았다. 마광조는 범중엄范仲淹, 왕안석王安石과 더불어 송조의 저명한 명상名相이다(『宋史』 卷416). 이 판결문은 절서제형사로 재임 중에 작성된 것으로 생각된다. 「譁徒」문, 권13-3 〈譁徒反覆變詐, 縱橫押閫〉는 提點兩浙路刑獄이었을 때에 작성된 것이라고 생각된다. 梁斐斐·熊瑞迪·毛華松, 「宋代官吏城市風景營建硏究─以馬光祖知建康府時期營建活動爲例」, 《園林》, 2019-5; 林正秋, 「重視民生的南宋知府 ─ 馬光祖」, 《杭州(生活品質)》, 2013-1; 理明, 「宋代馬光祖敕命文書辨疑」, 《浙江檔案》, 2002-4.
290 托迹 : '탁적托跡'·'기신寄身'과 동일한 의미이다. '깊은 산골이나 교외로 은둔하면서 세상의 일을 도피함'을 비유하는 말이다.
291 卑隘 : '저왜협착低矮狹窄'의 의미이다. '어떤 곳이 협소하거나'·'학문이 비천함'을 비유하는 말이다.

있는 지위에 있는 이상, 어떤 죄가 있으면, 대간臺諫[292]이 그것을 규탄하고, 감사監司가 탄핵하며, 조정朝廷에서 면직시킬 수 있지만, 그의 관할 하에 있는 백성들이 지현知縣을 모욕하는 것을 용서해서는 안 된다.

설령 금사삼金四三의 선박이 정말로 주민住民의 소유라 하더라도, 관할 현[本縣]에서 그 선박을 한 번 정도 징발해서 사용했다差使[293]고 한다면, 그것은 지방관의 권한으로 당연히 인정될 수 있을 것이다. 하물며 원래는 그러한 선박이 아니라, 매년 민전緡錢[294]을 납부하고, 지방의 유력자豪右와 결탁해, 그것을 독점[覇占]하고 있으면서, 관사官司의 징발을 피하려고 한 것에 불과하다면, 그것은 별도로 논해야 할 문제이다. 현縣에서 그 선박을 한 번 징발해서 사용하자, 악랄한 그의 하수인들이 무리를 지어, 현성縣城, 縣治을 습격하고[直造], 서리를 잡아챈 것까지는 눈감아[猶可諉][295] 줄 수 있다고 하더라도, 지현知縣의 옷을 찢고, 지현知縣의 손가락을 다치게 한 것은 천하에 있어서는 안 될 일이다.[296]

세월이 흘러 풍속이 경박하게 되면, 사리사욕이 극에 달하는 정황으로 나아갈 수도 있지만, 그럼에도 불구하고 세상의 질서가 지켜지고 혼란이

---

292 臺諫 : 어사대御史臺와 감찰관인 간원諫院을 지칭한다. 虞雲國, 「試論宋代對台諫系統的監控」, 《史林》, 1997-3; 虞雲國, 「宋代台諫系統的破壞與君權相權之關系」, 《學術月刊》, 1995-11; 賈玉英, 「台諫與宋代權臣當政」, 《河南大學學報》, 1996-3; 虞雲國, 「宋代台諫的職事回避」, 《上海師範大學學報》, 1996-1; 董文靜, 「南宋台諫"必預經筵"政治模式的形成—以董德元爲線索的考察」, 《浙江學刊》, 2012-5.

293 差使 : '중요한 임무를 수행하기 위해 파견된 관리'라는 의미도 있지만, 여기서는 문맥상 '관청에서 물자와 사람을 징발하여 사역하거나 사용하다'라는 의미로 사용되었다.

294 緡錢 : 동전등의 가운데에 구멍을 만들어 놓고, 그곳을 가늘게 비벼서 꼬아 만든 끈으로 둥그렇게 꿰어서 관통하여 묶어놓은 돈꾸러미.

295 猶可諉 : '관대하게 봐 줄 수 있다' 혹은 '양보해 줄 수 있다'는 의미이다. 『州縣提綱』 卷 2-6b에 "頑民健訟, 事或干己, 猶有可諉, 事不干己, 可不力懲"이라 되어 있다.

296 판관인 마광조馬光祖는, 앞머리에서 조趙 지현이 제대로 처신하지 못 하고 있어서, 사람들로부터 모욕을 당하고 있다는 점을 밝혔기에 더 이상 그를 옹호하려고 하지는 않으나, 기강紀綱과 법도法度를 지켜나가게 함으로서 官의 권위를 지켜야하고, 지현이 존귀尊貴한 것이고 사회질서를 유지하고 보장해야 한다는 점을 강조하려고 하고 있다. 黃慶中, 「名公書判淸明集 懲惡門 豪橫類中的豪民」, 《中正歷史學刊》 12, (2009) 133쪽.

없는 것은 기강[紀綱]과 법도[法度]가 존재하기 때문이다. 분양현[分陽縣]297은 소현[小縣]에 불과하지만, 행도[行都, 즉 杭州]를 받쳐주고 있는 지역[密拱]이기도 하다. 일개의 망나니[妄一]298같은 무부[武夫]가 세력을 등에 업고, 하수인들을 부려서, 지방 장관의 의관[衣冠]에 모욕을 가했지만, 관할 주[本州]에서는 지현[知縣]의 과실만을 질책하고, 감사[監司]도 이에 관해 아무런 언급이 없다면, 조정의 기강과 법도를 올바로 보존할 수 없게 될 것이다. 또한 관료를 능멸하는 무례한 행위는 계속되며, 점차 그러한 상황은 악화될 것이다.

따라서 본사[本司]299에서는 부득이하게 이와 같은 정황을 조정[朝廷]에 보고하게 되었는데, 여기에서 본관이 애석하게 생각하고 있는 것은 사건의 실체[事體]이며, 또 국기의 기강[紀綱]을 중시하기 위함에서 비롯된 것이지, 조지현[趙知縣]과 이해관계를 가지고 있다든지, 소극충[邵克忠]300에게 원한을 가지고 있기 때문은 아니다.

하귀[何貴]는 척장[脊杖] 20대로 처한 후 1,000리에 유배시키고, 엽삼삼[葉三三]은 척장[脊杖] 15대로 처한 후 500리에 유배시키고, 금사삼[金四三]은 장형 100대에 처하라. 선박은 관청에서 몰수 조치하도록 한다. 주[州]에 공문을 보내 이 판결에 따라 처리하도록 한 후, 재차 중앙 관청[朝省]으로 이를 보고하고 아울러, 다른 감사[監司]에게도 공문을 보내 알리도록 하라[備牒].301

趙令舍縣治而弗居, 托迹民廛, 卑隘納侮. 何貴等入縣捉吏之際, 旁無一卒, 自揮尊拳, 致遭恥辱, 足以覘其平時邑政之不綱. 但其受天子之命而爲令, 有社有民, 必其有罪, 臺諫可彈, 監司可劾, 朝廷可汰, 而部民不可辱也. 使金四三之船果係郡民之物, 本縣差使一次, 此固縣道之所得爲, 況本非其舟, 不過歲輸緡錢, 投托豪右, 從而霸占, 以爲抵拒官司差使之計. 縣一犯其鋒,

---

297　分陽縣 : 항주[杭州] 부양현[富陽縣]을 지칭한다.

298　妄一 : '망나니 같은 한 사람'이라는 뜻이다.

299　여기에서의 '本司'는 판결관인 마유재[馬裕齋]가 재임하고 있던 절서제형사사[浙西提刑使司]일 것이다.

300　소극충[邵克忠]이란 인물이 갑자기 등장하였는데, 아마도 하귀의 동료이거나 하수인으로써 지현과 서리를 능멸하는 행위를 자행했던 인물로 보인다.

301　備牒 : '첩문[牒文]을 갖추어 보내다'라는 의미이다.

狠僕成群, 直造縣治, 入擒胥吏, 猶可諉也, 扯知縣衣, 傷知縣之指, 天下亦安有此等事哉. 世降俗薄, 私欲橫流, 何所不至, 所籍以相維而不亂者, 以有紀綱法度耳. 分陽小邑, 密拱行都, 妄一武夫, 怙強習覇, 至於縱其家奴, 辱長官之衣冠, 而本州方且咎知縣之過, 若監司更不爲主張, 卽是倂朝廷之紀綱法度而不能以自守焉. 陵夷不已, 良此安窮. 本司不得已而請之朝, 所惜者事體, 所重者綱維, 於趙令無所謂德, 於邵克忠無所謂怨也. 何貴決脊杖二十, 配一千里. 葉三三決脊杖十五, 編管五百里. 金四三杖一百, 船籍拘官. 牒州照斷, 仍再申朝省, 備牒諸監司.

12-31. 조부를 납부하지 않고, 함부로 위세를 과시하며 자신의 뜻대로 하고, 도망자를 숨기고, 관사를 위협하다
不納租賦擅作威福[302]停藏逋逃脅持官司

호석벽(胡石壁)

왕동王東은 계동溪洞[303] 부근에 거주하면서, 남호攬戶[304]일 뿐만 아니라 우

---

302 擅作威福 : 擅은 '함부로', '자기마음대로'의 의미이다. 천작위복擅作威福은 "함부로 威와 福을 만들다"는 의미로, 즉 "자신의 직권이나 세력을 이용하여, 위세를 과시하면서 자신의 뜻대로 행함"을 비유하는 말이다.

303 溪洞 : "계동溪峒"이라고 표기되기도 한다. 남송南宋시대에 지금의 강서성江西省 남쪽인 공남贛南 가운데 호남湖南 쪽에 가까운 남안군(南安軍, 송대에 贛南은 贛州府와 南安軍으로 分屬되어 있었다)에서는 자주 동구峒寇의 작란作亂이 일어났다. 송대 문헌에 나타나는 "동민峒民"은 특정한 민족 개념이라기 보다는 "생민省民"에 대한 상대적인 호칭이었다. 편호제민編戶齊民인 생민省民이, 동구라고 불리는 "동峒"·"여畬"·"요猺" 등의 작란과 맞서고 있었던 것이었다. 관부官府에서는 토호土豪와 우총隅總을 이용해서 동구의 작란을 막을 방법을 마련하였다. 이는 당시 지방에 익숙하였던 보오保伍 우관隅官 제도가 보편적으로 건립되었던 것과 연관이 있다. 지역적으로는 지금의 호남성湖南省 원수沅水 유역의 무릉만武陵蠻을 주로 가리키고, 송대에는 특히 서남계동西南溪洞의 만이蠻夷들이라고 사료에 나타난다. 나중에는 지역을 가리키기 보다는 이들 소수민족을 가리키는 경우가 더 많아졌다. 심지어 경우에 따라서는 이 지역을 근거로 했던 각 가家들도 이에 포함시키기도 한다. 호남성뿐만 아니라 복건福建·영남嶺南·광서廣西의 만이들도 가리켰다. 동민峒民에 대해서는 「징악문」 13-24의 각주를 참조. 劉冰清, 「溪峒與九溪十八峒考略」, 《貴州民族研究》, 2008-4; 薛政超, 「唐宋時期胡南的少數民族移民及其影響」, 《邵陽學院學報》, 2009-4; 黃志繁·胡琼, 「宋代南方山區的"峒寇"－以江西贛南爲例」, 《南昌大學學報》, 2002-3; 李榮村, 『溪峒溯源』, 臺北 : 國立編譯館館刊, 1971; 謝重光, 「兩宋之際客家先民與畬族先民關係

총[隅總][305]이기도 했다. 그것은 교활한 토끼가 도망갈 수 있는 여러 개의 길을 지닌 것[狡兎之穴][306]과 같을 뿐 아니라, 또 사나운 호랑이가 날개를 가진 것과 같은 것이므로, 현청[縣道]에서도 어찌 그의 불법적인 행위를 하나하나 알 수 있겠는가. 왕동王東이 남호攬戶가 된 후부터는, 양도[兩都][307]의 세부稅賦가 관청으로 들어오지 않고,[308] 우총[隅總]이 된 후부터는 양도[兩都]의 재판[獄訟][309]마저 그가 마음대로 결정을 내리고 있다[專決].[310] 일개의 서민[蕞爾編氓][311]이 감

的新格局」,《福建論壇》, 2002-2 참조.

304 攬戶 : '람납호攬納戶'·'람납인攬納人'·'람자攬子'·'람인攬人'이라고도 불리웠다. 부세賦稅를 포람包攬하여 대납代納하는 인호人戶이기 때문에 남호라 했다. 일종의 "조세청부 대납호"라고 할 수 있을 것이다. 이들은 "대장쾌大駔儈·사가자仕家子", "거인擧人·기술技術·도승道僧·공리인公吏人", "보장保長" 등으로 구성되었는데, 그 성분은 매우 복잡하였다. '매박買撲'·'박매撲買'라고 불리는 정부구매政府購買에서의 승포承包도 이들 남호가 주로 담당하였다. 송대에는 정부에서 강제징구强制徵購하는 경우가 자주 있었는데, 이에 간여하는 '아쾌牙儈'·'이정里正'·'남호攬戶' 등이 본래의 가격의 반만 지불하고 불법적으로 강제로 구입하여 수탈하는 경우도 많았다. 남송에서는 주현州縣의 공리公吏는 남호에 충당하는 것을 금지하였다. 『청명집』「人品門」권11-6 〈士人充攬戶〉에서는 사인士人이 남호에 충당되는 것을 금지하고 있다. 향촌에서는 이들 남호의 실질적인 영향력이 무척 강하였다. 남호의 성격상, 『청명집』에서는 권3「賦役門」에서 본격적으로 다루어지고 있다. 이곳에서는 남호攬戶를 부수적인 사안으로 다루고 있다(楊宇勛,『取民與養民 : 南宋的財政收支與官民互動』, 臺灣師範大學歷史研究所, 2003; 李曉·姜雪燕,「宋朝政府購買中的承包制」,《學術研究》, 2006-11; 吳業國·王棣,「南宋縣級稅賦徵收體制檢討」,《中國經濟史研究》, 2008-1; 李曉,「宋朝强制徵購盛行的制度分析」,《學術研究》, 2008-1).

305 隅總 : 일종의 향촌 자위조직이라고 할 수 있는 우단隅團을 관할하는 사람을 지칭하는 말이다(『청명집』「징악문」12-12 〈豪橫〉의 각주 참조). 黃志繁·胡瓊,「宋代南方山區的"峒寇" ― 以江西贛南爲例」,《南昌大學學報》, 2002-3; 胡成華,「南宋贛南的豪强與地方社會」,《安徽文學》, 2010-10; 譚景玉,「宋代鄕村社會的多元權威 ― 以民間糾紛的調解爲例」,《江淮論壇》, 2007-1.

306 狡兎之穴 : 『戰國策』齊策에 "馮諼曰, 狡兎有三窟, 僅得免其死耳. 今君有一窟. 未得高枕而臥也. 請爲君復鑿二窟"이라 되어 있다.

307 都 : 송대의 향촌기층 조직과 행정구획이다. 신종神宗 연간에 보갑법保甲法 시행하면서, 매每 250호戶를 일도보一都保로 편성하고, 그 아래에 10대보大保, 50소보小保가 있었다. 도보都保에는 각기 도都·부보정副保正 각 1명을 두었다.

308 이점에서 남호攬戶가 국가재원國家財源을 침탈하는 행위를 하는 존재였다. 黃慶中,「名公書判淸明集 懲惡門 豪橫類中的豪民」,《中正歷史學刊》 12, (2009).

309 獄訟은 재판을 의미하는데, 글자의 뜻에 따라 나누어 보자면, "죄罪를 다투는 것은 옥獄이며, 재산財産을 다투는 것은 송訟이다"(『周禮注疏』卷10, 「地官」大司徒).

310 專決 : '전적으로 처리하다'·'결정하다'라는 의미이다.

히 국가의 조세^{王租}312를 자신의 것으로 삼고, 함부로 세력을 휘두른다면^威
^福313 그 죄는 용서받을 수 없다.

게다가 계동민^{溪洞民}들과 연락을 하며 도망자를 은닉시키고^{停藏]},314 관사
^{官司}를 위협하며 돈을 받아 챙겼다. 예를 들면 최근에도 주칠십이^{周七十二} 무
리^{師]}315가 두 명을 살해하고 도망갔을 때, 순위^{巡尉}316가 수개월에 걸쳐 수색
한 결과, 왕동^{王東}의 집에 숨어 있다는 것을 알아냈지만, 왕동은 관아에 막

---

311 蕞爾 : '매우 작은' · '아주 사소한'이라는 의미이다. 『左傳』昭公 7年에 "蕞爾國, 而三世執
其政柄"이라 되어 있다.

312 王租 : 확실하지는 않지만, 국부^{國賦}가 아닌, 왕에게 내는 조세^{租稅}를 의미하는 것 같다. 盛
承, 「從王府莊田到更名田:明淸州縣賦稅演變新探 — 基於黃陂縣的分析」, 《中國社會經
濟史硏究》, 2016-3에서는 호북^{湖北}의 황피현^{黃陂縣}의 사례를 들어서, 명대^{明代}의 로번^{潞藩}과
초번^{楚藩}이 해당 현^縣에서 장전^{庄田}을 옹유^{擁有}하였던 것을, 청대^{淸代}에 들어오게 되자 명대
^{名田}으로 전화^{轉化}하였으나 주현^{州縣}에 부세^{賦稅}를 내던 것을 로번^{潞藩}의 장전^{庄田}은 국부^{國賦}
와 왕조^{王租}를 모두 납부^{納賦}하였으나, 초번^{楚藩}의 장전^{庄田}은 겨우 왕조^{王租}만을 납부^{納賦}하
였다고 한다. 이러한 사항이 시대가 전혀 다른 송대^{宋代}를 이해하는 데에 적응할 수 있는
지는 확실하지 않다.

313 威福 : '자신의 세력으로 다른 사람에게 위협을 가할 수도 있고, 복을 줄 수도 있다'는 말로,
'자신의 세력을 과시하며 마음대로 할 수 있음'을 비유하는 말이다. 이와 연관하여 보자면,
송대에는 이미 호강^{豪强} · 사신^{士紳} · 민간조직수령^{民間組織首領} · 종교인사^{宗敎人士}등으로 구
성된 비제도성권위^{非制度性權威}와 향촌행정 우두머리 등의 제도성권위^{制度性權威}가 어울려
져서 향촌사회의 다원적인 권위가 형성되고 있었다고 보고 있다(譚景玉, 「宋代鄕村社會
的多元權威 — 以民間糾紛的調解爲例」, 《江淮論壇》, 2007-1).

314 停藏 : '窩藏'과 같은 의미이다. 죄인이나 훔친 물건을 은닉시키는 것을 의미한다. 『慶元
條法事類』卷6, 職制門에 "諸巡捕官失覺察本界內停藏, 貿易, 私茶鹽而被他人捕獲"이라
되어 있고, 『慶元條法事類』卷79, 「畜産門」에 "其知情停藏, 同船同行梢工水手, 能告捕及
人力女使告首者竝與免罪"이라 되어 있다.

315 周七十二師 : 문맥상으로 보자면, '周七十二'는 계동민^{溪峒民}일 것이다. 그리고, 여기서
'師'는 "무리"나 "군대"를 의미할 것이다.

316 巡尉 : 巡尉는 巡捕를 담당하는 縣尉라는 의미이다. ex. 宋 葉適《故宝謨閣待制知平江府趙
公墓銘》-"公始至, 以策授巡尉, 悉捕減。『慶元條法事類』卷75, 「刑獄門」에 "其罪人在
路或有病患, 卽申官司, 州委兵官, 縣委巡尉, 交管醫治"。『宋會要輯稿』「刑法」2-152, 表"(紹
興)二十一年閏四月十六日, 知沅州傳寧言, 湖南北路風俗, 每遇閏月之年, 前期盜殺小兒以
祭淫祠, 謂之採生, 望逐路師臣 · 監司督責巡尉, 如一任之內緝察採生七人以上, 依獲疆盜
法, 特與推賞, 失于糾察, 因事發覺, 巡尉坐失捕强盜之罪, 從之 〈옮긴이주〉 이 부분의 해석
에서, 이근명교수의 지적을 받아 수정하였다. 이에 고마움의 마음을 적어둔다. 周茉, 「宋朝
治安管理體系變革與傳承的理性選擇」, 《學習月刊》, 2011.2.4.

대한 사례금을 요구하고 그 사례금을 챙긴 후에야 주칠십이[周七十二] 무리[師]를 내 주었다. 동민[峒民]들과는 쫓는 관계를 유지한다는 구실을 대지만, 실제로는 나쁜 무리들과 결탁하고 있었던 것이다. 이런 소인[小人]의 비정상적인 행동이 이와 같은데도, 어찌 형벌을 가하지 않고 그대로 둘 수 있겠는가[以柱後惠文彈治之].[317] 본관은 곧 이임[離任]해야만 하지만, 이와 같은 악행을 제거하지 않고, 다른 곳으로 갈 수는 없다. 따라서 왕동은 척장[脊杖] 12대에 처한 후, 500리로 유배시키도록 하라.[318] 다만 그는 현재 병[病]이 있으므로 장형[杖刑]의 집행은 면제하기로 하고, (남호[攬戶]로서 납입해야 하는) 세전[稅錢]을 강제적으로 모두 납입시킨 후, 유배지로 압송하도록 하라.

王東家於溪洞之旁, 旣爲攬戶, 又充隅總. 據狡兎之穴, 挾猛虎之翼, 縣道其能誰何之乎. 自其爲攬戶也, 則兩都之稅賦不復輸於公室矣. 自其充隅總也, 則兩都之獄訟遂專決於私家矣. 蕞爾編氓, 而輒敢奄有王租, 擅作威福, 其罪已不可恕. 而又交涉溪洞, 停藏逋逃, 脅持官司, 邀索錢物. 如近日周七十二師殺兩人而遁, 巡·尉追捕數月, 乃得蹤跡於其家. 重索賄金, 必滿所欲而後出之. 託奉峒以爲辭, 實同惡以相濟. 小人之無忌憚以至於此, 其可不以柱後惠文彈治之乎. 當職雖是去官, 然不可惡惡而不能去. 決脊杖十二, 配五百里. 且以其見病免決, 俟監稅錢足日, 押發.

317 以柱後惠文彈治之: 柱後惠文은 집법관[執法官]이나 어사[御史]의 대칭[代稱]이다. 『漢書』 卷76, 「張敞傳」에 "初, 敞爲京兆尹, 而敞弟武拜爲梁相. 是時梁王驕貴, 民多豪彊, 號爲難治. 敞問武, "欲何以治梁", 武敞憚兄, 謙不肯言. 敞使吏迓至闕, 戒吏自問武. 武應曰, "馭黠馬者, 利其銜策, 梁國大都, 吏民凋敝, 且當以柱後惠文治之耳". 秦時獄法吏冠柱後惠文, 武意欲以刑法治梁. 吏還道之, 敞笑曰 : "審如掾言, 武必辨治梁矣." 武旣到官, 其治有迹, 亦能吏也"라고 되어 있다.

318 곽동욱[郭東旭] 씨는 호석벽[胡石璧]이 왕동[王東]과 같은 간교한 지방세력을 무서워하지 않고 법에 따라서 처리하는 것은 억강부약[抑强扶弱]하고 호횡[豪橫]을 타격하는데 있어서, 청강[清强]의 관[官]이라고 부를 수 있다고 칭찬하고 있다(郭東旭·王瑞蕾,「南宋儒家化法官的法治理念與司法實踐－以理學家胡穎爲例」,《河北大學學報》, 2007-4; 郭東旭, 『宋代法律與社會』, 人民出版社, 2008, 轉載).

12-32. 모자가 불법적인 행위를 자행하고, 악인들과 결탁하여 악행을 저지르다
母子不法同惡相濟[319]

유(劉)사승(寺丞)[320]

본관이 부임하자마자, 민초民草의 어려운 점을 물어보니, 순창현順昌縣[321]의 관팔칠수官八七嫂：아낙네 劉氏[322] 모자母子의 이름을 듣고 비로소 (그들의 악행을) 알게 되었다. 이들은 오랫동안 악행을 자행하고, 불법적인 행위를 거듭했는데, 한 현[一縣]의 백성뿐만 아니라 심지어 인근 주州에서 온 객상商旅에게도 해害를 가했다. 역대 관청의 서리[月吏][323]도 그녀와 한 통속이 되어, 종종 관 씨官氏를 고소한 이들에게 죄를 뒤집어씌우기도 했는데, 이 때문에 죄도 없이 억울하게 죽은 사람들도[白死][324] 한두 명이 아니었다.

이 때문에 30년 동안 백성들은 관 씨官氏의 두려움은 알았지만, 관부官府의 존재는 몰랐으며, 향민鄕民 간에 분쟁이 있어도 감히 관청에 호소하지

---

319 同惡相濟 : '동구상구同惡相求', '동악상조同惡相助', '동악상구同惡相敎'와 동일한 의미이다. '同惡'은 '함께 악행을 자행하는 사람'이라는 의미이다. '濟'는 '돕다'라는 의미이다. 즉 동악상제同惡相濟는 악인惡人들이 서로 결탁하여, 공동으로 악행을 자행하는 것을 뜻한다. 『三國志』 魏志・武帝操傳에는 "馬超, 成宜, 同惡相濟, 濱據河潼, 求成所欲"이라되어 있다.

320 寺丞 : 송대의 태상사太常寺・광록사光祿寺・대리사大理寺・사농사司農寺 등의 관청에는 사승寺丞이라는 좌직佐職이 있었다. 예를 들면 광록사승光祿寺丞・대리사승大理寺丞 등의 관직을 지칭한다. 李亮亮・秦岩, 「新見宋贈大理寺丞蔡君墓表考略」,《收藏家》, 2018-4; 田志光, 「宋代大理寺諸職能論析」,《保定學院學報》, 2014-1.

321 順昌縣 : 복건남로福建南路 검주劍州 관할이다.

322 官八七嫂 : 관팔칠수官八七嫂의 원래 성姓은 유劉 씨이고, 관팔칠官八七에게 시집갔기 때문에, 사람들이 그녀를 "관팔칠수官八七嫂"라 하였다. 여기서 "嫂"는 "부인" 또는 "형수님"이라는 의미이다. 그러므로 "官八七嫂 母子"는 관팔칠의 처妻인 "劉氏 母子"라고 지칭할 수 있을 것이다. 이 판결문에 등장하는 관팔칠수는 송대의 여악인女惡人으로 유명한 여성이다. 許浩, 「『名公書判淸明集』中的女性用名探析」,《民俗硏究》, 2010-1 참조.

323 月吏 : '月'이 무엇을 의미하는지 불명이다. 상해도서관 판본에서는 '月'의 윗부분에 약간의 공백이 있으므로, 아마도 '胥'의 윗부분인 '疋'이 빠진 글자이거나, 그렇지 않으면 오자誤字일 가능성이 있다.

324 白死 : '헛되이 사망하다'・'억울하게 사망하다'라는 의미이다.

도 못하고, 반드시 관 씨官氏의 명령을 들어야 되는 상황이었다.

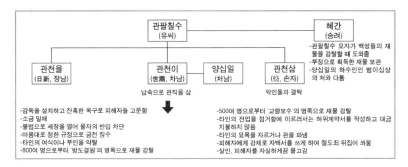

관팔칠수官八七嫂의 성姓은 유 씨劉氏로, 예전에 신주信州, 江南東路에 편관編管
325된 전과도 있었지만, 나이가 들면서 더욱 더 자신이 하고 싶은대로 악
행을 자행하였던 것이다. 그녀의 장남인 관천을官千乙의 이름[名]은 관일신官
日新이고, 차남인 관천이官千二의 이름[名]은 관세숙官世肅으로, 그는 납속納粟326
으로 관직官職을 사서, 현재는 파양현鄱陽縣, 江南東路 饒州의 서위西尉327가 되었
다. 손자[兩孫]328인 관천삼官千三의 이름[名]은 관연官衍이고, 악인惡人들과 결탁

---

325 編管 : 「징악문」 권12-1 〈逼姦〉의 각주 "編管"이나 「징악문」 권12-12 〈豪橫〉의 각주 "配
流", 「징악문」 권12-26 〈斷罪〉의 각주 "配流", 「징악문」 권12-13, 爲惡貫盈의 각주 "編配"
나 각주 "編管"에서 거듭 설명하였는데, 여기에서는 그와 관련된 참고문헌을 보충해 두
기로 한다. 伊敏, 「宋代流刑考略」, 《青海師範大學學報》, 2005-3; 伊敏, 「宋代流刑特點考
論」, 《青海師範大學學報》, 2009-4; 李文凱, 「北宋加役流新探」, 《中國史研究》, 2001-1; 趙
立新・高京平, 「唐宋流刑之變遷」, 《山西師大學報》, 2007-3; 郭鳳麗, 「折杖刑的産生及其
對宋代刑事制度的影響」, 《蘭台世界》, 2014-6; 酈璐, 「宋朝新設刑罰制度及其特點」, 《池
州師專學報》, 2005-6; 呂志興, 「『折杖法』對宋代刑罰重刑化的影響」, 《現代法學》, 2007-5;
范富, 「黥刑的演變及在宋代的發展」, 《宜賓學院學報》, 2010-4; 傅昌澤, 「黥刑散考」, 《青
海民族學院學報》, 1990-3; 薛梅卿, 「北宋建隆'折杖法'辨析」, 《中國政法大學學報》,
1983-3; 楊芹, 「宋代流刑考-以流沙門島的情況爲主要事例」, 《中山大學學報》, 2005-1; 榮
玲魚, 「淺析宋代折杖法的性質與作用」, 《山西大同大學學報》, 2009-1; 呂志興, 「宋代配刑
制度探析」, 《西南師範大學學報》, 2004-1; 魏殿金, 「唐宋"竊盜"的法定刑演變考證」, 《思想
戰線》, 2014-1; 정우석, 「宋代 編管刑의 등장과 그 시행상의 특징」, 임대희 엮음, 『판례로
본 송대사회』, 민속원, 2019, 400~443쪽 등 참조.
326 納粟 : 금전金錢이나 곡물 등을 납부하고, 관직을 사는 것을 지칭한다. 王曾瑜, 「宋朝賣官
述略」, 《史學集刊》, 2006-4.
327 西尉 : 현縣에는 현위縣尉가 있었는데, 현위縣尉는 동위東尉・서위西尉가 있었다.

하고, 무뢰배나 전과자들을 양성하여, 이들은 떼를 지어[百十][329] 무리를 이루고 다니면서, 그들의 하수인 노릇을 하였다.

그들은 함부로 감옥[牢獄]을 설치하고, 잔혹한 옥구[獄具][330]도 만들어 놓았는데, 예를 들면 납가새[蒺藜]·나무망치[槌棒]·몽둥이[獄杖]·동으로 만든[銅製] 쇠망치[鍮槌]·수갑[手鎖]·족쇄[足鎖]와 같은 것을 갖가지 구비하고, 병장기[兵杖]·활[弓]·칼[刀]·화살[箭]·화살촉[鏃] 등과 같은 것은 두말할 필요도 없다.

그들이 자행한 악행 중에서 가장 잔혹한 것 중의 하나는, 잔모래[細砂]에 열을 가해 새빨갛게 가열된 것을 일반민인 하대이[何大二]·나오이[羅五二]·오삼[五三][331]·요육을[廖六乙]의 귀속에 넣어, 그들을 귀머거리로 만든 것이다. 소환된 피해자들은 눈물을 흘리며 이것에 관해 진술하였다. 이민족의 지역[蠻夷之地]에서마저도 아직 이런 일이 없었는데, 관 씨[官氏]는 천자[天子]의 왕민[王民]이면서도 이와 같은 잔혹한 행위를 자행한 것이다. 이 한 가지 사건만으로도 놀랄만한 것이라 할 수 있다.

관 씨[官氏]는 3개 현[三縣]의 경계 지역 부근에 살며, 향리[鄕里]에서 패자[覇者]와 같은 세력을 떨치고 있었는데, 집에는 두 개의 소금창고[鹽庫]를 만들어 한결같이 사염[私鹽][332]을 사들여 저장하거나[停畜],[333] 이것을 운반해 팔았다. 이와 같이 소금의 밀매로 국가의 이익을 침범하고, 순창현[順昌縣] 일대를 20여

---

328 兩孫 : 양손[兩孫]의 '兩'의 의미는 통하지 않는데, 아마도 '其' 혹은 그 밖의 다른 글자의 오자[誤字]일 것으로 추정된다. 이에 대해서, 『청명집』의 영역본[英譯本]인 Brian E. McKnight and James T.C. trans. , The Enlightend Judgments Ch'ing · ming Chi: The Sung Dynasty Collection, State University of New York Press, 1999, pp.436, 544)에서는 Her grandson이라고 번역하였으며, 그 교주[校註]부분에서는 감오[勘誤]로 이 부분의 오식[誤植]인 '兩'를 '其'라고 고쳐놓았다. 이 부분은 趙晶교수의 敎示를 받았다. 이에 感謝의 뜻을 表한다.

329 百十 : 여기서의 백십[百十]은 반드시 100명이나 10명 단위를 지칭하는 것이 아니라, "많은 사람들이 무리를 지어 다니는 것"을 형용하는 것으로 볼 수 있다. 물론 "10명이나 100명으로 무리를 지어"라고 번역해도 의미상 크게 벗어나는 것은 아니다.

330 獄具 : 형구[刑具]라는 의미이다.

331 여기에서의 '五三'은 문맥상 羅五三일 것으로 생각된다.

332 私鹽에 가해지는 처벌 형량(「징악문」 12-25 검법관의 판결원안 참조)인데, 법정형과 실제 집행형이 조금 달랐다.

년 동안에 걸쳐 휘젓고 다녔는데, 역대의 지현들[縣令]은 이 일로 인해 모두 파면되기에 이르렀다.

또 불법적으로 세장[稅場]을 열어, 종이[紙]나 철[鐵]석회[石灰] 등과 같은 물자의 반입을 차단하고, 자신들이 마음대로 정한 규정으로 금전[金錢]을 징수했고, 부정으로 획득한 재물의 액수는 헤아릴 수 없을 만큼 많았다. 이로 인해 평민[平民]들은 전택과 가옥[田園屋業] 등을 강탈당했고[白奪],[334] 그들이 축

私鹽量	법정형		집행형		
	五刑	編配	杖打	配役	編配
1兩 이상	笞刑 40대		小杖 8下		
2斤1兩 이상	笞刑 50대		小杖 10下		
4斤1兩 이상	杖刑 60대		臀杖 12대		
6斤1兩 이상	杖刑 70대		臀杖 13대		
8斤1兩 이상	杖刑 80대		臀杖 15대		
10斤1兩 이상	杖刑 90대		臀杖 17대		
12斤1兩 이상	杖刑 100대		臀杖 20대		
20斤 이상	徒刑 1年		脊杖 12대		
40斤 이상	徒刑 1年半		脊杖 13대		
60斤 이상	徒刑 2年		脊杖 15대		
80斤 이상	徒刑 2年半		脊杖 17대		
100斤 이상	徒刑 3年		脊杖 20대		
120斤 이상	流刑 2千里		脊杖 17대		
140斤 이상	流刑 2500里		脊杖 18대	配役 1年	
160斤 이상	流刑 3千里		脊杖 20대		
300斤 이상		配本城	脊杖 12대		配本城

紹興勅에 따른 鹽法: 辻正博, 「宋代の流刑と配役」, 『唐宋時代刑罰制度の研究』, 京都大學學術出版會, 2010, 182쪽.

사염[私鹽]에 대한 형량[刑量]은 일반적으로 도형[盜刑]에 대한 형량보다 훨씬 엄중하였다. 郭正忠, 「宋代私鹽律述略」, 《江西社會科學》, 1997-4에도 많은 통계표를 보여주고 있다. 劉世梁, 「宋代贛閩粤邊區私鹽問題研究 — 以私鹽販、地方豪民、政府的關系爲中心」, 《龍岩學院學報》, 2015-6; 姜錫東, 「關於宋代的私鹽販」, 《鹽業史研究》, 1999-1; 羅雄飛, 「宋代汀、贛諸州私鹽問題探析」, 《中國社會經濟史研究》, 2005-3; 郭正忠, 「宋代私鹽律述略」, 《江西社會科學》, 1997-4; 王麗麗, 「略論宋代社會私鹽泛濫的原因及影響」, 《黑龍江史志》, 2010-3; 史繼剛, 「宋代私鹽販階級結構初探」, 《鹽業史研究》, 1990-4; 史繼剛・余明, 「論宋代私鹽的市場供給」, 《鹽業史研究》, 2008-2; 郭正忠, 「宋代的私艖案和鹽子獄」, 《鹽業史研究》, 1997-1; 史繼剛, 「宋代私鹽的來源及其運銷方式」, 《中國經濟史研究》, 1991-1; 羅益章, 「宋代官吏的私鹽販賣」, 《鹽業史研究》, 1995-2.

333 停塌: 둔적[屯積]과 비슷한 의미로, '매점해서 저장하다'라는 뜻이다. 송대에는 금은포[金銀鋪]・채백포[彩帛鋪]・정탑[停塌]・질포[質鋪] 등과 같은 금융기구가 있었다.

334 白奪: 대가를 지불하지 않고, 뺏는 것을 의미한다.

적한 부富는 2개의 현縣을 제압할 정도였다.[335] 게다가 일소[耕牛]를 죽인 것이 수백 마리나 됨으로써, 이 지역에서 우마牛馬가 부족한 현상이 발생할 정도였다.

또 타인의 여식[女]이나 부인[妻]을 약탈하여[掠人女與妻],[336] 강제로 비婢로 삼아 부린 후에는 그녀들에게 임금도 주지 않았다. 이런 행위를 법률에 따라 처리하면, 교수형[絞]에 처해야 한다[在法當絞].[337] 다른 사람의 처妻를 강탈하여, 함부로 자신의 하수인들에게 개가改嫁시키고, 그녀의 재산을 빼앗는 등, 한 마을의 대다수 집[一鄕千家]에서는 부모는 자신의 자식을 자식으로서, 남편은 자신의 처를 처로서 온전히 지켜 나갈 수가 없었던 것이다.

800명으로부터 '방도결원防盜結願'[338]이라는 명목으로 재물을 강제적으로 거두어들이고, 또 500여 명으로부터 '교량 보수'의 명목으로 재물을 강탈하는 등, 다른 사람의 재물을 자기 것으로 삼았지만, 일반민들은 그들의 세력이 두려워, 속으로는 억울하고 분통하지만 감히 겉으로는 분노를 표출시키지 못했던 것이다. 게다가 타인의 전업田業을 점거함에 이르러서는 허위계약서[虛契][339]를 작성하게 하고, 그 대금은 지불하지 않았다. 또 돈

---

335 관팔칠수官八七嫂는 송대의 악인惡人으로 이름을 드날리는 여인이었다. 그녀가 여기에서 나타나는 것만으로 보더라도, 私鹽을 사재거나 소금의 밀매로 국가전매에 속해야할 재부財富를 불법수단으로 획득하는 호민豪民의 한사람이었다. 黃慶中, 「名公書判淸明集 懲惡門 豪橫類中的豪民」,《中正歷史學刊》12, (2009) 122～123쪽.

336 掠人女與妻 : 「징악문」 12-11의 약매略賣와 관련된 각주 참조.

337 在法當絞 : 이 법률 조문은 "약인略人·약매인略賣人"에 관한 규정을 지칭한다. 『宋刑統』 권20 〈略賣良賤〉 및 『唐律疏議』 제292조 「적도율」〈諸略人·略賣人〉에 "무릇 사람을 약취하거나 사람을 약매해서 동의하지 않는 것을 약략라고 한다. 10세 이하는 비록 동의했더라도 역시 약취한 법과 같다. 노비로 삼은 자는 교수형에 처한다. 부곡으로 삼은 자는 유형 3천리에 속한다. 처·첩·자·손으로 삼은 자는 도형 3년에 처한다. 그로 인해 사람을 살상한 경우에는 강도법과 마찬가지로 처벌한다(諸略人·略賣人, 不和爲略, 十歲以下, 雖和亦同略法, 爲奴婢者, 絞, 爲部曲者, 流三千里, 爲妻·妾·子·孫者, 徒三年, 因而殺傷人者, 同雖盜法)"고 되어 있다(임대희·김택민 주편, 『譯註唐律疏議』〈各則 上〉, 한국법제연구원, 1997, 2478쪽 참조). "略人·略賣人"에 관해서는 『청명집』「징악문」 12-11의 각주 참조.

338 防盜結願 : '도적을 막는 것을 기원하다'라는 뜻으로, 이러한 기원을 명목으로 재물을 갈취喝取하였던 것으로 보인다.

이나 물건[錢物]을 빌릴 경우, 빌린 돈을 모두 갚더라도 재차 돈을 요구하기도 했다. 또 타인의 묘목墓木을 자른다든지, 관棺을 파내기도 하고, 심지어 피해자에게 강제로 자백서를 쓰게 해서 절도죄를 뒤집어씌워 관청에 고소하는 술수를 쓰는 행위까지 자행했다.[340]

남의 재물을 뺏고, 사람을 때려 죽게 하기도 하고, 남을 위협해서 목을 매어 자살까지 하도록 몰아붙인 적도 있다. 또 함부로 문인文引[341]을 발행하고, 사람을 붙잡아 고문을 가하고, 자신들이 설치한 감옥에 열흘 동안 피해자들을 집어넣은 적도 있었다. 관도官道의 교량橋梁에 사용된 돌을 가지고 가서 자기 집의 건축 자재로 사용하고, 그것이 발각되면[發], 함부로 고관高官의 서장書狀을 위조해서 주현州縣의 관청을 속이기도 했다.

현재 100여 매의 소송장을 바탕으로, 관할 주州는 사법司法[342] 참군參軍을 파견해서 지현知縣과 함께 다시 현지 조사를 하게 했다. 그런데 관 씨官氏 모자母子 집에 도착했을 때에는, 그 집의 재산은 모두 다른 곳으로 옮겨진 후였고, 겨우 계약서와 쓸모없는 장부帳簿, 그리고 사염私鹽 500여 근과 상술한 옥구獄具만 남아 있을 뿐이었다. 피해자인 향민鄕民 수백명이 울면서 그들의 피해 상황을 고발해 왔는데, 만일 이것을 일일이 다뤄 조사한다면, 이 성하盛夏의 시기에 더욱더 소란스러워 질 것이고, 재판은 지연될 것이다. 이에 서둘러 장형杖刑을 집행한 후 배소配所에 보낼[決遣][343] 필요가 있다.

---

339 虛契 : 허위 계약서를 비롯하여, 계약서의 위조 등의 현상이 자주 일어나고 있었는데 이 점에 대해서는 배수현, 「宋代 부동산거래 계약서의 위조 양상」, 임대희 엮음, 『판례로 본 송대사회』, 민속원, 2019, 102~142쪽 참조.

340 지방의 세력가가 불법적인 악행을 저질러 민民들을 괴롭히는 사례로서, 세력가가 민들로 하여금 가짜 계약서를 쓰게 하여 토지를 강제로 빼앗고, 그 대가도 지불하지 않는 경우가 송대에 자주 나타나고 있다.

341 文引 : 관청에서 발급한 각종 증명서나 명령서를 지칭한다. 좁은 의미로는 "통행 허가증"의 의미이다. 『청명집』에서는 소환이나 조사를 명령한 '명령서命令書'의 의미로 사용될 때가 많다.

342 司法 : 송대의 각 부주府州에 설치된 사법참군司法參軍의 약칭이다. 녹사참군錄事參軍·사호참군司戶參軍·사리참군司理參軍·사법참군司法參軍 등을 조관曹官이라 한다.

343 決遣 : 경장발견決杖發遣 혹은 결벌행견決罰行遣의 약칭이다. 즉 장형을 집행한 뒤에 배소로

관일신官日新은 주원州院[344]으로 보내고, 관연官衍 등은 사리원司理院[345]으로 보내자, 각각 자신들의 범죄 사실을 자백함으로써 그들의 죄상이 밝혀졌다. 관일신은 "잡범사죄雜犯死罪"[346]에 해당하지만, 가벼운 쪽에 따라 척장脊杖 20대로 처한 후, 신주新州, 廣南東路로 자배刺配하라. 관연은 나이가 13살이므로, 우선은 감장 100대에 처결한 후, 정주汀州1 福建路로 편관시키도록 하라.[347] 양십일楊十一은 관세숙官世肅의 처남이고, 또 조사를 받은 그의 하수인 부대이符大二·부대사符大四·부육삼傅六三·채육일蔡六一·여소대余小大·범이십삼范廿三은 각각 가벼운 쪽에 따라 척장脊杖 20대로 처한 후, 500리에 편관시키도록 하라. 이승李勝·요주팔饒州八·강주삼江州三·엽팔葉八[348]은 각각 척장脊杖 20대로 처결한 후 인주廍州로 편관하라.[349] 진소육陳小六·부칠십傅七十은 둔장臀杖 20대로 처결하고, 양이楊二는 소장小杖 15대로 처결하라.

승려 혜간惠暕은 관 씨 모자를 위해, 백성들의 재물을 강탈하는데 도움

보내는 것을 의미한다.

344 州院 : 형옥刑獄을 담당하는 관서명官署名이다. 송대 각 주州에는 주원과 사리원이 있었는데 모두 형옥을 관장하였다. 주원에서는 녹사참군錄事參軍이 주관하였고, 사리원에서는 사리참군司理參軍이 주관하였다. 만약 주가 부府로 승격되면 부원府院이라 칭하였다.

345 司理院 : 형옥을 담당하는 관서명이다. '司理'는 司理參軍의 약칭이다. 송초의 각 주에는 마보원馬步院이 있었다. 무인武人을 판관判官으로 삼아, 재판獄訟을 관장管掌하게 했다. 太祖 開寶 6년(937)에 각 주의 마보원馬步院을 사구원司寇院으로 개칭하고, 문신文臣을 사구참군司寇參軍에 임명하였다. 太平興國 4년(979)에 사구원을 사리원으로 개칭하였다. 사구참군은 사리참군이라 하고 형옥·감국勘鞫을 관장하였다. 鄭迎光·賈文龍, 「宋代州級司法屬官體系探析」, 《中州學刊》, 2007-3; 戴建國, 「宋代的獄政制度」, 《上海師範大學學報》, 1987-3. 〈징악문〉 12-12의 각주에도 司理院에 관한 설명이 있다.

346 雜犯死罪 : 송법률宋法律에는 십악十惡이나 사살四殺 등과 같은 죄범罪犯을 정범正犯이라 하였으며, 나머지 범죄는 '잡범雜犯'이라 하였다. 간단히 말하면, 5형刑의 정범 외의 죄는 기본적으로 잡범이 된다고 볼 수 있다. 張光輝, 「中國古代 "雜犯死罪"與"眞犯死罪"考略」, 《商丘師範學院學報》, 2009-2; 胡興東, 「宋朝死罪分類制度及對死刑適用的影響」, 《鄭州大學學報》, 2018-1. 〈징악문〉 14-6 「檢法書擬」의 각주 雜犯死罪 참조.

347 편관編管의 법률 적용에 거리상의 차등이 있었음을 보여준다.정우석, 「송대 編管刑의 등장과 그 시행상의 특징」, 임대희 엮음, 『판례로 본 송대사회』, 민속원, 2019, 400~443쪽 참조.

348 李勝饒州八江州三葉八 : 이 부분은 모두 인명人名을 열거해 놓은 문장인데, 이승李勝·요주팔饒州八·강주삼江州三·엽팔葉八로 파악해 둔다.

349 정우석, 「송대 編管刑의 등장과 그 시행상의 특징」, 임대희 엮음, 『판례로 본 송대사회』, 민속원, 2019, 400~443쪽 참조.

을 주거나, 혹은 상술한 "방도결원防盜結願과 같은 기원祈願" 등의 명목으로
재물을 강탈하는 것을 방조하기도 하고, 부정으로 획득한 재물을 보관하
기도 하였으며, 심지어 범이십삼范卅三의 처와 간통하기도 했으므로, 척장
脊杖 13대로 처결하고, 도첩度牒은 파기시킨다.

상술한 관팔칠수官八七嫂는 연로年老하더라도, 본인正身350을 소환하도록
하라. 또 요주饒州로 공문을 보내, 관세숙官世肅의 조사證對351를 맡게 하고,
또 그의 하수인의 명단도 작성해서 각각 소환하여 조사點追352하도록 하
고, 별도로 판결을 내리도록 한다.

본관이 제출하도록 한 계약서에 대해서는 첨청관簽廳官353에게 보내, 체
구관體究官354과 함께 하나하나 검토한 후 제출시키고, 관천을官千乙·관천이官
千二·유 씨劉氏355가 건양현建陽縣356에서 구입한置到357 토지田業는 건양부建陽府
에 공문을 보내 보고하고申牒,358 규정에 따라 재산을 몰수하도록抄箚359 신
청하고, 증빙서류憑360가 구비되면, 상서성尚書省으로 보고해서, 그 지시指
揮361에 따라 안변소安邊所362로 보내도록 하라. 현지地頭363에 방榜을 붙여, 부

---

350 正身 : 명사적 의미로는 '본인'이고, 동사적 의미로는 '자신의 몸을 단정히 하다'라는 의미
    이다. 명사적 용법의 예를 들면, "驗明正身"에서는 '본인'의 의미이다. 동사적 용법의 예
    를 들면, "正身明法"에서는 '자신의 몸을 바르게 하다'라는 의미이다.
351 證對 : '공대供對'와 같은 의미이며, 공대는 '소송 사건에서 사건 당사자끼리 얼굴을 마주
    보고 공술하게 하는 것'을 의미한다.
352 點追 : '點名追人'의 의미이다. 즉 '사람을 지목하여 소환하다'라는 의미이다.
353 簽廳官 : 첨청의 담당관. 첨청簽廳에 대해서는 『청명집』 「징악문」, 12-6의 각주 참조.
354 體究官 : 체구관이라는 관명官名이 별도로 존재하는 것이 아니라 체구體究를 담당한 관리
    라는 의미이다.
355 여기서 유 씨는 문맥상 관팔칠수官八七嫂를 지칭하는 것으로 생각된다.
356 建陽縣 : 복건로福建路 건영부建寧府 관할이다.
357 置到 : '무엇을 구입하다'라는 의미이다.
358 申牒 : '공문을 보내어 상급 관청에 보고하다'라는 의미이다.
359 抄箚 : 명백한 의미에 대해서는 불명이나, 직역하면 '베껴 쓰다' 혹은 '다시 쓰다'라는 의미
    이고, 때로는 '재산을 몰수하다'라는 의미로 사용되는 경우도 있다. 여기서는 문맥상 '몰수
    하다'로 파악하는 것이 바람직할 것이다. 이 부분의 해석에 대해서는 검토의 여지가 있다.
360 憑 : 공빙公憑 · 빙증憑證, 즉 증명서를 의미한다.
361 指揮 : 상서성이나 육부六部에서 하급 기관에 내린 칙문敕文의 해석을 지칭하기도 하고,

정으로 획득한 재물의 은닉을 고발하도록 하고, 관원 1명을 파견해서, 순검巡檢과 함께 관 씨官氏의 집에 가서, 참혹한 악행을 자행했던 감옥과 하수인들이 머물렀던 건물, 그리고 사염창고私鹽庫를 14일 이내에 철거하도록 하라.

이미 판결이 내려진 자들은 상뢰上牢[364]에 임시로 구치시켜 두고, 그 나머지 불법행위에 대한 진술이 끝난 후, 유배지配所로 압송하도록 하라.

하녀女使인 진희進喜·교노巧奴·소동小童은 각각 꼬임을 당한 자들이므로 모두 석방한다. 하사夏四 등과 같은 피해자도 모두 석방하라. 상서성尙書省과 어사대[臺]·형부部와 제사諸司 그리고 강남동로江南東路제형사提刑司[365]에 보고해서 조회照會하도록 하라.

계속해서 양십일楊十一이 자백招狀[366]한 죄상에 대해서 조사한 후, 가벼운 쪽에 따라 척장脊杖 20대로 처한 후, 500리 떨어진 건창군建昌軍, 江南西路에 편관編管[367]하도록 하라. 또 재차 강남동로江南東路제형사提刑司에 보고해서

혹은 이를 바탕으로 내린 상급기관의 명령이나 지시 등을 지칭한다. 徐燕斌, 「兩宋指揮考析」,《貴陽學院學報》, 2015-4 참조.

362 安邊所 : 안변전물소安邊錢物所 혹은 구최안변전물소拘催安邊錢物所라고도 한다. 남송 寧宗 嘉定 연간에 설치되었다. 적몰관전籍沒官田이나 국가 소유의 위전圍田, 호전湖田 등이 안변소에 보관되었다.

363 地頭 : 현장 · 해당장소 · 현지 · 세력 범위 등의 의미이다.

364 上牢 : "牢"라고 하는 것은, 윗부분이 벌어지고 밑 부분이 좀 좁은 원형의 그릇, 즉 "대야"와 같은 것을 일컫는다. 그런데, 1993년에 발견된 청동기에 "牢"라고 새겨져 있는 "대야"를 발견하고, 이를 해석하기를 "牢라는 것은 대야의 이름이다. 그 용도는 이것이 소금을 굽는데 쓰이는 것이다(牢卽盆名, 其用途当是煮鹽之用)"라는 해석을 하고 있다(王寧, 「再說"牢"」,《南方文物》, 1994-3). 여기에 쓰인 上牢가 "상급 뇌옥牢獄"인지, 그렇지 않으면 "토뢰土牢"의 "土"를 "上"으로 오기誤記한 것인지 모르겠다. 여하튼 뇌옥牢獄의 의미일 것으로 생각된다. 그런데, 굳이 위의 문장과 연관을 시킨다면, 소금을 굽는데 쓰는 큰 대야를 만들던 곳을 뇌옥牢獄으로 전용轉用하였기에 생긴 명칭이 아닐까 추측된다.

365 提刑司 : 제형提刑사에 관련해서는 서지영, 「宋代 提點刑獄司의 機能變化와 그 意味」, 임대희 엮음, 『판례로 본 송대사회』, 민속원, 2019, 326~359쪽 참조.

366 招狀 : 초장招狀은 '범죄인의 범법행위에 대해 기록한 문서'를 지칭하는데, 주로 죄인이 자백한 것을 위주로 작성되었다.

367 編管 : 「징악문」 권12-1 〈逼姦〉의 각주 "編管"이나 「징악문」 권12-12 〈豪橫〉의 각주 "配流", 「징악문」 권12-26 〈斷罪〉의 각주 "配流", 「징악문」 권12-13 〈爲惡貫盈〉의 각주 "編配"

관세숙^{官世肅}을 관할 주^{本州}로 이송하고, 죄상을 조사한 후 판결을 내리고,
집행하도록 하라.

當職到官之初, 咨訪民瘼, 已知有順昌官八七嫂母子之名. 積年兇惡, 恣爲不法, 貽毒一縣
平民, 及外州商族. 前後官府月吏素與交結, 往往將詞人科罪, 含寃白死者不一. 是以三十年
間, 民知有官氏之强, 而不知有官府, 鄕民有爭, 不敢聞公, 必聽命其家. 官八七嫂姓劉, 已經
編管信州, 老而益肆. 長男官千乙, 名曰新. 次男官千二, 名世肅, 納粟得官, 今任郾陽西尉. 兩
孫官千三, 名衍, 同惡相濟, 蓄養惡少過犯, 百十爲群, 以爲爪牙鷹犬. 私置牢獄, 造慘酷獄具,
如蒺藜・槌棒・獄仗・銅鎚索・手足鎖之類, 色色有之, 兵仗・弓・刀・箭・鏃, 特其末者.
最慘酷者, 取細砂炒令紅赤, 灌入平民何大二・羅五二・五三・廖六乙耳內, 使之立見聾聵.
追到被苦之人, 流涕供封. 雖蠻夷之地, 未必行此, 而官氏王民, 乃爾不道. 只此一節, 已駭聽
聞. 其居在三縣之界, 霸一鄕之權, 而其家造兩鹽庫, 專一停塌私鹽, 搬販貨賣, 坐奪國課, 致
順昌一縣, 敗壞二十餘年, 累政縣令, 緣此罷黜. 又私置稅場, 攔截紙・鐵・石灰等貨, 收錢各
有定例, 贓以萬計. 因此白奪平民田園屋業, 富壓兩縣. 常殺耕牛, 以數百計, 牛馬大耗. 又掠
人女與妻, 勒充爲婢, 不償雇金, 在法當絞. 奪人之妻, 擅改嫁與惡少爪牙, 而取其財. 一鄕千
家, 父母不得子其子, 夫不得妻其妻. 斂索八百人財物, 以防盜結願爲名, 又白掠五百餘人, 以
修橋爲名, 得財入己, 民敢怨而不敢怒. 至如占人田業, 責立虛契, 無錢付度, 借人錢物, 已償
復取, 伐人墓林, 棄人屍柩, 勒被害人親書罪狀, 以盜誣之, 用爲出官張本. 奪人之貨, 毆人致
死者有之, 脅人自縊者有之. 私行文引, 捕人拷掠, 囚之牢房, 動經旬日. 拆去官道橋梁石址,

<hr>

나 각주 "編管"에서 거듭 설명하였는데, 여기에서는 그와 관련된 참고문헌을 보충해 두
기로 한다. 伊敏, 「宋代流刑考略」,《靑海師範大學學報》, 2005-3; 伊敏, 「宋代流刑特點考
論」,《靑海師範大學學報》, 2009-4; 李文凱, 「北宋加役流新探」,《中國史硏究》, 2001-1; 趙
立新・高京平, 「唐宋流刑之變遷」,《山西師大學報》, 2007-3; 郭鳳麗, 「折杖刑的産生及其
對宋代刑事制度的影響」,《蘭台世界》, 2014-6; 鄭璐, 「宋朝新設刑罰制度及其特點」,《池
州師專學報》, 2005-6; 呂志興, 「折杖法」對宋代刑罰重刑化的影響」,《現代法學》, 2007-5;
范富, 「黥刑的演變及在宋代的發展」,《宜賓學院學報》, 2010-4; 傅昌澤, 「黥刑散考」,《靑
海民族學院學報》, 1990-3; 薛梅卿, 「北宋建隆"折杖法"辨析」,《中國政法大學學報》,
1983-3; 楊芹, 「宋代流刑考―以流沙門島的情況爲主要事例」,《中山大學學報》, 2005-1; 榮
玲魚, 「淺析宋代折杖法的性質與作用」,《山西大同大學學報》, 2009-1; 呂志興, 「宋代配刑
制度探析」,《西南師範大學學報》, 2004-1; 魏殿金, 「唐宋"竊盜"的法定刑演變考證」,《思想
戰線》, 2014-1; 정우석, 「宋代 編管刑의 등장과 그 시행상의 특징」, 임대희 엮음,『판례로
본 송대사회』, 민속원, 2019, 400~443쪽 참조.

以架造私室, 事發之後, 輒僞作達官書箚, 欺詐郡縣. 且據今此詞狀百餘紙, 本州委司法同知縣前去體究. 及到官氏子母之家, 其浮財並已先期搬傳淨盡, 僅存留契書與閑廢簿帳, 及私鹽五百餘斤, 并上項獄具. 鄉民被害者數百人泣訴, 若一一追逮, 暑月搔擾淹延, 合速與決遣. 官日新送州院, 官衍等送司理院, 今各已供招得實. 官日新係雜犯死罪, 從輕決脊杖二十, 刺配新州. 官衍年方十三, 且勘下杖一百, 編管汀州. 楊十一係世肅妻弟, 催勘爪牙符大二・符大四・傳六三・蔡六一・余小大・范廿三, 各從輕決脊杖二十, 編管五百里. 李勝饒州八江州三葉八, 各決脊杖二十, 編管郴州. 陳小六・傳七十決臀杖二十. 楊二決小杖十五. 僧惠諫爲官氏自母率斂民財, 寄收贓物, 及姦范廿三妻, 決脊杖十三, 毁度牒. 所有官八七嫂年老, 合追正身, 仍牒饒州, 取官世肅證對, 及同惡爪牙案具名點追, 勘正別斷. 所索到契書, 送僉廳官倂體究官逐一點檢抄上, 倂官千乙・官千二・劉氏置到建陽縣田業, 申牒建寧府, 請照條抄箚, 待憑倂申尙書省, 照近降指揮發納安邊所. 仍榜地頭, 計人首隱藏物業, 差官一員, 同巡檢親至官氏家, 拆去慘酷牢房, 及所居停爪牙屋宇, 私鹽庫, 限十四除拆. 已斷人各權寄上牢, 候詞人對未盡不法事畢, 押發. 女使進喜・巧奴・小童, 各係誘掠得之, 各放. 夏四及被害之人並放. 申尙書省臺部及諸司・江東提刑司照會. 續再勘楊十一招伏情罪, 已從輕決脊杖二十, 編管五百里建昌軍. 及再申江東提刑司, 追官世肅前來本州, 勘斷施行.

파지把持

12-33. 사악한 송사꾼
訟師[1]官鬼[2]

채구헌(蔡久軒)

농단을 잘하는 소인[壟斷小人][3]들은 효송[囂訟][4]을 일으키는 것을 습관처럼

---

1 訟師 : 송사訟師의 주요 업무는 소송장을 대신 작성해 주는 것이었고, 또 유언서 작성, 각
종 계약서, 그 외 각종 문서작성을 대행하는 역할을 한 "민간 전문 법률인"이었다. 송사는
사인士人・서리胥吏・간인奸人・호민豪民 등등의 각종 계층의 출신들이 담당하였다. 현대
적인 의미에 있어서는 '변호사'나 '법무사'의 역할을 담당한 계층으로 볼 수 있을 것이다.
『청명집』에서 이러한 부류의 사람들이 자주 출현한다. 첫째, "이필지민耵筆之民" 둘째, "용
필지인佣筆之人" 셋째, "다식지민茶食人" 넷째, "건송지민健訟之民" 다섯째, "송사관귀訟師官鬼" 여
섯째, "화괴송사譁魁訟師" 등은 넓은 의미에서 볼 때는 모두 송사訟師의 범주에 포함되는 계
층이다. 그 가운데, 송사訟師는 「호혼문」 8-8 〈繼絶子孫止得財産四分之一〉, 「징악문」
12-33 〈訟師官鬼〉, 「징악문」 13-1 〈譁鬼訟師〉 세 군데에서만 나오고 있을 뿐이며, 또한
이들은 모두 남송南宋 말기의 것이므로, 실제로는 송사訟師라는 용어가 송대에 보편적으
로 널리 쓰인 것은 아닌 듯하다. 劉馨珺, 「南宋獄訟判決文書中的"健訟之徒"」, 『中西法律
傳統』, 2008, (177쪽); 戴建國, 「南宋基層社會的法律人 — 以私名貼書、訟師爲中心的考
察」,《史學月刊》, 2014-2;陳景良, 「訟學 訟師與士大夫 — 宋代司法傳統的轉型及其意義」,
《河南省政法管理幹部學院學報》, 2002-1; 李雪菁, 「宋代"律師"的出現及其原因分析」,《蘭
台世界》, 2014-30; 劉昕, 「宋代政府對訟師教唆誣告行爲的法律規制」,《湖南社會科學》,
2012-3; 劉昕, 「宋代訟師對宋代州縣審判的沖擊探析」,《湖南社會科學》, 2014-1.

2 訟師官鬼 : 악질적인 소송꾼 내지 사악한 소송꾼이라는 의미이다.

3 壟斷小人 :『孟子』「公孫丑章句下」.『청명집』「징악문」 12-24의 각주 참조

4 囂訟 : 효송囂訟・홍송興訟・건송健訟은 송대의 자료 중에서 자주 등장하는 용어이다. 이
러한 용어들은 "관청이나 백성들을 괴롭히는 쓸데없는 소송이 많이 일어나다"는 의미이
다. 국가나 지방 정부 입장에서 볼 때, 불합리하거나 비정상적인 소송이 많이 발생한 것
을 사료상에서 사용한 용어가 바로 "효송囂訟"・"홍송興訟"・"건송健訟" 등과 같은 것이다.
「징악문」 권 12-19 〈治豪橫懲吏姦自是兩事〉, 「징악문」 권 13-27 〈以累經結斷明白六事,
誣罔脫判, 昏賴田業〉 등에도 관련된 각주를 달아 놓았음. 劉馨珺, 「南宋獄訟判決文書中
的"健訟之徒"」,《中西法律傳統》6, 北京大學出版社, 2008; 賈芳芳, 「宋代地方豪民與政府
的關系」,《河北大學學報》, 2013-4 참조.

행했다[囂訟成風]. 처음에는 금전金錢을 공리公吏에게 빌려주고 이것을 빌미로 재판을 자기가 원하는 방향으로 이끌려고 하였으며, 자신의 뜻대로 되지 않으면, 다시 상급 관청에 월소[越經上司]해서라도 자기의 위세를 세우려고 기도하였던 것이다. 도대체 얼마나 악질적인 송사訟師이길래 감히 이런 일까지 저지를 수 있단 말인가. 심지어 금전을 현위縣尉의 궁병弓兵[5]에게 빌려주었는데, 이는 바로 "군채軍債의 규정[條]"[6]을 어긴 행위에 해당한다. 그러므로 감장 80대에 처한다. 첨청僉廳이 조사해 본 결과 항원명項元明은 사인[眞士人][7]의 신분이었다. 항원명項元明의 자백을 바탕으로, 다시 판결원안을 보내 왔다[擬呈].[8] 대판臺判을 받들어, 가벼운 쪽에 따라 죽비竹篦 15대로 처결함으로써, 서리[吏]에게 돈을 빌려주거나 군인에게 돈을 빌려주는 행위에 대한 본보기로 삼도록 하라.[9]

龍斷小人, 囂訟成風. 始則以錢借公吏, 爲把持公事之計, 及所求不滿, 則又越經上司, 爲
規制立威之謀. 何等訟師官鬼, 乃敢如此. 況以錢借尉司弓兵, 正犯軍債之條. 勘八十, 僉廳

5 　弓兵: "궁수弓手"라고도 했다. 현위의 관할하에 놓여, 도적을 체포하거나 시장을 순찰하거나, 지방 치안 질서를 유지하는 역할을 했다. 보통 중등상호中等上戶에서 발차撥差하였다. 신종神宗 때에는 궁수에 대하여 차법差法을 고쳐 고법雇法으로 삼았다. 남송南宋의 궁수弓手는 현위의 지방치안군에 예속되었다. 궁수弓手의 설치는 송조의 중앙집권이 더욱 기층基層으로 파고 들어간 것이며, 지방에 대한 통제를 강화한 바가 나타난 것이다. 현위의 궁수와 순검사巡檢司의 토병土兵을 궁병이라 한다. 또는 궁수를 궁병이라고도 하였다(「징악문」 14-24의 각주 참조). 黃寬重, 「從中央與地方關系互動看宋代基層社會演變」, 《歷史研究》, 2005-4. 黃寬重, 「唐宋基層武力與基層社會的轉變 ─ 以弓手爲中心的觀察」, 《歷史研究》, 2004-1. 雷家宏, 「宋代"弓手"述論」, 《晉陽學刊》, 1993-4.

6 　軍債之條: 『慶元條法事類』 卷80 雜門, 出擧債負, 雜勅에 "諸放債與兵級者, 徒貳年, 與將校及剩員, 若刺面人幷出軍家口, 杖壹伯, 以上取者, 各減參等, (放債與急脚馬遞鋪·兵級·曹司及其家者, 仍許人告)出軍家口不坐. (放債財物不追)"라 되어 있다.

7 　眞士人: 가짜 사인士人이 아닌 진짜 사인을 지칭한다. 『청명집』에서는 사인의 신분이 아니면서 사인 행사를 하는 경우도 있기 때문에 여기서는 "진사인眞士人"이라 표현한 것이다. 다만 '진짜 사인'·'진정한 사인' 등으로 번역하는 것이 더 이상한 표현이므로, 여기서는 "士人"으로 번역해 둔다.

8 　擬呈: '呈擬'와 동일하며, 원안擬案을 작성해서 상급기관에 보고하는 것을 의미한다.

9 　죽비로 집행하는 사례에 속한다. 가와무라 야스시川村康, 「宋代 折杖法 初考」, 임대희 옮김, 『판례로 본 송대사회』, 민속원, 2019, 444~533쪽 참고.

契勘是眞士人, 僉廳尋再據項元明供狀擬呈, 奉臺判, 從輕決竹篦十五, 以爲借吏錢, 放軍債之戒.

12-34. 소송 사건을 장악하는 것을 전문적인 직업으로 하고, 관청을 기만하고, 법을 무시하다
專事把持欺公冒法

옹호당(翁浩堂)

서안현西安縣[10]에서 사송詞訟이 많이 발생하는 것은 모두 이곳에서 소송을 전문적으로 좌지우지하는 무리들이 소송을 일으키고, 고소인이 고소를 취하하려 해도 취하할 수 없고, 재판을 그만두려 해도 그만둘 수 없기 때문이다. 또 고소인이 돈이 많은 사람인 경우에는 어떻게든 농간을 부려 무엇인가를 얻으려고 하고, 돈이 없는 사람인 경우에는 그를 아무 쓸모없다고 내쳐버리는 것이다. 어떤 소송 사건을 하나 맡게 되면, 그 집안의 재산을 파악하여 돈을 쓰게 만들어 재산을 다 소진시킨 후에야 비로소 그만두는 것이다. 그리하여 백성은 자신들의 재산을 잃고, 관청도 소송 분쟁에 휘말려 피해를 입게 되지만, 이는 모두 소송을 장악하는 무리들의 소행에 의한 것이었다.

정응룡鄭應龍은 현청縣廳의 부근에 거주하면서, 조봉랑朝奉郎[11]이라 자칭하

---

10 西安縣 : 양절동로兩浙東路 구주衢州의 관할이다.

11 朝奉郎 : 조봉朝奉은 본래 조봉랑 · 조봉대부朝奉大夫 등의 관원을 지칭하였으나, 남송대 이래로 지방에서 재력을 가진 부호富豪나 점주店主를 가리키는 호칭이 되었다. 사회적 지배계층을 포괄적으로 지칭하는 경우도 있었다. "조봉"이나 "원외랑員外郎"은 모두 정원 이외에 증치增置하는 것이었으므로, 명칭은 있더라도 실직이나 봉록은 없었다. 뒷날에는 이러한 류類의 관직은 연매捐買할 수 있었다. 그러므로 부호를 칭하게 되었던 것이다. 그러므로 조봉랑은 굳이 관원이 아니라, 송대 지방 유력가의 별칭이기도 하였다. "조봉"이라는 용어를 부옹富翁이라는 의미로 쓰기 시작한 것은 휘주徽州 방언에서 이다. 이것은 휘주상업문화와 밀접한 관련이 있다. 당시에 사회적으로는 억상抑商 · 천상賤商의 분위기가 보편적이었는

고, 또 그 손자도 종녀^{宗女}의 사위라 자칭했다. 이들은 소송을 전문적으로 장악하는 것을 직업으로 살아가는 자들이었다. 매일 현문^{縣門} 주위에서 소송 사건이 있나 없나 살피면서, 누구든 자신에게 도움을 요청하는 사람이 있으면, 함부로 승인^{承人12}을 매수해서, 문인^{文引13}을 유야무야^{有耶無耶} 시키고, 혹은 명령이 떨어지면 곧장 소환된 집에 보고하러 가는 등, 백성들의 소송이 늘어나고 지체되는 것은 모두 이런 무리들이 개입하기 때문이다. 본관도 이러한 정황을 오래전부터 알고 있었다.

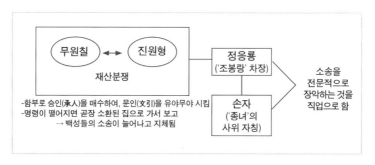

현재 무원칠^{繆元七} 등을 소환해서 진원형^{陳元亨}의 재산 분쟁에 대해 대질심문^{證對14}시켜야 하는 안건에 관해서도, 정응룡은 공공연히 진원형을 데리고 있으면서 집에서 먹고 마시는 한편, 무원칠도 은닉하면서 관청에 출두시키지 않았다. 우관^{隅官}과 보정^{保正}에게 문서^{信帖15}를 보내오게 하니,

---

데, 이러한 환경 속에서 휘주^{徽州} 상인들은 자신들의 지위를 높이기 위해서 자제들에게 독서를 하여 과거에 등제^{登第}하도록 하였으며, 연납^{捐納}을 통하여 허직^{虛職}·공함^{空銜}을 차지하려고 하였다. 특히 휘주 지역의 계약문서에서 조봉랑^{朝奉郎}이라는 용어가 많이 나타난다. 任朝霞, 「"朝奉"及其文化意義」, 《文史知識》, 2002-6; 周佳, 「南宋基層文官履歷文書考釋 — 以浙江武義縣南宋徐謂禮墓出土文書爲例」, 《文史》, 2013-4.

12　承人 : 정확한 의미에 대해서는 불명이나, 여기서의 승인은 승모인^{承某人}의 의미로 생각된다. 즉 어떤 일을 맡은 사람이라는 의미이다. 여기서의 "승인^{承人}"은 문맥상으로 "승리^{承吏}"와 같은 의미로, 어떠한 일을 담당한 서리^{胥吏}를 지칭하는 것으로 생각된다.

13　文引 : '통행허가증' 의미로 많이 사용되나, 때로는 '증거문서'·'소환장' 등의 의미로 사용되기도 한다.

14　證對 : 공대^{供對}와 같은 의미인 것 같다. 공대는 '소송 사건에서 사건 당사자끼리 얼굴을 마주보고 공술하게 하는 것'을 의미한다.

증거가 명백해졌으며[指證],[16] 승인承人이 문 앞까지 와서 출두를 독촉하자, 뒷문으로 무원칠繆元七을 도망시키고, 심지어 포인捕人의 가인家人[17]인 오원吳元을 구타하여 상해를 입히기도 했다. 법法을 어기고, 관사官司를 기만하는 것이 이토록 심할 수가 있을까.

무원칠繆元七·진원형陳元亨의 안건에 대해서는 관할 현[本縣]에서 이미 처단을 내렸다. 오원吳元과 마증馬曾의 직무태만과 정응룡鄭應龍의 소송개입을 둘러싼 부정행위에 대해서, 3명 모두 감장 100대로 처결한다. 또 정응룡에게 책임 지위[引監][18] 무원칠繆元七을 소환출두[喚出][19]하게 하라. 이상과 같은 것은 주州에 문서를 보내 보고하고, 아울러 감사監司, 路官에게도 공문을 보내 이 사건의 처리에 대해 조회照會하도록 요청하게 한다.

西安詞訟所以多者, 皆是把持人操執訟柄, 使訟者欲去不得去, 欲休不得休. 有錢則弄之掌股之間, 無錢則揮之門牆之外. 事一入手, 量其家之所有而破用, 必使至於壞盡而後已. 民失其業, 官受其弊, 皆把持之人實爲之也. 鄭應龍身居縣側, 自稱朝奉, 孫又稱宗女婿, 專以把持爲生. 日在縣門聽探公事, 凡有追呼, 輒用錢買囑承人, 收藏文引, 或得一判, 則徑馳報之所追之家, 民訟淹延, 皆此爲祟, 當職知之久矣. 今所追繆元七等證對陳元亨爭産事, 鄭應龍公然收留陳元亨, 飮食于家, 收藏繆元七, 不與到官. 隅官·保正信帖來往, 指證明白. 及承人上門, 則推後戶而使之竄, 又毆打捕人家人吳元有傷, 其冒法欺公有如此者. 繆元七·陳元亨事, 本縣已與決斷, 吳元·馬曾之違慢, 鄭應龍之把持三名, 且與勘杖一百. 引監鄭應龍喚出繆元七來, 申州及請監司照會.

---

15 信帖 : '증거를 증명할 수 있는 문서'라는 의미일 것으로 생각된다. '신帖'은 '증거'라는 의미가 있다.
16 指證 : '증인으로 지목되다'·'증인으로 밝혀지다'라는 의미이다.
17 家人 : 원래 혈연적인 관계가 없는 가족 구성원이라는 의미로, 가장家長이 사적으로 사역시키는 사람들을 포괄적으로 지칭하는 개념이다. 여기에서는 '하수인'·'부하'·'하인'이라는 의미로 사용되었다.
18 引監 : '拘引하여 강제로 무엇을 하게 하다'·'구인하여 책임지게 하다'라는 의미로 생각된다. 다만, '引'은 '文引'이라는 의미로도 볼 수 있으므로 '文引에 의거하여 監하게 하다'로 볼 수도 있다.
19 喚出 : '추출追出', 즉 '소환해서 출두시키다'라는 의미이다.

12-35. 소송 사건을 좌지우지하고, 서리를 쫓아다니며 구타하다
把持公事趕打吏人

옹호당(翁浩堂)

본관[當職]은 부임한 후부터, 사인들과 같은 부류[士類]에 대해서는 항상 경의를 표하면서 그들을 존중해 왔고, 가유의관자[假儒衣冠者][20]마저도 정중하게 대했다. 이로 인해 유필선[劉必先]과 같은 무리들이 사람들을 업신여기며 아무 거리낌 없이 행동하기에 이른 것이다.

유필선[劉必先]이 이전에 소이십이[蘇廿二]가 자신의 토지[田土]를 점거한 것에 대해 고소해 오자, 관할 현[本縣]에서는 판결을 내려 강제적으로 소작료를

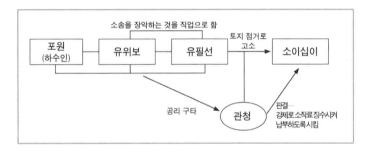

---

[20]　假儒衣冠者 : 유자儒者가 아닌데 유자의 의관衣冠을 입고 있는 자를 뜻하고, "가수문해자假手文解者"가 남의 손을 빌어 문장을 해독하는 자를 뜻하므로, 가유의관자假儒衣冠者와 마찬가지로 유학자가 아니면서 유자의 옷만 입고 있는 무리일 것이다. 송대에 전문적인 소송대리인이었던 송사訟師의 신분을 보면, "사인士人"・"가유의관자假儒衣冠者"・"가수문해자假手文解者" 등이라고 표기되는 경우가 많았다. "사인士人"은 과거공명을 지니고 있거나 독서인층을 광범위하게 부르는 용어이지만, "가유의관假儒衣冠"・"가수문해假手文解"에 해당하는 자들은 대개 "종실宗室"과 관련 있는 신분이거나 혹은 서리胥吏의 자제, 부호富豪의 간인幹人, 면직된 서리인 파리罷吏 등이 많았다. 이러한 부류들을 송대에서는 모두 "조봉朝奉"이라 칭하는 경우도 있었다. 그러므로 "가유의관자假儒衣冠者"라는 용어 속에 포함되는 계층을 명확하게 지정할 수 있는 것이 아니다. 국가나 지방정부 입장에서 볼 때, 사인士人의 범주에 들어가지는 않지만, 사인士人의 행세를 하고 다니며, 악행惡行을 일삼는 무리들을 범칭한다. 『청명집』에서 이러한 가유의관 무리들이 소송 사건에 개입하여 부정不正을 자행恣行하는 경우가 종종 나타난다. 이들은 사인士人이라고 보기 어려운 지방의 지식인 비슷한 무리들을 포괄적으로 지칭하는 개념으로 보는 것이 타당할 것이다.

징수해서 납부시키도록[監租][21] 했다. 하지만 이를 완납하지 않은 동안에, 유필선이 매일같이 관청에 와서 이를 독촉했다. 승인[承人]이 소작료를 징수하지 않으면, 이를 관청에 고소해야 함에도 불구하고, 유필선은 갑자기 자신의 동료인 포원[鮑垣]·유위보[劉魏寶] 두 명과 함께 관청으로 난입하며, 공리[公吏]에게 구타를 가했는데, 이러한 행동은 도리[道理]에 어긋난 행위라고 할 수 있다.

법률 조문에서는 "특별한 사유도 없이 현청의 문[縣門]으로 진입하는 경우에는 장형 80대에 처결하고 서리의 관사[吏舍]에까지 진입한 경우에는 (장형 80대보다) 2등급을 가중하여 처벌한다[在法, 無故入縣門者, 杖八十, 至吏舍者, 加二等]"[22]라고 되어 있다. 허물며 공청[公廳][23]에 난입한 경우라면 두 말할 필요가 있겠는가. 또 법률 조문에서는 "주현[州縣]의 장관[長官]에게 고함을 지르고 사납게 부르짖는[咆哮] 경우에는 장형 100대에 처한다[對州縣長官咆哮者, 杖一百]"고 되어 있는데, 게다가 술에 취해 주현[州縣]의 장관을 능멸하였다면 두말할 필요가 있겠는가. 들은 바에 의하면, 유필선[劉必先] 형제는 소송을 장악하는 것을 전문적인 직업으로 하고 있는 사람들이고, 포원[鮑垣]이라는 자는 바로 그의 하수인으로, 시인[市人][24]들 사이에서는 "금모묘[金毛猫]"라는 이름으로 통하고 있었다. 이로 보아 유필선은 사인과 같은 부류[士類]가 아님이 명백하다. 게다가 유필선은 현재 관할 주[本州]의 직사[直司][25]가 아직 결정하지 않은 소송 사4건에 연루되어 있는 상태인데, 이번처럼 현청[縣廳]에 난입하여 함부로 행동을 했다면, 죄

---

21   監租: '소작료를 책임·감독하여 거두어들이다'라는 의미이다.

22   在法, 無故入縣門者, 杖八十, 至吏舍者, 加二等:『慶元條法事類』卷10「職制門」, 衛禁勅, "諸無故入監司門(安撫·經略·總管·鈐轄司同), 杖六十, 至吏舍者, 加貳等(吏院主家處, 准此)"라고 되어 있다.

23   公廳: 공무를 집행하는 관청이란 의미로, 여기서는 현청[縣廳]을 지칭한다.

24   市人: 좁은 의미에서는 '시장 사람'으로 볼 수도 있고, 넓은 의미에서는 '도시에 거주하는 사람'들로 볼 수 있다. 여기서는 "현민[縣民]"이라는 의미로 이해해도 무방할 것이다.

25   直司: 당직사[當直司]의 약칭이며, 주[州]의 상설관청으로 주원[州院]·사리원[司理院]·직사[直司]는 모두 추사[推司]에 속한다. 직사 혹은 직사관[直司官]은 특정 관원을 지칭하는 것이 아니라, "해당 임무를 담당하는 관청 혹은 관리"라는 의미로, 여기서의 "본 주[本州] 직사는 주원·사리원 등과 같은 주의 사법담당 관청을 지칭하는 것"으로 볼 수 있다.

가 없다고 할 수 있겠는가. 유필선劉必先·유위보劉魏寶·포원鮑垣은 법률 조문에 따라 감장100대로 처결하고, 그들에 대한 집행斷[26]이 끝나면, 방榜을 붙이고, 수가首枷를 씌워 군중의 구경거리가 되게 하라.

當職自到任以來, 於士類每加敬禮, 至於假儒衣冠者, 或例借以辭色, 此劉必先輩所以智玩視而無忌憚也. 劉必先昨論蘇十二占田, 本縣已與斷罪監租. 未納足間, 劉必先排日入衙催促. 若承人不爲押上, 只合當廳陳詞, 而劉必先忽挾徒黨鮑垣·劉魏寶二人, 突至廳前, 趕打公吏, 此何理也. 在法, 無故入縣門者, 杖八十, 至吏舍者加二等. 而況於輒至公廳乎. 又法, 對州縣長官咆哮者, 杖一百. 而況醉酒而陵忽乎. 訪聞劉必先兄弟, 每以把持公事爲生, 鮑垣者, 寶其羽翼, 市人號金毛猫, 其名不齒于士類可見. 兼見有訟在本州直司未決, 今輒敢到縣犯分如此, 可無罪乎. 劉必先·劉魏寶·鮑垣三人, 合照條勘杖一百, 斷訖, 備榜枷項示衆.

12-36. 먼저 세력에 의거하여 악행을 일삼는 사람들을 징벌하고, 이로써 현정을 장악하고 이를 좌지우지하는 자들의 본보기로 삼다
先治依憑聲勢人以爲把持縣道者之警

호석벽(胡石壁)

신화현新化縣[27]은 원래 벽촌이고, 백성도 순박하고, 정무政務도 간소해서 다스리기 어려운 지방은 아니다. 다만 일부의 가유의관假儒衣冠[28] 무리들이 종실宗室[29]이자 무뢰배인 한 두 사람들과 함께, 현정縣政을 장악하고 이를 좌

---

26 斷 : 일반적으로 '판결하다'라는 의미이지만, 여기서는 문맥상 '집행하다'로 파악하는 것이 바람직할 것이다.
27 新化縣 : 형호남로荊湖南路 소주邵州 관할이다.
28 假儒衣冠 : 가유의관假儒衣冠에 관해서는 『청명집』 「징악문」 12-35의 각주 참조.
29 宗室 : 조 씨 성을 가진 사람. 화제와 같은 성씨를 가진 혜택으로서 여러 미미한 관직에 앉히기도 하고, 처벌 대상인데도 아예 재판에 회부되지도 않는 경우가 많이 나타나고 있다. 본 판례에서도 조첨감에 대해 비난하면서도 처벌대상으로 되지는 않았다. 晁根池, 「宋代宗室犯罪的預防及懲治問題述論」, 《邢台學院學報》, 2010-4; 何兆泉, 「論宋代宗室的法律管理」, 《浙江社會科學》, 2006-2; 張邦煒, 「宋代對宗室的防範」, 《北京師院學報》,

지우지하면서, 소송 사건도 장악하고 있었기 때문에, 이들은 관리가 업무를 처리하는데 번번이 방해가 되는 사람들이었는데[動輒掣肘],[30] 조趙첨감添監[31]도 그런 부류 중의 한 사람이었다. 그는 하급 말단관리[螻蟻小官][32]로 애초부터 보잘 것 없는 사람에 불과했지만[初何足道],[33] 작은 벽촌인 이 지방[蕞爾之邑][34]에서는 특별히 뛰어난 사람이 없고, 현민[愚民][35]들도 무지無知했기 때문에, 조趙첨감添監을 의지할 수밖에 없어, 결국 현민들은 다투어 그를 의지하게 됨으로써, 이를 배경으로 관청官廳과 대항하는 일이 하루 이틀의 일이 아니었던 것이다.

지금 세 명의 승려가 현청에 구감拘監되어 있는데, 이들은 다른 사람에게 도움을 요청하는 것이 아니라, 모두 조趙첨감添監을 지칭하면서 그의 도움을 받았다고 하고 있는데, 이로 보아 이들은 평상시에 성호사서城狐社鼠[36]와 같은 자들이라는 것을 충분히 상상할 수 있다. 이들은 "수레에 채찍을 가해, 소를 놀라게 하는[鞭車驚牛]"[37] 것과 같은 행위를 하였는데, 어떻게 그

1988-1; 李雲根, 「北宋宰輔家族與皇族聯姻現象考論」, 《宜春學院學報》, 2016-2; 楊文新, 「南宋福建宗室任官考述」, 《龍岩學院學報》, 2014-6; 晁根池, 「宋代宗室居住問題述論」, 《宋史研究論叢》, 2017-2.

30 動輒掣肘: '사사체주事事掣肘'와 유사한 의미이다. '동첩動輒'은 '언제나·번번이'라는 의미이고, '체주掣肘'는 '타인의 행위나 일을 방해하거나, 피해를 주거나, 곤궁하게 만드는 것'을 비유하는 말이다. 즉 동첩체주動輒掣肘는 '사사건건 간섭하거나 방해하다'라는 정도로 번역할 수 있을 것이다.

31 添監: 정식 관원이 공석이 되었을 때 임시로 파견된 관원을 지칭한다. 첨차감당관添差監當官의 약칭으로 생각된다.

32 螻蟻: 땅강아지와 개미 같은 작은 생물이나 보잘 것 없는 사람을 비유하는 말이다.

33 初何足道: '본디부터 무엇이라고 말할 수 있는 사람은 아니다'라는 말로, '보잘 것 없는 사람'이라는 의미로 해석할 수 있을 것이다.

34 蕞爾之邑은 '작은 마을·작은 촌'이지만, 신화현新化縣이 작은 벽촌僻村에 불과했기 때문에 이러한 표현을 했던 것이다. 따라서 '작은 벽촌인 이 지방'이라는 의미가 타당할 것이다.

35 愚民은 '어리석은 백성'이라는 의미이지만, 실제로는 전통 관료들의 '일반민一般民'에 대한 인식에서 비롯된 용어에 불과하다. 따라서 여기서는 "현민縣民"으로 번역해 둔다.

36 城狐社鼠: 고대 중국에서 사악邪惡한 남성을 폄하할 때 종종 사용되는 사자성어이다. 예를 들면, 기생충 같이 남에게 해를 입히는 남성에게도 사용할 수 있을 것이고, 군주에게 아첨하는 신하를 폄하하거나, 보잘것없는 것을 가리키는 비속어이다. 王曾瑜, 「城狐社鼠-宋高宗時的宦官与医官王繼先」, 《四川大學學報》, 1995-2 참조.

냥 용서할 수 있겠는가. 세 명의 승려는 각각 장형 100대로 처결하고, 수가首枷를 씌워, 관할 현[本縣]으로 압송하여, 하루 동안 군중의 구경거리가 되게 한 후 석방하라. 또 이것에 대해서는 현청 문 앞에 방榜을 붙이도록 하라.

新化本在一隅, 民淳事簡, 果不難治. 只緣有數輩假儒衣冠, 與一二無賴宗室, 把持縣道, 接攬公事, 所以官吏動輒掣肘, 趙添監其一也. 螻蟻小官, 初何足道, 蕞爾之邑, 他無顯人, 愚民無知, 以爲果可憑藉, 遂爭趨之, 以抗衡官府, 其來非一日矣. 今三僧監繫於縣, 不求於他人, 而皆指添監以爲歸, 則其平時城狐社鼠, 已可想見. 鞭車驚牛, 豈容但已. 三僧各杖一百, 枷項押本縣, 示衆一日, 放. 仍榜縣門.

12-37. (소송한 사람을) 교사하고 서리와 결탁하다
敎唆與吏爲市[38]

채구헌(蔡久軒)

성백사成百四는 한낱 여항閭巷의 소부小夫에 불과했으나, 처음으로 다식인茶食人[39]이 되어, 사송詞訟：소송 사건을 접수받게 되자, 소송인을 교사敎唆하고, 관청에 출입하면서, 서리와 결탁하여, 소송 사건[公事][40]을 전적으로 맡아보면서,

---

37 鞭車驚牛 : '수레에 채찍을 가해, 소를 놀라게 하다'라는 의미인데, 재판관은 승려 3명이 조첨관에게 의지하여, 다른 사람에게 해를 가한 것을 비유한 것으로 생각된다. 송대의 판결문에는 어떤 사건을 구체적으로 서술한 것도 있지만, 어떤 판결문은 구체적인 행위보다는 비유적인 용어를 많이 사용하거나, 다소 추상적인 성질을 지닌 것도 존재하고 있다.

38 爲市 : '상업활동을 하다' · '거래를 하다' · '이익을 취하다' 등등의 의미가 있지만, 여기서는 동업자가 상업활동을 함에 있어서 행회行會를 결성하는 형태로 "서리와 결탁하다"라는 의미로 보는 것이 타당할 것이다. 위시爲市와 관련된 기록을 보면, 『易經』 繫辭下 "日中爲市, 致天下之民, 聚天下之貨, 交易而退, 各得其所"라 되어 있고, 『漢書』 刑法志에는 "奸吏因緣爲市, 所欲活則傅生議, 所欲死則予死比"라 되어 있다.

39 茶食人 : 『징악문』 12-21 각주 참조, 戴建國, 「南宋基層社會的法律人 — 以私名貼書、訟師爲中心的考察」, 《史學月刊》, 2014-2.

뇌물을 주고받기도 하였다. 소민小民 중에 소송을 일으키려는 생각이 없는 데도, 그를 부추겨 소송을 일으키게 하고, 뇌물을 주는 것을 모르는 사람들을 위협하여 뇌물을 바치게 하였다. 사무소를 설치하여 사람들을 끌어들였는데[置局招人],[41] 그의 위세가 날로 확대되어 가자, 일곱 곳의 현민縣民, 七邑之民들이 모두 그에게 몰려왔다. 그른 것[曲]을 바르다[直]고 하고, 바른 것[是]을 그르다[非]하면서, 재물을 편취騙取한 것이 헤아릴 수 없을 정도였다. 흉악한 무리를 이용하기도 하고, 조봉랑朝奉郎이라 자칭하는 등 여우나 귀신이 백주 대낮에도 횡행하는 것과 같이 종횡무진으로 날뛰고 있었다. 본관當職이 이 지역[州]에 부임해 온 뒤에도 그러한 행위를 고치려 하지 않고, 소송을 접수 받는 날에는 온종일 돌아다니며 소송 사건에 개입하려고 구실을 찾는 등과 같은 행위를 조금도 거리낌 없이 자행하고 있었다.

지금 옥중獄中에서 조사한 것은 그가 행한 수많은 악행 가운데 한두 가지에도 미치지 못하지만, 그러한 행위는 모두 청탁[計囑][42]이나 뇌물을 요구하거나[行賕] 뇌물을 받는[贓賄] 등의 사안이었다. 그러므로 그는 마땅히 척장脊杖에 처한 후, 자배刺配시켜, 화도譁徒[43]들의 본보기로 삼아야 할 것이다. 그렇지

---

40   公事 : 당대에는 공사公事가 아문衙門에서의 모든 사무를 가리켰는데, 송대에 들어와서는 재판에 관련된 형옥刑獄 사건을 가리키게 되었다. 劉馨珺, 「"請求罪"與公事分際」, 高明士 編, 『唐律與國家社會』, 五南圖書公司, 1999; 劉馨珺, 「請求公事 ― 宋代地方官犯罪探析」, 《法律史譯評》, 2017-2; 秦克宏, 「走馬承受公事與宋代信息通進研究」, 《求是學刊》, 2012-3; 申忠玲, 「宋代的走馬承受公事探究」, 《青海社會科學》, 2011-5.

41   置局招人 : 여기서 치국置局은 설치관서設置官署 혹은 설치편국設置編局의 의미이다. 치국초인置局招人은 "편국을 설치하고, 사람을 모으다"라는 것으로 해석할 수 있을 것이다.

42   計囑 : 부탁하다 · 매수하다는 의미로, 여기서는 청탁이라는 의미로 사용되었다. 劉昕, 「宋代訟學與訟師的形成及其影響下的民間好訟風尙」, 《邵陽學院學報》, 2011-6, 劉昕, 「宋代政府對訟師敎唆誣告行爲的法律規制」, 《湖南社會科學》, 2012-3, 王瑞蕾, 「論宋代地方官吏的瀆職」, 《貴州文史叢刊》, 2011-2.

43   譁徒 : 화도는 소송訴訟을 전문적인 직업으로 하는 송사訟師의 범주에 해당하지만, 다른 사람에게 소송을 교사敎唆하거나, 악행을 일삼는 무리들을 범칭해서 부르는 용어이다. 부정적인 의미에서의 전문소송꾼이라는 의미도 포함되어 있다. 따라서, 『淸明集』에서 판결判決에서 자자刺字당하는 화도가 자주 나오고 있다. 譁徒의 우두머리를 譁鬼, 譁魁라고 칭했다. 송사와는 어감語感이 다른, 화도가 자주 쓰이고 있는 점은 이에 대한 부정적否定的인 의미를 강조하고 있기 때문일 것이다. 『청명집』에서 화도가 쓰이고 있는 곳은, 관

만 본인의 진술에 의하면, 부친父親이 무관武官이기 때문에, 우선은 부친의 음蔭에 따라 형벌을 경감하여,[44] 감장 100대에 처한 후, 구주衢州, 江南東路로 편관編管[45]하도록 하라. 주州에 공문을 보내, 엄중하게 그의 신변을 구금시키고, 이와 같은 사실에 대하여 관청 앞에 방榜을 붙이도록 하라. 명당의 제사明禋[46]도 곧 행해질 것 같으므로, 특히 부정으로 획득한 재물의 반납은 면제해 주기로 하고, 형의 집행[47]이 끝나는 대로 유배지로 압송한 후, 이를 보고하도록 하라.[48]

리문 (권2-27) 인륜문(권10-05), 인품문 (권11-01), 인품문 (권11-07), 인품문 (권11-23), 인품문 (권11-32), 징악문 (12-37), 징악문 (13-1), 징악문 (13-2), 징악문 (13-3), 징악문 (13-5), 징악문 (13-29)에 나오고 있다. 호혼문에서는 사용되지 않는 것으로 보아서, 애초에 송사라는 용어가 쓰이다가, 뒷 시대로 가면서 비하卑下하는 용어로 구분하여 썼으리라고 추측된다. 劉昕, 「宋代訟師對宋代州縣審判的沖擊探析」,《湖南社會科學》, 2014-1;朱文慧, 「現實與觀念:南宋社會"民風好訟"現象再認識」,《中山大學學報》, 2014-6.

44 부친의 음蔭의 진위眞僞 여부도 확인하지 않고 자배라는 엄벌嚴罰을 가볍게 하여, 감장勘杖과 편관으로 감등하고 있다. 북송 초기에는 관리가 뇌물을 받으면 기시형棄市刑에 처하거나 장살杖殺하거나 자자刺字한 후 사문도沙門島에 배류하는 등 엄격히 다스렸다고 하나 이후, 중앙 집권의 강화를 위해 관리들의 지지가 필요하자 관대해졌다(남현정, 「宋代 刺字刑의 시행과 사회적 인식의 변화」, 임대희 엮음, 『판례로 본 송대사회』, 민속원, 2019, 360~399쪽 참조).

45 "마땅히 척장에 처한 후, 자배시켜", 화도들의 본보기로 삼아야 한다는 원칙을 언급하면서도, 피고被告가 그의 부친이 무관武官이었다고 하는 진술에 입각하여, "우선은 부친의 음蔭 에 따라, 형벌刑罰을 경감輕減하여, 감장100대에 처하여 구주衢州로 편관"하는 것을 보면, 판관判官의 재량에 따라서, 자배刺配해야 하는 경우인데도, 감장勘杖하고 편관編管하도록 법의 적용에서 차이가 생길 수 있음을 보여준다. 정우석, 「송대 編管刑의 등장과 그 시행상의 특징」, 임대희 엮음, 『판례로 본 송대사회』, 민속원, 2019, 400~443쪽 참조.

46 明禋 : 제사祭祀를 범칭하는 용어이다. 특히 명당明堂의 제사를 지칭하는 말이다. 명당明堂에 관련해서는, 『비단같고 구슬같은 정치』(Howard J. Wechsler, 임대희 옮김. 고즈원, 2005)의 〈제10장 명당〉을 참조하는 것이 좋겠다.

47 우선 장형을 집행한 후에 유배지로 압송되는 처벌이기 때문에, 여기서 "형의 집행이 끝난 후라는 것은 "감장 100대라는 장형이 집행된 후"라는 의미이다.

48 감장도 어떤 형태에서 형벌로서의 실질을 가지고 있었으므로, "판결이 끝난" 뒤에 어떤 조치가 취해졌다. "감장"은 "결장"과 달리, 어느 정도 즉시적인 장의 집행을 의미하는 최종적인 판결은 아니고, 이것을 언도할 때 부과되는 조건이 성취되면 실형의 집행은 면제하거나 혹은, 속동 · 죽비로의 변환 · 사赦의 적용에 의한 면제 등에 앞서 내려지는 일종의 중간 판결적인 것이었다. 가와무라 야스시川村康, 「宋代 折杖法 初考」, 임대희 옮김, 『판례로 본 송대사회』, 민속원, 2019, 444~533쪽 참고.

成百四, 特闔巷小夫耳. 始充茶食人, 接受詞訟, 乃敢兜攬敎唆, 出入官府, 與吏爲市, 專一
打話公事, 過度贓賄. 小民未有訟意, 則誘之使訟, 未知賕囑, 則脅使行賕. 置局招引, 威成勢
立, 七邑之民, 靡然趨之. 以曲爲直, 以是爲非, 騙取財物, 殆以萬計. 帶領兜徒, 自稱朝奉, 狐
蹤鬼跡, 白晝縱橫. 當職抵郡, 尙不斂戢. 受詞之日, 趨趄刺探, 委無忌憚. 今據獄中所勘, 百未
一二, 亦無非計囑, 行賕, 贓賄之事, 合該決脊刺配, 以爲譁徒之戒. 以其所供, 父係武弁, 姑從
引蔭未減, 勘杖一百, 編管衢州. 牒州牢固拘管, 備榜衙前, 以明禋在近, 特免監贓, 斷訖押遣,
仍申.

12-38. 배류에 처해진 판결에 복종한다는 뜻의 확약서를 받아내도록 한다
責決配[49]狀

호석벽(胡石壁)

| 소송을 교사하는 자 | 소송이 이겨도 져도 이득 |
| 소송을 하는 우민 | 소송에서 이겨도, 져도 교사하는 자들에게 돈을 주기 때문에 손해 |

무릇 시정市井의 소민市井小民[50]과 향촌鄕村의 백성百姓들은 원래 소송하기
를 좋아하는 마음을 지니고 있는 것은 아니었다. 모두 교활한 무리들이
사람들을 교사敎唆하였기 때문에 소송에 휘말려 드는 것이다. (일반민들은
소송에서) 다행히 승소勝訴하더라도, 그 이익은 교활한 무리들의 것이 되고,
불행하게도 패소敗訴하게 되면, 그 손해는 소송 당사자의 몫이 되었다. 따
라서 소송 당사자興訟者는 승소勝訴해도 손해를 입는 것이고, 패소敗訴해도
또한 손해이며, 소송을 교사敎唆한 자는 승소勝訴한 경우에는 당연히 이득
을 보고, 패소敗訴한 경우에도 이득을 보는 것이다. 이로 인해 우민愚民들은

---

49 決配: 決의 속자俗字이다. 결배決配는 "배류配流로 판결하다"라는 뜻이다.
50 市井小民: '시정市井'은 본래 상품을 매매하는 곳이라는 의미로, '시장'과 동일한 의미이
지만, "시정소민市井小民"은 도시에 살고 있는 일반민을 범칭하는 용어이다.

더욱 곤궁한 상황에 처하고, 관부官府에서도 송사訟事와 같은 번거로운 일에 많은 수고를 하게 되므로, 소송을 교사教唆하는 자들은 항상 자신의 목적을 이루게 되는 것이다.

본관이 이런 무리들을 도적盜賊과 같이 미워하므로, 항상 이러한 무리들을 멀리 내쫓아 이런 악한 무리들이 이 지역에 횡행하는 것을 막고자 한다. 그러나 사람들은 이런 악습에 빠져든 것이 오래되어, 이런 무리들을 징계하려고 해도 완전히 징계할 수 없는 상태가 된 것이다. 우선은 당사자 두 명을 가볍게 징계한다는 뜻을 표하고, 담당 관청當廳[51]에서 내린 결배決配로 처분한 판결에 복종한다는 뜻의 확약서를 받아내도록 하라責決配狀. 만일 이런 일로 재차 소송을 일으킨다면, 사건의 경중輕重에 관계없이 [不以輕重],[52] 결배決配의 처분을 집행할 것이다.

大凡市井小民, 鄕村百姓, 本無好訟之心. 皆是姦猾之徒教唆所至, 幸而勝, 則利歸己, 不幸而負, 則害歸他人. 故興訟者勝亦負, 負亦負, 故教唆者勝固勝, 負亦勝. 此愚民之所[53]重困, 官府之所以多事, 而教唆公事之人, 所以常得志也. 當職疾惡此曹, 如惡盜賊, 常欲屛之遠方, 以禦魑魅. 但以人心陷溺已久, 誅之不可勝誅, 姑示薄懲兩名, 當廳責決配狀, 如今後再惹詞訴, 不以輕重, 定行決配.

---

51   當廳 : '當官'과 동일한 의미로, '官의 面前에서' · '官廳에서' · '담당 관청에서'라는 의미이다. 때로는 '본청本廳'이라는 의미로 사용될 때도 있다.
52   不以輕重 : '사건의 경중에 관계없이'라는 의미인지, 혹은 '가벼운 처벌이나 무거운 처벌인가를 불문하지 않고'라는 의미인지는 불명이나, 우선은 '사건의 경중에 관계없이'로 번역해 둔다. 袁嶽 · 沈尙武, 「輕重關系是《管子》治國理政的辯證法核心」, 《管子學刊》, 2017-1.
53   문맥상으로 볼 때, "此愚民之所以重困이 되어야 하므로, 아마도 '所' 자 뒤에 '以' 자가 빠져 있는 듯하다.

12-39. 사인이 소송을 교사하고 현관을 좌지우지하다
士人敎唆詞訟, 把持縣官

호석벽(胡石壁)

공자가 이르기를 "그 지위에 있지 않으면 그 정사政事를 논해서는 안 된다不在其位, 不謀其政"[54]고 하였으며, 증자曾子가 이르기를 "군자君子는 자신의 직무 이외의 것은 생각하지 않는다君子思不出其位"[55]라고 했다. 이들 성현聖賢이 뜻하는 바는, 아마도 천하天下의 사람들이 각자의 직분에 안주해서 각각의 직무에 전념하고, 질서를 어지럽히는 행위를 하지 않는 것無相奪倫[56]을 말하는 것이다. 그렇지 않으면, 낮은 지위에 있으면서 정치의 중요한 문제에 간섭하고 (그 결과) 죄를 짓게 되는 것이다位卑而言高, 其不陷罪者幾希.[57]

유도劉濤는 "가난한 집안 출신篳門圭竇之人"[58]에 불과한 자로, 가난한 생활에 만족하며 도道를 지키는 것을 낙樂으로 삼고, 오로지 학문에 정진해야 했다. 동중서董仲舒가 독서에 열중한 나머지, 3년간이나 자신의 채소밭을 돌보지 않았던 것처럼如仲舒之下帷講誦, 三年不園窺,[59] 한유韓愈가 밤낮 독서에 정진하며

---

[54] 不在其位, 不謀其政 : 어떤 직분에 있지 않은 사람이, 그 직분에 있는 사람이 행해야 되는 일을 논의해서는 안 된다는 말로, 사람들은 자신에게 주어진 직분에 맞게 행동하라는 것을 의미하는 말이다. 『論語』泰伯篇에 "不在其位, 不謀其政"이라 되어 있다.

[55] 君子思不出位 : 직역하면 '군자는 자기의 직위범위를 벗어나지 않고, 어떤 것을 생각한다'는 말로, 이를 의역하면, '군자는 모든 문제를 자신의 직위나 직무범위 내에서만 판단하고 고려한다'는 의미이다. 『論語』憲問篇에 "曾子曰, 君子思不出其位"라 되어 있다. 앞에 나온 "不在其位, 不謀其政"과 유사한 의미로 볼 수 있다.

[56] 無相奪倫 : 『書經』舜典에 "八音克諧, 無相奪倫, 神人以和"라 되어 있다. '奪倫'은 '失其倫次'의 의미이다.

[57] 位卑而言高, 其不陷罪者幾希 : 『孟子』萬章章句下에는 '낮은 벼슬자리에 있으면서 높은 벼슬이 하는 일을 논하는 것도 죄에 해당한다位卑而言高, 罪也'고 되어 있다.

[58] 篳門圭竇之人 : '필문篳門'은 '시문柴門'을 지칭하며, '규두圭竇'는 '담장이나 벽이 뚫려져 있는 문'을 지칭한다. 따라서 필문규두篳門圭竇는 '빈궁한 사람'이나 '빈궁한 집안'을 의미할 때 사용하는 말이다. 『左傳』襄公 十年에 "王叔之宰曰, 篳門圭竇之人而皆陵其上, 其難爲上矣"이라 되어 있다.

[59] 如仲舒之下帷講誦, 三年不園窺 : 『史記』卷121, 儒林列傳에는 "以治春秋, 孝景時爲博士.

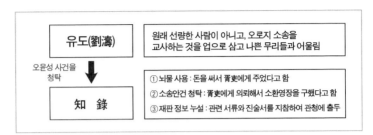

유도(劉濤)	원래 선량한 사람이 아니고, 오로지 소송을 교사하는 것을 업으로 삼고 나쁜 무리들과 어울림
오윤성 사건을 청탁 ↓ 知 錄	① 뇌물 사용: 돈을 써서 胥吏에게 주었다고 함 ② 소송안건 청탁: 胥吏에게 의뢰해서 소환영장을 구했다고 함 ③ 재판 정보 누설: 관련 서류와 진술서를 지참하여 관청에 출두

일생을 보낸 것처럼[如昌黎之焚膏繼晷, 屹屹以窮年]60 그렇게 생활하면 되는 것이었다. 그러므로 그는 공가公家의 일에 관여해서 잘잘못을 따져서는 안 되는 것이다. 그런데도 지금 성현의 가르침을 거스르며, 도리에 어긋한 행동을 하면서 관청에 출입하고 관청의 일을 살펴본다든지 하는 행위를 하였다. 그렇게 하고서는 이에 대해 "의義로운 것입니다"라고 적고 있다. 아! 천하의 의義로운 일이 어떻게 해서 일반민[常人]이 할 수 있는 일이겠는가. 후한의 두계량杜季良은 호방한 기질을 지니고, 의義를 즐기고, 타인의 걱정거리에 같이 슬퍼하고, 남의 기쁨을 같이 즐거워하는 자였는데, 그래도 마원馬援은 형의 아들에게 "그를 흉내 내어서는 안 된다[杜季良豪俠好義, 憂人之憂, 樂人之樂, 而馬援猶誡兄子不可效之]"61라고 징계한 것이다.

유도劉濤는 자신을 어떻게 생각했기에 마원馬援마저도 하지 않은 일을 굳이 하려 한 것일까. 만일 유도劉濤가 성심誠心을 다해 이런 행동을 했더라

下帷講誦. 弟子傳以久次相受業. 或莫見其面. 蓋三年, 董仲舒不觀於舍園. 其精如此'라 되어 있다.

60　如昌黎之焚膏繼晷, 屹屹以窮年:『韓昌黎集』卷12, 進學解에는 "先生口不絶吟於六藝之文, 手不停披於百家之編. 記事者必提其要, 纂言者必鉤其玄. 貪多務得, 細大不捐. 焚膏油以繼晷, 恆兀兀以窮年. 先生之業, 可謂勤矣"라 되어 있다. '분고계구焚膏繼晷'는 '매우 근면하고 열심히 일하거나 공부하는 것'을 비유하는 말이다.

61　杜季良豪俠好義, 憂人之憂, 樂人之樂, 而馬援猶誡兄子不可效之: 마원馬援은 형의 아들에게 보낸 편지에서, "敦厚周愼, 口無擇言, 謙約節儉, 廉公有威"한 용백고龍伯高와 "豪俠好義, 憂人之憂, 樂人之樂"한 두계량杜季良을 비교해서, 모두 애지중지 하면서도, 조카들에게는 용백고를 본받고 두계량을 본받아서는 안 된다고 하였다. 왜냐하면 용백고를 따라하다가 실패하더라도, 다시 '조심성이 많은 사람[謹勅之士]'이 될 수 있지만, 두계량을 본받다가 실패하면 '가벼운 사람[天下輕薄子]'이 되어 버리기 때문이다(『後漢書』列傳 卷14, 馬援傳).

도, 본관은 이러한 행위에 대해 맹자孟子가 경계한 것을 들은 적이 있다. 즉 맹자가 이르기를 "예를 들어 지금 같은 지붕아래에 사는 자가 싸움을 시작했다면, 흐트러진 머리에 관의 끈을 묶으면서 서둘러서 그것을 중재해도 좋다. 그러나 만일 같은 마을에서 싸움이 시작되었을 때도 똑같이 흐트러진 머리에 관의 끈을 제대로 묶지도 않고 허둥지둥 뛰어나가 중재한다면, 그것은 상당히 도리에 어긋난 행동이다. 그런 때에는 문을 닫고 들어앉아 있어도 된다今有同室之人鬪者, 救之, 雖被髮纓冠而救之, 可也. 鄕鄰有鬪者, 髮纓冠而往救之, 則或矣, 雖閉戶可也"[62]라고 했다. 이처럼 맹자孟子는 마을에서 일어난 다툼을 중재하러 가는 것을 도리道理에 벗어난 행동으로 간주하고 있다. 그런데 유도劉濤는 어찌 다른 사람의 소송에 끼어들어 중재하는 것을 의義로운 행위라고 하는 것일까.

본관이 세간世間의 여론에 귀를 기울여 들어 본 바로는, 유도劉濤는 원래 선량한 사람이 아니고, 오로지 소송을 교사敎唆하는 것을 전문적인 직업으로 삼고, 악행을 일삼는 무리들이 서로 도우며, 많은 부하를 거느리며 하수인들을 부리고 있었다. 현관縣官을 좌지우지하고, 서리胥吏들을 부리면서 위세를 부리자, 많은 사람들이 이에 따르지 않을 수 없었던 것이다. 그리하여 마을 사람들도 소송안건이 발생하면, 모두 그에게 달려가, 뇌물을 주면서 자신을 비호庇護해 주도록 부탁했다. 유도劉濤가 오른쪽右이라 하면 관리官吏도 모두 오른쪽右이라 하고, 왼쪽左이라 하면 관리官吏도 모두 왼쪽左이라 하는 등과 같이 관리들을 자신이 원하는 대로 이용했다. 조금이라도 자신의 뜻을 거역하면, 거역한 사람들에 대한 각종 비난하는 말을 만들어 퍼뜨리고 그들을 중상모략하였다. 이러한 행위가 쌓여 관습

---

[62] 今有同室之人鬪者, 救之, 雖被髮纓冠而救之, 可也. 鄕鄰有鬪者, 髮纓冠而往救之, 則或矣, 雖閉戶可也 : '같은 집에 사는 사람들이 싸울 때에는 비록 머리를 풀어헤친 그대로라도 갓끈을 매면서 달려가 구하는 것이 옳다. 그러나 동네 이웃에서 싸우는 자가 있을 경우에는 그와 같은 모양을 하고 가서 구한다는 것은 잘못이며 문을 닫아버려도 좋다(『孟子』「離婁章句下」)'고 한 것은 어디까지나 일의 경우에 따라서 행동이 달라지게 되는 것을 예로 든 것이다.

처럼 되어 버려, 신화현^{新化縣}의 정치^{政治}가 제대로 이뤄지지 않았는데, 그 원인은 바로 여기에 있었던 것이다.

최근 지록^{知錄63}이 지현^{知縣}의 사무 처리를 담당하게 되자, 유도^{劉濤}는 우선 오윤성^{吳允星}의 사건으로 청탁을 해왔다. 아마도 이 사건을 명목으로 지록^{知錄}이 자신이 시키는 대로 하는 인물인지 아닌지를 시험하려는 것이었다. 만약 지록^{知錄}이 자신의 말하는 것을 잘 듣는다면, 이후부터 "성호사서^{城狐社鼠}"⁶⁴처럼, 낮에는 숨어 있다가 밤에 몰래 움직이면서, "다른 사람의 위세를 등에 엎고 자신의 이익을 독점하면서" 자신의 뜻대로 하고자 했을 것이다. 그런데 뜻밖에도 지록^{知錄}이 자신의 뜻대로 행하지 않고, 오히려 이 사건을 상급 관청인 부^府로 보내 온 것이다.

지금 그가 진술한 문서를 보면, 그 죄상^{罪狀}을 숨길 수 없는 것이 확실하다. 뇌물을 사용한 것^{[過證贓物]65}은 위법 행위인데, 그의 진술서에는 "저 자신의 돈을 써서 서리^{胥吏}에게 주었습니다"라고 되어 있는데, 이로 보아 뇌물행위를 한 것이 명백하다. 소송안건의 일로 뇌물을 주어 청탁^[計囑]하는 것은 위법행위에 해당하는데, 유도^{劉濤}의 진술서에는 "서리^{胥吏}에게 의뢰하여 소환영장^{[僉書]66}를 구했습니다"라고 되어 있는데, 이것은 소송안건의 일로 청탁한 것이 명백하다. 재판 정보를 누설하는 것^[漏泄]은 위법행위인데, 유도^{劉濤}의 진술서에는 "관련 서류와 진술서^{[案款]67}를 지참해서 관청으로 출두했습니다"라고 되어 있는데, 이것으로 보아 재판 정보를 누설한 것이 명백하다.

상술한 세 가지 행위로 보아, 유도^{劉濤}가 자중하지 않고, 위법행위를 거리낌 없이 자행한 것은 과연 의^義로운 행위를 위해서 한 것인지, 자신의

---

63 知錄 : 知錄事參軍事의 약칭이다.
64 城狐社鼠 : 「징악문」 권12-36 〈先治依憑聲勢人以爲把持縣道者之警〉의 각주 36 참조.
65 過證贓物 : '뇌물을 건네다'라는 의미이다. 장물^{贓物}은 훔친 물건만을 지칭하는 것이 아니라, 죄가 성립되는 물건이라는 의미이다.
66 僉書 : '소환영장'이라는 뜻이다.
67 案款 : 여기서의 안^案은 '관련 서류'를 지칭하며, 관^款은 "진술서"라는 의미이다.

이익[利]을 위해서 한 것인지는 논할 가치도 없을 만큼 명백한 것이다. 게다가 그의 학문은 천박하기 그지없는 것으로, 예전에 유도[劉燾]가 작성한 문장을 가져온 것을 읽어 본 적이 있는데, 문장에 서술된 내용이 도대체 무엇을 말하는 것인지 모를 정도로 난잡하였고, 그 글을 읽는 사람들은 모두 웃지 않는 사람이 없을 정도였다. 어찌 하늘은 사람에게 재능을 부여할 때 사람들 간에 이토록 많은 차이가 나도록 했단 말인가.[68] 아마도 자신의 이익만 생각하고 세력을 넓히는 데만 심혈을 기울였기 때문에, 육예[六藝]의 문장을 읽거나, 백가[百家]의 글을 펼쳐 읽을[吟六藝之文, 披百家之編][69] 여유가 없었기 때문일 것이다.

유도[劉燾]의 행위를 법률에 비추어보면, 본래 죄를 부과해야 하지만, 본인이 학교[學校]에 근무하고 있는 것도 고려하여, 옷을 벗겨 장형[杖刑]에 처하고 싶지는 않으므로, 우선은 서류상으로는 "채찍형[撻]"[70]에 처한다고 기록하여 "교형[敎刑]"[71]이라는 뜻을 보이고, 학교로 보내 죽비[竹篦] 10대로 처결하라. 이것이 끝나면 자송재[自訟齋][72]로 압송하라.[73] 또 이에 관해 현[縣]과 시[市]에 방[榜

---

68 유도[劉燾]의 형편없는 재능을 조롱하는 문장이다.

69 吟六藝之文, 披百家之編 : '六藝의 문장을 읊거나, 百家의 글을 펼쳐 읽다'라는 의미이다. 『韓昌黎集』 卷12, 進學解에는 "先生口不絶吟於六藝之文, 手不停披於百家之編"이라 되어 있다.

70 撻 : 여기에서의 撻은 채찍형의 의미이다.

71 敎刑 : 유교적인 이념에 입각해서 내리는 형벌로, 잘못한 것에 대한 교훈적인 의미를 부가하였으므로 교형이라고 하며, 일반적으로 학교에서 훈계의 명목으로 내리는 채찍을 이용한 체벌의 형식으로 집행되었다.

72 自訟齋 : 송대에 사인[士人]들이 학규[學規]를 엄중하게 위반하였을 경우, 자송재[自訟齋]에 보내어 반성하게 하였다. 즉 자송재는 송대 학교의 재실[齋室] 명칭이었다. 張德英, 「宋代學校中的"自訟齋"」, 《文史知識》, 2003-12; 何玉紅, 「關於宋代"自訟齋"的一點補充」, 《文史知識》, 2007-6.

73 호석벽[胡石壁]이 완강하게 송사[訟師]들을 혐오하면서도, 사인[士人]들이 이에 관련되었을 경우에는, 그 처벌에서 원칙이 없어졌다고 곽동욱[郭東旭] 씨는 지적하고 있다. 이러한 부분은 『청명집』의 전반에서 곳곳에 나타나고 있다. 그러나 호석벽[胡石壁]이 조목조목 유도[劉燾]의 잘못을 지적하고 있는 점은 인정해야 할 것이다. 郭東旭·王瑞蕾, 「南宋儒家化法官的法治理念與司法實踐－以理學家胡穎爲例」, 《河北大學學報》, 2007-4; 大澤正昭, 「胡石壁の "人情－『名公書判淸明集』定性分析の試み」, 『宋－淸代の法と地域社會』, 東洋文庫, 2006; 柳立言, 「靑天窓外無靑天－胡穎與宋季司法」, 『中國史新論·法律史分册－中國傳

을 붙이도록 하라. 그리고 현縣에 공문을 보내, 오윤성吳允星 안건에 대해서
는 즉시 타당한從公[74] 방법으로 최종적인 판결[75]을 내리도록 하라結絶.

孔子曰, 不在其位, 不謀其政. 曾子曰, 君子思不出其位. 聖賢之意, 蓋欲天下之人, 各安其
分, 各至其所, 以無相奪倫而已. 否則位卑而言高, 其不陷於罪者幾希. 劉濤, 箪門圭竇之人
耳, 自當安貧樂道, 篤志好學, 如仲舒之下帷講誦, 三年不闚窺, 如昌黎之焚膏繼晷, 兀兀以窮
年, 可也. 公家之事, 豈宜過而問焉. 今乃背聖賢之戒, 繆用其心, 出入公門, 搜攬關節, 又從而
爲之辭曰. 此義也. 嗟夫, 天下之義事, 豈常人之所能爲哉. 杜季良豪俠好義, 憂人之憂, 樂人
之樂, 而馬援猶誡兄子不可效之, 濤實何人, 而敢爲馬援之所不敢乎. 使濤果出於誠心, 則吾
嘗聞之孟子矣. 曰, 今有同室之人鬪者, 救之, 雖被髮纓冠而救之, 可也. 鄕隣有鬪者, 被髮纓
冠而往救之, 則惑矣, 雖閉戶, 可也. 孟子以往救鄕隣之鬪爲惑, 而濤以干預他人訟爲義乎. 當
職採之輿論, 咸謂濤本非善良, 專以敎唆詞訟爲生業, 同惡相濟, 實繁有徒. 把持縣官, 劫制胥
吏, 頤指氣使, 莫敢不從. 以故闔邑之人, 凡有爭訟, 無不並走其門, 爭納賄賂, 以求其庇己. 濤
之所右, 官吏右之, 所左, 官吏左之. 少咈其意, 則浮言胥動, 謗語沸騰, 囂囂嗷嗷, 不中傷其人
不已. 慣此得便, 習以成風, 新化之所以不可爲, 其厲階實在於此. 今當知錄攝邑之始, 而濤首
以吳允星之事請託之, 蓋欲假此以嘗試其可否, 幸其見聽, 則自此城狐社鼠, 晝伏夜動, 登壟
斷而罔市利, 將無所不爲. 已不料知錄之介然有守, 凜不可犯, 徑以事上之於府也. 今觀其一
箚所陳, 備見其罪狀之不可掩. 過證贓物, 犯法也, 而濤之箚有曰, 自借己財, 以與案吏, 則是
過證贓物明矣. 計囑公事, 犯法也, 而濤之箚有曰, 邃浼典押, 以求僉書, 則是計囑公事明矣.
漏泄獄情, 犯法也, 而濤之箚有曰, 自將案狀, 躬詣臺墀, 則是漏泄獄情明矣. 卽此三事以觀
之, 不知濤之不自愛重, 觸冒刑辟而不顧也, 果爲義乎, 爲利乎. 將不待辨而明矣. 況濤之學
術, 繆悠尤甚. 比以所爲文來謁, 命意造辭, 全未知蹊徑, 見者無不撫掌, 豈天之降才爾殊哉.
蓋其平時顚迷於利欲之場, 奔走於刑勢之途, 故不暇於吟六藝之文, 披百家之編耳. 揆之於
法, 本合科斷, 且念其職在學校, 不欲使之愽膚受杖, 姑從撻記, 以示敎刑, 送學決竹篦十下

統法律文化之形成與轉變」, 聯經出版事業公司, 2008; 胡曉文, 「南宋明公胡穎判詞研究」,
河北大學碩士論文, 2015; 萬裏, 「宋代唯物主義法學家胡穎事跡著述與思想考述」,《長沙
電力學院學報》, 2001-3 참조.

74 從公: 「징악문」 12-8 因姦射射의 각주 184 從公 참조.
75 結絶: '결말을 짓다'나 '종결되다'의 의미를 갖는데, 결안結案한 뒤에 녹문錄問을 거쳐서 최
    종적인 판결이 내려진 것을 지칭한다. 이에 반해서 결안은 안건이 초기 심리審理를 거쳐
    서 잠시 일단락된 판결을 지칭한다.

罷, 押下自訟齋, 仍榜縣市. 備帖催, 將吳允星事日下從公結絶.

12-40. 우선 소송을 교사하는 자를 징벌하다
先治敎唆之人

호석벽(胡石壁)

팽재부彭才富의 용모를 보면, 향촌鄕村의 한 우민愚民에 불과하고, 소송 대리인[珥筆][76]처럼 소송을 좋아해서 승소하기 위해 어떠한 행위도 마다하지 않는[終訟][77] 사람으로는 보이지 않는다.[78] 무릇 교활한 행위[所業]는 선재거鮮再擧가 그를 교사敎唆하였기 때문에 발생한 것이었다. 대체로 향촌[田里]의 농부들의 경우에는, 자신의 발[足]을 현청縣廳에 들여놓는 법이 없고, 눈[目]은 한번도 서리胥吏의 얼굴을 본 적이 없으며, 입[口]은 능숙하게 말하지도 못하고, 손[手]은 글자를 쓸 수도 없으므로, 당연히 왕왕 관청에 출입이 잦은 자者가 관부官府를 좌지우지하면서 소송을 일으키지 않는다면, 이와 같은 소송 분쟁은 일어나지 않을 것이다.

우민愚民들은 무지無知하므로, 교사敎唆하는 자가 달변達辯으로 법률을 설명하거나 도리道理를 말하는 것을 듣고, 점차 그들을 신뢰하게 됨에 이르러, 드디어는 그들을 의지하면서 그들의 말을 듣고 모든 힘을 다해 그들을 받들게 되는 것이다. 그리하여 (소송을 일으키게 되는데) 다행히 승소勝訴하

---

76 珥筆 : 『청명집』에서는 "이필지민珥筆之民" 혹은 "이필지인珥筆之人"이라는 용어가 등장하는데, 이들은 송사訟師 즉 소송대리인을 전문적인 직업으로 하는 사람 중의 한 부류였다. 谷重, 「古代簪筆制度考辨」, 《中國書法》, 2016-16.
77 終訟 : 여기서의 '終'은 '최후까지 계속하다'·'철저하다'라는 의미로, 종송終訟은 '소송을 끝까지 계속 진행하다'라는 의미가 된다. 다른 말로 하면, '자신이 승소할 때까지 끊임없이 소송을 제기하다'라는 의미가 될 것이다.
78 즉 '팽재부彭才富'는 일개의 범부凡夫에 불과한 자로, 소송을 전문적인 직업으로 삼는 직업 소송꾼처럼 소송에 매달려 승소하기 위해 온갖 행동을 자행하는 그런 범주의 사람은 아니다'라는 의미이다.

더라고 그 이익은 소송꾼의 손에 돌아가고, 불행하게도 패소^{敗訴}하게 되면, 그 손해는 소송 당사자가 지게 되는 것이었다.

본관^{當職}은 관료[79]가 된 이후부터^{中間}[80] 백성들이 말하는 허위^{情僞}에 대해 자못 숙지^{熟知}하고 있으며, 악질 소송꾼과 같은 무리들을 "악취를 증오하듯이^{如惡惡臭}"[81] 증오하고 있었다. 지난번^{昨者} 면직한 서리^{罷吏}를 모두 추방해서, 성내^{城內}에 한 명도 남겨두지 않은 것은 바로 이와 같은 이유로 말미암은 것이니, 이 사실을 전해들은 자들은 이를 본보기로 삼아야 할 것이다. 지금 선재거^{鮮再擧}는 감히 함부로 소송분쟁을 일으켰으므로, 어찌 이를 가볍게 용서할 수 있겠는가. 감장 100대로 처결하고, 처형장^{市曹}[82]에서 보름^{半月} 동안 사람들의 구경거리가 되게 한 후^{令衆},[83] 분쟁에 관련된 두 명의 당사자를 구인^{拘引}해서 위사^{尉司}로 압송하도록 하라. 이미 판결한 대로 현지에 경계^{境界}를 설정하고^{釘界},[84] 조금이라도 함부로 이를 변경하는 것을 용납하지 않을 것이다. (판결대로 처분한 것을) 5일 이내에 보고하도록 하라.

觀彭才富之狀貌, 不過鄕村一愚民耳, 非能珥筆以終訟者. 凡其狡獪之作, 皆鮮再擧有以敎之. 大抵田里農夫, 足未嘗一履守令之庭, 目未嘗一識胥吏之面, 口不能辨, 手不能書, 自非平時出入官府之人, 爲之把持, 則爭訟何由而起. 愚民無知, 見其口大舌長, 說條念貫, 將謂其果可憑藉, 遂傾身以聽之, 竭力以奉之. 幸而勝, 則利歸於人, 不幸而敗, 則禍歸於己. 當職起身中間, 民之情僞, 知之頗熟, 故深惡此曹, 如惡惡臭. 昨者倂逐罷吏, 不留一人于城市間者, 正以此也, 聞者宜知所戒矣. 今鮮再擧乃敢犯之, 豈容輕恕, 勘杖一百, 市曹令衆半月. 兩爭人並鋃身押下尉

79 　송대 관료제에 관해서는 梅原郁, 『宋代官僚制度硏究』, 同朋舍, 1975; 鄧小南, 『宋代文官選任制度諸層面』, 河北敎育出版社, 1993 등 참조.
80 　中間 : '무엇하는 동안'·'무엇하는 사이에'라는 의미지만, 여기서는 '무엇하는 후부터'로 해석해 둔다.
81 　如惡惡臭 : 『禮記』「大學」에는 "所謂誠其意者, 毋自欺也. 如惡惡臭, 如好好色. 此之謂自謙. 故君子必愼其獨"이라 되어 있다.
82 　市曹 : 고대에는 사람들이 많이 운집하는 시장에서 형벌을 집행했지만, 송대에 와서는 처형장^{處刑場}을 시조^{市曹}라고 하였다.
83 　令衆 : '사람들의 구경거리가 되게 하다'라는 의미이다.
84 　釘界 : 현지에 경계^{境界}를 설정한다는 의미이다.

司, 照先行釘界, 不許稍有涉私曲. 限五日申.

12-41. 소송꾼들을 징계하다
懲敎訟[85]

방추애(方秋崖)[86]

원주袁州[87]는 한유愈:韓文公 때부터 백성은 안정되고 서리吏들은 선량하며, 도리道理를 지키는 자가 많았으므로, 이곳의 풍속이 오래전부터 두터운 것으로 알려져 있다袁自韓文公時, 稱爲民安吏循, 守理者多, 則風俗淳厚, 蓋已久矣.[88] 언제부터인지는 모르겠지만, 일련의[89] 소송을 일삼는 무리들이 자신의 생업生業은 돌보지 않고, 오로지 민중들의 원한의 표적이 되어, 결국에는 이들의 행위가 "(소송을 좌지우지하며) 관부官府를 괴롭힌다腦後揷筆"[90]는 말로 유포되며, 사람들의 비난을 받고 있었다. 장리長吏[91]들은 반드시 이 지역의 사람

---

85 敎訟: 교송敎訟은 소송꾼들이 소송을 부추겨 소송을 제기하는 것과 같은 행위를 지칭하지만, 문맥상 '소송꾼'으로 번역해 둔다. 송사訟師라고 불리우는 소송대리인들이 부정적인 의미에서의 '소송꾼' 같은 역할을 하는 경우가 많았다.

86 方秋崖: 방악方岳의 호號는 추애秋崖이고, 자字는 거산巨山이며, 구주衢州 출신이다. 『宋史翼』卷17, 方岳傳에는 "程元鳳當國, 起知袁州, 新其城"이라 되어 있고, 『宋史翼』卷28에는 "程元鳳 …… [寶祐三年, 排右丞相"이라 되어 있으므로, 방추애가 袁州 知州에 부임한 것은 寶祐 3년(1255)이거나 보우 3년 이후를 지칭하는 것으로 생각된다.

87 袁州: 지금의 강서성江西省 의춘현宜春縣에 해당한다.

88 袁自韓文公時, 稱爲民安吏循, 守理者多, 則風俗淳厚, 蓋已久矣: 『韓昌黎集』卷39 "袁州刺史謝上表"의 "伏以, 州小地狹, 稅賦及時, 人安吏循, 閭里無事"에 근거하고 있다.

89 一等: "一種, 一些, 一批"의 동일한 의미이다.

90 腦後揷筆: 고대부터 내려오는 속언의 하나로, '관부를 괴롭히다', '관리를 못살게 굴다', '관리를 괴롭히다' 등을 비유하는 말이 되었다. 『청명집』「징악문」12-40, "珥筆"과 같은 의미일 것이다.

91 長吏: 현縣 단위에서의 장리長吏라고 하면, 지현知縣・현승縣丞・현위縣尉와 같이 지방관청에서 비교적 신분이 높은 직위에 있는 관리를 지칭하며, 그 외의 하급관료와 서리를 포함하여 '소리小吏'라고 지칭한다. 주州나 부府 단위의 지방관청도 이와 유사하다.

들을 위해 이런 교활한 무리를 소탕해야 할 것이다. 지주知州, 太守[92]가 부임할 당시, 아직 관인官印을 건네받지 않아 사무인계가 끝나지 않은 사이에, 사람들이 분잡하게 무리를 지어 통행을 못하게 길을 막으며 소송訴訟[93]을 제기해 오자, 지주知州가 이들을 설득하여 돌아가 달라고 해도 막무가내로 달려드는 바람에, 처음부터 소송 사건에는 질려버린 상태가 되었다.

머리를 묶은 어떤 사람을 잠깐 불러 세워 물어 봤다. "나이가 몇 살인가?"라고 했더니, "12살입니다"라고 했다. "글자를 쓸 수 있는가?"라고 하자, "아닙니다"라고 했다. 이에 "그렇다면 그 소송장은 누가 썼는가?"라고 하자, "역백사랑易百四郞이 썼습니다"라고 했다. 마음속으로 이미 역백사랑易百四郞이라는 자가 소송을 교사敎唆하는 것을 알고, 그를 연행하지 않을 수 없었다. 사건의 전말을 물어 보니, 역백사랑易百四郞은 매우 악질적인 소송꾼이었다. 예컨대 역백사랑易百四郞은 서포書鋪[94]임에도 불구하고, 나이가 어린 경우에는 법률적으로 원고原告가 될 수 없다年尙幼, 法不當爲狀首[95]는 것을 어찌 모른단 말인가. 게다가 이 어린소년을 꼬드겨서 소송을 일으키게 한 것이다. 이것이 그의 첫 번째 죄상罪狀이다. 진념삼陳念三은 두 번째 남편으로, 법률적으로 전前 남편의 재산에 관여해서는 안 되는데도後夫也, 法不當干預前夫物

---

92 太守 : 송대 주의 장관인 지주知州를 '태수太守'라고도 했다.
93 訴訟 : 송대의 소송에 관해서는 趙旭, 「論宋代民間訴訟的保障與局限」,《史學月刊》, 2005-5; 龔汝富, 「江西古代"尙訟"習俗淺析」,『南昌大學學報』, 2002-2; 許懷林, 「宋代福建的民間訴訟」,《福州師專學報》, 2001-6 등 참조.
94 □鋪 : 鋪 위 앞에 글자가 누락되어 있는데 아마도 '서포書鋪'일 것으로 추정된다. 서포書鋪란 소송장을 대필하거나, 각종 문서의 공증도 행한 대서인代書人을 지칭한다. 范文工, 「宋代書鋪再認識」,《四川師範大學學報》, 2015-4; 王亞傑, 「宋代書鋪 ― 民間司法鑒定機構的雛形」,《中國司法鑒定》, 2019-2; 程民生, 「宋代的傭書」,《中國史硏究》, 2019-3
95 年尙幼, 法不當爲狀首 :『唐律疏議』제352조「투송율」〈囚不得告擧他事〉에 "또한 나이 80세 이상이거나 10세 이하 또는 독질篤疾인 자가 모반謀反·대역大逆·모반謀叛·자손子孫의 불효 및 동거하는 사람에게 침범당한 경우에는 고발을 허락한다. 다른 것은 결코 고발할 수 없다. 주관하는 관원이 (고발을)접수하여 처리한 경우에는 각각 처리한 죄에서 3등을 감한다卽年八十以上, 十歲以下及篤疾, 聽告謀反·逆反, 子孫不孝及同居內, 爲人侵犯者, 餘竝不得告. 官司受而爲理者, 各減所理罪三等"(임대희·김택민 주편,『譯註唐律疏議』〈各則 下〉, 한국법제연구원, 1998, 3129쪽 참조).

業,[96] 이 자를 꼬드겨서 소송을 일으켰던 것이다. 이것이 두 번째 죄상罪狀이다. 또 신임 지현知縣[97]이 이제 막 부임해 와서, 업무 인가朱記를 내리지 않았으므로, 법률적으로 소송장을 작성해서는 안 되는데도 불구하고[未給朱記, 法不當爲人寫狀],[98] 소송을 일으키려고 교사하였던 것이다. 이것이 세 번째 죄상罪狀이다.

우선 형벌을 올바로 집행하여 정치를 바로잡고, 교활한 자를 처단해서 풍속을 바로 세우지 않으면 안 된다. 따라서 가벼운 쪽에 따라 장형 100대로 처한 후, 관할 주本州에서 수가首枷를 씌우고, 관할 내의 4개의 현四縣[99]에서 각각 5일간 군중의 구경거리가 되게 하라. 또 방榜을 붙여 사람들에게 알리도록 하라. 차후 소송꾼이 또 다시 소송을 교사敎唆하는 행위를 자행한다면 장형 100대에 처하는 것처럼 가볍게 처벌하지는 않을 것이다. 스스로 잘못을 뉘우치고 바로잡는 것에 힘쓰고, 관청官司을 번거롭게 해서는 안 된다.

袁自韓文公時, 稱爲民安吏循, 守理者多, 則其風俗淳厚, 蓋已久矣. 不知何時有此一等教訟之輩, 不事生業, 專爲囂囂, 遂使腦後挿筆之謠, 例受其謗. 爲長吏者, 要當爲爾袁一洗之. 太守入境之初, 猶未交印, 紛然遮道, 論遣復前, 已厭其喜訟矣. 有一鬖者, 試呼而問曰, 年機何, 曰, 十二. 能書乎, 曰, 不能, 則狀誰所書也. 曰, 易百四郞. 心已知其爲教訟之人, 不可不追. 問所以, 則又有甚焉. 蓋易從□鋪也, 豈不知年尙幼,[100] 法不當爲狀首, 而教之訟, 其罪一.

---

96 後夫也, 法不當干預前夫物業：'後夫는 법률적으로 前夫의 재산을 관여해서는 안 된다'는 의미이다. 『청명집』 「호혼문戶婚門」 권8-20 〈夫亡而有養子不得謂之戶絶〉에 인용된 "戶令" 참조. 송대에는 과부가 접각부接脚夫 즉 후부後夫를 들이는 것을 허락하였다. 한정적이기는 하지만 여호女戶 가정에 이성異姓의 성년남자가 가家에 관여하는 것이기 때문에 이러한 접각부에 대해서 국가로서는 주목을 하고 있었다(김보영, 「宋代 女戶의 立戶와 國家管理」, 임대희 엮음, 『판례로 본 송대사회』, 민속원, 2019, 188～225쪽 참조).

97 원주袁州 관할 내의 현縣에 새로 부임한 지현知縣으로 생각된다.

98 未給朱記, 法不當爲人寫狀：주기朱記는 '주인朱印'을 말하며, 즉 '관청의 인가認可를 받다'라는 의미이다. 송대 서포書鋪는 지현이 교체될 때마다 관부로부터 새로운 인가를 받아야, 소송장을 작성할 수 있었다.

99 四縣：여기서 4개 현이라는 것은 원주袁州 관할의 의춘현宜春縣 · 분의현分宜縣 · 평향현萍鄕縣 · 만재현萬載縣을 지칭한다.

陳念三, 後夫也, 法不當干預前夫物業, 而敎之訟, 其罪二. 新知縣方到, 未給朱記, 法不當爲人寫狀, 而敎之訟, 其罪三.[101] 初開杖封政, 當斷以姦猾, 以厚風俗. 從輕杖一百, 枷項本州, 其四縣各令衆五日, 鏤榜曉諭. 後有敎訟, 非杖一百所能斷也. 勉自改業, 毋犯有司.

100 年尙幼 : '尙'은 본래 '末'로 되어 있었으나, 상해도서관 판본에 의거하여 수정되었다.
101 其罪三 : '三'은 원래 '五'로 되어 있었으나, 상해도서관 판본에 의거하여 수정되었다.

권13

화도諱徒

13-1. 화귀송사
諱鬼[1] 訟師

채구헌(蔡久軒)

본관은 이전부터 주州·군軍의 장관을 역임하는 동안, 무주婺州[2]에는 금 씨

---

[1] 諱鬼 : 화도라는 소송꾼을 부정적 시각으로 보는 용어이기도 하며, 또한 '화괴諱魁'와 동일한 의미이며, '화도거괴諱徒渠魁', 즉 '화도의 우두머리'를 지칭하기도 한다. 화도는 소송을 전문적인 직업으로 하는 송사訟師의 범주에 해당하지만, 화도라는 개념 속에는 '다른 사람에게 소송을 교사하는 등 부정적인 의미에서의 소송꾼'을 지칭하는 말이다. 화도는 '송곤訟棍'과도 동일한 의미를 지니고 있다. 송학訟學이 흥기하게 됨에 따라서, 강남의 민간에서는 사송詞訟을 전문적으로 도와주거나 사람들을 대신해서 이러한 건을 처리해 주는 사람들이 생겨났는데, 송대의 관부官府에서는 이들을 건송健訟하는 사람들이라고 불렀다. 송사와 건송에 대한 개념이 일체화되는 형상을 보게 되는 것이다(陳景良, 「訟學·訟師與士大夫─宋代司法傳統的轉型及其意義」,《河南省政法管理幹部學院學報》, 2002-1; 郭東旭, 「宋代之訟學」, 『宋史研究集刊』, 浙江古籍出版社, 1986).
[2] 婺州 : 양절동로兩浙東路 관할의 주이다.

金.종 씨鍾 등과 같은 유력한 일족이 있어, 서로 서로 나쁜 일을 도와주거나, 화도讙徒를 부추기거나, 남의 재물을 위협해 빼앗는 등, 백성들에게 상당한 해악이 되고 있다는 것을 듣게 되었다. 그리하여 이들을 소환하여 철저하게 조사하고자 하였는데, 당시 이때까지 지은 죄로도 모자라[稔惡],[3] 양등룡楊登龍이 강 씨姜氏에 대해 일으킨 소송분쟁에까지 개입함으로써 스스로 법망에 걸려들었던 것이다. 이는 실로 하늘이 도와준 덕택이다.

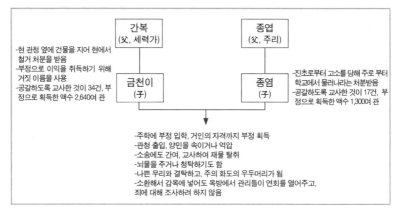

금천이金千二는 세력가의 간복幹僕[4]의 아들이고, 종엽鍾炎은 주리州吏인 종엽鍾曄의 아들이다. 이리의 탐욕과 호랑이의 포악스러움이 선천적으로나 후천적으로 자손들에게 물려지는 것처럼, 이들은 흉악한 간복의 아들과 교활한 서리[黥吏][5]의 아들로서 그러한 속성을 그대로 이어받았다. 또 덧붙

---

3   稔惡 : 쌓이고 쌓인 나쁜 일이라는 의미이다.

4   幹僕 : 「징악문」 권12-28 〈檢法書擬〉의 각주 '幹僕'을 참조.

5   黥吏 : 문자 그대로의 뜻으로는 "문신文身을 한 서리"라고 해석할 수 있다. 경리黥吏는 경형黥刑, 즉 자자刺字를 받은 서리를 의미하고 있다. 여기에서 문신을 했다는 것은 무슨 과오過誤를 범하였기에 처벌되었다는 의미일 것이다. 송대에는 처벌의 하나로서 문신文身하는 경우가 있었으므로, 이러한 해석이 가능하다. 그렇다면, 왜 경리黥吏라고 불리는 자자당한 서리가 많이 존재하였던 것일까. 자자는 왜 서리에게 압도적으로 많이 부과되었을까. 이는 낮은 녹봉에 기인한 경제적 어려움 때문에 서리가 업무와 직간접적으로 관련된 일에서 뇌물을 수수하거나 백성을 수탈하는 유혹에 상시적으로 노출될 수밖에 없었고, 필연적으로 많은 범죄를 야기惹起하였던 것이다. 특히 남송은 북송에 비해 서리의 정원을

이면 주학州學에도 부정입학하여[冒名],6 거인擧人의 자격까지 부정취득하였는데, 이것은 "호랑이에 날개를 단 것[虎而翼者]"7과 같은 형상이었다. 그리하여 "주현州縣에서도 우리들을 어떻게 할 수 없다. 포승줄이 나에게는 다가오지도 않는다"라고 허풍을 떨며, 감히 관청으로 출입을 하고, 감히 양민良民을 속이거나 억압하고, 소송에도 간여하고, 감히 교사하여 재물을 취하고, 뇌물을 주거나 청탁計囑8하기도 한 것이다. 금천이金千二는 이전에 현 관청 옆에 건물을 지어 엿보기도 해서, 현縣으로부터 철거 처분을 받았다. 종염鍾炎은 이미 진초陳俏로부터 고소를 당해, 주州로부터 학교에서 제적당하는 처분屛斥9을 받았다. 금천이金千二는 어떤 때는 성姓을 금金으로, 어떤 때는 성姓을 유劉로 사용하였으나, 혹은 이름名을 배培라 하기도 하고, 어떤 때는 식지埴之라 해서 마음대로 거짓말만 하였는데, 모두 부정으로 이익을 취득하기 위해서였다. 이 두 명은 나쁜 무리와 결탁하고, 서로 도와주며 주州의

줄인 반면, 여러 주에서는 대부분 정원 외의 인리人吏를 두고 있었다. 따라서 이들 정원 외 인리人吏는 뇌물수수와 횡령 등의 부정행위를 일삼을 가능성이 더욱 높아진 것이다. 서리利權의 이권과 관련된 권한과 직권남용의 가능성, 그리고 서리의 청렴결백하지 못한 소양素養이 송조로 하여금 서리의 범죄를 엄격하게 징계할 필요성을 가지게 했다고 볼 수 있다. 따라서 서리에 대한 일벌백계의 상징으로서 자자刺字가 행해졌던 것이다. 이는 관료들의 경우에는 송대라고 하더라도 가급적이면 문신刺字에까지는 해당하지 않으므로, 한편으로는 서리를 낮추어서 이렇게 표현하는 경우도 생기고 있다. 그러한 경우에는 "교활한 서리[黥吏]"라는 의미로서 쓰이고 있는데, 이와 더불어 "간민姦民"도 나열하는 경우가 많다. 그런데, 『秋崖集』 卷27 〈簡剳〉에서도 이곳과 마찬가지로 "黥吏之子"라는 표현이 나오고 있는데, 이것을 보면 상대방의 부모를 욕함으로서, 상대방을 멸시蔑視하는 표현으로 쓰이는 것이 아닌가 생각된다. '경리'는 『청명집』에서 이곳 「징악문」, 권13-1과 「징악문」, 권13-8 〈資給人誣告〉에 나타나고 있다. 남현정, 「宋代 刺字刑의 시행과 사회적 인식의 변화」, 임대희 엮음, 『판례로 본 송대사회』, 민속원, 2019, 361~399쪽 참조. 관련 내용은 「징악문」, 권13-8 〈資給人誣告〉에도 실려 있으므로 참조.

6   冒名 : '타인의 성명을 도용하는 것'을 의미하며, 여기에서는 주학州學에 부정입학하기 위해 타인의 명의를 도용한 것을 말한다.

7   虎而翼者 : 陳奇猷校注, 『韓非子集釋』 難勢篇, "주서에 말하기를, '호랑이에게 날개를 달아주지 말라. 만약 날개를 달아주면 즉시 들어와서 사람을 잡아먹으려 들 것이다'라고 했다. 불초한 자에게 위세를 주는 것은 곧 호랑이에게 날개를 달아주는 것과 같다[故周書曰, 毋爲虎傅翼, 將飛入邑, 擇人而食之. 未乘不肖人於勢, 是爲虎傅翼也]"라고 되어 있다.

8   計囑 : '設法囑托'. 뇌물을 주거나 청탁을 하는 행위를 의미한다.

9   屛斥 : 학교나 서원書院에서 제적시키는 것을 의미한다.

화도^{譁徒}의 우두머리가 되었다. 소환해서 감옥에 넣어도, 추사^{推司}·관사^{款司}[推款]¹¹ 아래의 사람들은 그 위세가 두려워서인지 매수되어서인지 매일같이 옥방^{獄房}에서 연회를 열어 주고 함께 마시며, 조금도 조사를 하려고 하지 않아, 그 위세는 관부가 무색할 정도였다. 그리하여 본관은 추리^{推吏}를 묵형에 처한 후 배류^{黥配}¹²하고, 추리에게 뇌물을 준 자를 처벌하고, 다시 그 현^縣의 관원¹³에게 조사를 하게 했다. 이로 말미암아 뇌물은 없어지고, 그들의 수많은 나쁜 행위 중에 한두 가지 정도가 겨우 보고되어 온 것이다. 화귀^{譁鬼}들의 이러한 행위는 이와 같이 두려워할 만한 정도였던 것이다.

금천이^{金千二}는 공갈하도록 교사^{敎唆}한 것이 34건, 부정으로 획득한 액수

10　譁徒 : 화도^{譁徒}는 소송을 전문적인 직업으로 하는 송사^{訟師}의 범주에 해당하지만, 다른 사람에게 소송을 교사^{敎唆}하는 등 부정적인 의미에서의 전문소송꾼이라는 의미도 포함되어 있다. 화도의 우두머리를 화괴^{譁魁}, 화귀라고 칭했다. 송사와는 어감이 달리 쓰이고 있는 화도가 자주 쓰이고 있는 점은 이에 대한 부정적인 의미를 강조하고 있기 때문일 것이다. 『청명집』에서 화도가 쓰이고 있는 곳은, 「관리문」 (권2-27) 「인륜문」 (권10-05), 「인품문」, (권11-01), 「인품문」, (권11-07), 「인품문」, (권11-23), 「인품문」, (권11-32), 「징악문」, (12-37), 「징악문」, (13-1), 「징악문」, (13-2), 「징악문」, (13-3), 「징악문」, (13-5), 「징악문」, (13-29)에 나오고 있다.

11　推款 : 추사와 관사를 말한다. 추사에 대해서는 추사와 옥사는 실제로는 동일한 기구이다. 사건의 책임을 가지는 기구는 국사^{鞫司}라고 불리며 또 추사와 옥사라고도 한다. 검법^{檢法}·의형^{議刑}에 책임을 가지는 기구는 법사라고 불린다(「징악문」, 12-9 각주와 「징악문」, 12-20 각주 참조).

12　黥配 : 경배^{黥配}에 관해서는 일반적으로 자배^{刺配}라는 표현을 쓰고 있다. 자배를 사용하는 경우보다는 빈도가 낮지만 경배라는 표현을 쓰고 있는 판어가 나오고 있다. 이러한 예를 통해 남송대 판관으로 대표되는 사대부들은 자배와 경배를 크게 구분 없이 같은 의미로 사용한 것으로 보인다. 『청명집』에서 일반적으로 '자배^{刺配}'라는 용어를 쓰고 있지만, '경배^{黥配}'라고 쓰는 경우로서는, 이곳 이외에도 「官吏門」, 권2-9 〈頂冒可見者三〉; 「人倫門」, 권10-34 〈子妄以姦妻事誣父〉; 「人品門」, 권11-13 〈罪惡貫盈〉; 「人品門」, 권11-16 〈逢出過犯人吏檢擧陞陟〉; 「人品門」, 권11-38 〈黜吏爲公私之蠹者合行徒配以警其餘〉; 「懲惡門」, 권13-1 〈譁鬼訟師〉에서도 경배라는 용어를 사용하고 있다. 『고려사』에서 "자배^{刺配}"는 사용하지 않지만, '경배^{黥配}'를 쓰고 있는 事例로서는, 『高麗史』 「世家」 卷19; 『高麗史』 「世家」 卷20; 『高麗史』 「列傳」 卷12에 나타나고 있다. 남현정, 「宋代 刺刑의 시행과 사회적 인식의 변화」, 임대희 엮음, 『판례로 본 송대사회』, 민속원, 2019, 338쪽 참조.

13　사건과 연관되지 않은 관리, 또는 현관^{縣官}을 제외한 담당 현 내의 다른 관리를 뜻하는 것으로 추정된다.

는 2,640여 관貫이며, 종염鍾炎은 공갈하도록 교사한 것이 17건, 부정으로 획득한 액수가 1,300여 관貫이므로, 모두 묵형에 처한 후 배류黥配에 처하여, 이후 이런 행위를 하는 사람들의 본보기로 삼아야 한다. 그러나 (피고인) 사인 동료[士友][14]가 탄원해 오기도 해서 형량을 감해 주기로 하여[末減],[15] 금천이金千二는 척장脊杖 15대에 처결한 뒤, 2,000리에 편관編管한다.[16] 종염鍾炎에 대해서는 주학州學 입학과 거인擧人 자격을 박탈[駁放][17]하도록 예부禮部에 보고하는 것을 면제해주고, 또한 더 이상의 조사도 면제한다. 하지만 죽비竹篦 12대에 처결한 후, 1,000리에 편관編管하며, 부정취득분[監贓]의 추궁에 대해서는 면제하지만 즉시 유배지로 호송하라. 양등룡이 고발한 결혼 지참재산[奩田][18] 1건은 이미 이전의 책임자가 처단을 내리고 있어, 여기에서는 깊이 추궁하지 않는다. 이 외에 대해서는 감관勘官의 초안에 따르기로 하고, 또 이 사건에 대해서 관청 문에 방榜을 붙이고, 모두 중앙의 성부省部[19]·어사대御史臺에 보고하기로 한다.

當職昨領州軍, 已聞婺州有金·鍾二姓人, 迭爲唇齒, 敎唆譁徒, 脅取財物, 大爲民害. 方欲追上根究, 豈謂積釁稔惡, 乃因楊登龍訴姜氏事, 自投憲網, 是天鋤之也. 金千二, 係勢家幹僕之子. 鍾炎, 係州吏鍾曄之子. 狼貪虎噬, 種習相傳, 以獰幹·黥吏之子, 而又冒名郡庠, 冒玷鄕學, 此虎而翼者也. 稱州縣無如我何, 棒不到我喫, 所以敢於出入州縣, 敢於欺壓善良, 敢於干預刑

14 士友 : '사대부 신분의 친구'라기 보다는, 이 판례에서는 주학州學이나 거인 자격의 사인士人 동료를 지칭하는 것으로 보는 것이 나을 듯하다.

15 이 문장의 해석은 "사우士友가 일찍이 (그들을 위해 감형을) 간청하고, 본관도 일찍이 감형한 적도 있으므로 (본래 감형해야 될 형벌을 감형하여)"라고 번역할 수도 있을 것이다.

16 정우석, 「송대 編管刑의 등장과 그 시행상의 특징」, 임대희 엮음, 『판례로 본 송대사회』, 민속원, 2019, 400~443쪽 참조.

17 駁放 : 자격을 박탈하는 것을 의미한다. 여기서는 과거시험에 합격한 자의 자격을 박탈하다라는 의미이다.

18 奩田 : 결혼 시에, 신부가 가져가는 '결혼지참금'을 지칭하며, 결혼지참금에는 '토지·금전·가구' 등을 포함한다.

19 省部 : 省은 三省을 지칭하며, 部는 六部를 지칭한다. 여기에서는 상서성형부尙書省刑部로 추정된다.

名, 敢於教唆脅取, 敢於行賕計囑. 金千二曾造樓闞縣衙, 爲本縣斷治毀拆. 鍾炎招陳倣陳論, 爲本州下學屏斥. 金千二或姓金, 或姓劉, 或名培, 或名埴之, 變詐反覆, 無非預爲姦狼敗獲之地. 是二人者, 同惡相濟, 互爲羽翼, 一郡譁徒之師. 旣追到獄, 推欵以下, 畏威懷餌, 逐一置酒獄房, 與之燕飮, 更不敢推勘, 其威力過於官府. 當職黜配推吏, 斷行賕之人, 改委外縣官推勘. 賄賂旣絶, 而後姑以姦惡百之一二申上. 譁魁訟師之可畏如此哉. 金千二敎唆脅取, 所犯三十四項, 入己贓二千六百四十餘貫, 鍾炎敎唆脅取, 所犯一十七項, 入己贓一千三百餘貫, 並合黜配, 以爲將來之戒. 以士友曾爲之請, 當職曾許之末減, 金千二決脊杖十五, 編管二千里. 鍾炎免申禮部駁放, 更免勘, 決竹篦二十, 編管一千里, 免監臧, 卽日押行. 其楊登龍所訴取奩田嫁資一項, 已經累政所斷, 且免根究. 餘照勘官所擬, 仍榜衙門, 倂申省部・御史臺.

13-2. 소송분쟁을 날조하여 일으키다
撰造公事[20]

채구헌(蔡久軒)

　　화도譁徒인 장몽고張夢高는 서리胥吏인 금미金眉의 아들인데도 불구하고, 성姓을 장 씨張姓라 사칭하고, 서리吏의 악폐를 답습하여, 오로지 소송을 부추기거나 남을 속이는 것을 생업生業으로 하고 있었다. 처음에는 여러 현의 소송인을 꾀어 집에 묵게 하며, 소송을 일으키기로 모의를 하고 있었다. 그 사이에 공리公吏에게는 뇌물을 주고, 관원官員에게는 청탁을 했으며, 기생집倡樓[21] 으로 불러내어 소송관련 이야기를 끄집어내기도 하고, 찻집茶店으로 불러내어 뇌물을 주기도 하는過度[22] 등, 조금이라도 틈이 있으면 여러

20　撰造公事 : 『淸明集』 卷12-28 〈檢法書擬〉에 나오듯이, "撰造公事"는 "허위 소송을 일으키다"라는 뜻으로 보는 것이 나을 것이다.

21　倡樓 : 창루倡樓라던가 창가娼家 등의 용어가 「징악문」 13-2 〈撰造公事〉나 「징악문」 14-12 〈因賭博自縊〉에서 나오고 있는데, 이것이 어떠한 성격의 내용인지는 좀 더 검토해 보아야 할 것이다.

22　過度 : '건네주다'라는 의미이다.

가지 수단을 써서, "백주대낮에 당당히 돈을 빼앗는[白晝攫金]"23 것과 같은 일
을 하는 것에 조금도 거리낌이 없었다. 결국 재산과 세력을 쌓아 주州의 관
청에 출입하면서, 서리胥吏를 자기 멋대로 부리고,24 조금이라도 자신의 뜻
에 따르지 않으면, 소송꾼을 부추겨 중앙 관청[臺部]25에까지 고소하게 하는
등, 그의 위세와 권세가 대단하여 감히 누구도 이에 대항할 수가 없었다.
기회를 틈타서 이익을 탐하였으며, 남의 재산을 가로채고, 죄가 없는데도
그로 인해 파산한 집이 헤아릴 수 없을 정도였다.26

본관은 지주知州, 郡守27를 겸임하게 되어[兼守],28 부임지로 들어오면서부
터 백성의 고충을 물어 보았더니, 장몽고張夢高가 이 주州에서 해악害惡을 끼

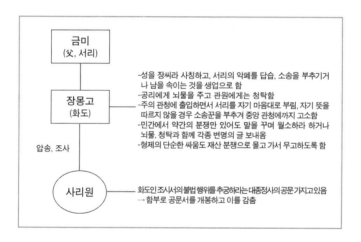

23 白晝攫金 : 『漢書』 卷48, 賈誼傳에는 "白晝大都之中, 剽吏而奪之金"이라 되어 있다.
24 턱으로 이리저리 가리키면서 서리를 부린다는 뜻.
25 여기에서의 "대부臺部"는 어사대御史臺와 형부刑部를 지칭하는 것으로 보인다.
26 이 사례를 서리들의 부정행위의 또 한 가지 원인이라고 볼 수 있는 소송꾼과의 유착관계
로 볼 수 있는 것이다(박순곤, 「宋代 地方胥吏의 모습」, 임대희 엮음, 『판례로 본 송대사
회』, 민속원, 2019, 552~593쪽 참조).
27 郡守 : 송대 주州의 장관인 지주를 군수郡守 혹은 태수太守라고도 했다.
28 兼守 : 재판관인 채구헌蔡久軒의 경력을 보면, 제형사提刑使 겸 지주知州를 겸직兼職한 적이
있었다. 송대에는 로路의 장관이라고 할 수 있는 제형사提刑使·전운사轉運司·안무사按撫
使 등의 관원들이 지부知府나 지주知州 등과 같은 지방장관을 겸직하는 경우도 많았다.

치고 있다는 것을 알았지만, 곧바로 이를 추궁하려고 생각지 않았다. 그리하여 죄가 쌓이고 악행이 가득 차서, 귀신도 그 혼을 빼앗길 정도였다. 본관이 처음으로 소송을 수리^{受理}하는 날에, 장몽고張夢高가 관청에 와서 소송을 제기하면서, 고만이수^{高萬二秀} 등과 함께 재판의 일로 청탁을 해 왔다. 이를 붙잡아 체포하자, 양쪽 복도에 서류를 들고 온 400~500명의 사람들이 천둥과 같은 환호성을 질렀다. 이것으로 보아 그가 얼마나 많은 악행을 자행했는가를 알 수 있다. 사리원^{司理院}으로 압송해서 조사한 후, 장몽고張夢高의 주머니^{便袋29}에서 공문서가 한 통 발견되었다. 이미 개봉되어져 있었지만, 이것은 행재^{行在30}의 대종정사^{大宗正司31}가 관할 주^{本州}로, 화도^{譁徒}인 조시소^{趙時消}의 불법행위를 추궁하라고 보낸 공문이었다. 공문서는 7월 날짜로 되어 있었고, 관할 주^{本州}는 행도^{行都}에서 며칠 거리 밖에 되지 않는다. 어떻게 해서 1개월 이상이나 지연될 수 있는가. 장몽고와 조시소^{趙時消}는 모두 관할 주^{本州}의 화도^{譁徒}의 우두머리들로, 암암리에 서로 같이 도와주는 관계로, 함부로 공문서를 개봉하고 이를 감추고 있었던 것이다. 이것만으로도 완전히 관부^{官府}를 무시하고, 법^{三尺32}을 두려워하지 않았다

---

29 便袋 : '들고 다니는 주머니'라는 의미이다.
30 行在 : 황제가 수도인 경사^{京師}를 떠나 다른 곳에 머물 때에 그곳을 지칭하는 용어이다. "행재소^{行在所}"라고도 쓴다. 남송의 수도인 임안^{臨安}을 행재^{行在}라고 지칭했다. 이는 북송^{北宋}의 수도인 개봉^{開封}이 본래 있어야 할 곳인데, 잠시 다른 곳에 머문다는 의미가 포함되어 있다.
31 大宗正司 : 『宋史』 卷164. 職官志에는 "(大宗正司)掌糾合宗室族屬而訓之以德行, 道藝, 受其詞訟而糾正其愆違, 有罪則先劾以聞, 法例不能決者, 同上取裁"라 되어 있다. 또 중앙에 있는 대종정사^{大宗正司}에 대해, 지방의 종실을 감독하는 관청으로, 외종정사^{外宗正司}가 설치되었고, 남송에서는 서외종정사(福州에 위치함-역자 주)・남외종정사(泉州에 위치함-역자 주) 등이 있었다.
32 三尺 : '법률'이라는 의미이다. 『史記』 卷122 「酷吏列傳」 杜周傳 "논객 가운데 그런 두주^{杜周}를 꾸짖는 자가 있었다. "당신은 천자의 공평한 판결을 결정하는 사법관으로 있으면서 삼척^{三尺}의 법(法 : 古法, 옛날에는 법문을 3척의 죽간에 기록했음)에 따르지 않고 오로지 황제의 비위만 맞춰서 판결을 하니 진실로 사법관이라면서 이래도 되는거요?" "도대체 법률^{三尺의法}이란 것이 굳이 어디서 나온거요. 선제^{先帝}가 옳다고 한 것은 율(律 : 法의 大綱)로써 기록되고 후제^{後帝}가 옳다고 한 것은 영(令 : 法의 細目)이니 소疏로 달리되는 게 아니겠소. 즉 그때그때 적절하게 처리되는 것을 옳다고 하는 거요, 어떻게 고법^{古法}만 고집하란 말씀이오[客有讓周曰, 君爲天子決平, 不循三尺法, 專以人主意指爲獄. 獄者固如是乎. 周曰, 三尺安出哉. 前主

는 것이 명백하다.

이 외에도, 민간에서 약간의 분쟁만 있어도 말을 꾸며 월소越訴[33]하라고 교사하고, 관사는 관련 문서만 요구했는데도, 뇌물이나 청탁과 함께 각종 변명을 하는 글을 보내오기도 했다.[34] 형제의 단순한 싸움인데도 재산 분쟁으로 몰고 가서 무고誣告하도록 한다든지, 관사가 마음먹고 규명을 하려 하면, 상대방과 갑자기 화해하는 등, 그들의 여러 가지 술수는 이와 같았다. 금전金錢이 손에 들어오지 않은 동안에는 선동하여 소송을 일으키게 하고, 금전이 손에 들어오면 소송을 그만두고 재판을 중지시켰다. 그 죄를 조사해 보면, 사형에 처하더라도 그 처벌은 부족한 정도이고, 얼굴에 묵형[黥][35]을 처하지 않으면 그 악행을 징계하기에는 부족하니, 이런 자를 추방하지 않는 한 사람들이 편안해 질 수가 없는 것이다.

옥리獄吏는 장몽고의 악랄함을 두려워하여, 옥중獄中에서도 형兄을 대하듯 돌봐 주었는데, 본인이 진술한 죄는 백 가지 중에서 한두 가지에도 미치지 못한다. 그중 자백한 청탁이나 금품수수 등과 관련된 안건은 25건이고, 부정으로 취득한 액수는 50관貫 정도 된다. 화도譁徒를 교사하는 것은 종범從犯, 貼[36]과 동일하게 처벌하라고 되어 있지만, 하물며 그것이 무의현武義縣[37]의 서리인 금미金眉의 아들인 경우는 더욱 더 그렇다. 또 본인은 9살 때 장충익張忠翊의 양자가 되었다고 허황되게 진술하고 있지만, 9살 때 양자가 되는 것은 위법행위이다[九歲抱養, 亦是違法].[38] 하물며 그것이 다른 성씨

所是著爲律, 後主所是疏爲令, 當時爲是. 何古之法乎]." 「"三尺"的別稱」,《語文教學通訊》, 1985.2.

33 越訴 : 「징악문」 12-17 〈豪民越經臺部控扼監司〉의 각주 越訴 참조.

34 이 문장은 "뇌물을 주면서 청탁하고, (이것을 받은) 관련자까지 관련문서를 송부하기도 했다"로 번역할 수도 있을 것이다.

35 黥은 주살誅殺과 함께 쓰여질 정도로 엄형嚴刑이라는 인식이 나타난다. 이러한 판어들을 통해 볼때 관관은 자자刺字라는 형벌이 여타의 다른 형벌에 비해 상징적이고 위협적인 효과가 있음을 주지하였다(남현정, 「宋代 刺字刑의 시행과 사회적 인식의 변화」, 임대희 엮음, 『판례로 본 송대사회』, 민속원, 2019, 360~399쪽 참조).

36 貼 : 貼은 본래 '붙이다 · 덧붙이다'라는 의미를 지니고 있으므로, 여기서는 어떤 범죄의 주범主犯이 아닌 '종범從犯'이라는 의미로 사용되었다.

37 武義縣 : 양절동로兩浙東路 무주婺州 관할이다.

로 위장해서 자기가 서리의 아들이 아닌 것을 숨기기 위한 것이라면 두말할 필요도 없는 것이다.

장몽고는 척장^{脊杖} 15대에 처한 뒤 대주^{臺州, 兩浙東路}의 뇌성^{牢城39}에 자배^{刺配}하고, 부정취득분^{監贓}에 대한 추궁은 면제하지만 즉시 압송하고[40] 본 건에 대해서 제형사^{提刑司41}에 보고하라. 추리^{推吏}와 법사^{法司}는 정^情에 이끌려 부정을 자행했으므로 가벼운 처벌 쪽에 따라 장형 100대로 처결한다.

譁徒張夢高, 乃吏人金眉之子, 冒姓張氏, 承吏姦之故習, 專以譁訐欺詐爲生. 始則招誘諸縣投詞人戶, 停泊在家, 撰造公事. 中則行賕公吏, 請囑官員, 或打話倡樓, 或過度茶肆, 一鏷可入, 百計經營, 白晝攫金, 畧無忌憚. 及其後也, 有重財, 有厚力, 出入州郡, 頤指胥徒, 少不如意, 卽唆使無賴, 上經臺部, 威成勢立, 莫敢誰何. 乘時邀求, 吞併産業, 無辜破家, 不可勝數. 當職被命兼守, 入境以來, 訪民疾苦, 已知其爲一郡之害, 未欲便行追治. 禍積惡盈, 鬼奪其魄, 乃於當職初

---

38 九歲抱養, 亦是違法 : 『唐律疏議』第157條「戶婚律」〈養子捨去〉, "무릇 養子가 養父母에게 자식이 없는데 (그들을) 버리고 떠났다면 도형 2년에 처한다. (…중략…) 그러나 버려진 아이가 세 살 이하라면 비록 異姓이더라도 收養하는 것을 허용하고, 곧 養父의 姓을 따르게 한다諸養子所養父母而捨去者, 徒二年.(…中略…) 其遺棄小兒, 年三歲以下, 雖異姓聽收養卽從其姓]"(임대희・김택민 주편, 『譯註唐律疏議』〈各則 上〉, 한국법제연구원, 1997, 2215쪽 참조).

39 牢城 : 옛날의 감옥^{監獄}의 일종이다. 「징악문」 12-24 "또 하나의 판결"의 각주에 遠惡軍州의 牢城에 보내어 充役시키는 사례를 설명하였다. 杜文玉・王鳳翔, 「唐宋時期牢城使考述」, 《陝西師範大學學報》, 2006-2; 盧俊勇, 「宋代牢城軍初探」, 《海南大學學報》, 2008-5; 魏殿金, 「試析宋代配的刑罰內容」, 《中國史研究》, 2001-4. 뇌성^{牢城}에 관하여, 「징악문」 12-24에도 다시 한번 각주를 붙였다.

40 건송^{健訟}하는 무리들에 대한 형벌은 ① 문관^{養官}, ② 사불간기^{事不干己}, ③ 무고^{誣告}, ④ 교령사소^{敎令詞訴}의 경우에 특히 엄하게 처벌되는데, 그 가운데에서도 이 사안은 ④에 해당하며 자배형으로 처벌할 정도로 중형을 내리고 있다. 그 밖에 장몽고가 胥吏의 아들이라는 점이 처벌을 가중하게 만들었다(劉馨珺, 「南宋獄訟判決文書中的"健訟之徒", 《中西法律傳統》, 2008, 204쪽). 이 부분은 「징악문」 13-21 釘脚의 각주에서도 언급하고 있다.

41 제점형옥사^{提點刑獄司}와 관련된 연구로는 戴建國, 「宋的提點刑獄司」, 《上海師範大學學報》, 1989-2. 石濤, 「北宋提點刑獄司研究」, 《聊城大學學報》, 2003-1; 黃團元, "提刑官的提醒」, 《學習月刊》, 2005-7; 阿碧, 「大宋提刑官的法醫學貢獻」, 《檢察風雲》, 2005-15; 王曉龍, 『宋代提點刑獄司制度硏究』, 人民出版社, 2008; 서지영, 「宋代 提點刑獄司의 機能變化와 그 意味」, 임대희 엮음, 『판례로 본 송대사회』, 민속원, 2019, 534~550쪽 등이 있다. 서지영, 「宋代 提點刑獄司에 대한 연구동향」, 《法史學硏究》 38, 2008에서는 송대 제점형옥사에 대한 연구 성과를 정리해 놓았으므로, 참고할 만하다.

受詞之日, 往來自投, 與高萬二秀等計囑公事. 捉獲之時, 兩廊下狀四五百人, 歡聲如雷, 於此可見其積惡之深. 及押下司理院根勘之後, 又於便袋中搜出文牒一道, 已拆去封皮, 係是行在大宗正司牒本州追究譁徒趙時消不法事. 牒內係是七月, 此去行都僅數日程, 豈有遷延月餘之久. 夢高·時消, 皆本州譁徒渠魁, 未必非陰相表裏, 擅自拆遞折牒, 藏之於身. 即此一事, 可見其全無官府, 全不知有三尺. 其他如民戶止是小爭, 則裝架譁語, 唆令越訴. 官司止是索案, 則與賄囑幷人申解. 如兄弟止是爭鬩, 則敎作分産誣論. 官司方行追究, 則與之入狀和對, 顛倒反覆, 盡出其手. 未得錢, 則喥之使論, 旣得, 則尼之使止. 推原其罪, 不可勝誅. 不黥其面, 無以懲惡, 不竄其人, 無以安衆. 獄吏畏其姦兇, 在獄事之如兄, 所供罪犯, 百未一二, 然所招打話行賕受財, 已二十五項, 該贓近五十貫. 敎唆譁徒, 與貼同科. 況又係武義縣吏人金眉之子乎. 又妄稱九歲與張忠翊爲子. 九歲抱養, 亦是違法, 而況托假姓, 以避其非吏人之子乎. 張夢高決脊杖十五, 刺配臺州牢城, 免監贓, 即日押遣. 仍申提刑司. 推吏法司, 徇情賣弄, 從輕杖一百.

13-3. 화도譁徒가 반복해서 교묘하게 속임수를 쓰고, 여러 가지 수단과 방법으로 악행을 행하다

譁徒反覆變詐,[42] 縱橫捭闔[43]

마유재(馬裕齋)

누원영裒元英이라는 자는 무뢰배[無賴子弟][44]에 속한다. 처음에 도인道民[45]인 조십일曹十一로부터 매달 일정한 상납을 받고, 그의 암자를 자신의(누원영의) 암자인 것처럼 비호해 주었다. 이것까지는 눈감아 줄 수 있는 사소한

42　變詐: "임기응변으로 교묘하게 속이다"라는 의미이다.

43　縱橫捭闔: 패합捭闔은 '열고 닫다'·'임기응변으로 대응하다'의 의미이며, 종횡패합縱橫捭闔은 '정치, 외교적 수단을 써서 연합·분열·이간·포섭 등을 행하다'라는 의미이다.

44　無賴子弟: "무뢰배의 자제"로 볼 수도 있으나, 의미상으로 볼 때, "무뢰배"로 번역해 둔다.

45　道民: 도민道民은 개인 암자를 지어, 지방에 기거하는 관인官人과 형세호形勢戶에 의지해 재산의 명의를 바꾸고, 그들의 비호를 받으면서, 관헌官憲의 추궁을 피하고 있었다. 도민道民에 관해서는 竺沙雅章, 「宋代浙西の道民について」, 《東洋史研究》 36-3, 1977, 264쪽 참조.

일이다. 그러나 호사사^{胡四四}라는 자가 그 암자에 구걸하러 가서는, 조십일^{曹十一}에게 붙들려 두들겨 맞았는데, 그 후 50여 일 뒤에 병^病에 걸려 사망해 버렸다. 그래서 호사사의 혈족^{血屬|46}인 호사삼^{胡四三}이 우관^{隅官|47}에게 이 사건을 알리자, 누원영^{婁元英}은 이를 기회로 삼아^{奇貨|48} 이 사건에 직접 개입하게 되었다^{入身摟攬|49} 즉 처음에는 호사삼^{胡四三}을 교사해서 사실을 왜곡하기도 하고 날조해서 그 사건을 확대시켰다. 계속해서 조십일로부터 금품을 뜯어내어^{破擊|50} 알선과 합의 등을 통하여^{打話捏合|51} 전업^{田業}, 부동산을 침기부^{砧基簿|52}에 등록해서^{砧基田業|53} 본인^{本人}의 집에 저당^{抵當|54}으로 잡고, 조십일

46　血屬 : 사자^{死者}의 가속^{家屬}을 지칭하는 말이다.

47　隅官 : 송대 향촌 구획인 "단^團"은 그 연원이 두가지 있다. 첫째로는, 晚唐五代 시대로부터 이어지는 토단^{土團}이 있다. 그 두 번째로는 양쪽이 갈려지는 무렵의 단교^{團敎}·향병^{鄕兵}의 단위로서 이 두가지는 남쪽 지역의 무력 전통에 뿌리를 잇고 있었다. 南宋 이후로 들어오면, 엄준한 지방 군정^{軍政} 형세에 대응하고 기층 통치체계에 맞출 수 있도록 하기 위하여, 宋朝는 힘들어서 보오법^{保伍法}을 추진하였다. 보오^{保伍} 편제에서 "단^團"이 그 지위를 점차 뚜렷한 위치를 차지하게 하였다. 다른 한편에서는 지방에서 토호세력^{土豪勢力}의 굴기^{崛起}함에 따라서 土豪을 우관^{隅官}으로 임명하여서 보오^{保伍}를 이끌어 가도록 하는 추세가 점차 보편^{普遍}화하게 되었다. 그리하여, 南宋 中葉이후에는 우관제^{隅官制}와 "團"制가 바로 보오제^{保伍制}의 기초에서 점차 결합하게 되었고, "우단^{隅團}"이 새로운 향치^{鄕治}체계를 형성하게 되었다. 程濤, 「宋代鄕村"團"制考論」,《中國歷史地理論叢》, 2019-4.

48　奇貨 : '나쁜 목적으로 이용하는 기회'라는 의미이다.

49　摟攬 : '(손이나 도구를 이용하여) 끌어들어 보다'·'모아 보다'라는 의미이다. 중화서국 표점본 제1판의 원문에는 "樓"으로 되어 있고, 2판에는 "摟"로 바뀌어 있다. 이 번역에서는 제2판 표점본에 의거한다.

50　破擊 : 정확한 의미는 확실하지 않으나, '금품을 갈취하다'·'금품을 뜯어내다'라는 의미일 것으로 판단된다.

51　打話捏合 : 구체적인 의미에 대해서는 불명이나, 금품을 뜯어낸 일에 대해 각종 말로 교묘하게 설명하다로 해석해 두지만, 이에 대해서는 검토의 여지가 있다. 사건의 정황상으로 볼 때 열합^{捏合}은 호사사^{胡四四}의 시체에 대한 합의라든지 말을 맞추는 행동이라 생각할 수도 있다. 열합의 용례에 대해서는 『福惠全書』, 刑名部, 人命中, 檢肉屍 "扶同捏合, 增減屍傷"을 참조.

52　砧基簿 : 남송 초기, 경계법^{經界法} 실시와 더불어 새롭게 작성된 토지대장을 지칭한다. 침기부^{砧基簿}는 남송 시기의 주요한 토지 적장^{籍帳}의 하나이다. 남송시기에는 전택등기^{田宅登記}를 진행하면서 교역, 전택^{田宅}이나 부역규분^{賦役料紛} 또는 재상검방^{災傷檢放} 등 부역 문제의 주요한 법정문서의 하나로 삼았다. 또한, 상업^{商業}담보나 매매에 쓰여지기도 했으며, 이로서 송^宋 조정이 부역을 중시하였으며 향촌사회의 부역에서 비교적 공평하게 하려고 주의를 기울였다는 것을 보여준다. 관청에서는 침기부를 3통 작성하여, 현^縣, 주^州, 전운

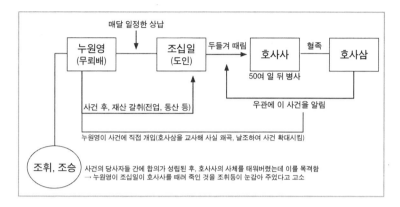

의 동산[錢財]을 마음대로 사용하였다. 그 외의 재산을 손에 넣은 것이 무려 300관[貫]에 달하였다. 한편 당사자[55]들 간에 합의가 성립된[說合][56] 후에, 호사사[胡四四]의 사체를 태워버리고 말았다. 사건이 이미 마무리되었는데, 그것을 조휘[曹暉]와 조승[曹昇]이 목격하여 버렸다. 이제까지의 사건에 대해 추

사[轉運司]에 비치하였다. 3년마다 새로운 토지대장이 작성되었다. 경계법 실시와 관련해서는 「징악문」 13-27 〈以累經結斷明白六事, 誆罔脫判, 昏賴田業〉의 각주를 참조. 劉雲, 「砧基簿與南宋土地登記制度的建立」, 《農業考古》, 2012-6; 尙平, 「南宋砧基簿與魚鱗圖冊的關系」, 《史學月刊》, 2007-6; 劉雲, 「論南宋土地制度與鄕村社會一以砧基簿爲中心的考察」, 《漳州師範學院學報》, 2012-2; 戴建國, 「宋代籍帳制度探析一以戶口統計爲中心」, 《歷史硏究》, 2007-3; 고석림, 「남송 토지경계법상에 보이는 침기부[砧基簿]에 대하여」, 『대구사학』 16, 1978; 고석림, 「李椿年의 土地經界法에 대하여」, 《경북사학》 1, 1979; 왕서뢰, 「南宋的砧基簿」, 《인문학연구》(충남대 인문과학연구소) 78, 2009,참조.

53 砧基田業은 '침기부에 등록되어 있는 전업[田業]'으로 볼 수도 있지만, 문맥상 '전업을 침기부[砧基簿]에 등록하다'로 보는 것이 타당하다(尙平, 「南宋砧基簿與魚鱗圖冊的關系」, 《史學月刊》, 2007-6 참조).

54 低當 : 조십일의 토지[田業]을 누원영 자신이 저당권자로 설정한 상황을 의미하는 말이다. 따라서 소유권은 조십일에 있지만, 저당권자는 누원영이 되는 것이다. 陳景良·王天一, 「典賣與倚當:宋代法律的邏輯與生活原理 — 以會要體文獻爲中心」, 《法律科學(西北政法大學學報)》, 2018-3; 趙曉耕·劉濤, 「中國古代的"典""典當""倚當""質"」, 《歷史硏究(雲南大學學報)》, 7-1.

55 여기서 당사자들이 누구인지는 불명이다. 당사자는 조십일[曹十一]과 호사삼[胡四三] 일족을 지칭하는 것으로 생각된다.

56 說合 : '중재하다'·'조정하다'라는 의미이다.

궁당할 것을 두려워한 누원영婁元英은 그 동생[57]들과 연명連名하여 소송장을 작성하고, 조십일曹十一이 호사사胡四四를 때려죽인 것을 조휘 등이 눈감아 주었다고 고소했다.

처음에 호사삼을 교사敎唆해서 사실을 날조하고 왜곡하게 한 사람은 누원영婁元英이다. 그 후 적극적으로 이 사건에 나서서 개입을 한 사람도攘臂打話[58] 누원영이고 혈족에게 호사사의 시체를 태워버리라고 주장한 것도 누원영이라면, 공개적으로 자신의 이름을 내걸고公然出名 조휘와 조승을 고소한 사람 또한 누원영婁元英이다. 비록 처음에는 이익을 위해, 나중에는 죄를 면하기 위해서라는 식으로 사정이 다르다고는 하더라도, 반복해서 교묘하게 속임을 쓰고, 각종 수단과 방법을 이용해서 악행을 자행하였다. 그리고 관부官府를 우습게 생각하여, 교묘하게 계책을 세워, 호사사胡四四는 그 죽음이 편안하지 못하였고, 조십일은 목숨을 보전할 수 없게 되었으니 이는 모두 누원영의 소행이다.

절서 지방浙右의 풍속風俗에서 불필요한 소송이 많은 것은 이 지역 사람들이 결코 소송을 좋아해서 그런 것은 아니다. 그 가운데 근거지가 일정하지 않은無藉[59] 일부의 화도譁徒가 특별한 재주나 하는 일도 없이, 소송하는 재주만을 가지고, 더럽고 추잡한 소문腥聞[60]을 듣고 쫓아다니며, 남의 약점을 찾아내어 소송분쟁을 만들었다. 그리고 소송분쟁을 만들어, 가로橫를 세로從로 만들 듯이倒橫直竪 마음대로 자신의 의도대로 하였으므로, 그 이익은 화도譁徒와 같은 무리들에게 돌아가고, 그 화禍는 일반민들에게

---

57 여기서 말하는 동생이 누구를 지칭하는 지는 불명이다. 이 동생을 조휘曹暉·조승曹昇으로 보면서, 조휘·조승을 피고발자로 볼 수도 있지만, 한문의 문법구조상 설득력이 없다고 볼 수 있다.

58 攘臂打話 : 이 부분은 앞에서 나온 원문인 "繼則破擘曹十一錢物, 打話捏合"을 설명하고 있는 것으로 생각된다. 번역상에서 정확하게 풀어내기 어려운 점도 있다.

59 無藉 : 여기서 말하는 무자無藉는 '근거지가 없는'·'거주지가 일정치 않은' 등의 의미로 사용되었다. 이들의 하는 일이 남의 약점을 파고들어 소송분쟁을 일으키는 것이므로, 피해를 입지 않기 위해 일정한 거주지가 없을 것이란 추측도 가능할 것이다.

60 腥聞 : '더럽고 추잡한 소문'이란 뜻이다.

미치게 된 것이다. 만약 이러한 무리들을 방치한다면, 어떻게 이런 풍속風
俗을 바꿀 수 있겠는가? 하물며 살인 등과 같은 중대한 사건이라면, 관청
에서도 이에 상응하는 대처對首61를 해야만 할 것이다. 최근 재판 관련 공
문서류를 조사해 보았는데, 이런 소송분쟁은 대개 유력자가 관여하고 있
고, "아무개某는 어디 어디 장전莊田의 전호佃戶입니다某是某宅莊佃"라든가 "아
무개某는 어디 어디 저택府62의 간복幹僕입니다某是某府幹僕"라고 되어 있다.
교활한 하수인들은 법정에서 활개를 치고, 유력자들은 자기 마음대로 하
였는데, 이런 상황에서 마을이 평안하고, 선량한 백성이 안심하고 살기
를 바라는 것은 참으로 힘들 것이다.

하물며 호사사胡四四의 사망은 누원영과 어떤 관련이 있음에도 불구하
고, 누원영은 그 정도가 지나쳐 직접 소송을 제기하는 등 전혀 거리낌이
없었다. 법관의 판결문 초안書擬에 따라 도형徒刑 1년 반에 처결하고, 척장脊
杖 13대에 처결한 후, 500리 이상 떨어진 주州.군軍으로 편관編管하라. 다만
아직 압송시키지 말고, 외채外寨에 1년간 구속하고拘鎖外寨,63 기한이 지나
면 따로 보고하게 하라. 또 이 사건에 대해 방榜을 붙여鏤榜64 널리 알리고,
이런 악습을 행하는 자는 뉘우치게 하고, 관사官司를 소란스럽게 하지 않
도록 하라.

婁元英, 係無賴子弟. 始者道民曹十一, 月有所獻, 則認其庵以爲己庵, 從而蓋庇, 是猶可
諉. 胡四四者, 因往庵内求乞, 爲曹十一打縛, 越五十餘日而病死. 血屬胡四三投隅發覺, 元英
目爲奇貨, 入身摟攬, 始則發使胡四三反倒詐賴, 張大其事. 繼則破擘曹十一錢物, 打話捏合,

61 對首: 상대방·반대편·적수 등의 의미로 지니고 있으나, 여기서는 문맥상 '상응하는
    조치나 대응'이라는 의미로 볼 수 있고, 혹은 '대정시수對定屍首'의 약칭일 수도 있을 것이
    다. 따라서 이 문장은 "하물며 살인과 같은 것은 시체를 검사한다면 알 수 있을 것이다"로
    보아도 될 것이다.
62 부府는 왕부王府 혹은 모부某府할 때의 저택과 같은 의미이다.
63 拘鎖外寨: "외채外寨에 구금拘禁하고 쇠사슬을 채우게 하다"로 볼 수 있으며, 또한 "외채에
    구쇄拘鎖하는 형刑"으로도 볼 수 있겠다.
64 鏤榜: '刻文遍示'의 의미로, 즉 '방榜을 붙이다'·'공고문을 붙여 알리다'라는 의미이다.

砧基田業, 抵當於本人之家, 主掌錢財, 行用於本人之手. 掩贏入己, 爲錢三百千. 說合旣成, 然後將胡四四屍首焚化. 事已息矣, 曹暉·曹昇目擊, 元英懼惹前事, 則與其弟連名具狀, 論曹暉等蓋庇曹十一打殺胡四四公事. 夫始而發使胡四三詐賴者, 元英也. 已而攘臂打話者, 亦元英也. 主張血屬焚燒屍首者, 元英也. 公然出名論曹暉·曹昇者, 亦元英也. 雖其始則迫於圖利, 其後則迫於救害, 然變詐反覆, 押[65]闔操縱, 玩官府於掌股, 以巧弄爲得計, 使胡四四不得以安其死, 曹十一不得以保其生, 則元英之爲也. 浙右之俗, 囂訟成風, 非民之果好訟也, 中有一等無藉譁徒, 別無藝業, 以此資身, 逐臭聞腥, 索瘢尋垢, 事一到手, 倒橫直竪, 一惟其意, 利歸於此輩, 禍移於齊民. 若不痛加蘊崇, 風俗何由可變. 況於殺人, 公自有對首. 近閱訟牒, 此等公事率是勢家挾持, 或曰某是某宅莊佃, 某是某府幹僕, 狡幹旁午於庭下, 右姓肆行其胸臆, 如是而求田里無事, 良善安枕, 難矣. 況胡四四身死, 於婁氏有何相關, 而元英甚者乃親爲入詞, 尤無忌憚. 合從法官書擬, 徒一年半, 決脊杖十三, 仍加送五百里外軍州編管. 未許押發, 拘鎖外寨一年, 限滿別呈. 仍鏤榜遍行曉諭, 其有蹈此習者, 宜知悔悟, 毋犯有司.

---

65 여기서의 '押'은 문맥상 '挿'일 가능성이 높다.

고소 · 고발[告訐][1]

13-4. 무고하다
誣訐

채구헌(蔡久軒)

사인死因[2]에 대해서 억울함冤濫[3]이 있으면, 그 혈족[血屬][4]이 고소할 수 있도록 되어 있는데, 어떻게 친속이 아닌 타인이 이에 관여할 수 있겠는가? 양왈楊曰의 죽음에 대해, 방복方輻은 확실한 증거도 없으면서도 일을 꾸며내고, 계속해서 (고소인에게) 돈을 주고[資給][5] 교사해서 "대벽大辟의 옥獄"[6]을 일

1 告訐 : "다른 사람의 악행惡行을 알리다"라는 것으로 '고발'과 유사한 의미이다. 현대 법률상 용어인 '고발'과 '고소'가 포함된 의미로 생각된다. 『漢書』 卷48, 「賈誼傳」에 "及秦而不然, 其俗固非貴辭讓也. 所上者告訐也"라 되어 있다.

2 『세원집록』에서의 사인死因 분류.

	死因		死因		死因
1	自縊	9	服毒	17	牛馬踏死
2	被他勒死假作自縊	10	病死	18	車輪拶死
3	溺死	11	針灸死	19	雷震死
4	他物手足傷死	12	受杖死	20	虎咬死
5	自刑	13	跌死	21	蛇蟲傷死
6	殺傷	14	塌壓死	22	酒食醉飽死
7	火死	15	外物壓塞口鼻死	23	築踏內損死
8	湯發死	16	硬物瘾痁死	24	男子作過死

최해별, 「宋代 檢屍 지식의 사인 분류 배경」, 《의료사회사연구》 제1집, (2018). 108쪽에서 재인용.

3 冤濫 : 실제 사실과 달리 억울하게 누명을 쓰거나, 혹은 억울한 사정이 있는 겨우를 지칭한다. 『後漢書』 列傳 38, 霍諝傳에 "諝與光骨肉, 義有相隱, 言其冤濫, 未必可諒"이라 되어 있다.

4 血屬 : '혈족血族'의 의미이다.

5 資給 : 부정적인 용도로 '금품을 지급하다' · '자금을 원조해 주다'라는 의미이다. 「징악문」 12-28. 검법관檢法官의 판결원안[檢法書擬], 「징악문」 13-4의 "무고誣告하다[誣訐]", 「징악문」 13-6의 "資給告訐", 「징악문」 13-7의 "資給誣告人以殺人之罪", 「징악문」 13-8의 "資給人誣告" 등 참조.

으켰다. 이것은 단순히 방삼方三을 모함擠陷[7]하려는 것일 뿐만 아니라, 관청[臺府][8]도 시험하려는 것이다.

법률 조문에 따라 이것을 반좌죄反坐罪에 처하는 것은 이치상으로도 당연한 것이다. 방복方福은 가벼운 쪽으로 논죄하는 것[從輕論]에 따라 척장脊杖 12대에 처결한 후 500리로 편관編管한다. 양재楊梓는 연로年老함으로 도형徒刑에 처하는 것은 면제해 주고, 인근 주隣州로 편관編管하기로 한다.[9] 이로써 무고誣告죄를 범하는 자들의 본보기로 삼고자 한다. 부府에 공문을 보내 녹문錄問[10]이 끝나면 규정대로 처분하도록 하라.

死有冤濫, 自有血屬能訴, 何待他人干預. 楊曰之死, 方福平白生事, 節節資給敎唆, 以興大辟之獄, 不特擠陷方三, 抑亦嘗試臺府. 照條反坐, 理所當然. 方福且從輕決脊杖十二, 編管五百里, 楊梓年老免徒, 斷編隣州, 以爲誣訐者之戒. 牒府錄問訖, 照斷.

---

6   大辟之獄 : 대벽大辟은 '사형'을 지칭하는 말로, 대벽지옥大辟之獄은 '사형과 관련된 중대한 사건'을 나타낸다. 『書經』「呂刑」에 "사형을 가하는 것이 의심스러워 용서할 경우는 천환千鍰의 벌금을 내어야 한다(大辟疑赦, 其罰千鍰)", 『禮記』「文王世子」에 "(죽을죄이면, '아무개의 죄는 대벽大辟에 해당합니다)'라고 한다(其死罪則曰, 某之罪在大辟)"라 되었다.

7   擠陷 : '함해陷害'와 동일한 의미이다. 『新唐書』「李泌傳」에 "楊炎罪不至死, 杞擠陷之而相關播"라 되어 있다.

8   臺府 : 여기에서의 대부臺府는 지부知府의 존칭이지만, "관청"으로 번역해 둔다.

9   일단 「감장」이라는 판단을 보이면서 소결疏決, 사赦, 고령高齡 등을 이유로 실제적인 집행은 면제한 판어도 나타난다. 가와무라 야스시川村康, 「宋代 折杖法 初考」, 임대희 옮김, 『판례로 본 송대사회』, 민속원, 2019, 444~533쪽 참고.

10   錄問 : 녹문은 판결 전에 행한 재판절차 과정의 하나이다. 도죄徒罪 이상의 범죄에 대해, 사건의 조사가 끝나고 최종 재판관이 판결을 내리기 전에, 다시 녹문錄問이라는 과정을 거쳤다. 그러므로 형벌의 종류나 집행기관에 따라 녹문 진행 방법이 다양하였다.

13-5. 호민豪民과 화도譁徒는 모두 백성에게 해가 된다
豪與譁均爲民害

오우암(吳雨巖)

호민豪民[11]과 화도譁徒가 백성에게 해害가 되는 것이 너무 심하다. 호민豪民이 횡포를 자행하는 것肆行[12] 때문에 양민良民들이 화禍를 입더라도 양민들은 이를 고소할 수 없었다. 그렇지만 화도譁徒들은 반드시 호민豪民에게 아무 거리낌 없이 소송을 제기하였다.[13] (화도들이) 힘을 모아 호민豪民에게 대항하면, 상당한 세력을 가진 호민豪民이라도 그들에게 맞서기는 어려울 것이다. 그러나 화도譁徒가 이러한 행위를 함으로써 세력을 떨치는 것은 결국 양민良民들에게 해害가 될 따름이다. (화도와 호민간의 다툼은) 이른바 '독毒으로 독毒을 없애는 것'과 같은 것이다. (그 가운데) 주적인做賊人[14]을 '병기고倂旗鼓'[15]라 하고, 시복인厮僕人[16]을 '병기장倂旗帳'이라 하고, 조고인造蠱人[17]을 '오공하마사蜈蚣蝦蟆蛇'라 하였는데 (이들은) 스스로 무덤을 판 것이 되었지

11　豪民 : 宋代 豪民과 관련된 연구로는, 王麗, 「宋代的豪强形勢戶」,《天中學刊》23-3, 2008; 谷更有·尹子平, 「宋代豪民與官吏勾結對國家的內耗性分析」,《河北師範大學學報》27-4, 2004; 賈芳芳, 「宋代的豪强勢力及其與地方官府的官階」,《河南大學學報》49-1, 2009; 黃慶中, 「名公書判淸明集 懲惡門 豪橫類中的豪民」,《中正歷史學刊》12, 2009 가 있다.

12　肆行 : 肆意橫行. '제멋대로 하다' 혹은 '마음대로 하다'라는 의미이다.

13　원문 그대로 직역하면 '(그런데도 소송이 있는 것은) 반드시 화도譁徒가 나타나서 호민을 공격하려고 하는 것 때문이다'라고 해석할 수 있으나, 이를 '화도들은 호민에게 아무 거리낌 없이 소송을 제기하였다'로 번역해 둔다.

14　做賊人 : 직역하면 '도적을 만드는 사람'이라는 의미이다. 즉 화도의 수뇌 역할을 하는 사람일 것이다.

15　旗鼓 : 전쟁 시에 깃발旗을 흔들고, 북鼓을 두드리며, 군대의 진퇴를 지휘하던 것을 일컫는 말로, 쌍방의 힘이나 세력이 비슷한 것을 비유할 때 사용하는 말이다. 『後漢書』「隱囂傳」에는 "如令子陽到漢中·三輔, 願因將軍兵馬, 旗鼓相當"이라 되어 있다.

16　厮僕人 : 직역하면 '하수인이 되는 사람'이라는 의미이다. 즉 화도에서 중간 역할을 담당하는 사람일 것이다.

17　造蠱人 : 직역하면 '독을 만드는 사람'이라는 의미이다. 즉 화도譁徒에서 잡일을 담당하는 사람일 것이다.

만, 양자(호민과 화도) 모두 제거하는 것이 가장 좋을 것이다.

호민豪民:豪인 왕송룡王松龍과 화도譁徒, 譁인 왕원방王元方에 대해서는, 첨청僉廳의 판결원안書擬에서 이미 그 정황이 밝혀졌으므로, 여기서 재차 말할 필요가 없다. 더욱이 이 두 사람은 동족同族이면서 서로를 공격하고, 또 풍속을 어지럽혔다. 원래 형벌은 오륜五倫의 가르침을 돕는 것刑以弼敎[18]으로, 일벌백계一罰百戒로 처벌하여 이로써 형제의 도리道理를 명확하게 밝혀야 하는 것이다. 또 두 사람 모두 죄罪를 면하기 어려운 것은 그들 스스로 잘 알고 있을 것이다. 만약 스스로 아무런 죄가 없다고 생각한다면, 어찌 먼저 나이年甲[19]를 진술해서 그 죄를 벗어나려고 했단 말인가?[20]

그렇지만 두 사람 사이에도 죄罪의 가볍고 무거움輕重이 있다. 왕송룡王松龍은 많은 사람의 분노를 사고 있으므로, 장형杖刑 100대에 처결한 후 1,000리로 편관編管한다. 왕원방王元方은 장형 80대에 처결한 후, 인근 주隣州에 편관한다. 다른 사람들은 석방하고, 첨청僉廳은 두 사람의 나이를 명확히 확인하여 보고하라.

甚矣, 豪與譁之爲民害也. 豪民肆行, 良民受抑, 未必能訴, 必有譁者出而攻之, 紏合呼喉, 倂力角特, 雖甚豪亦豈能免. 然譁者又自此得志, 其爲害一耳. 以毒攻毒, 做賊人謂之倂旗鼓, 厮僕人謂之倂旗帳, 造蠱人謂之蜈蚣蝦蟇蛇. 自將吞陷, 莫若倂去之. 王松龍之豪, 與王元方之譁, 僉廳所擬, 已得其情, 不待重說偈言, 何況二人自是同族而相攻, 亦壞風俗. 刑以弼敎, 尤欲懲一戒百, 以厚兄弟之倫. 二俱難免, 彼亦可自揣其心. 若非自知有罪, 何必先供年甲, 以爲脫罪張本. 但二者之中, 罪有輕重. 王松龍犯衆怒, 杖一百, 編管一千里. 王元方杖八十, 編管鄰州. 餘人放. 僉廳審訂年甲, 呈行.

---

18 弼敎 : '형법을 밝혀서 오륜五倫의 가르침을 돕다'라는 의미이다. 『書經』「大禹謨」, "다섯 가지 형벌을 밝히고 다섯 가지 가르침으로 보필하여, 나의 다스림을 맡아 잘 처리했기 때문이오明于五刑, 以弼五敎, 期于預治]" "(傳)弼, 輔. 期, 當也. 歎其能以刑輔敎, 當於治體"라 되어 있다.
19 年甲 : "연령"을 지칭하기도 하고 "연령이 동갑"인 경우를 지칭하기도 한다.
20 나이를 먼저 진술한 것이 죄를 벗어나는 것과 어떠한 관련성을 지니고 있는지는 분명하지 않다.

13-6. 돈을 대어 주고 고발시키다
資給告訐

정천혜鄭天惠는 위세에 의거하는 교활한 무리이고, 주원광朱元光은 횡포를 부려 졸부가 되었다. 꽉 차면 이지러진다는 하늘의 이치[配劑] 때문인지[天道虧盈],21 서로가 양보 없이 싸우다가[强]22 자멸하게 되었다.

정육칠파鄭六七婆23의 토지 때문에 다툼[紛爭]이 시작되었고, (정·주) 양가兩家는 이를 돈을 빌린 것을 받기 위해 토지를 담보로 하여 상환 받으려고 했는데 이는 모두 위법행위이다. 서로 세력을 가지고 이기려고 했을 뿐만 아니라, 소송에서도 서로 이기고자 하였다. 서로 대립하던 때에 마침, 주원광朱元光 측의 오중을吳仲乙이 목 졸려 죽는 사건이 일어났다. 이를 기회 삼아 정천혜鄭天惠는 오증사吳曾四에게 돈을 대어 주고[資使]24 그의 친親 혈족이 아닌데도 이를 고발하도록 시켜, 주원광朱元光을 곤경에 처하게 하고자 하였다. 다만 "자기에게서 나간 것은 자신에게로 돌아온다[出子爾者, 反乎爾者也]"25는 것을 알지 못했던 것일까. 정천혜鄭天惠의 집에서도 계첩桂妾이 익사하는 사건이 일어났다. 그래서 주원광朱元光은 수하의 주계오朱季五와 함께

---

21 天道虧盈 : '하늘의 도道라는 것은 꽉 차면 이지러진다'는 의미로, 예를 들면, 달의 경우 만월滿月 상태의 보름달은 반드시 이지러지는 형태의 초승달 모양으로 돌아가고, 또 초승달 모양의 달은 다시 만월 상태의 보름달로 돌아간다는 자연의 법칙을 설명하는 말이다. 『易經』, 謙辭에 "天道下濟而光明, 地道卑而上行, 天道虧盈而益謙, 地道變盈而洗謙, 鬼神害盈而福謙, 人道惡盈而好謙"이라 되어 있다.

22 强 : '뻣뻣하다'·'고분고분하지 않다'라는 뜻으로 서로 버티고 경계하는 모양으로 해석할 수 있다.

23 鄭六七婆 : 정육칠鄭六七이라는 노파老婆를 지칭하는 것으로 보인다.

24 資使 : "어떤 일을 하기 위한 자금원조를 하거나 돈을 대어주는" 것을 지칭한다. 자급資給과 유사한 의미이다.

25 出子爾者, 反乎爾者也 : 『孟子』「梁惠王 章句下」에 "증자께서, 일찍이 말씀하시기를 "경계하고 또 경계하라. 네게서 나간 것은 네게로 돌아오는 것이니라" 하시었습니다[曾子曰, 戒之戒之. 出乎爾者, 反乎爾者也]".

모의해서 왕증사王曾四에게 돈을 주어 바로 관할 부서에 고발하도록 시켰는데, 이는 "동문東門의 싸움[役]에 보복한[報東門之役]"26 것과 같았다.

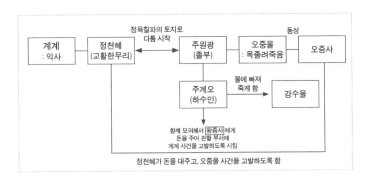

그런데 이와 같이 정육칠파鄭六七婆의 토지 분쟁 사건의 옳고 그름을 아직 가리지 못하고 오중을吳仲乙과 계계桂桂의 사망 사건에 대해서도 허실虛實을 아직 조사하지 못했다. 그런데도 각각 스스로 자급죄責給罪에 빠진 것은 하늘이 (그들을) 파멸하려는 것은 아닐까. 정치하는 자는 공평한 마음으로 모든 일을 대해야 하며 군이 세력가를 탄압하려고 해서는 안 된다. 그렇지만 이 사건처럼 그들 스스로 법망에 걸려든다면, 어찌 이들에게 용서를 베풀어 그 죄를 불문에 붙일 수가 있겠는가.

(이 사건에서) 정천혜鄭天惠가 돈을 대어 주고[責給] 고발하도록 한 사건이 먼저 발생했고, 주원광朱元光이 돈을 (대어) 주고[責給] 고발하도록 한 사건이 나중에 발생하였다. (정천혜가) 먼저 보복을 시작한 것이므로, 정천혜鄭天惠의 죄는 주원광朱元光보다 무겁다[浮].27 또 오증사吳曾四는 오중을吳仲乙의 혈족이 아니더라도 동성同姓이고, 왕증사王曾四는 원래 동성도 아니고 계계桂桂와는 아무런 관계도 없다. 두 사람이 똑같이 돈을 받고 (다른 사람을) 고발하였으

---

26 報東門之役:『春秋左氏傳』「隱公五年」에 "衛人從宋公伐鄭, 圍其東門, 五日而還". "정나라 사람들이 위나라의 서울 교외로 침입을 하여 전에 동문을 에워쌌던 싸움에 대한 보복을 했다[鄭人侵宋牧邑, 以報東門之役].

27 浮 : 원래 '가볍다'는 뜻으로 주로 쓰이지만, 여기서는 '가볍다'는 뜻이 아니라 '죄가 더 높다'는 뜻으로 보아야 한다.

나 왕증사王曾四의 죄는 오증사吳曾四 보다 무겁다. 주계오朱季五는 주원광朱元光의 하수인이고, 또 주계오朱季五로 인하여 강수을江壽乙이 물에 빠져죽기에 이르렀으니, 그 죄를 용서 할 수 없다. 정천혜鄭天惠는 장형 100대에 처결하고 500리에 편관編管하며, 주원광朱元光은 장형 90대에 처결하고, 인근 주에 편관하기로 한다. 오증사吳曾四는 장형 90대에 처결하고, 인근 주로 편관하고, 왕증사王曾四는 장형 100대에 처결하며 500리에 편관한다. 또한 주계오朱季五는 장형 100대에 처결하며 1,000리에 편관하기로 한다.

법률 조문에서는, "두 가지 이상의 죄가 함께 발각되었다면 무거운 쪽에 따라 처벌한다在法, 二罪俱發, 從重者坐"[28]라고 되어 있다. 정천혜鄭天惠·주원광朱元光은 각각 오중을吳仲乙과 계계桂桂의 시망 사건이 아직 조사 중에 있다. 따라서 지금 결단을 내린 돈을 대어 주고[資給] 고발시킨 죄와 비교하여 어느 것이 무거운 죄인지 아직 명확하지 않다. 그러므로, 우선 관할 주本州로 압송押送해서 청렴하고 강직한 관리에게 나누어 맡겨 다시금 사실을 조사하게 하여[體實][29] 사건의 경위를 조사해 보고하라. 보고가 도착한 후, 보고서에 따라 처단하라.[30] 나머지 사람들은 판결에 의거하여 압송押送하라. 문제되는 모든 토지[田業]에 관해서는 의관擬官[31]의 판결원안이 사실 정황을 잘 파악하고 있으므로 모두 함께 압류시킨다扦釘.[32] 그러나 판결 원안에서 그 토지를 빈궁한 사람들의 구제를 위해 사용賑濟하도록 한 점에 관해서는 적절하지 않은 점이 있으므로, 즉시 안변소安邊所에 보고해야 하지만 우선은 중앙의 성부省部[33]에 조회하도록 한다.

---

28 在法, 二罪俱發, 從重者坐: 『宋刑統』권6 〈二罪以上俱發及累幷倍發〉 및 『唐律疏議』第45 條「名例律45」〈二罪從重〉 "무릇 두 가지 이상의 죄가 함께 발각된 경우는 중죄로써 논한 다諸二罪以上俱發, 以重者論"(김택민·임대희 주편, 『譯註唐律疏議』〈명례편〉, 한국법제연구원, 1994, 321쪽 참조).

29 體實: '사실을 조사하다' 혹은 '실상을 알아보다'라는 의미이다.

30 呈斷: 呈行定斷의 약칭이다.

31 擬官: '판결문 작성에 있어서, 원안을 작성한 관리'를 지칭한다.

32 扦釘: '감시해서 밀봉 관리하는 것'을 의미한다. 『福惠全書』刑名部, 疑犯에 "上司拿訪, 必係釘封"이라 되어 있다.

鄭天惠依憑而狡, 朱元光暴富而橫, 天道虧盈, 使兩强而不相下, 自鬪自敗. 其起爭之因, 止緣鄭六七婆坵之田, 兩家皆以債負準折, 均爲違法, 旣欲以力勝, 又欲以訟勝. 方相持相靡間, 適會朱元光有吳仲乙縊死之事, 鄭天惠遂資使吳曾四以不係的親血屬之人, 入身告論, 意欲以此困之. 殊不知出乎爾者, 反乎爾者也. 鄭天惠家, 又自有桂桂溺死之事. 於是朱元光與其爪牙朱季五合謀, 亦復資給王曾四, 徑經本司告發, 以報東門之役. 田事未分曲直, 死事未究虛實, 而乃各自陷於資給之罪, 非天敗之乎. 爲政者平心待物, 固未嘗以抑强立說. 彼旣自投憲綱, 又豈容置之勿問乎. 今鄭天惠之資給在前, 朱元光之資給在後, 前者使後者報, 天惠之罪, 浮于元光. 吳曾四雖非血屬, 尙且同姓, 王曾四旣非同姓, 略不干己, 二人均受資使告訐, 王曾四之罪, 浮于吳曾四. 朱季五專與元光爲鷹犬, 又因季五, 致令江壽乙落水身死, 其罪尤不可恕. 鄭天惠杖一百, 編管五百里. 朱元光杖九十, 編管鄰州. 吳曾四杖九十, 編管隣州. 王曾四杖一百編管五百里. 朱季五杖一百, 編管一千里. 在法, 二罪俱發, 從重者坐. 鄭天惠·朱元光各有死人公事未究, 竟未知與今來資給告訐之罪孰重, 且押下本州, 分委淸强官重於體實, 究見情節, 申, 候到, 却行呈斷. 餘人並照斷押發, 所有田業, 擬官所擬, 已得其情, 合與拘沒扞釘, 但賑濟正不藉此, 徑中安邊所, 仍先申省部照會.

13-7. 돈을 대어 주고 살인죄로 다른 사람을 무고하다
資給誣告人以殺人之罪

무주^{婺州:양절동로}의 여백칠^{歐百七}은 원래 성이 진^陳이었는데, (부모에게) 버림 당하여 여오일^{歐五一}의 아들이 되었다. 여백일^{歐百一}은 사촌형이고, 그의 처 심씨 부인은 여백칠^{歐百七}과 사통^{私通}하고 있었는데 남편은 그것에 대해 애초부터 알지 못했다. 원년^{元年34} 4월 29일 밤에는 많은 비가 내려 시냇물이 갑자기 불어 넘쳤다. 여백일^{歐百一}은 물레방아^{水碓}가 침수될 것을 걱정하여 옷을 입고 살펴보려고 할 때^{[間],35} 마침 그날 밤에 맞은편 문에서 하룻밤을 세우고 있었던 건어물^鱟을 파는 행상인이 무엇 때문인지 여백일^{歐百一}의

---

33   省部 : 여기에서의 성부는 상서성^{尙書省}의 호부^{戶部}에 해당한다.
34   元年 : 여기에서의 元年은 구체적으로 어떤 元年인지는 분명하지 않다.
35   間 : 이때의 間은 공간으로 볼 수도 있으나 시간적인 의미로 보는 것이 타당할 것이다.

집 문을 여러 번에 걸쳐 드나드는 소리를 듣게 되었다고 알려주었다. 여백일^{萬百一}로서는 애초에 어떤 사람인지는 알 필요도 없이, 의심스러운 자를 뒤쫓아 가서 잡으려고 하는 것은 인정^{人情}이라면 당연한 것이었다^[人情之常].³⁶ 여백이^{萬百二} 등도 함께 뒤를 쫓았지만 붙잡을 수 없어 곧 되돌아 왔다. 그날 밤 인근 마을에서도 "도둑 잡아라"라는 소리를 모두 들었고, 이때까지는 (이 일이) 애매^{曖昧37}하거나 불명확한 일은 아니었다.

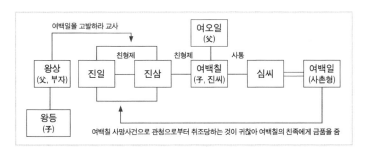

하지만 4일이 지나 여백칠^{萬百七}의 시체가 강에 떠 오른 것이 발견되자 비로소 문을 연 것이^{[排闥]38} 여백칠^{萬百七}이었음을 알게 되었다. 그 당시 당황하여 급히 도망가다가 물에 빠져 죽은 것으로 여겨지는데, 이를 어찌 여백일^{萬百一}이 고의로 저지른 것이라 할 수 있겠는가. 법률 조문에 비추어 보면, "범인이 궁지에 몰려 붙잡히게 되었을 때 자살하거나, 구덩이에 떨

---

36   人情之常 : 원문에는 "인정이라면 당연한 것이었다"라고 되어 있는데, 『청명집』에는 인 정과 천리^{天理}에 의거하여 판결하는 판관^{判官}의 판결문이 자주 보인다. 人情之常은 人之 常情과 같은 말이다.

37   曖昧 : 첫째로 (태도, 의도 따위가) 애매모호하다라는 뜻이 있으며, 둘째로 남녀 간의 행 위가 애매하거나, 떳떳하지 못하다는 뜻이 있다. 그런데, 『청명집』에서는 이 남녀 사이 의 간통^{姦通}을 애매라고 표현하는 경우가 많다(최해별, 「남송대 "有夫者" 姦通의 처벌에 관한 연구–"姦從夫捕"를 중심으로」, 《동양사학연구》 121, 2013 참고). 그러나 이 부분에 서는 「징악문」 12-8 〈因姦射射〉과 마찬가지로 간통^{姦通}이라는 의미보다는 '사건이 명확 하지 않고 애매모호하다'는 뜻으로 해석하는 것이 타당하다. 「징악문」 13-21 각주 94 曖 昧 참조.

38   排闥 : 『漢書』 卷41, 「樊噲傳」에는 "高帝嘗病, 惡見人, 臥禁中, 詔戶者, 無得入群臣. 噲乃 排闥直入"라 되어 있다.

어져 죽거나 하는 경우는 모두 뒤쫓은 자에게 죄를 묻지 않는다[罪人被捕, 逼迫窮窘, 或自殺, 或落抗窜而死之類, 皆勿論]"라[39]고 되어 있다. (그럼에도 불구하고) 여백일厲百一은 관청으로부터 취조당하는 귀찮은 상황을 피하려고 은밀히 여백칠厲百七의 혈족에게 금품을 주어 사건이 표면으로 드러나지 않게 하였다. 이것은 우매한 백성이 법의 이치에 밝자 않아 일어난 것이다. 지금 이것을 가리켜 사건을 살인 증거라 하고 있는데, 이것이 타당한가. 이미 여백칠厲百七의 사체를 납관[棺殮]한 뒤에 매장埋葬하였으며, (아무 일도 없이) 그 해는 넘어갔다. 다음해 5월이 되어 왕상王祥이 이것을 파헤치기 시작해 처음에는 여백칠厲百七의 친형인 진삼陳三에게 고발하라고 교사했지만 이에 따르지 않자, 다음에는 진일陳一[40]을 꾀어 여백일厲百一을 살인죄로 인보保에 무고하라고 시켰으며, 재판이 현에서 상급 관청[臺][41]으로 진행되는 동안, 압박壓迫하는 자세를 조금도 늦추지 않았다. 살인에 관한 재판이었기 때문에[大獄][42] 관계자들은 (어떤 사건보다) 더 번거로운 날들을 보내야했다. 그동안 4

---

39 罪人被捕, 逼迫窮窘, 或自殺, 或落抗窜而死之類, 皆勿論 :『당률소의』第452條,「捕亡」2 〈罪人持杖拒捍〉의 '律文'에 "무릇 죄인을 체포하려 하는데 죄인이 무기仗를 가지고 대항하였다. 그런데, 체포자가 그를 때려 죽였거나[格殺] 도주하는 죄인을 추격하다가 살해한 경우 혹은 (죄인이) 곤경에 처하여 자살한 경우에는 모두 논죄하지 않는다[諸捕罪人, 而持仗拒捍, 其捕者格殺之, 逃走逐而殺, 若迫窘而自殺者, 皆勿論]"라 되어 있다. 또 동일조문의 '소의疏議'에는 "'죄인을 체포하려 하다'라는 것은 앞 조문의 장리將史 이하가 죄인을 체포하는 것을 말한다. '그런데 죄인이 무기[仗]를 가지고 대항하여'에서 무기는 병기兵器 및 곤봉杆棒과 같은 종류를 말한다. 그런데, 그 (죄인이) 대항하였기 때문에 체포자가 그를 때려 죽였거나[格殺] 죄인이 도주하여 체포자가 추격하다가 살해한 경우, 주에서 "도주자가 무기를 가졌든지 맨손이었든지 간에 동일하다"라고 한 것은 죄인의 도주를 염려하기 때문에 비록 맨손이었더라도 역시 살해하는 것을 허용한 것이다. 혹은 "(죄인이) 곤경에 처하여 자살한 경우"라는 것은 죄인이 체포당할 때, 곤궁한 처지에 몰리어 자살하거나 혹은 구덩이나 함정에 떨어져 사망하는 것과 같은 경우를 말하며, 이러한 경우 등은 (장리將史 이하는) 모두 논죄하지 않는다[捕罪人, 謂上條將史以下捕罪人, 而罪人乃持仗拒捍. 仗, 謂兵器及杆棒之屬. 其捕者以其拒捍, 因而格殺之, 及罪人逃走, 捕者逐而殺之. 法云, 走者持仗空手等, 慮其走失, 故雖空手, 亦許殺之. 若迫窘而自殺, 謂罪人被捕, 逼迫窮窘, 或自殺, 或落抗窜而死之類, 皆悉勿論]라 되어 있다(임대희·김택민 주편,『譯註唐律疏議』〈各則 下〉, 한국법제연구원, 1998, 3283~3285쪽; 閆曉君,「"格殺勿論"考」,『아시아연구』(경북대학) 3, 2008, 115~141쪽 참조).

40 진일은 진삼과 같이 친형제일 수도 있고 아버지일 가능성도 있다고 추측된다.

41 臺 : 제형사와 같은 로급路級의 관청으로 볼 수 있다.

번이나 관원을 파견해 여백칠[輿百七]의 사체를 검시[洗驗][43]시켰지만 머리부터 발끝까지 조금도 외상이 없었기에 여백일[輿百一]이 무죄[宽]라는 것이 명백하다. 또 모든 관련자[一行人][44]에 대해 담당관이 자세히 조사하여 사건의 전말이 명백해지고, 특히 왕상[王祥] 부자[父子]가 돈을 대어 주고[資給] 사건을 조작[資給]하려 했던 것이 더욱 명백해졌다. 진일[陳一]이 제형사에게 고소했다고[陳狀][45] 하더라도 실제로는 왕상[王祥]이 한 일이다. 진일을 위해 소송장의 초안을 잡아준 것도 뭇사람들이 보았으므로[十目所視],[46] (죄로부터) 벗어날 수 없다. 왕상[王祥]은 부민[富民][47]인데 오로지 원한을 매개로 해서 위세를 부리는 인물이므로, 어찌 법률[三尺法] 등을 알겠는가. 또한 남을 다치게 하는 것은 개이지만, 그 개를 부리는 것은 사람이다. 정황과 이치를 생각하면 왕상[王祥]

42　大獄 : 『史記』 卷122, 「張湯傳」에는 "是時上方鄉文學, 湯決大獄, 欲傳古義"와 『後漢書』 列傳24, 「梁商傳」에는 "大獄一起, 無事者衆死"라 되어 있다.

43　洗驗 : 검험[檢驗]의 방식 가운데 하나인 듯하다. 여러 번에 걸쳐서 증검[蒸檢]하였거나 흑암[黑黯]한 경우에는 유산[曲傘]을 햇빛 쪽으로 가려서 보면 나타나기도 하며, 또한 숯불로 달인 식초[食醋]에 청염[青鹽]과 백매[白梅]를 넣어서 뼈를 가열하면 혈흔[血痕]이 나타난다(『州縣須知』 卷4下, 檢骨)고 한다. 그밖에도 『折獄龜鑑補』 卷3, 「犯姦」 下 〈逼姦爲娼〉이나 『夷堅支志』 景卷1 〈章簽判妻〉에도 이와 관련된 내용이 출현한다.

44　一行人 : "목격자 등을 포함하는 모든 사건 관련자"를 지칭하는 것으로 생각된다.

45　陳狀 : "소송장이나 진술서를 제출하다"는 의미이다.

46　十目所視 : 『禮記』 「大學」에는 "曾子曰, 十目所視, 十手所指, 其嚴乎. 富潤屋, 德潤身, 心廣體胖. 故君子必誠其意"이라 되어 있다.

47　富民 : 부민에 대한 학설은 아직 여러 가지로 나뉘어져 있는 셈이다. 여기에서는, 「징악문」 12-18의 부민의 각주와 「징악문」 12-28의 은기[隱寄]의 각주를 한번 살펴보도록 권유하는 것으로 미루고 넘어가는 편이 나을 듯하다. 그런데, "부민[富民]"이 "호민[豪民]"의 별칭[別稱]이라는 해석(鄭銘德, 「宋代富民釋疑」『宋代研究集刊』 第1輯, 浙江大學出版社, 2008)에 대해서는, 黃慶中, 「名公書判清明集 懲惡門 豪橫類中의 豪民」, 《中正歷史學刊》 12, (2009)에서, 정명덕 씨가 인용하고 있는 자료는 정치 유형의 편년체 자료나 정서[政書]가 아니라 필기소설 등의 자료를 인용하여서 도출[導出]해 낸 자료일 뿐이라고 강력히 비판하고 있다. 황경중 씨는 사적[史籍]에서 호민[豪民]이라고 칭해지고 있는 것은 자칭[自稱]한 것이 아니라, 남들(官員이나 士人)에게서 그렇게 불려지고 있는 것이었으며, 문자로서 기재되어 결국은 문헌에 남아있는 것이라고 보았다. 따라서, "호민"이라는 용어는 그것이 쓰여지고 있는 시대의 의의가 포함되어 있었으며 아마도 편중된 의미를 띄고 있으며, 모종의 차별을 띄고 있다고 보았다. 호민과의 차별적 의미와 관련하여, 「징악문」 12-12, 「징악문」 12-19, 「징악문」 12-20, 「징악문」 12-21, 「징악문」 12-22, 「징악문」 12-25 검법관의 판결원안, 「징악문」 12-26, 「징악문」 12-28의 각주 참조.

^祥에게 죄를 논해야 하므로 법에 의거하여 척장^{脊杖} 15대로 처결하고 500리 주군에 압송해서 편관시킨다. 진일^{陳一}은 무지몽매하고 재물의 이익에 눈이 멀어 교사당한 죄에 빠졌을 뿐이므로 특별히 죄를 가벼이 하여, 왕등^{王登48}과 함께 척장^{脊杖} 13대로 처결한다.

국가의 법이라는 것은 태양이나 별과 같이 명백한 것이고 천하의 사민^{士民} 모두가 알고 있는 것이다. 그런데도 최근에는 이 현의 간사한 무리들이 불법을 행하여 스스로 법망에 걸려드는 자가 끊이지 않고 있다. 관사가 법률에 의해 처단하는 것을 어찌 멈출 수 있겠는가. 천하에는 본래 평안한데, 어리석은 사람들이 일부러 소동을 일으키는 것이다^{庸人自擾之.49} 이를 듣는 자는 이러한 점을 본보기로 삼아야 할 것이다.

婺州厲百七, 本陳姓也, 棄而爲厲五一之子. 厲百一乃其從兄, 其妻阿沈與厲百七私通, 乃夫初末之覺也. 元年四月二十九日深夜大雨, 溪流暴漲, 厲百一始慮水碓被浸, 方披衣起視間, 是夜適有過往粢販宿於對門, 聽得有人來排其門者至再至三, 就以報之. 厲百一初亦未知其爲何人也, 逐而捕之, 人情之常. 厲百二等亦與之同行, 追躡無蹤, 徑回去. 當夜, 都里皆聞其聲言捉賊, 却非曖昧不明之事. 越四日, 但見厲百七屍首沿溪漂流, 則此排闥之人, 方知其爲厲百七也, 一時倉皇逃走, 落水致死, 此豈厲百一有心爲之哉. 參之於律, 罪人被捕, 逼迫窮窘, 或自殺, 或落坑穽而死之類, 皆勿論. 厲百一覬免官司之擾, 私將錢物賂遣血屬, 求息其事, 此愚民不曉法理之故. 今指此以爲殺人之實, 可乎. 其母與妻爲之棺殮葬埋, 旣逾年矣. 次年五月內, 王祥創生事端, 始者誘致厲百七本生兄陳三告論不遂, 再呼陳一入詞投保, 徑以殺人誣之. 自縣而之上臺, 攻擊不休. 大獄之興, 流毒日慘. 四次委官洗驗厲百七屍首, 自頂而踵, 無瑕可求, 則厲百一之冤, 旣得以自白矣. 及收上一行人付有司根鞫, 本末事情, 歷歷可攷. 及勘出王祥父子資給把持之狀, 尤爲詳明. 如將帶陳一往提刑司陳狀, 實與王祥偕行. 索出陳一狀藁, 復出于十日所視, 更復何逃. 王祥, 富民也, 專以脩怨立威爲事, 豈復知三尺法. 且傷人者, 犬也, 嗾而使之者, 人也. 原情而論罪, 則有歸王祥. 準條決脊杖十五, 送五百里州軍編管, 陳一頑冥無識, 咶於資使之利, 致陷于罪, 特從末減, 幷王登決脊杖十三. 國家典憲,

---

48 확실하진 않으나 문맥상으로 볼 때, 왕상^{王祥}의 아들로 추측된다.

49 庸人自擾之: 『舊唐書』 卷88, 「陸象先傳」에 "天下本自無事, 祇是庸人擾之, 始爲繁耳. 但當靜之於源, 則亦何憂不簡"이라 되어 있다.

昭如一星, 天下士民所共知也. 今以近年觀之, 此邑之姦豪無狀, 自投罪罟者, 覆轍相踵, 有司奉法而行, 姦豈得已. 天下本無事, 庸人自擾之, 聞之者可以戒.

13-8. 다른 사람에게 돈을 대어 주고 무고시키다
資給人誣告

무주^{婺州} 동양현^{東陽縣}, 양절동로^{兩浙東路}이라는 곳은 풍속이 어리석을 정도로 완고한 성향이 있고, 다투기를 좋아하거나 소송이 빈번하게 발생하는 일이 다반사였다. 하지만 만약 살인죄로 무고하는 일이 일어난다면 법률에 비추어 보더라도 이것을 어찌 작은 일^{細事}로 여겨 내버려 둘 수 있겠는가. 마을의 호민^{豪民}[50]이 자신의 위세를 보이면서 이익을 얻으려는 사람에게 돈을 대어 주고^{資給}, 뇌물을 줘서 계략을 꾸미며 (사람들이) 억울한 죄를 뒤집어써도 어찌할 수 없는 상태에 까지 이르도록 하고 있다.

본관이 부임한 이래, 재판^{獄訟}[51]한 후 재판에서 억울한 백성이 있으면

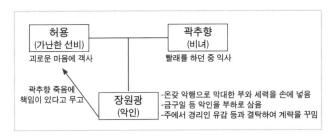

---

[50] 豪民: 호횡豪橫 · 호강豪强이나 호민豪民과 관련된 어감^{語感}에 대해서는 〈징악문 12-12 호강의 횡포〉의 각주를 통해서 언급하였으므로, 그곳을 참고할 필요가 있다.

[51] 獄訟: 재판을 의미하며, 글자의 뜻에 따라 나누어 보자면, "죄를 다투는 것은 옥^獄이며, 재산을 다투는 것은 송^訟이다"(『周禮注疏』 卷10, 『地官』大司徒). 劉馨珺, 「論宋代獄訟中 "情理法"的運用」, 《法制史研究》3(그 후, 『宋史研究集』 第33輯에 다시 실렸으며, 또한 中國人民政法大學主 編, 『百年回眸－法律史研究在中國』, 2009에 다시 실렸음); 屈超立, 「地方長官躬親獄訟與宋代司法」, 『吏治與中國傳統法文化』, 中國法律史學會2010年會論文集, 法律出版社, 2011; 張正印, 「論宋代獄訟胥吏的地位」, 《法治論叢》, 2008-5; 張正印, 「論獄訟胥吏對宋代獄訟體制的影響」, 《求索》, 2010-6; 張本順, 「宋代獄訟胥吏之弊及其成因探析」, 《四川師範大學學報》, 2013-4를 참조.

다시 조사하여 무죄로 하거나 감형했다[平反].[52] 이런 사건에 대해서는 반드시 그 사실을 세밀히 재조사한 후에 결론을 내렸다. 가끔은 징계한 지 얼마 지나지 않아 또 무고죄를 범하는 자가 끊이지 않았는데, 그 가운데에는 정상이 지극히 참혹하여 차마 들을 수 없는 것도 있었다.

"머리를 기르고 치아가 있다면 인간이다[戴髮含齒]"[53]라고 한다면, 그런 악행을 저지른 사람들마저도 인간의 범주에 넣을 수 있겠지만, 사람들에게 해를 입히는 정도가 이리나 호랑이보다도 심한 경우가 있다. 청천백일 아래 이러한 일이 용납될 수 있단 말인가?

장원광蔣元廣은 동양현東陽縣의 편벽한 마을에 살고 있는 이런 악당 가운데 한 명이었는데, 온갖 악행을 자행하면서 순식간에 막대한 부富와 세력을 손에 넣었다. (또한) 유력자로 칭하며 온갖 형태로 불법을 자행하며 못하는 짓이 없었다. 집에서는 행실이 나쁜 젊은 사람인 금구일金九一 등 30여 명을 결집하여 부하로 삼아 거느리고, 주州에서는 경리縣吏[54]인 유감兪鑑 등과 결탁해, 힘을 합쳐 계략을 꾸몄다.[55] 하급 기관의 현리들은 그 권력

---

52 平反 : 원죄冤罪를 다시 조사하여 무죄로 하거나 감형한다는 의미이다.

53 戴髮含齒 : '두발과 이빨을 지니고 있다'라는 의미로, 아무리 보잘것없이 보이더라도, 여전히 "사람"이라는 것을 비유하는 말이다. 『列子』「黃帝」에 "有七尺之骸, 手足之異, 戴髮含齒, 倚而趣者, 謂之人"이라 되어 있다.

54 縣吏 : 경리縣吏에 대해서는 「징악문」권13-1 〈譴鬼訟師〉의 각주 5에서 설명하였으므로, 그곳을 참조하기 바란다. 그런데, '경리'라는 용어는 송대에만 쓰이고 있다. 『청명집』「징악문」이외에는, 『范太史集』卷42, 『秋崖集』卷27〈簡劄〉, 『黃氏日鈔』卷71〈申明〉, 『黃氏日鈔』卷80〈公移〉, 『後村集』卷164, 『舒文靖集』卷下, 『許國公奏議』卷4, 『鶴林集』卷21〈繳黃奏議〉, 『西山文集』卷17, 『宋史』卷330〈列傳〉第89, 『新安文獻志』(明 程敏政 纂) 卷5〈奏疏〉와 『新安文獻志』卷70〈行實〉, 『文章辨體彙選』(明 賀夏徵 編) 卷612, 『歷代名臣奏議』(明黃淮・楊士奇 編) 卷248와 『歷代名臣奏議』卷313, 『宋史新編』(明 柯維騏 撰) 卷108〈列傳〉第50, 『萬姓統譜』(明 凌迪知 撰) 卷95, 『弘簡錄』(明 邵經邦 撰) 卷163, 『續通志』(淸 嵇璜・劉墉 撰) 卷349〈列傳〉, 『宋史翼』(淸 陸心源 撰) 卷1〈列傳〉에 '경리縣吏'라는 용어가 나타나고 있는데, 이들의 경우를 보면 해당하는 내용에 있어서 모두 송대와 연관되는 사항을 다루고 있는 자료이다.

55 자자刺字가 나오는 판어를 살펴보면 자자刺字에 처해진 죄인의 신분적 경향성이 비교적 뚜렷이 확인된다. 자자에 처해진 죄인은 서리출신이 압도적 다수를 점하고 있음을 알 수 있기 때문이다. 서리胥吏, 통판청의 안리案吏, 전인傳人, 전직 리吏, 배리配吏, 남호籃戶, 현리縣

을 두려워하며 그가 시키는 대로 행하고, 주변의 선량한 백성들도 숨을
죽이고 누구도 감히 대항하려 하지 않았다.

허용許鏞은 가난한 선비로, 곽추향郭秋香이라는 비녀婢女가 있었는데, 연못
에서 빨래를 하던 중 발을 헛디뎌 익사해 버렸다. 그 아버지 곽태郭太는 현
장에 함께 있었고 시신도 확실히 확인했으므로 그때에는 별다른 문제가
없었다. 그런데 이미 장례도 끝난 시점에서, 장원광蔣元廣이 나쁜 짓을 꾸미
고 허의許義에게 자금원조를 하면서, 당치도 않은 이유로 소송을 일으키고,
허용許鏞이 곽추향郭秋香을 괴롭혀 죽음으로 몰아넣었다고 무고誣告하였다.
조趙지현知縣은 (허용이) 죄가 없음을 간파하고, 오히려 고소한 자를 무고죄
로 처벌하려고, 제형사提刑司에게 보고해 지시를 기다리고 있었다.[56] 공도公
道로 볼 때 이런 소행을 용서할 수 없으며, 장원광蔣元廣도 징계해야 했다. 그
럼에도 불구하고 허의許義,장오蔣五,허무許戊 등을 보내어 형부刑部와 헌사憲司[57]
등에까지 손을 쓰면서 허용許鏞을 계속해서 무고했다. 그들의 무고誣執[58]는
처자에까지 이르렀으며, 이로 인해 가정이 풍비박산나고 생활마저 어렵
게 되어 더 이상 견딜힘이 없는데도 재판은 끝날 줄을 몰랐다. 허용許鏞은
이 때문에 근심걱정으로 살아가기 어려울 정도가 되어, 결국 객사客死하는

吏,주리州吏,전압傳押,향서수鄉書手,추리推吏,도리都吏 등의 다양한 서리들이 나타나고 있
다. 정우석,「송대 編管刑의 등장과 그 시행상의 특징」,임대희 엮음,『판례로 본 송대사
회』,400~443쪽,민속원,2019 참조.

56 자자刺字는 왜 서리胥吏에게 압도적으로 많이 부과되었을까. 이는 서리의 낮은 녹봉에 기인
한 경제적 어려움 때문에 서리는 업무와 직간접적으로 관련된 일에서 뇌물을 수수하거나
백성을 수탈하는 유혹에 상시적으로 노출될 수밖에 없었고, 필연적으로 많은 범죄를 야기
하였던 것이다. 특히나 남송은 북송에 비해 서리의 정원定員을 줄인 반면, 여러 주에서는
대부분 정원 외의 인리人吏를 두고 있었다. 따라서 이들 정원 외 인리는 뇌물수수와 횡령
등의 부정행위를 일삼을 가능성이 더욱 높아졌다. 남현정,「宋代 刺字刑의 시행과 사회적
인식의 변화」,임대희 엮음,『판례로 본 송대사회』,민속원,2019,360~399쪽 참조.

57 憲司 : 제점형옥사提點刑獄司의 별칭이다.

58 誣執: "捏造罪名, 加以陷害." 즉 죄명을 날조하여, 타인에게 해를 입히려는 행위를 지칭
한다. 일종의 무고誣告에 해당한다. 중국에서의 무고에 관해서는 서정민,『한국 전통형법
의 무고죄』,민속원,2013에「전통 중국법의 무고죄 역사와 법해석」이라는 절節에서 정리
를 해서 보여주고 있다.

사태에 이르렀던 것이다. 지금도 그의 유해遺骸는 자신이 묵었던 숙박지에 방치된 채, 돌아 갈 곳이 없는 상태인 것이다. 이는 칼로 사람을 살인한 것과 어찌 큰 차이가 있단 말인가. 동양현의 사람들 중에서 이 사건을 원통하지 않다고 생각하는 사람이 누가 있겠는가. 지금 관할 주本州, 즉 婺州에서는 다시 관원을 파견해서 곽추향郭秋香의 시신을 자세히 조사해 보았는데 털끝만큼의 상처도 발견되지 않았다. 그렇다면 죽은 허용許鏞은 어떤 죄가 있어 이런 잔혹한荼毒 일을 당해야 하고 또 어찌 저 세상에서도 억울함이 벗겨지지 않아 편안히 눈감을 수 있겠는가.

장원광蔣元廣은 저지른 죄악이 많고 죄상도 뚜렷이 드러나 그 소행은 천벌과 국법 모두 용서할 수 없는 것이다. 척장脊杖 17대로 처결하고 얼굴에 묵형을 가한刺面 후, 500리의 신주信州, 江南東路의 동성東城으로 유배하라. 허의許義, 허무許茂, 장오蔣五 등은 눈앞의 이익만을 보고 함부로 위법행위를 하였으니, 이것이야말로 "동악상제同惡相齊"한 무리들이다. 허의許義는 척장脊杖 17대로 처결한 후 500리의 건녕부建寧府, 福建路로 편관하고, 허무許茂와 장오蔣五는 각각 척장脊杖 15대로 처결한 후 외채外寨에 구금하라. 유감兪鑑은 (예전에) 묵형墨刑을 받은 주州의 관리인데, 배소配所에서도 도망쳐 와서 악행을 일삼았던 것이다寅緣逃歸, 專易安也.[59] 척장脊杖 12대로 처한 후, 묵형墨刑을 더한填刺[60] 후 원래의 배소配所로 압송하여 영구히 석방하거나 귀환하는 것을 허락하지 않는다. 또 이상에 대해 방을 붙여 이로써 잘못된 풍속愚俗을 일깨우고자 한다.

59　寅緣逃歸, 專易安也 : 남송 대는 대체로 일 년에 한번 이상 은사恩赦가 시행되어 형벌이 감형되었으므로 전과자로서 귀환하는 경우도 많았을 것이다. 또한 처음부터 자자刺字한 후에 배류되지 않는 형벌에 처해지거나 배류되었음에도 불구하고 도망친 경우, 『청명집』의 판어를 보면 刺字를 받은 전과자임에도 불구하고 거리낌 없이 예전과 비슷한 생활을 하고 지위를 유지하는 자들의 모습을 볼 수 있다. 남현정, 「宋代 刺字刑의 시행과 사회적 인식의 변화」, 임대희 엮음, 『판례로 본 송대사회』, 민속원, 2019, 360~399쪽 참조.
60　填刺 : '자환刺環을 덧붙이다'라는 의미로, 여기서는 '묵형을 가하다'라는 의미이다.

婺州東陽, 習俗頑嚚, 好鬪興訟, 固其常也. 至若誣人以殺人之事, 揆之於法, 玆豈細事. 村疃豪民, 志在立威以求逞, 扶持資給, 賕賄營謀, 不擠其人於幽枉無告之地不止也. 當職自涖事以來, 斷後有冤民平反, 此等獄訟, 未嘗不審見其實而痛戢之. 往往懲之未幾, 犯者踵至, 其間情狀, 至有極其慘虐而不忍聞者. 戴髮含齒, 名之日人, 呑噬之毒, 過於狼虎. 青天白日之下, 詎容有此乎. 蔣元廣, 東陽田間一屠噬之毒, 過爲不道, 驟致富强, 稱雄一方, 披猖萬狀. 居家則蓄養惡少金九一等三十來輩, 以供爪牙之役, 在州則結交縣吏兪鑑等, 以通腹心之謀, 縣吏望風憚之, 罔不惟命. 一方善良, 呑聲飮氣, 誰敢與之抗衡. 許鏞, 貧士也. 有婢郭秋香, 因澣衣於池, 失足不救, 其父郭太在旁觀看, 自見屍首, 初無他故. 旣殮而葬之, 蔣元廣平白資使許義, 鑿空興詞, 誣訴許鏞, 窘之致死. 趙知縣察見非辜, 坐以誣告之罪, 申取提刑司行下遣. 公道之不容泯沒, 蔣元廣可以息心矣. 方且調撥許義·蔣五·許茂, 遍走刑部·憲司, 攻訐不已, 干連誣執, 至于妻子. 家道一破, 生理蕩然, 力旣不支, 事且未艾. 許鏞爲此憂迫無悰, 竟爲客死之鬼, 今就暴露邸舍, 未得所歸, 與操刀而殺之者, 何以大相過. 通邑之人, 誰不冤之. 今本州亦再差官洗檢秋香屍首, 毫髮無傷. 死者何辜, 罹此荼毒, 玆又泉下不能自伸之冤也. 蔣元廣積惡有餘, 罪狀顯著, 天刑國憲, 擧不容逃, 決脊杖十七, 仍刺面, 配五百里信州東城. 許義·許茂·蔣五, 利一時之資給, 輕冒刑章, 此同惡相濟之人也. 許義決脊杖十七, 編管五百里建寧府. 許茂·蔣五各決脊杖十五, 抱鎖外寨. 兪鑑, 已黥之郡吏也, 寅緣逃歸, 專易安也, 決脊杖十二, 塡刺押回原配所, 永不放還. 仍備榜行下, 以儆愚俗.

13-9. 치사죄로 무고하도록 교사하다
敎令誣訴致死公事

강겸형江謙亨은 많은 재력을 소유하면서, "향리鄕里에서 횡행"武斷鄕曲[61]하고 있다. 이전에 죄를 지어 헌대憲臺[62]로부터 이미 편관編管 처분을 받은 적이

---

61 武斷鄕曲 : 향곡鄕曲은 향리와 동일한 의미이다. 무단향곡武斷鄕曲은 세력을 이용하여, 향리에서 각종 부정을 자행하거나 악행을 일삼는 등과 같은 행위를 지칭하는 말이다. "향리에서 횡행橫行하다"는 말과도 유사하다. 즉『史記』卷30, 平準書에 "當此之時, 網疏而民富, 役財驕溢, 或至兼幷豪黨之徒, 以武斷於鄕曲"라 되어 있다.

62 憲臺 : 어사대御史臺·제형사提刑使 등을 헌대憲臺라고 했다. 때로는 상급 관청에 대한 존칭으로 헌대라는 용어를 사용하기도 했다.

있고[編置],63 이로 말미암아 스스로 반성하고 근신해야 했던 것이다. 그런데 최근에 동선童詵과의 사이에 약간의 불화가 생겨, 이에 다른 일로써 그를 곤경에 처하게 하려고, 양십팔楊十八이 목을 매어 죽은 것을 양백오楊百九를 교사해서, "동선童詵이 양십팔楊十八을 끌어다 구타하여 연못[塘水]에 빠져 죽게 했다"라고 거짓 고소하게 하여 소송[大訟]64을 일으켰다.65 다행히도 관원을 파견해 초검初檢·복검覆檢66을 해보니, 사건의 전모가 밝혀졌다. 또 옥사獄司의 조사[獄司勘]67에 의해 무고誣告가 행해진 정황에 대해 명백하게 알게 되었다. 강겸형江謙亨의 죄는 도형徒刑에 해당하고, 비록 종녀宗女의 남편이지만 다시 사죄私罪를 범했기 때문에 속형贖刑68을 인정할 수 없다. 만일 요행으로 법

---

63 編置 : 편관編管과 동일한 의미로, 송대에는 묵형에 처하지 않고, 유배형만 부과하는 것을 편관이라 했고, 묵형을 가한 후, 유배하는 처벌을 자배刺配라 했다.

64 大訟 : '대벽공사大辟公事'와 유사한 말로, '살인 등과 같은 중대안건'이라는 의미이다.

65 강겸형江謙亨은 사대부 집안의 관인으로서 과거에 편관형에 처해진 경력이 있으며, 그 형기를 모두 마치고 귀환한 인물이다. 그는 사죄死罪를 범했으나 아버지의 음사가 있었고, 종녀宗女의 남편이었으므로 그 죄가 감해졌다. 또한 타주에 편관되어 갔다 온 뒤에도 그의 재산은 과거와 마찬가지로 부유하고, 추방형追放刑에 해당하는 편관형을 치른 이후에도 과거와 별 다를 것 없는 생활을 하며, 자신의 이전 지위를 그대로 유지했다. 그리고 형을 받은 것에 대해 아무런 반성도 없고 또 다시 형을 받는 것을 두려워하지 않으며 여전히 향리 내에서 횡횡하고 있다. 그러다 동선童詵을 무고하여 무고죄로 처벌을 받게 되었으나, 이 또한 속형贖刑이 적용되어 이전에 편관되었던 처주處州에 다시 편관되는 것으로 그 처벌이 끝나게 된 것이다. 적어도 위의 사례에서 볼 때 판관들이 의도하였던 편관형에 의한 죄인의 교화는 제대로 이루어지지 않은 것으로 보인다. 정우석, 「송대 編管刑의 등장과 그 시행상의 특징」, 임대희 엮음, 『판례로 본 송대사회』, 민속원, 2019, 400~443쪽 참조.

66 檢覆 : 일반적으로, 사체에 대한 첫 번째 검사를 '초검'이라 하고, 그 임무를 맡는 관리가 초검관이다. 또 두 번째 이후의 검사를 '복검'이라 하고, 그 임무를 맡는 관리가 복검관이다. 이 "초검"과 "복검"을 합쳐, '검험檢驗' 혹은 '검복檢覆'이라 한다. 『宋史』 卷200, 刑法志에 "淳熙初, 浙西提刑鄭興裔上檢驗格目, 詔頒之諸路提刑司. 凡檢覆必給三本, 一申所屬, 一申本司, 一給被害之家"라 되어 있다. 郭東旭·黃道誠, 「宋代檢驗制度探微」, 《河北法學》 26-7, 2008(郭東旭, 『宋代法律與社會』, 人民出版社, 2008 轉載); 黃道誠, 「宋代司法檢驗的制度化·法律化」, 《雲南社會科學》, 2008-1; 石濤, 「北宋地方災害評估系統」, 《山西大學學報》, 2005-1 참조. 檢驗에 대해서는 「징악문」 13-19 〈姊妾訴妹身死不明而其夫願免檢驗〉의 각주 참조.

67 獄司勘 : 옥사獄司가 행하는 조사행위를 지칭한다.

68 贖刑 : 속형은 규정에 따라서, 형벌을 금전 등의 경제적인 방법으로 경감하는 방식이다.

망을 벗어난다면 그의 악행은 더욱 심해질 것이고, 선량한 백성은 평안하게 살 수 없게 될 것이다. 조사한 사건의 정황을 함께 붙여 제점형옥사에 알려 지시[指揮]69를 받아 따르겠다고 보고하였다[申取].70

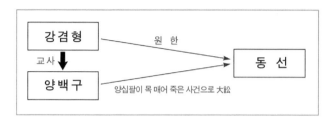

후에 제점형옥사에서 공문을 하달해 왔는데 다음과 같다. 즉 "관할 주[本州]71에서 조사한 바를 종합해보니, 강겸형[江謙亨]이 무고로 교사한 것을 분명히 알게 되었다. 강겸형[江謙亨]은 이미 죄를 저질러 처주[處州, 浙江東路]에 편관되

그러나 그 형종[刑種]이나 죄명, 대상, 속형의 적용범위, 속형집행의 구체적인 방법 등등에서 제한이 있었다. 그리고 이러한 제한에서 북송과 남송의 속형 집행 내용에서 차이가 있었다. 북송 초기에는 속형의 적용대상이 주로 관료 귀족 및 그 친족에 한정되었으며, 노유[老幼] 병잔[病殘]을 제외하고는 평민 백성은 속형을 할 수 없었다. 북송에서는 속형을 적용할 수 있는 형종에 제한은 없었으나, 형[刑]이 무거우면 속금[贖金]이 높아졌다. 속형을 적용할 수 있는 죄명에서는 기본적으로 대부분의 죄에서 가능하였으나, 그 가운데에서도, 자수[自首]한 경우, 과실을 범한 경우, 무고한 경우, 의죄[疑罪]인 경우가 이에 해당한다. 속형을 적용하는 대상으로서는, 관료귀족이나 노유・독질[篤疾]인 사람이었으며, 규정에 따라서 십악[十惡]을 범한 경우 등과 같이 속형이 적용되지 않는 경우도 있었다. 그런데, 남송에 들어와서는, 속형을 적용할 수 있는 대상이 더욱 확대되었으며, 그와 더불어 속형이 적용되지 않는 경우도 더욱 범위가 늘어났다. 한편으로는 속형을 집행하는 수속[手續]이 이전에 비해서 더욱 엄밀해졌다. 戴建國, 「宋代贖刑制度考」, 楊一凡總主編, 『中國法制史考証』甲編第5卷, 中國社會科學出版社, 2003; 戴建國, 「宋代贖刑制度述略」, 《法學研究》, 1994-1; 趙旭, 「宋代贖刑制度考述」, 《遼寧大學學報》, 2008-1; 滕健・万川, 「宋朝法定贖刑制度的演變及其特点」, 《中國人民公安大學學報》, 2009-2; 魏殿金, 「宋代的換刑制度」, 《南京財經大學學報》, 2005-5 참조.

69 指揮 : 「징악문」, 권12-32 〈母子不法同惡相濟〉나 「징악문」, 권13-10, 「징악문」, 권13-20, 「징악문」, 권14-3의 각주를 함께 참조.

70 申取 : '상부기관에 보고해서, 명령을 받겠다' 혹은 '상부기관에 신청해서 재가를 취하겠다'는 의미로 볼 수 있다.

71 本州 : 여기에서의 本州는 '사건을 관할하는 해당 주'라는 의미이다. '해당 주 혹은 관할 주'라는 의미이다.

었으므로 이미 선량하다고 할 수 없다. 어찌 이런 자를 죄를 범할 때마다 속형贖刑해 주고 나쁜 짓을 일삼는 것을 보고만 있겠는가. (그러나) 조상의 음덕을 받고, 종녀의 남편이므로 죄를 가볍게 처벌하여[末滅], 주州에 공문을 보내 강겸형江謙亨을 체포해 연행해서[引上]72 장형 100대로 처결하여 (죄를) 경감해 주고, 이 자를 압송하여 담당관이 보는 앞에서[當廳]73 처단한 후 원래의 편관지인 처주處州로 보내어 수감하라"고 하였다.

江謙亨家饒於財, 武斷鄉曲. 前此得罪憲臺, 已經編置, 自應知所警戢. 近因與童訛小有私隙, 別生事端, 以楊十八縊死, 輒教令楊百九作拖扯趕打推落塘水, 因此致死, 遂興大訟. 所幸差官檢覆, 事獲昭明. 而獄司勘得其情, 誣罔之狀瞭然可爥. 江謙亨罪該徒刑, 雖係宗女夫, 緣係再犯私罪, 情不可贖. 萬一僥倖漏網, 則姦計滋長, 善良未易得以安也. 尋其勘到事情, 申取提刑省指揮. 後準提刑衙行下, 點對本州所勘, 備見江謙亨教令誣訴, 蹤跡分曉. 其人已曾犯罪編管處州, 既非善良, 豈可使之屢犯屢贖, 得以長惡. 然以祖蔭及宗女夫之故, 所合姑從末減, 牒州引上江謙亨, 降從杖一百, 押上當廳正斷, 仍送原編管所處州收管.

13-10. 근거없이 대벽의 소송을 일으키다
自撰74大辟之獄

유후촌(劉後村)

"대벽大辟"의 재판[大辟公事]75은 "적친혈속的親血族"이 고소해야만 한다. 이번 장석아張惜兒가 사망한 경우에 있어서, 장천구張千九는 그 부친이고, 양씨 부

---

72 引上 : "체포해서 (하급부서에서 상급부서로) 연행하다"라는 의미이다(『청명집』「징악문」 12-22의 각주 193 참조).
73 當廳 : '당관當官'과 동일한 의미로, '官의 面前에서' · '官廳에 있어서'라는 의미이다. 때로는 '본청'의 의미로 사용될 때도 있다.
74 自撰 : "근거도 없는 것을 날조하다"라는 의미이다.
75 大辟公事 : '사형죄에 해당하는 소송 사건'을 지칭한다.

인[阿楊]은 그의 어머니이며, 장천십[張千十]은 그 숙부인데, (적친혈족에 해당하는) 이 세 사람은 처음부터 끝까지 전혀 고소하지 않았다. 그럼에도 불구하고, 사건과는 관계가 없는[事不干己人]76 왕백칠[王百七]과 왕대삼[王大三]이 함부로 현[縣]에 고소해서, 장석아의 사망은 억울한[冤濫] 죽음이라고 주장하였다. 관할 현[本縣]에서는 그들의 허위를 간파하고, 이미 이 두 명을 감장[勘杖]에 처했다[勘下杖責].77 그러자 이번에는 장세행[張世行]이라는 자가 함부로 주[州]를 거쳐, 관할 감사[本司]에 소송을 제기하면서, "족제[族弟]의 부인인 강 씨[姜氏]에게 규방[閨房] 내에 불미스러운 일들[陰私]78이 있어 그 일로 말미암아 장석아[張惜兒]가 죽게 되었다"고 고발했다[告訐].79 그래서 우선 본관이 당사자에게 친족관계를 쓰게 해 보니, 장세행[張世行]과 강 씨[姜氏] 남편과의 친소관계가 상당히 멀다는 것을 알게 되었다. 따라서 이 소송을 기각하기로 했다. 그런데 불현듯[不謂]80 주[州] 쪽에서 이 사건에 대해 담당관을 정해 현장조사하라는 지시를 내렸고[體究],81 이것을 받들어 현위[縣尉]가 조그마한 문제까지도 이용을

---

76 事不干己人 : '어떤 사건에서 자신과 아무런 관계가 없는 사람'을 지칭한다. 사건과 관계없는 자가 소송을 일으킨 경우에는 법률 규정에 의해 처벌되었다. 『宋會要輯稿』刑法 3-12, "景德二年六月十三日詔, 諸色人, 自今訟不干己事, 卽決杖, 枷項, 令衆十日"이라 되어 있다.

77 勘下杖責 : 송대에는 장형 집행이 절장법에 의거하여 집행되었는데, 감장형[勘杖刑]은 절장법을 적용하기 전의 장형 횟수를 지칭하는 말이다. 절장법에 대해서는 川村康, 「宋代折杖法初考」, 『早稻田法學』 65-4, 1990 참조. 이 논문은 한국어로 번역되어 있다(가와무라 야스시[川村康], 「송대절장법초고」, 임대희 옮김, 『판례로 본 송대사회』, 민속원, 2019, 444~533쪽); 呂志興, 「"折杖法"對宋代刑罰重刑化的影響」, 《現代法學》, 2007-5; 魏殿金, 「宋代"折杖法"考辨－兼與薛梅卿先生商榷」, 《南京大學法律評論》, 2003-1.

78 陰私 : 추문[醜聞]같은 각종 불미스러운 일들을 말한다. 현재 중국의 형사소송법이나 민사소송법에서는 "음사[陰私]"나 "은사[隱私]"는 모두 남녀간의 사생활 및 간정[奸情] 쪽을 일컫는 경우에 쓰여지고 있다. 楊自元, 「一字之見－－建議"陰私"與"隱私"統一起來」, 《法學》, 1982-6.

79 告訐 : 다른 사람의 악행을 알리다는 것으로 "고발"과 유사한 의미이다. 현대 법률상 용어인 "고발"과 "고소"가 포함된 의미로 생각된다. 『漢書』卷48「賈誼傳」에 "及秦而不然, 其俗固非貴辭讓也. 所上者告訐也"라 되어 있다. 〈정악문〉 13-11 의 각주 182에 나열한 참고문헌도 참조.

80 不謂 : '뜻밖에'·'의외의'라는 의미이다.

81 體究 : 『청명집』「징악문」 12-32의 각주 참조. 程碧英, 「《朱子語類》"體"類詞群的文化闡釋」, 《成都大學學報》, 2015-3.

해서 하나의 소송 사건으로 만들고자 하였다.

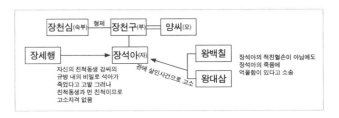

본관은 장천구張千九를 소환해서 직접 질문했는데, 그의 진술에 따르면,
"문제가 되는 처자婢는 실제로 정신병에 걸려 망령되이 욕을 하였는데, 5
월 3일에 여주인 강 씨姜氏가 (처자의 모친인) 양씨 부인을 불러 설교하고, 양
씨 부인은 나무토막으로 장석아張惜兒를 2번 정도 때렸다兩下.[82] 5월 5일에
는 장천구張千九·장천십張千十은 함께 강 씨의 집에 있었는데, 장석아張惜兒가
고열을 내며 헛소리하는 것을 보았고, 부친이 죽을 끓이고 있는 동안, 장
석아張惜兒가 갑자기 마루에서 스스로 목을 매고 말았다"는 것이었다.

무릇 부자父子 사이만큼 친밀한 사이도 없어서 여러 번 조사를 해도 그
들의 진술은 변함이 없었다. 또한 하녀女使가 망령되이 욕을 하였다면 여
주인이 그 어머니를 불러내어 설교하는 것은 사람이라면 당연한 것이지
만 스스로 목을 매어 죽는 것은 사람으로서는 예측할 수 없는 것이다. 그
러므로 강 씨姜氏에게 죄를 물어서는 안 된다. 또 주州에서 현장조사를 하
였다고 하더라도, 지현知縣은 지현知縣 나름대로 보고문서申狀를 제출執申[83]
해도 되고, 현위縣尉가 사실을 조사해 다시 보고하게 하는 것도 가능하다.
지금 소송을 날조한 무리들이 각각 집에서 태연자약하고 있는데도, 강
씨姜氏의 일가는 모두 감옥에 수감되고, 장석아張惜兒의 모친도 연루되어 구
금당한 상태이다. 마치 친족이 아닌 사람外人[84]이 혈족처럼 소송을 제기

---

82   兩下 : 이 '下'는 횟수를 의미한다. 『청명집』 「징악문」 12-15의 각주 "十二下" 참조.
83   執申 : '보고서를 제출하다'라는 의미, 『청명집』 「징악문」 12-20의 주 참조.
84   外人 : '적친혈속的親血屬'에 반대되는 의미를 지니고, 대개 피해자의 친족이라고는 할 수
      없는 사람을 지칭한다.

하면서, 혈족은 도리어 관청에 구금되어 있다. 제형사^{憲臣置司之所:提刑司}에서[85] 재판의 공정함을 잃는다면, 어찌 다른 지역처럼 올바른 재판이 내려질 수 있겠는가.

장백규^{張伯圭:王子才}[86]는 입계^{立繼} 때의 원한으로 인해, 숙모인 강 씨 부인의 집을 풍지박산내려는 의도가 있었고, 장세행^{張世行}도 또한 촌수가 먼 일가이며, 왕백칠^{王百七}과 왕대삼^{王大三}은 친족이 아닌 사람^{外人}이면서 대벽^{大辟}의 소송을 일으켰다. 순검·현위에게 공문을 보내어 전인^{專人}으로 하여금 그들을 데려오게 하라.[87] 기한은 하루로 한다.

강 씨^{姜氏}에 대해서는 관대하게 봐 주기로 하고^{添編}, 장천구^{張千九}·장천십^{張千十}은 함께 석방한다. 오기^{吳慶}는 고아^{孤兒}[88]와 과부^{寡婦}의 집에 드나들어 "과리^{瓜李}의 혐의^嫌"[89]가 없다고 할 수 없으며, 또 비녀^{婢女}인 탐매^{探梅}와 정情을 통하기도 했다. 그러나 이 두 가지 죄를 강감지휘^{減降指揮, 형벌 감형에 관한 황제의 조칙}[90]에 따라, 형을 감형하여 감장 80대에 처하고, 오기^{吳慶}로부터 서약서를 받아내어^{責狀}[91] 이후에도 다시 장 씨 집에 출입을 한다면 반드시^{定行}[92] 편관

85　憲臣置司之所 : 이 판결문에 나오는 주^州는 요주^{饒州}이며, 요주는 강남동로의 제형사^{提刑司}의 치소^{治所}이기도 했다.

86　王子才 : 상해도서관 판본도 왕자재라 되어 있는데, 『後村先生大全集』 권193에 의하면 장백규^{張伯圭}라 되어 있으므로, 해석에 있어서는 장백규로 하였다. 문맥상 장백규로 보는 것이 타당할 것이다.

87　解來 : '解'는 '보낸다'라는 의미이다. 『청명집』 「징악문」 12-8의 주 "解上" 참조

88　孤兒 : 송대 고아^{孤兒}에 관련된 연구로는, 劉馨珺, 「檢校法與宋人撫孤實踐」, 『『唐律』與宋代法文化』, 嘉義大學出版組, 2010; 屈超立, 「從檢校制度看宋代的公共服務」, 《北京行政學院學報》, 2012-6; 김경희, 「宋代 孤兒 後見과 檢校」, 임대희 엮음, 『판례로 본 송대사회』, 226~253쪽, 민속원, 2019; 剛繼斌, 「宋代檢校制度考析－立足於法律視角的經濟制度考察」, 《中南財經政法大學研究生學報》, 2010-1, 羅彤華, 「宋代的孤幼檢校政策及其執行－兼論南宋的"女合得男之半"」, 《中華文史論叢》, 2011-4 참조.

89　瓜李之嫌 : '오이밭에서 신발끈을 매지 않고, 배나무 아래에서 갓끈을 바로 매지 않는다^{瓜田不納履·李下不整冠}'는 말. 즉 '남에 의심을 받을 만한 혐의'라는 의미이다.

90　指揮 : 제왕의 조칙이나 명령을 말한다. 또는 상서성^{尚書省}이나 육부^{六部}에서 하급 기관에 내린 칙문^{勅文}의 해석을 지칭하기도 하고, 혹은 이를 바탕으로 내린 상급기관의 명령이나 지시 등을 지칭한다. 좀 더 자세한 내용은 「징악문」 권13-20 〈叔誣告姪女身死不明〉의 각주 "指揮"를 참조.

編管에 처할 것이다. 현위는 이전에 연산현鉛山縣93으로 대이對移94당했을 때, '대벽大辟'의 안건으로 잘못된 조사를 하고, 무고한 자95를 범인으로96 몰아 탄핵을 당한 전례가 있다. 이번 사건도 이러한 상황과 유사하므로, 이에 대해 문책하는帖問97 한편, 정급停給 처분閣俸98을 내린다.

주州에 공문서를 보내, 차후 이러한 소송이 있더라도, 이것이 "혈족"이 아니면 수리하지 않음을 재확인하기로 하고, 만일 여기에 위반해서 수리한 경우에는 도리都吏99를 연행해라. 추사推司100는 며칠이 경과하여[累日] 보고도 없이 본 관청에 들어왔으므로, 사리원司理院에 공문서를 보내 감장 100대에 처하고, 처분이 끝나면101 보고하도록 하라.

---

91   責狀 : '판결에 복종한다는 서약서'를 의미한다. 때로는 '서약서를 제출시키다'라는 의미도 있다.
92   定行 : '定'에 '꼭'이라는 의미가 있다. '行'은 '別行□□' 등과 같은 용법일 것이다. 따라서 '定行'은 '반드시', '꼭'이라는 의미로 사용되었을 것이라고 생각된다. 閔虹, 「論《三國演義》人物形象的定型化特徵」,《鄭州大學學報》, 2001-5.
93   鉛山縣 : 강남동로江南東路 신주信州 관할이다.
94   對移 : 일종의 임시 인사교체의 의미이다. "대조對照", "대역對易", "양역兩易", "대환對換", "대체對替" 등이라고도 부른다. 관리가 공무에서 실패를 하여 탄핵되었을 때 실시된다. 부임한 지 1년이 되지 않은 경우에 이러한 조치를 사용한다. 일종의 교체인사. 예를 들면 지현의 경우, 순위가 하급인 현의 지현과 교체되거나 좌천되기도 하고, 혹은 같은 현의 조직 내에서 하위 직위(예를 들면 주부직主簿職)로 교체되거나 한다. 이 안건의 현위도 이미 중대 재판에서 실책을 했기 때문에, 연산현으로 대이되었다고 해석할 수 있다. 임대희, 「송대 "대이對移"제도의 실행」,『판례로 본 송대사회』, 민속원, 2019; 郭艷艷, 「宋代地方官對移制度初探」,《開封教育學院學報》, 2007-3 참조.「징악문」14-34〈競渡〉의 각주 對移를 참조.
95   平人 : '아무런 죄가 없는 사람'이라는 의미이다.
96   兇身 : '흉신凶身'과 동일한 의미이다. 흉악범을 지칭하는 말이다.
97   帖問 : '공문을 보내 탐문하다'라는 의미
98   閣俸 : '각閣'에 '지止'라는 의미가 있으므로, '봉급정지'라는 의미로 생각된다. 屈超立, 「宋代地方政府權力制衡機制研究」,《政法論叢》, 2016-2.
99   都吏 : 주州의 상급 서리를 지칭한다(『청명집』「징악문」12-20의 주 참조).
100 推司 : 추사推史와 같은 意味이다.『청명집』「징악문」12-9, 각주,「징악문」12-20, 각주 참조.
101 "감장勘杖" 뒤에 "단斷"이 시행되고, 즉 어떤 실형이 집행되었다는 것을 나타내는 경우도 있다. 가와무라 야스시川村康,「宋代折杖法初考」, 임대희 옮김,『판례로 본 송대사회』, 민속원, 2019, 444~533쪽 참조.

大辟公事, 合是的親血屬有詞. 張惜兒之死, 張千九, 其父也, 阿楊, 其母也, 張千十, 其叔也, 此三人自始至終無詞. 而事不干己人王百七·王大三輒經縣, 以爲死有寃濫. 本縣察見, 已將兩名勘下杖責. 有張世行者, 輒經州, 經本司告許弟婦姜氏閨門陰私, 以致惜兒寃死. 當職令畫宗支, 見得世行與姜氏夫服紀甚疎, 却而不行. 不謂本州已有委官體究之判, 縣尉纔得此事, 以爲奇貨, 牽聯枝蔓, 必欲造成一段公事. 當職引上張千九面問, 據稱其女實以病風妄罵, 五月初三日, 主母姜氏喚阿楊敎誨, 阿楊以柴條打惜兒兩下, 至初五日, 張千九又[102]在姜氏家, 見惜兒發熱妄語, 其父煮粥未熟, 惜兒忽於厠屋自縊. 親莫親於父子, 再三番詰, 其詞堅確如此. 女使妄罵, 主母呼其母訓責, 此亦人之常情. 及其自縊, 則有出於人意表. 在姜氏未見有可論之罪, 本州雖判體究, 知縣執中可也, 縣尉據實事回申, 亦可也. 今撰造公事人各端坐于家, 而姜氏[103]一家俱就囹圄, 惜兒父母亦遭係累. 外人反爲血屬,[104] 反打官司.[105] 憲臣置司之所, 獄事不得其平如此, 則耳目何以及遠哉. 王子才[106]因立嗣之怨, 欲覆叔母之家. 張世行[107]亦疎族, 百七·王大三以外人而自撰大辟之獄, 帖縣幷巡·尉專人解來. 一日, 姜氏添福, 張千九·張千十[108]並放. 吳夔出人孤兒寡婦之家, 略無瓜李之嫌, 又與其婢探梅有姦,[109] 各照減降指揮, 從輕[110]勘杖八十, 令吳夔責狀, 今後更登張氏之門, 定行追斷編管. 縣尉昨對移鉛山縣,[111] 誤勘大辟公事, 以平人爲兇身, 已旣按劾,[112] 今玆所爲如此, 帖問, 仍閣

---

102 張千九又:『後村先生大全集』권193〈饒州司理院申張惜兒自縊身死事〉에는 "張千九, 張千十各"으로 되어 있다.

103 姜氏: '氏'는『後村先生大全集』권193〈饒州司理院申張惜兒自縊身死事〉에서 보충된 것이다.

104 反爲血屬: '反'은 원래 '以'로 되어 있었으나,『後村先生大全集』권193〈饒州司理院申張惜兒自縊身死事〉에 의해 수정된 것이다.

105 反打官司:『後村先生大全集』권193〈饒州司理院申張惜兒自縊身死事〉에는 "血屬反拘官司"로 되어 있다.

106 王子才:『後村先生大全集』권193〈饒州司理院申張惜兒自縊身死事〉에서는 "張伯圭"로 되어 있다.

107 張世行: '世'는 원래 '安'으로 되어 있었으나,『後村先生大全集』권193〈饒州司理院申張惜兒自縊身死事〉에 의해 수정된 것이다.

108 張千十:『後村先生大全集』권193〈饒州司理院申張惜兒自縊身死事〉에서는 "劉紗雲乙"로 되어 있다.

109 探梅有姦: '梅'는 원래 '委'로 되어 있었으나,『後村先生大全集』권193〈饒州司理院申張惜兒自縊身死事〉에 의거하여 수정된 것이다.

110 『後村先生大全集』권193〈饒州司理院申張惜兒自縊身死事〉에는 '從輕'의 두 글자가 존재하지 않는다.

111 鉛山縣: '縣'은『後村先生大全集』권193〈饒州司理院申張惜兒自縊身死事〉에 의거하여 보충된 것이다.

俸. 濮州今後此等詞狀, 非的親血屬勿受, 違追都吏. 推司累日不申入門款, 帖司理勘杖一百, 斷訖, 申.[113]

13-11. 조카가 상중에 자식을 가지고, 부친을 독살했다고 숙부가 고발하다
叔告其姪服內生子及以藥毒父

호석벽(胡石壁)

곽백삼郭百三은 상중에 자식을 가졌는데 그 죄는 결코 피할 수 없는 것이다服內生子.[114] 그러나 곽응룡郭應龍은 그의 숙부로써 그의 행위를 훈계할 수 있으나, 훈계하더라도 그것을 따르지 않게 되자 이에 화가 나게 되었다. 아버지와 아들 사이라도 '바르게 행동하라'고 꾸짖으면 좋지 않은 일이 일어날 우려가 있는데父子之間且有責善則不祥之懼,[115] 하물며 숙부와 조카 사이는 두 말할 필요가 없다. '바르게 행동하라'고 책망하는 것으로도 좋지 않은 일이 일어날 수 있는데, 게다가 악행을 들추어 관청에 소송까지 한다면 오죽하겠는가. 곽응룡郭應龍의 마음을 헤아려보면, 형을 사랑하는 마음에

---

112 已旣按劾: '旣'는『後村先生大全集』권193〈饒州司理院申張惜兒自縊身死事〉에서는 '免'으로 되어 있다.

113 斷訖申: '斷訖'은『後村先生大全集』권193〈饒州司理院申張惜兒自縊身死事〉에 의거하여 추가된 것이다.

114 服內生子:『唐律疏議』第20條,「名例」二十〈府號官稱(問答一)〉에 "律文父母의 服喪 中에 자식을 낳거나 妾을 얻은 경우疏議'부・모의 服喪 중에 자식을 낳은 경우'라는 것은, 대개 (복상 기간인) 27개월 내에 임신케 한 경우를 말한다. 만약 부모가 사망하기 전에 임신한 경우는 비록 服喪 기간 중에 자식을 낳았더라도 처벌하지 않는다在父母喪, 生子及聚妾" "疏議曰, 在父母喪生子者, 皆謂二十七月內而懷胎者. 若父母未亡以前而懷胎, 雖于服內而生子者, 不坐"(김택민・임대희 主編,『譯註唐律疏議』〈명례편〉, 한국법제연구원, 1994, 187〜188쪽);『唐律疏議』第156條「戶婚7」〈居父母喪生子〉 "무릇 父母의 喪中에 자식을 낳았거나 형제가 호적을 따로 하고 재산을 달리 한 경우에는 徒刑 1년에 처한다諸居父母喪生子, 及兄弟別籍・異財者, 徒一年"(임대희・김택민 주편,『譯註唐律疏議』〈各則 上〉, 한국법제연구원, 1997, 2214쪽 참조).

115 父子之間且有責善則不祥之懼:『孟子』, 離婁章句下 "孟子曰 (…中略…) 夫章子, 子父責善而不相遇也. 責善朋友之道也. 父子責善, 賊恩之大者"라고 되어 있다.

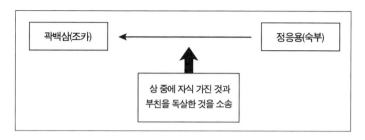

서[以愛兄之道來也]116 행한 것이 아니라, 그 집의 부유한 재산을 보고, 재산이 이성양자[螟蛉之子]117에게 돌아가는 것을 원치 않아 새삼스레 옛날의 잘못을 고발하여 위협하려는 계략에 불과하다. 상중[非時]118에 자식을 가진 것을 소송한 것은 그럴 수도 있다. 그러나 부친을 독살했다고 하는 것은 도대체 무슨 저의인가. 만일 정말 이러한 사건이 있었다면 사망한 지 며칠 안에 곽응룡郭應龍은 이미 이것을 알았을 것이고, 바로 관부에 고발해야만 하는데 어찌해서 1년이나 지나 소송한 것인가. 세상의 악행 중에 어느 누가 이런 대역죄를 저지른다는 말인가. 만일 정말로 이러한 사실이 있었다면 소송장에 명백하게 이를 기록하고, 조속히 모든 사실을 면밀히 진술하

---

116 以愛兄之道來也 : 상대방이 형을 사랑하는 도리로써 대해왔기 때문에 진심으로 믿고서 기뻐하신 것이다(『孟子』「萬章章句上」, "彼以愛兄之道來, 故誠信而喜之").

117 螟蛉之者 : 이성양자異姓養子를 가리킨다. 『詩經』 小雅・小宛 "中原有菽, 庶民采之, 螟蛉有子, 蜾蠃負之, 敎誨爾子, 式穀似之. 그리고, 螟蛉之者에 관해서는 滋賀秀三, 『中國家族法의 原理』, 創文社, (1967)에, 『資治新書』 권13 「究抄事」, "審得, 陳世茂者, 以長房應時之子, 繼次房應宗之後, 而今後復歸本宗者也, 元因應時兄弟五人, 而應宗絶, 故以世茂繼, 且因應時有子三, 長世彩, 次世英, 而世茂其中子耳, 今世彩以溺海死, 而出繼別房之世英亦絶無後, 返果贏于螟蛉之宮, 非日中變, 蓋未有他家之蒸嘗永奉, 而本宗之血食可斬者, 時三房已絶, 四房止生一子, 惟五房應昌子三人, 則以應昌次子陳四九出繼應宗後, 此情也理也, 今天敕之控胡爲乎, 不過謂出繼二十年, 且有披疏執杖之勞耳, 夫世茂本應時子也, 今仍以世茂繼應宗, 則應時當以何子繼, 將又易四九以繼應時, 而爲此逢轉蝶翻之擧乎, 何見金不見父也, 惟繼已二十年, 而今忽以馴籠之雞, 驅之戶外, 未免悵然于遺簪敝屣, 不得不割一巒以酬之, 合無於陳四九名下, 斷銀若干兩與之, 酬其生奉死葬之勞可耳, 如喋喋于繼之可再, 則請起世彩于海底, 召世英于泉下, 而後徐議之"을 인용하여 설명하고 있다(시가 슈우조, 『중국 가족법의 원리』, 박세민 등 옮김, 학고방, 2021).

118 非時 : 여기에서 비시非時라는 것은 국가에서 인정하지 않은 기간이나 불법으로 간주하는 기간을 의미한다. 문맥으로 볼 때 '복상服喪 기간'을 말한다.

여야 하고 애매모호한 말을 해서는 안 된다. 이것이 터무니없는 허위라는 것은 물어볼 필요도 없이 명백하다. 하나는 은밀한 일을 들추어내어 고소[告訐][119]한 것이고, 다른 하나는 근거 없는 거짓말을 늘어놓았다[虛妄]는 점 때문이다. 원래 법사[法司]에 보내 법규에 따라 형벌을 가해야 하지만 우선은 가벼운 쪽에 따라 죽비[竹篦] 20대로 처결한다.

郭百三服内生子, 其罪固不可逃. 然郭應龍爲叔父, 敎之可也, 敎之不從, 繼之以怒, 雖父子之間且有責善則不祥之懼, 況叔姪乎. 責善且以爲不祥, 況暴揚其惡而訟之於官乎. 原應龍之心, 非果以愛兄之道來也, 不過見其家稍厚, 不甘歸之螟蛉之子, 故從事於告訐, 以行騙脅之計耳. 訟其生子非時, 猶云可也. 謂其毒父以藥, 是何言歟. 使其果有此事, 則當其始死之日, 應龍旣聞而知之, 自合卽時發覺, 何爲更歷一歲有餘而後有詞. 且世間大惡, 孰有加於弑逆者. 使其果有此事, 則狀內當直指而極陳之, 不當爲含糊之說. 其爲妄誕, 不問可知. 一爲告訐, 一爲虛妄, 本合送法司照條坐罪, 且從輕決竹篦二十.

13-12. 오복 내의 친족을 고발하다
告訐服內親

왕제경[王齊敬]은 그의 당형[堂兄][120]을 구타하거나 끌어내었으며, 그 당수[堂嫂]를 모욕·매도하고, 그 당질[堂姪]을 능욕·학대했는데, 그것도 한 번이 아니고 몇 번에 걸쳐 이러한 행위를 자행했다. 당초 황[黃]지현[知縣]은 당형[堂兄]을 구타한 것으로 죄를 묻고, 그에게 시험을 보아도 사인[士人]으로서의 교양도 없고, 속형[贖刑]하려고 해도 관리가 지니는 고칙[誥勅][121]이 없으므로, 마땅히 장형에 처해야 하는 것은 의심할 여지가 없다. 그러나 황지현은 후덕한

119 告訐 : 타인의 은밀한 일을 들추어내거나 타인의 과실을 책망하는 것을 말하며, 고발이라는 의미도 있다. 方燕,「試論宋代匿名書」,《四川師範大學學報》, 2014-3; 郭麗冰,「"紹興和議"時期出版限禁研究」,《韓山師範學院學報》, 2013-1.
120 원문에는 "兄"으로 되어 있지만, 문맥상으로 볼 때 "堂兄"으로 볼 수 있다.
121 誥勅 : '告身'을 지칭한다.

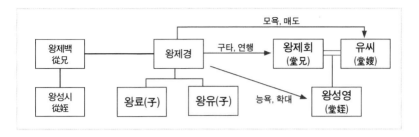

마음으로 단지 죽비만으로 처벌하였다. 이것은 더할 나위없는 행운이라 할 수 있는데, 그는 이로써 마땅히 스스로 수양하고 반성해야만 했다. 그런데 왕제경王齊敬은 원한을 품고 노여움을 숨긴 후, 우선 당형堂兄인 왕제회王齊檜의 죽음을 계기로 두 아들인 왕료王潦와 왕유王幼를 데리고 함께 악행을 행하고, 과부가 된 당수堂嫂를 능욕한 후 고아가 된 당질堂姪을 학대했다. 이러한 사실은 용서할 수 없다. 그러나 온溫지현知縣도 정이 두터워 그의 일족 중에 임관한 자가 있으므로 그냥 가벼운 쪽에 따라 장형 100대에 처결해야 하나 집행유예封案122하고, 왕료王潦와 왕유王幼는 존장尊長이 정훈庭訓123하도록 보냈다. 이것 역시 행운이라 할 수 있다. 이처럼 왕제경王齊敬은 두 번이나 법망을 빠져나갔는데, 조금이라도 사람된 마음가짐을 하고 있다면 부끄러움을 알고 집에서 근신해야 했다. 하물며 왕제경王齊敬이 나이가 들어 노인이 되었다면 더욱 그래야 했다. 그런데도 여전히 후회하는 기색을 보이지 않고 다시 죄를 범해도 아무렇지도 않게 태연자약했다.

지금은 아무런 연유도 없이 그 종질從姪인 왕성시王聖時가 묘를 옮긴 일에, 이전부터 원한을 품고 있던 당질堂姪 왕성영王聖泳으로 하여금 함부로 소송을 제기하여 보복하려고 했다. 조상의 무덤을 다시 옮길 경우且遍改父祖墳

---

122 封案 : '집행정지처분'을 지칭한다. 봉안封案에 관해서는 愛宕松男, 「封案～枡斷の制－宋代における執行猶予刑について」, 『東方學會創立25周年記念東方學論集』, 東方學會, 1972; 李雲龍, 「宋代封案制度考」, 《研究生法學》, 2013-4 참조.
123 庭訓 : 가정에서의 가르침 또는 친족에 대한 훈계를 의미한다.

墓], 법률 조문에서는 관부官府에 나와 직접 신고하도록[在法雖當經官自陳]124 되어 있었는데, 지금의 자손들은 (조상의 무덤이) 풍수風水지리적으로 좋지 않다고 생각해서, 조상의 무덤을 옮기는 경우가 종종 있었고, 고관의 높은 벼슬아치들도 또한 그러했다. 과연 관부에 나와 직접 신고하는 자가 도대체 얼마나 되겠는가. 왕성시王聖時는 아버지의 무덤을 직접 옮긴 것인데, 어찌하여 종숙從叔인 왕제경王齊敬과 관계 있다 하겠는가. 하물며 왕성시王聖時는 상당한 교양을 몸에 익혔고, 또 병이 생겨 정신을 잃은 것이 아니므로, 아무런 이유도 없이 친아버지의 유해를 해쳤을 리가 없다. 왕제경이 평상시 거만하게 법을 거스르던 모습은 이와 같았다. 친족인 당형堂兄·당수堂嫂·당질堂姪을 유린하는 것은 짐승만도 못한 것으로, 그 종형從兄인 왕제백王齊白의 의도와는 다른 것이다. 왕제백王齊白의 경우에는 오로지 측은한 마음이 들어서 차마 그 묘를 옮기지 못해서 소송을 일으켰던 것이지, 특별히 보복하기 위해 한 것은 아니었다. 차마 하기 어려운 소송을 일으켰고, 왕제경과 같이 여기에 편승해 복수하려 한 것은 아니다. 예전의 패주霸主125들은 의義로움을 사칭해서 사리사욕을 채웠다[古之霸主, 多假義以行私].126 (이러한) 왕제경의 소행을 살펴보면 개돼지와 다름없다. 감히 이와 같이 무고誣告한 것은 진실로 대악大惡이라 할 수 있다. 심지어 법령에서는 "오복五服 내의 서로 잘못을 숨겨줄 수 있는[相容隱]127 친족이 죄를 함부로 고소하였다면, 모

---

124 且遷改父祖墳墓, 在法雖當經官自陳:『慶元條法事類』卷77, 喪葬, 引「戶令」, "諸改葬親屬者其事因申縣按實擇狀無他意乃聽. 若品官或所葬人子孫爲品官, 不用此令". 또한, 『續資治通鑑長編』卷462, 哲宗 元祐6年, 尙書省請, "改葬親屬須新穴, 先備具改葬之因, 幷所在申縣按實, 方聽品官, 若身係品官, 或被葬者有子孫爲品官, 而改葬照驗分明者, 不在此限." 從之. 이 부분은 張田田교수의 가르침을 받았다. 이에 감사의 뜻을 표한다.

125 霸主: '패권을 지닌 군주'라는 뜻으로, 춘추시대의 5패霸가 대표적인 패주이다. 그들은 '존왕양이'라는 명분을 내걸고 패권을 장악했기 때문에, 이 판결문에서 "의로움을 빌려 사리사욕을 채웠다"고 하고 있다.

126 古之霸主, 多假義以行私: '예전의 패자들은 의로움을 빌려 사사로움을 행하는 것이 많았다'는 뜻이다.

127 相容隱: "親親相隱" 즉 "容隱制"는 "서로 숨겨주는 것을 용인하다"라는 의미로, 중국 법률사에서 중요한 개념이다. 당률의 "동거상위은同居相爲隱"은 친속이 범인을 은닉시켜준다

두 자수^{自首}와 같이 처리하라^{在法, 五服內許相容隱, 而輒告論者, 並同自首}"¹²⁸라고 되어
있다.

지금 왕제경^{王齊敬}의 안건^{案件}에서 볼 때 유 씨^{游氏}가 당수^{堂嫂}이고, 왕성영^王
^{聖泳}이 당질^{堂姪}이고, 왕성시^{王聖時}가 종질^{從姪}로써, 모두 오복 내의 친족이므
로 비록 죄를 범하더라도 각각 자수^{自首}규정에 따라 죄가 성립하는 것이다.
또 법에 비춰보면 "시마^{緦麻} 이상의 비유^{卑幼}인 자의 죄를 고소하여 사실로
밝혀지더라도 여전히 감장 80대로 처결한다^{在法, 告緦麻以上卑幼得實, 猶勘杖八十}"¹²⁹
라고 되어 있다. 왕제경^{王齊敬}은 위의 법률 조문에 따라 죄를 처벌해야 한다.
유 씨^{游氏}가 왕제경^{王齊敬}과 왕료^{王潦} 등에게 매도를 당했을 때 진주비녀(구슬
로 꾸민 비녀)를 잃어버린 것을 고소한 사건은 자세히 살펴봐야 한다. 왕제경
^{王齊敬}은 온지현의 집행유예처분 결정^{拆封勘斷}¹³⁰에 따라 처단해야 한다. 그러
나 본관으로서는 황지현과 온지현이 내린 가벼운 판결보다 더 엄격하게
판결을 내리려고 하는 것은 아니지만, 왕제경^{王齊敬}과 같은 무리는 조금도
불쌍하게 여길 필요가 없다. 유 씨^{游氏}가 소송한 것은 지금 무더위가 한창인
시기인 것을 고려하여 사실을 규명하지는 않겠다. 왕제경^{王齊敬}은 이전 온
지현의 판결에 따라 (가벼운 쪽에 따라) 장형 100대로 처결하는데, 형의 집행
은 일시 정지한다. 나머지 사람은 모두 석방하라.

齊敬毆拽其兄, 辱罵其嫂, 凌虐其姪, 凡至再至三矣. 初焉黃知縣坐以毆兄之罪, 試之既非
士人, 贖之又無誥勑, 合當杖, 無可疑者. 而黃知縣以長厚存心, 祇撻竹篦, 此可謂莫大之幸,

든지, 범인에게 여러 가지 정보를 제공해 주는 등 범죄인에 대해 적극적으로 도와주는
행위에 대한 것을 지칭하는 것이었다. 田媛媛, 「淺析中國古代親屬相容隱制度」, 《華商》
2008-11.

128 在法, 五服內許相容隱, 而輒告論者, 並同自首:『唐律疏議』「名例律」, "諸犯罪未發而自
首者, 原其罪" "卽遣人代首, 若於法得相容隱者爲首及相告言者, 各聽如罪人身自首法"라
되어 있다.

129 在法, 告緦麻以上卑幼得實, 猶勘杖八十:『宋刑統』권24〈告周親以下〉 및 『唐律疏議』
「鬪訟律」, "諸告緦麻 · 小功卑幼, 雖得實, 杖八十, 大功以上, 遞減一等"라 되어 있다.

130 拆封勘斷:'탁봉감단^{拆封勘斷}'과 동일한 의미이다. 즉 집행유예처분 결정을 지칭한다.

當自脩省可也. 而齊敬乃方蓄怨藏怒, 一旦快其兄王齊檜之死, 卽牽其二子王潦, 王幼共爲悖逆, 凌其嫡嫂, 虐其孤姪, 此情尤不可恕. 而溫知縣又以長厚存心, 以其族有仕宦, 祇從輕杖一百封案, 王潦·王幼押付尊長庭訓, 此尤莫大之幸. 王齊敬凡兩漏憲綱, 稍有人心者, 亦當知愧, 歛退謹守可也. 況王齊敬年齒日長, 侵尋暮景矣, 而乃頑然不悛, 怙終自若, 今者無故以其從姪王聖時改墓之事, 而惹論其素所讐怨之堂姪王聖泳, 以爲報復之計, 且遷改父祖墳墓, 在法雖當經官自陳, 然今人子孫以風水不利, 而遷改父祖墳墓者往往有之, 雖達官貴臣之家, 有所不免. 經官自言者曾幾何. 王聖時自己父墓而自改之, 何預從叔王齊敬之事. 況王聖時亦頗知書, 又非病狂喪心, 必不肯無故毁壞其親父之骨殖. 而王齊敬平生傲狠悖逆如此, 其於親堂兄嫂姪且躪籍之, 不啻犬豕, 必不至於其從兄王齊白, 獨興惻隱之心, 不忍其改墓而興此訟也, 特假之復讐耳. 古之霸主, 多假義以行私. 跡王齊敬平生之所爲, 何等犬彘, 而敢爾誣罔, 誠大可惡. 況在法, 五服內許相容隱, 而輒告論者, 並同自首. 今王齊敬視游氏係堂嫂, 王聖泳係堂姪, 王聖時係從姪, 皆在五服內, 縱有罪犯, 各合從自首原免. 又照在法. 告緦麻以上卑幼得實, 猶勘杖八十. 王齊敬合照上條科罪. 游氏又訴王齊敬·王潦等攔罵去失珠簪一節, 亦合根究, 將齊敬照溫知縣判拆封勘斷. 然當職獨念不肯薄於黃·溫二宰之所爲. 如王齊敬者, 誠非所恤也. 游氏所訴, 念今隆暑, 勸諭其免究論. 王齊敬合照前判, 且更與從杖一百, 封案一次. 餘人並放.

망소妄訴

13-13. 동생의 사망 및 제수의 낙태를 빌미로 그 숙부를 함부로 무고하다
妄以弟及弟婦致死誣其叔

유후촌(劉後村)[1]

주씨 부인阿周이 낙태된 것은, 날수가 이미 찼기 때문에 경태驚墮는 아니다[所墮之胎, 月數已滿, 非驚墮也].[2] 또한 허천팔許千八은 병사했으므로 급사驚死한 것은 아니다. 이것은 증인이 있어[有隣有證][3] 하나하나 밝혀진 것이다.

허가許佳는 (허삼걸의) 조카로서. 제수弟婦의 낙태墮胎[4]를 빙자해서 그 숙부인 허삼걸許三傑을 함부로 고소하고, 또 감히 동생이 병사한 것을 빌미로, 계속해서 숙부를 무고誣執[5]하였는가 하면 숙부를 구타하기까지 하였다. 그 상처를 조사해 보니 날카로운 물건으로 행한 흔적이 있었는데, 이러한 것들은 현의 서류에서도 보인다. 또 시체를 짊어지고 숙부의 방에 들어가서, 숙부의 창문·문짝·집기류를 때려 부수고, 심지어 시체를 숙부 집의 수목壽木[6] 내에 놓아두었다. 허삼걸許三傑 부자는 이러한 소동 때문에 참

---

1 劉後村 : 『청명집』「징악문」, 권12-7의 각주 참조.
2 所墮之胎, 月數已滿, 非驚墮也 : '낙태한 것은 임신한 달 수가 이미 일정기간을 경과했기 때문에 갑자기 낙태된 것은 아니다'라는 의미이다. 다만 어느 정도의 기간을 경과했는지 는 불명이다.
3 有隣有證 : 인가隣家가 있으면 증인證人이 된다는 의미이다.
4 墮胎 : 落胎. 태아가 달이 차기 전에 죽어서 나오는 것을 뜻한다. 童建軍, 「赫斯特豪斯論 墮胎」, 《道德與文明》, 2018-1; 王甡, 「墮胎問題的視角轉換 ― 從單方權利訴求到雙方關 系的探討」, 《法制與社會》, 2017-25; 谷銀芬·李海燕, 「墮胎行爲的刑法規制研究 ― 以强 制墮胎爲視角」, 《西南政法大學學報》, 16-4, 2014.
5 誣執 : '捏造罪名, 加以陷害'. 즉 죄명을 날조하여, 타인에게 해를 입히려는 행위를 지칭 한다. 일종의 무고에 해당한다.
6 壽木 : 시체를 넣을 관棺을 의미한다. 특히 생전에 준비해 두는 것이 많다.

을 수 없어 끓는 물을 끼얹어 허가[許佳]의 모친인 강 씨[阿羹]의 얼굴[頭面]7을 다치게 하였다.

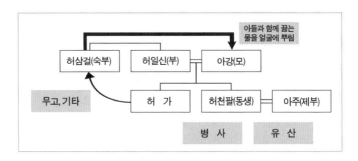

정리[情理]에 근거하여 죄를 묻는다면, 허가[許佳]는 주살하여도 부족함이 없다[不可勝誅].8 하물며 치사 소송을 날조하여 (죄도 없는) 평범한 사람을 속이는 것은 용서할 수 없다. 지금 숙부를 속이는 것은 무슨 생각에서일까. 허가[許佳]가 함부로 동생 및 제수[弟婦]를 치사하였다고 (숙부를) 무고한 것은 마땅히 반좌죄[反坐罪]로 처벌해야 하고, 숙부를 때려 상처 낸 것까지 겸한다면 도형 3년보다 1등급 더 무겁게 처벌해야 한다.9 비록 은사[恩赦]를 받았지만, 은사를 받은 후에도 망소[妄訴]10를 멈추지 않으면 배류형으로 처벌해야 한다. 허가[許佳]의 아버지인 허일신[許日新]은 처음부터 끝까지 관청에 출두하지 않았는데, 이것으로 동생을 사랑하는 마음을 엿볼 수 있다. 단지 그저 천륜을 거역한 아들을 가르치고 타이를 수 없었을 뿐이다. 지금 만약 허가[許

7 　頭面 : '면목' · '체면'이라는 의미이지만, 여기서는 '얼굴'이라는 의미로 사용되었다. 王偉偉 · 趙倩瑩 · 楊曉燕 · 魏婷, 「唐代女子頭面妝飾設計因子提取及應用」, 《包裝工程》, 2018-6; 宗玉瑩, 「淺析裕固族頭面的藝術表達形式」, 《西部皮革》, 2017-16; 王淑蘭 · 倪光夏, 「"門穴"淺析 ― 頭面、胸腹部"門穴"」, 《針灸臨床雜誌》, 2011-9.

8 　不可勝誅 : "차마 다 죽일 수 없다"는 말인데, 여기서는 "어떤 벌을 주더라도 부족하다"라는 의미로 사용되었다.

9 　편관형에 처해진 죄인들은 편관되기 이전에 장형[杖刑]을 처결받았다. 정우석, 「송대 編管刑의 등장과 그 시행상의 특징」, 임대희 엮음, 『판례로 본 송대사회』, 민속원, 2019, 400∼443쪽 참조.

10 　妄訴 : '터무니없는 소송'을 의미한다. 망소[妄訴]에 대해서는 「징악문」 13-19, 「징악문」 13-23 의 각주 妄訴 참조.

佳를 배류형으로 처단하면, 허삼걸許三傑과 형인 허일신許日新은 함께 살며 같은 문을 통해 출입하고 있는데, 형제가 어떻게 서로 얼굴을 마주보며 지낼 수 있겠는가. 그러나 이런 흉악한 무리 또한 용서할 수 없다. 허가許佳는 척장脊杖 15대에 처결한 후 500리에 편관하고, 10일의 기한 안에, 칼을 씌워 관할 현本縣으로 압송한다. 수목壽木 한 벌一具을 강제배상시키게 하고, 아울러 부순 창문·문짝·집기류를 수리한 후 허삼걸許三傑에게 돌려주게 還11 하고 받았다는 확인서領狀를 받아 이를 보고하라. 삼가伽 죄명이 경감되기를 기다리도록 하라. 만일 완강히 배상에 응하지 않으면 처벌한 후 유배지로 압송하라.12 허삼걸許三傑이 끓는 물을 형수에게 끼얹은 것은 은사恩赦에 의거하여 논죄되지 않는다. 직사直司가 소송을 판결할 때, 도리에 따르지 않고, 흰 것白을 검은 것黑이라 하고, 굽은 것曲을 곧은 것直이라 하는 경우가 있다면, 서의관書擬官13 월급을 1개월분 감봉奪俸하고, 서리吏를 연행해서 책임을 묻도록 하라.

阿周所墮之胎, 月數已滿, 非驚墮也. 許千八自以病死, 非驚死也. 有隣有證, 一一分明. 許佳爲人之姪, 輒將弟婦墮胎, 妄論叔父許三傑, 又敢將自死之弟, 重疊誣執叔父, 又敢將叔父毆打, 驗傷有尖物痕, 見之縣案. 又扛許千八屍首入叔父房, 打碎叔父門窗·戶扇·什物之屬, 又將屍首扛入叔家壽木之內. 許三傑父子不堪其擾, 煮湯潑出, 致傷許母阿姜頭面. 原情定罪, 許佳不可勝誅. 況撰造致死公事, 騙挾平人, 尙不可恕, 今乃騙挾叔父, 此何心哉. 許佳妄以弟及弟婦致死誣人, 自合反坐, 兼毆傷叔父, 合于徒三年上加一等. 雖已經赦, 而赦後妄訴不已, 本合斷配. 緣許佳之父日新, 自始至終不曾出官, 可見猶有愛弟之意, 但不能敎訓悖逆之子耳. 今若將許佳斷配, 則許三傑與兄日新同居, 共門出人, 兄弟自此何以相見. 然此等兇惡之人, 亦不可恕. 許佳勘下脊杖十五, 編管五百里, 枷項押下本縣, 限十日, 監賠壽木一

---

11 還: 『청명집』 「징악문」 12~21의 각주 '준환準還' 참조.
12 감장勘杖이라는 조치가 매우 잠정적이고 임시적으로 언도되는 것이고, 현실적으로는 둔장 20대 같은 실형으로 바꿔 실시하였는지 그렇지 않았는지는 매우 의심스럽다. 가와무라 야스시川村康, 「宋代 折杖法 初考」, 임대희 옮김, 『판례로 본 송대사회』, 민속원, 2019, 444~533쪽 참고.
13 書擬官: 판결원안을 작성하는 관리이다.

具, 并脩整打壞門窗·戶扇·什物, 還許三傑, 取領狀申, 切待爲減罪名. 如恃頑不伏賠還, 解來引斷押發. 許三傑湯潑兄嫂, 照赦勿論. 直司剖決民訟, 不論道理, 以白爲黑, 以曲爲直, 有如此者, 書擬官奪俸一月, 追吏人問.

13-14. 허위 소송한 자는 단죄하고, 칼을 씌워 범인이 교체될 때까지 사람들의 구경거리가 되게 한다
妄訴者斷罪枷項令衆候犯人替

호석벽(胡石壁)

　　대체로 소송이 일어나더라도 원래 모든 일이 모두 사실일 수가 없으므로, 반드시 도리에 따라야 하고, 도리에 의거하여 수사한 것이 조금씩 쌓여 3분의 2가 진실이고 나머지 3분의 1이 거짓이라면 오히려 인정人情에 가깝다고 할 수 있다.

　　지금 갈희태葛晞泰가 소송해 온 왕사제王思濟 등의 세 건의 사건은, 첫 번째는 저주했다는 것이고, 두 번째는 쫓아다니며 때렸다는 것이고, 세 번째는 못塘을 막아 점령했다는 것이다. 지금 옥사獄司가 첨청簽聽의 지시를 받고 조사한 바에 따르면, 세 건은 모두 거짓이었다. 그 원인을 조사해보면, 갈희태는 이미 뽕나무를 훔친 사건으로 왕사제로부터 소송을 당해, 정당한 이유도 없이 허위 소송장을 작성하여 보복하려 한 것이다. 이 지방의 풍속은 대개 우매하고 소송을 좋아하는 습속이 있는데, 그동안의 이해득실은 사소한稊米14 형태로는 결말이 나지 않고, 죽기를 각오하고[羸糧棄已15 이정吏庭에 나아가서 거짓으로 꾸며 이로써 없는 것을 있다하고, 원

14　稊米 : '小米'를 지칭하는데, '아주 미세하다'는 것을 의미한다. 중국도 바다 안에 있음을 헤아리면 마치 피稊가 큰 광에 있는 것과 같지 않겠는가[計中國之在海內, 不似米之在太倉乎]"라 되어 있다(『莊子』, 「秋水」). 王輝斌, 「宋代詩人周紫芝及其詩歌綜論」, 《中華文化論壇》, 2012-1.

15　羸糧棄已 : 여기서는 '오로지 소송에만 매달린다'는 의미이다.

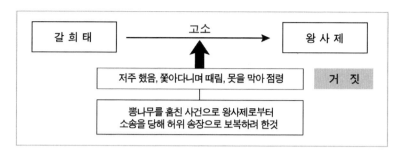

통함과 억울함을 부르짖어 세간을 놀라게 하였다. 양쪽의 소송을 살펴보면, 한 가지도 사실[着實]이 없다. 지금까지 이런 이유로 매질 당하고 도형과 배류형[徒配]16에 처한 자가 얼마이겠는가. 그러나 조금도 수그러질 기미도 없이 오히려 증가되어 갔다. 어찌 이전에 시행한 것이 우매한 백성의 눈과 귀에 두루 미치지 않는 것인가. 갈희태는 장형 80대에 처하고 상관[廂官]17에게 보내고, 고소장을 수리하는 날이 다가오면[遇詞狀日]18 수가[首枷]를 채워 압송하여 민중의 구경거리가 되게 하고19 다음의 범인과 교체될 때까지 기다리게 해라.20

大凡詞訟之興, 固不能事事皆實, 然必須依並道理, 略略增加, 三分之中, 二分眞而一分僞, 則猶爲近人情也. 今葛晞泰所訴王思濟等三事, 一曰呪咀, 二曰趕打, 三曰圍占塘地. 今據獄司所勘, 僉廳指定, 三事悉皆虛妄. 原其所因, 蓋晞泰嘗以盜桑事, 爲王思濟所訟, 遂平白妄狀, 以求報復耳. 此邦風俗, 大率愚而好訟, 其間利害不能以稊米, 卽羸糧棄已, 並走吏庭, 憑

---

16   徒配 : '도형[徒刑]'과 '배형[配刑]'을 의미한다.
17   廂 : 대도시 내에 있는 기층 단위. 어떤 도시에는 방[坊]이 있었고, 어떤 도시에는 상[廂]이 있었다.
18   遇詞狀日 : 관부가 소송장을 수리하는 날은 정해져 있었다.
19   이 부분을 곽동욱[郭東旭] 씨는 호석벽[胡石壁]이 망송자[妄訟者]에 대한 징벌을 엄격하게 하고 있는 사례라고 보고 있다(郭東旭·王瑞蕾,「南宋儒家化法官的法治理念與司法實踐－以理學家胡穎爲例」,《河北大學學報》, 2007-4).
20   상[廂]에 맡겨 놓은 갈희태[葛晞泰]의 경우나 혹은 다른 판어들과 같이 "감장" 뒤에 "방[放]"이 언도되는 경우가 있었다. 과연 실형으로서의 장형이 집행되었는지는 아직 의문이다. 가와무라 야스시[川村康],「宋代 折杖法 初考」, 임대희 옮김,『판례로 본 송대사회』, 민속원, 2019, 444~533쪽 참고.

僞飾虛, 以無爲有, 聲寃號痛, 駭動見聞. 及至兩辭旣成, 曾無一事着實. 前後以此之故, 鞭扑徒配者凡幾人矣, 而習尙曾不爲之少衰. 無乃向所施行, 猶未浹于愚民之耳目歟. 葛晞泰勘杖八十, 奇厢, 遇詞狀日, 押上枷項令衆, 候犯人替.

13-15. 재물을 약탈한 것을 빌미로 죄 없는 사람을 무고한 것에 대해서는 감형하는 것을 허락하지 않는다
以劫奪財物誣執平人不應末減

호석벽(胡石壁)

양육羊六과 양응룡楊應龍 등은 술에 취해 길에서 싸움을 했는데, 깊은 상처는 없었다. 그러나 양육羊六은 본래 간교한데 협박하여 재물을 얻어놓고, 서둘러 거짓으로 소송을 일으켜 이르기를, 양응룡 등이 백주대낮에 재물을 강제로 약탈하였다는 등의 수십 항목을 들어 관할 현本縣에 소송을 제기했다. 또 헌대憲臺, 提刑司에도 월소越訴하여 이것저것 터무니없는 것을 끌어다 붙인 것이 한두 가지가 아니었다. 헌대가 이 소송이 터무니없는 것임을 간파하고, 본부本府[21]로 압송하고 해결하려 하자, 양육羊六은 자신의 죄를 면할 수 없음을 깨닫고 도중에 도망하였다. 본부本府에서 그 부친을 구속하여 추궁하자, 40일이 지난 후 출두해 왔다. 아울러 함께 가세한 주팔이周八二와 장사십張四十이라는 짐꾼荷擔之僕을 연행해 와서 대질하여 조사해 보니, 점차 그 정황이 모두 드러나게 되었는데, 전후에 작성된 소송장에는 대부분이 거짓이었다.

법에 비추어 보면 "재물을 약탈한 경우, 그 죄명은 가볍지 않다"라고 되어 있다. 양육羊六이 대수롭지 않은 싸움으로 막대한 죄를 지었다고 다른 사람을 무고함으로써 현청縣道을 기만하고, 또 감사監司[22]를 기만하였

---

21 本府 : '해당 부府' 혹은 '관할 부'라는 의미이다.
22 監司 : 宋代의 監司는 轉運司, 提點刑獄司, 提擧常平司를 포괄하는데, 이들은 路、

다. 게다가 죄 없는 사람에게 누를 끼치고, 또한 그 부친에게도 폐를 끼쳤다. 처음부터 지금까지 3년 동안, 비로소 처음으로 그 죄를 인정하였다. 작은 지역의 촌부가 거짓말을 반복하고 속인 것이 이와 같았다. 만일 감형에 따르게 되면 "호랑이와 들소가 우리에서 도망쳐 나온 것[出虎兕于柙也]"[23]과 같은 것이 되므로, 어찌 이런 간악하고 사악한 나쁜 짓을 응징하여 백성을 안정시킬 수 있겠는가. 옛 사람들이 이르기를 "(국가를 다스리는 자는) 악한 섯을 보면 농부가 잡초를 베어 내듯이 힘써야 한다. 잡초를 모조리 뽑아 쌓아 썩혀 그 뿌리를 없애어 번식하지 않게 한다면, 좋은 작물이 생육한다[見惡如農夫之務去草焉, 芟夷蘊崇之, 物使能殖, 則善者信矣]"[24]라고 하였다. 양육羊六은 감장 100대에 처결한 후 500리에 편관編管하며, 나머지 사람은 모두 방면한다.

羊六·楊應龍等因醉爭道, 本無深傷. 而羊六素挾狡猾之資, 遂興羅織之訟, 謂應龍等白晝行刦, 奪去財物凡十餘項, 正經陳于本縣, 又越訴于憲臺, 牽連追呼, 不一而足. 及至憲臺灼見虛妄, 押下本府結絶, 羊六自知罪不可免, 乃于中道而逃. 本府將其父鋼身監追, 凡歷四旬而後出, 幷得其荷擔之僕周八二·張四十者, 與之對證, 然後盡得其情, 前後狀詞, 無一眞實.

州、縣과 같은 地方行政 체계를 관리한다. 『징악문』 12-17 〈豪民越經臺部控扼監司〉의 각주 監司 참조.

23 出虎兕于柙也 : "虎兕出柙"은 虎와 兕이 목롱木籠에서 도망쳐 나오다는 뜻이다. 악인惡人이 도망쳐 나오거나, 악인이 나쁜 일을 함으로써, 이 악인을 주관하는 사람이 책임을 져야 함을 비유하는 말이다. 시兕는 서우犀牛와 같은 야수를 지칭하며, 합柙은 짐승을 가두는 목롱木籠을 의미한다.

24 見惡如農夫之務去草焉, 芟夷蘊崇之, 物使能殖, 則善者信矣 : 주임이 한 말이 있는데, 그는 다음과 같은 말을 했었다. 국가를 다스리는 자는 악한걸 보면 농부가 잡초를 베어 없앰을 힘 쓰듯이 해야 한다. 잡초를 모조리 뽑아 쌓아 썩혀 그 뿌리를 없애어 번식하지 않게 한다면, 심어서 좋은 것은 잘 자랄 것이다(『左傳』 隱公 6년, "周任有言曰, 爲國家者, 見惡如農夫之務去草焉, 芟夷蘊崇之. 絶其本根, 勿使能殖, 則善者信矣").

照得在法, 劫奪財物, 罪名不輕. 羊六因尋常之爭, 而誣人以莫大之罪, 旣欺罔縣道, 又欺罔監司, 旣眙累于平人, 又眙累于乃父. 首尾三載, 始肯伏辜. 蓋爾村夫, 而反覆變詐如此. 若從末減, 則是出虎兒于柙也. 其何以懲姦慝而安善良哉. 古人謂見惡如農夫之務去草焉, 芟夷蘊崇之, 勿使能殖, 則善者信矣. 羊六勘杖一百, 編管五百里, 餘人幷放.

13-16. 딸이 사망한 사건을 빌미로, 무고하다
以女死事誣告

오우암(吳雨巖)

조숭^{趙崇}은 딸이 사망한 사건을 고소했는데, 일찍이 관할 감사^{本司}[25]로 고소한 것이 아니었고, 해당 군^{本軍}에도 역시 문서를 갖추어 보고하지 않았다^{具申}.[26] 지금 도착한 보고서에 그 사건의 정황이 상세히 되어 있어, 조숭의 사정을 모두 분명하게 알 수 있었다. (조숭은) 딸의 죽음을 기회로 삼아^{奇貨}[27] 말을 꾸미고 없었던 것을 있었던 것처럼 거짓으로 속여 말하였으며, 협박까지 하여 돈을 갈취하려 했던 것이다. 또 조숭^{趙崇}이 감히 이와 같은 행동을 한 것은, 마침 거주지가 임안부^{臨安府}여서 관할 감사^{本司}에도 속하지 않고, 또한 해당 군^{本軍}에도 속하지 않아 돈을 조금 챙긴 뒤에 홀연히 사라지면 관할 부서가 잡아다가 심문할 수 없다고 생각해서이다. 이것이 사건의 실상인데, 정황을 알아보는데 전혀 어려움이 없다. 형부^{刑部}

25　本司 : 司는 路의 감사^{監司}를 지칭하며, 제점형옥사^{提點刑獄司}·제거상평사^{提擧常平司}·안무사^{按撫使} 등이 있다. 여기서 지칭하는 "本司"는 '해당 司 혹은 관할 司'를 뜻하는데, 구체적으로 어떤 관청을 지칭하는지는 불명이다.

26　具申 : '문서를 갖추어 보고하다'라는 의미이다.

27　奇貨 : '기회로 삼다'라는 의미이다.

에 갖추어 보고하고 임안부에 요청하여 (조승을) 잡아다가 압송해서 해당 군으로 보내도록 하여 그 죄를 철저히 조사하고 법률 조문대로 처벌하게 하며, 편취編取한 돈을 감독하에 바로 잡고, 법망에서 달아날 수 없도록 처리하라. 또 관할 군本軍에 공문을 보내면서 아울러 죄상을 구체적으로 보고하도록 하라.

趙崇訴女身死事, 不曾經本司, 其本軍前此亦不曾具申. 今據申到, 詳其事情, 見得趙崇情節分曉, 以女死爲奇貨, 誣言告騙, 脅得錢卽止. 且崇之所以敢如此者, 正以其所居在臨安, 非惟不屬本司, 亦不屬本軍, 纔得錢後, 飄然而逸, 本司不得而問, 此其情狀, 有何難見. 備申刑部, 乞行下臨安, 追押發下本軍, 窮竟其罪, 坐以正條, 拘監騙錢, 庶不漏網. 仍牒本軍, 更切申罪.

13-17. 모친을 가로채고 여동생을 빼앗아 갔다고 다른 사람이 터무니없이 고소하다
妄論人據母奪妹事

옹호당(翁浩堂)

주천삼朱千三[28]은 지난 5월에 포패抱牌[29]를 가지고 현에 이르러 소송을 제기하면서 "축천이祝千二[30]·축만오祝萬五가 주천삼朱千三의 모친 손 씨阿孫를 가로채고, 그의 여동생인 수랑壽娘을 빼앗아 갔으며, 그의 부친 주원을朱元乙[31]을 화병으로 죽게 하였다"고 하였다. 소송장에서의 주장이 심히 괴이하고, 이것을 듣는 사람을 놀라게 하여 지연된 것이 1년이 되었으며, 아직까

---

28 朱千三子에서 '子'는 아마도 '于'의 오기誤記로 생각된다.
29 抱牌 : 관청의 문 앞에 있는 소송 제출장소를 표시하는 표지가 있었는데 이를 지칭하는 말이다. 본문의 '抱牌經縣'은 '소송장을 가지고 현에 소송을 하다'라는 의미로 해석할 수 있다.
30 이곳에 등장하는 '축천이祝千二'는 「징악문」 14-20 〈痛治傳習事魔等人〉에도 등장하고 있으나, 내용으로 보아서는 별개의 인물이라고 보여진다.
31 뒤에 나오는 주원일朱元一과 동일 인물인 것으로 보인다.

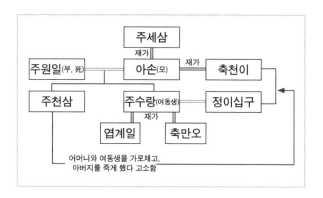

주세삼

재가

주원일(부, 死) ── 아손(모) ── 재가 ── 축천이

주천삼   주수랑(여동생)   정이십구

엽계일   축만오

어머니와 여동생을 가로채고,
아버지를 죽게 했다 고소함

지 결론이 나지 않고 있다. 지금 관계자인 서이십칠[徐卅七]·축만오[祝萬五]·엽계을[葉季乙] 등을 추궁하고, 동시에 주원일[朱元一]과 그 처의 이혼증서[文約][32]를 찾아내어 조사해 보니, 손 씨[阿孫]는 축천이[祝千二]에게 재가한 것을 알았고, 축천이[祝千二]가 손 씨[阿孫]를 가로챈 것은 아니었다. 수랑도 정이십구[鄭卅九]에게 시집갔다가 다시금[33] 축만오[祝萬五]와 재혼한 것이지 뺏긴 것은 아니었다. 또한 그 부친 주원일[朱元一]은 지병으로 죽은 것이지 축천이[祝千二]와 축만오[祝萬五]에게 죄가 있는 것은 아니었다. 주원일[朱元一]이 사망했을 때 그 처 손 씨[阿孫]는 이미 주세삼[朱世三]의 집에 시집을 간 상태였다. 수랑도 또 엽계일[葉季一]에게 다시 시집가 그의 아내가 되어 있었으나, 모두가 소송장 내용에는 빠져 있다. 주천삼[朱千三]은 어떤 근거에서 이와 같은 터무니없는 소송을 일으켜 관사를 괴롭히는 것인가. 지금 이혼증서가 분명하게 증명해 주듯이 주천삼[朱千三]의 소송이 터무니없는 것임을 알 수 있는데, 어찌 가볍게 너그러이 용서할 수 있겠는가. 무겁게 처벌하면 당연히 주[州]로 보내 도형에 처해야 하고, 가볍게 처벌하면 또한 자환형에 처하고 구금해서 쇄[鎖]를 채워야 한다[拘鎖].[34] 그러나 생각해보니 손 씨[阿孫]는 늙어서 옆에서 돌봐줄

---

32 文約 : '증빙서', '증명서' 등을 의미하나, 여기서는 문맥상 '이혼증서'를 의미한다.

33 이것은 순수하게 여성의 자의[自意]에 의해 이혼한 경우이다. 죄를 지어 처벌을 받아 관에 의해 이혼하고 재혼하는 경우와는 다르다(우성숙, 「宋代 女性의 再婚과 財産問題」, 임대희 옮김, 『판례로 본 송대사회』, 민속원, 2019 참조, 144~187쪽).

34 拘鎖 : 구금해서 손이나 발을 수갑이나 족쇄를 채우는 것을 말한다.

아들이 한 명뿐이므로, 만일 주천삼[朱千三]을 법대로 처벌한다면 반드시 손씨[阿孫]는 배고프고 갈 곳도 없는 처지가 되므로 가볍게 처분해야만 한다.

그런데 주천삼[朱千三]은 본래 절도를 범해 자환형에 처해진 적도 있는데, 일단은 감장[勘杖] 100대에 처하고, 원래의 자환[刺環] 위에 다시 자환형을 집행하며[塡刺舊環],[35] 구금하고 쇄를 채우는 것[拘鎖][36]은 면제해 준다. 아울러 모든 관계자는 석방하고 아직 출두하지 않은 자는 추궁을 중지한다.[37]

朱千三子[38]去年五月抱牌經縣, 論祝千二·祝萬五據其母阿孫, 奪其妹壽娘, 氣死其父朱元乙. 詞說甚怪, 駭人聽聞, 展轉一年, 不曾結絶. 今追到干繫人徐卄七·祝萬五·葉季乙等, 及索出朱元一休妻文約辨驗, 則知阿孫係出嫁祝千二, 而非據也. 壽娘係嫁鄭卄九, 再出嫁祝萬五, 而非奪也. 其父朱元一, 自係吐血身死, 非祝千二·祝萬五之罪也. 朱元一旣死, 其妻阿孫, 已歸在朱世三家, 壽娘又嫁葉季一爲妻, 並無詞說. 朱千三何所據憑, 作此險訟, 煩紊官司乎. 今文約證驗分明, 顯見朱千三虛妄, 豈容輕恕. 重則當解州徒斷, 輕亦合刺環拘鎖. 念阿孫年老, 止有一子侍養, 若盡法施行, 則阿孫必至饑餓失所, 只得從輕. 照得朱千三原係犯盜刺環人, 且與勘杖一百, 塡刺舊環, 免拘鎖, 併一行人並放, 未到人住追.

---

35 塡刺舊環 : '자환[刺環]'은 일종의 묵형에 해당한다. 자환에는 자방환[刺方環]·자원환[刺圓環]이 있다. 전자구환[塡刺舊環]은 종래 '자환형을 받은 사람에게 다시 자환형을 가하는 것'을 지칭한다. 불분명해진 글자를 다시 새기는 첨자[添刺]일 것이다. 새로운 죄로 인해 다시 처벌을 받는 경우에도 원래의 자자[刺字] 위에 다시 자자했음을 알 수 있다(남현정, 「宋代 刺字刑의 시행과 사회적 인식의 변화」, 임대희 엮음, 『판례로 본 송대사회』, 민속원, 2019, 360~399쪽 참조).

36 拘鎖 : '구금[拘禁]해서 쇠사슬을 채우다'로 볼 수 있다. 한편으로는 '구쇄외채[拘鎖外寨]'라는 용어에서 알 수 있듯이 배군[配軍]의 일종인 구쇄형[拘鎖刑]으로 볼 수 있을 것이다.

37 "감장[勘杖]"도 어떤 형태에서 형벌로서의 실질을 가지고 있다. 가와무라 야스시[川村康], 「宋代 折杖法 初考」, 임대희 옮김, 『판례로 본 송대사회』, 민속원, 2019, 444~533쪽 참고.

38 子 : 아마도 "于"의 오자[誤字]로 보인다.

13-18. 처가 스스로 도망가고서는 오히려 납치당했다고 타인을 무고하다
妻自走竄, 乃以劫掠[39]誣人

옹호당(翁浩堂)

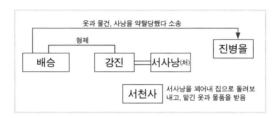

배승表昇은 최초의 소송장에서, "표제表弟[40]인 강진江進(왕진?)은 생선과 주류를 취급하는 점포를 열었는데, 진병을陳丙乙에게 꼬드김을 당해[誘使],[41] 옷과 물건은 물론 강진江進의 처인 서사낭徐四娘까지 강탈당했다"고 했다. 그 사건은 매우 이상한데, 해당 현縣에서 사실 규명이 끝나지 않은 상황에서, 강진江進이 엽사葉四를 끌고 현縣으로 와서는, "약탈당한 물건의 행방을 알지 못한다"고 했는데 양자의 주장이 모두 일치했다. 본관은 이런 일은 있을 수 없는 것이라고 의심하였다. 이에 해당 우관隅官이 보내 온 서사낭徐四娘을 추궁하자, "쌀을 둘러싼 다툼을 원인으로 한 분풀이로써 옷과 물건을 손에 들고 도망갔으며, 날이 저물자 서천사徐千四가 서사낭徐四娘을 데려가 이틀을 머물게 한 후에 돌려보내자, 서증을徐曾乙에게 고발당하였다"[42]고 하였다. 이와 같다면 서사낭徐四娘은 스스로 도망친 것이 분명하다. 배승表昇과 강진江進(왕진?)[43]을 추궁해보니,

---

39 劫掠: 여기서 겁략劫掠이란 '납치라든지, 인신을 구속하거나 붙잡아가다'라는 의미이나, 여기서는 "강탈"로 번역해 둔다. 납치와 같은 의미로 볼 수 있다. 鐵愛花, 「宋代女性行旅風險問題探析 — 以女性行旅遇劫爲中心」, 《浙江學刊》, 2015-1.

40 表弟: 고종사촌・이종사촌・외사촌 등이 포함된다.

41 誘使: '꾀어내다'라는 의미이다.

42 서증을徐曾乙에게 고발당한 사람이 서사낭인지 아니면 서사낭과 서천사徐千四인지에 대해서는 불명이다.

43 江進: 여기에서는 江進이 등장하나, 뒤에서는 두 번이나 汪進이 등장하고 있어서, 江進

최초의 진술에서는 "그것이 사실인지 의심스럽습니다疑是[44]고 했다. 두사람의 최초의 소송장을 상세히 조사해 보니, 모두 "엽사도葉四屠[45] 등 10여 명이 '지장강겁持杖強劫[46]을 저질렀다"라고 말하였는데, 허황된 이야기를 하는 것이 이와 같았다. 지금 사건은 이미 허황된 것이라는 것을 알았으며, 여기서 "그것이 사실인지 의심스럽습니다疑是"라는 말로, 법망에서 빠져나가려고 한다脫籠官司.[47] 강도죄로 죄 없는 사람을 잡아들이게 하고서 지금에 와서 "그것이 사실인지 의심스럽습니다"라고 말하니, 어찌 이럴 수 있는가. 주州로 압송하여 죄과에 따라 "무고반좌誣告反坐"죄로 물어야 하지만, 날이 더운 것을 고려해, 우선 가벼운 쪽에 따라 논죄하는從輕論[48] 것을 허락하고, 현에서 결정한結絕 바대로, 왕진汪進[49]과 배승裵昇은 자신이 이 일과 관계가 없다고 하므로 [事不干己] 공문을 보내 처주處州, 兩浙東路로 압송押送한다. 서사낭徐四娘이 남편을 배신하고 도망한 것은 "천거擅去"[50]에 해당하고, 또 옷과 물품을 가져간 것은 "도

과 汪進이 동일한 인물인지, 별개의 인물인지 분명하지 않다.

44 疑是 : "그것이 사실인지 의심스럽다"라는 말이다.

45 葉四屠 : 도호屠戶인 엽사라는 의미인지도 모르겠다.

46 持杖強劫 : 지장강겁持杖強劫은 무기를 소지하고 강도행위를 한 것을 지칭한다. 『唐律疏議』第281條, 「賊盜律」34〈強盜〉, "무릇 강도의 경우, (…중략…) 재물을 얻지 못하였다면 徒刑 2년에 처한다. 1尺이면 徒刑 3년에 처하며 2疋마다 1등씩 더한다. 10疋이 되거나 사람을 상해한 경우에는 絞首刑에 처한다. 사람을 살해한 경우에는 斬首刑에 처한다. (…중략…) 그런데 무기를 가진 경우에는 재물을 얻지 못했더라도 流刑 3천 리에 처하고, 5疋이면 絞首刑에 처하며, 사람을 상해한 경우에는 斬首刑에 처한다"諸強盜, (…中略…) 不得財, 徒二年, 一尺徒三年, 二匹加一等, 十匹及傷人者, 絞. 殺人者, 斬. (…中略…) 其持杖者, 雖不得財, 流三千里, 五匹, 絞. 傷人者, 斬"(임대희・김택민 주편, 『譯註唐律疏議』〈各則 上〉, 한국법제연구원, 1997, 2454~2456쪽 참조).

47 여기서는 관사의 추궁 등과 같은 것을 말하므로, 확대 해석하면 "법망"으로 해석해도 무방할 것이다.

48 從輕論 : 크고 작은 죄가 드러났을 때, 가벼운 법률 조항에 따라 처벌하는 방법을 "종경從輕"이라 하고, 무거운 법률 조항에 따라 처벌하는 방법을 "종중從重"이라 한다.

49 원문에는 "汪進으로 되어 있으나, 앞에 나온 "江進"을 지칭하는 것으로 판단된다. 다만 "汪進"이 올바른지, "江進"이 올바른지에 대해서는 불명이다.

50 擅去 : 여기에서 "擅去"에 해당한다는 말은 천거죄擅去罪에 해당한다는 말이다. 『唐律疏議』第190條, 「戶婚律」41〈義絕離之〉, "만약 妻妾이 함부로 떠난 경우에는 徒刑 2년에 처한다即妻妾擅去者, 徒二年"(임대희・김택민 주편, 『譯註唐律疏議』〈各則 上〉, 한국법제연구원, 1997, 2277쪽).

죄盜罪"로 논해야 한다. 서천사徐千四는 아무런 이유없이 서사낭徐四娘을 꾀어 집으로 끌어들이고 부탁받은 옷과 물품을 받았는데, 관청의 수색을 당하자, 이에 비로소 관청에 제출하였다. 비록 악의는 없다고 하지만 사정을 알면서도 몰래 도둑질한 물건을 받았다. 서사낭徐四娘과 서천사徐千四 두 명은 각각 감장勘杖[51] 100대로 처결하고, 서사낭徐四娘은 처벌이 끝나면 왕진汪進(왕진?)에게 돌려보내고, 이혼할 것인지 아닌지에 대해서는 남편의 뜻에 따르도록 한다. 나머지는 방면하고 장물贓物은 환수하도록 하라.

裴昇初詞, 稱表弟江進開雜鮮酒店, 被陳丙乙誘使, 劫去衣物幷表弟婦徐四娘. 其事甚異, 本縣究實未到, 而江進拖扯葉四到縣, 稱被刼物件不識下落, 其說皆同. 當職固疑必無是事. 及本隅尋到徐四娘根問, 乃是因爭米忿懼, 手挈衣物而逃, 至暮遂[52]爲徐千四引去, 留之二宿, 乃始放出, 致爲徐曾乙告發. 如此則是徐四娘自走明矣. 詰問裴昇・江進, 乃始供招以爲疑是. 詳考二人初詞, 皆稱葉四屠等十餘人持杖强劫, 張皇若此. 今事旣虛妄, 乃以疑是二字脫籠官司. 以强盜加執平人, 今謂之疑, 可乎. 本合解州, 照科以反坐之罪, 念是暑月, 且與從輕, 就縣結絶, 汪進・裴昇各勘杖一百, 內裴昇事不干已, 牒押出處州界. 徐四娘背夫逃走, 謂之擅去, 又携衣物, 當以盜論. 徐千四無故誘徐四娘歸家, 受所寄衣物, 及被搜索, 方賞出官. 雖無姦穢, 亦是知情受竊盜賊贓. 兩名各勘杖一百, 徐四娘斷訖, 押還汪進交領, 離與不離, 聽從夫意. 餘人放, 贓物給還.

---

51 "감장"의 용례에서 판단하면, "감장"은 "결장"과 달리, 어느 정도 즉시적인 장의 집행을 의미하는 최종적인 판결은 아니고, 이것을 언도할 때 부과되는 조건이 성취되면 실형의 집행은 면제하거나 혹은, 속동・죽비로의 변환・사赦의 적용에 의한 면제 등에 앞서 내려지는 일종의 중간 판결적인 것이었다. 송대의 형사재판수속에서는, 순포(범죄자의 수색, 체포), 추국(범죄사실의 취조, 확정), 검단(적용법의 검색, 확정)의 세 단계를 거친 후, 지방장관 등의 최종적인 판결이 내려지는 것이었다. 추국推鞫에 의해 범죄사실에 대한 적용법이 확정되고, 적용되는 형명이 일단 확정된 후 내려지는 것이 "감장○○"이라는 판결이다. 그 후 형명을 전제로 하여 속동・죽비로의 변환・정상이나 사赦에 의한 감면, 실형을 대신하는 조건 이행의 확인 등의 절차가 이루어진다. 최종적으로 실형 집행에 해당한다고 판단되었을 때 "결척장○○" "결둔장○○" "결소장○○" 등 선고가 내려졌다. 그리고 절장법에 의한 환산이 행해진 것은 실로 그 마지막 단계였을 것이다. 가와무라 야스시川村康, 「宋代 折杖法 初考」, 임대희 옮김, 『판례로 본 송대사회』, 민속원, 2019, 444 ~533쪽 참고.
52 '遂'는 원래 '逐'으로 되어 있었는데, 상해도서관 판본에 의거하여, 수정하였다.

13-19. 언니가 여동생의 사망 원인이 불명확하다고 허위 소송을 제기하였으나, 여동생 남편은 검험을 원하지 않는다
姉妄訴[53]妹身死不明而其夫願免檢驗

옹호당(翁浩堂)

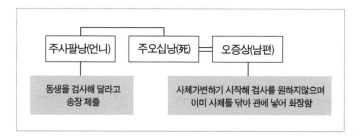

법령에 비추어 보건대, "질병病으로 인한 사망의 경우에는 마땅히 사체부검[驗屍][54]해 보아야 하나, 동거하는 시마緦麻 이상의 친족이 사망 장소에 있었고, 사체 부검을 원하지 않는다면 이를 허락한다[諸因病死應驗屍, 而同居緦麻以上親至死所, 而願免者, 聽]"[55]라고 되어 있다. 주오십낭周五十娘이 사망하자, 사건이 현縣에 접수되었고, 해당 현에서는 현위縣尉를 보내어 자세히 조사하고[體究][56] 사체도 부검하게[檢驗][57] 했다. 그 후에[間却][58] 현위縣尉의 보고가 있었는데,

---

53 妄訴: 妄은 '함부로'·'쓸데없이'·'아무런 이유 없이'·'터무니없이'라는 의미이다. 따라서 妄訴는 '허위 소송'으로 이해해도 될 것이다. 邊媛, 「南宋民事訴訟制度研究」, 《中國政法大學2009年度博士學位論文》.

54 驗屍: 지금 쓰고 있는 용어로서는, 부검剖檢이나 검시檢屍가 되겠으나, 송대에는 검험檢驗이라는 용어를 많이 쓰기도 했다. 검시檢屍와 관련해서 김호의 『100년 전 살인사건』(휴머니스트, 2018)는 조선시대의 이와 관련된 사례를 여러 가지 보여주고 있다.

55 諸因病死應驗屍, 而同居緦麻以上親至死所, 而願免者, 聽: 이 부분에 대해서, 『慶元條法事類』卷75, 刑獄門5, 驗屍, 雜令에는 "諸囚病死(謂非在囚禁及部送者), 應驗屍, 而同居緦麻以上親, 或異居大功以上親, 至死所而願見者, 聽. 若僧道有法眷, 重行有本師, 未死前在死所, 而寺觀主首保明各無佗故者, 亦免. 其僧道雖無法眷, 但有主首或徒衆保明者, 准此" 라고 되어 있다.

56 體究: 『청명집』「징악문」12-32의 각주 참조.

57 檢驗: 검험은 범죄현장, 물품, 시체 등에 대해 실지조사를 하는 활동을 지칭한다. 범죄

그것에 따르면 "주오십낭^{周五十娘}의 남편인 오증삼^{吳曾三}의 소송장에서 '처^妻인 주오십낭^{周五十娘}은 출산 중에 아이가 죽은 것으로 인해 사망하였고, 시체가 변하기^{變動59} 시작하자, 사체 부검을 원하지 않는다고 현위에게 말하고, 제가 시체를 닦아 관에 넣어 화장하였습니다'고 했다^{備道}.⁶⁰ 또한 해당 현에서 오증삼^{吳曾三}을 압송하여 심문하니 진술 내용과 일치하였다"라고 하고 있는데, 이는 법에 의거하여 마땅히 허락해야 한다. 그러나 주오십낭^{周五十娘}의 친언니인 주사팔낭^{卸四八娘}이 소송장을 관청에 제출함으로써 이 사건의 분쟁은 끝나지 않게 되었다. 법의^{法意}와 인정^{人情}으로 논하자면, 부인^{婦人61}은 출가 전에는^{在家62} 아버지를 따르고, 이미 출가하였다면 남편을

사실에 대한 증거 수집을 위한 과정 중의 하나였다. 송대 이전에, 검험은 3가지 단계를 진행되었는데, 즉 첫째, 보검^{報檢} 둘째, 초검^{初檢} 셋째, 복검^{復檢}의 과정이 있었다. 보검은 인보^{隣保}의 검험 후, 주현^{州縣}의 차관^{差官}에게 반드시 보고해야 할 과정이다. 초검은 현^縣의 현위^{縣尉}나 주^州의 사리참군^{司理參軍} 등의 검험 과정이다. 셋째, 복검은 초검의 오류 유무를 조사하는 과정이다. 복검관은 초검관의 상급관리나 혹은 인근 지역의 관리가 파견되어 조사하는 것이 일반적이었다. 송대에 이르러서, 검험의 절차로서는, 보검, 차관, 검험, 신첩^{申牒} 등의 과정을 거쳤는데, 검험의 정확성 뿐 아니라, 검험 과정의 합법성을 중요시하였다는 점에서 다른 시기와 차이가 났다. 郭東旭·黃道誠, 「宋代檢驗制度探微」, 《河北法學》26-7, 2008; 黃道誠, 「宋代司法檢驗的制度化·法律化」,《雲南社會科學》, 2008-1; 馬泓波, 「宋代司法檢驗中存在的問題及其原因分析」,《西北大學學報》, 2008-4; 王雲海, 『宋代司法制度』, 河南大學出版社, 1992; 魏文超·華志强, 「論宋代的檢驗制度」,《阜陽師範學院學報》, 2013-1; 최해별, 「宋代 檢驗제도의 운영－'檢驗格目'을 중심으로」,《역사학보》220, 2013; 최해별, 「宋代 檢驗 제도에서의 결과보고: "驗狀"類 문서를 중심으로」,《이화사학연구》47, 2013; 최해별, 「宋代"有夫者" 姦通에서의 "謀殺其夫" 처벌: "姦妻"의 처벌에 대한 법률 논쟁을 중심으로」,《중국학보》67, 2013; 최해별, 「南宋시기 지방관이 알아야할 "檢驗"관련 법률－《洗冤集錄》〈조령〉을 중심으로」,《동양사학연구》129, 2014; 최해별, 「宋元시기 "檢驗(檢屍)지식"의 형성과 발전－《洗冤集錄》과《無冤錄》을 중심으로」,《중국학보》69, 2014; 최해별, 「南宋시기 "檢驗"관원이 알아야 할 구급의학 처방－《洗冤集錄》〈救死方〉을 중심으로」,《동양사학연구》134, 2016. 참조.

58 間劫: '間'은 '무엇 하는 동안'·'무엇하는 무렵'이라는 의미이고, '劫'는 '도리어'·'오히려'로 볼 수도 있고, '그 후'라는 의미로 볼 수 있다. 여기서는 문맥상 '그 후'라는 의미도 타당하다. 이 부분의 중화서국판의 표점은 "間, 劫"으로 되어 있으나, 여기에서는 "間劫"앞에서 끊어 읽는 것이 나으리라고 생각된다.

59 變動: 사체가 부패하는 등과 같은 변화를 의미한다.

60 備道: 여기서의 '道'는 '무엇이라고 하다'라고 볼 수도 있고, '무엇에 의거하여, 무엇에 의하면'으로도 볼 수 있다.

따르고, 남편이 사망하면 아들을 따라야 하나[婦人在家從夫, 旣嫁從夫, 夫死從子],[63] 자매 사이에는 이러한 관계는 아니다. 또한 상술한 법률 조문에서는 "동거 이상 친족이 사체 부검을 원하지 않는다면, 이를 허락한다"고 되어 있다. 동거[同居] 여부로 말하자면, 남편은 동거[同居]하지만, 언니는 동거[同居]하지 않는다. 복제[服制][64]로 논하자면, 남편은 자최[齊衰]의 복[服]이고, 시집간 언니는 대공[大功] 9개월의 복[服]이다. 과연 누가 더 가깝고[親] 누가 더 멀겠는가[疎].[65] 어느 쪽이 중요하고[重], 어느 쪽이 가벼운[輕] 쪽이겠는가? 지금 주오십낭[周五十娘]의 사인[死因]이 명확한지 아닌지, 사체 부검을 해야 하는지 하지 않아야 하는지에 대해, 관사[官司]는 가깝고[親] 중요한[重] 사람의 말에 따라야 하는 것이지, 어찌 멀고[疎] 가벼운[輕] 사람의 말을 듣겠는가? 하물며 주사팔낭[周卸八娘]이 책망[責望]하는 백오[百五][所執百五][66]와 원한 관계에 있었고,[67] 이미 관청에서의 수사는 완료되어 서류 보관함에 보관되어 있다[有案在官].[68] 게다가 소송 내용은 허황된 것이었기에, 더 이상 추궁하지 않는다. 주오십낭[周五十娘]의 유골[遺骨]은 마땅히 남편 오증삼[吳曾三]의 뜻에 따라 매장하도록 하고, 주사팔랑[周卸八娘]은 이에 관여해서는 안 된다. 두 명[吳曾三과 周卸八娘]은 각각 담당 관청[當廳][69]의 입회 아래에 석방하고, 위사[尉司]에 공문을 보내어 보고하라. 또한

---

61   여기서 지칭하는 부인은 "여성"을 통칭하는 용어이다.

62   在家 : "집에 있을 때"라는 의미이지만, 여기서는 "출가하지 않은 상태"를 지칭한다.

63   婦人在家從夫, 旣嫁從夫, 夫死從子 : 이 부분에 대해서, 『儀禮』喪服傳에는 "婦人有三從之義, 無專用之道, 故未嫁從父, 旣嫁從夫, 夫死從子"라고 되어 있다.

64   服 : 이른바 5등급의 복상 즉 오복[五服]의 기간을 말한다. 즉 참최[斬衰] 3년, 자최[齊衰] 1년, 대공[大功] 9개월, 소공[小功] 5개월, 시마[緦麻] 3개월을 지칭한다.

65   疎 : 상복기간에 있어서의 친소관계를 지칭한다.

66   所執百五 : '執'은 '제출하다'·'체포하다'·'잡아오다' 등의 의미를 지니고 있다. 따라서 '체포되어 온 百五'로 번역할 수 있을 것이지만 문맥상 '몰아세우다'·'책망하다'로 보는 편이 무난할 것이다.

67   실제 여기서의 의미는 百五와 원한관계에 있었지만, 논할 가치마저 없었다고 판단되어 사건이 종결되었을 것으로 추정되는데, 원문에는 이러한 내용이 빠져 있다.

68   有案在官 : '관련 서류가 관청에 보관되어 있다'라는 의미로, 확대 해석하면, '사건의 수사가 종결되었다'는 의미로도 볼 수 있다.

69   當廳 : '當官'과 동일한 의미로, '官의 面前에서'·'官廳에 있어서'라는 의미이다. 때로는

현문縣門에 방榜을 붙이도록 하라.

謹按令曰, 諸因病死應驗屍, 而同居緦麻以上親至死所, 而願免者聽. 周五十娘身死, 事聞
于縣, 本縣方差縣尉體究檢驗間, 却據縣尉申到, 備道已死人夫吳曾三狀, 稱妻周五十娘係
因産下死牙兒, 以致身死, 屍首變動, 不願檢驗, 自行沐浴, 棺燒化訖, 本縣押下蕃問, 所供一
同, 依法當聽. 而周五十娘親姊周卸八娘却有詞到官, 爭執不已. 以法意人情論之, 婦人在家
從父, 既嫁從夫, 夫死從子, 于姉妹初無相涉也. 又前項令曰, 同居以上親願免者聽. 以居論
之, 則夫同居而姉不同居. 以服論之, 則夫爲齊衰期服, 而姉適人者爲大功九月服. 果孰親而
孰疎, 孰重而孰輕. 今周五十娘死之明不明, 驗與不當驗, 官只合從親與重者之說, 豈應聽
疎與輕者之言乎. 況周卸八娘所執百五, 原有釁隙, 有案在官, 詞涉虛妄, 且免根究. 周五十娘
骨殖, 合聽夫吳曾三, 從便葬殯, 周卸八娘不得干預, 兩名當聽並放, 牒報尉司, 仍榜縣門.

13-20. 숙부가 질녀의 사망원인이 명확하지 않다고 무고하다
叔誣告姪女身死不明

옹호당(翁浩堂)

조사해 보니, 관할 현[本縣]이 이전에 접수한 소송장의 내용을 살펴보면,
거천우璩天佑는 장숭인張崇仁이 자신의 질녀姪女인 식낭息娘을 아내로 맞이한
것은 불법不法이고, 또 장숭인張崇仁이 (지참금의 명목으로) 질녀姪女의 전지田産
를 인수해서 자기의 것으로 했다고 주장하고 있다.

조사가 끝나지 않은 사이에, 또 다시 거천우璩天佑가 가져온 소송장에 따
르면 "질녀姪女의 사인死因이 명확하지 않으므로, 초검初檢·복검覆檢을 해 줄
것을 바란다"라고 되어 있었다. 본관本官은 이 일이 사람의 목숨人命과 관련
된 것이므로, 즉시 거천우璩天佑를 압송하고, "무고반좌誣告反坐"에 해당하는
안건으로 취급하여 관련 서류를 작성하고[入案], 현위縣尉와 순검巡檢에게 위

'본청'·'담당 관청'의 의미로 사용될 때도 있다.

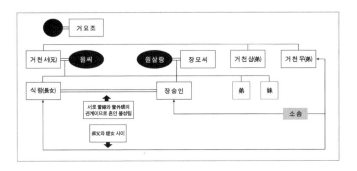

임하여 법규에 따라 자세히 조사하고 검시檢屍를 하게 하였다. 두 명의 검
시관檢屍官, 檢官이 보내온 공문公文에 첨부되어 있는 격목格目[70]에 따르면, 식
낭息娘은 병에 걸려 죽은 것이 분명하였고, 현위縣尉도 이 내용에 대해 자세
하게 기술하고 있다. 모든 관계자를 다시 불러들여 진술하게 하고, 또 거
천우璩天佑를 조사하고 심문해 보니, 현위縣尉의 보고 내용과 일치했다. 아!
거천우璩天佑의 행위는 실로 불인不仁하고, 불의不義하다고 할 수 있을 것이
다. 조사해 보니, 식낭息娘은 거천서璩天敍의 딸이었고, 거천서璩天敍는 거천
우璩天佑의 형인데, 식낭息娘의 아버지인 거천서璩天敍는 사망했고, 어머니는
병에 걸려 있었다. 또 식낭息娘의 형제는 세 명인데, 식낭息娘은 맏이였기 때
문에, 조부祖父인 거요조璩堯祖는 식낭息娘 몫一分[71]의 전지田地를 결혼 지참금
으로 주었고, 이모인 원삼랑元三娘의 아들 장숭인張崇仁에게 시집가자 (지참
금을) 장숭인張崇仁에게 주었다. 거천우璩天佑는 이 혼인이 부정不正하다는 것
을 알고, 몇 번이나 그 땅을 이 식낭息娘이 사망 전에 빼앗으려고 했지만,

---

[70] 格目 : 험시격목驗屍格目, 검험격목檢驗格目의 약칭. '사체를 부검한 내용을 기록한 문서' 내
지는 그 조서. 『宋史』「刑法志」에는 "淳熙初, 浙西提刑鄭興裔上檢驗格目, 詔頒之諸路提
刑司. 凡檢覆必給三本, 一申所屬, 一申本司, 一給被害之家"라 되어 있다. 최해별, 「宋代
檢驗 제도에서의 결과보고-"驗狀"類 문서를 중심으로」,《이화사학연구》47, 2013; 최해
별, 「宋代 檢驗 제도의 운영-「檢驗格目」을 중심으로」,《역사학보》220; 王曉龍·杜敬
紅, 「宋代監司對宋代法律文明建設的貢獻」,《河北大學學報》, 2012-6 참조.
[71] 一分 : 여기서 말하는 一分이란, '식낭의 몫'을 말하는 것인지, 조부의 전지田地의 1할을 지
칭하는 것인지는 불명확하다. 즉 이 토지가 조부의 토지인지 부친이 남겨준 토지인지는
불명이다.

계획이 이루어지기 전에 식낭息娘이 사망했다. 이에 거천우璩天佑는 기회가 왔다고 생각하여 그 전지田地를 빼앗으려 한 것이다. 그러나 장숭인張崇仁 모자母子가 따르지 않자 거천우璩天佑는 분하게 여기고는 생각지도 못할 일을 꾸며[飛禍] 그 집안을 풍지박산 내리려고 했다. 거천우璩天佑의 계략은 곧 알 수 있었는데, 이미 죽어 매장된 사람의 무덤까지 파고[發塚]72 관을 열어 유체遺體를 끄집어내었다. (사망한 사람이) 무슨 죄가 있기에 이렇게까지 한단 말인가? 설령 식낭息娘이 거천우璩天佑의 친자식이었더라도 절대로 납득할 수 없는 것이다. 지금 그 질녀이며 친형의 분신[遺體]을 욕보이니, 이는 자신의 사사로운 원한만을 위한 것으로 혈족血足의 은의恩義가 이에 이르러 끊기려 하는 것이다. 거천우璩天佑의 죄는 처벌하는 것으로 씻을 수 있는 것인가! 거천우璩天佑를 무고반좌 죄로 처벌한다는 관련 서류에 의거하여 제점형옥사[提刑使臺]73에게 보고하여 그 결정을 따르고자 한다. 그 외, 현위

72　發塚 : '발총發冢'으로도 표기한다. 발총에 대해서는 『당률소의』 권277, 적도 30, 「發冢」에서 다루고 있는데, 무덤을 파헤친 정도에 따라서 각기 다르게 처벌할 수 있는 것을 볼 수 있다. 도굴盜掘; 盜墓은 무덤에 묻혀 있는 유물遺物을 획득하려는 목적이 있는데 비해서, 발총은 무덤을 파헤치므로서 묻힌 본인이나 그 자손에게 정신적으로나 명성에 폐해를 입히는 점에 차이가 있다. 임대희, 「당률의 손괴유형 규정 검토」, 『법사학연구』 52, 2015; 陳聰, 「淸代"發塚"律之硏究」, 《寧夏大學學報》, 2009-1; 王小丹, 「淸代"發塚"犯罪類型硏究 —以《刑案彙覽》爲中心」, 《經濟師》, 2010-9; 赫琳, 「宋代統之發塚律硏究」, 《蘭州大學2013年度碩士學位論文》. 그리고, 도묘盜墓에 관해서는 王子今, 『中國盜墓史』, 九州出版社, 2007; 倪方六, 『盜墓史記』, 中國工人出版社, 2008; 倪方六, 『中國人盜墓史』, 上海錦繡文章出版社, 2009; 岳南・商成勇・許志龍, 『中國盜墓傳奇』, 中國畵報出版社, 2007; 殷嘯虎・姚子明, 『盜墓史』上海文藝出版社, 1997; 田亮, 「中國古代反盜墓法論」, 《社會科學》, 1993-3. 또한, 〈징악문〉 14-1 각주 發塚 참조.

73　提刑使臺 : '제점형사提刑使'는 '제점형옥사提點刑獄使'의 약어일 것이다. '臺'는 ① '정'이나 '누각樓閣'과 같이 약간 높이 지은 건축물을 가리키기도 하고, ② 상대방이나 상대방과 관련이 있는 사물을 부를 때에 경사敬辭로 사용되기도 한다. ③ 그밖에 '받침대' 등의 다른 의미를 가지는 경우도 있다. 『淸明集』에서 '臺'라고 쓰이는 경우에 '臺判'으로 해석되는 경우도 있으나, 여기에서의 '제형사대提刑使臺'는 보고를 받는 사람이 되어야 하므로, '제형사提刑使'에 대한 경칭敬稱으로 보는 것이 낫겠다. 경우에 따라서는 '使'는 路級의 지방관인 전운사轉運使나 제형사提刑使 등을 의미할 수도 있을 것이다. 특히 使가 단독으로 사용되는 경우에는 路級의 지방관으로 파악하는 것이 타당할 것으로 본다. 따라서 '使臺'에서의 使는 路級의 지방관일 가능성이 크므로, 使臺는 '路級의 지방관이 내린 대판臺判'일 것으로 생각된다.

縣尉가 가져온 토지계약서 1통이 있는데, 이는 식낭息娘이 본래 시집갈 때 가져간 결혼지참금 명목의 토지[奩田]이고, 매년 조곡租穀 66석이 산출된다고 되어 있다. 법의法意에 따라 판결하자면 부인의 재산은 사망했을 당시의 집[家]의 소유이다. 그러나 식낭息娘에게 있어서 장숭인張崇仁은 당외생堂外甥이고 식낭息娘은 당이모[堂姨]가 되므로, 법적으로 혼인은 성립되지 않고,[74] 당연히 파기되어야 하는 것이기에 그 토지를 가질 수 없는 것이다. 만일 이 전지田地를 또 거 씨臻氏[75]에게 돌려준다면, 식낭息娘의 형제와 자매는 이미 각각의 지분土地을 가지고 있어, 다시 그 지분土地을 나눠가질 수 없고, 또 거 씨臻氏 집안의 자손에게는 고모인 식낭姑娘의 제사를 지낼 예禮도 없는 것이다. 만일 호절戶絶[76]로써 몰관沒官한다면 그것은 괜찮을 것이다. 그러나 인정人情에 따라 판단해 보면, 식낭息娘의 아버지는 사망하고, 어머니는 병들었기 때문에 장숭인張崇仁과 혼인해서 사망했던[失身][77] 것은 식낭息娘의 죄가 아니고, 혼인을 주관한 자에게 있는 것이다. 지금 식낭息娘은 사망하였고, 생각지도 못한 무고誣告로 인해 관棺이 열리는 참혹한 일을 당하였다.[78] 이로 인해 장씨張氏의 원망 또한 한층 깊어지게 되었다. 굳이 식낭息娘에게 시선을 돌리면, 살아서는 몸을 의탁할 곳이 없고, 죽어서도 혼魂이 돌아갈 곳이 없으니 어찌 가련하지 않다 할 수 있겠는가? 이미 (식낭은) 절호絶戶가 되었으므로, 상술한 결혼 지참전[奩田]은 해당 주本州 안에 있는 천녕사天寧寺의 상주전常住田[79]으로 충당하고자 한다. 그리하여 승려에게 식낭

74　『宋刑統』권14 〈違律爲婚〉門.

75　'거 씨臻氏 집안' 또는 '거요조臻堯祖'일 것으로 추정된다.

76　戶絶 : 후사가 끊긴 것을 말한다. 호절戶絶이나 계승繼承에 관해서는 魏天安, 「宋代的戶絶繼承法」,《中州學刊》, 2005-3 참조.

77　失身 : 본래의 뜻은 '실절失節'과 같은 의미로 "여자가 정조를 잃다, 지조를 잃다"가 되지만, 문맥상 혼인으로 본 것이다. 그러나 혼인이 법적으로 유효하지 않은 것이므로 실신失身으로 표현한 것으로 보인다. 아울러 여기서는 식낭息娘의 사망까지도 포괄하는 의미도 있다고 본다. 鄭濱, 「女子"失身"就等於失貞嗎」,《婚育與健康》, 1998-6.

78　今之死也, 又罹意外之誣, 受剖棺之慘 : 거천우臻天佑가 장숭인 모자母子를 무고하기 위해, 식낭의 관을 열어 유체遺體를 끄집어 낸 상황을 말하는 것이다.

79　常住田 : 절의 소유인 토지이다. 중국 중고시대 사원경제에 관한 내용은 何玆全, 『中國

息娘의 무덤을 맡겨, 당堂 한 칸을 배정하여, 때가 되면 제사지내고, 불령佛靈에 의해 죽은 자死者의 영혼을 구원해 주도록 한다超度.[80] 그리하여 죽은 자가 지하에서 굶지餓鬼[81] 않게 하는 것도 인의仁義를 베푸는 일의 하나一端일 것이다. 제점형옥사提刑使臺에게 문서申狀을 보내, 그의 명령指揮[82]을 받들어 행하게 하라.

照得本縣昨據璩天佑論張崇仁娶姪女息娘不當及兜占田産事. 追對未到間, 忽又據璩天佑入詞, 稱姪女息娘身死不明, 乞行檢覆. 當職以事干人命, 遂押下璩天佑, 責反坐狀入案, 委縣尉・巡檢照條體究檢驗去後. 據兩檢官申回格日, 則息娘的係病死分明, 縣尉所述已極詳. 再引一行人供指, 又將璩天佑勘問, 與縣尉所申情節一同. 嗚呼, 璩天佑此擧, 可謂不仁不義之已甚矣. 契勘息娘, 乃天叙之女, 天叙乃天佑之兄, 息娘父死, 母有殘病, 兄弟三人, 息娘居長, 得乃祖璩堯祖撥一分田爲粧奩, 嫁與姨元三娘之子張崇仁. 天佑知其婚姻之不正, 累欲挾取其田于息娘未死之前, 謀未遂而息娘死, 天佑以爲機會之來也, 欲遂取之. 張崇仁母子不從, 天佑致恨, 遂中以飛禍, 欲破其家. 天佑之謀則得矣, 使已死已殯之人發塚剖棺, 暴骸露體, 何罪而至此哉. 使息娘爲天佑之親生, 必不肯爲是. 今是其姪女也, 甘辱其親兄之遺體, 以快其一身之私憾, 骨肉恩義, 至此殆絶. 天佑之罪, 可勝治哉. 案照璩天佑原責反坐狀, 申提刑使臺自裁斷外, 有縣尉解到契一道, 係息娘原隨嫁奩田, 每年計出租穀六十六石. 以法意定之, 則婦人財産終于所歿之家. 但息娘喚張崇仁係堂外甥, 息娘爲堂姨, 於法不當爲婚, 婚旣當離, 則田不當得. 若以此田復還璩氏, 則息娘弟妹, 各有己分, 不得再得此分, 璩氏子孫無祭祀之禮. 若以爲絶戶而沒官, 則可矣. 然以人情揆之, 息娘父死母病, 其失身于張崇仁, 非息娘之罪, 在主其婚者. 今之死也, 又罹意外之誣, 受剖棺之慘. 張氏之怨又深矣, 其肯視息娘生而身失所依, 死而魂無所歸, 豈不重且憐哉. 上件奩田, 已成絶戶, 今欲拾入本州天寧寺內, 充爲常住, 使寺僧往治息娘之墳, 作堂一間, 時節祭享, 憑藉佛靈, 與之超度, 使死者免爲餓鬼于地下, 亦仁義之一端也. 備申提刑使臺, 取自指揮行下.

寺院 經濟史 硏究』 안순형・임대희 옮김, 학고방, (2013) 및 황민지, 『중국 역사상의 불교와 경제』 임대희 옮김, 서경문화사 (2002)을 참고하기 바람.

80   超度 : (불교・도교) 죽은 사람의 영혼을 지옥의 고통에서 벗어나게 함.

81   餓鬼 : 조상의 제사가 끊겨, 제물이 없어지면 귀신이 굶는다는 의미이다.

82   指揮 : 상서성尚書省이나 육부六部에서 하급 기관에 내린 칙문勅文의 해석을 지칭하기도 하고, 혹은 이를 바탕으로 내린 상급기관의 명령이나 지시 등을 지칭한다.

13-21. 다리에 못을 박다
釘脚

무주(婺州)

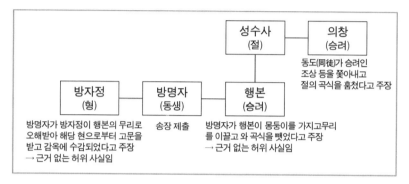

성수사
(절)

의창
(승려)

동도(同徒)가 승려인
조상 등을 쫓아내고
절의 곡식을 훔쳤다고 주장

방자정
(형)

방명자
(동생)

행본
(승려)

방명자가 방자정이 행본의 무리로
오해받아 해당 현으로부터 고문을
받고 감옥에 수감되었다고 주장
→ 근거 없는 허위 사실임

송장 제출

방명자가 행본이 몽동이를 가지고무리
를 이끌고 와 곡식을 뺏었다고 주장
→ 근거 없는 허위 사실임

백성이 억울한 누명을 쓰고도, 스스로 그 억울함을 하소연할 도리가 없어, 결국 자기 몸에 상처를 내어, 관부官府에서 이를 해결해 주기를 원했다. 이는 자신의 분노한 감정을 막을 수 없었기 때문이다. 그러나 간사한 무리들이 계속해서 소송[囂訟][83]을 일으키고[瀾翻],[84] 거짓으로 스스로 몸에 상처를 내서[自殘],[85] 한순간의 판결을 동요시키는 경우가 있는데, 만약 이

83　囂訟 : 소송하기를 좋아하는 무리들이 소송을 빈번하게 하는 것을 지칭한다. 呂肯奐,「論南宋中後期遊士階層的崛起 — 遊士的輿論力量與社會功用」,《中山大學學報》, 2014-6; 張悅,「宋代民間驅邪活動中的道教驅邪者」,《宗敎學硏究》, 2017-2;李換平,「宋代的攝官縣令」,《鄭州航空工業管理學院學報》, 2011-6 .

84　瀾翻 : 첫째, 물 기운이 매우 거센 모양을 나타낸다. 둘째, 언어가 끊임없이 이어질 때 비유하는 말이다. 셋째, 필체나 문장이 자유분방한 것을 형용하는 말이다.

85　自殘 : 대승불교의 사신捨身 개념도 있어서, 중국에서는 육조시대 이래로 여성들이 목숨을 아끼지 않고, 피를 흘려서 사경寫經을 하거나, 근육을 잘라서 부모의 병을 고치기 위해서 봉양하도록 바치는 경우가 많이 나타났다. 이러한 바탕 위에서 송대에는 소송 과정에서 자잔自殘현상이 자주 출현하였는데, 그 행위로서, ① 정수釘手, ② 정각釘脚, ③ 단견斷骨, ④ 자살自殺의 형태로 나타났다. 이러한 사태가 나타나는 원인으로서는 ① 송대에 민간송학訟學이 크게 일어났으며 송사들의 활동의 결과 일반인들의 소송의식이 높아졌으며, 소송을 할 때에 가시적인 효과를 기대하게 되었다. ② 사법의 불공정으로 말미암아 일반

것을 잘 살피지 못하면, 반드시 그 계략에 빠져들게 될 것이다. 그렇다고 하여, 소란스럽게 소환하여 체포한다면 도리어 주현^{州縣}에서의 소란이 계속 되풀이되지 않겠는가?⁸⁶

난계현^{蘭溪縣, 兩浙東路婺州}의 방명자^{方明子}는 패^{牌87} 앞에 서서^{[立牌]88} 자신의 다리에 못을 박고^[立牌釘脚], (소송을 제기하면서) 그 소송장에서는 "성수사^{聖壽寺}의 승려인 행본^{行本}이 몽둥이를 지닌 무리를 이끌고 와서, 곡식들을 빼앗았기 때문에, 현^縣에 이를 고소하였습니다. 그런데 당시 형^兄인 방자정^{方子政}은 오히려 곡물을 짊어진 5명과 함께 취급되어, 해당 현^{本縣}으로부터 각각 신퇴형^{訊腿荊89} 이백^{二百}이라는 고문을 받고, 현^縣의 감옥에 수감되었습니다"라고 하고 있다. 소송장의 진술 내용이 너무 과장^{誇張}되어, 듣는 사람을 놀라게 할 정도였다. 생각건대, 백리^{百里 : 縣90}를 다스리는 데에는 백성의 마음을 편하게 이르도록 하고, 과오^{過誤}를 범해서는 안 되는 것이다. 그러나 어찌해서 다리에 못을 박아 스스로 상처를 내어, 그 억울함의 소리가

인들은 어쩔 수 없는 상황에서 극단적인 방안을 마련하게 되었고, ③ 송조의 통치자가 인정^{仁政}을 표방하여, 잔질인^{殘疾人}을 우대하는 정책을 취하고 있었던 점, ④ 불교에서의 자잔^{自殘}지체^{肢體}에 대한 관념이 영향을 미쳤다. 郭東旭・馬永娟, 「宋朝民衆爭訟中自殘現象淺析」, 《河北大學成人敎育學院學報》, 2004-3; 張全民, 「中國古代直訴中的自殘現象探析」, 《法學硏究》, 2002-1; 陸靜卿, 「六朝隋唐時期比丘尼等女性宗敎性自殘行爲淺析」, 《法制與社會》, 2009-23. 자잔^{自殘}행위에 대한 처벌에 대해서는 3쪽 뒤에 각주 자잔^{自殘}에서 다시 다루었다.

86 문맥상으로 볼 때는, "철저하게 조사하여 잡아들인다면 주현에서 발생하는 소환을 막을 수 있을 것이다"라고 문장이 이어지는 것이 마땅하다. 원문에서는 번역하고 있는 내용처럼 기술되어 있는데 약간 어색하게 되어 있는 셈이다. 아마도 "소란스럽게 소환하여 체포하는 것이 오히려 더 소란을 부추길 수 있으리라"는 뉘앙스인 듯하다.

87 牌 : 관청 문 앞에 소장제출장소^{訴狀提出場所}를 표시하는 패^牌이다(『청명집』「징악문」 13-17 〈妄論人據母奪妹事〉 각주 참조).

88 立牌釘脚 : '패 앞에 서서 못을 박다'로 볼 수 있으며, 다른 한편으로는 '패에 다리를 대고 못을 박다'로 생각할 수 있을 것이다.

89 訊腿荊 : 모두 취조 때의 고문으로 대퇴부를 때리는 것 등이다. 「인품문」 권11-14 〈違法害民〉에도 사용되고 있다.

90 百里之政에서 '백리'는 현 정도의 면적을 상징적으로 의미하는 것으로, '현정^{縣政}'의 의미로 볼 수 있다.

관청에까지 이르도록 하고, 이렇게까지 분노하게 만들었는가? 일의 진위가 아직 밝혀지지 않았으니, 우선 현(縣)에 공문(帖文)을 보내어 일의 전말에 대해 보고하도록 하였다. 이어 해당 현[本縣]에서 보내 온 문서에 의거하여 고발한 소송장을 조사해 보니, 이 절의 승려인 의창(義昌)이 우선 처음에 현에 고소해서 진술하기를 "같은 무리들[同徒]이 승려인 조상(祖祥) 등을 쫓아내고, 한밤중에 그 절에 와서 곡물을 훔치고[盜穀],[91] 육첨(六檐)[92] 정도의 곡식을 강탈하였다[奪下]"[93]라고 하였다. 현(縣)으로 압송하여 증거들을 조사해 보니 애초부터 고문하거나 감금한 일은 전혀 없었다. 위의 말을 참조해 보면, 방명자(方明子)의 진술은 근거가 없는 것이었다[參之方明子所陳 茫無形影].[94] 현정(縣廷)에서는 많은 사람들이 보고 있으며, 또한 방명자(方明子)의 행위는 조금도 덮어 줄만한 것이 없으므로, 이는 정도가 지나친 무고(誣告)라 할 수 있을 것이다. 그 외에도 애매(曖昧)[95]하고 의미가 분명치 못한 소송도 있는데, 어찌

---

91 盜穀 : 절도한 것을 지칭하는 것이다.

92 六檐 : '檐'의 의미에 대해서는 불명이나, 미술사에서 탑을 쌓으면서 몸체는 벽돌인데, 각 층 마다 나무로 받쳐서 지붕을 내미는 구조가 오대에서 송대까지 유행하는데, 여기에서 이를 받치는 나무를 일컫는 '檐'과 상관있는 내용일 가능성도 있다. 陳玉凱, 「五代末至北宋蘇杭磚身木簷塔的特徵研究」, 中國美術學院碩士論文, 2015 참조. 또는, '첨'과 통용되는 글자로, 여기에서는 "첨檐"을 "담擔"의 誤字로 보아야 한다. "담擔"은 양사量詞로서, "석石"과 같은 의미이다. 담석擔石은 일담 一擔의 糧食을 표시한다. 文中에서 "其兄方子政"이 "幷擔穀人五名"이라고 되어 있으므로, 모두 6사람이 성수사聖壽寺에 와서 곡식을 훔친 것이다. 한사람이 一擔穀을 훔칠 수 있으므로, 합쳐서 6擔이 되었다. 따라서, "奪下六檐(擔)"이 되는 것이다. 이 부분은 屈超立교수와 趙晶교수의 敎示를 받았다. 이에 感謝의 뜻을 표表한다. "담擔"이라는 글자는, 양사量詞의 의미를 지닌 것으로 생각된다. "담"은 약 60kg 정도 되는 무게가 되는데, 바로 그 무게나 부피를 가리키는 경우도 가능하다.

93 奪下 : 강도強盜한 것을 지칭하는 것이다.

94 "參之方明子所陳 茫無形影" : '방명자의 진술과 대조해 보니, 방명자의 진술은 근거가 없는 것이었다'로 번역할 수 있으나, 문맥상 의미로 볼 때, '위의 진술을 참조해 보니, 방명자(方明子)의 진술은 근거가 없는 것이었다'로 번역하였다.

95 曖昧 : 첫째로 (태도, 의도 따위가) 애매모호하다라는 뜻이 있으며, 둘째로 남녀 간의 행위가 애매하거나, 떳떳하지 못하다는 뜻이 있다. 그런데, 『청명집』에서는 이 남녀 사이의 간통姦通을 애매曖昧라고 표현하는 경우가 많다. 최해별, 「남송대 "有夫者 姦通의 처벌에 관한 연구—"姦從夫捕"를 중심으로」, 《동양사학연구》 121, 2013 참고. 이점은 「인륜문」 권10-24 〈남편이 처를 버리려고 떳떳하지 못한 남녀관계曖昧를 빌미로 무고한다夫欲棄其妻証以曖昧之事〉; 「인륜문」 권10-33 〈며느리가 나쁜 소문을 시어머니에게 뒤집어 씌워

잘못된 일들이 난무하는 것을 내버려[任] 둘 수 있겠는가? 이어 방명자方明子를 불러들여 조사해 보니, 소송장에 진술하고 있는 정황은 근거가 없는 것이고, 이에 대한 부연설명도 하지 않으며, 또한 다시 자신의 주장을 내세우며, 행본行本에게 죄罪를 돌리고 있는데, 그 허위가 매우 심하다. 이러한 풍속이 조장되어서는 안 된다.

방명자方明子는 감장勘杖 100대에 처결하고, 목에 칼을 씌워, 주州의 관청 앞으로 압송해 와서, 주州에서는 15일간, 해당 현本縣에서는 10일간 군중들에게 구경거리로 삼도록 하라枷項押下州前, 示衆半月, 本縣十日.[96] 이어 인근 주隣州로 보내 편관編管시키고, 우선 건송健訟:허황된 소송을 일으키는 자들에게 본보기로 삼도록 한다. 쌍방의 소송장에서 타투고 있는 사건의 진실은 반드시 밝혀질 것이다. 승청丞廳에 문서를 보내 조사하도록 한다. 한편 의창義昌·조상祖祥·행본行本과 같은 승려들은 소환하여 감옥에 보내고, 공정하게 조사하여 한쪽으로 치우침이 없도록 한다. 10일 내에 조사한 내용들을 구비具備하여 보고하게 하라. 주州를 다스리는 자는州家 그 지역千里[97]의 평안을 유지하도록 해야 하는데, 무릇 백성들이 소송을 제기할 경우 오직 도리道理에 따라 행해야 하는데, 어찌 목에 칼을 씌우고, 다리에 못을 박는 일 등과 같은 일이 일어나게 하는가? 이후부터 스스로 몸을 해치면서自殘[98] (소송을 제

자신의 죄를 면하려고 꾸민다娠以惡名加其男以圖免罪); 「인륜문」 권10-34 〈처와 간통했다고 함부로 아들이 아버지를 무고하다子妄以姦妻事誣父); 「인륜문」 권10-35 〈남녀관계에 대한 고소가 있는 이상, 강제적으로 이연시켜야 한다旣有曖昧之訟合勒聽離〉에 나오는 사례를 본다면 일리가 있다. 그러나 「징악문」 부분에서는 "사건이 명확하지 않고 애매모호하다"는 뜻으로 해석하는 것이 타당하다. 「징악문」 권12-8〈因姦射射); 「징악문」 권13-7 〈돈을 대어 주고 살인죄로 다른 사람을 무고하다資給誣告人以殺人之罪〉 등 참조.

96 枷項押下州前, 示衆半月, 本縣十日 : 「징악문」 권13-2 〈撰造公事〉에서도 언급하였듯이, 건송健訟하는 무리에 대한 형벌은 ① 문관紊官, ② 사불간기事不干己, ③ 무고誣告, ④ 교령사 소教令詞訴의 경우에 특히 엄하게 처벌되는데, 그 가운데에서도 이 사안은 ③에 해당하며 그에 대한 처벌은 비교적 무거운 편이다. 거짓으로 자신의 몸에 상처를 내고自殘 무고를 하였다는 점이 용서하기 어려운 수준에 이르렀다고 본 모양이다(劉馨珺, 「南宋獄訟判決文書中的"健訟之徒」, 『中西法律傳統』, 2008, 199쪽).

97 千里 : '현'이 '백 리' 정도의 면적을 지칭하는 것이라면, '천 리'는 주가 관할하는 면적을 상징적으로 의미하는 말이라고 할 수 있다.

기하는) 경우에는 모두 이를 수리受理[99]하지 않도록 한다. 그리고 주州의 관청 앞과 모든 현縣에 방榜을 붙여 이를 알려 깨우치도록 한다.

民之抱負寃抑, 不能自伸, 至于自殘其軀, 求直于官府, 蓋迫於其情之不能已爾. 若曰囂訟之人瀾飜其詞, 自假毁傷, 撼動一時之聽, 此惑不察, 必墮其計. 紛紛追逮, 豈不重州縣之擾乎. 蘭溪縣方明子立牌釘脚, 有詞稱爲聖壽寺僧行本率衆持杖, 搶奪苗穀, 經縣陳論, 其兄方子政, 幷擔穀人五名, 反爲本縣各訊腿荊二百, 囚之縣圄, 張皇其說, 殊爲駭聞. 竊意百里之政, 平心處之, 不應有此過擧之事, 不然, 胡爲至于釘脚自傷, 聲寃庭下, 乃如是之憤切乎. 疑信未決, 且帖縣具因依供申. 尋據本縣發到案牘, 考其發覺之詞, 乃是寺僧義昌首先經縣陳論同徒逐出僧祖祥等, 黃夜到來本寺盜穀, 奪下六檐, 解縣方始追證問, 初不曾有訊掠囚繫之事. 參之方明子所陳,[100] 茫無形影. 縣庭之下, 十日共觀, 凡所擧動, 毫髮不容掩庇, 此或可以厚誣, 其他曖昧不明之訟, 何往[101]不得以逞其私乎. 尋引上方明子取問, 情詞窮窘, 無以藉口, 復駕其說而歸之行本, 其爲欺誕, 抑又甚焉. 此風不可長也. 方明子勘杖一百, 枷項押下州前, 示衆半月, 本縣十日, 仍送鄰州編管, 姑以爲健訟不根者之警. 所有兩詞交爭奪一事, 彼此曲直, 必有所歸, 行下丞廳, 一面追上義昌·祖祥·行本寺人送獄, 公行根究, 毋容偏徇, 十日具勘到因依申. 州家持千里之平, 凡聽民訟, 惟理之行, 何待其爲鎖喉釘脚之擧. 自今以後, 應有此自殘之人, 例不受理, 仍備榜州前與諸縣曉諭.

98 自殘 : 송조에서는 소송하는 동안의 자잔自殘 행위에 대해서는 엄격하게 처리하였다. 무뢰無賴 건송健訟하는 사람들이 자잔하는 것을 줄곧 엄하게 금지하였으나, 점점 더 이러한 현상이 심해지자 우선 둔장臀杖 10대로 판결한 위에, 인근隣近 주로 편관編管하도록 하였다. 그리고, 이러한 과정에는 송조의 사법 검험檢驗제도가 발전하여서, 법의학적인 감정鑑定기술이 높아졌다는 점에 기여하는 바가 있었다. 郭東旭·馬永娟, 「宋朝民衆爭訟中自殘現象淺析」, 《河北大學成人敎育學院學報》, 2004-3 참조. 자잔自殘행위가 자주 발생하였던 원인에 대해서는 3쪽 앞(278쪽)에 따로 각주 '自殘'으로 다루었다.

99 여기서 말하는 "수리受理"란 협의의 의미로는 '소송장을 접수하는 것'을 지칭하지만, 광의의 의미로는 '소송장을 접수하여 이를 처리하는 것'까지도 지칭하는 용어이다.

100 參之方明子所陳의 표점을 '參之, 方明子所陳'으로 해석할 수 있다.

101 往 : 이 부분은 住의 '오기誤記'로 생각된다.

13-22. 원한 때문에 허위 소송을 일으키고 고아와 과부를 속이고 업신여기다
挾讎妄訴欺凌孤寡

건졸(建倅)[102]

우선 소송에는 원源과 류流가 있고, 본本과 말末이 있다.[103] 그 원源을 밝혀서 류流를 찾고, 그 본本을 헤아려 그 말末을 구한다면, 곧 소송은 마무리 지을 수 있다. 진감陳鑑은 이전에 입계立繼 문제를 두고 다투기도 하고 장전莊田을 차지하기도 했는데, 이것이 소송의 원源이고 본本이지 않겠는가. 진감陳鑑은 최근 진흥로陳興老가 황연黃淵과 함께 법을 어기고 거래交易했다고 소송하였는데, 이것이 소송의 류流이고 말末이지 않겠는가. 진부陳鈇의 처 부 씨傅氏는 동종同宗 가운데 3살이 되는 조카를 후사로 정하도록 하고 관부에 신고해서 호적을 옮겼는데除附,[104] 이는 본래 법을 어긴 것도 아니고, 도리에 어긋나는 것도 아니다. 그러나 진감陳鑑은 재산을 탐내고 이익에 눈이 멀어 의리를 잊고見利忘義[105] 자신의 아들을 후계로 삼고자 하였다. 진감陳鑑은 근거도 없는 소송을 일으켜 과부에게 횡포를 부렸는데, 그 소송은 현縣에서 주州로, 주州에서 로路의 감사監司로, 감사監司에서 중앙의 성부省部로 올라갔고, 물 흐르듯 20여 년이 지나서야, 겨우 소송이 끝났다. 이렇듯 부 씨傅氏를 오랜 세월 괴롭힌 것은 잔학하다 할 수 있다. 그 후 진감陳鑑은 고아와

102　建倅 : "倅"이라는 것은 부직副職을 가리킨다. 通判州軍事는 宋代의 官名이다. 간칭簡稱으로서, "통판通判"이라고 하며, 지방에 따라서, 속칭俗稱으로는 "倅"이라고 한다. 柳立言, 「『名公書判淸明集』의 无名書判－研究方法的探討」,《中國古代法律文獻研究》5, (2011)에서는 "福建路 某州通判"(176쪽)라고만 표기하고 있다. 이 부분은 屈超立교수 및 李俊교수와 趙晶교수의 敎示를 받았다. 이에 感謝의 뜻을 表한다.

103　"源"과 "流", 그리고 "本"과 "末"은 서로 대비적인 말로, '근본'과 '부수적인 것'을 지칭한다.

104　除附 : 양자養子로 삼을 경우에, 원호적原戶籍에서 말소하고除, 양부養父의 호적에 등록附하였기 때문에, 제부除附라 하였다. 즉 원래의 호적에서 이름을 삭제하는 것이 제除이고, 새로운 호적에 이름을 등재하는 것을 부附라 하였다. 따라서 제부는 오늘날의 '호적변경' 혹은 '호적변경절차'로 이해할 수 있다.

105　見利忘義 : '이익만을 추구하고, 의로움을 망각하다'라는 의미이다. 『漢書』「樊酈滕灌傅靳周傳」에는 "當孝文時, 天下以酈寄爲賣友. 夫賣友者, 謂見利而忘義也"이라 되어 있다.

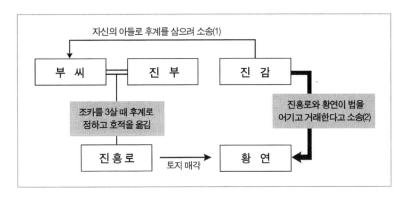

과부를 속여 안길현^{安吉縣106}의 "기장전^{蓍莊田}"을 차지했다. 부 씨^{傅氏}는 전지를 팔고는 어린 아들을 데리고 질서^{浙西; 兩浙西路} 6개의 관사에 억울함을 호소하려고 삼구현^{三衢縣; 양절동로}으로 가던 중 병에 걸려 돌아왔고 약으로 고치지도 못하고 갑자기 사망했다. 부 씨^{傅氏}의 죽음은 사실 진감^{陳鑑}이 죽인 것이나 다름없다. 만일 진감^{陳鑑}에게 어진 마음이 조금이라도 있고, 조금이라도 의리^{義理}를 안다면, "고아와 과부의 토지^[業]는 내가 일으킨 입계^{立繼} 소송 때문에 대부분 탕진되었고, 과부는 내가 장전^{莊田}을 점령한 것이 원인이 되어 병들어 죽은 것이다"라고 말했어야 했다. 또한 그 후 부 씨^{傅氏}의 원통함을 풀어주어야 했으며, 그것을 바로잡아 고아를 돌보았어야 했다. 그러나 지금 (진감은) 부 씨^{傅氏}가 이미 죽은 후에도 다시 (진흥로가) 황연^{黃淵}과 위법의 거래^[交易]를 했다고 소송을 일으켰다. 소송이 현^縣에 이르렀으나 이미 소송장은 반환되었고^[退狀],¹⁰⁷ 다시 소송을 내어 소송이 주^州에 이르러 이미 판결이 났는데 또 다시 소송을 일으켰다. 지금 또 위로는 로^路의 감사^{監司}가 소송^[聽訟]을 받아들이도록 번거롭게 하고, 아래로는 해당 관청이 재심^{[番定]108}하도록 만들고 있다. 원래 진감^{陳鑑}의 본심은 진흥로^{陳興老}가 가지고 있던 것을 전부 뺏어 버리는 것이었는데, 이는 조금의 토지도

---

106   安吉縣 : 양절서로^{兩浙西路} 호주^{湖州}의 관할 지역이다.
107   退狀 : '소송장을 반환하다'라는 의미이다.
108   番定 : 번소단정^{番訴斷定}의 약칭으로, 재심에 대한 판결이라는 의미이다.

남기지 않게 한 후[立錐之地]109 (소송을) 그만두려 한 것에 지나지 않는다. 또 처로서 남편의 재산을 받은 것은 부 씨傅氏이고 재산을 판 것도 역시 부 씨傅氏이다. 아들로서 아버지의 재산을 받은 것은 진흥로陳興老이고, 토지를 판 것도 또한 진흥로陳興老이다. 부 씨傅氏가 재산을 팔고, 진흥로陳興老가 재산을 판 것인데, 그것을 어찌 진감陳鑑이 간섭해서는 안 된다는 것을 모른다는 말인가?

법률 조문에는 "자신과 관계없는 일에 대한 (소송은) 수리受理하지 않는다[事不干己]"110라고 되어 있다. 지금 진감陳鑑은 자신과 관계없는 일인데도 불구하고 일부러 진흥로陳興老를 괴롭히고 있는 것이다. 관사는 그 "말末"을 실마리로 해서 "본本"을 구하지 않으면 안 되고, 그 자취를 더듬어 그 마음을 징계하지 않으면 안 된다. 마땅히 판결사유서[斷由]111를 발급하여, 진흥로陳興老에게 주고 영구히 증빙서로 삼도록 하라. 지금 이후로 진감陳鑑이 만일 다시금 쓸데없는 소송[健訟]을 감히 일으킨다면 "불응위不應爲의 죄"에 따라 처벌하여 힘없고 선량한 자가 무사히 살아갈 수 있도록 해야 한다. 제거상평사[提擧使司]112 등에게 문서를 갖추어 보내 조회하게 하고, 제점형옥사 간판공사[提幹]112 등이 적어 넣은 서의書擬를 받아 보니 "주州의 통판通判이 보

109　立錐之地 : '송곳 하나 꽂을 만한 땅'이라는 뜻으로, '아주 적은 면적의 땅'을 이르는 말이다.
110　事不干己 : 『청명집』 「징악문」 13-10 〈自撰大辟之獄〉 각주에 "事不干己人" 참조.
111　斷由 : '판결사유서'를 지칭한다. 당송에 이르는 시기, 사법심판을 시행할 때 법전의 법령 조문을 인용하여 판결하도록 규정하였는데, 이는 형사 판결일 경우에만 해당하였고, 민사 판결일 경우에는 법률적 근거에 의한 명확한 규정이 없었다. 남송 고종시기에 이르러, 관부에서 민사 판결을 시행할 때 반드시 판결 당사자에게 '단유斷由'라는 것을 발급하도록 규정하였다. 단유의 기본적인 요소는 소송 사건의 사실, 판결의 이유에 의거하는 법률 조문 등으로, 남송 민사 판결 과정에 있어 주요한 제도 중 하나였다. 『宋會要輯稿』, 刑法 3-28, 紹興 22년 5월 7일조에, "臣僚言, 今後民戶所訟, 如有婚田差役之類, 曾經結絶, 官司須具情與法, 敍述定奪因依, 謂之斷由, 人給一本"이라 되어 있다. 이에 관한 연구로는 屈超立, 「南宋民事審判中的'斷由'制研究」, 《중국사연구》(대구) 58, 2009가 있다. 좀 더 구체적인 참고문헌은 「징악문」 13-30의 각주91을 참조.
112　提幹 : 제점형옥사간판공사提點刑獄司幹辦公事, 제형사의 속관이며 제점형옥사 검법관 아래의 관직이다. 그러나 여기서 제간提幹을 제거상평사간판공사提擧常平司幹辦公事라고도 볼 수 있을 것이다.

고해 온 것에 비춰 시행하라"라고 되어 있다. 또 받은 왕^王제거상평사^{提擧常}^{平使}의 대판^{臺判}의 내용을 살펴보면 "상세히 심사한 것이라고 할만하다"라고 적혀 있다. 자세히 보면 진감^{陳鑑}의 효송^{囂訟, 터무니없는 소송}에는 고아인 진흥로^{陳興老}를 불쌍히 여기는 마음은 없었음을 알 수 있다. 보고한 것에 따라조회해서 시행하라^{照行}.[113]

照得訟有源有流, 有本有末, 窮其源而尋其流, 揣其本而求其末, 則訟可得而決矣. 陳鑑舊爭立繼, 舊占莊田, 其訟之源, 訟之本者乎. 陳鑑近訴陳興老共黃淵違法交易, 其訟之流, 訟之末者乎. 陳鈇之妻傅氏, 命同宗三歲之姪以爲之嗣, 經官除附, 初不違法, 初不礙理. 陳鑑乃垂涎資財, 見利忘義, 欲以己子擾繼. 陳鑑無端興詞, 橫擾寡婦, 自縣而州, 自州而監司, 自監司而省部, 滾滾二十餘年, 詞訟始絕. 其所以苦傅氏者, 可謂酷矣. 自後欺凌孤寡, 侵占安吉寄莊田. 傅氏貨田撥勾, 方將求直于浙西六有司, 行至三衢, 得病而歸, 藥所不療, 忽忽告殂. 傅氏之死, 其實陳鑑有以殺之也. 使陳鑑少有仁心, 使陳鑑略知義理, 則必曰孤寡之業, 因我之訟立繼, 所以破蕩者多矣. 寡婦之身, 因我之占莊田,[114] 所以疾病而亡矣. 而今而後, 解其冤可也. 釋其讐可也, 恤其孤可也. 今乃于傅氏已亡之後, 又與[115]黃淵交易違法之訟. 訟之于縣, 已責退狀, 又復翻訟. 訟之于州, 已行結絕, 又復興詞. 今又上煩監司聽受, 下送本廳審定. 原陳鑑之心, 不過欲洗蕩陳興老, 至於[116]無立錐之地而後已. 且妻承夫業者, 傅氏也, 賣業者, 亦傅氏也. 子承父業, 受業者, 陳興老也, 賣業者, 亦興老也. 傅氏賣產, 陳興老賣產, 不知于陳鑑有何干涉. 在法, 事不干己者, 不許受理. 今陳鑑以不干己之事, 故爲陳興老之擾, 官司不可不因其末而求其本, 不可不因其迹以誅其心, 合給斷由, 付[117]陳興老收執, 以爲永遠之照. 自後陳鑑如恃健訟, 再敢興詞, 照不應爲科罪, 庶幾懦善者可以存立. 備申提擧使臺照會, 奉提幹批擬, 欲照通判所申行. 奉王提擧臺判, 所擬可謂詳審, 察見陳鑑之囂訟不存恤孤幼陳興老之意, 從中照行.

---

113 照行: '照某某施行'의 의미로, '某某에 따라 시행하다' 혹은 '某某에 따라 行하다'라는 의미이다.

114 莊田은 상해도서관 판본에서는 "莊于"로 되어 있다.

115 又與는 '又興'의 오기^{誤記}일 것이다.

116 至於는 상해도서관 판본에는 "至于"로 되어 있다.

117 付는 상해도서관 판본에서는 "傅"로 되어 있다.

13-23. 이웃 부인이 다툼 때문에 허위 소송을 일으키다
鄰婦因爭妄訴[118]

호석벽(胡石壁)

재물을 허술히 간수하는 것은 도둑질을 조장하는 것이며, 여자가 지나
치게 화장을 진하게 하는 것은 음탕한 남자에게 음욕(淫欲)을 조장하는 것
이다(慢藏所以誨盜, 冶容所以誨淫).[119] 주씨 부인(阿周)의 행동거지를 보건대 결코 곧
고 품행이 바른 부인은 아니다. (주씨 부인은) 윤필용(尹必用)과 집을 나란히 하
여 살며, 항상 서로 거주하는 곳에 드나들면서, 서로 허물없이 왕래했다.
다만 윤필용에게 유혹을 해도 생각대로 되지 않는 것에 힘겨워 했을 뿐이
나, 그를 잘 따랐다.

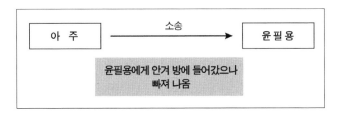

지금 주씨 부인(阿周)은 오히려 "윤필용(尹必用)에게 안겨 방안으로 들어갔
는데, 저항하여 간신히 빠져나와 도망쳐 돌아왔다"고 말하고 있다. 이것
은 필경 없었던 일일 것이다. 만일 정말로 이런 일이 있었다면, 어찌하여
즉시 소리를 질러 옆집에 알리고, 관부에 사정을 말하여 고소하지 않았
겠는가. 세월이 많이 지난 뒤에 고소했으므로, 터무니없는 거짓임은 두
말할 필요도 없다. 대개 도성 내(街市)의 부녀자들은 모두 본업에 힘쓰지 않
고, 하루 종일 하는 일 없이 놀고먹기만 하면서, 아무 일에도 신경을 쓰지

---

118 妄訴: 妄訴에 대해서는 「징악문」 13-13, 「징악문」 13-19의 각주 妄訴 참조.

119 慢藏所以誨盜, 冶容所以誨淫: 『易經』 「繫辭上」에는 "子曰, 作易者, 其知盜乎. 易曰, 負且
乘, 致寇至. 負也者, 小人之事也. 乘也者, 君子之器也. 小人而乘君子之器, 盜思奪之矣. 上
慢下暴, 盜思伐之矣. 慢藏誨盜, 冶容誨淫. 易曰, 負且乘, 致寇至, 盜之招也"이라 되어 있다.

않으며, 삼삼오오 모여서, 떠드는 것에 일삼고만 있다. 이웃이 서로 화목하지 못한 것은 종종 이런 일들이 원인이 되는 것이다. "가까워지면 불손 不遜해지고, 멀리하면 원망스러워한다近之則不遜, 遠之則怨」"[120]는 것은 실로 이런 무리를 두고 하는 말이다. 주씨 부인阿周은 재판정法庭에서 지주知州, 太守가 앞에 있는데도 불구하고, 시끄럽게 떠들기만 하며 조금도 거리낌이 없는데, 하물며 집에서야 두말할 필요가 있겠는가.

주씨 부인阿周은 죽비 15대로 처결하고, 해당 상廂으로 압송하여 보름간 길거리 청소를 시킨다. 윤필용尹必用은 지금부터 자기 본분을 지키며, 이웃과 친하게 지내도록 하라. (윤필용이) 이번의 승소를 계기로, 터무니없는 소송을 일으키는 것을 히락지 않으며, 만일 다시 소송을 일으킨다면 확실히 징계하도록 하라.

慢藏所以誨盜, 冶容所以誨淫, 觀阿周狀貌之間, 必非廉潔之婦. 與尹必用比屋而居, 尋常升堂入室, 往來無間, 特患尹必用不能挑之, 則未有不從也. 今阿周乃謂被尹必用抱持于房圍之中, 抗拒得免, 逃遁而歸. 此必無之事也. 若果有之, 何不卽時叫知鄰舍, 陳訴官府, 必待踰年而後有詞, 則其爲妄誕, 不言可知矣. 大凡街市婦女, 多是不務本業, 飽食終日, 無所用心, 三五爲羣, 專事唇舌. 鄰舍不睦, 往往皆因于此. 近之則不遜, 遠之則怨, 眞此曹之謂也. 阿周今至訟庭之下, 太守之前, 猶且讟讟不已, 畧無忌憚, 況在家乎. 決竹篦十五, 押下本廂, 掃街半月. 尹必用今後亦當安分守己, 親善隣舍, 不許因此得勝, 妄生事端, 如再惹詞, 定當懲治.

120 近之則不遜, 遠之則怨:『論語』「陽貨篇」에 "선생께서 말씀하셨다. 첩과 노예는 부리기 어렵다. 잘 대해 주면 기어오르고 쌀쌀하게 대하면 원망한다子曰, 唯女子與小人, 爲難養也. 近之則不遜, 遠之則怨」".

거추拒追

13-24. 동민이 험준한 지형에 의거하여 소환을 거부하다
峒民[1] 負險拒追[2]

호석벽(胡石壁)

번여빈樊如彬은 멀리 떨어진 험한 지역을 믿고서, 죄를 짓고 도망간 자를 불러들여, 한편으로 엄청난 세력을 떨치며 많은 불의不義를 저질렀는데, 그 죄에 대해서는 용서할 수 없다. 해당 현縣이 안무사安撫司[3]의 명령을 받아, 여러 번 소환했지만 출두하지 않았으므로 결국 그 부하에게 번여빈樊如彬을 체포하도록 맡겼다. 만약 일을 시키는데 있어서 위협하고 강탈한 사실이 있었으면, 해당 부府는 이미 종씨 부인阿鍾의 고소가 있어 현縣에

---

1   峒民: 즉 동족峒族과 같은 의미이다. 동민峒民 은 고대에 동洞・동僚・동峒・동壜・동僮・료료僚傜・흘료仡傜・흘루仡僂・흘령仡伶・산요山瑤 등으로 칭해졌다. 즉 중국 소수민족의 명칭 중의 하나이다. 동족峒族의 명칭은 매우 다양한데, 흘령仡伶・동묘峒苗・동민峒民・동민峒民・동가峒家・동인峒人・동족峒族 등으로 불리었다. 이러한 명칭은 동족의 자칭인 것도 있고, 타칭인 것도 있다. 수당 시기에는 남방과 서남 지역에 거주하는 민족촌사조직民族村社組織을 '洞' 혹은 '峒'이라 했다. 당 왕조 시기 기미정책羈縻政策하에 있어서 洞(峒)은 "羈縻州峒"이라고 하기도 했다. '峒苗'나 '洞蠻'과 같은 용어는 소수민족을 비하하는 의미도 포함되었다. 때로는 동족峒族이 거주하는 지역에 묘족苗族도 다수 분포하고 있었기 때문에, 묘족이 거주하던 지역으로 설명하기도 한다. 계동溪洞에 대해서는 「징악문」 권 12-31의 각주 溪洞 을 참조.
2   拒追: '소환을 거부하다'라는 의미이다.
3   安撫司 : 안무사는 사사帥司라고도 불려졌다. 일로一路의 병사兵事와 민사民事를 장악하고 중앙의 요직의 속하는 문관으로 임명하는 경우가 많았는데, 이러한 문신 출신의 안무사는 군사에 대해 아는 바가 없었기 때문에 무신을 두어 보좌하게 하였다. 〈俄藏黑水城文獻〉 속에 있는 송대 군사 문서 1건을 살펴보면, 북송 말년 서경西京에서 패하여 병사들을 잃게 되는 사실과 동시에 병사들을 통솔하는 기구인 '어전회합군마인원소禦前會合軍馬人援所'가 있었다는 것을 알 수 있다. 아울러 전쟁에서 패하여 뿔뿔이 흩어진 병사들의 문제를 처리하고자 '수관收管'제도를 실시하였음을 알 수 있다(張春蘭,「"宋靖康二年某路經略安撫司牒爲施行敕書事"考釋」,《文物春秋》, 2005-2 참조).

하달하여 추궁해야 했다. 시비곡직是非曲直에 대해서는 관사는 당연히 공평하게[從公][4] 처단해야 하고, 결코 방치해서[白休][5]는 안 된다. 만일 번여빈樊如彬 자신에게 올바른 도리가 있다면, 직접 그날로 관부로 출두해서, 나방신羅邦臣과 서로 대면하여 진술해야 할터인데, 억울함이 있는데도 어찌 말하지 않고 근심만 하고 있단 말인가. 그런데 숨어서 출두하지 않고 도리어 공공연히 서장書狀으로 변명하며 이르기를, "사십 동峒의 장정[徭丁][6]을 모아 복수로 목을 치려고 합니다"라고 하였다. 이 말은 이치에 맞지 않고, 협박을 의도로 하며, "대불경大不敬 죄"[7]일 뿐만 아니라 조정을 모독하는 것이다. 뻔뻔하게 이런 짓을 하는 이유를 생각해 보면, 당시 인근 주峒의 반란의 기세는 대단히 강렬했고, 이들 반란 무리들은 관청에서 이미 손을 쓸 수 없다고 제각기 외치면서 흔히 이러한 대세에 따라 행동하여, 우

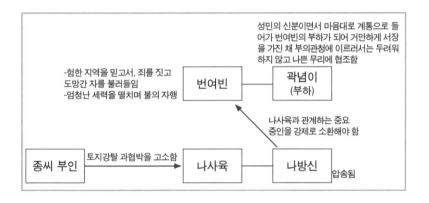

---

4   從公：「징악문」 12-8 因姦射利의 각주 從公 참조.

5   白休：전체적인 흐름으로 보아 '방치하다'라는 의미일 것이다.

6   徭丁：요역부과 대상이 되는 정남丁男을 지칭한다.

7   大不敬：『唐律疏議』第6條, 「名例律6」〈十惡〉에 "禮는 敬의 근본이며, 敬은 禮의 표현형식이다. 그러므로 『禮記』 「禮運」에 "예란 군주의 권력을 행사하는 도구로서 혐의嫌疑를 분별하고 은미隱微한 것을 밝히며 제도를 살피고 인의를 구분하기 위한 것"이라고 하였다. 그 범한 행위를 처벌하는 것은 원래 중대한 일이다. 모두 엄숙하고 공경하는 마음이 없으므로 대불경大不敬이라 한다(六曰, 大不敬. 疏議曰, 禮者, 敬之本. 敬者, 禮之興. 故禮運云, 禮者君之柄. 所以別嫌明微, 孝制度, 別仁義, 責所犯匪大. 皆無肅敬之心. 故曰大不敬)"(김택민・임대희 주편, 『譯註唐律疏議』〈명례편〉, 1994, 한국법제연구원, 116쪽).

선 허세를 부리면서 공갈하고, 관사가 한번 약한 모습을 보이면 바로 반드시 도당을 조직해 기회를 탐하고, 강력한 활强弓과 독화살을 준비하여, 기세등등한 소리를 지르며强弓毒矢, 撞搪呼號[8] 마음대로 하였다. 지금 비록 극한 상황까지 이르지는 않았지만 "서리가 내리면 얼음이 어는履霜堅冰"[9] 것처럼, 그것으로 인하여 초래되는 부분들이 점차 늘어갈 것이다. 만일 조기에 조치를 강구하지 않으면若不早爲之所[10] 이들 세력이 점점 커져 이를 어찌 막을 수 있겠는가. "『춘추春秋』에 무장無將의 형刑"[11], "한나라 법률漢法에서의 부도不道의 주誅"[12]는 이러한 유형이다.

당연히 법전에 따라 옳고 그름을 바로 잡음으로써 난폭한 상황을 근절해야 한다以遏亂畧.[13] 우선 가벼운 쪽으로 논죄한 것에 따라從輕論 척장脊杖 15대로 처한 후, 담주潭州, 荊湖南路로 배류配流시키고, 모든 가족을 함께 이주시킨다. 사유서를 갖추어 대사사大使司[14]로 보고하고, 비호군飛虎軍[15]으로 압송

---

8   强弓毒矢, 撞搪呼號 : 韓愈,『韓昌黎文集』卷4 "送鄭尙書序"에는 "撞搪呼號, 以相和應, 蜂屯蟻雜, 不可爬梳"라 되어 있다.

9   履霜堅冰 :『易經』上經, 坤에는 "初六. 履霜堅冰至. 象曰, 履霜堅冰, 陰始凝也. 馴致其道, 至堅冰也"이라 되어 있다.

10 若不早爲之所 :『左傳』隱公 元年에는 "公曰, 姜氏欲之. 焉辟害對曰, 姜氏何厭之有. 不如早爲之所. 無使滋蔓, 蔓難圖也"라 되어 있다.

11 春秋無將之刑 : "無將의 刑"에서 말하는 장將은 '거스르다'라는 의미이며,『公羊傳』莊公 32年 "君親無將, 將而誅焉"을 줄여서 칭하는 것으로 보인다.

12 漢法不道之誅 : '不道'는 '신하의 도道를 배반하고, 민정民政을 어지럽히고, 군주君主 및 국가에 해를 가하며, 현재의 사회체제를 전복하려는 행위'를 지칭한다. 부도不道의 개념에 대해서는 大庭脩,「漢律における"不道"の概念」,『秦漢法制史の硏究』第2編・第3章, 創文社, 1982, 140쪽 참조.

13 以遏亂畧 : 여기서 '畧'은 '路'와 같은 의미로, "以遏亂畧"은 '혼란이 일어나는 길을 막다' 혹은 '반란이 발생하는 요인을 사전이 차단하다'라는 의미이다.『書經』武成에는 "預小子, 旣獲仁人, 敢祇承上帝, 以遏亂畧"라 되어 있다.

14 大使司 : 송대에 설치된 사직使職의 일종이다. 대사사大使司의 유형類型으로는 江南西路安撫大使司江南西路安撫大使司, 江南西路安撫制置大使司, 河北河東沿邊宣撫大使司, 四川安撫制置使司 등을 들 수 있다.『宋會要輯稿』「職官」40-5에 "紹興三年九月十五日, 詔江南西路安撫大使趙鼎, 充江南西路安撫制置大使"라 되어 있고,『宋會要輯稿』「職官」41-18에 "(眞宗咸平三年六月)臨遣大臣, 特加軫問, 宣令參知政事向敏中, 充河北河東沿邊宣撫大使, 樞密直學士憑拯・陳堯叟, 充副大使"라 되어 있다. 또『宋史』卷167, 職官志에

해서 감옥에 가두어 영원히 풀어주지 않기 바란다. 곽념이^{郭念二}는 성민^{省民}[16]의 신분이면서 마음대로 계동^{溪洞}[17]으로 들어가 그의 부하가 되어 거만하게 서장^{書狀}을 가진 채 부^府의 관청에 이르러서는 죄를 두려워하는 기색도 없이 나쁜 무리들에게 협조하였으므로 감형의 여지는 없다. 척장^{脊杖} 12대에 처한 후, 본성으로 배류^{配流}하고 영원히 토뇌^{土牢}에 가두어 둔다. 종씨 부인^{阿鍾}이 나사육^{羅四六}의 협박 강탈을 고소한 사건은 마땅히 조사해야 한다. 공문을 보내 나방신^{羅邦臣}을 압송하여 현^縣에 데려오고, 나사육^{羅四六}과 관계하는 중요 증인을 강제로 소환해서 부^府로 보내 서로 진술시키도록 하라. 종씨 부인^{阿鍾}은 해당 상^{本廂}에 머무르게 하고, 진술이 끝나는 날을 기다렸다가 압송하도록 하라. 번여빈^{樊如彬}이 점거해서 경작하던 육시의^{陸時義}의 몰관전^{沒官田}은 부학^{府學}에 귀속시키도록 하라. 만일 번여빈^{樊如彬}이 별도로 소유한 자신의 토지^{田産}가 있으면 종씨 부인^{阿鍾}에게 시켜서, 그 지명과 면적 및 전호의 성명을 하나하나 구체적으로 기록하도록 하고, 증거문서^{干照}를 들고 첨청^{僉廳}[18]으로 오게 해 대조하여 조사한 후, 현^縣에 공문을 보내 조과^{租課}[19]를 거두도록^{拘收}[20] 하라. 또 해마다 안무사^{安撫司}로부

는 "開禧間, 江淮四川幷置大使. 休兵後, 獨成都守臣帶四川安撫制置使"라 되어 있다.

15　飛虎軍 : 남송^{南宋} 순희^{淳熙} 연간^{孝宗}(1174~1189)에 신설된 '담주비호군^{潭州飛虎軍}'을 지칭한다. 이에 관해서는 王曾瑜, 『宋朝兵制初探』, 中華書局, 1983, 180쪽 참조.

16　省民 : '동민^{峒民}'과 '성민'은 민족적인 분류가 아니다. 정부에 세금을 부담하고 있는지 아닌지로 구분되는 셈이다. 세금을 내지 않는 '동민'은 정부의 입장에서는 견제해야 할 대상이었다. 그러나 동구^{峒寇}와 성민의 관계가 항시 정지하고 움직이지 않는 것은 아니었다. 그러면서도, 송대 말기에 이르기까지, 관부^{官府}는 동구를 뿌리째 없앨 수는 없었으며, 단지 그들 사이의 '계지^{界至}'를 유지하여, 대량의 "화외지민^{華外之民}"을 통제할 수 없게 되는 것을 막으려고 하였다. 黃志繁・胡琼, 「宋代南方山區的"峒寇"－以江西贛南爲例」, 《南昌大學學報》, 2002-7; 陳支平, 『客家源流新論』, 廣西敎育出版社, 1997; 安國樓, 「宋代西南邊區的人戶身份與稅征」, 《中國農史》, 2015-3; 河原正博, 『漢民族華南發展史硏究』, 吉川弘文館, 1984의 第4章 "宋朝の華南少數民族羈縻政策" 第1節 "省地, 省民" 참조.

17　溪洞 : 溪洞에 대해서는 「징악문」 권12-31 〈不納租賦擅作威福停藏逃脅持官司〉의 각주 303참조.

18　僉廳 : '簽廳'과 동일한 의미이다. 관리인 경우에는 부^府・주^州・군^軍・감^監의 막직관^{幕職官}인 첨서판관청공사^{簽書判官廳公事}를 지칭하며, 관청인 경우에는 첨서판관청을 지칭한다.

19　租課 : 소작료는 장조^{莊租}・장과^{莊課}라 불리고, 또한 조과^{租課}라고도 불렸다. 이에 관해서

터 증명서를 발급받도록 하고, 친족에게 부탁하여 받아가도록 하라. 우선 증명서를 주어 증거문서[干照]로 삼도록 하고, 만일 전매[典賣]를 원하면 원하는 대로 하는 것을 허락한다[聽從其便].[21]

樊如彬負恃險遠, 招誘逋逃, 雄震一方, 多行不義, 其罪已不可恕. 本縣奉師司之命,[22] 屢追不出, 遂委其徒以捕之. 使其果有劫奪之事, 本府已因阿鍾有詞, 下縣追究矣. 是非曲直, 官司自當從公處斷, 決無白休之理. 樊如彬若自理直, 自合卽日出官, 與羅邦臣供對, 則有寃何患其不伸. 而乃藏伏不出, 却公然見之申狀, 謂卽點集四十峒猺丁, 去相讐殺, 斬首申解, 語言悖戾, 志在脅持, 大不敬也, 至冒上也. 原其所以敢於如此者, 蓋當是時峒郡叛寇之勢方熾, 此曹將謂官司已莫能誰何, 往往欲襲是跡而動, 故先張虛聲, 以相恐喝, 官司一或示弱, 則必將結黨乘機, 強弓毒矢, 撞搪呼號, 以求逞矣. 今雖未至此極, 然履霜堅冰,[23] 所由者漸. 若不早爲之所, 則長此將安窮乎. 春秋無將之刑, 漢法不道之誅, 此其類矣. 本合明正典刑, 以遏亂畧, 姑且從輕, 決脊杖十五, 配潭州, 全家移徙前去, 其因依申大使司, 乞押送飛虎軍牢固收管, 永不放還. 郭念二身爲省民, 輒入溪洞, 爲其鷹犬, 持慢書, 造府庭, 畧無懼罪之意. 同惡相濟, 難從末減, 決脊杖一十二, 配本城, 永銷土牢. 所有阿鍾訴羅四六行却事,[24] 此則當與追究, 帖押羅邦臣下縣, 監追羅四六一行緊要人赴府供對. 阿鍾寄廂, 候對畢日押發. 樊如彬所占耕陸時義沒官田, 抱入府學. 如樊如彬自有己業田産, 仰阿鍾逐一開具地名, 頃畝及佃戶姓名, 齎干照赴僉廳點對, 帖縣爲抱收租課, 許逐年經安撫司給引, 付親人前來請領. 先給據爲照, 如願典賣, 聽從其便.

　　　는 加藤繁,「唐宋時代の莊園の組織竝に其の聚落としての發達に就きて」,『支那經濟史考證』上卷, 1954, 238쪽 참조.

20　拘收: '구금拘禁' · '수격收繳' · '몰수沒收' · '구류拘留' 등의 의미를 지니고 있다. 여기서는 '收繳'의 의미로 볼 수 있다. 또한 문맥상 '몰수하다'라는 의미로 볼 수 있을지도 모르겠다.

21　聽從其便: '편한 바에 따라 (행하는 것을) 허락하다'라는 의미이다.

22　師司之命의 '師'는 '帥'일 것으로 생각된다.

23　堅冰: 상해도서관 판본에서는 '堅氷'으로 되어 있다.

24　訴羅四六行却事의 "却"은 "劫"일 것으로 생각된다.

13-25. 타인의 죽음을 빌미로 무고하다
以死事誣賴

채구헌(蔡久軒)

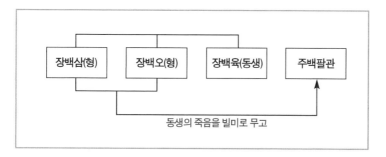

강동江東 지방에의 풍속風俗 중에서는 친족 가운데 병자나 폐질자廢疾者[1] 가 있으면 그것을 근거로 사람을 무고해서 자신의 원한을 풀기도 하고 기

---

[1] 廢疾者 : '폐질廢疾'이란 정신적으로나 신체적으로 문제가 있는 경우로써, '불구자殘疾'의 일종이다. 당령唐令에서는 불구자를 '잔질殘疾(가벼운 정도)'·'폐질廢疾(중간 정도)'·'독질篤疾(심한 정도)'로 분류하고 있다. 잔질은 한쪽 눈을 실명한 경우·양쪽 귀가 모두 들리지 않는 경우·손가락 2개가 잘려나간 경우·발가락 3개가 잘려나간 경우·손과 발에 엄지가 없는 경우·피부병으로 머리카락이 없는 경우 등을 가리킨다. 폐질은 정신박약자·난장이·발목이나 허리가 잘려나간 사람·수족 가운데 한쪽을 사용할 수 없는 자 등을 가리킨다. 독질은 악질(나병)·정신분열증·수족 가운데 2개 이상 사용할 수 없는 자, 두 눈을 실명한 경우 등을 가리킨다. 당송 시기의 잔질인殘疾人에 대한 구조활동이 다양하게 전개되었다면서, 진곡賑穀·거양居養·견면蠲免·복리福利 등의 방법으로 구조활동을 벌였다고 하는 학설이 있으나, 당대까지는 그러한 실례가 있겠지만, 송대에는 재정財政이 어려워서 다른 일들도 수행하지 못했던 일이 많았던 점에서, 실질적으로 이념과 마찬가지로 추진되고 있었는지 회의懷疑스럽다고 해야 할 것이다(郭東旭·楊高凡, 「宋代殘疾人法初探」, 《史學月刊》, 2003-8(郭東旭, 『宋代法律與社會』, 人民出版社, 2008 轉載); 秦楓·汪婕, 「唐宋時期殘疾群體救助特點及成因分析」, 《中國衛生法制》, 2008-11).

만하거나 협박하는 구실로 삼는 풍조가 있다.

장백육蔣百六은 원래 자택에서 병으로 인하여 죽은 것인데, 그 형인 장백오蔣百五가 사실을 왜곡馳移2해서 주백팔관朱百八官을 무고하였다. 동생의 죽음을 빌미로 남을 무고했을 뿐만 아니라 칼을 들고 소환에 반항하는 등, 최악의 흉악무도한 자라 할 수 있다. 장백삼蔣百三·장백오蔣百五는 무거운 쪽에 따라從重3 장형 100대에 처한 후, 500리로 편관하고, 주州에 공문을 보내 연행하여 처벌하게 하여, 차후의 본보기로 삼도록 하라.

江東風俗, 專以親屬之病者及廢疾者誣賴報怨, 以爲騙脅之資. 蔣百六自因病死于家, 其兄蔣百五却馳移誣賴朱百八官. 旣以死事誣人, 又且持刀拒追, 可謂兇惡之最者. 蔣百三·蔣百五從重杖一百, 編管五百里, 牒州取上斷遣, 以戒後來.

13-26. 숙부의 죽음에 의혹이 있다고 무고하다
以叔身死不明誣賴

호석벽(胡石壁)

증삼曾三은 길거리에서 구걸하며 지내다 굶주려 죽었다. 유칠을劉七乙이 이것을 거두어 묻어주었는데[掩骼埋胔],4 비록 관이나 수의[棺槨衣衾]5조차 갖추지 못했지만 "골짜기에 버려 뒷날 여우와 너구리가 그 시체를 뜯어먹고 파리와 모기가 빨아 먹는 것[攀而委之于壑, 狐狸食而蠅蚋最者]"[6]에 비하면 그런대로 괜찮은 것이다. 만일 증중원曾仲遠이 숙부를 사랑하는 마음이 있었다면 일해서 번 돈[售雇之資]으로 장사지낼 비용을 갖추어, 장사지내는 것이 옳은 것이다. 그런데도 지금 이를 빌미로 지주地主를 협박하여 돈을 바라다가, 뜻대로 되지 않자 바로 (숙부의) 죽음에 의혹이 있다고 소송을 낸 것이다. 살았을 때는 낯선 사람처럼 대하다가, 죽고 나자 이를 기회로 삼아 한몫 챙기려고 하다니, 이는 어찌 숙부와 조카 간에 의리[義]가 있다고 할 수 있는가. 어리석은 백성은 무지하니 굳이 나무랄 수는 없으나, 풍속교화[風敎]와 관련된 것이라면 징계하지 않을 수 없다. 증중원曾仲遠은 감장 100대로 처결하고, 유칠을劉七乙은 현縣으로 압송해서 인보隣保와 함께 관을 준비하여, 증삼曾三의 시신을 법에 따라 매장하도록 하고[如法埋瘞],[7] 5일 내로 보고하도록 하라.

曾三乞丐道途, 饑餓而死. 劉七乙與之掩骼埋胔, 雖無棺槨衣衾之備, 然較之攀而委之于壑, 狐狸食而蠅蚋嘬者, 則有間矣. 使曾仲遠果有愛叔之心, 則以售雇之資, 備周身之具而遷葬之, 可也. 今乃藉之以脅持地主, 覬望錢物. 不遂所欲, 則以身死不明訟之. 生則視之如路人, 死乃以之爲奇貨, 叔姪之義安在哉. 愚民無知, 固不足責, 然關風敎, 不可不懲. 曾仲遠勘杖一百, 劉七乙押下縣, 同都保備棺木, 將曾三屍首如法埋瘞, 限五日申.

---

6 攀而委之于壑, 狐狸食而蠅蚋最者 : 『孟子』 「藤文公 上」, "먼 옛날에 어버이가 죽어도 장사 지내지 않는 시대가 있었다. 그때에 어떤 사람이 그 부모가 죽자 그대로 들어다가 골짜기에 버렸다. 골짜기에 버려 후일 여우와 너구리가 그 시체를 뜯어먹고, 파리와 모기가 빨고 있었다[蓋上世嘗有不葬其親者, 其親死, 則攀而委之于壑, 他日過之, 狐狸食之, 蠅蚋姑嘬之]"(李家源 監修, 이기석・한용우 譯解, 『孟子』, 홍신문화사, 1980).

7 如法埋瘞 : '법에 따라 매장하다'라는 의미이다. 송대의 경우에는 사체 검사가 끝난 후에 매장하도록 법률적으로 정하고 있다. 객사자의 수용이나 매장 등에 관해서는 의례적으로 중시되어 온 관습이었다. 이에 관해서는 『慶元條法事類』 卷75, 「刑獄門」, 檢屍, 雜令을 참조.

13-27. 여러 차례 판결이 나서, 명백하게 된 여섯 가지 안건에 관해 무고하여 탈판을 유도하여, 토지와 재산을 편취하려 하다

以累經結斷明白六事, 誣罔脫判,[8] 昏賴田業

형(刑)[9] 提點刑獄司幹辦公事[提幹][10]의 판결원안[擬]

관련 서류[案査][11]를 꺼내 대조해 보니[拖照],[12] 그 사정을 확실히 규명할 수 있었다. 황청중黃淸仲의 교활하고 터무니없는 소송은 너무나도 황당한 것이었다. 본래 소흥紹興 연간의 토지 경계법[經界][13] 시행 이전에 그의 조부인

---

8   脫判 : 개인적인 목적을 달성하기 위해, 공문서 등을 위조하는 등과 같은 행위를 하여, 소송을 제기함으로써 재판관으로 하여금 잘못된 판결을 내리도록 하는 것을 지칭하는 것이다. 탈판脫判에 대해서는 石川重雄, 「南宋期における民事訴訟と番訴－"名公書判淸明集"を手がかりに」,《立正史學》72, 1992 참조.

9   여기서 "제점형옥사提點刑獄司"라는 관명官名의 앞에 "형刑"이라는 글자가 있으므로, "형刑"은 "제점형옥사提點刑獄司"라는 직책職責을 맡고 있는 사람의 성씨姓氏이거나, 또는 해당該當 "提點刑獄司"가 관할하는 범위範圍를 표현하는 지명地名일 가능성이 크다. 그래서 열심히 찾아보니, 중국인의 성씨에 형刑씨가 있었다. 첫째는 희성姬姓에서 기원하는 경우인데, 西周의 初期에 周公의 후예后裔로서 형관刑官을 맡았던 사람의 후대後代이었다. 관직官職으로써 씨氏를 삼은 경우일 것이다. 두 번째는 한조漢朝에 흉노匈奴의 귀족貴族인 학숙왕郝宿王인 형미앙刑未央을 들 수 있다. 그 후예가 중원中原에 들어온 이후以后에 그 선조先祖의 이름으로 한화漢化하여 씨氏로 삼았다. 이 가운데 유명한 사람으로서는 刑未央·刑升高·刑天錫·刑宗仁·刑同淵·刑顯博·刑顯耀를 들 수 있다.

10   提幹 : 提點刑獄司幹辦公事·提擧常平茶鹽司幹辦公事의 약칭이다(龔延明, 『宋代官制辭典』, 中華書局出版, 1997, 491쪽 참조). 이 판결문의 말미에 "제거상평사提擧常平의 대판臺判을 받아보니"라는 문구가 있는데, 이로 보아서 제점형옥사의 관청에서 제거상평사의 대판臺判을 받은 것으로 보인다. 또, 앞에 있는 刑이라는 문구도 제점형옥사 쪽의 관청을 의미하는 듯하다. 따라서 여기서의 '제간提幹'은 제점형옥사간판공사提點刑獄司幹辦公事로 보인다.

11   案査 : '공문서에 사용되는 관용구'로 '이 건에 관해서는 이미 관련 서류가 있다' 혹은 '여기에서 서술하는 안건'이라는 의미이다.

12   拖照 : 타상拖詳과 유사한 의미로, 타상拖詳은 "牽照案牘, 評論始末"의 의미이다.

13   經界 : 경계법經界法을 지칭하는 말이다. 남송 초기에 소흥紹興 11년(1141)에 송금末金 대치국면이 형성되었던 사태가 어느 정도 수습이 되었다. 외환外患문제가 잠시 해결된 뒤에, 남송정권은 정권을 공고하게 하기 위해서 국가 재정수입의 증가를 꾀하게 되었다. 그러자 그에 따라서 생기는 농민의 경제적인 부담이 커져서 사회적인 부담이 커졌다. 이에 소흥 12년(1142)에 이춘년李椿年의 경계법經界法이 채택되어 실시되었다. 농민의 토지에

황문병黃文炳은 황사黃沙의 갱전坑田[14] 10종種[15]을 진陳경략經畧[16]의 집에 팔았고, 이 후 진陳경략經畧의 토지가 되었다. 이후 권權통판通判이 지현知縣에게 조사해 보도록 하니, 진陳경략經畧 집[宅]의 경계법經界法에 따르는 침기부砧基簿 상에, "황문병黃文炳 황사전黃沙田[17] 9무3각九畝三角"이라고 기재되어 있는 것

대한 세역 부담의 균형을 맞추기 위해서 마련된 법이다. 토지의 경계를 측량하는 한다고 해서 경계법이라고 불리웠다. 경계법에서는 토지를 측량하여 신고하도록 하였으며, 토지 대장을 만들어서 토지의 비옥도에 따라서, 농민에게 부과할 세금이나 부역을 결정하였다. 이춘년은 양세를 공평하게 부담시키고자 한 방법을 택한 것이었다. 그는 "民有定産, 産有定稅, 稅有定籍"이라는 목표를 내걸고, 토지재산을 갖고 있으면 세금을 내어야 하며, 세금을 내도록 하기 위해서는 전산등기부田産登記簿를 갖추어야 한다고 하였다. 이 전산등기부가 바로 침기부砧基簿인데, 이에는 토지의 형구단形坵段 · 전무수田畝數 · 사지四至 등등을 기록하였으며, 실세로 토지 측량조사를 행하여, 도지대강인 침기부를 작성히 였던 것이다. 이 침기부는 개개의 인호人戶에 교부하여 주었다. 또 현縣에서도 3통이 작성되어, 1통은 현에 두고, 다른 1통은 주州에 보내고, 다른 1통은 전운사轉運司에 보냈다. 송대의 토지 관리제도에서 남송의 경계법經界法은 토지 재산권의 사유화를 발전시키는데 중요한 영향을 끼친다. 경계법을 통해서 토지 재산권을 대표하는 침기부가 개개인의 토지 재산권의 수량과 등급을 확인하게 하여서, 이후에 세액을 확정하는데에 명확한 뒷받침이 되었다. 모든 토지재산은 모두 이 침기부에 올리도록 하였는데, 그렇지 않은 경우에는 계약문서를 갖고 있더라도, 조사해서 관청에서 몰수하도록 했다. 또한, 토지재산의 교역이 있는 경우에는 매매의 양쪽에서 각기 침기부와 계약서를 갖고 현아縣衙에 와서 수속을 하도록 했다. 그렇지 않은 경우에는, 그 교역이 무효가 되었다. 이러한 경계법을 실시한 결과, 비록 균세均稅를 내세웠지만 남송대의 재정財政은 상당한 증세增稅의 효과를 보았으며, 한편으로는 경계법으로 손해를 보는 호가대성豪家大姓들이 이 법에 대해서 심하게 저항하였다. 경계법에 관해서는 시마다 마사오島田正郎, 임대희 외역, 『아시아 법사』, 서경문화사, 2000; 龔汝富 · 姚小建, 「南宋理財家李椿年與"經界法"的推行」, 《煙台師範學院學報》, 1998-3; 郭麗冰, 「南宋經界法實施利弊之探討」, 《黑龍江社會科學》, 2008-2; 劉巧興, 「論南宋經界法在福建的實施」, 《法制與社會》 33, 2009; 劉巧興, 「論南宋經界法在福建的實施」, 《法制與社會》, 2009-33; 梁庚堯, 『南宋的農村經濟』, 聯經事業出版公司, 1984; 吳業國, 「經界法與南宋地方社會」, 《求索》, 2009-12; 王德毅, 「李椿年与南宋土地經界」, 《宋史研究》 7, 1978; 臺北, 華山, 「南宋統治階級分割地租的鬪爭」, 《宋史論集》, 齊魯出版社, 1982; 華山, 「南宋統治階級分割地租的鬪爭 - 經界法和公田法」, 《山東大學學報》, 1960-S1. 그리고 紹興經界에 관해서 약간 뒤(「징악문」 13-27 각주 "紹興經界")에 조금 더 보충설명을 해 두었다.

14 坑田 : '수전水田'의 별칭이다.
15 種 : 파종량의 의한 토지의 계량 단위이다.
16 經畧 : 경략안무사經畧安撫使를 지칭한다.
17 黃沙田 : 황토색의 흙으로 이루어진 토지라고도 보여지나, 이 문장의 앞 부분에 나오는 "黃沙의 坑田"과 더불어 생각할 때, 황사黃沙를 지명이라고 볼 수 있다.

이 확실하고, 고친[改竄] 흔적도 없으므로, 이 토지[田]가 진陳경략經畧 집의 재산이라는 것은 분명하다.

한편, 황문병黃文炳 집의 침기부砧基簿를 보면, 해당 지번[號]의 토지[田]에 관해서, 원래의 비서[批]를 찢어내고, 그 위에 다시 헌 종이를 붙여 "입계전여立契典與"[18]라는 네 글자를 써 넣은 것을 알 수 있다. 즉 이 토지[田]는 황씨 집의 재산으로 담보설정[典]된 토지가 아니라, 오히려 (황청중이) 고의로 날조捏造하여, 이미 남에게 팔아버린 토지를 담보[擔保]설정한 것으로 날조하여 편취 騙取하려[混賴][19] 한 것이 확실하다.

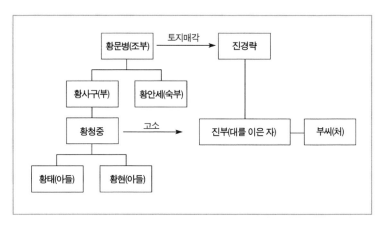

법령에서는 "계약증명서가 확실하지도 않고, 계약으로부터 20년이 지났으며, 매매주가 사망했을 때에는 관사는 소송을 수리해서는 안 된다[在法, 契照不明, 經二十年, 買賣主亡歿者, 官司不當受理]"[20]라고 되어 있다. 다만[止據][21] (陳氏집안의) 진

---

18 立契典與 : '전典'은 매매와는 달리, 일정한 액수의 돈을 받고, 토지를 담보설정한 것을 지칭한다. 그러므로 담보설정 기간이 지나면 토지소유자는 자신의 토지를 다시 되찾을 수 있었다. 현대적인 개념으로 보면, '토지에 대한 전세'라고 볼 수 있다.

19 混賴 : '혼뢰昏賴'와 동일한 의미이며, '속여서 남의 것을 빼앗다'라는 것을 나타낸다. 사편 詐騙 · 편취騙取 · 모인冒認 · 모충冒充 등의 의미도 있다.

20 『송형통』 권13, 「典賣指當論竟物業」 門의 「臣等參祥」 條.

21 止據 : '단지'라는 의미이다. 여기서 '거據'는 특별한 의미는 없고, 접미어로 사용되었다.

부陳鈇라는 자는 대가 끊긴 집을 계승한 자繼絶子였는데, (진부는) 계약서 14통을 분실했고, 침기부砧基簿도 연장자長位[22]가 가지고 있었다.

황문병黃文炳이 사망한 후에, 그 손자 황청중黃淸仲 등은 횡포스럽게豪猾[23] 터무니없는 소송健訟[24]을 벌렸는데, 그들은 거기에 해당하는 계약 증서가 존재하지 않는다는 것을 알고, 또 토지田의 위치도 (황 씨 집안) 문 앞에 있었으므로 결국 침기부砧基簿를 날조하여, 그 토지가 처음부터 진 씨陳氏 집으로 담보설정典하여 자신의 집에서 회속回贖한 것으로 해 두었다. 이에 조趙지현知縣은 계약 증서를 찾아 진상을 밝히려고 하였지만, 진부陳鈇에게는 가지고 올 계약 증서가 없고, 또 침기부砧基簿를 구해 가지고 있으면서 제출하지 않았다. 뜻밖에도 조趙지현知縣은 (진 씨 집안이) 토지를 담보설정했으면서 계약서를 숨기고 반환을 거부하고 있는 것은 아닐까 라고 의심했다. 진부陳鈇의 간인幹人마저 역시 이것은 매입한 토지라고 강하게 말하지 못했다. 이 때문에 조趙지현知縣은 단순히 황청중黃淸仲의 일방적인 말만 듣고 전錢 28관貫을 기고寄庫[25]시켜, 증명서를 주어 황청중黃淸仲의 재산으로 삼게 하였다.

소흥紹興[26] 연간 토지 가격이 아무리 낮았다고 하더라도 어떻게 9무畝3각

22　長位 : 친족 중에서 가장 서열이 높은 존장을 지칭한다.

23　豪猾 : 여기에서 호활豪猾이라는 표현을 쓴 것은 소송한 당사자가 탐욕스럽고 교활하다頑猾는 의미뿐 아니라, 호민豪民으로서 향리에서 횡포를 자행하는 면모도 포함하고 있다.

24　健訟 : 이 부분에서의 호활건송豪猾健訟에 대해서, 劉馨珺 씨는 『청명집』 「부록 2」 〈謝文學訴嫂黎氏立繼〉에서 사준謝駿이 사인士人이면서도 터무니없는 소송을 5년 동안이나 끈질기게 벌이고 있는 사례를 들어가면서, 조금도 관아의 위엄을 두려워하지 않고 관부의 행정업무를 거듭 어지럽히고 있는 것이라고 설명하였다. 劉馨珺, 「南宋獄訟判決文書中的"健訟之徒"」, 《中西法律傳統》, 2008, 172쪽. 「징악문」, 권12-13의 각주 "頑訟", 「징악문」, 권12-19의 각주 "健訟", 「징악문」, 권13-31의 각주 "健訟", 「징악문」, 12-33의 각주 "嚚訟"을 참조.

25　寄庫 : 관청에 공탁하는 것을 말한다.

26　紹興經界 : 남송南宋 소흥紹興 12년(1142)에 평강부平江府, 지금의蘇州에서부터 단계적으로 시행된 토지경계법土地經界法을 지칭한다. 이춘년李椿年이 처음으로 전국적으로 시작하였지만, 그이후 이춘년이 모친상에 따라서 잠시 관직에서 떠나 있는 동안 왕부王鈇와 이조정李朝正이 이를 담당하는 시기도 있었다. 그들은 엄격한 침기부 작성 방식을 포기하고, 토지소유자가 신고한 데에 따라서, 이를 시행하였으므로, 호가대성豪家大姓들이 제멋대로 이 제도를

角의 토지를 겨우 28관^貫으로 담보설정^[典]을 받을 수 있었단 말인가. 만약 그렇게 처리되었다면 그 토지를 쉽게 되찾지 못하게 되었을 것이다. 진부^{陳鈇}는 비록 전운사^{轉運司}27로 상소^{上訴}하여 재심을 신청했지만^{番訴},28 아직 명백한 증거도 없고, 초^譙전운사^{轉運使}가 모두 조^趙지현^{知縣}이 내린 판결에 따라 판결 사유서^[斷由]를 급부하여, 이 토지^[田]를 황청중^{黃淸仲}의 재산으로 삼았던 것도 있을 법한 일이다. 그러나 진부^{陳鈇}가 침기부^{砧基簿}를 가지고 와 제출하고, 부^{部, 戶部}로 상소해서 재심을 신청한 이상,29 경계법^{經界法}에 따르는 침기

악용하였다. 그 후, 이춘년이 다시 복귀하여, 이 업무를 엄격하게 시행하였다. 그에 따라서, 토지재산권에 대한 보호가 이루어졌는데, 점차 지방 현지에서는 이를 귀찮게 여기거나 이에 저항하는 움직임이 있어서, 결국 이춘년은 물러나지 않을 수 없었다. 양절로^{兩浙路}에서 비롯된 경계법은, 강남동로^{江南東路}, 강남서로^{江南西路}, 복건로^{福建路, 5州}, 형호남로^{荊湖南路}, 광남동로^{廣南東路} 등에서 행해졌으며, 회남동로^{淮南東路}, 회남서로^{淮南西路}, 형호북로^{荊湖北路} 등에서는 행해지지 않았던 것은 이 지역이 송금^{宋金} 군사 대치 지역이었기 때문이다. 또한 복건^{福建} 지역의 장주^{漳州}, 정주^{汀州}, 천주^{泉州}가 빠지는 이유는 이 지역이 하백기^{何白旗}반란이 평정된 상태였기 때문이다. 해남도^{海南道}지역이 빠지는 이유는 그 지역이 "토지가 척박하므로", 經界法을 실시하더라도 그다지 효과가 없었기 때문이다. 龔汝富, 姚小建, 「南宋理財家李椿年與 '經界法'的推行」, 《煙台師範學院學報》, 1998-3; 郭麗冰, 「南宋紹興時期經界法研究」, 《前沿》, 2008-4; 郭麗冰, 「南宋紹興以後的土地經界」, 《宜春學院學報》, 2008-1; 郭麗冰, 「南宋經界法實施利弊之探討」, 《黑龍江社會科學》, 2008-2; 劉巧興, 「論南宋經界法在福建的實施」, 《法制與社會》, 2009-33; 吳業國, 「經界法與南宋地方社會」, 《求索》, 2009-12; 王爲東, 「南宋民事審判依據的分類考察-以 '名公書判淸明集' 爲中心」, 《中州學刊》, 2009-4; 趙蓮印, 「靖康之變後人口南遷對南宋社會的影響」, 《濮陽職業技術學院學報》, 2008-4; 陳國燦, 「論南宋江南地區市民階層的社會形態」, 《史學月刊》, 2008-4 참조. 그리고 전반적인 經界法에 관한 전반적인 내용에 관해서는 약간 앞의 각주에 이미 설명을 해 두었다.

27 轉運司 : 전운사^{轉運司}에 대해서는 너무나 많은 연구들이 있지만, 屈超立, 「전운사^{轉運司}의 사법기능」, 임대희 옮김, 『판례로 본 송대사회』, 민속원, 2019이 비교적 쉽게 읽힐 수 있을 것이다.

28 番訴 : '상소^{上訴}하여 재심^{再審}을 신청하다'라는 의미이다. 李雪梅 趙晶 聶雯 李萌 王浩 袁航 王夢光 曹楠 王文蕭 李雪瑩 安洋, 「南宋《給複學田公牒》和《給複學田省箚》碑文整理」, 《中國古代法律文獻研究》, 2017; 陳景良, 「釋 '幹照' ― 從 '唐宋變革' 視野下的宋代田宅訴訟說起」, 《河南財經政法大學學報》, 2012-6; 耿元驪, 「宋代鄕村社會秩序與法律運行機制 ― 『淸明集』所見之鄕村訴訟」, 《山西大學學報》, 2019-6; 高玉玲, 「論宋代的民事息訟 ― 以『名公書判淸明集』爲考察中心」, 《安徽師範大學學報》, 2012-6; 陳景良, 「宋代司法傳統的敍事及其意義 ― 立足於南宋民事審判的考察」, 《南京大學學報》, 2008-4.

29 송대 민사소송의 절차에 관해서는 屈超立, 「宋代民事案件的上訴程序考述」, 《現代法學

부砧基簿에 이 토지田가 분명히 기재되어 있는 것을 볼 수 있고, 날조한 흔적도 없다는 것을 알았다. 한편 황청중黃淸仲 집의 침기부砧基簿는 원래의 비서砒를 제거해서 네 글자가 덧붙여져 있음을 증명할 수 있으므로, 계약서를 날조한 것이 명확하다.

이것으로부터 호부部, 戶部가 판결내리고, 부府에서 판결하고, 서통판西通判이 내린 판결과 전운사轉運司와 관할 감사本司가 결심結審한 바에 따라 모든 토지田는 진 씨陳氏에게 돌려주고, 거기에 황청중黃淸仲 등이 수확물을 강탈한 것도 처벌하도록 하였다.

원래 황청중黃淸仲은 흉악한 인물로, 그 아버지 황구사黃九四는 배군配軍이며, 그 아들 황태黃泰·황해黃亥도 마찬가지로 흉악한 자였다. 문제의 토지田는 황 씨黃氏 집 문 앞에 있었는데, 진부陳鈇가 이미 사망하자, 그 아내 부 씨傅氏는 과부이고 나약하다고 업신여겨 전호佃戶가 경작하러 오면, 하수인들을 불러 모아 쫓아버리고, 혹은 씨앗을 뿌려 곡식이 익으면 하수인들을 불러 모아 이것을 강탈하였다. 현사縣司가 공문을 보내 수확물을 거두려고 하면, 보갑保甲은 감히 수납하려 하지 않고, 또 통지通知하여 증인으로써 진술시키려고 하면, 보갑保甲은 감히 가까이 오려고도 않았다. 또 현위縣尉에게 맡겨 붙잡아 추궁하려 하면, 하수인들을 불러 모아 담당자를 때렸다. 다른 사람이 씨를 뿌린 토지田의 곡식을 강탈한 것이 4년으로, 강제로 반환하라고 일렀지만, 한 톨의 곡식도 다시 반환하지 않았다. 현縣의 권위는 가볍고, 전운사轉運司는 상당히 관대하였고, 서리胥吏는 뇌물을 받고 있다. 종전의 전임자가 내린 판결은 명백하지만, 법률 조문에 따라 "도죄盜罪로 논죄하며, 장물[30]의 액수를 계산하여, 가벼우면 자환刺環에 처하고, 무거우면 자배刺配로 처벌하여야 하지만 그렇게 하지 않았다. 이런 까닭으로 그들은 감히 국법도 없고, 상사上司도 없는 것과 같이, 방자하게 행동하고 횡포를 부리는데 전혀 꺼리낌이 없었다. 지금 관할 감사本司로 다시

》 25-2, 2003 참조.

30　여기서의 장물은 불법으로 취득한 이익을 지칭한다.

제출한 소송장의 내용은 모두 엉터리이다. 그는 어찌 그것이 옳지 못한 행동임을 알지 못하고, 판결을 애매모호하게 유도하여, 한 구절이라도 모호한 판결이 내려지면, 곧 현재 소송 중이고 아직 판결이 나지 않았다는 이유로 함부로 곡식을 강탈하려 했다. 그러나 다행히도 관할 감사[本司]는 곧 관련 서류를 찾아내었고, 그 소송이 거짓[虛僞]임을 규명하였다. 어떻게 그 소송장이 모두 거짓[虛僞]임을 밝혀내었을까? (그 이유는 다음과 같다.)

황청중黃淸仲 자신의 진술에서는 "조부인 황문병黃文炳이 생존하던 소흥紹興 31년(1161)에, 황사黃沙의 갱전坑田 10종種을 진경략陳經畧의 집[宅]에 팔았는데, 지금 100여 년이 지났습니다"라고 했다. 그러나 지금의 소송장에서는 도리어 "조부인 황문병黃文炳이 두 개의 담보설정 계약을 체결했는데, 진천삼관陳千三官[31]이 재력을 믿고서 (그 땅에) 작물을 재배하고 있다"고 주장하고 있다. 이것이 첫 번째 거짓이다.

또 진술에서는 "현재의 그 토지는 자신의 문 앞에 있기 때문에 (陳氏 집안에서) 강제로 점거해 경작하였습니다"라고 하였다. 그러나 지금의 소송장에는 오히려 황청중黃淸仲은 "아버지인 황구사黃九四는 숙부인 황안세黃安世와 승전承佃[32]하고 있었으며, 경작을 그만둔 적이 없습니다"라고 주장했다. 이것이 두 번째 거짓이다.

또 진술에서는 "부당하게 점거해서 3년 동안 경작하고 경작물을 반환하지 않았기 때문에 부 씨傅氏에게 소송을 당하였습니다"라고 하였다. 그러나 지금의 소송장에는 오히려 "진부陳鈇에게 속은 토지이므로 강력하게 점거하여 반환하지 않았습니다"라고 주장하고 있다. 이것이 세 번째 거

---

[31] 陳千三官 : 陳千三官이 누구인지 불명이나, 문맥상으로 볼 때 진부陳鈇를 지칭하는 것으로 생각된다. 만약 진부가 아니라면 진 씨陳氏 집안의 인물일 것이다.

[32] 承佃 : '전호佃戶에게 토지를 경작하게 하다'라는 의미이다. 楊康蓀, 「宋代官田包佃述論」, 《歷史研究》, 1985-5; 葛金芳, 「宋代官田包佃特征辨証」, 《史學月刊》, 1988-5; 曾瓊碧, 「宋代佃耕官田的農民」, 《中山大學學報》, 1985-4; 曾瓊碧, 「宋代官田的來源以及官私土地的相互轉化」, 《中山大學學報》, 1993-1; 曾瓊碧, 「宋朝的子利與花利」, 《中山大學學報》, 1989-1.

짓이다.

또 진술에서는 "어쩔 수 없이 거짓[虛僞] 소송장을 작성하여 남의 재산을 편취騙取하려 했습니다. 지금 계약서를 제출하라는 관청의 요구를 받았으나, 확실히 증명할 만한 매매 계약서는 없습니다"라고 하였다. 그러나 지금의 소송장에는 오히려 "몇 번이나 소송장을 현縣으로 제출해서 고소하고, 계약서를 제출하라는 명을 받았으나, (陳氏 집안이) 재력을 믿고서 작물을 재배하는 것은 확실해 보입니다"라고 주장하고 있다. 이것은 네 번째 거짓이다.

또 진술에서는 "조부의 사후, 저는 숙부 황안세黃安世와 함께 조부의 침기부砧基簿에서 매賣 자에 종이를 붙여 전典 지로 고치고, 조前지현知縣의 임기 내에 진부陳鈇와 토지를 두고 분쟁하면서, 강제로 점거해서 그 토지[田]를 반환하지 않았습니다"라고 하였다. 그러나 지금의 소송장에는 오히려 "진부陳鈇가 호부部, 戶部에 거짓[虛僞] 소송을 일으키고, (戶部의) 부符를 받은 관할 부本府는 그에 따라 받아 침기부砧基簿를 찾고, 터무니없이 침기부砧基簿가 날조되었다는[改竄] 잘못된 판결이 내려졌습니다"라고 주장하였다. 이것이 다섯 번째 거짓이다.

또 진술에서는 "초譙전운사轉運使가 보낸 증명서를 받아보니, 저(황청중)에게 토지[業]을 관리하도록 명령을 내렸는데, 이후 진부陳鈇가 호부部, 戶部로 상소하자 호부에서는 지부使府에게 부符를 보내 결심結審하도록 하였습니다. 그러나 지부使府는 이미 전운사轉運司가 준 증명서를 말소처분毁抹시킨 것을 말하지 않았습니다. 또 가정嘉定 17년(1224) 5월에, 호부가 보내 온 판결사유서[斷由]를 몰래 은닉하고, 다시 전운사轉運司로 판결사유서[斷由]를 청구하자, 전운사轉運司에서 원래의 판결에 의거해서 다시 판결사유서[斷由]를 교부하고, 이에 따라 부 씨傅氏가 황성黃成에게 주어서 경작하라고 한 토지를 점거해서 경작함으로써 이 토지는 다시 저의 토지로 되돌려졌습니다[用歸].[33] 하지만 실제로 경작하던 토지[田]는 확실히 관사의 재판 절차를 거치면서 명백해졌으므로, 그 토지는 부 씨傅氏에게 돌려주어 관리하도록 해야

합니다"라고 했다. 그러나 현재의 소송장에는 오히려 "전운사轉運司에서 교부한 판결사유서斷由 2통과 증명서를 지참하여, 삼가 올립니다"라고 되어 있는데, 이것은 판결을 거치면서 폐기된 증명서 등이고, 관할 감사監司; 本司를 속이는 것이다. 이것이 그 여섯 번째 거짓이다.

또 8통의 서류와 관련 증서를 조사하였는데, 그 결과 다음과 같은 사실이 있었다. 조趙지현知縣은 동전錢 28관貫을 관사에 기고寄庫시켰는데, 이후 해당 부本府의 판결에 따라, 전錢을 황청중黃淸仲에게 반환하여 종결된 이상, 결코 다시 전錢을 준비해서 진 씨 집안陳宅으로 해당 토지를 다시 회속回贖한 사실은 없었던 것이다. 그러나 지금의 송장에는 오히려 "저(황청중)의 숙부는 허락하지 않고, 다시 전錢을 준비해 진부陳鈇에게로 가서 문제가 된 토지를 회속回贖하였습니다"라고 한다. 이것은 이미 죽은 진부陳鈇의 기록 등을 변조한詐賴 증거인 것이다. 이것이 그 일곱 번째 거짓이다.

훌륭한 상사上司는 백성들의 억울한 죄를 풀어주어야 한다. 황청중黃淸仲은 몇 번에 걸쳐 판결이 나와 명백해진 사건을, 한 구 한 구 엉터리 소송장을 준비해, 판결을 속이고 토지를 편취編取하려 했다. 만약 불분명한 판결을 내린다면, 이것은 선량한 백성을 혼란하게 만들고, 관부를 어지럽히는 일을 멈추지 않을 것이다.

황청중黃淸仲은 터무니없이 상사上司에게 허위 소송을 일으켰으므로, 감장勘杖 100대로 처결해야 하지만, 은사恩敕에 따라 형의 집행은 면제한다.[34] 제출시킨 초譙전운사轉運使가 교부한 증명서와 왕王전운사轉運使의 판결사유서斷由는 몰수한다. 모든 전운사轉運司에서 이미 판결을 고쳐 폐기된 쓸모없는 문서이기 때문이다. 게다가 그 후 요姚전운사轉運使의 판결사유서斷由를 검토할 필요가 있으므로 앞에서 만든 두 문서는 전운사轉運使로 공문을 보

33　用歸: 누구에게 되돌려졌는지는 분명하지 않다. 부 씨・황성・황청중 중 누구에게 되돌려졌는지는 알 수 없으나 부 씨에게 되돌려 진 것은 아니다.

34　송대에 형의 집행유예가 실시된 것은, 판어에서는 "감장勘杖"의 경우에 한하고 있다. 가와무라 야스시川村康, 「宋代 折杖法 初考」, 임대희 옮김, 『판례로 본 송대사회』, 민속원, 2019, 444~503쪽 참고.

내 무효처리하고 문서보관함에 넣어두고, 이후 속여서 편취編取하는 자료가 되지 않도록 한다. 또 해당 현縣으로 공문을 보내, 방榜을 붙이는 것을 해당 보保本保와 해당 리里本里에 준비시켜, 이웃에도 널리 알리도록 하라. 만일 앞으로 다시 뻔뻔스럽게 강제로 작물을 베려고 하는 일이 있으면 반드시 법률 조문에 비춰, 장물의 가격을 계산하여 배류配流[35]에 처하도록 조처한다. 사건의 원래의 진술과 제출시킨 관련 서류와 증명서는 말소抹消처리한 것을 제외하고, 각각 옮겨 보관하도록 한다發遣.[36]

제거상평사提擧常平司의 대판臺判을 받아보니, "판결원안擬은 자세하게 밝혀졌다고 말할 수 있으므로, 관련 서류를 보내 하나하나 시행하고, 현縣으로 공문을 보내, 방榜을 붙이도록 하라"라고 되어 있었다.

拖照[37]案查, 詳究情節. 甚矣, 黃淸仲之頑猾誣罔也. 自紹興經界前, 其祖黃文炳將黃沙坑田一十種, 賣與陳經畧宅爲業, 後權通判令知縣點對, 見得陳經畧宅經界砧基簿上, 該載黃文炳黃沙田九畝[38]三角甚明, 卽無楷改等痕迹, 則此田是陳經畧宅業分曉. 黃文炳家砧基簿,

35 配流: 편관編管이나 편배編配 및 배류配流에 대해서는 「징악문」 권12-1 〈逼姦〉과 「징악문」 권12-12 〈豪橫〉이나 「징악문」 권12-22 〈斷罪〉 및 「징악문」 권12-26 〈斷罪〉의 각주에서 이미 설명하였다. 지방의 사법을 다루고 있는 『淸明集』이므로 직접적으로는 출현하고 있지 않지만, "사문도沙門島가 가장 무거운 배류에 해당한다. 사문도는 등주登州의 북쪽에 있는 군도群島이다. 이곳에 유배配를 시키는 것이다.(志田不動麿, 「沙門島」, 『東方學』 24, 1962; 郭東旭, "'刺配沙門島' 芻議", 《河北大學學報》, 1987-3; 譚金土, "'刺配沙門島'散考", 《蘇州大學學報》, 1986-3; 楊芹, 「宋代流刑考-以流沙門島的情況爲主要事例」, 《中山大學學報》, 2005-1; 程皓, 「北宋配隸沙門島芻議」, 《首都師範大學學報》, 2010-1; 伊敏, 「北宋沙門島之免死流淺議」,《青海社會科學》, 2005-4 등 참조). 전체적인 송대 형벌을 이해하기 위하여, 이렇게 다양한 유형流刑에 대해서 파악할 필요가 있다.

36 發遣: '감옥에서 석방시키다'라는 의미이다. 청대에는 유배형 중의 하나로 '어떤 지역으로 유배보내는 것'을 발견發遣이라 했다. 李之亮, 「北宋《開封府題名記》續考」, 《文獻》, 1990-2; 李之亮, 「北宋《開封府題名記》續考」, 《文獻》, 1990-2; 李之亮, 「北宋開封府界提點官考」, 《華北水利水電學院學報》, 2002-1; 曾小華, 「論宋代的資格法-兼論中國古代任官資格制度」, 《歷史研究》, 1992-6; 任石, 「分層安排:北宋元豐改制前文官班位初探」, 《中國史研究》, 2018-2; 鄧小南, 「試論宋代資序體制的形成及其運作」, 《北京大學學報》, 1993-2; 陳偉, 「宋朝時期西南邊疆地區官吏的任用」, 《重慶科技學院學報》, 2011-4.

37 拖照는 상해도서관 판본에서는 "擬拖照"로 되어 있다.

38 畝는 상해도서관 판본에서는 "畞"로 되어 있다.

就本號田內扯去原批字, 重貼舊紙, 寫立契典與四字. 則此田不是黃家典産, 故作情弊, 混賴瞻田分曉. 在法, 契照不明, 經二十年, 買賣主亡歿者, 官司不當受理. 止據陳鈇係是繼絶子承紹, 契書不見一十四契, 砧基簿亦收在長位. 黃文炳身後, 其孫黃淸仲等, 豪猾健訟, 知其契照不存, 又抵坐落其門前, 遂改砧基, 作原典與宅取瞻. 趙知縣索契證對, 而陳鈇無契賣書, 又未討得砧基簿出, 不惟趙知縣疑其果是典業, 匿契不肯瞻還, 雖陳鈇之幹亦不敢執爲買産, 故趙知縣只憑黃淸仲偏詞, 將錢二十八貫足寄庫, 給據令黃淸仲爲業. 不知紹興田價縱輕, 豈有九畝三角田止典二十八貫足之理, 其施行已[39]失之容易. 陳鈇雖經運司番訴, 而未有明證, 宣諭運使皆依趙知縣所斷, 給據斷由, 與黃淸仲爲業也. 自陳鈇賫出砧基經部番訴, 見得經界簿該載此田分明, 無椿改等痕, 證得黃淸仲家砧基, 扯去原批, 貼改四字, 作僞情弊顯白. 自此部斷・府斷・西通判審斷, 轉運使・本司結絶, 皆斷田還陳氏, 而治黃淸仲等之強割田苗矣, 蓋黃淸仲, 兇徒也, 其父黃九四, 配軍也, 其子黃泰・黃亥, 習爲兇徒者也. 田在其門首, 而陳鈇旣死, 欺其妻傅氏寡弱, 佃戶來耕, 則聚衆而打散之, 或布種旣熟, 則聚衆而強割之. 縣司行下椿留, 則保甲不敢收. 行下供對, 則保甲不敢近. 委縣尉勾追, 則聚衆打損其承人. 強割他人布種田苗四年, 雖曰監還, 其顆粒不復還納, 縣家權輕, 運司大恕, 公吏呑餌, 在前雖累政斷明白, 而不依律依條以盜論計贓, 輕則刺環, 重則刺配, 故敢無國法, 無上司, 恣行強橫而不忌. 今經本司再狀, 無一語之非妄. 彼豈不知其不可行哉, 欲脫糢糊判下一句,[40] 則又以見爭未決爲由, 強割苗禾矣. 不期本司便索案査, 究其誣罔. 何以見其狀詞之皆誣罔哉. 黃淸仲親供云, 祖黃文炳在日, 于紹興三十一年, 將黃沙坑田一十種賣與陳經畧宅, 今經一百餘年. 今狀却稱祖黃文炳立兩契, 陳千三官倚富生禾. 此其誣罔一也. 又供爲見田在門首, 強占耕作. 今狀却稱黃淸仲父黃九四與叔黃安世承佃, 不曾離業. 此其誣罔二也. 又供不合霸占耕三冬禾不還, 致傅氏陳論. 今狀却稱被陳鈇謀業執占不還. 此其誣罔三也. 又供不合妄詞昏賴, 今蒙監索契, 委的無瞻契可照. 今狀却稱累狀經縣陳論, 蒙索到契底, 見得倚富生禾分明. 此其誣罔四也. 又供祖父故後, 淸仲同叔黃安世, 將上祖砧基簿賣貼補作典字, 于趙知縣任內與陳鈇爭業, 執占不還此田. 今狀却稱陳鈇經戶部妄訴, 蒙符本府[41]准索砧基, 被妄作揩改曲斷. 此其誣罔五也. 又供雖蒙諭運使給據, 令淸仲管業, 後陳鈇經部番論, 符使府結絶, 使府不曾申索運司公據毀抹, 又于嘉定十七年五月內隱匿戶部送斷一節, 復經運司請斷由, 致運司上依原判, 再出給斷由, 緣此占耕傅氏給與黃成所耕田事用歸. 實緣所耕田委的經節次官司

39 已는 상해도서관 판본에서는 "巳"라 되어 있다.
40 句는 상해도서관 판본에서는 "句"으로 되어 있다.
41 府는 상해도서관 판본에서는 "有"로 되어 있다.

定斷分明, 其業合歸傅氏兒掌管. 今狀却稱今賣運司斷由兩本, 幷公據通呈, 是經斷廢據等眩惑本司. 此其誣罔六也. 閱案八帖幷干照等, 止有趙知縣將錢二十八貫寄庫, 後因本府斷, 已將錢給還黃淸仲了當, 並無再備錢往陳宅贖田因依. 今狀却稱淸仲叔不允, 再備錢就陳鈇邊贖回[42]上件田訖. 此又欲旋撰已死陳鈇手批等昏賴張本. 此其誣罔七也. 堂堂上司, 專爲百姓伸雪寃枉, 而淸仲輒以累斷明白之事, 句句誣罔, 脫判賴産, 倘不明與結絶, 則掻擾善良, 紊煩官府, 未有窮已. 黃淸仲不合誣罔上司, 勘杖一百, 照赦免斷. 見追到譙運使所給斷據, 王運使所給斷由, 並係運司已行改斷廢格不用之文, 兼自有姚運使所給斷由可照, 欲並牒過運使毁抹入案, 免爲日後眩惑混賴之資. 仍帖本縣備榜本保本里, 使鄰里通知. 如日後再敢强割田苗, 定照律條計贓決配施行. 所有原供, 索到原案干照, 除毁抹者外, 各欲發遣. 准提擧臺判. 擬可謂詳明, 送案逐一施行, 帖縣給榜.

13-28. 동생의 명계를 빙자하여 소송을 일으키고, 당제의 재물을 편취하려 하다

假爲弟命繼爲詞, 欲誣賴其堂弟財物

주부의 판결원안(主簿擬)

아! 의義라고 하는 것은 행하기 어려운 것일까? 어떤 사람이 의義를 행하였는데, 다른 사람이 그것을 의로운 행동이라고 했더라도, 오히려 후에 "의義를 행하는 사람한테 반드시 고무적인 일이 되지 않는 것은 아닐까"라고 생각할까 염려된다. 하물며 어떤 자가 의義를 행하였는데, 그 종족宗族과 형제兄弟가 오히려 불의不義한 것이라고 비난할 뿐만 아니라(非特)[43] 소송이라는 형태까지 취하였다면, 이것은 사람이 의義를 행한 것을 후회하도록 하는 것이다. 이러하다면 가난한 자와 부자가 서로 돕고 형제가 서로 의지하는 것과 같은 의義는 없어지고 말 것이다.

---

42 回는 상해도서관 판본에서는 "田"의 우측에 "回" 자가 붙어서 쓰여 있다.
43 非特, 又 : '무엇일 뿐만 아니라, 무엇하다'라는 의미이다.

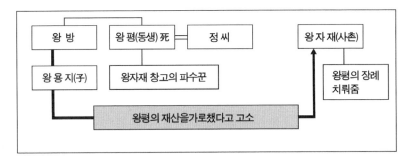

지금 왕방王方이 현縣으로 소송한 것에 따르면[經縣], 사촌동생[堂弟]인 왕자재王子才가 친동생 왕평王平의 사후, 남겨진 재산을 점유했다고 하면서 (왕평의) 명계命繼를 청원한 부분에 따르면, 처음에 "왕평王平은 재산을 상속했고, 밑천이 되는 재산을 가지고 있습니다. 특별히 첩사妾使[44]인 홍매紅梅를 불러내어 조사해 줄 것을 바랍니다"라고 했다. 다음에는 "(왕평은) 전錢·관회[會] 500관貫 정도를 합본合本[45]으로 출자했는데, 여기에는 모두 제출할 수 있는 증명서류가 있습니다. 또 왕자재王子才 및 동생의 부인인 정 씨丁氏를 추궁해서 조사해 줄 것을 바랍니다"라고 했다. 그다음에 제출한 단장單狀[46]에서는 "왕평王平의 모든 상롱箱籠[47]·가사家私[48]·십물什物[49]·동사動使[50]는 50여 건에 이르고 그 액수는 헤아릴 수 없을 정도로 많습니다. 또 황사림黃士林과 그 비첩婢妾 등을 조사하기를 바랍니다"라고 했다. 그 고소장의 어조는 격

---

44 妾使 : 신분이 낮은 출신의 여성을 첩으로 삼은 경우를 '妾使'라 했다.
45 合本 : 혈연·지현 등 공동체적 결합관계를 기초로 하여, 일정액수의 자금을 모아 사업자금을 마련하는 영리 조합조직을 당송시대에는 합본合本이라 하였고, 명대에는 합과合夥라 하였고, 청대에는 합고合股라 하였다. 姜錫東, 「宋代官私商業的經營方式」, 《河北大學學報》, 1992-3; 李曉, 「論宋代的茶商和茶商資本」, 《中國經濟史研究》, 1997-2.
46 單狀 : 정확한 의미에 대해서는 확실하지 않으나, '증거가 불충분한 일방적인 진술서' 혹은 '한쪽에 치우친 진술서 내지는 소송장'의 의미일 것으로 생각된다. 단상單狀의 의미에 대해서는 검토의 여지가 있다.
47 箱籠 : '의류를 넣어두는 상자'라는 의미이다.
48 家私 : '가구나 집안에 비치해 두는 기물 등'을 지칭한다.
49 什物 : 여기서의 '什物'은 여러 가지 '일상용품'을 지칭한다.
50 動使 : '어떤 물건을 생산하기 위한 기계나 도구'를 지칭한다.

정적이고 슬픔이 가득 차 있었다. 이로 말미암아 본관은 오히려 깊은 의심을 품게 되었다.[51]

뒤이어 왕자재王子才도 누차 관청으로 소송을 제기하면서 "당형堂兄인 왕평王平은 조상 대대로 내려온 재산을 모두 탕진하여, 가난해서 자립하여 생활할 수 없었으며, 살 집도 없어 타인에게 고용되어 필경筆耕으로 생활을 꾸리고 있었습니다. 때마침 과거가 있으면 수험자인 선비의 답안 시안試卷[52]을 납품해서 몇 푼이라도 벌려고 하고, 친한 친구를 만나면 동정同情을 구하면서 약간의 양식을 구걸했습니다. 위의 사실은 생전에 필적筆跡과 주고받은 편지를 통하여 알 수 있습니다"라고 하였다. 왕자재王子才는 형제의 정情을 생각하여 왕평王平이 의지할 곳이 없다는 점을 걱정하였고, 왕평王平을 거두어 문 옆에 두고 자고賀庫[53]를 지키도록 한 것이다. 왕평王平과 계약을 주고받을 때, "왕평王平은 조금의 자본도 없다"라고 명기했고, 그 외의 일상 생활비에 대해서도 증명할 수 있는 관련 증거문서干照와 일했던 기록簿曆[54]이 있다. 왕방王方을 소환해서 일일이 조사해 보니, 왕자재王子才의 말은 모두 날조捏造된 것이라고 주장했다. 다시 다그쳐 물으니, 왕방王方은 그것이 날조된 것을 증명할 만한 근거는 없었다. 따라서 이와 같이 여러 가지 사정은 저절로 명백한 것이다.

그러나 본관이 경솔하게 판결문을 작성하려고 하지 않는 이유는, 소송 당사자인 양쪽은 형제로서 우애가 깊이 있어야 하는데, 욕심에 눈이 먼 것은 마귀가 씌었기 때문이다. 쉽게 판결을 내어 버리면 아마도 은혜恩에 상처를 입힐 수 있으므로, 어떻게 해서든지 화해를 했으면 한다. 그러나

---

51 여기에서 같은 사안이 「징악문」, 28·29·31·32에 걸쳐서 되풀이 언급되고 있는데, 아마도 판결한 사람이 달랐기 때문이라고 생각한다.

52 試卷 : '과거의 답안용지'이다.

53 賀庫 : '질고質庫'와 동일한 의미이다.

54 簿曆 : '부력簿曆'이라고도 한다. '어떤 사람의 이력이나 근무평가에 관한 것을 기록한 것'을 의미하기도 하고, 또 때로는 '방문객이 온 것을 기록한 등기부'라는 의미도 있다. 蕭建新, 「宋代賬簿及其審計的法律規制」, 《南昌大學學報》, 2019-3.

지금 양쪽 모두 주장을 굽히지 않고 있고, 왕방王方은 또 계속해서 현縣으로 와서 소송을 제기하고 있으므로 관사官司 또한 어쩔 수 없이 공평하게 판결을 언도言渡하려고 할 뿐이다.

우선 왕평王平은 왕방王方의 친동생이고 왕자재王子才의 사촌형[堂兄]이다. 왕평王平은 가난해서 살 집도 없었고 자존할 수 없었기에, (왕방은) 친형으로서 왕평王平을 거두어 같이 살고 일도 주어 돌보았어야 했다. 그러나 그렇게 하지 않았고 (왕평을) 당제堂弟인 왕자재王子才에게 맡겨서 문 옆에 살도록 하고 자고費庫를 지키면서 생계를 꾸리도록 했으니 왕방王方은 왕평王平의 친형인 것을 부끄러워해야 한다. 그러나 모두 어려워 서로 도와줄 수 없었다면 책망할 수 없는 것이다. 지금 왕평王平은 불행하게도 사망한 상태이고, 왕방王方은 왕자재王子才가 생전에 (왕평을) 거두어 돌본 것에 감사하지는 않고 오히려 왕평王平의 사후 왕자재王子才가 왕평王平의 유산을 가지고 갔다는 것을 이유로 소송을 일으키고 있다. 이것은 모든 현민[邑民]들이 다 같이 분개하는 부분이다. 한편 왕자재王子才 자신도 이전에 애를 써서 돌봐준 것을 후회하지 않는다고 할 수 없을 것이다. 본관은 사심을 버리고 인정[情]을 헤아려 판결한다.

왕방王方의 진술에 따르면 왕평王平은 재산을 상속받아 밑천이 되는 재산을 가지고 있었다고 한다. 만일 가옥이 있었다면 왕평王平은 이미 500관의 밑천이 있게 되므로, 결코 살던 집을 버리고 남의 문 옆을 빌려 생활했을 리가 없었을 것이다. 만일 토지[田産]를 가지고 있었다면 어찌 몰래 숭양현崇陽縣[55]의 선조의 묘산墓山을 엽業지부知府에게 담보설정[典]하고, 후에 그것을 다시 왕자재王子才에게 회속回贖[56]시켜달라고 했겠는가. 만일 밑천이 되는 재산이 있는 자였다면, 답안 시안試卷을 주문받아 납품한다든지 동정

---

55 崇陽縣: 형호북로荊湖北路 악주鄂州 관할이다.
56 回贖: 금전을 받고 토지나 가옥을 담보 설정하였다가 사용기간이 지난 후에 원래의 토지소유자가 토지나 가옥을 다시 반환받는 것을 회속回贖이라 한다. 余貴林・郝群, 「宋代典賣制度散論」, 《中州學刊》, 1997-5.

을 구하면서 양식을 구걸했겠는가? 이것은 충분한 재산이 있는 자가 감히 행할 일은 아닌 것이다. 게다가 왕평王平이 왕자재王子才를 위해 전고典庫를 맡아 지키고 있었다는 것은 생전의 계약문서批約가 있었다는 증거가 된다. 설령 왕자재王子才가 지금까지 제출한 관련 서류가 위조이고 왕평王平의 재산에 대해서도 관사官司가 애초부터 증거를 내세워 "재산이 없다"라고 판정할 수 없다고 하더라도, 왕방王方의 허황된 진술에는 그것을 뒷받침할 증거가 없고, 왕평王平의 재산이 조금이라고 말하기도 하고 혹은 500관貫이라 말하는 데, 관사가 어찌 증거를 내세워 "왕평의 재산이 있었다"라고 단정할 수 있겠는가. 왕방王方은 분쟁紛爭에서 이길 방법이 없자 종종 첩사妾使인 홍매紅梅를 책망하는 것에 힘을 기울이고, 또 "홍매紅梅가 출두하면 왕자재王子才가 제출한 관련증서가 날조捏造된 것임을 충분히 알게 될 거라고 하고, 출두하지 않으면 무엇을 말해도 증거가 되지 않는다"라고 말하고 있다. 지금 홍매紅梅는 출두했고, 왕방王方을 소환해 일일이 조사했는데 관의 면전[堂官]57에서 또 다시 침묵으로 일관一貫하였다. 그러면서 또 변명하기를 "홍매紅梅는 시집도 가지 않았는데 감옥에 가두면 그때야 비로소 사정을 알 수 있을 것이다"라고 했다. 이와 같이 왕방王方은 어떻게 하든지 홍매紅梅를 구금시키고 정 씨丁氏를 출두시키고, 심지어 그 비첩婢妾의 친척을 모두 구금한 후에 자신의 계략을 성공시키려 한 것이다. (왕평의) 밑천이 되는 재산의 유무를 생각하지 않아도, 모두 왕평王平의 생전의 관련 증거문서[干照]가 이것을 증명할 수 있으며 홍매紅梅가 시집갔는지 가지 않았는지는 관련 있다고 할 수 없다. 왕방王方의 소송장을 살피고, 주심법誅心法58에 비춰 보면 동생의 명계命繼라는 미명美名을 빙자憑藉하여 교묘하게

---

57 堂官 : 『청명집』 「징악문」 12-38 〈責決配狀〉 각주에 "當廳" 조항 참조.

58 誅心之法 : "誅心之法"은 "춘추결옥春秋決獄"의 핵심적인 내용이다. "춘추결옥春秋決獄"은 대부분 "론심정죄論心定罪"나 "유가교의儒家教義"를 바탕으로 죄를 정한다. 즉 죄를 정할 때, "어떤 사람의 동기나 의도, 목적에 근거하여, 죄의 경중輕重을 판단하는 것"이다. 예를 들면, 어떤 범죄자의 의도가 善을 추구하려고 범법행위를 하였다면 죄는 면죄될 수도 있고, 감형될 수도 있지만, 반대로 惡을 추구하려고, 범법행위를 하였다면 당연히 처벌되어야

편취하려고 한 것에 불과하고, 다른 것은 아무런 이유가 없지 않겠는가?

명계命繼의 일에 대해서 왕방王方이 진술한 것은 소목상당昭穆相當[59]한 것으로 논하려고 한다. 왕자재王子才에게는 차남이 있으므로 이를 후사로 세워야 한다. 그렇게 하는 것이 가장 공평하다 할 수 있다. 과연 이것이야말로 법률과도 부합되는 것이며, 또 어찌 분쟁이 일어나겠는가. 그러나 왕평王平은 이미 밑천이 되는 재산이 없고, 명계命繼에 대해서도 처리하기 어려운 부분이 있다. 그렇다고 해서 후계를 세우지 않아 "제사 받지 못하는 혼백鬼"으로 만들어서는 안 된다. 명계命繼가 적당한지 아닌지는, 확실히 왕 씨 집안의 방장房長들끼리 의논從長商議[60]해서 선택한 결과에 따라야 하고, 관사는 이를 시행하도록 허락한다. 왕방王方의 허황된 소송老建虛詞[61]은 관사를 번거롭고 혼란케 했으므로, 마땅히 징계해야만 한다. 그러나 대대로 벼슬을 지낸 집안의 후손이고 그도 유학儒學을 공부한 사람이므로 동류同類의 사대부에게 치명타를 가하고 싶지는 않다. (왕자재가) 왕평王平의 장례비용을 대주었다고 해서 왕자재王子才 또한 이것으로써 생전의 형제의 사랑을 잊어서는 안 될 것이다. 만일 다시 허황된 소송囂訟을 멈추지 않으면, 관사는 직접 공명정대하게從公[62] 죄를 매겨 관련 서류를 구비해 일의 옳고 그름을 결정하고 현縣에 보고하라. 혹은 각자가 정리情理에 따르지 않으면 다시 현縣의 관청에 보고해 자세히 조사해서 실형을 실시해서, 다

한다는 논리이다.

59 昭穆相當 : '昭穆'은 종묘나 사당에서 배열하는 신주神主의 서열을 지칭하는 말이다. 시조始祖를 중앙에 두고, 짝수대의 신주는 좌측에 배열하는데 이를 '昭'라 하고, 홀수대의 신주는 우측에 배열하는 데 이를 '穆'이라 한다. 소목상당昭穆相當하다는 말은 동일조상의 후손으로 같은 세대에 속한 경우를 말한다. "춘추결옥春秋決獄"은 "경의결옥經義決獄"이라고도 하는데, 당대唐代에 『당률소의唐律疏議』가 편찬되어 율령제가 확립되면서, 한대漢代로부터 이어오던 "춘추결의春秋決義"는 폐지되었다.

60 從長商議 : '從長計議'와 동일한 의미이다. 즉 '좋은 것에 따라 논의하다'라는 말로, 어떤 일을 논의할 때 가장 좋고 합당한 것에 따른다는 의미이다. 하지만 이 문장에서는 '왕 씨 집안의 연장자 내지는 방장房長의 논의에 따르다'로 이해하는 것이 바람직할 것이다.

61 老建虛詞 : '허황된 소송囂訟'이라는 의미와 유사하다.

62 從公 : 「징악문」 12-8 因姦射射의 각주 184 從公 참조.

시 소송을 일으키는 일이 없도록 하겠다. 왕자재[王子才]가 가지고 온 관련 서류에 관해서는 본인에게 돌려주고 서류를 받았다는 확인서[責領]을 받도록 하라.

甚矣. 義之難爲也. 有一爲義, 而人以義稱之, 尙慮後之爲義者未必勸, 況乎有一爲義, 而宗族兄弟反以不義訾之, 非特訾之, 又從而形之詞, 是使人悔于爲義. 如此則貧富相資, 手足相托之義, 自此廢矣. 今據王方經縣論堂弟王子才, 搬傳親弟王平身後財物, 乞與命繼事, 其始則稱王平承分物業有此財本, 專乞喚妾使紅梅根討, 次則稱錢, 會五百貫足與之合本, 皆有執據, 復乞追子才及弟婦丁氏根問, 又其次則其單狀, 載王平所有箱籠家私什物動使五十餘件, 所直不可得而計, 復乞追及黃士林與其婢妾等根究, 詞語瀾翻, 哀鳴萬狀. 當職深有疑焉. 尋王子才亦屬經官陳詞, 則稱有堂兄王平, 祖業蕩盡, 貧不聊生, 無屋可居, 傭書爲活, 遇科擧則納士友試卷, 以圖些小, 見餐知則干求升斗, 以供口食, 自有生前筆跡, 往來束帖可憑. 王子才以手足之故, 念其無依, 收寘門首, 看守貲庫. 立約之始, 王平作用之名, 明言卽無分毫錢本, 其他如日用口給, 並有干照簿曆可據. 喚上王方指證, 皆以爲僞. 再三審詰, 王方並無片紙可以證其爲非. 如此事理已自可見. 然當職未欲輕於著筆者, 以兩詞人乃手足至愛. 理爲慾昏, 特適然耳, 便分曲直, 恐至傷恩, 未免力諭之和協. 今兩詞堅執, 王方又復屢經縣催論, 官司亦只得公心予決.

照得王平者, 王方之親弟, 王子才之堂兄也. 王平貧而無居, 不能自存, 爲親兄者當挽而同居, 振業而撫存之可也. 旣不出此, 乃使之倚托于堂弟, 居門側, 看貲庫, 以謂糊口計. 爲親兄者, 正自可愧. 然亦不足怪者, 以俱困不能相及也. 今王平不幸有故, 王方乃不以王子才之生前收拾爲恩, 反以身後搬傳而興訟, 此固閭邑之所共憤, 而爲王子才者, 亦未必不悔其當來之勉爲此擧也. 當職無心, 原情而斷. 據王方供, 王平承分物業, 自有財本. 若以爲有屋邪, 則王平旣有五百貫錢本, 必不能棄所居, 而倚他人門牆. 若以爲有田産邪, 則王平亦何忍將崇陽祖墓山典與葉知府, 而此物復爲爲王子才所贖. 若以爲有財本邪, 則攬納試卷, 干求口食, 似非家力得辨者之所肯爲, 何況王平爲王子才看守典庫, 有生前批約之可據也. 若以王子才今來所執干照並是假僞, 王平之財本, 官司固不敢憑以爲無, 則如王方虛詞無據, 或稱些小, 或稱五百貫, 官司何所憑據而斷以爲有. 王方無可抵爭, 往往力於攻一妾使紅梅, 且曰紅梅一出, 則干照具白, 此妾不出, 雖千言亦難憑據. 今紅梅出矣, 喚上王方指認, 當官又復無語. 乃以紅梅卽不曾嫁, 必寘之獄, 始見情節. 如此則王方必欲禁紅梅, 追丁氏, 以至盡其婢妾親戚,而後可以快王方之計也. 不思有無財本, 全憑王平之生前干照, 何關於紅梅之嫁未嫁邪. 反覆王方之詞, 律之誅心之法, 不過欲假爲弟命繼之美名, 以施其牢籠騙取之術耳. 外此何意. 至于命繼一節, 王方所陳, 以昭穆相當而論, 則有王子才之次子可立, 此尤足寓有心于無心者. 果是合法, 又復何爭. 但王平旣無財本, 命繼之說尙難區處. 然王平亦不可使爲不祀之鬼, 命繼之當否, 明當從王宅房長中從長商議擇立, 却聽官司施行. 王方老健虛詞, 煩紊官司, 合累懲之. 以其爲宦族之後, 儒其衣冠, 不欲傷類. 所有王平之追修營葬等費, 王子才亦不可以此而忘其生前手足之愛. 若更嚻訟不已, 官司自合從公科斷, 案具定奪事理申縣. 或恐以各人情理未實, 更取自縣衙詳審斷遣施行, 庶絶後訟. 王子才但干賫到干照, 給還責領.

13-29. 또 다른 판결
又判

왕평王平은 왕자재王子才의 사촌형堂兄이지만, 가난해서 왕자재王子才의 창고 관리를 했다. 이후 왕평王平이 죽자 왕자재王子才가 왕평王平의 장례葬體를 치러 주었는데, 이것은 의로운 행위[義]라 할 수 있다. 왕방王方은 왕평王平의 친형이면서도 그 동생을 돌보지 않았고, 왕평王平이 죽자 왕자재王子才의 재산[財本]63을 편취하려 했다. 이것은 의롭지 못한 행위[不義]라 할 수 있다. 주부主簿가 작성한 판결원안[擬]은 타당하다. 그러나 왕방王方은 교활하게도 뉘우치지 않고 소송장을 제출해 주부主簿를 심하게 비방했다.

본관은 그 항소[翩訴]를 보고, 어쩔 수 없이 계쟁중인 쌍방을 소환해서 거듭 반좌反坐의 조문에 입각해 여기서 결정을 내린다. 왕자재王子才는 왕평王平의 생전의 친서를 증거로서 제출했고, 구체적으로 왕평王平이 가난했기 때문에 고용되었음을 진술했다. 즉 왕평王平에게 재산이 없었다는 것은 확실하다. 왕방王方은 심지어 조금도 증거가 없었고, 지금 판결을 내리려 하니[結絶]64 계속해서 소환하는데도 출두하지 않는다. 왕방王方 부자父子의

---

63 財本: '본전本錢'과 동일한 의미이다.
64 結絶: 료결了結·결속結束. '종결되다'라는 의미이다.

사람됨을 자세히 조사해 보니, 화도(譁徒)의 우두머리였다. 전대의 유풍을 파괴하고 선량한 백성에게 해를 입히고 주(州)·현(縣)을 어수선하게 하는 것은 모두 이 자들이었다. 원래의 승행인(原承)[65]을 강제 연행시키고, 또 지부(知府)에게 보고하라. 만일 왕자재(王子才)의 고소가 있으면, 현(縣)으로 압송해서 결심(結審)에 따라 처리해 주기 바란다. 즉시 시행하도록 하라.

王平乃王子才之堂兄, 以貧爲王子才掌庫, 死則子才葬之, 謂之義可也. 王方乃王平之親兄, 不能料理其弟, 及其死也, 又欲誣王子才之財本, 謂之不義可也. 主簿所擬當矣. 而王方狡猾無忌憚, 入狀痛毀主簿. 當職見其黷訴, 只得喚上兩詞, 重立反坐, 却與定奪. 王子才執王平生前親書, 備述以貧受備, 卽無財本, 歷歷分曉. 王方更無一二字可憑, 今欲結絶, 則累喚不到. 及詳考王方父子之爲人, 則譁徒之渠魁也. 敗壞前修之遺俗, 擾害善良, 搖撼州縣, 皆此輩也. 釘鋼原承監追, 仍申臺府, 如遇王子才有詞, 乞遞押下縣, 聽從結絶. 只今行.

13-30. 제거상평사의 판결
提擧司判

첨청(僉聽)의 비(批)는 다음과 같다. "왕방(王方)이 죽은 동생의 재산문제로 소송을 일으켜 왕자재(王子才)의 재산을 침탈(幷呑)[66]하려 하였음을 알게 되었다. 지금 판결사유서(斷由)[67]를 받아보니, 왕방(王方)의 동생 왕평(王平)은 가난하여 제 힘으로 살 수 없었고, 사촌동생(堂弟)인 왕자재(王子才)가 그 의지할 곳이 없음을 가엾게 여겨, (왕평을) 문 옆에 두어 전고(典庫)를 관리하게 하여 스스로

---

65 原承: '본래부터 승차(承差)한 사람' 혹은 '승차인(承差人)'의 의미. 승차인은 '주현의 관청에 징발된 사람'이라는 의미이다.

66 幷呑: 흡수·합병 또는 남의 물건이나 다른 나라의 영토를 자신의 것으로 만들고자 하는 것. 여기서는 '다른 사람의 재산을 자신의 것으로 만들고자 하는 것'이라고 보면 될 것이다.

67 斷由: '판결사유서'를 지칭하며 '단빙(斷憑)'이라고도 하는데, 상고(上誥)할 때에 증빙문서가 되었다. 『청명집』「징악문」 13-22 〈挾讎妄訴欺凌孤寡〉 각주 112참조. 朱磊, 「宋代的"斷由"制度硏究 — 基於『名公書判淸明集』的考察」,《硏究生法學》, 2013-3.

생활할 수 있도록 도와주었다. 이것은 왕자재王子才의 선의의 마음에서 나온 것이다. 지금 왕평王平은 사망했는데, 친형인 왕방王方이 허황된 소송을 일으키면서, 친동생 왕평王平의 재산이 500관 있었는데 왕자재王子才가 이를 침탈侵奪했다고 주장했다. 그러나, 증거로 삼을 종이 한 장마저 제시하지 못하고 있다. 만약 왕평王平이 이같이 많은 재산을 원래부터 가지고 있었다면, 마땅히 스스로 자립해야 할 텐데 어찌 다른 사람 집의 문담벽락에 의지하였겠는가? 왕방王方은 친동생을 돌보지 않았고, 친척族戚의 도움으로 (왕평이) 겨우 생활할 수 있게끔 내버려 두었다. 왕평王平이 사망한 후에는 터무니없는 근거로 소송을 제기하기에 이르렀다. 이 소송은 사람을 속여 남의 재물을 빼앗는 일의 발단이 되었는데, 이러한 마음 씀씀이는 개나 돼지만도 못한 것이다. 그 외의 왕방王方의 전후 진술을 살펴보면, 구구절절한 사연이 종이에 넘쳐나고 있는데 모두 과장되고 허황된 것子虛烏有[68]이다. 이것은 진실로 사람을 현혹시키는 것이다. 주현州縣에 일이 많은 것은 이런 부류의 인간들이 소란을 피우기 때문이다. 해당 현縣의 주부主簿의 판결에 의하면, 왕방王方 부자父子의 시커먼 본심本心을 밝히고 있다. 해당 현縣에 공문을 보내 주부主簿가 판결한 것에 따라 결심結審하고 그 결과를 보고하도록 하라. 후사를 세우는 문제에 관한 것을 보면, 왕평王平은 원래 경작할 토지도 거주할 집도 없는데 누가 그 후사가 되기를 원하겠는가? 하물며 친척族戚들 또한 다투면서 후사자後嗣者를 세우려 하지 않으므로, 왕방王方 스스로 사람이 있으면 후사後嗣를 세우고, 후사자後嗣者가 없으면 후사後嗣를 세우지 않으면 되는데, 어찌하여 관부官府를 소란하게 하는가? 또한 어찌 입사立嗣라는 명분을 빌어 사촌동생堂弟인 왕자재王子才의 재산을 침탈하려 하는가? 아울러 (왕방의 소행을) 관사 문에 게시하고 해당 현縣에

---

68 子虛烏有 : '자허子虛'와 '오유烏有'는 모두 인명人名이다. 존재하지 않거나, 진실이 아닌 정황을 나타내는 말이다. 예를 들면, '자허오유子虛烏有의 세계'라고 하면 실제 존재하지 않는 공상의 세계를 지칭한다. 『史記』「司馬相如傳」〈子虛賦〉에 "楚使子虛使於齊, 王悉發車騎, 與使者出畋. 畋罷, 子虛過妊烏有先生, 亡是公存焉"라 되어 있다.

공문을 보내고자 한다."

제거상평사^{提擧常平司}의 판결을 받들어 보니 "왕방^{王方}의 터무니없는 소송은 대부^{臺府}를 어지럽히고, 사촌동생^[堂弟]을 속여 재산을 침탈하려 했으므로, 왕방^{王方} 스스로 죄를 받아 마땅하다. 이것 또한 판결원안에 비추어 관사 문에 게시하고, 사장사^{詞狀司}69에 공문^[關]70을 보내 다시 소송이 들어오면 보류시킨 후 보고하라"라고 되어 있었다.

斂廳批照得王方訴其亡弟財物, 爲王子才幷呑. 今索到斷由, 見得王方之弟平, 貧無資給, 堂弟子才憐其無依, 收寘門首, 管看典庫, 使王平藉此以自活. 此乃出于王子才之美意也. 今平身故, 親兄王方駕虛入詞, 稱其弟平有財本五百千, 爲子才所幷, 且絶無片紙可憑. 設王平有許多財本, 合自植立, 何至依倚人門牆邪. 王方有弟不能撫存, 使傍其族人以糊口, 待其死後, 鑿空入詞, 以爲欺騙張本. 如此用心, 犬豕不若. 其餘詳王方前後所供 瀾飜盈紙, 盡是子虛烏有, 此眞掌客之雄. 州縣所以多事, 止緣此一種人撓之也. 本縣主簿所斷, 已灼見王方父子之肺肝. 欲帖縣, 從主簿所斷結絶, 申. 所有立嗣一項, 王平旣無田可耕, 無屋可居, 誰肯願爲立嗣. 況族人又無爭立嗣者, 王方可自區處, 有人則立, 無人則已, 何必撓動官府. 亦何必借立嗣名色, 而欺騙其弟子才哉. 欲幷門示王方, 仍帖本縣. 奉提擧臺判, 王方妄訟, 紊煩臺府, 欺騙其弟, 自合科罪, 且照所擬門示, 仍關詞狀司, 再詞留呈.

69 詞狀司 : '소송장을 수리하는 창구가 되는 부서'라는 뜻이다. 尤陳俊, 「"訟師惡報"話語模式的力量及其複合功能」, 《學術月刊》, 2019-3; 戴建國, 「南宋基層社會的法律人 — 以私名貼書、訟師爲中心的考察」, 《史學月刊》, 2014-2; 戴建國, 「宋代的公證機構 — 書鋪」, 《中國史研究》, 1988-4.
70 關 : 문서 형식의 일종으로, '동급기관으로 보내는 문서'를 지칭한다.

13-31. 왕방이 다시 제점형옥사로 소송했기 때문에 칼을 씌워 현으로 압송하다
王方再經提刑司, 釘錮押下縣

천수(天水)⁷¹

왕평^{王平}은 가난해서 돌아갈 처소도 없었다. 그래서 마을^[鄕里] 사람에게, 당제^{堂弟}인 성원^{[省元]72} 왕자재^{王子才}의 전고^{典庫} 관리인으로 자기를 채용하도록 부탁했다. 왕자재^{王子才}는 우애가 있어 그 바람대로 왕평^{王平}을 거두었는데, 그 마음은 상당히 훌륭하다. 이후 8~9년이 지나도 정^情이 옅어지는 법이 없었다. 작년 9월 왕평^{王平}은 병이 들어 사망하였는데, 그 형인 왕방이 친족들과 함께 납관^{納棺}을 끝내고, 20일이나 지난 다음에 왕방^{王方}은 나

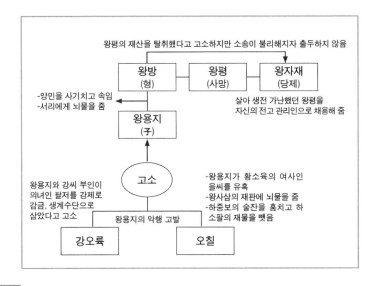

---

71   天水 : 천수가 구체적으로 누구를 지칭하는 지는 불명이지만, 명족^{名族}으로 알려진 천수군^{天水郡}의 조 씨^{趙氏}일 가능성도 있다. 청명집에서는 판안자의 이름 대신에 지명으로 쓰여진 경우가 자주 있다. 「징악문」에서만 하더라도, 「징악문」 12-09(婺州), 「징악문」 13-21(婺州), 「징악문」 13-31(天水)가 나오고 있다.

72   省元 : 송대의 회시^{會試}는 상서성에서 주관^{主管}하였으므로, 회시^{會試}를 성시^{省試}라 하였

뿐 마음을 품어[覬覦之意][73] 현縣에 소송장을 제출하고, 주부청主簿廳에 보내 왕평王平이 공동으로 운영하던 재물의 출처를 조사해 내야 하며 또 명계命繼를 해야 한다고 소송했다. 이어 왕자재王子才도 소송장을 제출해 왔으므로 함께 주부主簿로 보내 관계 증인을 출두시켜 모든 당사자끼리 대면시켜 진술시키자, 사정이 밝혀졌다. 그 죄는 모두 왕방王方에게 있으며 이 안건의 판결은 이미 끝났는데, 그 후 관계서류를 구비하여 보고되었다. 왕방王方은 이 소송에서 불리하다고 느끼고 오로지 도망가 숨어서는 출두하지 않았다. 따라서 해당 현縣은 단고斷錮[74]할 것을 결정하고 승차인承差人[75]에게 찾게 하고, 대부臺府[76]에 갖추어 보고하고, 만일 왕방王方이 또 소송한다면 압송해서 처리하라고 했다.

한편 왕방王方은 그 아들로 하여금 제거상평사提擧常平司로 상고上告하라고 하였다. 그러나 '첨청僉廳으로 보내 판결사유서斷由를 조사해서 보고하게 하라'라는 지시가 있고, 이미 첨청僉廳의 판결원안에는 "왕방王方·왕용지王用之는 정리情理상으로 볼 때 처벌되어야 하지만 잠시 지켜보기로 하고, 동시에 관청의 문에 게시[門示]해서 널리 알리도록 한다[知委].[77] 또 현縣에 공문을 보내 주부主簿의 결정을 따른다"라고 되어 있다. 왕방王方은 몸을 숨기고[躲閃], 다시 왕용지王用之를 시켜 제점형옥사提點刑獄司로 소송하게 했는데, (해당 관청에서는) 칼을 씌워[枷] 관할 현縣으로 압송하라는 지시를 내렸다. 이에 강제로 본인(왕방)을 출두시키라고 해서, 사방으로 사람을 보내 체포하도록

다. 성시의 1등 합격자를 "성원省元"이라 하였다.

73 覬覦之意:『左傳』桓公 2년에 "庶人工商各有分親, 皆有等衰. 是以民服事其上, 而下無覬覦"이라 되어 있다.

74 斷錮:『청명집』「징악문」, 12-12 〈豪橫〉의 각주 참조.

75 承差人: 승차인은 앞의 「징악문」 13-29의 각주에 [原承]라고 있듯이, "주현의 관청에 징발된 사람"을 가리킨다.

76 臺府: 지부知府의 존칭이기도 하며, 감사監司의 존칭이기도 하다.

77 知委: 일반적으로 '승지承知'·'이해理解' 등의 명사로 사용되거나, '승지하다'·'이해하다' 등의 의미로 파악할 수 있다. 李雪梅·趙晶·聶雯·李萌·王浩·袁航·王夢光·曹楠·王文蕭·李雪瑩·安洋,「南宋《給復學田公牒》和《給復學田省箚》碑文整理」,《中國古代法律文獻研究》, 2017.

하자, 결국 왕방王方을 체포해서 관청으로 출두시켰다. 이런 수사繡使와 같은 엄명함繡使之嚴明[78]이 없었다면, 대부분 법망에서 빠져나갔을 것이다. 마침 옥에 유치되었을 때에, 백성인 강오륙江五六은 왕용지王用之와 강씨 부인阿江이 의녀義女인 팔저八姐를 강제로 감금하고 생계 수단求食으로 삼았다고 여러번 되풀이하여 고소했다. 또 오칠吳七이 왕용지王用之의 나쁜 짓을 빠짐없이 갖추어 적어 온 것에 의하면, 황소육黃小六의 여사女使인 을 씨阿乙를 유혹하고, 왕사삼王四三의 재판에 뇌물을 주고, 하중보何中甫의 술잔을 훔치고 하소팔夏小八의 재물을 뺏은 것 등이 빠짐없이 소송장에 기록되어 있다. 관청은 그 내용을 믿지는 않았지만, 그중에서 황소육黃小六 등 두 명을 지명해서 소환했고, 그들의 진술에 따르면 "왕용지王用之는 왕병을王丙乙이라는 이름을 도용盜用해 관회 55관貫을 편취했다", 또 "하중보何中甫의 현금 10관貫 남짓閔을 편취했다"라고 했는데, 각각의 진술 내용은 이미 명백해졌다. 그 외에는 더 이상 추궁하지 않았는데 그 까닭은 차례로 연달아 죄가 증가해, 번거로워질 것을 우려해서였다. 일찍이 각자의 진술에 비춰 장정張仃·왕용지王用之를 상대로 심문하고 사실을 자백받았다. 만일 채찍으로 때리거나 포승줄로 묶었다면, 왕방王方 부자父子는 반드시 채찍을 맞고 포승줄에 묶여 강제로 자백 받았다고 말할 것이므로, 그저 도리를 지켜 알아듣도록 잘 타일렀다. 이미 왕용지王用之·왕방王方이 실제 사정을 토로한 것에 의하면 "왕평王平은 왕자재王子才의 집에 고용되어 있었다"고 했고, 재물을 공동으로 운영한 사실은 없었다. 그리고 강씨 부인阿江이 영석靈席[79]을 쳐서 부수게 된 사건[80]에 대해서는 이칠李七을 출두시켜 진술하여 증언시

---

78 繡使之嚴明 : '繡使'는 '繡衣使者' 혹은 '繡衣直指御史'의 약칭이다. 수의직지어사繡衣直指御史는 한 대漢代의 관직명이다. 여기서 '繡衣'는 '지위가 존귀함을 나타내는 말이고, '直指'는 '어떤 일을 처리할 때, 사적인 감정없이 공평하게 처리하는 것을 의미'하는 말이다. 수의직지繡衣直指는 일반적으로 중앙정부에서 특파한 관원을 범칭하게 되었으며, 본래 시어사侍御史가 충임됨으로써 "수의어사繡衣御史" 혹은 "수의어사繡衣御使"라는 말이 나타나게 되었던 것이다.

79 靈席 : '신주神主에게 제사지내기 위해 설치한 장소' 혹은 '위패를 두는 장소'를 지칭한다. 夏朋飛, 「《水滸傳》揷圖與評點關系試探」, 《中山大學研究生學刊》, 2018-1.

켰으므로 이미 명백해졌다. 그러나 강씨 부인[阿江]은 계속해서 피하기만 하였고, 다시 불러 심문하자, 비로소 대부분의 사실을 인정하고, 왕평王平의 시신을 관에 넣을 당시, 단지 의복 3벌만 남겼다고 자백했으므로 왕평王平에게는 돈 한 푼 없었음을 알 수 있다. 조사해 보았더니 왕방王方·왕용지王用之 부자父子는 글을 익혀, 계속해서 건송健訟[81]을 하고, 그것을 자신들의 집안에 대대로 전하는 가학家學으로 삼았으며, 마침 감사監司의 시찰 순회가 있으면 관리를 협박해 이미 끝난 일을 들추어 날조해서 터무니없는 소송을 하려 하였다. 서리[公吏]들은 (소송으로) 시끄러워 지는 것을 두려워하여 은밀히 돈을 주었다. 게다가 왕방王方 부자父子는 남다른 계략을 생각해 내어 양민을 사기치고 속이고 하는 일을 서슴지 않았다. 그래서 사람들은 호랑이와 같이 무서워하였고 또 감히 소송하려고 하지 않았으며, 설령 소송을 하더라도 서리들은 아예 접수시켜주지 않았다. 이제 와서는 왕평王平이 죽자 터무니없이 왕자재王子才가 왕평王平의 재산을 빼앗고, 복장卜葬[82]이나 후사後嗣도 세우지 않았다는 엉뚱한 소송을 일으켰다. 그 의도를 짐작해 보면, 왕자재王子才의 재산을 편취하려 한 것이다. 일이 생각대로 진행되지 않자 현縣으로 고소했으며, 판결의 종결을 기다리지 않고 또 제거상평사提擧常平司와 제점형옥사提點刑獄司[倉·憲·使臺][83]에 고소했는데, 반드시 자신이 이익을 얻을 때까지 소송을 멈추지[息訟][84] 않겠다는 속셈이었다.

---

80 이러한 경우는 현행법으로는 손괴죄損壞罪에 해당한다. 이와 연관된 연구로는 임대희, 「당률의 손괴損壞 유형규정 검토」,《법사학연구》 52, 2015를 참조.

81 健訟 : 「징악문」 13-27 "以累經結斷明白六事, 誣罔脫判, 婚賴田業"의 각주 '健訟'을 참조.

82 卜葬 : 전통 중국에 있어서, 사망한 사람을 매장하기 위해, 먼저 점복卜을 통하여, 장례일이나 장지를 택하였는데, 이를 "복장卜葬"이라 하였다. 馬未都, 「宋人與宋枕」,《收藏家》, 1994-2; 王璐 晶曉雨, 「范仲淹卜葬於洛」與繼室張氏之塋」,《三門峽職業技術學院學報》, 2016-1; 張天星, 「論蘇轍卜葬郟縣的矛盾心態」,《蘭州學刊》, 2007-3.

83 倉·憲·使臺 : 창倉은 창사倉司 즉 제거상평사이고, 헌憲은 헌사憲司 즉 제점형옥사를 지칭한다. 사대使臺는 제거상평사와 제점형옥사의 존칭적 의미로 사용되었을 가능성이 있다. 劉昕, 「宋代訟師對宋代州縣審判的沖擊探析」,《湖南社會科學》, 2014-1; 劉昕, 「宋代政府對訟師教唆誣告行爲的法律規制」,《湖南社會科學》, 2012-3.

84 息訟 : 전통적 중국은 "소송을 꺼리는[厭訟]" 사회라고 인식되고 있다. "소송을 부정否定하

심지어 관청이 출두를 명령해도 도망가 숨는 것은, 관청을 업수이 여기는 것이라 할 수 있다. 사건에 관한 각자의 진술 내용은 이미 서술한 대로이고, 상급 관청의 명령[臺旨]을 받아 시행하도록 하라.

王平窮而無所歸, 乃托鄉里人爲之懇問堂弟王省元子才, 欲爲管掌典庫. 王子才篤友于之愛, 乃從而收拾之, 其意未嘗不美. 已經八九年, 情分無齟. 去年九月, 王平因病身死, 是時兄王方與諸親棺殮了畢, 經隔二十日後, 王方起觊觎之意, 酒經縣入詞, 指乞送主簿廳, 根出王平同共營運之財物, 及爲之命繼. 續王子才陳狀, 併送主簿, 追到干證人逐一供對, 灼見事情, 其曲皆于王方, 已自結斷其申. 王方知所訴之妄, 一向閃避不出, 本縣斷鋼承差人根追, 備申臺府, 如遇王方有詞, 乞押下結絶. 其王方乃遣其子經倉司番論, 蒙送僉廳案斷由呈, 已擬判, 王方·王用之之情理可罪, 姑從闊畧, 且行門示知委, 仍帖縣從主簿所斷結絶. 王方依前躲閃, 復令王用之經提刑司論訴, 蒙釘鋼押下本縣, 監追正身, 多方差人緝捕, 獲到王方出官. 若非繡使之嚴明, 幾爲之漏綱矣. 方收在獄, 屢有百姓江五六論王用之與阿江, 將義女八姐強占求食. 又據吳七畫一王用之事, 透誘黃小六之女使阿乙, 行賕汪四三公事, 盜何中甫之酒器, 奪夏小八之財物等事, 備載詞頭. 官司未敢信憑, 就內點喚黃小六等兩名, 據供, 王用之作王丙乙名, 騙乞官會五十五貫文, 又乞何中甫見錢一十貫文足, 各已供證分明. 其他未欲盡追,

---

는[非訟]" 사회적 분위기 속에서 옛사람들은 '어쩔 수 없어서'라기보다는, '손쉽게 소송에 뛰어들 수 없는' 측면이 있었다. 송대의 민사 소송에는, '식송息訟' 사상의 영향을 받았으므로, 심판관들이 '식송'을 사법심판의 가치로서 받아들였으며, 궁극적인 목표라고 생각하였다. 분쟁을 화해하도록 하는 '재산 식송息訟', 윤리의 옳고 그름을 가리는 '윤리 식송息訟'이나 종족끼리 도탑게 하는 '입계入繼 식송息訟'과 가정을 화목하게 하는 '혼인 식송' 등의 유형이 있을 것이다. 식송息訟은 중국의 법률 문화의 유산에서 중요한 내용이라고 할 수 있다. 쟁송爭訟을 막으려고 한다던가, 소송訴訟에 응소하기에 소극적이었다든가, 調停(중국어로는 調解)하여 소송을 멈추게 하는 형태가 '식송息訟'을 궁극적인 목표로 하는 문화를 만들어 내었다고 보여진다. 鄧建鵬,「健訟與息訟－中國傳統訴訟文化的矛盾解析」,《淸華法學》, 2004-1; 馬作武,「古代息訟之術探討」,《武漢大學學報》, 1998-2; 李響,「淺析宋代息訟觀下的民事調處」,《山東社會科學》, 2015-1; 廖建翔,「論宋代的"訴訟"文化－從『名公書判淸明集』中的"息訟"說去」,《晉城職業技術學院學報》, 2013-1; 高玉玲,「論宋代的民事息訟－以『名公書判淸明集』爲考察中心」,《安徽師範大學學報》, 2012-6; 隋傑,「論息訟及其司法選擇」,《法制與社會》, 2013-10; 李群,「從《名公書判淸明集》看中國人的傳統訴訟觀念」,《湘江法律評論》, 2017-1; 徐園,「中國古代調解制度探析」,《法制與社會》, 2008-12; 張本順,「論宋代親屬財産爭訟的司法藝術風格與精神」《四川師範大學學報》, 2014-4; 張本順,「南宋親屬間財産訴訟的調解模式初探」,《天府新論》, 2013-1 참조.

恐涉支蔓. 嘗照逐人所供, 面問張仃・王用之, 令其從實供吐. 若以鞭朴繩索加之, 則王方父子必以爲箠楚繃吊, 抑勒供招, 只以理開諭. 已據王用之・王方實情供吐, 稱王平受備于王子才之家, 卽無財物同共營運之說. 而阿江打傷靈席一節, 追到李七供證, 已自分曉. 而阿江尙自抵諱, 再行審問, 方始署署承認, 及供出王平入殮之時, 尙留衣服三件收下, 則王平之無錢可知也. 契勘王方・王用之之父子, 以識字健訟爲家傳之學, 每遇監司按部, 則脅持公吏, 欲以事過誣訴, 吏輩恐其生事, 皆以錢私與之. 而王方父子以爲得計, 則欺騙良善, 靡所不爲, 人畏之如虎, 亦不敢論訴, 縱使有詞, 吏亦不敢承行. 今以弟王平之身死, 乃妄論王子才收去財本, 不爲卜葬立嗣. 原其意向, 只欲謀騙王子才之錢, 旣不如意, 則經縣陳詞, 不候結絶, 而復訟于倉憲使臺, 必欲有所利于己而後息訟. 及至追司, 便行走避, 可謂藐視官府. 所據逐人供招, 情節在前, 合取自臺旨.

13-32. 편취
騙乞

간민姦民[85]이 소송을 일으키고, 생트집을 잡아 편취하려고 하는 것은, 모두 순검巡檢이 '백사白詞：허황된 소송[86]를 수리하고, 서리[吏]가 뇌물을 받아 마음대로 일을 저지르도록 부추기고 있기 때문이다. 조사해 보니, 호민豪民은 그 위세를 등에 업고 소송을 일으키며 힘없는 백성들의 물건을 마음대로 빼앗고, 교활한 서리는 구실을 만들어 간악한 소송을 일으켜 백성에게 해를 가하며, 순검巡檢은 법령에 어긋나게 소송장을 수리하고 서리가 뇌물을 받는 것을 방관하고 있다. 이 세 가지 행위는 모두 같은 죄에 해당하는데, 그 사정事情을 살펴보면 순검巡檢이 그 우두머리라 할 수 있다. 간민姦民은 사리를 분별하지 못하고, 걸핏하면 소송 사건公事을 일으켜 선량한

---

85 姦民: 姦民이라고 할 때의 '姦'은 '奸'과 통용되는 의미이며, '법을 어기고 위법행위를 하는 것'을 의미한다. 따라서 간민은 '법을 어기고 불법적인 행위를 하는 자들'을 포괄적으로 지칭하는 용어이다. 이들은 공익을 해치고 자신의 사리사욕을 채우기 위해 불법적인 행위도 마다하지 않기 때문에 姦民 또는 奸民이라 하였다.

86 白詞: '관청의 날인을 받지 않은 상태의 기소장인 백장白狀을 접수한 것'을 말한다. 때로는 의미가 확대되어 '허위소송'의 의미로 사용되기도 한다.

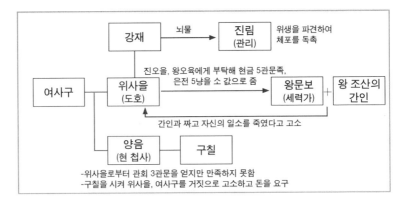

백성을 편취하는 것을 생업으로 삼는다. 다른 사람의 집에서 개를 삶아 먹고 있는 것을 목격하면, 자신의 집에서 없어진 개라고 주장한다. 다른 사람 집에서 소를 끌고 있는 것을 목격하면, 자신의 집에서 없어진 소라고 주장한다. 다른 사람 집의 여사女使가 병으로 죽은 것을 목격하면, 원래 자신의 집에서 고용된 자이고, 아마도 범죄에 휘말려 사망한 것이라고 주장한다. 다른 사람 집의 하인이 사망한 것을 목격하면, 자신의 집의 친족이지만, 호적에 넣지 않은 사람이라고 주장한다. 허황된 말만 늘어놓으면서 소송장을 제출하였는데, 그들이 관련 증명서를 조금이라도 제출하면, 순검巡檢은 공리公吏나 기장耆長[87] 등에게 연락하고, 소동을 피우며 소

---

87   耆長 : 송대에는 비교적 부유한 주호主戶 가운데에서 차출하여 이정里正, 호장戶長, 기장耆長에 임명하였다. 리정, 호장이나 향서수鄕書手는 주로 부세징수를 담당하였고, 기장이나 장정壯丁은 도적을 체포하는 등과 같은 치안을 담당하였다. 이들은 송대 향촌에서 순번에 따라서 돌아가면서 맡아야 하는 향역鄕役으로 볼 수 있다. 어떠한 보수도 없었으므로, 가산家産을 탕진하는 경우가 많았으며, 그들이 부여받은 권한 안에서 빈민하호貧民下戶를 침탈하고 괴롭히는 경우가 잦았다. 刁培俊, 「宋朝的鄕役与鄕村"行政區划"」, 《南開學報》, 2008-1; 朱奎澤, 「兩宋鄕治體系中"管"的幾個問題」, 《甘肅社會科學》, 2016-6; 鄭鋒, 「北宋元役法與熙豐役法的比較研究」, 《江西教育學院學報》, 2004-2; 刁培俊, 「鄕村中國家制度的運作, 互動與績效 — 試論兩宋戶等制的紊亂及其對鄕役制的影響」, 《中國社會經濟史研究》, 2006-3; 刁培俊, 「從"稽古行道"到"隨時立法" — 兩宋鄕役"遷延不定"的曆時性考察」, 《中國社會經濟史研究》, 2008-3; 刁培俊, 「宋代鄕役人數變化考述」, 《中國史研究》, 2005-1; 田曉忠, 「論宋代鄕村組織演變與國家鄕村社會控制的關係」, 《思想戰線》, 2012-3; 譚景玉, 「宋代鄕村行政組織與民間刑事訴訟」, 《求索》, 2008-4.

환 체포시켜, 거의 중죄인과 같이 다룬 것이다. 또 같은 유형^{類型}의 무뢰한 무리를 집합시켜^{[打合]88} 술과 안주를 구해오게 하고, 금품을 편취하게 하고, 그 욕망이 채워지면 거기서 화해하였다. 향리^[里]에서는 이러한 풍속이 일반화되어, "비보^{裨補}"⁸⁹라고 하고 있다. 향리의 백성들이 피해를 입고 억울하게 뒤집어쓰면 하소연할 곳도 없었다. 이 태평 시대에 무슨 기상^{氣象}이란 말인가? 본관의 하찮은 생각으로는, 관사^{官司}가 잘 규명하고 신속하게 기세를 꺾는다면 이러한 풍조는 조금이라도 누그러들 것이다. 따라서 본관이 부임해 온 시점부터, 우매한 백성이 죄를 짓고 재판 소송에 걸리면, 반드시 사정을 규명하고 엄하게 징계하여 두려운 마음을 가지게 했다. 이전에 재판한 깃은, 빠짐없이 관련 서류를 작성하여 시일이 지나 비로소 다행히 종결되었다. 하필이면 순검^{巡檢}은 무인^{武人}이면서 조정의 법령을 받지 않고, 대부^{臺府}의 결정에 따르지 않고, 서리와 뇌물을 주고받고^[與吏爲市],⁹⁰ 공공연히 소송장을 수리하고, 늘 소송장이 제출되면 그 시비를 가리지 않았다. 또 사정을 주장한 소송장의 진위를 명확하게 규명하지 않고, 걸핏하면 마음대로 수리하고, 채병^{寨兵} 2~3명을 파견해서 마을에서 소란스럽게 용의자를 체포하게 했다^[下鄕].⁹¹ 건장한 병사가 도달하면 마을에는 남는 것이 없을 정도로 약탈해 가고, 그 약탈이 싫증이 나면 그만두었다. 혹은 향민이 현^縣으로 소송장을 제출하여 관련 서류를 제출하면 이로써 비로소 발각되는 것이다.

위사을^{魏四乙}의 안건을 예로 들면, 위사을^{魏四乙}은 원래 도호^{屠戶}⁹²였는데,

---

88 打合 : 취합^{聚合}・촬합^{撮合}・혼합^{混合}・규합^{糾合}・연락^{聯絡} 등의 의미이다. 여기서는 규합의 의미일 것으로 생각된다.

89 裨補 : '도움이 되다'・'유익하다'라는 의미이다. 실제로 그들의 행동은 악행에 불과하지만, 오히려 그들의 행동이 향리의 백성들에게 도움이 되는 것이지 해로움은 없다는 뜻에서 '비보^{裨補}'라고 한 것이다.

90 與吏爲市 : 『청명집』 「징악문」 12-37〈敎唆與吏爲市〉에 각주 "爲市" 참조.

91 下鄕 : 직역하면 '鄕에 내려가다'인데, 이는 서리 등의 관청 직원이 직접 향촌에 내려가, 조세 납부의 독촉이나 범죄 용의자를 체포하는 등을 행할 때 사용하는 용어이다.

92 屠戶 : 도살하는 직업을 가진 사람일 것인데, 사료상에서는 이들이 聖節豬를 본래 가격

함부로 일소[耕牛]를 죽인 죄[私殺耕牛][93]는 처벌에서 벗어날 수 없다. 왕문보[王文甫]는 세력이 있는 일족이었고, 위사을[魏四乙]이 소를 죽인 사실을 알게 되자, 함부로 왕[王]조산[朝散][94]의 간인[幹人]과 짜고 순검채[寨]로 소송장을 제출해서 직접 "저희 집에 물소[水牛]가 한 마리가 있었는데 그 달 초[初] 10일에 데리고 나가 풀을 뜯게 하였는데, (소가 없어져서) 구석구석 찾았지만 밤이 되어도 발견되지 않았습니다. 마음속으로 도적에게 도난당해 팔려버린 것은 아닐까 라고 걱정하고 있었습니다. 지금 위사을[魏四乙]의 집에서 사온 소고기 한 조각이 있는데 위사을[魏四乙]을 소환해서 조사해 줄 것을 원합니다"라고 주장했다. 그 소송장은 실제로 올해 정월[正月] 13일에 제출한 것이다. 사건을 고소할 경우 사실을 일일이 서술해야 하고 소송장은 소속 관사[官司]에 제출해야만 한다. 또 소를 방목하면서 어찌 그 파수꾼이 없었던 것이며, 소가 없어졌는데도 어찌 그 장소를 모르는 것일까. 바로 그때[登時][95] 고발하지 않았으면서, 관사[官司]가 수색을 통지하고 나서, 고기 건을 보고하는 것으로 도난당한 증거라 하고, 그저 순검채[巡檢寨]로 소송해서 바로 위사

의 반값을 주고 과매[科買]한다고 나오는데, 그만한 권한을 가졌다면 어떠한 신분이었는지 잘 이해되지 않는다(李曉, 「宋朝强制征購盛行的制度分析」, 《學術研究》, 2008-1).

93 私殺耕牛 : 『唐律疏議』第203條 「廐庫律 8」〈故殺官私馬牛〉, "무릇 고의로 관이나 개인의 말·소를 죽인 자는 도형[徒刑] 1년 반에 처한다. 장죄[贓罪]가 무겁거나, 다른 축산을 죽이거나 다치게 한 자는 감손된 가치를 계산해서 도[盜]에 준하여 논죄하고 각각 감손된 가치를 배상하게 한다. 그 가치가 감손되지 않은 경우에는 태형[笞刑] 30대에 처한다[諸故殺官私馬牛者, 徒一年半. 贓重及殺餘畜産, 若傷者計減價, 準盜論. 各償所減價, 價不減者, 笞三十]"(임대희·김택민 역주, 『譯註唐律疏議』〈各則 上〉, 한국법제연구원, 1997, 2306쪽)이라 되어 있다. 劉忠全·李君剛, 「包拯巧破割舌案(外二則)」, 《政府法制》, 2008-3.

94 朝散 : 원래 '조산대부[朝散大夫]'·'조산랑[朝散郎]'을 지칭하는 말이지만, 여기서는 '향리에서 세력을 가진 사람'·'유력자' 혹은 '세력가'라는 의미로 볼 수 있을 것이다. 조봉랑[朝奉郎]과 유사한 의미로 생각된다. 景剛, 「南宋滁州守臣小傳」, 《滁州學院學報》, 2009-4; 劉昱楓, 「北宋朝散大夫沈公墓志銘考釋」, 《文物鑒定與鑒賞》, 2019-13.

95 登時 : '그때에'·'그 자리에서'·'바로 그때'라는 의미이다. 참고로 『唐律疏議』第269條 「賊盜律 22」〈夜無故入人家〉에는 "무릇 밤에 이유 없이 남의 집에 들어간 자는 태형 40대에 처한다. 주인이 바로 그때 죽였다면 논죄하지 않는다. 만약 침범한 것이 아님을 알면서도 살상[殺傷]하였다면 투살상죄[鬪殺傷罪]에서 2등을 감한다[諸夜無故入人家者, 笞四十. 主人登時殺者, 勿論, 若知非侵犯而殺傷者, 減鬪殺傷二等]"라 되어 있다(임대희·김택민 주편, 『譯註唐律疏議』〈各則 上〉, 한국법제연구원, 1997, 2432쪽).

을魏四乙을 지명해서 도둑이라 하는 것은 위세를 등에 업고 소송을 일으켜 힘없는 백성의 물건을 마음대로 빼앗는 것이 아닌가. 순검巡檢은 어떤 권한을 가진 인물이기에 채병寨兵인 진장陳璋과 진림陳琳 두 명을 파견해 (위사을을) 온 마을사람이 알도록 소란스럽게 체포하도록 명한 것일까. 위사을魏四乙은 몸을 숨기고 나오지 않고 늙은이 강재江才에게 부탁해 미육米肉과 돈 2관문兩貫文·50맥陌을 보내 진림陳琳 등에게 주어 음식 값으로 하게 하고, 또 왕오육王五六에게 부탁해 관회官會 10관문貫文을 진림陳琳 등에게 주어 뱃길의 비용으로 사용하게 했다. 진림陳琳 등은 뇌물을 챙긴 후 원래의 체포장을 그대로 두고, 또 위생魏生을 파견해서 체포하도록 독촉하였다. 위사을魏四乙은 두려움에 떨며 결국 진오을陳五乙·왕오육王五六에게 부탁해 현금見錢 5관문족五貫文足, 은전銀纏 5냥五兩을 왕문보王文甫에게 주어 소 값으로 하게 했다. 왕문보王文甫는 소를 잃었다고 하고, 위사을魏四乙은 소를 훔쳤다고 한다. 어떤 고발이 있었기에, 어떤 증거가 있어서, 즉 무고와 소동을 당하고 금품을 빼앗기는 상황으로 내몰린 것일까. 사건이 확정된 후, 위사을魏四乙은 현縣으로 고소하고, 순검巡檢은 3월 3일에 고기 한 쪽을 보내왔다. 50일이 지난 후 고기가 그대로 남아 있는지 아닌지를 모른단 말인가? 양응梁應은 해당 현縣의 첩사貼司[96]이고, 소가죽 매입을 담당하고 있다고 말하고, 구칠丘七과 함께 향촌으로 나와 지선紙扇[97]을 위사을魏四乙에게 맡기고, 그 대신

---

[96] 貼司: "帖司"·"貼書"라고도 불리운다. 송대의 주부州府의 공리公吏 가운데 하나이다. 이들 공리는 아전衙前, 都知兵馬使에서 客司, 客將까지·직급職級, 都孔目官에서 手分까지·산종관散從官·인력人力 및 잡직雜織 등에 이르는 다양한 명칭이 있다. 이들 명칭은 당말오대唐末五代의 절도사 아중 병장무리衙中兵將武吏의 명칭이었으나, 그 직능이나 지위는 이미 크게 달라져 있었다. 첩사貼司는 이 가운데, "職級"에 해당하는 위치에 있었으며, 서산書算시험에 통과하여야 이 일을 맡을 수 있었다. 첩사는 관물官物의 수지收支를 장악하였으며, 도공목관都孔目官의 지시를 받아서, 각 관부官府에 분산하여 업무를 수행하였다. 공사고公使庫에 수분手分이 파견되면, 첩사貼司도 같이 파견되었는데, 그 구체적인 업무는 아직 불명확하다. 장적문서리帳籍文書吏에 해당할 것이다. 苗書梅,《宋代州級公吏制度研究》,《河南大學學報》, 2004-11.

[97] 紙扇: 紙扇이라는 것은 종이를 이용하여 만든 부채이다. 오래 전부터 중국에서 부채를 사용하였다. "순왕 때부터 부채를 사용하기 시작했다"고 한다. 상주商周시대에는 장끼[雉]의 긴 꼬리를 이용하여 "적선翟扇"을 만들기 시작하였고, 이윽고 잎이 긴 "치선雉扇"이 나

다른 물건을 요구해서 관회官會 3관문三貫文을 얻었지만 만족하지 않아, 거짓으로 구칠됴七에게 명령해 여사구余四九의 집에 가서 소가죽 50문五十文을 구입시키고, 순검채寨로 위사을魏四乙·여사구余四九의 일을 고소하게 시키고 돈을 요구했다. 이것은 트집을 잡아 나쁜 일을 도모하고 백성에게 해를 가하는 것이 아닐까. 순검巡檢은 또 판결문의 번복을 주관하고, 주성周成·옹보翁保를 파견해서 체포하게 하고, 옹보翁保는 오가는 사람을 통해 보내 온 위사을魏四乙·여사구余四九의 관회官會 3관문三貫文을 뇌물로 받았다. 그리고 위사을魏四乙이 현縣으로 고소함으로써 채관寨官98은 그때야 비로소 소고기와 함께 보고해 왔다. 이것은 법령에 어긋나게 소송장을 수리하고, 관리가 재물을 마음대로 얻도록 조장하는 것이 아닌가. 이후 얻은 증거도 이미 명백하므로 가볍게 처벌 할 수는 없다.

왕문보王文甫는 소가 없어진 것을 구실로 관계도 없는 관사에 허황된 소송장을 제출하고, 위사을魏四乙의 금품을 뇌물로서 받았기 때문에, 감장勘杖 80대로 처결하고, 받은 뇌물은 몰수처리한다監贓. 양응梁應은 공인公人의 신분으로 향촌에 나아가 도호屠戶의 금품을 빼앗고, 또 구칠됴七은 순검채寨로 고소한 소고기를 받아 이를 지급했기 때문에 감장勘杖 100대로 처결한다. 진림陳琳은 승인인承引人과 함께 관회官會를 갈취하였는데 그 총액이 무려 관貫에 차게 되었기 때문에 감장勘杖 100대로 처결한다. 옹보翁保는 사람을 체포하러 나가 관회官會를 갈취했으므로 감장勘杖 80대로 처결하고 장물贓物은 몰수한다監贓. 구칠됴七은 함부로 양응梁應의 지령을 받아 순검채寨로 소송

타나기 시작하였다. 이 때부터, 부채는 제왕의 위의威儀를 상징하게 되었다. 실제로는 부채가 점차 사람들의 일상 생활용품이 되었다. 점차, 더욱 예쁘고 값이 싸고, 실용에 편리하고, 우아한 것이 사람들의 호감을 끌게 되었다. 부채는 절선折扇, 죽선竹扇, 견선絹扇, 우선羽扇, 규선葵扇과 맥간선麥稈扇의 여섯 가지로 크게 나뉘어 진다. 부채로 선선한 바람을 일으키기도 하고, 모기蚊를 쫓는데 쓸 뿐 아니라, 희곡戲曲, 무도舞蹈, 곡예曲藝 등의 예술藝術을 표연表演하는 도구道具로 쓰여지기도 하였다. 毛維東,「杭州黑紙扇制作工藝」,《浙江工藝美術》, 1998-2; 趙平加,「談黑紙扇的實用价値和欣賞价値」,《浙江工藝美術》, 2005-1.

98 寨官 : 송대에는 험준한 지역에 설치한 채寨에 채관寨官을 설치하여, 토군土軍을 모집한다든가, 훈련을 시켜 도적을 방어하였다.

장을 제출했으므로 감장^{勘杖} 80대로 처결한다. 왕오육^{王五六}·진오일^{陳五一}은 제멋대로 금품을 뇌물로 받았으므로 감장^{勘杖} 60대로 처결하고 우선 방면 하라.⁹⁹ 주성^{周成}은 그의 자백에 따르면 현장에 없었으므로 잠시 형벌의 집 행을 유예해주고 해당 채^{本寨}로 압송하라. 풍회^{馮禧}는 재판 조사를 담당하 면서 충분치 못하고 철저하게 하지 않았으므로 감장^{勘杖} 80대로 처결한다. 위사을^{魏四乙}은 괘씸하게도 조사받으러 온 엽우^{葉遇}·이삼칠^{李三七}·여십칠^{余十七} 과 함께 의복을 빌려 소를 샀는데, 지금은 물건도 없고, 더운 시기이므로 더 이상은 추궁은 하지 않겠다. 여사구^{余四九}는 감장^{勘杖} 80대로 처결하고, 위사을^{魏四乙}은 피해를 입은 것을 고려해 감장^{勘杖} 60대로 처결하고, 아직 소 환되지 않은 사람^{未到人}¹⁰⁰들에 대해서는 서둘러 연행해 보고하라. 순검^{巡檢} 이 소송장을 수리한 것을 조회해 보니, 그저 위의 쌍방의 쟁송인^{爭訟人}뿐만 아니라, 황일^{黃一}이 황칠^{黃七}의 사인^{死因}이 불분명한 것을 터무니없이 고소 하고, 범회흥^{范誨興}이 하법흥^{何法興}의 무당^{師巫}¹⁰¹을 무고^{誣告}하고, 풍칠삼^{馮七三} 의 소송장에 풍대삼^{馮大三}이 무덤을 팠다^{發塚}¹⁰²고 고소하고, 오대삼^{吳大三}의 소송장에 여삼팔^{余三八}이 소를 죽인 것을 고소했을 때는, 순검^{巡檢}이 모든 소 송장을 수리하고 사람을 파견해 소환 체포하게 한 것이다. 이 외에 채병^寨 ^兵¹⁰³이 문제를 일으켰다고 백성이 고소한 사건에 대해서는 현재 추궁하 고 있는 부분이고, 또 여러 가지 사안과 얽혀 있는 문제이므로 함께 보고 해서 부^府의 명령을 받고, 이를 제시^{諸司}¹⁰⁴에 보고하도록 하라.

---

99   "감장"으로 판결한 뒤에 "방^放"이 언도되는 경우가 자주 있다. 과연 실형으로서의 장형이 집행되었는지는 아직 의문이다. 가와무라 야스시^{川村康}, 「宋代 折杖法 初考」, 임대희 옮 김, 『판례로 본 송대사회』, 민속원, 2019, 444~550쪽 참고.

100   未到人 : '아직 소환되지 않은 사람'이라는 의미이다.

101   師巫 : '巫覡'와 동일한 의미이다. 李小紅, 「巫覡与宋代社會」, 《浙江大學2004年度博士學 位論文》.

102   發塚 : 發塚에 대해서는 「징악문」 권13-20 〈叔誣告姪女身死不明〉, 「징악문」 권13-32, 「징 악문」 권14-1의 각주 發塚을 참조.

103   寨兵 : '변경 지역이나 요충지에 설치된 채^寨 혹은 산채^{山寨}에 주둔하고 있는 병사'를 지칭 한다. 廖寅, 「南宋新型軍正制度與基層治安管理之創新」, 《武漢大學學報》, 2014-5;范學 輝, 「宋代縣令兼銜考」, 《中國史研究》, 2018-3.

姦民告事, 旁緣騙乞, 皆由巡檢受白詞, 縱吏受財所致. 照得豪民恃强生事, 漁奪細民, 黠吏旁緣爲姦, 擾害百姓, 巡檢違法受詞, 縱吏受財, 是三者其罪雖同, 推原事情, 合以巡檢爲首. 姦民無知, 動以撰造公事, 欺騙善良爲生. 見人家烹犬, 則曰本家失犬. 見人家牽牛, 則曰本家失牛. 見人家女使病死, 則曰原係本家轉顧, 恐有連累. 見人家僕死, 則曰係是本家親族, 不曾走報. 鑿空入詞, 文引纏出, 則計會公吏, 耆長之類, 追擾執縛, 殆同重囚. 又使一等游手之人, 從旁打合, 需求酒食, 乞取錢物, 飽其所欲, 而後和對. 里俗相傳, 謂之裨補. 田里被害, 含寃茹苦, 無所赴愬. 此何等氣象, 乃見于淸明之時邪. 當職區區之意, 自以爲官司苟能致察, 亟折其鋒, 則此風逐可少戢. 故自到任以來, 愚民有犯到官, 必須因事察情, 深懲痛治, 使之知畏. 前後所斷, 具有成案, 年歲之間, 方幸少息. 孰謂巡檢武夫, 不奉朝廷法令, 不遵臺府約束, 與吏爲市, 公然受詞, 每遇有狀, 不顧事理之是非, 不察情辭之眞僞, 動輒受理, 差寨兵三兩輩下鄕追擾. 健卒所至, 鷄犬一空, 逮其取乞饜足, 竟從但已. 或遇鄕民經縣有詞, 索到案牘, 方及知覺. 且以魏四乙之事言之, 魏四乙原係屠戶, 私殺耕牛, 所不能免. 王文甫乃勢家族黨, 覘知魏四乙宰牛, 輒作王朝散幹人, 經寨入狀, 自稱本宅有水牛一頭, 于初十日放出遊食, 至晚遍尋不見, 竊恐被賊人偸盜貨賣, 今就魏四乙家買得牛肉一片見在, 乞追人根究. 其狀實今年正月十三日也, 訴事合指陳事實, 投詞今[105]經所屬官司, 牧牛豈無其人. 失牛豈無其所. 不登時發覺, 從官司行下尋索, 乃以首牛肉爲由, 但經巡檢寨, 直指魏四乙爲盜, 此非恃强生事, 漁奪細民乎. 巡檢何人, 大書特書, 先差寨兵陳璋, 陳琳兩名追捕. 魏四乙避不敢出, 憑耆老江才送米肉及錢兩貫文五十陌, 與陳琳等爲飯食之費, 又憑王五六送官會一十貫文, 與陳琳爲水程之費. 陳琳旣得所欲, 收上原引, 幷差魏生催追. 魏四乙恐懼, 遂托陳五乙, 王五六, 將見錢五貫文足, 銀纏五兩, 送與王文甫塡備牛錢. 不知王文甫失牛, 魏四乙盜牛, 有何發覺. 有何證驗. 乃被誣擾, 誅求錢物, 一至于此. 事定之後, 魏四乙經縣告論, 巡檢乃于三月初三一解到牛肉一片. 不知經隔五十日之後, 牛肉尙能存留否乎. 梁應係本縣貼司, 因承行收買牛皮, 遂同丘七下鄕, 將紙扇俵托與魏四乙索求物, 得官會三貫文, 不滿其意, 輒令丘七就余四九家買得牛皮五十文, 經寨首論魏四乙·余四九, 欲爲取乞之地. 此非旁緣爲姦, 擾害百姓乎. 巡檢主作又復判狀, 差周成·翁保追致, 翁保取受過魏四乙·余四九官會三貫文, 亦因魏四乙經縣, 寨官方倂牛肉申來. 此非違法受詞, 縱吏取財乎. 追證旣明, 不容輕恕. 王文甫以失牛爲名, 輒經不係所屬官司陳詞, 取受過魏四乙錢物, 勘杖八十, 監贓. 梁應以公人下鄕, 取乞屠戶

104　諸司 : 전운사轉運司·제거사提擧司·제형사提刑司 등과 같은 로路에 설치된 감사監司를 지칭
　　　한다. 좀 더 포괄적인 의미로 보면 '관련 각 관청'이라는 의미로 볼 수 있을 것이다.
105　今은 "合"의 오자誤字일 수도 있다.

錢物, 又資給丘七經案首論牛肉, 勘杖一百. 陳琳同承引人取乞官會, 計贓滿貫, 勘杖一百. 翁保追人, 取乞官會, 勘杖八十, 監贓. 丘七不合受梁應使令, 經案入狀, 勘杖八十. 王五六·陳五一不合受過度錢物, 勘杖六十, 先放. 周成據供不曾到地頭, 且免斷, 押回本案. 馮禧承勘公事, 不切用心, 勘杖八十. 魏四乙不合同未到人葉遇·李三七·余十七爲借衣買牛, 物無見存, 時暑不欲枝蔓追究. 余四九勘杖八十, 魏四乙念其被擾, 勘杖六十, 催未到人回申. 照會巡檢受詞, 非但先來兩爭, 如黃一妄告黃七身死不明, 范誨興誣告何法與師巫, 馮七三狀論馮大三掘墓, 吳大三狀論余三八宰牛, 巡檢皆與受狀, 差人追擾. 其餘百姓論案兵生事, 見行追會者, 又有數事, 倂申取使府指揮, 仍申諸司.

권14

간악姦惡

14-1. 대악인
大惡人 : 元惡[1]

채구헌(蔡久軒)

복원일卜元一은 이미 살인을 행했으나[行兇] 은사恩赦를 입어 목숨을 건진[償命][2] 죄인[四시]이다. 죽음을 면해 되돌아 왔으나 그의 악행은 점점 더 심해졌다. 이러한 일은 본관本官의 이전 판결문에서도 대략 살펴볼 수 있다. 지금 해당 주州에서 보고해 온 옥중獄中의 정황이나 장사표張士表 등 217명이 고소

---

1 元惡 : 首惡과 같은 의미이다. 대악인大惡人이나 악당惡黨을 지칭한다. 『書經』「康誥」에 "元惡大憝, 矧惟不孝不友"라 되어 있고, 『後漢書』「陳蕃傳」에는 "元惡大奸, 莫此之甚"이라 되어 있다.

2 償命 : '범죄인이 자신의 목숨으로 죄값을 치르다'라는 의미이다. 李平, 「中國歷史中的殺人償命觀演繹及其現代啓示」, 《法律史評論》, 2019-2; 兪江, 「中國刑法史上的"殺人償命"」, 《文化縱橫》, 2012-2; 杜智娜, 「從殺人償命到寬恕罪人 — 諒解的"福音"發自被害人家屬之口」, 《法律與生活》, 2009-12下.

한 범행에 따르면, (복원일은) 타인을 살해하고, 도적을 은닉[隱匿]시켰으며, 재물을 약탈하고, 소와 양을 노략질하였으며, 부녀자와 간음하여 자신이 취하였고[姦占],3 남의 가옥을 불태워 없앴으며, 타인의 생계에 피해를 주었고, 타인의 분묘를 파헤치는[發塚]4 등의 범행을 저질렀다. 이는 관청이나 조정을 두려워하지 않는 소행이다. 또한 함부로 무기를 제조하고, 계곡의 험한 지형을 이용하여 망명[亡命]5하는 장소로 삼았다. 이와 같이 도리에 어긋나는 소행만 하는 나쁜 마음을 품는 것은[包藏禍心]6 도대체 무슨 의도인가?

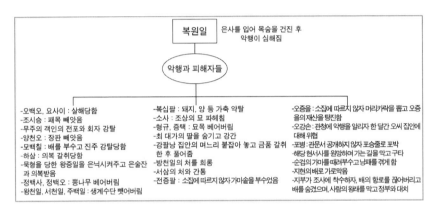

오백오[吳百五]를 살해함과 동시에 요사이[姚四二]도 살해하였으며, 조시승[趙寺丞]의 패목[牌木]7을 빼앗았으며, 무주[婺州]의 객인[客人]8의 전포[錢布]와 회자[會子]를

---

3   姦占 : 奸占과 동일한 의미이다. 이는 부녀자를 강탈하여 빼앗는 행위를 포괄적으로 지칭하는 용어이다. '姦'은 반드시 강간[强姦]이나 폭행[暴行] 행위 자체만을 지칭하는 것이 아니라, 불법적인 행동 전반에 대한 포괄적인 의미로 사용되기도 한다.

4   發塚 : 發塚에 대해서는 「징악문」 권13-20의 각주를 참조. 顧春軍, 「"發塚"考」,《文化遺産》, 2016-2; 王子今, 「發墓者誅:歷代法律對盜墓行爲的懲治」,《博覽群書》, 2007-9.

5   亡命 : 명적[名籍]에서 이탈하여 심산계곡이나 어딘가에 몸을 숨기다. 北村一仁, 「論南北朝時期的"亡命" —以社會史側面爲中心」,《魏晉南北朝隋唐史資料》, 2005; 王娟 湯勤福, 「南北朝時期亡命士人芻議」,《求是學刊》, 2013-3; 魯鈍, 「亡命走長白 —我在"文革"中的三年逃亡」,《書屋》, 2009-11.

6   包藏禍心 : '포장[包藏]'은 '은장[隱藏]'과 동일한 의미이다. '화심[禍心]'은 타인에게 해를 입히려는 마음이다. 『左傳』 昭公 元年에 "小國無罪, 恃實其罪, 將恃大國之安靖已, 而無乃包藏禍心以圖之"이라 되어 있다.

강탈하였고, 양천오^{楊千五}의 장판^{樟板9}을 빼앗았으며, 모백칠^{毛百七}의 배를 부수었고, 하삼^{夏三}의 의복을 갈취하였으며, 묵형^{墨刑}을 당한 왕증일^{王曾一}을 은닉^{隱匿}시켜주고^[停著],[10] 장물인 은술잔과 의복을 받았으며, 정백사^{鄭百四}·정백오^{鄭百五}의 뽕나무를 베어버렸고, 왕천일^{王千一}·서천일^{徐千一}·주백일^{周百一}의 보리와 콩을 베어버렸으며, 심지어 사탕수수^[蔗]와 토란^[芋]까지 베어버려 생계수단을 전부 없애버렸다. 왕오^{汪五}·장백육^{蔣百六}·정팔사^{鄭八四} 등의 일소^[耕牛]를 강제로 끌고 갔으며, 모백칠^{毛百七}의 진주^{珍珠}를 강탈하고, 복십팔^{卜十八}의 돼지와 양이나 심지어 닭과 개까지도 모조리 약탈하였다. 소사^{邵四}의 조상묘를 파헤쳤고^[發塚], 형규^{邢奎}의 묘목을 강제로 베어버렸으며, 증택^{曾宅}의 묘시 주변 나무를 베어버렸을 뿐만 아니라 그 향정^{享亭11}까지도 부수어버렸다.

최대가^{崔大家}의 딸을 숨기고 강간한 후 한 달이 지난 후에야 풀어주었고, 강팔낭^{江八娘} 집안의 며느리[12]를 붙잡아 놓고 (찾아주겠다고) 속여서 금품을 갈취한 후에야 돌려보냈다. 또 방천일^{方千一}의 처를 희롱하고 그 남편의 안색이 바뀌는 것에 화를 내며, 그 집의 모시밭을 갈아엎어버리고 메주를 빼앗아 곤란하게 만들었다. 또한 서삼^{徐三}의 처와 간통하고 그 남편이 간섭하는 것에 화를 내며, 그 집의 뽕나무 묘목을 없애버리고 뽕나뭇가지^{[條}

7　牌木 : 패를 붙이거나 그 자체에 패를 새긴 나무이다. 패방^{牌榜}·패방^{牌坊}·패액^{牌額} 등의 의미이다.

8　客人 : 객상^{客商}·객민^{客民}·여행객 등이다.

9　樟板 : 장^樟은 건축용 재료나 선박 재료로 사용되었던 목재를 지칭한다. 이에 관해서는 斯波義信,『宋代商業史研究』, 風間書房, 1968, 220～223쪽 참조.

10　停著 : 정착^{停着}과 같은 뜻으로, '머무르게 하다', '머물다', '숨기다' 등의 의미이다. 여기서는 '범죄인 등과 같이 나쁜 짓을 한 사람을 숨겨주다'라는 의미일 것으로 생각된다.

11　享亭 : 묘^墓에서 제사를 지내기 위해 설치되어 있는 건축물^[享堂]이다. 조상의 위패를 안치해 둔 곳이다. 묘역 같은 곳에 설치된 건축물 가운데 하나이다. 예를 들어, 규모로 보나 짜임새로 보더라도 중국에서 가장 완비되었다고 일컬어지는 산서성^{山西省} 포현^{蒲縣} 동악묘^{東岳廟}의 시설을 보면, 비운루^{飛云樓}·오문^{午門}·헌전^{獻殿}·정정^{享亭} 등의 60여좌 건축물로 구성되어 있었다. 羅鵬·黃懿, 「浙江餘姚大隱南宋汪大猷墓發掘報告」,《南方文物》, 2011-4.

12　강팔낭의 부인이라기보다는 며느리일 가능성이 높다.

조13를 베어 고통스럽게 만들었다. 전증팔錢曾八이 소집에 따르지 않는 것에 화를 내며, 그 집의 가마솥을 부수어 버렸다. 오증을吳曾乙 등이 소집에 따르지 않는 것에 화를 내며, 그의 머리카락을 뽑아버리고 심지어 그 집 개인 재산家私14까지 탕진해 버렸으며 또 그 집을 불살라 버렸다. 수산守山의 오강손吳姜孫이 함부로 (관청에) 달려가 알린 것에 화를 내며, 복오아卜烏兒 등 50여 명을 모아 창을 집어 들고 투구를 덮어 쓰고 지갑紙甲15을 입고 온갖 기旗幟를 내걸고, 밤새도록 횃불을 들고 "오씨 집안吳家에 불을 질러 원수를 죽이겠다"고 부르짖었다. 오 씨 집안吳家은 두려워하며 이에 대비하였고, (서로 견제하며) 한 달 남짓 대치하였다.

포병鋪兵16이 관문서遞角17를 공개하지 않는 것에 화를 내며, 마麻로 된 포승줄로 포박하였다. 해당 현縣의 서사書司18를 원망하며, 가는 길을 막고 구타하였다. 순검巡檢의 가마를 때려 부수어, 낭패를 겪고 도망가게 하였다.

---

13 條桑 : 『詩經』「豳風」·「七月」에는 "七月流火, 八月萑葦. 蠶月條桑, 取彼斧斨"이라 되어 있다. 條桑은 뽕나무의 일종으로 條桑·山桑(산뽕나무)·白桑(흰뽕나무) 등으로 나눌 수 있다.

14 家私 : 家財와 동일한 의미이다.

15 紙甲 : 紙甲은 紙와 布·絹·木棉을 사용하여 만들어 가볍고 통풍이 잘 되었기 때문에 주로 덥고 습한 중국 남부 일대에서 효율적으로 이용되었다. 보병 중에는 중장보병보다 경장보병이 착용하였고, 수군水軍도 많이 착용하였다. 지갑紙甲에 대해서는 T. H. Tsien, *Science and Civilisation in China*, vol, v-1, Cambridge University Press, 1987(revised) 114쪽; 王會瑜, 『宋朝兵制初探』, 中華書局, 1983, 277~278쪽 참조.

16 鋪兵 : 역참驛站에서 공문公文을 전달하는 병졸이다. 『金史』「章宗本紀」에는 "初置急遞鋪, 腰鈴轉遞, 日行三百里"라 되어 있다. 포병鋪兵에 대해서는 青山定雄, 「宋代における遞鋪の發達」, 『唐宋時代の交通と地誌地圖の研究』, 吉川弘文館, 1963, 164쪽; 王會瑜, 『宋朝兵制初探』, 中華書局, 1983, 279~283쪽 참조.

17 遞角 : 체포遞鋪의 주임무는 관문서의 체송遞送이었다. 이들 관문서는 실봉實封하고 다른 종이로 모퉁이를 봉하였다. 밖에는 도장을 찍거나 혹은 봉피封皮 위에 이름과 화압花押 혹은 관아인官衙印을 찍었다. 이어 가죽 통에 넣어 체송遞送되어, 체각遞角이라 했다. 그러나 남송 때는 관문서官文書를 봉기封記하는 대신 납으로 고정시켜 종이 통에 넣어 체송遞送하기도 했다. 李夢雪·侯聰玲, 「宋代遞鋪的類別和管理」, 《韶關學院學報》, 2017-1; 曹家齊, 「宋代的館驛和遞鋪」, 《華夏文化》, 1999-3.

18 書司 : 서표사書表司 내지 서사書史일 가능성이 있다. 서표사書表司에 관해서는 『청명집』「징악문」 12-18 〈詐官作威追人於死〉의 각주 참조.

지현知縣의 배를 가로막아 한밤중에 도망가게 만들었다. 더욱 놀라운 것은 지부臺府[19]가 조사에 착수하자, 배의 항로를 끊어버리고 배를 숨겼으며, 사람의 왕래를 막고, 징을 울리며 거느리고 있는 유망민流亡民인 서백구徐百九 등을 끌어 모아 지방 정부와 대치하게 하였다. 그 의도를 가늠하기 어려우며, 이변이 생기지 않는 한 그만두지 않았다. (이를) 전후해서 관사가 그 괘씸한 행위를 분하게 여기지 않는 것은 아니었는데, 다만 그 노여움을 조금이라도 건들기라도 한다면, 또다시 맞서면서 들고 일어날까 염려했기 때문에 악성 종기를 더욱 키우게 되었으며養癰護疽[20], 오늘에 이르기까지 난장판이 되어서 그러한 사태를 막을 수 없게 되어 버렸다.

만약 지주知州가 엄한 명령을 내리고, 괸리들이 계책을 세워 그 우두머리를 잡아 옥獄[21]에 가두지 않는다면, 인근 마을 일대十里之內[22]는 그들의 소굴蕭牆[23]이 되어, 그 우환은 말로 쉽게 표현하기 어려운 지경에 이를 것이

---

19 臺府 : 지부知府의 존칭으로 사용되기도 하고, 상급 관청의 존칭으로 사용되기도 한다.

20 養癰護疽 : 나쁜 일이나 나쁜 사람을 비호함으로써 결과적으로 재앙을 불러일으킨다는 의미이다(『後漢書』 列傳18, 馮衍傳, 李賢注引 「衍與任武達書」, "養癰長疽, 自生禍殃").

21 獄 : 戴建國, 「宋代의 獄政制度」, 《上海師範大學學報》, 1987-3; 張鳳仙, 「試析宋代的"獄空"」, 《河北大學學報》, 1993-3.

22 十里之內 : 『漢書』 卷19 「百官表上」에 "縣, 大率方百里"라 되어 있다. 여기서의 十里之內는 현보다 한 등급 아래의 행정단위인 현鄕 단위 정도의 구역을 지칭하는 것으로 볼 수 있다.

23 蕭牆 : 고대 궁실 안에 만들어 둔 장벽용의 낮은 담장이다(『論語』 「季氏」). 이를 원장垣牆이라고도 부른다. 중국에서 성황당이나 그밖의 여러 건물에 들어가는 대문 앞에 조벽照壁이라는 담장이 있는데, 이것을 소장蕭牆이라고 부르는 경우도 있다. "화기소장禍起蕭牆"이라는 표현이 있는데, 이러한 경우에 "소장蕭牆"은 집안·내부자·신변인을 가리킨다. 따라서, "화기소장禍起蕭牆"은 "재난이나 변란은 집안사람이나 내부자 또는 신변인으로부터 일어난다"는 의미로 해석된다. 즉, 공자孔子가 노국魯國의 노애공魯哀公이 계손씨季孫氏의 전횡발호專橫跋扈를 좌시해서는 안 된다면서, 계손씨季孫氏를 징치懲治하도록 한 사례(『論語』 「季氏」)에서 온 표현이다. 그런데, 본문에서 "소장蕭牆"에 적합한 용어를 찾기가 쉽지 않았다. "아지트"·"근거지"·"소굴" 등의 몇몇 용어를 대입代入해 보았는데, 문맥으로 보자면 "소굴"을 사용하는 것이 가장 쉽게 이해할 수 있을 듯하다. "소장蕭牆"은 명청대의 황성에 해당하는 경우도 있는데, 주로 원대에는 "紅門闌馬牆"이라고도 불리었다(『元史』 卷77, 祭祀志 6, 至元 7年). 楊寬, 『中國古代都城制度史研究』, 上海古籍出版社, 1993, 473~477쪽 참조. 특히, 명성조明成祖가 아직 연왕燕王이었을 때에 연왕부가 원 대도大都의 소장蕭牆 안에 두어졌다는 학설에서 소장의 존재가 주목받고 있다. 아라미야 마나부, 『북경 천도 연구』(전순동·임대희 옮김, 서경문화사, 2016)의 〈지도 1〉(118쪽에 있는 지도 2가

다. 잡초를 제거하지 않으면[稂莠不除]²⁴ 마침내 그것이 화근이 되고, 호랑이와 같은 맹금류虎兕를 우리에서 풀어준다면[虎兕出柙],²⁵ 그 책임은 누구에게 돌아가겠는가? 마땅히 해당 주州에서 보고해 온 것과 법관의 판결원안[擬案]에 비추어, 교수형絞首刑으로 처결해야 한다. 하지만 본관은 그 어리석음을 가엾게 여겨, 단지 목숨만은 살려주고자 한다. 일단은 사형에서 1등급을 경감해 주고, 척장脊杖 20대에 처결한 후, 3천리 떨어진 멀고 험한 주군州軍으로 자배刺配시킨다. 토뢰土牢에 가두고, 쇠를 녹여 문빗장을 접합시켜 막아버린 후, (그 자의) 생사여부를 해당 관사官司에 보고하게 하라. 또한 뇌사군령牢司軍令²⁶의 장狀과 감림관監臨官²⁷의 장狀을 발급하여, (그 자가) 도주하지 못하게 하라. 해당 주州에 공문을 보내 판결을 조회케 하고, 이에 방을 준비해 널리 알리도록 하라. 정회鄭淮 등의 뇌물수수에 관해 보고한 것은 아울러 조사를 독촉시키고, 판결이 끝나고 처벌이 완료되면 보고하게 하라. 또한 상서성尙書省에도 모든 것을 빠짐없이 보고하도록 하라.

卜元一係已行兕遇赦恩不償命之囚, 免死逃歸, 稔惡愈甚, 已略見于當職前判. 今據本州所

지)에는 소장이 주원周垣과 일치한다. 일반적으로는 황궁 속에 각 전殿을 둘러싸고 있는 담벽을 일컫는다고 보면 될 것이다. 송대에서도 이 용어가 사용되고 있었을 것이나, 송대의 궁성에 관련된 유물이 남아 있지 않으나, 개념상으로는 거의 비슷하다고 볼 수 있을 것이다.

24 稂莠不除 : '랑유稂莠'는 곡식이 자라는데 해를 끼치는 잡초와 같은 것으로 악인惡人을 비유하는 말이다. 랑유부제稂莠不除는 잡초를 제거하지 않는다는 말로써, 악인을 제거하지 않는다는 의미이다. 앞에 나온 각주 20의 養癰護疽와 유사한 의미이다.『청명집』「징악문」12-13〈爲惡貫盈〉의 각주에 실어놓은 陳旉,『農書』, 卷上, 耕耨之宜篇 第8 "稂莠不除, 終害嘉穀" 부분 참조.

25 虎兕出柙 : 虎와 兕가 목책에서 도망쳐 나오다는 뜻이다. 악인이 도망쳐 나와 나쁜 일을 함으로써, 이 악인을 주관하는 사람이 책임을 져야 함을 비유하는 말이다. 시兕는 서우犀牛와 같은 야수를 지칭하며, 합柙은 짐승을 가두는 목책을 의미한다.

26 牢司軍 : 구체적인 내용에 대해서는 미상이나, 중죄인重罪人의 혼성부대인 뇌성군牢城軍을 가리키는 것으로 생각된다. 盧俊勇,「宋代牢城軍初探」,《海南大學學報》, 2008-5 .

27 監臨官 : 염세를 비롯한 전매업무 혹은 중세징수・창고관리 그 외의 많은 재무를 담당하는 하급관원의 총칭이다. 감당관監當官이라고도 했다(梅原郁,『宋代官僚制度硏究』, 同朋舍, 1985, 194・469쪽; 郭東旭,「宋朝以贓致罪法略述」,《河北大學學報》, 2002-3; 康均・王濤,「北宋時期的倉儲管理與會計制度」,《財會學習》, 2006-4; 齊源,『淺論宋初嚴法治贓吏』,《靑海社會科學》, 1985-6참조).

申獄中情節, 及張士表等二百一十七人所訴罪犯, 如殺人性命, 窩藏盜賊, 劫掠財物, 擄掠牛羊, 姦占婦女, 燒毀人屋, 賊害人生理, 斫掘人墳墓, 前無官府, 上無朝廷, 擅造兵器, 恃一溪之險, 聚集亡命, 此其包藏禍心, 意欲何爲哉. 打死吳百五, 同打死姚四二, 搶趙寺丞牌木, 奪婺州客人布‧會, 强取楊千五樟板, 毀拆毛百七船隻, 刼取夏三衣服, 停着刺環人王曾一, 受銀杯衣服贓件, 斫鄭百四‧鄭百五桑樹, 割王千一‧徐千一‧周百一麥豆, 下至蔗芋, 生理悉爲掃蕩, 强牽汪五‧蔣百六‧鄭八四等耕牛, 强奪毛百七珍珠, 卜十八猪羊, 下至雞犬, 悉爲擄掠, 鑿掘邵四祖墓, 强斫邢奎墓木, 旣斫曾宅墳林, 又拆倒其享亭. 匿崔大家之女, 强姦踰月乃放, 占江八娘之婦, 欺詐得賂乃還. 戲方千一之妻, 怒其夫作色, 則拔其莩蔽, 搶其生麵以困之, 姦徐三之妻, 怒其夫間阻, 則鋤其桑栽, 害其條桑以苦之. 怒錢曾八不從嘯聚, 而打倂其鍋鑊. 怒吳曾乙等不從聚集, 則扯拔其髮膚, 甚至蕩其家私, 焚其屋室. 怒守山吳姜孫不合走報, 則聚卜烏兒等五十餘人持叉杖, 戴兜鍪, 披紙甲, 列旗幟, 終夕秉炬, 嘯指呼欲往吳家放火讐殺, 吳家恐懼爲備, 相持月餘. 怒舖兵不拆示遞角, 則颵索吊縛. 憾本邑書司, 則攔住毆打. 碎巡檢之轎, 俾狼狽而走. 截知縣之舟, 致中宵而遁. 尤可駭者, 臺府行下追究, 仍復斷航匿舟, 截人往來, 鳴鑼嘯聚所養亡命徐百九等, 與官爲敵, 其意回測, 不至生變不止也. 前後官司非不慎其無狀, 蓋盧一觸犯其怒, 則相挺而起, 所以養癰護疽, 以至今日潰裂而不可遏. 設非郡侯嚴明, 筆硯皆有方畧, 坐縛渠魁, 置之於獄, 則十里之內, 已迫蕭牆, 其患有未易言也. 稂莠不除, 終爲禍根, 虎兕出柙, 咎將誰歸. 所合照本州所申及法官所擬, 從絞刑定斷. 當職尙矜其愚, 欲全其一線生路, 姑與減死一等 , 決 脊杖二十, 刺配三千里遠惡州軍, 拘鎖土牢, 鎔鐵錮鎖門局, 具存亡申本司. 仍責牢司軍令狀及監臨官狀, 不許逃走. 牒本州照斷, 仍備榜曉示. 所申鄭淮等取受, 倂催根勘, 結斷訖申, 仍備申尙書省.

14-2. 살해하고 불태우다
殺人放火

채구헌(蔡久軒)

양규楊珪 일가는 흉악한 하수인들에 의해 분살焚殺되었는데 그 정황은 처참할 정도였다. 관할 주州에서는 장천오張千五·엽만일葉萬一을 범인으로 지목하고, 잿더미 속에서 나온 두 구軀의 시체가 범행을 저지른 두 명이라고 단정했다. 범행의 정황에 관해서 어떤 증거가 남아 있는가? 이 사건처리는 억측에 불과하다. 그 두 명은 양규楊珪 집안에 어떤 원한이 있어 이토록 참혹한 짓을 했단 말인가? 설령 원한이 있다고 하더라도 어떻게 범행을 저질렀던 때의 흉기가 발견되지 않는 것일까? 또한 (그들은) 응당 있어야 할 살해된 무리 곁에 있지 않았으며, 멀리 떨어진 화장실에서 사망했단 말인가? 또한 다른 범인이 그 두 명을 함께 살해했을 수도 있지 않았겠는가?

관할 주州에서는 진범을 체포하지는 않고서, 양규楊珪가 형부刑部에 소송을 제기하자 자신들의 책임을 면하기 위해 죽은 자에게 형벌을 가하고자 했던 것이다. 그 두 명이 범인이 아니라면 (그들은) 이미 불타버렸으며, 또한 육시戮尸까지 행해진다면 그들 또한 억울하지 않겠는가? 가령 두 명이 범인이었다고 하더라도 이미 불탄 시신에 벌을 주려하는가? 가령 그들의 뼈를 부수고자 했다면, (그들이) 범인임이 확실하게 밝혀낸 뒤에야 행하는 것이 순서일 것이다.

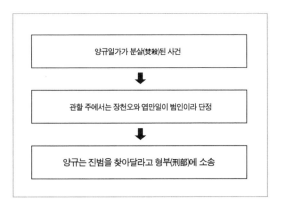

양천오楊千五는 양규楊珪에 의해 고소된 자인데, 조사를 했으나 자세한 사건 정황에 관한 조사가 이루어지지 않고 있다. (해당 州에서는) 양규楊珪 등을 수감하고 싶다고 하였는데, 이 또한 죽은 자의 원한을 풀기는 커녕 오히려 생존자의 입을 틀어막고자 하는 행위이다. 이것은 순위巡尉[28].우관吳關.보정保正의 계략計略인데, 그렇다면 죽은 자는 어떻게 되는가? 본관은 일전에

주현^{州縣}으로 하여금 다액의 포상금^{賞錢29}을 걸고 체포하는 데 주력하라고 하였다. 그런데 지금은 (주현이) 오로지 우관^隅과 보정^保에게만 강제로 포상금을 갹출^{醵出}시키고, 관사는 오로지 조그마한 손해라도 입을까 두려워하고 있다. 이와 같이 형식적인 문서 보고만 하면서 책임을 회피하려 하기 때문에, 범인이 언제 잡힐지 알 수가 없는 것이다. 판결원안^{擬案}을 갖추어 공문으로 통보하여 범인 체포에 마음을 두면서 엄중하게 체포를 행하여, 10일 기한 내로 보고하라. 유^兪현위^{縣尉}는 범인 체포에 뜻을 두지 않고, 함부로 살인방화를 하고, 육시^{戮尸}하라고 처음으로 주장했으며, 어물어물 넘길 생각을 가지고^{搪塞30} 처리한 것은 심각한 직무유기라 할 수 있다. 이전의 관례에 따라 비서^{批書}를 제출시키고 또다시 (범인 체포에) 주력하지 않는다면 별도의 안건으로 논의해서 처벌하라.

楊珪一家爲兇徒焚殺, 其禍甚慘. 本州指張千五 · 葉萬一爲行兇之人, 又指灰燼中二骸爲二人.³¹ 行兇情節, 何所證據, 此是臆度之說.³² 二人于楊珪家有何冤讐, 而爲此慘酷, 縱使有之, 何爲無行兇之具, 又不酬價于聚人之傍, 而死于僻遠之厠屋, 又安知不是別有人行兇, 倂二人而殺之. 本州不跟捕正賊, 致楊珪經部有詞, 乃欲戮尸以塞責. 使其非二賊, 則旣爲所焚, 又復戮尸, 不亦冤乎. 使其果二賊, 則尸旣焚矣, 又將焉戮. 設欲碎其骨, 亦須審其爲賊而後可. 如楊千五乃楊珪所訴之人, 亦不見根勘有無情節. 又稱欲將楊珪等送獄, 且死者冤未伸, 乃欲倂生者箝制以滅口, 爲巡尉 · 隅保之計則得矣, 如死者何. 本司昨行下, 令州縣多出賞錢堆垛緝捕, 令乃只監隅 · 保出錢, 官司惟恐傷及毫毛. 似此具文塞責, 不知賊何時可捕. 備擬行下牒知, 卽留意盜賊, 嚴行捕捉, 限十日申. 兪縣尉不留意捕盜, 縱使殺人放火, 乃創爲戮

---

28 巡尉: 순위^{巡尉}는 巡捕를 담당하는 縣尉라는 의미이다. 「징악문」 12-12과 「징악문」 12-31의 각주 "巡尉"를 참조.
29 賞錢: 감사 내지는 수고의 의미로 주는 포상금이다. 때로는 배상금의 의미로 사용될 경우도 있다.
30 搪塞은 '어물어물 넘기다' · '대충대충 해치우다' · '변명하며 발뺌하다' 등의 의미이다. '당새^{唐塞}'와도 의미는 통한다.
31 指灰燼中二骸爲二人: '신^燼'은 송판본에는 '진^盡'라고 잘못 쓰여 있는데, 상해도서관 소장본에 따라서 고쳤다.
32 此是臆度之說: '臆'은 송판본에는 '億'으로 잘못 쓰여 있었다.

尸之說, 爲搪塞之計, 可謂不職之甚, 照已行索批書, 如更不用心, 別議施行.

14-3. 방생지의 물고기를 잡고, 축성정을 파괴하다
捕放生池[33]魚, 倒祝聖亭[34]

채구헌(蔡久軒)

　　"온 하늘의 아래에 왕의 토지가 아닌 곳이 없으며, 온 땅에 왕의 신하 아닌 자가 없다普天之下, 莫非王土, 率土之濱, 莫非王臣."[35] 조시성趙時滘은 종실의 신분이면서 어찌 홀로 왕의 신하가 아니겠는가? 조시성趙時滘은 그 교활함에 의지해 난폭한 행동을 마음대로 자행하고, 함부로 엽삼葉森의 뇌물을 받고 포악한 무리들을 모으고 많은 사람들이 무리를 지어 무기를 손에 들고 방생지放生地의 물고기를 잡고, 또 방백오方百五 등 8명에게 호령해서 방생정放生亭, 즉 祝聖亭을 넘어뜨리고, 축성祝聖의 비석을 파괴시켰다. 이런 행위를 참을 수 있다면 참지 못할 일이 무엇이 있겠는가?[36] 무릇 살아 있는 사람이라면, 어찌 분개하지 않을 수 있으며, 이는 대불공大不恭[37]의 죄가 아니고 무엇이

33　放生池 : 방생지는 살생을 금지하는 불교의 가르침에 기초하여, 어류를 방생하는 연못을 지칭한다. 송대 축성정지비祝聖亭池碑가 그 부근에 지어진 것이 상징적이라 할 수 있다. 방생지에 관한 연구로는 鈴木中正,「佛教の殺生戒律が宋代の民衆生活に及せる影響について」(『宗教研究』3-1, 1941); 中村治兵衛,「唐朝の漁業政策と魚類の流通-唐代漁業史の前章」(『中央大學文學部紀要』史學科篇20, 1975); 中村治兵衛,「宋代の漁稅・魚利錢と漁場」(『中央大學文學科紀要』史學科篇28, 1983); 趙杏根,「宋代放生與放生文研究」,《上饒師範學院學報》, 2012-2; 聖凱,「佛教放生習俗的形成及其流行」,《中國宗教》, 2013-12; 馮軍,「中國古代放生事項歷史淵源簡論」,《華夏文化》, 2010-2 등이 있다.

34　祝聖亭 : 『栝蒼金石志補遺』卷2「祝聖亭池碑」에는 "祝聖是頌揚時君祝延聖壽之意耳"라 되어 있다. "축성祝聖"은 황제의 장수를 기원하는 것. 「인품문」 11-11에는 성절축성소聖節祝聖所이라는 곳도 있다.

35　普天之下, 莫非王土, 率土之濱, 莫非王臣 : 『詩經』「小雅」北山, "溥天之下, 莫非王土, 率土之濱, 莫非王臣" : 『孟子』「萬章章句上」의 "詩云, 普天之下, 莫非王土, 率土之濱, 莫非王土".

36　『論語』八佾篇에는 "孔子謂季氏, 八佾舞於庭, 是可忍也, 孰不可忍也"라 되어 있다.

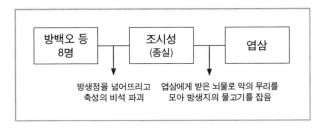

겠는가? 죄인을 법정으로 보내 철저히 조사하고, 아울러 대종정사大宗正司[38]로 보고해서 지시[指揮][39]를 받도록 하라.

엽삼葉森은 일개 교활한 백성임에도 불구하고, 누차 호부戶部와 전운사轉運使로 고소했기 때문에 단죄斷罪되고 편관編管되었다. 그러나 태연히 재물을 가지고 조시성趙時渻에게 무리들을 모으게 하여 방생지의 물고기를 잡아 올리고, 또 스스로 부하를 모아 위세를 이용하여 축성정祝聖亭 및 축성비석祝聖碑石을 부수는 등 인정人情과 천리天理를 거스른 대악인大惡人이다. 그를 척장脊杖 15대로 처벌한 후, 온주溫州의 뇌성牢城으로 자배刺配[40]하라.

방백오方百五·서부徐富·진육陳六·위백삼魏百三은 무기를 들고 축성정祝聖亭 및 축성비석을 부순 종범이므로 각각 척장脊杖 12대로 처결한 후 인근 주州로 편관해서 엄중하게[牢固][41] 구류시키도록 하라. 승려인 계영계英은 그들과 공모해서 머무르는 것을 도모하고, 돼지를 죽여 그들에게 음식을 주어

---

37 大不恭 : 십악죄十惡罪에 해당하는 범죄 행위이다. 원래 '대불경大不敬'이지만 송宋 태조 조광윤의 조부인 조경趙敬의 휘諱를 피하기 위해 '恭'을 사용했다. 『송형통宋刑統』에는 당연히 '大不恭'이라 되어 있다.

38 大宗正司 : 제1판初版에는 太宗正司라고 되었으나, 제2판부터 大宗正司라고 수정되었다. 太宗正司는 大宗正司의 오기誤記였을 것으로 생각된다. 『宋史』 卷164, 職官 "(大宗正司)掌糾合族屬而訓之以德行·道藝, 受其詞訟而糾正其惡違, 有罪則先劾以聞, 法例不能決者, 同上殿取裁. 또 중앙에 있는 대종정사大宗正司에 대해, 지방의 종실을 감독하는 관청으로, 外宗正司가 설치되었고, 남송에서는 西外宗正司福州·南外宗正司泉州 등이 있었다.

39 指揮 : 상서성尚書省이나 육부六部에서 하급 기관에 내린 칙문勅文을 지칭하기도 한다. 혹은 이를 바탕으로 내린 상급기관의 명령이나 지시 등을 지칭한다. 이에 대해서는 『청명집』 「징악문」 13-9 〈敎令誣訴致死公事〉, 「징악문」 13-20 〈叔誣告姪女身死不明〉의 각주 참조.

40 刺配 : 「징악문」 12-1 〈逼姦〉의 각주 참조.

41 牢固 : '엄중하게·견고하게·단단하게'라는 의미이다.

위로하는 등의 범죄를 저질렀는데 이는 정리^{情理}에 비추어 보더라도 그 죄가 매우 무거우므로 감장^{勘杖} 100대에 처결하고, 도첩^{度牒}을 폐기처분시키고, 인근 주^州로 편관^{編管}시켜라. 지금 주원^{州院}에 공문을 보내어서^{解上,42} 본관^{本官}, 제점형옥사^{提點刑獄司43}의 판결을 지주^{知州}에 알리고, 시조^{市曹}에 방^榜을 붙여 알리도록 하라.

普天之下, 莫非王土, 率土之濱, 莫非王臣. 趙時渚身爲宗子, 獨非王臣乎. 恃其奸猾, 敢肆兇暴, 輒受葉森財囑, 聚集兇徒, 百十爲群, 操持兵器, 劫取放生池魚, 又喝令方百五等八人拽倒放生亭, 打破祝聖石碑. 是可忍也, 孰不可忍也. 凡有血氣, 孰不憤駭, 非大不恭而何. 送案具檢, 倂申大宗正司取指揮. 葉森以一頑狡民戶, 累經戶部, 運使斷罪編管, 乃敢用財買使趙時渚, 聚衆劫取放生池魚, 又自聚集持杖, 會合從吏, 乘勢打壞祝聖亭碑, 情理巨蠹, 決脊杖十五, 刺配溫州牢城. 方百五·徐富·陳六·魏百三, 係持杖隨從打壞祝聖亭碑之人, 各決脊杖十二, 編管隣州, 牢固拘管. 僧介英叶謀停著, 殺猪犒衆, 情理尤重, 勘杖一百, 毀抹度牒, 編管隣州. 只今帖州院解上本司斷, 仍備榜市曹.

14-4. 소송장에 두 개의 이름을 사칭하다
一狀兩名

채구헌(蔡久軒)

본래의 이름은 하천일^{夏千一}인데, 이전에는 하시부^{夏時富}라는 이름을 사칭하고, 지금은 다시금 하신^{夏申}이라는 이름을 사칭하고 있는데, 이로써 그 교활함을 엿볼 수 있다. 소환장이 도착함에 이르러서는 이미 도망하여 출두하지 않으므로 보증인을 압송해서 취조하라. 또 방^榜을 붙여 "무

---

42   解上 : 여기에서의 '解'는 '발송하다'라는 의미이다. 단, 자신보다 아랫사람에게 발송하는 데 '上'을 쓰고 있는 점이 눈에 뜨인다. 『징악문』 12-8 각주 "解上"을 참조.

43   이 판결문을 작성한 채구헌^{蔡久軒}은 당시 강남동로^{江南東路}제점형옥사^{提點刑獄司}에 부임하고 있었을 가능성이 높다.

릇 금후 소송을 할 경우, 두 개의 이름을 사칭하는 것은 허락하지 않는다. 만일 두 개의 이름을 사칭한 경우 개탁사^{開拆司}[44]는 결코 이 소송을 수리해 서는 안 된다"고 하라.

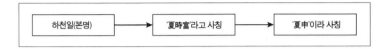

本是夏千一, 先作夏時富名, 今又作夏申名, 可見姦滑. 及至喚狀, 又逃避不出, 就保識人 名下押上取問. 仍榜示, 應今後投狀人不許作兩名, 如作兩名者, 開拆司並不許收受.

44   開拆司 : 삼사^{三司}에 속해 있다. 황제의 명령이나 諸州의 공문公文을 접수하여, 염철鹽鐵 · 탁지度支 · 호부戶部에 발송하는 역할을 하였다. 아울러 삼사발방사^{三司發放司} · 구착사勾鑿 司 · 최구사催驅司 · 수사사受事司 · 아사衙司 등의 사무도 담당하였다. 개탁사^{開拆司}의 치폐置 廢에 관해서는 정제定制가 없다. 『宋史』卷163, 「職官志」 三司使에는 "開拆司, 判司官一人, 以朝官充. 掌受宣勅及諸州申牒之籍, 發放以付三部, 兼掌發放 · 勾鑿 · 催驅, 受事"라고 되어 있다. 范學輝, 「兩宋三衙考 ― 以衙署爲中心」, 《文史》, 2014-3; 李文靜, 「宋代法吏之 名目及職掌考」, 《周口師範學院學報》, 2010-6; 黃亞娟, 「北宋三司使職能探析」, 《鄭州輕 工業學院學報》, 2009-3; 李金水, 「論北宋職役的財政屬性及其影響」, 《廈門大學學報》, 2006-4.

14-5. 소송 사건을 좌지우지하고, 양민을 속여서 편취하는 등 그 죄악이 산더미처럼 쌓이다

把持公事⁴⁵欺騙良民過惡山積

송자목(宋自牧)⁴⁶

당흑팔^{唐黑八}과 장흑염이^{蔣黑念二} 두 사람은 두 강^{湘江과 蒸水}이 합류하는 지

---

45 公事 : 넓은 의미에서는 '관청의 공무^{公務}'를 지칭한다. 그러나 좁은 의미에서 '형사소송, 민사소송이나 혹은 민사·형사소송 사건' 등을 지칭하기도 한다. 『청명집』에서의 '公事'는 대체로 '민사·형사소송과 같은 소송 사건'을 의미하는 것이 많다. 申忠玲, 「宋代的走馬承受公事探究」, 《青海社會科學》, 2011-5; 黃玉環, 「提點刑獄公事與審刑院 禦史台推勘官」, 《貴州民族學院學報》, 2005-5; 李之亮, 「北宋開封府界提點官考」, 《華北水利水電學院學報》, 2002-1; 石濤, 「北宋提點刑獄司研究」, 《聊城大學學報》, 2003-1; 王曉龍, 「論宋代提點刑獄司在地方"三農"事務中的作用」, 《中國經濟史研究》, 2010-1.

46 송자목^{宋自牧}에 대해서는 이미 「징악문」12-20에서 소개하였는데, 이에 덧붙여서 그가 편찬한 『세원집록^{洗冤集錄}』과 관련된 사항을 소개해 놓을 필요가 있다. 한국에서『세원집록』에 대한 연구자로서는 최해별(이화여대)교수가 있다. 그 가운데 최해별교수의 관련 업적에 관해서는 본 책의「참고문헌」에 밝혀놓았다. 송자목이 편찬한『세원집록』은 당시까지 축적된 검시^{檢屍} 지식을 체계적으로 정리한 결과물이다. 여러 책에 흩어져 있거나 구전되어 오던 검시 지식을 정리하고, 당시의 지방관들이 실제로 검시할 때에 참고할 수 있도록 하였다. 최해별, 「宋代 檢屍 지식의 사인^{死因} 분류 배경」, 『의료사회사연구』제1집, (2018); 崔佩姮·陳茜, 「『洗冤集錄』的史料價值」, 《宿州學院學報》, 2017-6; 黃瑞亭, 「『洗冤集錄』與宋慈的法律學術思想」, 《法律與醫學雜志》, 2004-2; 張小玲, 「從『洗冤集錄』看宋慈司法刑事檢驗的法律思想」, 《蘭台世界》, 2015-6; 任慶華, 「從『洗冤集錄』看宋代法治思想發展」, 《蘭台世界》, 2016-12; 黃瑞亭·胡丙傑·陳玉川, 「宋慈『洗冤集錄』與法醫昆蟲學」, 《法律與醫學雜志》, 2000-1; 張連擧, 「從『洗冤集錄』看屍傷檢驗之審愼」, 《政法學刊》, 2016-4; 韓健平, 「『洗冤集錄』"監當官"考」, 《自然科學史研究》, 2019-2; 錢崇豪, 「宋慈與中國司法鑒定」, 《中國司法鑒定》, 2006-1; 丁燁, 「南宋『洗冤集錄』研究綜述」, 《法制與社會》, 2012-5; 王菲, 「宋慈『洗冤集錄』與宋朝司法鑒定淵源探析」, 《蘭台世界》, 2014-5; 田莉姝·成思亮, 「從『洗冤集錄』看宋代刑事司法糾錯制度存在的缺陷」, 《貴州大學學報》, 2016-6; 張克偉, 「從『洗冤集錄』談談宋慈對我國古代法醫學的貢獻」, 《貴州師範大學學報》, 1994-3; 黃瑞亭·陳新山, 「對『洗冤集錄』中特殊方式窒息死亡論述的探討」, 《中國法醫學雜志》, 2010-6; 路楊, 「宋慈與南宋刑事偵查制度考析」, 《蘭台世界》, 2014-3; 管成學, 「論宋慈與『洗冤集錄』研究中的失誤及原因」, 《文獻》, 1987-1; 黃瑞亭, 「宋慈『洗冤集錄』與宋朝司法鑒定制度」, 《中國司法鑒定》, 2006-1; 茅曉, 「『洗冤集錄』在法醫學上的成就淺析」, 《遼寧中醫雜志》, 1992-10; 何勤華, 「論宋代中國古代法學的成熟及其貢獻」, 《西北政法學院學報(法律科學)》, 2000-1; 張松, 「『洗冤錄彙校』整理說明及『洗冤錄』研究索引」, 《法律文獻信息與研究》, 2007-1참조.

역[47]의 현민縣民의 소송을 좌지우지하였는데, 그 죄악은 산처럼 쌓여 현민들로부터 크게 원성을 사고 있었다.

지금 형주衡州에서는 거짓[虛僞] 보고를 해서 대가를 바라고 있는데, 아직 이것은 지엽적인 문제에 불과하다. 단지 당자여唐自如의 소송장을 자세히 읽어보면 비통한 기분이 든다. 이 주州의 서리胥吏의 악명[吏强][48]은 천하에 알려져 있고, 게다가 이 두 명의 사나운 무리는 향촌鄕村과 성시城市에 세력을 장악하고 있었는데, 만일 그들을 제거하지 않는다면 우리 현민들은 그들의 먹잇감이 될 것이다[吾民其爲魚肉矣].[49]

당흑팔唐黑八은 목에 칼[枷]를 씌워 형양현衡陽縣으로 보내 취조하고, 소송한

---

47 이 지역은 형양현衡陽縣이다.

48 "吏强官弱": 송대에 서리胥吏가 발호하였던 정황을 대표적으로 표현하는 말로서, '吏强官弱' 또는 '吏能制官'이라는 말이 있다. 이로써 판관判官 및 관료의 위기의식도 자자刺字라는 중형重刑을 서리에게 부과한 이유가 될 수 있겠다. 그래서 吏는 강하고 官은 약하며, 吏가 官을 제압하는 경우가 발생했고 실제로 판관은 향촌사회에서 그런 현상을 목격하고 인지하였다. 지방관, 즉 판관의 고투苦鬪의 기록인『청명집』에 보이는 바와 같이 지방관의 행정을 방해하는 최대의 적은 역설적이게도 지방관의 행정을 보좌하는 데 필요불가결한 서리였다고 해도 과언이 아닐 것이다. 그러므로 중앙관료들은 서리를 통제하기 위한 강력한 형벌刑罰을 만들었고 서리계층에 대한 멸시풍조와 부정적 인식으로 인해 판관의 법적용 역시 다른 계층에 비해 상대적으로 강력했다고 보인다. 따라서 향촌鄕村에서 그러한 현상을 인지했던 판관은 서리를 견제하며 자자에 처하고 향촌에서 영향력을 발휘할 수 없도록 배류配流하였던 것이다. 자자에 처해진 자들의 신분 혹은 직업적 경향성을 분석해 볼 때, 서리가 압도적으로 많지만 다음으로 다수 나타나는 자들은 화도譁徒 또는 호횡豪橫이라고 불리는 사람들이다. 그들은 주로 지역의 실력자로서 재판과 관련된 분쟁에 많이 개입하였다. 소송에 개입하는 화도 들은 대체로 형세지가形勢之家나 사인士人·서리 등인데, 이 중에서 가장 다수를 점하는 것이 서리였다. 결국 판어判語에서 화도로 나오는 자들도 대부분 서리 출신이라는 것이고, 자자에 처해지는 직업적 경향성이 더욱 뚜렷해진다(남현정, 「宋代 刺字刑의 시행과 사회적 인식의 변화」, 임대희 엮음,『판례로 본 송대사회』, 민속원, 2019, 360~399쪽 참조). 張本順, 「"吏强官弱, 浸以成風": 宋代奇特司法現象的內在機理解讀」,《法制與社會發展》, 2013-5; 張正印, 「宋代司法中的"吏强官弱"現象及其影響」,《法學評論》, 2007-5; 周源, 「宋代"吏强官弱"現象之探析」,《雁北師範學院學報》, 2006-4; 趙忠祥, 「試析宋代的吏强官弱」,《西北師大學報》 37-2, 2000.

49 吾民其爲魚肉矣:『史記』卷7「項羽本紀」에 "樊噲曰, 大行不願細謹, 大禮不辭小讓. 如今人方爲刀俎, 我爲魚肉, 何辭爲"라 되어 있다. 역대 중국에서는, 백성이 감옥 안에서 서리들의 먹잇감[嚇鱉]이 된다는 표현이 자주 일컬어지고 있다. 吳鈞, 「淸代監獄的"非正常"死亡」,《領導文萃》, 2010-16.

자[詞人, 原告]는 관할 감사[本司]에 인계한다. 또 해당 주[本州]50에 방[榜]을 붙이고 장념이[蔣念二]를 처벌한 예[例]에 따라 피해자를 소환해서 고소하게 하고, 아울러 주[州]의 통판[通判]에 공문을 보내고, 주[州]의 직관[職官]51에게 공문을 보내 백성의 소송을 수리하고 보고하게 한다. 장당흑팔[蔣堂黑八]은 목에 칼을 씌우고[首枷], 아울러 장백이[蔣百二]·당구이[唐九二]는 소송장에 쓰인 주모자[狀首]인 당자여[唐自如]와 그의 아버지 당소사[唐少四]와 함께, 최초의 서류[案祖]52를 공문에 첨부해서 보내고, 형양현[衡陽縣]53으로 압송해서 대조시켜 심의하고[照勘],54 3일을 기한으로 해서 보고하게 하라.

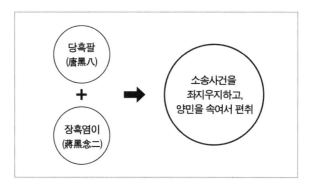

唐黑八與蔣黑念二, 兩人同把握二水一縣民訟權柄, 過惡如山, 怨嗟盈路. 今州妄陳冒賞, 是特小事. 只詳唐自如一詞讀之, 令人悲酸. 此郡吏強之名, 聞於天下, 重以此兩虎分霸在鄉在市, 若不剝除, 吾民其爲魚肉矣. 唐黑八枷送衡陽縣勘, 詞人隨司, 仍榜本州照蔣念二例, 召被害人陳訴, 併牒通判·帖職官受民訴緤申. 蔣堂黑八枷項, 幷蔣百二·唐九二, 同狀首唐自

50   여기에서의 해당 주는 형주[衡州]이다.
51   職官 : 일정한 직무[職務]를 지닌 관리[官吏]를 범칭하는 말이다. 여기서는 주[州]에 있어서 소송을 수리할 때 그 내용을 분류하여 상관에게 올리는 역할을 맡은 관리를 지칭한다.
52   案祖 : 제사의 주신[主神]을 안조[案祖]라 하지만, 여기서는 '소송 사건에서 최초의 서류'라는 의미로 사용되었다.
53   衡陽縣 : 형호남로[荊湖南路] 형주 관할이다.
54   照勘 : 조감[照勘]은 核查라는 의미로서, '검증하다'·'대조 검사하다'·'조사 검토하다' 등으로 번역할 수 있다. 『元典章』「刑部」1, 刑名에는 "凡有刑省刑名事理, 多送本部照勘, 擬定呈省"이라고 되어 있다.

如及父唐少四, 幷案祖帖押下衡陽縣照勘, 限三日具申.

14-6. 검법관의 판결원안
檢法書擬[55]

당재[唐梓]는 소인[小人] 중에서도 사악한 사람이다. 처음에는 사기도박으로 부잣집 불초자[不肖子]인 원팔[袁八]의 전[錢] 8천 관[八千貫]을 편취하여[博得][56] 집안을 일으키고, 세력을 확장해서 공리[公吏]와 결탁하여 서로 연락하는[計會][57] 역할을 하며 함부로 옥구[獄具]를 설치하여 향촌을 좌지우지했다. 민호[民戶]의 허위소송[白詞][58]을 수리했을 뿐 아니라 허위소송장[白狀][59]을 직접 작성하는 등 온갖 욕심[溪壑之欲][60]으로 가득 차 있었다. 예를 들면 타인의 매점매석[閉糶][61]을 무고해서 곧장 당정이[唐正二]를 체포하여 전[錢] 400관[貫]을 편취한 뒤에 그만 두었다. 또 염객[鹽客]을 가두어 두었다[停着][62]는 이유로 장칠삼[蔣七三]을 체포하여 은[銀] 500관[貫]을 편취한 후 풀어주었다. 또한 염호[染戶][63]가 비단을

55　檢法書擬 : 劉馨珺, 「宋代判決文書中"檢法擬筆"的原則」, 《法制史研究》11, 2007; 趙宏‧賈文龍, 「法之權衡 : 宋朝州級審判中的"檢法"環節探論」, 《理論導刊》, 2015-11.

56　博得 : '취득하다'‧'얻다'라는 의미이다. 여기에서는 사기도박으로 다른 사람의 금전을 획득한 것이므로 '편취하다'로 번역해 둔다.

57　計會 : '연락하다'‧'조회[照會]하다'라는 의미이다.

58　白詞 : '관청의 날인을 받지 않은 상태의 기소장인 백장[白狀]을 접수한 것'을 말한다. 때로는 의미가 확대되어 '허위소송'의 의미로 사용되기도 한다.

59　白狀 : '관청의 날인을 받지 않은 상태의 기소장'을 말한다. 따라서 '허위소송장'으로 번역해 둔다. 邵天松, 「黑水城出土宋代漢文社會文獻詞語例釋」, 《漢語史學報》, 2018-2.

60　溪壑之欲 : '온갖 욕심'을 비유하는 말로, 『資治通鑑』卷176, 陳紀, 禎明 二年에는 "陳叔寶據手掌之地, 恣溪壑之欲"이라 되어 있다.

61　閉糶 : 상인이 곡물을 쌓아두고 팔지 않는 행위를 지칭한다.

62　停着 : 정축[停蓄]‧정적[停積]과 같은 용어로서 어떤 로에 머물게 하고 이동하지 못하게 한다는 의미이다.

63　染戶 : 방직업에 종사하는 전문직으로는 기호[機戶]와 염호[染戶]가 있다. 염호[染戶]는 "염색과 관련된 일을 하는 戶"를 지칭하는 말이다. 陳國燦, 「南宋江南市鎮與農村城鎮化現象」, 《四川大學學報》, 2006-1; 姜錫東, 「宋代商業信用析論」, 《中國經濟史研究》, 1989-4; 陳國

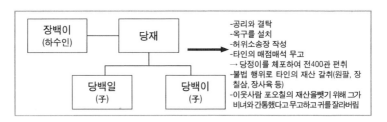

훔쳤다고 무고하여 장사육^{蔣四六}으로부터 전^錢 67관^貫을 편취한 뒤 그 고소를 취하하였다. 또 구인장^{文引64}이 있어 재판에서 증언을 하겠다고 사칭하면서 장사팔^{蔣四八}을 체포하여 십팔계관회자^{十八界官會65} 3백 관^{三百貫}을 편취하였다. 또 백성의 고소가 관청에 접수되자 진덕일^{陳德一}이 (타인에게) 체포되도록 할 것이라고 (협박하면서) 전^錢 1백 관^{一百貫}을 편취하였다.

그 외에 여러 당 씨·장 씨들한테도 사건을 날조해 체포당하게 하여 전^錢 310관^{三百十貫} 혹은 6,70관^{六·七十貫}을 뜯어내는 등 그 악행은 일일이 열거할 수 없을 만큼 많다. 이웃집 사람^{隣舍} 표오칠^{表五七}의 재산을 빼앗기 위해 모의할 때에는 그와 그의 비녀^{婢使}가 간통하였다고 무고^{誣告}하고 그를 잡아들여 귀를 잘라버리기도 하였다. 이 모든 사건은 위법^{違法}이고 흉악한데, 주현^{州縣}의 공리^{公吏}는 모두 그와 친분^{親故66}이 있어 피해자들은 감히 그를

燦·吳錫際,「南宋時期江南農村市場與商品經濟」,《學術月刊》, 2007-9.

64　文引: 본래 통행증을 의미하는데, 문맥상으로 볼 때, '구인장' 내지는 '체포할 수 있는 문서' 등을 의미한다고 볼 수 있다.

65　十八界官會: 十八界官會子와 동일한 의미이다. '界'는 지폐인 관회^{官會}의 유통기간을 말하는 것으로, 송대에는 일반적으로 3년마다 구지폐를 신지폐를 바꾸었다. 그러므로 통상 3년이 1界가 되는 셈이다. 18계회자^{十八界會子}는 端平 3년(1236)에 발행되기 시작했는데, 당시에 몽고대군이 국경으로 대거 밀려왔으며, 남송이 전쟁에 맞대응하였으므로, 군비^{軍費}가 엄청나게 증가하였다. 따라서 순우^{淳祐} 7년(1247)에 17계회자와 18계회자를 영구히 유통하는 것으로 규정하였다(周慶忠,「桂林發現南宋"十八界會"錢牌」,《廣西金融研究》, 2003-2; 杜文玉·王克西,「宋代紙幣的發行、回籠、兌換與買賣」,《史學月刊》, 1992-1; 淩忠明,「南宋和州鉛錢牌」,《中國錢幣》, 1990-4; 加藤繁,「北宋四川交子の界分について」,『支那經濟史考證』下, 東洋文庫, 1953; 曾我部靜雄,「南宋の紙幣」,『宋代財政史』生活社, 1941 참조).

66　親故: 친척과 친구를 지칭한다.

지목할 수 없었다. 당자여^{唐自如} 등이 진술한 것은 모두 사실이며, 편취한 전^錢은 총 10,118관^貫에 이른다. 그것을 법률 규정인 "잡범사죄^{雜犯死罪}"[67]에 비추어 본다면 당재^{唐梓}는 죽어 마땅하다. 우선 당재^{唐梓}를 척장^{脊杖} 20대에 처한 후, 광남의 원악주군^{遠惡州軍}으로 자배^{刺配}하고, 아울러 그의 재산을 몰수하고 토뢰^{土牢}에 영구히 구속시키도록 하라. 당백일^{唐百一}·당백이^{唐百二}는 아버지의 악행을 도왔고, 장백이^{蔣百二}는 흉악한 하수인이 되었으므로, 당재^{唐梓}가 평소 일반 백성을 체포하고 재물을 편취할 수 있었다. 이 세 사람은 모두 함께 행동했으므로 당백일^{唐百一}[68]·당백이^{唐百二}는 각각 척장^{脊杖} 20대로 처결한 후 1천 리로 유배하며, 아울러 영구히 구속시킨다. 장백이^{蔣百二}는 척장^{脊杖} 17대에 처한 후 1천 리에 배류시키며, 장물의 액수를 명확히 파악하여 처리한다[監臟].[69] 조수^{趙秀}는 원래 관기^{官妓}[70]였으나 적^籍을 이탈해

---

67 雜犯死罪 : '死罪'는 크게 정범사죄^{正犯死罪}, 진범사죄^{眞犯死罪}와 잡범사죄^{雜犯死罪}로 나눌 수가 있다. 동일한 사형 죄에 해당하더라도, 잡범사죄는 정범사죄보다 여러 가지 정상참작이 될 수 있다는 점에서 구별된다. 「징악문」 12-32 각주 雜犯死罪 참조.

68 원문에는 唐百二만 나와 있으나, 문맥상으로 볼 때 唐百一까지 포함하고 있다.

69 監臟 : '장물^{臟物}을 검토[鑒]한 뒤에 처리한다'는 의미이며, 장물의 액수를 명확히 파악하여 처벌한다는 뜻으로 이해하는 것이 나을 듯하다. 『청명집』에서는 "감장^{監臟}" 뿐 아니라, 판결에서 "면감장^{免監臟}"이라는 구절도 자주 쓰이고 있다. 이 경우에는 여러 가지 죄를 처벌하면서, 굳이 장물^{臟物}에 대해서는 처벌하지 않겠다는 의도로 읽혀진다. 「징악문」에서 다루고 있는 감장^{監臟}은 「징악문」 권 12-5 〈僧官留百姓妻反執其夫爲盜〉, 「징악문」 권12-9 〈兵士失妻推司受財不盡情根提〉, 「징악문」 권12-21 〈檢法書擬〉, 「징악문」 권12-28 〈檢法書擬〉, 「징악문」 권13-32 〈騙乙〉, 「징악문」 권14-6 〈檢法書擬〉에서 보이는데, 이는 부정한 방법으로 얻은 재물에 대해서는 그 장물의 액수를 명확히 파악하여 처리한다는 의지의 표현이라고 할 수 있을 것이다. 또한, 『續資治通鑑』 卷173에는 (淳佑11年 11月) "癸卯, 蠲大理寺, 三衙, 臨安府屬縣見監臟賞錢"이라던가, "五月, 癸酉, 以久雨, 蠲大理寺. 三衙. 臨安府屬縣見臨臟賞錢"라는 구절이 보이고 있으나, 이는 屬縣이 보관하고 있는 보관물자로 포상을 한다는 의미로 보아야 할 것이다. 이 부분에 대해서는, 鄧小南 교수의 교시敎示를 받았다. "監臟"에 대한 구체적인 사항에 대해서는, 「징악문」 권12-5 〈僧官留百姓妻反執其夫爲盜〉의 각주 監臟을 참조하고, "免監臟"에 관해서는 「징악문」 권12-19 〈治豪橫懲吏姦自是兩事〉을 참조.

70 官妓 : 관기^{官妓}에 대해서는 岸邊成雄, 「宋代の妓館」(『東京大學敎養學部人文科學硏究科紀要』11), 『歷史と文化』 II, 1957; 曾我部靜雄 「宋代の公使錢と官妓」, 『文化』 28-3, 1964; 柳雨春, 「身體的消費 : 宋代官妓的差排、祗應與國家權力」, 《宋史硏究論叢》, 2015-1; 楊

당재^{唐梓}의 첩이 되었다. 도리에 어긋난 수단으로 얻은 재물^{悖入之財}[71]은 모두 그녀의 수중으로 들어갔으며, 사건이 드러나자 많은 자금을 풀어 뇌물^{行用}[72]로 사용하였다. 척장^{脊杖} 12대로 처결한 후 웅초채^{雄楚寨}로 압송하여, 병사^{戌兵}에게 활을 주어 가장 많이 적중시킨 자의 처로 삼도록^{與戌兵射給多中者爲妻}[73] 하라. 원만일^{袁萬一}은 조대저^{趙大姐}가 소유하고 있는 의복을 맡아 보관하고 있었고, 그후 스스로 반성하고 있으므로 감장^{勘杖} 100대에 처한다. 당구이^{唐九二}는 당자여^{唐自如}에게 협박당해 집을 매입한 전주^{錢主}이므로 처벌할 죄상^{罪狀}이 없어 석방한다.

唐梓, 小人中之狼虎也. 始者以騙賭, 博得富室不肖子袁八錢八千貫成家, 增長氣勢, 交結公吏, 計會允役, 私置獄具, 縱橫鄕落, 不惟接受民戶白詞, 抑且自撰白狀, 以飽溪壑之欲. 或誣人閉糶, 徑自收縛唐正二, 騙去錢四百貫而後已. 或以停着鹽客, 收捉蔣七三, 騙去銀五百貫而後放. 或誣賴染戶取羅, 騙去蔣四六錢六十七貫而後休. 或詐稱有文引, 勾追證對公事, 捉縛蔣四八, 騙去十八界官會三百貫. 或因民訴到官, 及執陳德一唆使捉縛, 騙錢一百貫. 其他如諸唐·諸蔣被其妄生事端捉縛, 或取受錢三百十貫, 或六·七十貫, 不可勝計. 以至謀奪隣舍表五七屋業, 妄執其與婢使通姦, 收捉本人, 而割去其耳. 件件違法, 事事兇强, 州縣公吏, 皆其親故, 被害者莫敢誰何. 如唐自如等所陳, 具有其實, 總計贓錢一萬一百一十八貫零, 揆之雜犯死罪, 唐梓一死有餘, 欲且將唐梓決脊杖二十, 刺配廣南遠惡州軍, 仍籍沒家財, 永鎭土牢不放. 唐百一·唐百二濟父之惡, 蔣百二爲强惡爪牙, 凡唐梓平日捉縛平民欺騙, 此三人者無往不俱, 欲將唐百二各決脊杖二十, 配千里, 幷永鎭, 蔣百二決脊杖十七, 配一千里,

果 柳雨春,「宋代國家對官員宿娼的管理」,《武漢大學學報》, 2011-1; 曹明升,「宋代歌妓與宋詞之創作及傳播」,《雲南社會科學》, 2004-3 참조.

71 悖入之財 : 패입패출^{悖入悖出}과 유사한 의미이다. 즉 부정한 방법으로 재물을 얻음을 뜻한다. 『禮記·大學』에는 "是故財聚則民散, 財散則民聚. 是故言悖而出者, 亦悖而入, 貨悖而入者, 亦悖而出"라고 되어 있다.

72 行用 : "수수료" 혹은 "중개료" 등을 의미한다.

73 與戌兵射給多中者爲妻 : "수병^{戌兵}에게 활을 주어 가장 많이 적중시킨 자의 처로 삼도록" 하는 것을 당시에는 사사^{射殺}라고 불렀다. '사사'는 간통죄를 범한 부인을 병영에 보내 병사의 처로 만드는 형벌로서 쓰이기도 한 모양이다. '사사^{射殺}'에 관해서는 『청명집』「징악문」 12-8 〈因姦射射〉의 각주 참조.

監臨. 趙秀本是官妓, 脫籍與唐梓爲小妻, 凡悖入之財, 皆其收掌, 及事敗露, 乃敢挾厚貲爲之
行用, 欲決脊杖十二, 押下雄楚寨, 與戍兵射給多中者爲妻. 袁萬一爲趙大姐搬挈衣物寄附,
後能自督, 欲勘杖一百. 唐九二係唐自如被逼買屋錢主, 無罪可科, 欲並放.

14-7. 판결 확정
斷

송자목(宋自牧)

당재唐梓는 각종 각양百端[74]의 방법으로 소송을 날조하고, 한편으로는
선량한 백성으로부터 (재물을) 편취하였다. 그 탐욕스러움은 승냥이나 이
리보다 심했고, 그 흉폭함은 호랑이나 표범보다도 심했다. 공리公吏는 오
로지 그 부름에 호응하여 따를 뿐이었고, 주州의 관리들마저 꼼짝 못했다
[控持].[75] 지금 옥관獄官이 조사한 부분과 법관法官이 작성한 판결원안擬은 그
중의 한두 가지에 불과하다. 그의 이해관계에 가장 가까이 관계하고 있
는 것은 그들과 결탁하고 있는 동만인峒蠻人[猺獠][76]들인데, 그들과 동료가 된
다든지, 그의 하수인이 된다든지 하면서, 모두 당재唐梓의 지휘를 따른 것
이다. 평상시에는 백성을 가혹하게 착취하여[推肌剝髓][77] 아무 것도 남기지
않았고, 유사시에는 싸움을 부추겨 반란反亂을 일으키며[挑變激釁],[78] 포상褒賞
을 바라기도 했다. 이제 겨우 동만峒蠻의 반란을 평정한 후이므로, 지금은
민심을 수습할 때이다. 만약 악惡의 원천을 제거하지 않는다면 반드시 그
화근이 남게 될 것이다[養虎遺患].[79]

---

74 百端 : '다종다양한' · '각종각양의' · '모든 방법' 등의 의미를 지니고 있다.
75 控持 : '장악하다' · '통제하다' · '제어하다'는 의미이다.
76 猺獠 : 동만峒蠻이며, 동만은 중국 서남부의 만인蠻人을 일컫는 말이다.
77 推肌剝髓 : 推는 椎의 의미이며, "推肌剝髓"는 椎膚剝髓라고도 하는데, 잔혹하게 수탈하
     다라는 의미이다.
78 挑變激釁 : "구실을 만들어 분쟁이나 분란을 야기시키다"는 의미이다.

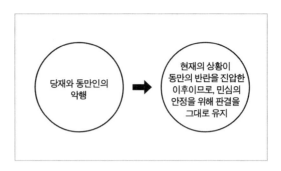

산더미처럼 쌓여 있는 그의 악행을 규명하여 보면, 만 번을 죽이더라도 그 대가를 치르기에는 부족하다. 만약 그의 악행을 질책하려고 한다면 법률^{三尺}80에 의거하여 처벌하고 용서해서는 안 될 것이다. 그러나 우선 현재 법관^{法官}이 정한 상형^{常刑}81에 따라 처벌하고, 태평 시대에 또다시 중형^{重典}82을 부과하고 싶지는 않으므로 체포하여 원래의 판결을 따르도록 하라. 또한 관할 감사^{監司:本司}에 보고하고, 방^榜을 붙여 이를 알리도록 요청하고자 한다.

唐梓撰造百端詞訟, 騙奪一方善良, 貪虐甚于豺狼, 兇暴烈于虎豹, 公吏惟所號召, 州郡爲其控持. 今獄官所勘, 法官所擬, 僅得其一二爾. 其最干繫一方利害者, 所交所結, 無非猾獠,

---

79   養虎遺患 : 호랑이를 죽이지 않고 남겨두어, 후환이 일어난다는 의미로, 나쁜 사람이나 나쁜 일들을 방치함으로써, 후환^{後患}을 남기게 된다는 것을 비유한다. 양옹이환^{養癰貽患} · 방호귀산^{放虎歸山} · 후환무궁^{後患無窮} 등과 유사한 의미이다. 『史記』 卷7, 「項羽本紀」에는 "楚兵罷食盡, 此天亡楚之時也, 不如因其機而逐取之. 今釋弗擊, 此所謂養虎自遺患也"라고 되어 있다.

80   三尺 : 여기서는 법률을 지칭하는 말로, 고대에는 법률 조문을 삼척^{三尺} 길이의 죽간^{竹簡}에 기록하였기 때문에, 법률을 '삼척법^{三尺法}' 혹은 '삼척^{三尺}'이라 한다. 「징악문」 13-2에 있는 三尺에 관련된 각주를 참고하기 바람.

81   常刑 : 일반적인 법률에 비춰 판결한 형벌이라는 뜻으로 구체적인 법이 아니라 이상적인 의미를 담고 있다.

82   重典 : 重法이라는 의미이다. 『周禮』 「秋官」 〈大司寇〉에는 "刑亂國用重典"이라 되어 있고, 鄭玄의 注에 "用重典者, 以其化惡伐滅之"라 되어 있다. 李麗, 「中國刑法中的重典治吏」, 《法制與社會》, 2007-3; 章深, 「北宋 "盜賊重法" 解析 — 兼論 "刑亂國用重典"的法律傳統」, 《開放時代》, 2005-1.

作敵作使, 皆聽指揮, 平時則推⁸³肌剝髓, 不遺秋毫, 有事則挑變激釁, 欲邀功賞. 方當剗平峒寇之後, 正是安輯人心之時, 若不殺草除根, 必至養虎遺患. 原其積惡, 雖萬死不足贖, 若更誅心, 尤三尺所不容, 姑照今法官所定常刑, 不欲于平世更施重典. 引上照斷, 仍報本司, 請備榜曉示.

14-8. 여럿이서 홀로된 과부를 속이고 능멸하다
合謀欺凌孤寡⁸⁴

호석벽(胡石壁)

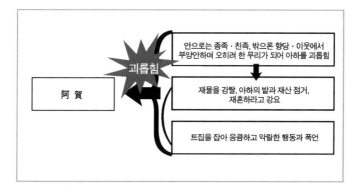

오래전 선왕^{先王}이 천하를 다스릴 때, 첫 번째로 "불쌍하게 여겨야 할 것은 의지할 곳 없이 혼자 사는 사람^{哀此煢獨}"⁸⁵이고, 두 번째로 "함부로 홀아비와 과부를 능멸하지 않는다^{不敢侮於鰥寡}"⁸⁶고 하였다. 원래 "이렇게 의지할 곳

---

⁸³ 推는 '榷'가 되어야 할 듯하다.

⁸⁴ 孤寡: 원래 '고아와 과부'를 칭하는 말이지만, 여기서는 문맥상 '홀로된 과부'로 번역해둔다.

⁸⁵ 哀此煢獨: 『詩經』「小雅」〈正月〉에는 "哿矣富人, 哀此惸獨"라 되어 있다. '煢'은 형제가 없는 것을 지칭하지만, 넓은 의미로는 친족이 없어 부양할 사람이 없는 매우 어려운 처지의 사람을 지칭하기도 한다. 李白, 『虞誠令李公去思頌碑』에는 "公勛之親鄰, 厄以凶事, 而鰥寡煢獨, 衆所賴焉"이라 되어 있다.

없이 혼자 사는 사람은 천하의 어렵고 궁한 백성이고 아무에게도 하소연할 곳 없는 백성[煢獨鰥寡之人, 天下窮民而無告者也]"[87]이기 때문에, 정치를 행할 시에 인仁을 베풀며, 반드시 그들을 우선시해야 하는 것이다.

지금 하 씨阿賀가 진술한 것으로 보아, 하 씨는 소위 어렵고 궁한 백성이라 할 수 있으며 아무에게도 하소연할 곳 없는 백성이라 할 수 있다. 안으로는 종족宗族·친척親戚, 밖으로는 향당鄕黨·이웃隣里도 모두 의지할 곳이 되지 못 했고, 오히려 한 무리가 되어 하 씨를 괴롭혔다. 어떤 자는 그 재물을 빼앗고, 어떤 자는 그 토지와 재산을 점거하고, 어떤 자는 하 씨에게 재혼하라고 강요하고 이빨을 갈고 해를 끼치려고 하면서[磨牙搖毒][88] 악랄한 행동을 해서 무언가를 빼앗지 않으면 흡족해 하지 않았다. 하 씨는 홀로 된 미망인이었는데, 이런 악당 무리들의 괴롭힘에 견딜 수 있었겠는가. 다행히 권權 지현權縣[89]이 그 간사한 모략을 파헤쳤기 때문에, 중상모략鑠金之口[90]으로 난처한 일은 당하지 않았다.[91]

---

86 不敢侮於鰥寡: 『詩經』 「大雅」 〈烝民〉에는 "不茹柔 故 不侮矜寡 不吐剛 故 不畏彊禦"라 되어 있다.

87 煢獨鰥寡之人, 天下窮民而無告者也: 『孟子』 「梁惠王 (下)」에 "老而無妻曰鰥, 老而無夫曰寡, 老而無子曰獨, 幼而無父曰孤. 此四者, 天下之窮民而無告者. 文王發政施仁, 必先斯四者"라 되어 있다. 또 『禮記』 王制에 "少而無父者謂之孤, 老而無子者謂之獨, 老而無妻者謂之矜, 老而無夫者謂之寡. 此四者天民窮而無告者也"라 되어 있다.

88 磨牙搖毒: '마아摩牙'는 '이빨을 갈다'라는 의미이고, '요독搖毒'은 '소동을 벌여 해를 끼친다'는 의미이다. 『新唐書』 卷85, 王世忠·竇建德傳의 贊에는 "竇建德連河北, 王世忠擧東都, 皆磨牙搖毒以相噬螫"이라고 되어 있다.

89 權縣: 權縣을 어떻게 해석해야 할지 모호한 점이 많다. 우선, 권형權衡과 마찬가지로, 저울추와 저울대라는 뜻으로, '사물의 균형'을 일컫기도 한다. 그리고 "무게를 달아 본다면"이라는 의미도 있다. 또한 이곳에서는 권權 씨 성을 가진 지현知縣으로 볼 수도 있으며, 임시臨時 지현으로 해석할 수도 있다. 여기에서는 '권 씨 성을 가진 지현'으로 해석한다.

90 鑠金之口: '삭금鑠金'은 본래 '금속을 녹인다'라는 뜻이지만, 다른 사람을 해치는 참언讒言, 즉 중상모략과 같은 뜻도 있다. 『論衡』 卷23, 言毒篇에 "故小人之口, 爲禍天下. 小人皆懷毒氣, 陽地小人毒尤酷烈, 故南越之人, 祝誓輒效. 諺曰, 衆口鑠金"이라 되어 있다.

91 송대에는 여아女兒나 과부眞婦의 재산을 빼앗으려는 소송이 많이 보인다. 이런 소송의 경우 여아와 과부라는 불쌍하고 어려운 처지를 보살펴 주어야 하는 친족이나 이웃이 도리어 그들의 처지를 이용해 고발하고 무고함으로써 재산을 빼앗으려고 한 경우가 대부분이다(김보영, 「宋代 女戶의 立戶와 國家管理」, 임대희 엮음, 『판례로 본 송대사회』, 민속

판결을 자세히 살펴보면, 옳고 그른 것은 모두 일목요연하다. 관련자들의 상황과 나쁜 소행은 이상과 같고, 국가가 정한 법률에 의해 반드시 벌을 받아야 된다. 지금에서야 겨우 그 사정이 밝혀졌는데, 처벌했는데도 그들에게 별다른 타격이 없다면 하찮은 소인小人들은 아무런 거리낌없이 나쁜 짓[惡行]을 하게 될 것이다. 악惡을 미워하면서 그 악을 제거하지 못한 것, 이것이야말로 곽郭나라가 망한 원인이었다惡惡而不能去, 此郭之所以亡也.[92] 선량한 연명然明이 자산子産에게 고해 말하기를 "백성을 사랑하기를 자식과 같이 하고, 선하지 않은 자를 보면 이것을 벌주는 것은 매가 참새를 쫓듯이 하라善乎然明之告子産曰, 愛民如子, 見不善者誅之, 如鷹鸇之逐鳥雀也"[93]고 했다. 우리 모두가 함께 정치를 행하는데 있어, 원래 인仁을 가지고 근본本으로 삼아야 한다. 그러나 부정한 자들을 방치해 두면, 선량한 백성은 해를 입는데, 어찌 인정仁政을 위협하는 도적이 되지 않겠는가? 현縣에 공문을 보내 중요 참고인을 지명해서 소환하여 보고시키고, 법률 조문에 비춰 처리하도록 하라. 나머지 사람들은 전원 석방하라. 현縣에서는 이들을 압송해서 처벌하라. 이후 불법적인 행위를 한 백성들은 처벌받는다는 것을 명심하고, 환과고독鰥寡煢獨[94]과 같은 어려운 입장에 처한 사람들이 의지하고 안심할 수 있기를 바란다.

昔者先王之治天下也, 一則曰哀此煢獨, 再則曰不敢侮於鰥寡, 蓋謂煢獨鰥寡之人, 天下之窮民而無告者也, 故發政施仁, 必先於此. 今觀阿賀所陳, 豈非所謂窮而無告者歟. 內而宗族親戚, 外而鄕黨隣里, 不能相與扶持, 而乃群起而欺凌之, 或搶奪其財物, 或占去其田産, 或

원, 2019, 188~225쪽 참조).

92 惡惡而不能去, 此郭之所以亡也:『新序』卷4, 雜事第4에 "昔者齊桓公出遊於野, 見亡國故城郭氏之墟, 問於野人曰, 是爲何墟. 野人曰, 是爲郭氏之墟. 桓公曰, 郭氏者曷爲墟. 野人曰, 郭氏者善善而惡惡. 桓公曰, 善善而惡惡, 人之善行也, 其所以爲墟者何也. 野人曰, 善善而不能行, 惡惡而不能去, 是以爲墟也"라 되어 있다.

93 善乎然明之告子産曰:『左傳』襄公25年에는 "晉程鄭卒, 子産始知然明, 問爲政焉. 對曰視民如子. 見不仁者, 誅之, 如鷹鸇之逐鳥雀也"이라 되어 있다.

94 鰥寡煢獨: 홀아비[鰥]와 과부[寡]와 고아[煢]와 늙어서 자식이 없는 사람[獨]을 이르는 말이다. 맹자는 이를 천하의 궁민窮民이라 하였다.

抑勒其改嫁, 磨牙搖毒, 不奪不饜. 阿賀以一末亡人, 其能勝群凶之虐燄乎. 幸而權縣灼見姦謀, 爍金之口不得以惑. 詳閱所判, 是非曲直, 了然目中, 無復餘蘊矣. 但一行人情狀姦狡如此, 此王法之所必誅, 今旣見其情, 而罰署不及傷其毫毛, 則小人何憚而不爲惡哉. 惡惡而不能去, 此郭之所以亡也. 善乎然明之告子産曰, 愛民如子, 見不善者誅之, 如鷹鸇之逐鳥雀也. 吾儕爲政, 固當以仁爲本, 然保姦留慝, 以害善良, 寧不爲吾仁之賊乎. 帖縣于內點追緊要人申解,[95] 照條施行, 餘人並放. 縣押上科斷, 庶幾自今以往, 姦民知所懲, 而鰥寡煢獨有所恃以自安矣.

---

95 '申'은 송판본에는 '由'로 되어 있으나, 명판본에 따라서 수정하였다.

가위假僞

14-9. 생약이라 속이다
假僞生藥[1]

호석벽(胡石壁)

대개 시정市井[2]에서 폭리를 취할 경우, 다른 물품들은 가짜 물건을 만들 수는 있지만[作僞],[3] 오직 약藥의 경우에는 가짜 약을 만들어서는 안 된다. 음식물을 속여 만들더라도 맛만 없을 뿐 사람에게 크게 해가 되지는 않는다. 또한 그릇과 도구를 속여 만들더라도 그 용도에 맞게 사용할 수 없을 뿐, 크게 해가 되지는 않는다. 그러나 유독 약藥의 경우는 조금이라도 속여 제조한다면 병을 고칠 수 없을 뿐 아니라, 잘못하면 사람을 죽이는 지경에까지 이를 수 있어 그 해는 상당히 크다고 할 수 있다.

어제 필징가蓽澄茄[4] 1냥兩[5](약37그램)을 시장에서 샀는데, 약값이 싸고 가격도 어느 정도 맞아 여섯 점포에서 각각 1전錢 6분分씩을 지불하고 조달했다[供應].[6] 그중 이백오李百五에게서 매입한 것은 오래되어 썩은 것을 작게 부셔

---

1   生藥 : 사람이나 동물에게 어떤 약효를 가진 것, 또는 약효가 있다는 생각에서 사용되는 천연 물질을 지칭하는 것으로 화학약품과는 구별된다. 생약에는 크게 식물성 생약·동물성 생약·광물성 생약으로 나눌 수 있다.

2   市井 : 市塵과 같은 말이다. 상인이 운집하는 곳을 '시정市井'이라 하였는데, 고대의 상업 지역이라고 볼 수 있다. 『管子』「小匡」, "處商必就市井"이라 되어 있다.

3   作僞 : 가짜 물건을 만든다는 것은 가짜 물품을 취급하는 경우, 또는 음식의 경우에는 생산기간·생산자 등을 속여 파는 행위 등을 포괄하는 의미이다. 다만 편의상 '가짜물건을 만든다'고 번역해 둔다.

4   蓽澄茄 : 매운 맛이 나는 약재로 징가澄茄·비릉가지毗陵茄子·필징가畢澄茄·산계초山鷄椒·필가畢茄·야호초野胡椒라고도 한다. 『本草綱目』에는 "暖脾胃, 止嘔吐噦逆"이라 되어 있다. 楊敏·陳勇·張廷模·肖武·張鍾利, 「對中國藥典蓽澄茄名稱的思考」, 《中藥與臨床》, 2010-2.

5   一兩 : 송대에는 약 37.3g이다.

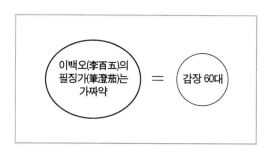

놓았을 뿐 아니라 넣지 말아야 할 조잡한 약재[草梗]도 대략 3분의 1이 포함되어 있었다. 값싼 약이 이러하다면 비싼 약도 마찬가지 일 것이다. 지주知州에게 파는 경우도 이러한데 백성들에게는 오죽하겠는가! 이제까지 빼앗은 인명이 얼마나 될지 모른다. 그러므로 그를 감장勘杖 60대로 처결하고, 그의 점포 앞에서 수가首枷를 채워 3일간 공개하라. 이것이 끝나면『송청전宋淸傳』[7]을 구해 읽게 하고 소위 "이익을 탐하지 않는 도遠取利之道"[8]를 가르쳐라. 관청 문 앞에 방榜을 붙여 이를 알리도록 하라.

大凡市井罔利之人, 其他猶可以作僞, 惟藥餌不可以作僞. 作僞于飮食, 不過不足以爽口, 未害也. 作僞于器用, 不過不足以適用, 未害也. 惟于藥餌而一或作僞焉, 小則不足愈疾, 甚則必至于殺人, 其爲害豈不甚大哉. 昨日買革澄茄一兩于市, 此乃至賤之藥, 所直能幾, 六鋪供應, 各當一錢六分, 內李百五所供, 不特陳腐細碎, 而草梗復居其三之一. 于賤藥且如此, 況貴藥乎. 供太守者且如此, 況百姓乎. 前後誤人性命, 蓋不知其幾矣. 勘杖六十, 枷項本鋪前, 示衆三日, 仰歸求宋淸傳觀之, 學其所謂遠取利之道. 仍備榜門.

---

6   供應 : 관부가 필요로 하는 물품을 조달하는 것.
7   宋淸傳 : 송청宋淸은 당대唐代 장안長安 사람으로 의협심이 강하고, 약을 판 사람으로 유명하다. 유종원柳宗元이 저술한『宋淸傳』이 있다.
8   遠取利之道 :『柳河東集』卷17「宋淸傳」에는, "淸之取利遠. 遠故大. (…中略…) 或斥棄沈廢, 親與交視之落然者. 淸不以怠遇其人, 必與善藥如故. 一旦復柄用, 益厚報淸. 其遠取利皆類此"라고 되어 있다.

14-10. 생선 파는 문제로 다투다가 폭행에까지 이르다
因爭販魚而致鬪毆

옹호당(翁浩堂)[1]

조사하여 살펴보니[照得],[2] 여러 곳의 도시에서의 상업적인 이익은 유수游手[3]들이 장악하고 있었으므로 시골에 사는 소민小民들은 그 이익을 가질 수가 없었다. 무릇 우리들이 필요로 하는 의복과 음식은 모두 농부田夫野叟[4]에게서 나온 것인데, 남자는 농사짓고 여자는 베를 짜면서[男耕女織],[5] 몸이 부서지도록 일하지만, 자신들이 이익을 보는 것은 한낱 보잘 것 없는 것에 지나지 않고[錐刀之末],[6] 도리어 그 몇 배[倍蓰][7]의 이익이 유타游惰[8]에게 돌

---

1 翁浩堂: 「징악문」권12-5 〈僧官留百姓妻反執其夫爲盜〉의 각주 "翁浩堂" 참조.
2 照得: "照對得之"의 준말. 일반적으로 공문서에 자주 등장하는 말이다. 번역상에 있어서는 문맥에 따라 달리 표현할 수도 있지만, 일반적으로 '조사해서 다음과 같은 사실을 알게 되었다'·'조사해서 알게 된 결과는 다음과 같다' 등의 의미로 볼 수 있을 것이다. 판결문에서는 '조사해서 다음과 같은 판결을 내린다'로 번역할 수도 있으나 여기서는 편의상 '조사하여 살펴보니'로 번역해 두었다.
3 游手: 독점적 상권을 행사하기 위해 무리를 이루어 상호협력관계를 가지며 이익을 위해서는 타인에게 물리적 위해를 가하기도 하는 사람 또는 그 집단을 지칭한다. 陳寶良, 「宋代流氓初識」, 《殷都學刊》, 1993-1; 程民生, 「論宋代的流動人口問題」, 《學術月刊》, 2006-7.
4 田夫野叟: '田夫'는 농부農夫를 지칭하며 '野叟'는 촌야村野의 노인을 말한다. 田夫野叟는 田夫野老와 동일한 의미이며, 일반 백성이나 소민小民을 범칭하는 말이다. 여기에서는 農夫로 번역해 둔다.
5 男耕女織: 『史記』卷112, 主父偃傳에 "男子疾耕, 不足於糧, 女子紡績, 不足於帷幕"라 되어 있고, 『漢書』卷24上, 食貨志 4上 "男子力耕, 不足量, 女子紡績, 不足衣服"라 되어 있다. 淮利平, 「淺論"男耕女織"與傳統社會納稅制度下的女性勞動」, 《陝西師範大學繼續敎育學報》, 2006-S1; 李貞, 「對"男耕女織"模式下紡織業歷史地位的再認識」, 《中學歷史敎學參考》, 2015-10.
6 錐刀之末: 적은 이익이나 아주 작은 일을 비유하는 말이다. 末은 梢·尖端을 의미한다.

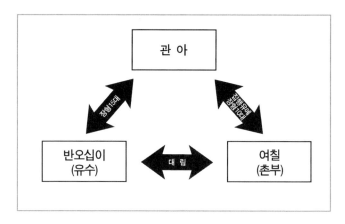

아간다. 그들은 여럿이서 무리를 짓고 서로 간에 조직을 만들어 비호하
고[黨庇],[9] 만약 소민小民들이 자신들에게 허락 없이 시장에서 물건을 파는
경우가 생긴다면, 무리를 동원하여 물건을 판 소민小民들을 구타하였다.
이들은 '사가권社家拳'이라 하면서 횡포를 부리며 멋대로 행동하였는데, 본
관이 목격자로부터 들은 바는 이와 같다.

매일 먹는 음식과 몸에 걸치는 의복은 모두 "도시의 백성에게서 나온
것인가? 그렇지 않으면 촌리村里의 소민小民에게서 나온 것인가?"라고 하
는 문제에 대해서는 이제까지 그다지 생각하지 않은 것이다. 그러나 이
제 소민小民들에게서 나온다는 것을 알게 된 이상, 어떻게 그들을 속이고
업신여길 수 있겠는가?

지금 반오십이潘五十二와 여칠黎七은 모두 생선을 팔았는데, 반오십
이潘五十二는 성城 안에서 살며 생선 판매를 생업으로 삼고 있고, 여칠黎七은 농부지

『左傳』昭公 6年에는 "錐刀之末, 將盡爭之"라고 되어 있다.

7　倍蓰 : 倍蓰는 倍屣 혹은 倍徒라고도 하며, '倍'는 2배, '蓰'는 5배를 말하며, 배사倍蓰는 수
　　배數倍라는 의미이다.

8　游惰 : 游惰'는 游惰之民의 의미로, 본래 '놀기를 좋아하고 게으른 사람'을 지칭하는 용어
　　이지만, 송대에 있어서 "游惰之民"은 '고향을 떠난 유동인구 가운데에서, 농업에 종사하
　　지 않는 사람, 혹은 유민 중에서 실업자'를 포괄적으로 지칭하는 개념이기도 하다. 앞에
　　서 언급한 유수游手와 동일한 의미로 사용되고 있다.

9　黨庇 : '결당結黨하여 비호庇護하다'라는 의미로 사용된다.

만 간간이 생선을 팔았다. 반오십이潘五十二는 일년 내내 이익을 독차지하는 데, 평상시 물고기를 기르는 수고[養魚之勞]10도 하지 않고, 생선을 팔아 혼자서 이익을 얻고, 여칠黎七을 헐뜯으며, 심지어 여칠黎七이 생선을 팔고 있을 때 구타까지 했다는 것은 불인不仁하기 그지없다. 여칠黎七은 일개 촌부村夫에 불과한데 어찌 유수游手와 시장에서 싸워 이길 수가 있겠는가? 비록 여칠黎七이 다치지는 않았지만, 그래도 반오십이潘五十二에게 작은 벌이라도 가하지 않을 수 없으므로, 반오십이潘五十二를 장형 15대에 처결한다. 다만 여칠黎七은 비록 촌부이긴 하나, 조사하는 과정에서 진술하는[執覆]11 말솜씨로 봐서는 반드시 순박한 백성은 아니다. 싸움을 시작한데에는 여칠黎七 스스로에게도 원인이 있을 것이므로, 집행유예 장형寄杖12 10대로 처결하고, 이후에 다시 분쟁이 발생하면 이를 집행할 것이다.

照得所在城市, 取鬻之利, 盡爲游手所專, 而田里小民皆不得著手. 凡服食所須, 無一不出于田夫野叟, 男耕女織, 極其勤勞, 所獲不過錐刀之末, 而倍蓰之息乃歸之游惰之人. 此曹百十爲群, 互相黨庇, 遇有鄕民鬻物于市, 纔不經由其手, 則羣起而攻之, 衆手捶打, 名曰社家拳, 其無忌憚爲最甚, 當職得之于目擊者如此. 曾不思逐日口之所嗜, 身之所衣, 果出于城市之民乎. 抑出于田里之民乎. 旣知其出于田里之民, 則吾何可疾視之, 何可欺凌之乎. 今潘五十二, 黎七雖均爲販魚, 然潘五十二係居城中, 以此爲業, 黎七係是耕夫, 間一爲之. 潘五十二終歲專其利, 素無養魚之勞, 獨享賣魚之利, 疾惡黎七, 旣毆于賣魚之際, 其不仁亦甚矣. 黎七一村夫耳, 豈能與游手爭勝負于市廛之間哉. 雖無所傷, 亦不可不示薄罰, 潘五十二決十五. 但黎七雖是村夫, 然執覆之間亦口辯, 必非質朴之人, 交爭之端, 亦必自有以啓之, 寄杖十下, 後犯定斷.

---

10 養魚之勞 : 송대의 양어법은 치어稚魚·유어幼魚를 어느 정도 클 때까지 키워서, 양어업자에 게 파는 중간 육종업자와, 어린 생선을 키워서 시장에 출하하는 소위 양어업자로 나뉜다.
11 執覆 : 조사하는 과정에서 진술하다라는 의미이다.
12 寄杖 : 장형을 판결함에 있어서, 집행유예執行猶豫 처분을 지칭한다. 『청명집』에서도 "寄決小杖十二"(『청명집』「관리문」 2-7 〈冒立官戶以他人之祖爲祖〉), "礙法寄斷"(『청명집』「호혼문」 7-12 〈已有養子不當求立〉), "寄配二千里"(『청명집』「인품문」 11-19 〈姦贓〉) 등에 그 용례가 있다.

14-11. 점쟁이가 여성 이발사를 구타하다
賣卦人打刀鑷婦[13]

王震(易占) ——폭행→ 阿張(鑷面)

남녀가 물건을 주고받을 경우, 직접 손에서 손으로 건네지 않는 것은[男女授受不親][14] 의심을 받지 않기 위함이고, 남자가 여자와 싸우는 것을 허락하지 않는 것은 강자가 약자를 괴롭히는 것을 우려하기 때문이다.

지금 장 씨[阿張]는 얼굴에 나는 보기 싫은 털[15]을 뽑는[鑷面][16] 보잘것없는 기술[末技][17]로 생활을 꾸려나간다. 왕진[王震]이라는 자는 역점[易占][18]이라는 변변찮은 일을 하면서 주현[州縣]을 돌아다닌다. 어느 날 두 사람이 우연히도 여행지에서 우연히 마주쳤다. 왕진[王震]은 술에 취해서 장 씨에게 얼굴의 털을 뽑으라고 강요했는데, 장 씨가 이에 응하지 않자 싸움이 일어났다. 조사해 보니 장 씨는 가난 때문에 이런 일을 하고 있었는데, 단지 부녀[婦女]들에게만 이런 일을 행하고 있었다. 왕진[王震]이 정말로 얼굴을 깨끗이 하

---

13 刀鑷 : 본래 刀와 鑷子의 합칭으로 이발용 도구이지만, 후에 '이발업에 종사하는 사람'을 지칭하는 용어가 되었다. '섭공鑷工'·'체공剃工' 등으로도 불렸다.

14 男女授受不親 : "남녀 간에 물건을 손수 건네주는 일을 해서는 안 된다"라는 말로, 유가儒家에서 남녀 간의 관계를 속박하는 관념이다. 『孟子』「離婁上」에 "淳于髠曰, 男女授受不親, 禮與. 孟子曰, 禮也"라 되어 있다. 王進, 「論儒家禮敎思想的永恒價値 — 以"男女授受不親"爲例」,《孔子硏究》, 2015-3; 李衡眉, 「"男女授受不親"的深層內涵 — 爲早期儒家辨誣之一」,《煙台大學學報》, 1993-2; 李榮勝, 「"男女授受不親"考」,《今日中國》, 2013-4; 李建紅, 「再論"男女授受不親"」,《科技致富向導》, 2011-32.

15 여기에서 털이라는 것은 수염이 아니라, 얼굴에 나는 보기 싫은 털의 종류이다.

16 鑷面 : 견사를 꼬아 털을 뽑는다.

17 末技 : 본래 상공업을 지칭하는 말이지만, 보잘것없는 작은 기술이나 기예 등을 의미하기도 한다.

18 易占 : 송대의 역점易占에 관해서는 楊曉紅, 「宋代占卜與宋代社會」,《四川師範大學學報》, 2002-3; 張小平, 「宋人曾公亮會稽任內賤買民田史實鉤沉」,《史學月刊》, 2010-5 참조.

고 싶었다면 다른 이발소를 찾아가야 했을 것이다. 더구나 왕진王震은 시운時運 선생이라고 자칭하였으므로, 어느 정도 사리 분별할 수 있었을 것이다. 그러나 술 취한 것에 의지해 장 씨에게 털을 뽑으라고 강요하고, 장 씨가 이것을 거부하자 이를 용서하지 않고 장 씨에게 모욕적인 폭언을 한 것은 인정人情이나 도리道理로 볼 때 매우 흉폭한 행동이라 할 수 있다. 훤한 대낮에 큰 길에서 이 광경을 본다면, 많은 사람들의 노여움을 살 것은 당연하다. 또 부근에 있었던 증인을 소환해 진술하게 하자供責,[19] 특히 요 씨阿姚의 증언이 분명하고 믿을 만하다. 왕진王震은 술에 취해 장 씨를 괴롭힌 것이 확실했다. 지금 살펴보니 장 씨는 애초에 큰 상처를 입은 것은 아니므로, 이를 참작해서[量決][20] 왕진王震을 주비竹篦 12대에 처결하고, 우선 압송해서 현문縣門에서 내쫓고, 나머지 사람은 모두 석방하라.

男女授受不親, 正欲其別嫌也, 男不許共女爭, 亦懼其以强凌弱也. 今阿張借緻面之末技, 以資助衣食, 王震挾課命之薄術, 以浪遊州縣. 一日, 適相邂逅於旅中, 王震乘其酒興, 令阿張緻面, 而阿張不從, 遂至交爭. 竊念阿張爲貧而爲此等生活, 亦不過施諸婦女輩耳, 王震若果有意於拂拭頭面, 其他豈無刀鑷之徒. 況王震自號曰時運先生, 亦須稍識義理, 何爲酒醉不檢, 勒令阿張緻面, 拒嫌不允, 又從而辱罵之, 其情理可謂强暴. 白晝通衢, 有此光景, 頗關衆怒. 又喚上都證供責, 就中最是阿姚所供明白可信, 則是王震酒醉欺凌阿張分曉. 今爲見阿張初無深傷, 其王震量決竹篦十二, 只今押出門, 餘人並放.

---

19 供責: 실정을 진술하다라는 의미이다.
20 量決: '여러 가지 정황을 참작하여 판결하다'는 의미이다. 『慶元條法事類』卷74, 「斷獄令」에는 "諸年柒拾以上, 拾伍以下, 若廢疾, 特勅決杖, 或犯加役流, 反逆緣坐流, 會赦猶流應決者, 並. 量決, 不任者, 奏裁"라는 용례가 있다.

도박賭博

14-12. 도박 때문에 스스로 목을 매어 죽다
因賭博自縊

번(潘)사리참군(司理)의 원안(擬)

조사해 보니, 지을支乙의 처 왕 씨는 창가娼家[1]의 딸이었다. 지을支乙은 구주衢州, 兩浙東路의 남시南市에서 2층에서는 궤방櫃坊[2]을, 1층에서는 찻집[茶肆][3]을 열고 있었는데, 처는 손님을 끄는 역할을 했다. 서경삼徐慶三·하증일何曾一·왕

1　娼家 : '娼'은 창기娼妓를 의미하겠지만, '家'라고 표현한 것이 정확히 무엇을 뜻하는지 확실하지 않다. 아마도, 악적樂籍·비적婢籍이나 창적娼籍 등의 천민 신분의 호적을 가지고 이것이 대대로 세습되는 경우를 언급하는 것으로 보아야 할 것 같다. 창기娼妓는 관속官屬과 사속私屬이 있는데, 사속의 창기는 관속보다 사회적 지위가 더욱 낮았다. 이들은 사기私妓와 가기家妓로 다시 나뉜다. 송대의 사기는 와사瓦肆·구란句欄이나 주점酒店, 차관茶館 등에서 활동하였으며, 가기는 종실 귀족이나 사대부들이 자신의 집에서 가무 등을 가르쳐서 손님을 즐겁게 하려고 축양畜養하는 노비에 해당한다. 송대사회의 창기의 내원來援은 3가지 있는데, (1) 신분이 천민으로 떨어져서 생긴 경우, (2) 죄수의 처나 딸을 군에서 처가 없는 사람에게 배급하여 군영의 창기로 삼는 경우, (3) 양인이 팔려서 창기로 된 경우를 들 수 있다. 王書奴, 『中國娼妓史』, 上海三聯書店, 1988; 朱蕾, 「宋代的娼妓活動與影響」, 《遼寧工程技術大學學報》, 11-4, 2009. 「징악문」 권13-2에 나오는 '倡樓'라는 용어의 성격과 결부시킬 필요도 있을 것이다. 董懷良, 「東京娼妓與北宋政府制度關系考」, 《長治學院學報》, 2014-4; 張筱兌, 「論宋代娼優與権酤之制」, 《甘肅社會科學》, 2005-3 참조. 송대의 와사瓦肆·구란句欄이나 주점酒店·차관茶館 등 부분에 관해서는, 孟元老, 『동경몽화록』, 김민호 옮김, 소명출판, 2010이나 楊寬, 『中國古代都城制度史研究』, 上海人民出版社, 2003의 송대宋代 부분에 매우 상세하게 언급되어 있다.

2　櫃坊 : 본래 물건이나 돈을 보관하는 신용기구에 해당하지만, 송대에는 점차 본래의 기능을 상실하여 도박장을 개설하여, 무뢰배들의 소굴이 되기도 했다. 武瑞, 「宋代與歐洲中世紀"票據制度"比較」, 《決策與信息(財經觀察)》, 2008-8; 陶立明, 「宋元禁賭及其賭風昌盛之原因初探」, 《淮南師範學院學報》, 2001-1; 汪聖鐸, 「宋代的官營便錢」, 《中國社會經濟史研究》, 1982-1; 陶立明·朱冠艾, 「宋元時期賭風再探」, 《淮北煤師院學報》(哲學社會科學版), 2002-3; 孫金文, 「櫃坊"對唐代商業發展的影響探索」, 《蘭台世界》, 2014-12; 吳籌中, 「北宋早期民間交子産生時間的研究」, 《中國錢幣》, 1994-4.

3　茶肆 : 茶館을 말한다.

수^{王壽}·여제^{余濟} 등은 모두 지나치게 많은 돈과 물건을 바쳤다. 그들이 무리 지어 모이자, 도박장을 여는 등 그곳은 실로 사기꾼들의 집합 장소와 같았다. "물이 차가워지면 얼음이 생기고, 식초가 시어지면 모기와 파리가 모여든다^{水寒氷生, 醯酸蠅聚)}"[4]는 말이 있듯이, 그 집에 모여드는 자의 수는 모두 몇 명인지 모를 정도였다.

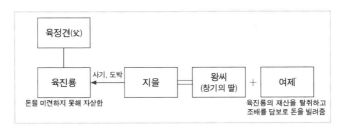

금년 윤달 16일 밤, 정^鄭주사^{廚司}[5]는 육진룡^{陸震龍}을 지을^{支乙}의 집으로 꾀어 데리고 왔는데, 그때 유잉손^{留仍孫}·진섬^{陳暹} 등 11명도 차례로 모여 들었다. 지을^{支乙}은 정^鄭주사^{廚司}·양^楊배군^{排軍}[6]과 의기투합하여, 도박 도구를 꺼집어내서 개장하였다. 여제^{余濟}·진통^{陳通}도 도박한다는 소문을 듣고 와서 도박에 합세했다. 잠깐 동안 여제^{余濟}는 두 개의 주사위^{骰子}로 쌍육^{雙六}이 나오는 대박을 연이어 터뜨리고^{大采靠擲)},[7] 패를 돌리는 자^{Dealer, 下枚人}[8]에게 큰 소리를 지르고, 육진룡^{陸震龍}이 이기려는 찰나에 이기지 못하게 해서, 결국 육진룡^{陸震龍}은 가지고 있던 구회자^{舊會子} 250관^貫을 잃어버리고 말았다. 진섬^{陳暹} 등은 각각 돈을 벌었고, 지을^{支乙} 등도 자릿세^{頭熟)}[9]를 손에 넣었다. 밤

---

4   水寒氷生, 醯酸蠅聚 : 『筍子』「勸學篇」에는 "醯酸而蠅聚焉"이라 되어 있다.

5   廚司 : 지방 관청에서 음식을 만들던 사람.

6   排軍 : 원래 한 손에는 방패^{防牌}를 잡고, 한 손에는 창^槍을 잡은 군인을 지칭했으나, 점차 일반적인 병정^{兵丁}으로 범칭되었다.

7   大采靠擲 : '대채^{大采}'는 '운이 좋다'라는 의미이다. 대채고척^{大采靠擲}은 '주사위를 던져 가장 좋은 배열의 숫자가 나옴으로써, 대박을 터뜨리다'라는 의미이다.

8   下枚人 : 이에 대해서는 확실하지 않으나, 도박할 때에 주사위와 같은 도박 도구를 던지는 사람에 해당하는 패를 돌리는 자를 의미하는 것인지도 모르겠다.

9   頭熟 : 두전^{頭錢} 혹은 숙전^{熟錢}이다. 두전^{頭錢}은 도박 장소를 제공한 사람이 받는 '자릿세'라는 의미이다.

중에 2경^更을 지나 육진룡^{陸震龍}은 또 자택에서 구회자^{鬮會子} 156관^貫을 마련해 와서 다시 여제^{余濟} 등과 도박을 시작하고, 지을^{支乙}은 다시 도박 도구를 가지고 와서 패를 돌리는 역할을 했다. 여제^{余濟} 등은 항상 5나 6이 나오도록 주사위를 던지고, 함께 교묘하게 속여서 육진룡^{陸震龍}이 가지고 있던 돈과 물건을 편취했다. 육진룡^{陸震龍}은 가지고 있던 돈을 모두 잃어버렸을 뿐만 아니라, 적삼^{汗衫}과 도포^{褐襖}를 담보로 도박 자금을 빌려, 회자^{會子} 35관을 받았다. 그러나 그 돈 역시 잃어버렸을 뿐만 아니라 또다시 20관^貫도 빌리게 되었고 그것마저도 잃게 되어 결국 조배^{皂褙}10를 벗어 이를 담보로 여제^{余濟}에게 돈을 빌리려 했다. 여제^{余濟} 등이 육진룡^{陸震龍}으로부터 편취한 회자는 각각 상술한 액수였고, 지을^{支乙} 등이 손에 넣은 자릿세도 상당했다.

육진룡^{陸震龍}이 편취당한 구회자는 모두 합쳐 461관으로, 이 중 여제^{余濟}에게 속아서 빼앗긴 돈은 150관, 유잉손^{留仍孫}에게 40관, 양^楊배군^{批軍}에게 70관, 진섬^{陳暹}에게 40관, 장천호^{章千五}에게 90관, 정^鄭주사^{廚司}에게 30관이다. 지을^{支乙}·정^鄭주사^{廚司}·장만이^{蔣萬二}·서원일^{徐元一} 등 일당이 갈취한 자릿세도 모두 31관이었다. 육진룡^{陸震龍}은 밤이 깊어 돌아가려 했지만 입고 갈 옷이 없었으므로 지을^{支乙}이 초첨^{招檐}11을 주자 여제^{余濟}로부터 조배^{皂褙}를 빌려 입고 돌아갈 수 있었다. 지을^{支乙}은 육진룡^{陸震龍}이 빨리 돈을 반환해 줄 것을 요구하며 "돈을 갚지 않을 시에는 내가 당신 집까지 받으러 갈 것이다"라고 으름장을 놓았다. 또한 "만약 갚을 것이 없을 때는 관청에 고소하여 재판으로 돈을 되돌려 받을 수밖에 없다"고 협박했다. 변제하라고 재촉하였고 협박도 심하였다. 아니나 다를까 육진룡^{陸震龍}은 돈을 마련할 길이 없어 집에서 목을 매달아 자살한 것이다. 그 아버지 육정견^{陸庭堅}이 고소한 바에 따르면 "육진룡^{陸震龍}은 집에 돌아와 큰 소리로 울며, '지을^{支乙} 등에게 속아서 돈을 편취 당했는데, 어떻게 해야 할지 모르겠다'고 했다"고 했는데 이것은 사실이었다. 여제^{余濟}는 현재 구주의 주옥^{州獄}에 감금되어 있는데, 그는

10　皂褙 : 송대의 복식 가운데 하나이다. 검은색 누더기와 유사하다고 생각된다.
11　招檐 : 정확한 의미는 불명이나, 일종의 '신용보증장'을 의미하는 것인지도 모르겠다.

고문을 면제해 준다는 조건으로, 곽진郭振에게 회자會子 300관貫을 주겠다고 약속한 적이 있다. 비록 아직 받지는 않았다고 하더라도 곽진郭振이 뇌물을 얻으려는 마음이 있었음을 알 수 있다.

원래 눈속임용으로 만들어진 속임수 주사위[藥骰子][12]로 교묘하게 남을 속일 때에는 한 명은 실행하고 주위 사람들이 서로 합세하여 행해지는 것이다. 여제余濟 등 여러 명은 각각 주사위의 5나 6의 눈을 자유롭게 나오게 하는 방법으로 속여 돈을 편취했다. (이러한 방식은) 눈속임용으로 만들어진 주사위를 사용하는 사기도박과 별반 다를 바 없는 것이다. 육진룡陸震龍이 지지 않으려 해도 어쩔 수 없었다. (또) 탕진한 돈이 너무 많아서 손을 쓸 수 없었기 때문에 스스로 죽음을 택할 수밖에 없었을 것이다. 재물이라는 것은 백성의 피와 살이다. 피와 살이 없어진다면, 몸이 어찌 제대로 존속할 수 있겠는가. 비록 지을支乙·여제余濟 등이 직접 살해한 것은 아니지만, 실제로 그를 사지로 몰아넣은 것과 같다. 지금 지을支乙 등은 이미 죄상을 시인하고 있으므로[招承][13] 사건의 경과를 첨부해 보고하고자 한다.

照得支乙之妻阿王, 娼家女也. 支乙於衢州南市樓上, 開置櫃坊, 樓下開置茶肆, 以妻爲餌. 徐慶三·何曾一·王壽·余濟皆與踰濫, 與以錢物, 群聚賭博, 實爲欺騙淵藪. 水寒冰生, 醯酸蚋聚, 至其家者前後不知其幾. 今年閏月十六日晚, 有鄭廚司誘至陸震龍, 其時有留仍孫·陳暹等十一人, 次第而來. 支乙與鄭廚司·楊排軍商量, 遂出賭博其下場賭, 有余濟·陳通者聞風而至, 亦與賭博. 一時余濟等能將骰子兩隻, 當留六兩面大朵靠擲, 或下枚人喝蹻, 不與陸震龍理贏下枚, 遂致陸震龍輸過帶來舊會二百五十貫, 其陳暹等贏過之數各有差, 支乙等取過頭熟亦各有數, 及旣二鼓, 陸震龍又自家中辦到舊會一百五十六貫, 復與余濟等賭博, 支乙再出賭其在旁下枚. 其余濟等常留五六靠擲, 共騙贏陸震龍一人錢物. 陸震龍旣輸帶來之

---

12 藥骰子 : 도박 상습범들이 도박 물품인 투자投子에 수은이나 아연 등의 물질을 섞어 넣어, 이를 던질 때에 마음대로 조종할 수 있도록 만든 것을 지칭한다. 사기도박에 사용한 일종의 가짜 도박 용품의 하나라고 볼 수 있을 것이다. Arthur Setterington 小華編譯, 「多變的骰子」, 《雜技與魔術》, 2015-1; 魏青利, 「漫談唐代的骰子」, 《黃河. 黃土. 黃種人》, 2019-10; 張介立, 「李郃與唐代葉子戱」, 《湖南科技學院學報》, 2012-8.
13 招承 : '죄를 승인한다' 혹은 '실토하다'라는 의미이다.

錢, 又以汗衫褐襖典當賭博, 得官會三十五貫. 旣輸之餘, 又多輸官會二十貫, 遂剝皂褙抛當
於余濟邊, 其余濟等騙贏陸震龍官會亦各有差, 支乙等討取頭熟各有其數. 陸震龍前後共輸
舊會四百六十一貫, 爲余濟騙贏者一百五十貫, 爲留仍孫騙贏者四十貫, 楊排軍騙贏者七十
貫, 陳暹騙贏者四十貫, 章千五騙贏者九十貫, 鄭廚司騙贏者三十貫, 支乙與鄭廚司·蔣萬
二·徐元一討取頭熟, 前後共三十一貫. 陸震龍深夜欲歸, 無衣可着, 支乙乃與招櫓, 就余濟
借皂褙與之披着以歸. 支乙急欲陸震龍贖當還錢, 旣恐以無錢還時, 我定到你家取討, 又恐以
若取無時, 只得經官論取. 取之旣急, 恐之又甚, 宜乎陸震龍討出無聊, 在家自縊而死. 其父陸
庭堅固所訴, 謂陸震龍歸家哭泣, 稱被支乙等騙劃文錢, 去住不得, 此語是矣. 余濟身在衢州
州獄, 欲免拷訊, 曾許郭振振以官會三百千, 雖未分付, 然郭振求略之心蓋可知矣. 夫藥骰子騙
人, 出於一人之手, 而衆人爲之犄角, 今余濟等數輩, 各能留五留六靠擲, 欺騙贏錢, 則與用藥
骰子何異. 陸震龍欲不輸, 得乎. 輸錢旣多, 無所措畫, 欲不死, 得乎. 財者民之膏血, 膏血旣竭,
身豈能存, 是支乙·余濟等雖不殺之, 勢實致之死地. 今支乙等旣已招承, 欲具情節中.

14-13. 판결
斷

채구헌(蔡久軒)

　여제余濟는 소금을 파는 행인으로 나쁜 짓을 행하는 젊은이惡少[14]이다.
직접 회자會子 2,000관貫을 가지고 해당 주本州에서 진납進納 장사랑將仕郎[15]이
라는 고誥[16]를 매입하여, 거기에 자신의 이름 등을 기입하고는 그것을 이
용하여 선량한 백성을 속여 한 주州의 거악巨惡이 되어 있었다. 지을支乙의
집에서는 그 처와 간통하고 그곳을 소굴로 삼았다. 그는 육진룡陸震龍에게
속여서 뺏을 수 있는 돈이 있다는 사실을 알고, 무리들과 모의해 계략을

14　惡少 : 품행이 나쁜 젊은 무뢰한을 지칭한다. 『荀子』「修身」에 "偸儒憚事, 無廉恥而嗜乎
　　飮食, 則可惡少者矣"라고 되어 있다.
15　進納將仕郎 : '장사랑將仕郎'은 남송시대 최말단 기록관寄祿官의 하나이다. '進納'이라는 말
　　은 은음恩蔭이나 매관買官 등의 방법으로 관직에 오른 경우를 지칭하는 말이다. 본문에 나
　　오는 진납장사랑은 매관의 방법으로 장사랑에 오른 경우일 것이다.
16　誥 : 관리에 관직이나 작위를 수여할 때 내리는 문서로 고칙誥勅이라고도 한다.

꾸미고 도박장으로 꼬드겨 나오게 했을 뿐만 아니라, 교묘히 속여 도박하게 하여, 가지고 있던 돈을 모두 잃게 했다. 육진룡陸震龍은 도박빚을 심하게 독촉받자 스스로 목을 매 죽었던 것이다. 그렇다면 육진룡陸震龍이 목을 맨 것은 여제余濟가 목을 매게 한 것과 같고, 그의 죽음은 여제余濟가 죽인 것과 같다. 간사하고 교활한 무리들은 걸핏하면 수십 명씩 떼를 지어 도박이라는 명목으로 사기를 쳐서 타인의 재산을 편취한다. 이런 악습은 시비를 가리지 않으면 안 된다.

법에서는 "남을 협박해서 죽게 한 경우, 투살鬪殺과 동일하게 처벌한다[恐迫人畏懼致死, 以鬪殺論]"[17]고 되어 있다. 여제余濟는 계략을 써서 육진룡陸震龍을 협박하고 죽음으로 몰아넣었으므로, (그의 행위는) 실로 이 법률 조문에 합치된다. 법에서는 "진납 장사랑이 싸우다가 다른 사람을 때리고, 상해 이상의 죄를 범한 경우, 속형으로 인정해 주지 않는다[進納將仕郎犯鬪毆人折傷以上者, 不在當贖之例]"[18]고 되어 있다. 따라서 여제余濟는 장사랑의 신분으로 죄를 범했으므로 속형聽贖[19]에 해당되지 않기 때문에, 법률 조문에 따라 처벌해야 한다. 하지만 우선은 형을 경감해서 척장脊杖 12대에 처결한 후, 1,000리에 편관編管한다. 주州에 공문을 보내 장사랑의 고誥를 해당 관청에 제출시키도록 하라.[20] 지을之乙은 처를 미끼貸로 삼아 계략을 써서 기편죄欺騙罪를 범했으므로 장형 100대에 처결한 후, 인근 주州로 편관하라. 유잉손留仍孫은

---

17 恐迫人畏懼致死, 以鬪殺論 : 『청명집』 「징악문」 12-25 〈검법관의 판결원안〉 각주 242 참조.

18 進納將仕郎犯鬪毆人折傷以上者, 不在當贖之例 : 『慶元條法事類』 卷76 當贖門, "諸進納(注略)及陣亡換給得補將仕郎·助教(主略), 犯鬪毆人折傷以上者, 不在當贖之例"라고 되어 있다.

19 聽贖 : 속법贖法으로 처리하는 것을 허락한다는 의미이다. 예를 들어, 태형笞刑이나 장형杖刑의 실형을 선고받았을 경우에, 이를 금전으로 환산해서 보석금을 지불하고 석방되는 경우이다. 특히 신분적 특권이 있거나 노소불구자老少不具者 등에 대한 휼형恤刑 조치 중의 하나였다.

20 여제餘濟는 도박장을 차려 사람들을 속이고 협박하는 과정에서 사람을 죽게 하는 죄를 저질렀는데 이는 투살상鬪殺傷과 같은 사죄死罪에 해당되는 것이다. 직접 사죄를 저질렀다는 점에서 그 죄가 중重하며 따라서 척장 처결 후 1,000리 밖에 편관되었다. 정우석, 「송대 編管刑의 등장과 그 시행상의 특징」, 임대희 엮음, 『판례로 본 송대사회』, 민속원, 2019, 400~443쪽 참조.

죽비 20대에 처결한 후, 주학^{州學}에 압송해서 1년간 학습^{聽讀}하도록 하라. 진통^{陳通}·진섬^{陳暹}은 주^州에 공문을 보내 각각 장형 100대에 처결하고, 자격을 박탈해서 제명하고[刊落名糧]²¹ 외채^{外寨}에 구금한다. 정^鄭주사^{廚司}·양^楊배군^{排軍}은 각각 장형 80대에 처결한 후, 외채^{外寨}로 구금시키도록 하라.

余濟販鹽惡少, 自將官會二千貫, 就本州承買進納將仕郞誥書塡, 恃此專一欺騙善良, 爲一州巨蠹. 其在支乙家姦淫其妻, 就爲窟穴. 知陸震龍有錢可騙, 旣合謀設計, 誘之使賭, 又作套坐擲, 使之盡輸, 甚逼迫之窘, 自縊而死, 則是其縊卽余濟縊之也, 其死則余濟死之也. 姦猾之徒, 動輒十數爲群, 以賭爲名, 欺騙取財, 此等風俗, 安可不戢. 在法, 恐迫人畏懼致死, 以鬪殺論. 余濟造謀恐迫陸震龍致死, 正合上條. 在法, 進納將仕郞犯鬪毆人折傷以上者, 不在當贖之例. 余濟所承買將仕郞不該聽贖, 合照條定斷, 姑減等決脊杖十二, 編管一千里, 牒州追索將仕郞誥赴司. 支乙以妻爲貨, 合謀欺騙, 杖一百, 編管隣州. 留仍孫決竹篦二十, 押下州縣聽贖²²一年. 陳通·陳暹牒州各杖一百, 刊落名糧, 拘鎖外寨. 鄭廚司·楊排軍各杖八十, 降移外寨.

21 　刊落名糧: 개락명량^{開落名糧}과 같은 의미로 생각된다. '개락^{開落}'은 면제^{免除}·제명^{除名}이라는 의미이다. 송대의 '명량^{名糧}'에 대해서는 불명이나, 청대의 '명량^{名糧}'의 의미를 살펴보면, 천정명량^{親丁名糧}의 약칭^{略稱}이며, 공량^{空糧}·공비량^{公費糧}의 별칭이다. 청대에는 녹영병^{綠營兵}이 깎이는 것을 억제하기 위하여 실제보다 높은 액수의 병향^{兵餉}을 지급하는 것으로 하였다. 국가 재정지출이 늘어나지 않는 상황에서 '명량^{名糧}'을 빌려서 녹영^{綠營}의 장령^{將領}들의 경제 대우를 높이려고 하였는데, 이 자체가 녹영군의 전투력이 쇠감^{衰減}되었으며 청조의 군정이 부패하였다는 것을 보여주고 있다. 佐伯富, 「淸代雍正期における養廉銀の硏究」(《中國史硏究》3); 陳鋒, 「淸代綠營"名糧"制度述論」, 《社會科學輯刊》, 1992-6; 秦樹才·陳平, 「綠營兵硏究述評」, 《學術探索》, 2010-1 참조.
22 　여기에서의 "주현^{州縣}"은 문맥상 "주학^{州學}"의 의미이고, "청속^{聽贖}"은 문맥상 "청독^{聽讀}"의 의미이다. 아마도 오기^{誤記}일 가능성이 있다. 동일한 예문으로 『청명집』 「인품문」 권11 〈引試〉에 "帖送州學, 聽讀半年"이라 되어 있다.

14-14. 도박을 금지하는 데는 이유가 있다
禁賭博有理[23]

방추애(方秋崖)

---

[23] 理 : 여기에서의 "理"는 문맥상으로 보아서, 단순히 "이유"라는 뜻으로 보는 것이 좋을 듯하다. 그런데, 이를 천리天理로 보는 경우도 있다. 애초에는 중국의 민사법의 분야에서 관습적으로 쓰는 '정리情理'라는 표현을 주목한 논의가 있었다. 지금도 각 성省의 고등법원에서 조정(調停, 중국어로는 調解)으로 돌리는 비율이 65%라고 하는 점에서 '정리情理'를 둘러싼 논의는 의미 있다고 생각된다. 그러나 최근 중국의 학계에서 '정리법情理法'이라는 개념으로 중국 전통법을 이해하는 경우가 크게 늘어난 흐름에 대해서는 약간 우려를 표할 필요가 있다. 대례人禮나 법을 큰틀로 나누어서 천리天理 → 국법國法 → 인성人情이라는 순서에 따라서 그 범주를 구분해 볼 수 있을 것이다. 이렇게 본다면 '理法情'이라고 불러야 할 듯하지만, 좀 어색한 배열일 수도 있겠다. 천리라는 것은 도덕이나 행위 규범을 이야기하는 것이다. 국법은 제정법制定法을 이야기하는데 경우에 따라서는 습관법까지도 포함할 수 있을 것이다. 인정이라는 것은 신분과 같은 예禮를 바탕으로 하고 있으며, 명분名分이나 명위名位도 포함할 수 있을 것이다. 가령, "팔의八議"와 같은 경우에는 성격상으로는 인정에 해당되지만, 황제와 관계되는 예의 구분에 속하므로 국법을 초월하는 천리로 격상되는 것이며, 그러면서도 "팔의八議"가 법률 조항에 규정되어 있으므로 성문법의 규정이라고도 할 수 있다. 유교에서 예라고 하는 것은 존존尊尊 · 친친親親 · 남녀유별男女有別을 바탕으로 되어 있다. 민사상民事上으로 볼 때, 성문법률成文法律; 法 → 민사습관民事習慣; 情 → 법리法理; 理라는 단계로 규정할 수는 없을 것이다. 『청명집』에서는 관리나 황족(趙 씨)에 대해서는 가급적 처형하지 않고, 胥吏에 대해서는 엄벌에 처하는 것으로 볼 때에 과연 송대법宋代法이 중국의 학계에서 이야기하고 있는 "정리법情理法"으로 해석할 수 있을지 의문이다. 따라서, 최근의 중국 법학계에서 거론되고 있는 법法 · 정情 · 리理 등으로 구분하는 방식은 반드시 타당성이 있는 것은 아니라고 생각된다. 滋賀秀三, 『續·淸代中國の法と裁判』, 創文社, 2009; Philip C. C. Huang, "Between Informal Mediation and Formal Adjudication : The Third Realm of Qing Civil Justice", *Modern China* Vol. 19 No. 3, 1993; Philip C. C. Huang, "Codified Law and Magisterial Adjudication in Qing", Kathryn Bernhardt · Philip C. C. Huang(eds.), *Civil Law in Qing and Republic China*, Stanford University Press, 1994; 寺田浩明, 「清代民事司法論における"裁判"と"調停"-Philip C. C. Huang氏の近業に寄せて」, 《中國史學》 5, 1995; 霍存福, 「"合情合理, 卽是好法"-謝覺哉"情理法"觀研究」, 《社會科學戰線》, 2008-11; 霍存福, 「中國傳統法文化的文化性狀與文化追尋-情理法的發生, 發展及其命運」, 《法制與社會發展》, 2001-3; 康建勝, 「情理法與傳統司法實踐」, 《青海社會科學》, 2011-2; 徐成徽, 「情理法的司法適用價值」, 《法制與社會》, 2008-12; 柏樺 · 袁紅麗, 「戶絶與財産繼承 : 淸代民事審判中的情理法」, 《天津師範大學學報》, 2009-3; 임대희, 「『청명집』을 통해본 송대 "대이對移"제도의 실행」, 《역사교육논집》 54, 2015 참조.

도박의 문제점

· 도박에서 시작해서 도적질로, 놀이에서 주먹질로,
교제에서 다툼으로, 집은 파산할 수 있다.

관청에서 이를 엄하게 금지해야 함

· 관청에서 엄하게 척결하여 관용을 베풀지 않아야
하고, 방을 붙여 알리도록 한다.

천하의 사민[四民]이 안정이 되지 않으면 반드시 백해[百害]가 생긴다. 도박에서 시작해서 도적질로 끝나고, 장난치는 것으로 시작해서 주먹질로 끝나고, 교제로 시작했다가 결국에는 다툼으로 끝난다. 일에 실패해서 집이 파산되는 것은 모두 도박에서 시작된 것이므로, 관청에서 이를 단호히 금지시켜야 하는 것이다. 따라서 도박을 금지하는 것은 관청의 책임이고, 상벌을 명확히 하는 것은 담당관의 명령에 있다. 그중에는 감히 풍습에 얽매여, 도박을 예전부터의 관습[故常][24]이라고 보는 자도 있지만, 관청에서 확실하게 (도박을) 금지하는 법률 조문이 있으므로, 척장에 처결하며 관용을 베풀지 않는다.

방[榜]을 붙여 아래와 같이, "도박에서 돈을 잃은 사람[輸錢人][25]이 자수[自首]해 온 경우에는 특별히 그 죄를 용서해 주고, 잃은 돈은 찾아서 돌려준다. 반대로 도박에서 돈을 딴 자[贏錢人][26]는 법률에 따라 처벌한다[依條斷令]"[27]고 효시[曉示]한다.

四民之所不收, 百害之所必至, 始而賭博, 終而盜賊, 始而嬉戲, 終而鬪毆, 始而和同, 終而
必爭, 敗事喪家, 皆由此始, 固官司之所必禁也. 然禁戢者有司之責, 信必者當職之令, 有敢狃

---

24 故常 : 상례[常例] · 습관[習慣] · 구규[舊規] 등의 의미가 있다. 『莊子』 「天運篇」에는 "變化齊一,
不主故常"이라고 되어 있다.
25 輸錢人 : 도박에서 돈을 잃은 사람을 일컫는다.
26 贏錢人 : 도박에서 돈을 딴 사람을 일컫는다.
27 依條斷令 : 여기에서 '令'은 '令衆'일 것이다.

於習俗, 視爲故常, 官有明條, 決脊無容恕. 備榜曉諭, 輸錢人自首, 特原其本罪, 追還其錢, 却將贏錢人依條斷令.

14-15. 도박에 가담했다고 자수한 자에게는 포상금의 반을 지급한다
自首博人支給一半賞錢

호석벽(胡石壁)

　본부本府에서 도박 금령[賭博之禁][28]을 엄중하게 내리는 것은 도적질을 금하는 것과 같다. 대체로 노박이 근절되지 않으면 반드시 도적질을 하기에 이르기 때문이다.

　증세삼曾細三 등은 공공연히 법령을 위반했기 때문에, 원래는 법률과 동일하게[一例][29] 처벌해야 하지만, 최근 포상금을 걸어[立賞][30] 이런 자들의 자수를 인정하고 있다. 현재 증세삼曾細三은 자수하였는데, 웅유熊幼는 그렇게 하지 않았다. 그렇기에 증세삼曾細三은 죄를 면해주고 포상금의 반을 지급한다. 해당 관청에 명해 상금을 수령하게 하고, 그것을 가지고 각 상廂에 가서

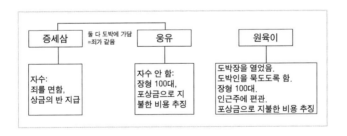

마을 사람들에게 "자수한 도박인 증세삼^{曾細三}은 포상금조로 몇 관^貫을 지급받았다"라고 알리도록 하라. 또 이것을 종이깃발^{紙旗}에 적어 상금 위에 꽂아 두라. 그리하여 사람들이 서로 자수^{自首}를 권할 것이다.

웅유^{熊幼}는 장형 100대에 처결하고, 수가^{首枷}를 씌워 군중^{群衆} 앞에 보이게 하고, 다른 범인이 나타날 때까지 그대로 둔다. 원육이^{袁六二}는 "도박장^[櫃坊]31을 열고 도박인을 묵게^[開櫃坊停止賭博之人]32 했으므로 장형 100대에 처결하고, 인근 주^州에 편관시킨다. 또 도박인을 묵게 한 장소는 부순다. 장육^{蔣六}·소이^{蕭二}는 도박에 손을 대지 않았다고는 하지만 수수방관했다. 그 의도는 과연 어디에 있는 것일까. 각각 장형 80대에 처결한 후 석방한다. 포상금으로 지불하는 비용은 웅유^{熊幼}·원육이^{袁六二}로부터 똑같이 추징^{追徵}하기로 한다.

本府嚴賭博之禁, 與禁盜同, 蓋以賭博不已, 必至爲盜故也. 而曾細三等乃公然犯令, 本合一例科斷, 且以近常立賞, 許同徒人告首, 今曾細三能自首, 而熊幼乃不能. 曾細三免罪, 仍支給一半賞錢, 仰當廳領賞, 擔往諸廂, 叫報市民曰, 自首賭錢人曾細三, 請到賞錢幾貫. 仍以此寫紙旗一面, 揷在擔上, 庶幾人人相勸. 熊幼杖一百, 枷項令衆, 候犯人替. 袁六二係開櫃坊停止賭博之人, 杖一百, 編管隣州, 仍拆毀停止去處. 蔣六·蕭二雖未曾下賭博, 然袖手旁觀, 意果安在, 各杖八十, 放. 其賞錢熊幼·袁六二均監.

---

31 櫃坊 : 「징악문」 14-12 〈因賭博自縊〉의 각주를 참조하기 바람. 張金花, 「宋朝政府對夜市的幹預與管理」, 《首都師範大學學報》, 2016-2; 陶立明, 「宋元禁賭及其賭風昌盛之原因初探」, 《淮南師範學院學報》, 2001-1; 秦暉, 「唐代櫃坊爲"金融機構"說質疑 — 兼論封建後期金融市場的形成機制問題」, 《陝西師大學報》, 1990-2.

32 開櫃坊停止賭博之人 : 『慶元條法事類』 卷80 「雜文」에는 "諸開櫃坊, 停止博戲賭財物者, 隣州編管, 於出軍營內停止者, 配本城, 竝許人告"라고 되어 있다.

재우宰牛[1]

14-16. 소를 죽인 것은 법으로 처벌해야 한다
宰牛當盡法施行

호석벽(胡石璧)

'소'는 경작하는 것을 돕는 역할을 한다. 천하의 사람이 "배불리 먹고 행복하게 지낼 수 있게 되고[含哺鼓腹]"[2], "먹고 싶은 만큼 먹을 수 있게 하며[左餐右饢]"[3], "위로는 부모를 받들고 아래로는 처자妻子를 부양할 수 있는[仰以事父母, 俯以育妻子]"[4] 것은 모두 소의 힘이다. 조정에서는 소가 사람에게 있어 하는 역할이 크기 때문에, 다른 가축처럼 다루는 것을 금하고, 특히 "도살의 금령[宰殺之禁]"[5]을 엄격하게 내렸다.

본관은 농촌 출신이어서, 소가 쟁기를 끄는 몹시 힘든 일을 하는 것을 직접

1 　宰牛 : 屈超立, 「송대 재우宰牛 금지 법령과 판례 연구」, 『중국사연구』 81, 2012에서는, 재우宰牛를 금지한 것에 관하여서, 『宋刑統』에 이미 당률唐律에서의 소 도살 금지 법령 조문을 원용하였으며, 이후 남송 때까지 백여 년의 역사를 거치면서 부단히 소 도살을 금지하는 입법을 유지하였으며, 뿐만 아니라 고발자에게 포상하기도 하였고, 소고기 구매자가 사전에 소 도살자와 모의한 경우 엄벌에 처하기도 하였다고 밝혔다. 재우에 관해서는 이 조條만이 아니라, 「징악문」 권13-32 〈騙乞〉, 「징악문」 권14-18 〈宰牛者斷罪拆屋〉에서도 논란이 되고 있다. 袁麗華·徐燕斌, 「中國傳統律法的興廢及其當代省思 — 以歷代屠牛律爲考察對象」, 《武漢理工大學學報》, 2018-4; 劉鄂, 「淸代"宰殺馬牛"律硏究」, 《歷史檔案》, 2015-3.

2 　含哺鼓腹 : 음식을 입에 넣고 배를 두드린다는 뜻으로, 태평성세의 시절에 근심이 없는 백성들의 생활을 형용하는 말이다(『莊子』「馬蹄篇」, "夫赫胥氏之時, 民居不知所爲, 行不知所之, 含哺而熙, 鼓腹而遊, 民能以此矣").

3 　左餐右饢 : 『韓昌黎文集』 卷30 「平淮西碑」에는 "始時蔡人, 進戰退戮. 今旰而起, 左餐右饢"라 되어 있다.

4 　仰以事父母, 俯以育妻子 : 『孟子』「梁惠王」 章句上에는 "是故明君制民之産, 必使仰足以事父母, 俯足以畜妻子"라 되어 있다.

5 　宰殺之禁 : 『慶元條法事類』 卷79, 畜産門에는 "諸故殺官私馬牛, 徒參年, 駝騾減參等"이라 되어 있다.

보았고, 아무런 죄도 없이 죽임을 당하는 것에는 참을 수 없을 정도였다. 이 때문에 부임하자마자 관계 법령을 찾아내어 적어서[開坐]6 방榜을 붙여 이를 알렸다. 민간民間에서 이 금령을 알고, 주의하고 두려워하여, 감히 관사를 거역하는 일은 없을 것이라 생각했던 것이다. 그러나 며칠 후 여러 곳으로부터 소문을 들으니, 교계交界 지역에서부터 근경近境에 이르기까지 소고기가 점포에서 공공연히 판매되고 있다고 한다. 그래서 몰래 사람을 파견해 현장을 덮쳐 체포하게 했다. 그것은 실로 "교관郊關7의 바깥外"뿐만 아니라 마을 내에서도 거침없이 이뤄지고 있었던 것이다[滔滔皆是].8 소인小人들의 조금도 거리낌 없는 행위[小人之無忌憚]9가 이 정도에까지 이르렀던 것이다.

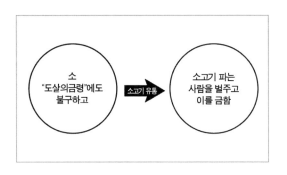

牛之爲物, 耕稼所資, 擧天下之人, 得以含哺鼓腹, 左餐右嚼, 仰以事父母, 俯以育妻子者, 皆其力也. 朝廷以其有功於生人甚大, 故不以他畜産待之, 特嚴宰殺之禁. 當職起身田間, 親見其服勤耒10耜之苦, 尤不忍其無罪而就死地. 是以於到任之初, 首先開坐條法, 備榜曉示. 將謂民間已知警畏, 不敢犯於有司, 而數日已來, 聞諸道途之言, 自界首以至近境, 店肆之間, 公然鬻賣, 遂密切遣人緝捕, 及至捕獲, 原來不但在郊關之外, 而城市之中亦復滔滔皆是. 小人之無忌憚, 一至於此.

6 　開坐 : '하나하나 기록하다'・'열거하다'라는 의미이다.
7 　郊關 : 교외에 있는 관문이다.
8 　滔滔皆是 : 『論語』微之篇에는 "滔滔者天下皆是也, 而誰以易之"라 되어 있다.
9 　小人之無忌憚 : 『禮記』中庸에 "仲尼曰, 君子中庸, 小人反中庸, 君子之中庸也, 君子而時中. 小人之中庸也, 小人而無忌憚"라 되어 있다.
10 　耒 : '耒'는 송판본에는 '來'로 되어 있다.

14-17. 묘의 제사[11]에 소를 죽여 제물로 바치다
屠牛于廟

유후촌(劉後村)

국가는 3년이 되어서 비로소 한 마리의 소를 죽였을 뿐이고[三歲始殺一牛],[12] 그 외에 별도로 소를 죽이는 규정은 없다. 만약 신神이 그것을 알게 되면, 그 제사를 달가워하겠는가? 운운云云.

國家三歲始殺一牛, 餘外別無殺牛之條. 使神其有知, 其肯歆此祭乎. 云云.

14-18. 소를 죽인 자는 처벌하고 가옥을 파괴한다
宰牛者斷罪拆屋

유후촌(劉後村)

유당劉棠은 향서수[鄉書][13]의 일을 담당하면서도 한편에서는 도살屠殺을 생

---

11 국가의 제사로서, 교사郊祀나 제천祭天, 또는 봉선의식 등에 관해서는 하워드 J. 웨슬러, 『비단같고 주옥같은 정치』, 임대희 옮김, (고즈윈, 2005)에 전통시대 국가의례에 관련하여 전반적인 설명이 전개되고 있다. 특히, 수대에서 당초기에 걸쳐서 폐쇄적閉鎖的이었던 국가의례가 개방적開放的으로 전환되고 있는 점을 밝히고 있다.

12 三歲始殺一牛 : 『宋史』 卷107 「禮志」에는 "宗廟之禮, 每歲以四孟月及季冬, 凡五享朔望則上食, 薦新, 三年一祫, 以孟冬, 五年一祫"라 되어 있다.

13 鄉書 : '鄉書手' 혹은 '鄉司'와 동일한 의미로 향鄉의 서기書記이다. 현縣의 아래 행정구역인 향에 설치되었던 일종의 향역鄉役이었으며, 호적이나 조세에 관한 서류를 취급하거나 행정관계의 문서를 처리하였다. 그러나 북송 이후에는 현리縣吏로 지위가 상승하였으며, 현부縣府에서 업무를 보았으며, 향을 대상으로 하여, 적부籍簿 · 조세차역부장租稅差役簿賬을 만들어내었으며, 부세를 독촉하고, 적장籍賬을 심계審計하였다. 刁培俊, 「宋朝的鄉役與鄉村"行政區劃"」, 《南開學報》, 2008-1; 刁培俊, 「南宋鄉司在賦役征派中的違法舞弊問題」, 《邢台學院學報》, 2003-6; 王棣, 「從鄉司地位變化看宋代鄉村管理體制的轉變」, 《中國史研究》, 2000-1; 王棣, 「宋代鄉司在賦稅征收體制中的職權與運作」, 《中州學刊》,

업으로 하고 있다. 그는 소를 죽인 소송이 있을 때마다 그 이름이 거론되는 자로, 법령을 두려워하지 않고 있다. 법률 조문에는 "이미 해시解試에 합격한 자는 단지 공죄公罪의 장형杖刑만은 면제해준다曾得解人止免公罪杖]"[14]라고 되어 있지만, 소를 죽인 것은 사죄私罪의 도형徒刑에 해당한다. 또 "소와 말 세 마리를 죽인 경우에는 은사恩赦가 있더라도 인근 주隣州에 배류配流한다殺牛馬三頭者, 雖會赦猶配隣州]"[15]라고 되어 있다.

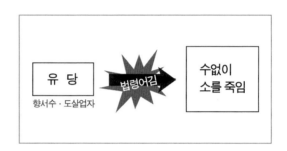

유당劉棠이 평소 죽인 소의 수는 헤아릴 수 없을 정도로 많다. 그 죄는 도형徒刑·유형流刑에 해당하며, 아마도 과거시험의 해원解元[16]이라도 형벌이 면제될 수 없다. 원래 유당劉棠은 옥으로 보내 지금까지의 범죄에 대해 남김없이 취조하고, 해당 부府로 압송해서 법률 조문에 따라 처벌해야 하는데, 더위가 한창일 때이고, 제점형옥의 담당자가 조칙을 받들어 노수慮囚[17]를

1999-2; 王棣,「論宋代縣鄕賦稅征收體制中的鄕司」,《中國經濟史研究》, 1999-2; 王棣,「宋代鄕書手初探」(張其凡主編),『宋代歷史文化硏究』, 人民出版社, 2000).

14 曾得解人止免公罪杖:『慶元條法事類』卷76「當贖門」,「攝諸州助敎, 翰林祇侯, 曾得解及應免解擧人, 太學武學上舍內舍生・僧道錄犯贓私罪公罪徒以下 (…中略…) 竝贖".

15 殺牛馬三頭者, 雖會赦猶配隣州:『慶元條法事類』卷79「畜産門」, "諸盜殺官私牛馬, 流三千里. 三頭匹者, 雖會赦配隣州" 또『청명집』「징악문」14-16〈宰牛當盡法施行〉의 각주 宰殺之禁 참조.

16 解元 : 과거시험 과정에서 지방시험의 수석합격자를 지칭한다. 때로는 지식인에 대한 존칭의 의미로 解元이라는 명칭을 사용하기도 한다.

17 慮囚 : '錄囚'라고도 한다. 황제와 각 관리가 정기적 혹은 비정기적으로 감옥을 순시하며, 죄인에 대한 범죄 정황을 다시 조사하여, 억울하게 죄를 지은 사람을 구제하기 위한 감옥관리제도 가운데 하나였다. 朱振輝 丁國峰,「從古代錄囚制度看刑事法律糾錯程序的建立」,《求索》, 2013-3.

행하는 사정도 있으므로, 이 이상의 추궁은 하지 않는다. 유당劉棠은 감장 勘杖 100대에 처결하고, 위사尉司에게 공문을 보내 사람을 차출하여 반드시 해당 도보都保[18]로 파견하여, 유당劉棠의 주방酒坊·육점肉店을 즉시 부숴버리 도록 하라拆除.[19]

劉棠忝預鄉書, 顧以屠殺爲業, 每有屠牛之訟, 常是掛名檢, 又不畏憲綱. 在法, 曾得解人 止免公罪杖, 而殺牛乃是私罪徒. 又殺牛馬三頭資, 雖會赦猶配隣州, 計劉棠平日所殺, 何啻 累千百頭. 罪至徒流, 恐又非解元之所能免. 本合將劉棠送獄, 根勘前後過犯, 解府從條施行, 屬當盛暑, 刑獄使者方且奉詔慮囚, 不欲淹延枝蔓, 劉棠勘杖一百, 牒尉司差人監下都保, 將 劉棠酒坊肉店日下拆除.

18 　都保 : 북송 신종神宗의 희령熙寧 연간의 변법 이후에, 보갑법保甲法이 점차 시행되면서, 향 촌에서는 도보都保 구조의 구획이 형성되게 되었다. 남송에 이르러서는, 병도井都·보오 법保伍法을 비롯하여, 경계법經界法−추배推排−자실법自實法이 연이어 실시되게 되었다. 보 갑법의 조직은 근처에 있는 5가家가 1보保를 이루고, 5보가 1대보大保를 이루며, 10대보가 1도보都保를 이룬다. 처음에는 지방 치안 조직이었으며, 같은 보의 사람들끼리 서로 사염 私鹽이나 도적을 독찰하도록 하였다. 그 후, 보갑 조직을 통해서 호적을 관리하거나 조세 를 최과催科하고, 부역을 징조徵兆하기도 하였다. 북송 후기부터 역법役法이 몇 번이나 바 뀌었지만, 보갑 조직은 여전히 존재하였으며, 조정에서는 도보 조직이 향역인鄕役人의 직 책도 맡도록 하였다. 그리하여, 점차로 도보는 애초에 호수戶數를 표준으로 해서 나누어 진 기구였던 것이 점차로 지리공간의 범위와 분명한 경위계역經緯界域을 갖게 되었고, 인 호人戶를 통제하였으며[編戶]·토지를 통제하였다[經界]. 또한, 도보는 현縣의 하위 기구였 으나, 향鄕이나 리里와는 계통을 달리 하였다. 향은 주로 방위方位나 적관籍貫 등을 확정하 는 지리 구획에서의 의의를 가졌으며, 도보는 인호에 따라서 나누는 행정상의 관리를 실 행하였다. 현 아래에 두어진 향과 도보는 그 성격을 달리하는 기구였으므로, 서로 종속 관계는 없다. 梁建國, 「南宋鄉村區劃探析−以都保爲中心」, 《煙台大學學報》, 2006-1; 梁 建國, 「北宋后期的都保區劃」, 《南都學壇》, 2005-3; 侯鵬, 「宋代差役改革與都保鄉役體系 的形成」, 《社會科學》, 2015-8; 侯鵬, 「經界與水利 — 宋元時期浙江都保體系的運行」, 《中 國農史》, 2015-3; 刁培俊, 「宋朝"保甲法"四題」, 《中國史研究》, 2009-1; 賈連港, 「宋代鄉村 行政制度及相關問題研究的回顧與展望」, 《中國史研究動態》, 2014-1; 譚景玉, 「宋代鄉村 行政組織演變趨勢初探」, 《學術論壇》, 2007-1.

19 　拆除 : 건축물이나 시설물 등을 해체하거나 분해하는 것을 일컫는다.

요교妖敎

14-19. 연당에서 요교를 가르치고 배우다
蓮堂[1]傳習妖敎

채구헌(蔡久軒)

조칙에 따르면 "끽채사마喫菜事魔[2]신앙을 숭배하면서, 밤에 모여 새벽에 해산하고 요교妖敎를 가르치고 배운傳習[3] 자는 교수형[絞刑]에 처결하고, 종범

蓮堂 : 동진東晉의 혜원慧遠의 '백련사白蓮社'의 유풍을 이어, 남송 초기에 아자원茅子元이 백련종白蓮宗을 개창했다. 이 보급에 따른 재회齋會를 개최하기 위한 활동의 거점이 되는 건물이 여기저기에 건립되었다. 이것을 '연당蓮堂'・'참당欑堂'이라고 불렀는데, 끽채사마신앙吃菜事魔信仰의 온상이라 하여 관부로부터 탄압을 받았다. 楊宇勳,「試論南宋富民參與祠廟活動」,《華中國學》, 2015-1; 王華豔 范立舟,「南宋鄕村的非政府勢力初探」,《浙江社會科學》, 2004-1; 遊彪,「宋代"禁寺、觀毋市田"新解」,《中國經濟史硏究》, 2002-4.

喫菜事魔 : 송대에 마니교摩尼敎, 明敎를 가리키는 속칭이었다. 페르시아로부터 전해져왔으며, 그들의 조직이 완비되었고 재당齋堂을 세웠고 채식을 주로 하였으며 밤에 모여서 날이 밝으면 흩어졌고 많은 신자들을 농락하였다고 한다. 북송 말년에 일어난 양절兩浙지역의 방랍方臘의 기의起義는 바로 이들이 무장하여 일으킨 것이다. 끽채사마喫菜事魔신앙에서는 살생을 금지하고, 채식주의가 원칙이다. 이 신앙을 믿는 단체들은 당시 중국의 유교적 예교에 벗어나는 행위를 많이 자행했기 때문에, 북송시대부터 이 신앙을 믿는 자는 재산을 몰수하고, 유배하였으며, 밀고한 사람은 몰수한 재산의 반을 상금으로 주면서 엄격히 박해하였다. 竺沙雅章,『中國佛敎社會史硏究』第5章,「喫菜事魔について」, 同朋舍, 1972; 芮傳明,「論宋代江南之"吃菜事魔"信仰」,《史林》, 1999-3; 楊富學・史亞軍,「"吃菜事魔"名實再探」,《山西大學學報》, 2014-3; 戴文坤,「宋代"吃菜事魔"信仰與官方政策」,《福建論壇》, 2011-S1; 林劍華,「宋代東南地區民間宗敎與官方政策」,《福建文博》, 2012-3; 范立舟,「論南宋"吃菜事魔"與明敎、白蓮敎的關系」,《杭州師範大學學報》, 2016-3; 陳智超,「南宋"吃菜事魔"新史料」,《北京師院學報》, 1985-4; 단지, 賈文龍,「宋代社會的"喫菜事魔"信仰的誤解及變遷溯源」,《宋史硏究論叢》5, (河北出版社, 2003)에서는 송대 강남의 지방관들이 지방이 치안을 제대로 잡지 못 한 것을 "끽채사마喫菜事魔"의 탓으로 돌려서 희생양으로 만들었다고 하였으며, 방납기의方臘起義나 마니교摩尼敎와는 전혀 관련이 없다고 한다.

3 傳習 : 傳授와 學習을 말한다.『論語』「學而」篇에, "吾日三省吾身, 爲人謀而不忠乎, 與朋友交而不信乎, 傳不習乎라 되어 있다.

명공서판청명집 징악문(懲惡門)

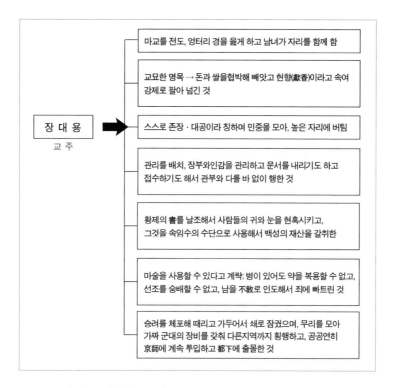

장 대 용
교 주

→ 마교를 전도, 엉터리 경을 읊게 하고 남녀가 자리를 함께 함

교묘한 명목 → 돈과 쌀을 협박해 빼앗고 헌향(獻香)이라고 속여 강제로 팔아 넘긴 것

스스로 존장·대공이라 칭하며 민중을 모아, 높은 자리에 버팀

관리를 배치, 장부와 인감을 관리하고 문서를 내리기도 하고 접수하기도 해서 관부와 다를 바 없이 행한 것

황제의 書를 날조해서 사람들의 귀와 눈을 현혹시키고, 그것을 속임수의 수단으로 사용해서 백성의 재산을 갈취한

마술을 사용할 수 있다고 계략: 병이 있어도 약을 복용할 수 없고, 선조를 숭배할 수 없고, 남을 不敎로 인도해서 죄에 빠트린 것

승려를 체포해 때리고 가두어서 쇄로 잠궜으며, 무리를 모아 가짜 군대의 장비를 갖춰 다른지역까지 횡행하고, 공공연히 京師에 계속 투입하고 都下에 출몰한 것

從犯은 3,000리에 유배한다. 은사恩救가 있더라도 그 죄의 2등급을 감해 주지는 않는다[喫菜事魔, 夜聚曉散傳習妖敎者]"4라고 되어 있다. 또 "무릇 밤에 모이고 새벽에 해산하며, 경經을 읊는다거나 수련한다는 명목으로, 남녀가 자리를 함께 하는 경우에는 도형徒刑 3년에 처하고, 꼬드김을 당해서 참가하였다면 장형杖刑 100대에 처결한다"라고 되어 있다. 또 "승려와 도사僧道5가 아니면서 결사結社를 조직하여, 무리를 모아 수련을 한 경우에는 각각 장형 100대

---

4   喫菜事魔, 夜聚曉散傳習妖敎者:『宋會要』刑法 2-112, "(紹興)十一年正月十七日, 尙書省 檢會紹興勅, 諸喫菜事魔, 或夜聚曉散, 傳習妖敎者, 絞, 從者配三千里, 婦人千里編管, 託 幻變術者, 減一等, 皆配千里, 婦人五百里編管, 情涉不順者, 絞以上不以赦降原減, 情理重 者, 奏裁, 非傳習妖敎, 流三千里, 許人捕至死, 財產備賞, 有餘沒官, 基本非徒侶, 而被誑誘, 不曾傳授他人者, 各減二等"라고 규정되어 있다.

5   僧道 : 승려僧侶와 도사道士를 일컫는다.

에 처한다[非僧道而結集經社, 聚衆行道, 各杖一百]"[6]라고 되어 있다. 법령에 제시되어 있는 것은 해와 별과 같이 명확하다.

지금 상술한 칙령을 위반하고, 또 민중의 재산을 마음대로 갈취하고, 함부로 법률을 정하여 관품을 설치하며, 스스로 명호名號를 내세우고 있는 장대용張大用이라는 자가 있는데 이를 어찌 용서할 수 있을까. 본청本廳의 직무는 풍기風紀를 정비하는 것으로, 이러한 행위를 엄중하게 금하고자 한다. 장대용張大用이라는 자가 나호원羅湖院[7]의 승려를 묶어놓고 구타한 일로 인해 본 사건이 밝혀지게 되어 관청에서도 이를 알게 되었다. 이는 하늘이 그의 악행을 미워해서 세상에 드러나게 한 것이다.

우선 (여러) 진술서를 상세히 조사해 보니, 그 죄는 7가지이다. 마교魔教를 전도하고, 경經을 읊는다고 속이면서 남녀가 자리를 함께 한 것이 첫 번째 죄이다. 어떤 목적을 이루기 위해 각종 명목을 만들어[巧立名目],[8] 돈과 쌀을 위협하여 빼앗고 헌향獻香한다고 속여 강제로 물건을 판 것이 두 번째 죄이다. 스스로 존장尊長이라 칭하거나 스스로 대공大公이라 부르며 민중을 모아 늘어세워 배례拜禮시키면서, 높은 자리에 떡 버티고 앉은 것이 세 번째 죄이다. 관리를 배치하고 장부와 인감을 관리하고 공문을 보내거나 관리를 차견差遣하면서[差遣][9] 관부와 다를 바 없었으니 이것이 네 번

---

6 非僧道而結集經社, 聚衆行道, 各杖一百：『慶元條法事類』卷80,「雜門」, "諸非僧道而結集經社, 及聚衆行道者, 各杖壹伯".

7 羅湖院：정확하게 어디에 위치하고 있는 사원인지 불명이나,『同治饒州府志』卷4, 寺觀門에 보이는 '羅湖寺'일 가능성도 있다.

8 巧立名目：정당하지 못한 목적을 달성하기 위해 각종 명목을 만드는 것을 의미한다.

9 陞差：南宋의 富民들이 사묘祠廟활동에 參与하면서, 冊封이나 賜額을 요구하는 것 이외에도 세가지 사항을 수반하였던 점이 눈에 띄인다. 첫째, 묘廟를 세우고 흥수興修하는 데에 재물을 기부하여 돕는 것 뿐 아니라, 이를 경영하는 데에도 협조하기를 요구하였다. 둘째, 이들 조직의 대표자로서 사묘祠廟활동을 하는 都會首를 교대로 맡아주기를 요구하였다. 세 번째, 경비를 모으기 위해서 기부금 따위를 분담시켰다. 신도들은 스스로 원해서 이에 참여하는 경우도 있었으나, 또한 강요당하는 경우도 있었다. 그밖에, 사묘祠廟활동을 어떻게 하면, 官方의 엄숙한 용모와 장중한 태도를 모방模仿할 수 있을지 토론하기도 하였으며 이를 빌려 그들의 정당성을 높이려고 하였다. 官方이 淫祠나 좌도사교邪教를 금억禁抑하는 만큼 이러한 신앙활동이 기존에 있던 社會秩序를 위협하였기에 생겨나

째 죄이다. 황제의 서書를 날조해서 사람들의 이목耳目을 현혹시키고, 이로써 남을 속여 많은 백성의 재산을 많이 빼앗은 것이 다섯 번째 죄이다. 심지어 마술魔術이라고 날조하여 몰래 계략을 꾸미고, 병이 있어도 약을 복용하지 못하게 하였으며,[10] 조상의 제사를 지내지 못하게 하고, 불효不孝로 인도하며 죄를 짓도록 한 것이 여섯 번째 죄이다. 승려를 잡아 때리고 가두어서 자물쇠를 채웠으며, 무리들을 불러 모아 불법적인 군대의 장비를 갖추고, 다른 지역에까지 횡행하였다. 이것만으로도 이미 놀랄만한 행동인데 공공연히 물자 수송管押[11]을 핑계로 수도까지 들어와 도하都下[12]에 출몰하였으니 이것이 일곱 번째 죄이다.[13] 바닥에 깔개를 두지 않고 정좌해서 예배를 시키는 모습은 미치 금계金雞가 위쪽을 바라보는 모습같다. 침상寢牀도 없이 남녀가 함께 섞여 있는 모습은"철로 된 소가 밭을 갈고 있는 것鐵牛犁地"[14]과 같은 모습처럼 추악하다. 불법적이고 무도無道한 무리를 불

는 모습이었을 것이다. 楊宇勳, 「試論南宋富民參與祠廟活動」, 《華中國學》, 2015-1.

10 이 부분의 내용과는 좀 동떨어지기는 하지만, 송대의 민간에서는 전통 관념의 영향도 있어서, 무의巫醫가 사람을 속이기도 하고, 의약사업이 아직 발달하지 않았으며 보급되지도 않았기 때문에, '신무불신의信巫不信醫' 현상이 있었다. (李小紅, 「宋代"信巫不信醫"問題探析」, 《四川大學學報》, 2003-6; 李小紅, 「以醫制巫 — 宋代地方官治巫芻議」, 《科學與無神論》, 2004-3. 李小紅, 「宋代民間"信巫不信醫"現象探析」, 《學術研究》, 2003-7).

11 管押 : '관리하여 보내다', '관리하여 압송하다'라는 의미로, 여기서는 문맥상으로 '물자 수송을 관리한다는 명분하에 수도 임안에 들어가는 것'을 의미하는 것으로 생각된다.

12 都下 : 문장에서 볼 때에, 수도 주변을 의미한다. 그런데 도보都保와 관련 있을 듯하다.

13 이를 도표로 만들어보면 아래와 같다.

범죄행위	『唐律疏議』 처벌규정	『淸明集』에 나타난 처벌
거짓(虛僞) 經을 암송	絞首刑	두목 장대용 : 척장 50대, 얼굴에 묵형을 처한 후 2000리의 州軍의 牢城에 배치
돈과 쌀을 사취	竊盜罪에 준하여 처벌	
尊長, 大公으로 사칭	流刑 2千里	부두목 유만육 : 척장 30대, 1000리 州軍의 牢城에 배치
官廳 행세		
皇帝의 書를 날조	斬首刑	
不敎를 범한 죄	笞刑 40대에서 杖刑 80대	동조자 : 全員訓放
군대와 장비를 갖추고 횡행	徒刑 1년에서 최고는 絞首刑	

具曉水, 「南宋代 地方官들의 祠廟信仰에 대한 인식과 대응」, 임대희 엮음, 『판례로 본 송대사회』, 민속원, 2019에서 인용함.

14 鐵牛犁地 : 명확한 의미는 불명이다. 직역하면 '철로 된 소가 땅을 갈다' 혹은 '철과 같은

러 모으는 것은 빈번해서 소리를 한 번 지르면 큰 무리가 될 정도이다. 그 의도를 살펴보면 무엇인가 의도하는 바가 있다. 그 화근을 제거하지 않으면 큰 해악이 될 것이다.

장대용張大用은 우두머리이므로 척장脊杖 50대[15]에 처한 후, 얼굴에 문신을 하고 2,000리 주군州郡의 뇌성牢城에 유배시키도록 하라. 규정에 따라 은사恩赦가 있더라도 그 죄를 용서하지 않는다. 유만육劉萬六은 부두목이므로 척장脊杖 30대[16]에 처한 후, 얼굴에는 문신을 하지 않고 1,000리의 주군의 뇌성에 유배시키도록 하라. 이육이李六二는 대공大公이라 자칭하고 정경이丁慶二는 주부主簿라고 자칭했으므로 모두 감장 100대에 처한 후 인근 주隣州에 편관시킨다. 관원을 파견해서 녹문錄問이 끝나면 해당 관청에 압송해서 판결을 내린다. 하도주夏道主는 직접 나와 영지사靈芝寺[17]의 문 밖에 모였으므로 취조는 면하지만 현에 공문을 보내 주州로부터 쫓아낸다. 장오십張五十·이도李道는 취조를 면제해주고 곧 생업을 바꾸도록 한다.[18] 이상의 사건에 사용된 세 곳의 참당懺堂[19]은 현에 공문을 보내 개조시키고 백성을 위

소가 땅을 갈다'라고 해석할 수 있을 것이다. 사용 용례를 보면『佛說佛名經』卷24에 "其地獄中有鐵牛犁地火焰俱起. 東門之中有六千罪人. 口眼火然煙焰俱發"을 들 수 있다. 陳智超,「南宋'吃菜事魔'新史料」,《北京師院學報》, 1985-4, 許國,「宋代秘密社會初探」,《湖南師範大學社會科學學報》, 1991-4. 趙繼顏,「簡論南宋農民起義的特點及歷史作用」,《山東師大學報》, 1991-1. 李華瑞,「關於救荒政策與宋朝民變規模之評說」,《遼寧大學學報》, 2014-6. 何忠禮,「論宋朝政府對民變的非軍事對抗性策略」,《浙江大學學報》, 2014-3.

15 척장 집행에 있어서 50대는 없기 때문에 15대의 誤記로 추정된다. 가와무라 야스시,「송대 절장법 초고」, 임대희 옮김,『판례로 본 송대사회』, 민속원, 2019 참고.

16 척장에는 30대가 없으므로, 척장 13대로 추정된다. 가와무라 야스시川村康,「송대 절장법 초고」, 임대희 옮김,『판례로 본 송대사회』, 민속원, 2019 참고.

17 靈芝門 : 수도 임안臨安에 있는 영지사靈芝寺의 산문山門을 가리키는 것일까.

18 통상보다 가혹한 장杖 수를 집행하였던 경우로서는, 군법에서 "군기를 숙정하고, 군대의 전투력을 유지 강화하는 중요한 수단"이었기 때문이기도 하였다. 마찬가지로 엄중한 형벌로 임해야 할 수 밖에 없었던 경우는 여기에서처럼 소위 음사사교淫祀邪敎를 들 수도 있다. 가와무라 야스시川村康,「宋代 折杖法 初考」, 임대희 옮김,『판례로 본 송대사회』, 민속원, 2019, 483~486쪽 참고.

19 懺堂 : '懺'은 불교의 '참회懺悔', '참법懺法'에서 나왔을 것이다. 그런데, 여기에서는 당시의 白蓮敎와의 연관성을 생각해 볼 수도 있다. 馬西沙,「宋元時期白蓮敎傳敎與禁敎論析」,

해 기우제를 지내는 장소로 삼는다. 또 근처 사원에서 사람을 보내 관리하도록 한다.

이 교단에 유혹되거나 협박당하여 참가한 자들은 애초부터 본심이 아니었고, 평소부터 (요교를) 습득한 것은 아니므로, 이미 체포된 자나 체포되지 않은 자나, 이미 진술한 자[供攤][20]나 아직 하지 않은 자나, 모두 죄를 면해주고 다시 소환하지는 않는다. 즉시 사악한 습속을 버리고 양민이 되어 집으로 돌아가 부모를 모시며 조상을 공양하고, 자신의 신체를 지키고 처자를 돌보며 생업에 전념할 것을 명한다. 만일 다시 결사結社를 조직하는 등의 행위를 한다면 반드시 징벌할 것이다. 순검巡檢·현위縣尉·우관隅官·보정保正에 공문帖引[21]을 보내고, 항상 철저히 감시하도록 하라. 가 주현州縣에 방榜을 붙여 이를 알리도록 하라.

按勅, 喫菜事魔, 夜聚曉散, 傳習妖敎者, 絞, 從者配三千里, 不以赦降原減二等. 又勅, 諸夜聚曉散, 以誦經行道爲名, 男女雜處者, 徒三年. 被誘之人杖一百. 又勅, 非僧道而結集經社, 聚衆行道, 各杖一百. 法令所載, 昭如日星. 今有犯上勅令, 而又橫歛衆財, 擅行官法, 假立官品, 自上名號, 如張大用者, 其可恕乎. 當司職在觀風, 方欲嚴行禁戢, 而張大用者, 自因縛打羅湖院僧, 事敗到官, 是天厭其惡, 使之敗露. 今詳案款, 其罪有七, 傳習魔敎, 詐作誦經, 男女混雜. 罪一, 巧立名色, 脅取錢米, 假作獻香, 强人出售. 罪二, 自稱尊長, 自號大公, 聚衆羅拜, 巍然高坐. 罪三, 布置官屬, 掌簿掌印, 出牒陞差, 無異官府. 罪四, 假作御書, 誑惑觀聽, 以此欺詐, 多取民財. 罪五, 甚至撰爲魔術, 陰設姦謀, 疾病不得服藥, 祖先不得奉祀, 道人於不孝, 陷人於罪戾. 罪六, 擒打僧徒, 藏伭鎭將, 呼嘯儔侶, 假作軍裝, 橫行外地, 自己可駁, 公然管押入京, 出沒都下. 罪七, 置無磚席, 胡跪膜拜, 則有金雞仰面之稱, 設無磚林, 男女混雜, 則有鐵牛犁地之醜, 聚會不法不道徒黨實繁, 嘯聚成屯, 究其設意, 不無包藏, 禍根不除, 將爲大害. 張

《宗敎學硏究》, 2017-2.

20 供攤 : 정확한 의미는 불명이나, '진술하다'라는 의미로 추정된다. 사용 용례를 들면, 『續資治通鑑』 卷164, "臣寮言, 州縣供攤, 告訐二害, 請今后凡追究不實者, 許被害人越訴, 仍令監司覺察".

21 帖引 : '명령서', '통지서'의 의미일 것으로 보인다. 譚景玉, 「宋代鄕村行政組織與民間刑事訴訟」, 《求索》, 2008-4.

大用係爲首人, 決脊杖五十, 刺面, 配二千里州軍牢城, 照條不以赦原. 劉萬六係次爲首人, 決杖三十, 不刺面, 配一千里州軍牢城. 李六二僭稱大公, 丁慶二僭稱主簿, 並勘杖一百, 編管鄰州, 差官錄問訖, 押赴本司斷. 夏道主乃敢於靈芝門外聚集, 免根究, 帖縣逐出州界. 張五十・李道免根究, 日下改業. 所有上件三處懺堂, 帖縣改作爲民祈雨暘去處, 並從側近寺院差行者看守. 其會下說誘脅從之徒, 初非本心, 亦非素習, 無問已追到未追到, 已供攡未供攡等人, 並免坐罪, 更不追喚, 仰日下改棄邪習, 仍爲良民, 歸事父母, 供養祖先, 以保身體, 以保妻子, 以保生理, 如再敢聚集, 定行追斷. 帖引巡・尉・隅・保常切覺察, 遍榜諸州縣.

14-20. 사마의 요교를 전습하는 자를 엄하게 단속하다
痛治傳習事魔等人

오우암(吳雨巖)

법률에 명시되어 있듯이 백불白佛[22]을 수련하는 자는 사형死刑에 해당한다. 또한 (후한시대의) 황건적의 난은 사서史書에 기록되어 있는데, 그 참화慘禍는 우리에게 교훈을 준다黃巾載於史, 其禍可鑒.[23] 요주饒州·신주信州 지방에서는, 백성이 무지하여 요상한 무리들이 현혹하는 곳이 되었다. 그들은 종종 사마事魔의 요교妖敎를 전습하고, 남녀가 뒤섞여서 밤에 모이고 새벽에 해산하는[夜聚曉散][24] 등의 활동을 하고 있었다. 그들은 관부에 고발되는 것

---

22 白佛 : 이 문장에서 언급하고 있는 백불白佛이 정확히 무엇을 지칭하는 것인지는 불명이지만, 요교 신자妖敎信者들이 신봉하는 신을 상징적이고 포괄적으로 의미하는 것으로 생각된다. 예를 들면 백련교白蓮敎가 요교妖敎에 해당한다면 그들의 신자들이 신봉하는 신도 백불이 될 수 있을 것이다.

23 황건적黃巾賊의 난魔은 초기에 오두미도五斗米道・태평도太平道와 같은 도가적 색채를 지닌 민간 비밀종교 단체에 의해 발생하였기 때문에 이 판결문에서 요교妖敎 단속을 위해 이렇게 언급하고 있는 것이다.

24 夜聚曉散 : 북송 말년에 방랍方臘의 기의起義 이후에, 송宋 정부는 비밀종교활동에 주목하기 시작하였다. 이들 민간종교의 명칭은 백운종白雲宗, 백련종白蓮宗, 명교明敎, 백의도白衣道, 금강선金剛禪 등이었으며, 그에 불교, 도교, 마니교 등의 종교가 섞여 있었다. 송대의 관료들은 이들을 잘 구분하기 어려웠으므로, 통칭하여 '끽채사마喫菜事魔'라고 불렀다. 고

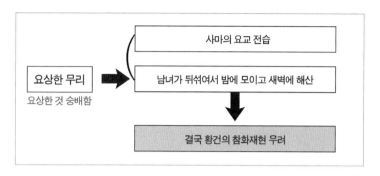

을 두려워해 명목을 바꿔 "우리들은 백련교도이지 마교도魔敎徒는 아니다"
라고 한다. 그러나 이미 채식菜食하면서 민중을 선동하고 있는 이상 마교
가 아니라고 하더라도 용인할 수 없다. 하물며 마교魔敎라면 어찌 용인할
수 있겠는가. 만일 이것을 방관한다면 여자는 아버지와 남편을 따르지
않고 요상한 것을 따르게 되고, 자식은 부모를 받들지 않고 마왕을 받들
게 된다. 그렇게 되면 하늘의 이치天理[25]는 무너지고 인륜은 끊어져 버려,
결국 황건적의 참화가 다시 도래할 것이다.[26] 하물며 소흥紹興 연간, 요주饒
州·신주信州 지방에서는 마적의 반란馬賊之變[27]이 있었기 때문에 두 말할 필

종高宗 소흥紹興 11년(1141)에 "喫菜事魔條法"(紹興勅)을 반포하였다. 칙령에서는 '끽채사
마'를 금지하였을 뿐 아니라, "夜聚曉散傳習妖敎"하는 것을 금지하였는데, 그 법률적인
연원은 "造妖書妖言"이었다. 賈文龍, 「宋代"妖言"罪源流考」, 《河北學刊》, 2002-2; 賈文
龍, 「宋代社會對"喫菜事魔"信仰的誤解及變遷溯源」, 『宋史硏究論叢』5, 河北大學出版社,
2003.

25 『청명집』에는 판안 속에 인정人情이나 천리天理 등의 윤리를 끄집어내면서, 부계父系의 권
위를 유지하면서 또한 법률에 의지해서 왕권王權를 강조하는 경향이 있다. 그러면서도,
혼인이나 여성의 각도에서 보자면, 수많은 경우에서 부계父系 윤리 원칙과는 위배되는
접각부接脚夫·췌서贅婿나 처계妻系친속을 받아들여 양자養子로 삼는 이성異姓양자등의 현
상이 일어나고 있다. 그러면서도, 유교적인 이념을 여전히 강조하고 있는 면이 보인다.

26 구경수具曔水는 이 부분에 관해서, 지방관들이 음사를 철폐하지 않고 방관하였을 경우 음
사 숭배로 가족 구성원의 이탈을 가져와 결국 국가통치의 가장 기본적 단위인 가족제도
가 붕괴될 것을 우려한 것이며, 나아가 음사의 신을 매개로 백성들이 세력을 결집하여
황건적黃巾賊의 난亂과 같은 반란을 초래할 것을 우려하고 있다고 보았다. 具曔水, 「南宋
代 地方官들의 祠廟信仰에 대한 인식과 대응」, 임대희 엮음, 『판례로 본 송대사회』, 592
쪽, 민속원, 2019 참조.

27 馬賊之變 : 여기서 지칭하는 마적지변馬賊之變에 해당하는 반란을 들면, 건염建炎 4년 신주

요가 없다. 당시에 관군이 바로 그들을 소탕하여 한명도 남기지 않았기 때문에 반란이 곧바로 평정되었다. 만일 평상시에 금지하지 않고 크고 작은 사건을 응징하여 훈계하지 않는다면, 이것은 "백성에게 그물을 씌워 벌하는 것[是罔民也]"[28]과 같은 것이다.

지금 통판通判의 보고에 따라, 도주道主인 축천오祝千五는 척장脊杖 12대에 처한 후, 500리로 자배刺配한다. 축천이祝千二·축십삼祝十三·축구백십사祝仇百十四는 각각 장형 100대에 처결한 후, 인근 주州로 편관한다.[29] 아낙네인 모 씨阿毛는 장형 60대에 처결하여, 무지한 부녀자의 본보기로 삼는다. 아낙네 하 씨阿何는 그 오빠에게 맡겨 따로 시집보내도록 하라. 사암私庵은 부순다. 가령 축천이·축십삼·축백일의 암사庵舍가 원래 분암墳庵[30]과 연관되기에 세운 것이라면, 이 경우는 마교의 상像을 철거하라. 또 신묘神廟를 이용해서 민중을 모은 경우에는 제사지낸 신이 무엇이었는지를 조사하라. 그것이 만일 '혈식血食의 신神[31]이라면 철거해서는 안 된다. 그렇지 않은 경우 '소식素食의 신神[32]으로, 제사의례에 장애가 없는 경우不礙祀典[33]에는 신상神像을

信州 귀계현貴溪縣·익양현弋陽縣에서 발생한 왕종석王宗石의 난亂, 소흥紹興 3년 구주衢州·엄주嚴州 등에서 발생한 여오파余五婆·무리慕璃의 난亂, 소흥 10년 무주婺州 동양현東陽縣에서 발생한 곡상원穀上元의 난亂 등을 들 수 있을 것이다.

28 是罔民也:『孟子』「梁惠王 (上)」에는 "及陷於罪, 然後從而刑之, 是罔民也"라 되어 있다.

29 편관형에 처해진 죄인들은 편관되기 이전에 장형杖刑을 처결받았다. 정우석, 「송대 編管刑의 등장과 그 시행상의 특징」, 임대희 엮음,『판례로 본 송대사회』, 400~443쪽, 민속원, 2019 참조.

30 墳庵: 송대의 귀족이나 사대부들은 조상의 분묘에 대한 관리를 '寺院'에 맡긴 경우가 많았는데 이를 '墳庵'·'墳寺'·'功德墳庵'라 하였다.

31 血食之神: 자손이 계속하여 제사를 지내는 신이다. 신도들로부터 살아 있는 사람이나 동물을 죽여 제사의 희생물로 받는 신神이다.『太平廣記』第二十九, 神仙二十九, "今名山岳瀆血食之神, 以主祭祠, 太上慮其妄作威福, 以害蒸黎, 分命上眞, 監蒞川岳, 有五岳眞君焉":『左傳』莊公 6年, "鄧侯曰, 人將食吾余, 若不從三臣, 抑社稷實不血食, 君焉取余".

32 素食之神: 정확한 의미에 대해서는 불명이나, 血食之神의 의미로부터 추정해 볼 때, 신도들로부터 야채와 같은 식물성 음식을 제사의 희생물로 공양받는 신을 지칭하는 것으로 생각된다. 송대 비밀 결사조직은 소식素食을 제창하였는데 당시의 사람들은 이를 "食菜事魔"라고 하였다. "食菜事魔"는『청명집』「징악문」 14-19의 각주에 나오는 "喫菜事魔"와 같은 의미일 것이다.

절로 옮기고 묘廟는 철거하라. 통판通判에 공문을 보내어 녹문錄問이 끝난 후 처리하도록 하라. 또 방榜을 붙여 이를 알리도록 하라.

白佛載於法, 已成者殺. 黃巾載於史, 其禍可鑒. 饒‧信之間, 小民無知, 爲一等妖人所惑, 往往傳習事魔, 男女混雜, 夜聚曉散. 懼官府之發覺, 則更易其名, 曰我係白蓮, 非魔敎也. 旣喫菜, 旣鼓衆, 便非魔敎亦不可, 況旣係魔敎乎. 若不掃除, 則女不從父從夫而從妖, 生男不拜父拜母而拜魔王, 滅天理, 絶人倫, 究其極則不至於黃巾不止. 何況紹興間饒‧信亦自有魔賊之變, 直是官軍剿滅, 使無噍類, 方得一了. 若不平時禁戢, 小不懲, 大不戒, 是罔民也. 今照通判所申, 道主祝千五決脊杖十二, 刺配五百里. 祝千二‧十三‧仇百十四各杖一百, 編管鄰州. 阿毛杖六十, 以爲婦人無知者之戒. 阿何責付其兄別嫁. 私庵毁拆, 如祝千二‧十三‧祝白一庵舍或有係墳庵, 因而置立, 則去其像, 或有係神廟, 因而會聚, 則問其所事, 若血食之神勿去, 如或否, 則係素食之神, 不礙祀典者, 移其神於寺舍, 而去其廟. 牒通判錄問訖行, 仍請備榜.

---

33   不礙祀典 : '祀典과 관계없는'이라거나 혹은 '祀典에 장애가 없는'이라는 의미이다.

음사淫祠

14-21. 유 사인의 묘에 가봉하거나 보주해서는 안 된다
不爲劉舍人[1]廟保奏[2]加封[3]

호석벽(胡石壁)

가만히 생각해보면 세상의 기이한 이야기라는 것은 충분히 조사한 이후에 알게 되는 것도 있고, 조사할 필요도 없이 알게 되는 것도 있다. 전자前者는 도리[方][4]로써 우리들을 속이려는 것이고, 후자後者는 도道가 아닌 것으로 우리를 속이려는 것이다欺我以其方者也. 不必察而可知者, 罔我以非其道也.[5].

지금 유劉사인舍人의 구호강救護綱[6] 사안을 보면, 이것은 실로 이른바 "도의를 거스르는 행위로 눈을 욕되게 하는 행위"이다. 대저 귀신은 본래 말로 표현하기 어려운 것未鬼神之事[7]이고, 공자孔子와 같은 성인마저도 말하지 못했던 것이다. 그러므로 어리석은 우리들은 어떻게 그것을 알 수 있겠

---

1   舍人 : 舍人이라는 명칭은 『周禮』 「地官」에 처음으로 등장한다. 진한시대에는 태자사인太子舍人을 설치했고, 위진시대에는 중서사인中書舍人을 두었다. 당대에는 중서사인·태자사인·기거사인起居舍人·통사사인通事舍人 등이 있었다. 한편 사인舍人이라는 용어는 귀족 자제를 일컫는 용어이기도 했다.

2   保奏 : 조정에 사람을 추천하면서 보증을 서는 것을 의미하지만, 사묘祠廟의 경우에 있어서는, 일반 백성들이 몇 년 동안 평화로운 생활을 했을 때, 어떤 신의 보살핌이 있었다고 생각하여, 그 신에 대해 묘액廟額이나 봉호封號를 수여하는 것을 정부에 요청하는 것을 '보주保奏'라고도 한다.

3   加封 : 본래 봉호封號가 있는데, 그 위에 다시 봉호를 수여받는 것을 지칭한다.

4   方 : 여기에서의 '方'은 道·法·情理를 의미한다. 즉 道理라는 의미와 상통한다.

5   欺我以其方者也. 不必察而可知者, 罔我以非其道 : 이 문장은 『孟子』 「萬事上」에 "君子可欺以其方, 難罔以非其道"라는 문장을 원용한 것 같다.

6   救護綱 : 救護綱의 의미는, 민간신앙에서 어떤 인물을 신앙의 교조적 역할을 하면서 일반인을 구호하는데 중심적인 역할을 하는 것이라고 이해할 수 있다. 臺灣大學의 梁庚堯 敎授의 지교에 따르면, "救護綱은 船舶에 대한 救援을 가리킨다"고 한다.

7   未鬼神之事 : 『論語』 「學而篇」, "子不語怪力亂神"라는 이야기와 관련 있을 것이다.

는가. 이것을 심오하고 원대한 곳에서 구하면 몹시 어렵고, 가까운 곳에서 구하면 더 알기 쉽다. 멀고 깊은 부분은 잠시 제쳐두고 가볍고 가까운 부분에 관해서 언급하는 것이 좋을 것이다.[8]

```
┌─────────────────┐
│                 │
│      유사인      │
│                 │
└─────────────────┘

일반 백성임에도 불구하고 말로
사람들을 현혹시켜 사람들로 인해 신격화됨

→ 사람들이 그의 시체를 우상으로 만들어 제사 지냄
→ 조정에서 봉호와 묘액을 하사하도록 청함
```

원래 "음양陰陽을 헤아릴 수 없는 것을 신神이라 하고[陰陽不測之謂神]",[9] "성聖스러우면서도 알 수 없는 존재를 신神이라 하고[聖而不可知之謂神]",[10] "총명·정직하여 하나가 되는 것을 신神이라 한다[聰明正直而一之謂神]".[11] 이것이 신神이다. 하늘에 있어서는 별자리[星座]가 되고, 땅에 있어서는 하악[河嶽, 黃河와 五嶽]이 되고, 사람[人]에 있어서는 성제聖帝가 되고, 명왕明王이 되며, 현인賢人·군자君子 그리고 영웅호걸이 된다. 신神은 크게는 천지의 변화와 성쇠의 기운을 관장할 수 있고, 작게라도 세상의 움직임에 따라 모든 공명功名을 얻게 해 주지 않는 것이 없다. 그것은 서책書冊에 기록되어 있는 것이고, 청동기의 명문銘文에도 새겨져 있다. 그것이 생겨난 것에는 유래由來가 있는 이상, 죽더라도 "정령[精爽]이 있으므로, 신명神明에 이르게 된다[有精爽至于神明]"[12]는 것이다. 옛 사람이 말한 이른바 "성인聖人의 정기精氣는 귀신[鬼]이 된다"는 것[古人所謂聖人之

8   구경수, 「南宋代 地方官들의 祠廟信仰에 대한 인식과 대응」(임대희 엮음, 『판례로 본 송대사회』, 민속원, 2019, 594~625쪽)에서는, 이 부분을 신의 존재나 역할, 제사를 지내야 할 신과 제사를 지내서는 안 되는 신들을 어떻게 규정하고 있었는지 검토함으로서, 송대 지방관들이 신神의 존재를 어떻게 인식하고 있었는지 살펴볼 수 있다고 판단했다.

9   陰陽不測之謂神 : 『易經』 繫辭上.

10   聖而不可知之謂神 : 『孟子』 盡心 章句下 "聖而不可知之, 之謂神".

11   聰明正直而一之謂神 : 『左傳』 莊公 32年, "史嚚曰, 虢其亡乎, 吾聞之, 國將興, 聽於民, 將亡, 聽於神, 神聰明正直而壹者也".

12   有精爽至于神明 : 『佐傳』 昭公 7年, "用物精多, 則魂魄强, 是以有精爽至於神明".

精氣爲鬼者[13]은 대체로 이러한 것을 가리키는 것이다. 비록 저급한 "백유伯有의 귀鬼"[14]와 같은 것이라도 3대에 걸쳐 정치에 영향을 주었으며, 공물供物을 대량으로 요구하며 많은 생명을 빼앗았고, 그 후 나라를 위태롭게 만들었다. 그 외에 어리석은 민초民草는 죽어 초목과 함께 썩을 존재일 뿐이고, 죽어서 지성知性이 있다고 하더라도 "약오씨若敖氏의 굶주림餒"[15]을 면하지 못하게 되니, 과연 무엇으로 영능靈能을 보일 수 있단 말인가.

유劉사인舍人이라는 자는 원래 한 명의 어리석은 백성이었고, 배를 끄는 것을 생업으로 하고 있었다. 그 후 연로年老해 지자, 동정호洞庭湖의 사묘祠廟에서 청소하는 일을 하고 있었다. 종종 기도하는 자가 있으면 귀신의 설說을 빌어 그들을 현혹시켰다. 또한 오랫동안 여러 가지의 말을 해왔었기 때문에 주변의 사람들은 모두 의심치 않고 그를 믿게 되었던 것이다. 이 것이 여기저기에 전해지자 모두 그를 신神처럼 모시게 되었던 것이다. 그

---

13 聖人之精氣爲鬼:『禮記』樂記, "幽則有鬼神"의 鄭注에 "春秋傳曰, (…中略…) 然則聖人精氣, 謂之鬼, 賢知之精氣, 謂之鬼"라 되어 있다.

14 伯有之鬼:백유伯有는 춘추시대 정국鄭國의 대부인 양소良霄의 자字이다. 백유伯有는 술을 매우 좋아하여서, 땅을 파서 움집을 만들어놓고 한번 마시기 시작하면 다음날까지 마시느라 멈출 줄 몰랐다고 한다. 그가 정권을 잡고 있는 동안, 귀족인 사대駟帶와 다툼이 벌어져서 결국 양사羊肆에서 피살되었다. 그가 죽은 뒤에는 여귀厲鬼로 변하여 나타나서 앙화殃禍를 입혔다고 한다. 정나라 사람들은 서로가 놀래줄 때에는 "伯有가 왔다"고 고함질렀다고 한다. 뒷날에는 굴욕을 입어죽거나 원한을 품고 죽은 사람을 의미하게 되었다.『左傳』, 昭公 7年, "趙景子問焉, 曰, 伯有猶能爲鬼乎, 子産曰, 能, 人生始化曰魄, 旣生魄陽曰魂". 金井德幸,「宋代荊湖南北路における鬼の信仰について−殺人祭鬼の周邊」,『駒澤大學·禪研究所年報』5, 1994.

15 若敖氏之餒:약오씨若敖氏는 춘추시대 초국인楚國人이다. 초국의 약오 가족에는 자문子文과 자량子良 형제가 모두 관직을 맡고 있었다. 사마司馬인 자량은 매우 흉폭한 아들 두월초鬪越椒를 낳았다. 영윤令尹이었던 자문은 이 아이를 몹시 싫어했으며, "두월초의 본성이 흉폭하며 길들이기 힘든데, 일족一族을 모두 멸하게 만들 것이다"고 말했다. 나중에 두월초가 사마司馬가 되었는데, 그는 당형堂兄인 자양子揚을 죽여버리고 영윤의 직위를 이어받았다. 그리고 암암리에 군비를 확장하여 반란을 일으키려고 했는데, 초왕楚王이 이를 쳐서 물리쳤으며, 약오씨의 일족을 모두 멸하였다. 결국, 약오씨의 후손이 끊어져, 그의 제사를 받드는 사람이 없게 되었다. 그래서 약오씨의 귀신이 먹을 것이 없어 굶게 된다는 말이다. 후에는 후손이 없어 제사 지낼 사람이 없는 경우를 비유하는 말로 범칭凡稱되었다.『左傳』, 宣公 4年, "鬼猶求食, 若敖氏之鬼, 不其餒而" 周楠本,「談若敖氏」,『魯迅硏究月刊』, 2002-4 참고.

가 죽게 되자 그를 신봉하고 있던 무리들은 썩은 뼈와 악취가 나는 시체
인데도 그를 우상偶像으로 만들어 제사지냈다. 게다가 그가 말했던 이야
기를 끄집어내어 그의 신이 풍운風雲을 일으키고, 불가사의한 변화와 징
조를 일으킬 수 있고, 사람들에게 재난과 복을 줄 수 있다고 위협했다. 처
음에는 어리석은 자들이 숭배하는 데 불과했지만, 오랜 시간이 지나자
왕공王公이나 대인大人마저도 그 우상 앞에 가서 복福을 기구祈求하게 되었
다. 하물며 그 우상에 봉호封號와 묘액廟額을 하사하도록 청원하기도 하였
다. 천하의 민중이 이에 따르도록 선동하였다.[16]

  아, 얼마나 사려思慮분별이 없는 것인가[弗思之甚].[17] 만일 수천 년 전에 일
어난 일로, 직접 그를 아는 사람이 없다고 한다면 현혹당할 여지가 있다고
도 하겠지만, 그가 죽은 지 60~70년도 되지 않았다. 나이 많은 상인 가운
데에는 그의 얼굴을 알아 볼 수 있는 자가 있고, 수십 년 전에 그의 고용주
로 아직 생존해 있는 사람도 있다. 그는 자력으로 생활할 수 없을 정도여
서, 다른 사람에게 의식衣食을 의존했던 것이다. 이를 통해 볼 때, 그가 영험
靈驗이 없다는 것을 충분히 알 수 있다. 그런데 어찌 그가 사망한 뒤에야 하
물며 백성을 위해 국난國難을 안정시키고, 재해災害를 막을 수 있단 말인가[捍
大患, 禦大災]?[18] 어느 하나라도 이치에 맞을 리가 만무하다. 공자도 다음과 같
이 말하고 있다. "귀신鬼神의 성정性情은 보려고 해도 볼 수 없고, 들으려 해
도 들을 수 없다." 또 "한없이 유동流動하는 것이 충만하여, 위에 있기도 하
고 좌우에 있기도 하다[鬼神之爲德, 視之而弗見, 聽之而弗聞. 又曰, 洋洋乎如在其上, 如在其左右]"[19]

---

16 구경수, 「南宋代 地方官들의 祠廟信仰에 대한 인식과 대응」, 임대희 엮음, 『판례로 본 송
    대사회』, 민속원, 2019, 594~625쪽에서는 "불확실한 귀신 존재를 정의하기는 어렵고, 인
    간의 합리적 사고능력으로 인지할 수 없는 존재가 바로 신神"이었다고 제시한다.

17 弗思之甚:『孟子』告子上, "孟子曰, 拱把之桐梓, 人苟欲生之, 皆知所以養之者, 至於身,
    而不知所以養之者, 豈愛身不若桐梓哉, 弗思甚也".

18 捍大患, 禦大災:『禮記』祭法, "夫聖王之制祭祀也, (⋯中略⋯) 能禦大菑則祀之, 能捍大
    患則祀之." 孔穎達의 疏에 "能禦大菑及能捍大患則祀之者, 若湯及文武也"라 되어 있다.

19 鬼神之爲德, (⋯中略⋯) 又曰, (⋯中略⋯) 如在其左右:『禮記』中庸, "子曰, 鬼神之爲德,
    其盛矣乎, 視之而弗見, 聽之而弗聞, 體物而不可遺, 使天下之人, 齊明盛服, 以承祭祀, 洋

고 하였다. 이것은 소위 귀신^{鬼神}이라는 것이 천지^{天地} 간에 떠돌며 존재하지 않는 곳이 없다고 하는데, 그러려면 귀신이 실제로 인간과 다름없이 그 형태를 갖고 있어야만 얻을 수 있다는 의미이다.

지금 뱃사람^{舟人}들이 진술하는 것에 따르면, 기도를 할 때 기치^{旗幟}가 하늘을 뒤덮고 있는데, 거기에는 '유^劉' 자^字가 새겨져 있었다고 한다. 이 말이 사실이라면 공자가 우리들을 기만한 셈이 되는 것이리라. "제동^{齊東}의 야인^{野人}"[20]이 무엇을 알 수 있단 말인가. 그들의 말은 망령되니 어찌 믿을 수가 있겠는가. 가령 흐릿하여 분명하지 않은 상태에서 그것을 본 사람이 있다고 하더라도 그것을 믿기 어려운데, 안에서 변한 것을 지키려 하기 때문에 따라서 앞에서 변한 것처럼 보이게 되는 것이다. 이는 이광^{李廣}이 돌을 호랑이라 믿고 쏜 것과 같고[李廣之石如虎],[21] 약광^{樂廣}의 객^客이 뱀을 활로 잘못 본 것[樂令之弓爲蛇][22]과 같은 이치이다.

용^龍병의랑^{秉義郎}[23]이 만난 정황과 위^危종정랑^{從政郎}[24]이 보고해 온 것이 비록 동일하다고 하더라도, 상부^{祥符} 연간에 천서^{天書}가 내려오고[祥符天之降],[25] 선화^{宣和} 연간에 천신^{天神}이 나타났다는 등과 같은 사건에서는, 당시의

洋乎如在其上, 如在其左右"라 되어 있다.

20 齊東野人 : 齊나라의 동쪽의 야인^{野人, 농민}을 지칭하는 말이다. 맹자는 농민을 멸시하여 그들의 말은 믿기 어렵다고 하였다. 후에 허황된 말을 비유할 때, "齊東野人之語"라고도 한다(『孟子』萬章 章句上 "此非君子之言, 齊東野人之語也"). 王恩田, "'齊東野人'正解」, 《管子學刊》, 1992-2.

21 李廣之石如虎 : 『史記』卷109, 「李將軍傳」에 "(李)廣出獵, 見草中石, 以爲虎而射之, 中石沒鏃, 視之石也, 因復更射之, 終能復入石矣".

22 樂令之弓爲蛇 : 『晉書』卷43, 「樂廣傳」, "嘗有親客, 久闊不復來, 廣問其故, 答曰, 前在坐, 蒙賜酒, 方欲飲, 見杯中有蛇, 意甚惡之, 旣飮而疾, 于時河南聽事壁上有角, 漆畵作蛇, 廣意杯中蛇卽角影也, 復置酒於前處, 謂客曰, 酒中復有所見不, 答曰, 所見如初, 廣乃告其所以, 客豁然意解, 沈疴頓愈".

23 秉義 : 무신^{武臣}인 '병의랑^{秉義郎}'을 지칭한다.

24 從政 : '從政郎'일 것이다.

25 祥符天書之降 : 北宋眞宗 景德5년^{祥符元年}에 天書인 "大中祥符三篇"이 강림한 事件을 말한다(『續資治通鑑長編』卷68, 大中祥符元年, 春正月, 乙丑條에 "去年十一月二十七日, 夜將半, 朕方就寢, 忽一室明郞, 驚視之次, 俄見神人, 星冠降袍, 告朕曰, 宜於正殿, 建黃籙道場, 一月當降天書大中祥符三篇, 勿泄天機").

현자賢者라고 일컬어지던 사람들마저도 입을 모아 어리석은 행동을 하였던 것이다. 지금 한 명의 하급 무관武官이 한 말을 증거라고 하는 것 등은 "귀머거리의 귀를 빌리고, 맹인에게 길을 묻는 것과 같다[借聽於聾而問道於盲]"26. 하물며 유劉사인舍人의 묘廟를 상강湘江 근처에 만들어, 조정으로부터 작위를 받은 지 이미 수십 년이 되었다. 상인의 상품 유통이나 지방으로부터의 세금 수송, 사대부들의 임지 부임 등 배를 이용하여 장강이나 동정호[江湖]27 부근을 왕래하는 사람들은 공물供物을 바쳐 묘에 참배한 후에 강을 건너야 하게 되었다. 만일 이 신이 영험靈驗하다면, 참배자들을 위해 잠타蠶鼉를 잡고, 교신蛟蜃을 나오지 못하게 하며, 경예鯨鯢를 쫓아내고, 풍백風伯에게 명령하여, 수신水神을 어눌러 원수沅水·상수湘水의 파도를 진정시키고, 장강의 흐름을 안정시켜, 상서로운 바람이 돛을 밀어28 뱃사공[棹夫]이 자기 일을 완수하도록 하는 등 파도나 풍랑에 의한 재난은 없어져야 할 것이다. 이렇게 되어야만 비로소 이 사묘에 제사지내도 부끄럽지 않을 것이다. 그러나 지금 강가에 있는 사람에게 물어보니, "강에 사는 물고기 밥이 된[葬於江魚腹中]"29 자는 거의 매일 발생하였다고 하는데, "신神의 수치[神羞]"30가 이처럼 심하도다. 그런데도 손상이 없었던 30척의 배를 가리켜 유劉사인舍人의 덕택이라 하고 있다. 이는 "한 마리의 소를 잃고도 숨기고 말하지 않고[一牛之失],31 5마리의 양羊을 손에 넣으면 공적이 있다"는 것과 어찌 다르다고 할 수 있겠는가.

---

26 借聽於聾而問道於盲 : 『韓昌黎文集』卷16,「答陳生書」에는 "足下求速化之術, 不於其人, 乃以訪愈, 是所謂借聽於聾, 求道於盲"라 되어 있다.

27 江湖 : 江은 장강을, 湖는 동정호를 지칭한다.

28 祥飈送颿 : 祥飈은 상서로운 바람인 서풍을 의미한다. 『韓昌黎文集』卷31,「南海神廟碑」, "海之百靈秘怪, 慌惚畢出, 蜿蜿蛇蛇, 來享飲食, 闔廟旋艫, 祥飈送颿" : 『宋史』「樂志十六」, "輦路祥飈, 披拂絳".

29 葬於江魚腹中 : 屈原의 「漁父」(『楚辭』)에 "寧赴湘流, 葬於江魚腹中, 安能以晧晧之白, 而蒙世俗之塵埃乎"라고 실려 있다.

30 神羞 : 『左傳』「襄公」18년, "苟捷有功, 無作神羞"라고 있다.

31 一牛之失 : 『經進東坡文集事略』卷24,「萬言書」에는 "今有人爲其主牧牛羊, 不告其主, 以一牛易五羊, 一牛之失, 則隱而不言, 五羊之獲, 則指爲勞績"라고 되어 있다.

만일 훗날 "(하늘이) 동남풍을 일으켜[假東南之風]32 적벽^{赤壁}의 승리를 돕거나", "풍학^{風鶴} 소리를 빌어[假風鶴之聲]33 회수^{淮水}·비수^{淝水}의 군軍을 구하는" 것과 같은 일을 한다면 어떻게 이에 보답하겠는가? 논의가 여기까지 이르게 되었는데, 만일 유^劉사인^{舍人}이 이것을 들었다면 머리를 숙이고 죽을죄를 지었다고 사죄해야 할 것이다. 그런데도 굳이 하늘이 한 일을 자신의 공적이라 할 것인가.

나는 호남^楚 지역 출신이다. 호남^楚의 풍속은 잘 숙지하고 있다. 요컨대 굴원^{屈原}이 "이소^{離騷}"와 "구가^{九歌}"를 짓고, 말의 취지가 신비하고 요상하게 흐른 이후, 그 풍속이 귀신을 믿고 제사를 즐기는 것이 얼마나 오래 되었는지도 모르겠다. 여기에 이르러 "술이 골수까지 퍼져 깰 수 없는 정도인 것[沈酣入骨髓]"34과 같이 된 것은 어찌 일반 사람[庸人]이나 나이 어린 자[孺子] 뿐이겠는가. 우리와 같은[吾黨] 사대부 중에서도 초연하게 이에 현혹당하지 않는 자를 찾아보더라도, 백 명 중에 한두 명도 안 될 것이다. "땅과 하늘의 통로가 끊겨, 신령^{神靈}이 내려오는 일도 없다[絶地天通, 罔有降格]."35 이와 마찬가지로 도리를 지키는 군자에게 풍속을 바르게 하라고 하더라도, 그 정론^{正論}을 곡해해 버린다. 백성은 어리석어 현혹당하기 쉽고, 깨닫기 어려우므로, 남녀 무당은 이러한 약점을 이용해 준동하는 것이다. 아울러 호남^{湖湘}의 민중은 "신^神"이 하는 말은 들어도 사람이 하는 말은 듣지 않게 되어 버리는 것이다. 질병을 점치는 자는 실심^{實沈}36과 대태^{臺駘}37라는 신^神 때문에

---

32 假東南之風: 『三國志』 卷54, 「周愈傳」, "諸船同時發火, 時風盛猛, 悉延燒岸上營"의 裴松之注에 "時東南風急, 因以十艦最著, 前中江舉帆"라고 실려 있다.

33 假風鶴之聲: 『晉書』 卷79, 「謝玄傳」에 "淝水爲之不流, 余衆棄甲宵遁, 聞風聲鶴唳, 皆以王師已至, 草行露宿, 重以飢凍死者十七八"라고 있다.

34 沈酣入骨髓: 『歐陽文忠公文集』 卷17, 「本論上」에는 "民之沈酣, 入於骨髓, 非口舌之可勝"이라 되어 있다.

35 絶地天通, 罔有降格: 『書經』 「呂刑」에는 "乃命重黎, 絶地天通, 罔有降格"이라 되어 있다. 絶地天通은 상고시대 중국인들의 중요한 종교관 중의 하나로, 일종의 천인분열^{天人分裂}·천인불합일^{天人不合一}을 의미한다.

36 實沈: 상고시대에 고신씨^{高辛氏}에게 두 아들이 있었는데, 형은 알백^{閼伯}이고 동생은 실침^{實沈}이었다.

재화^{災禍}가 일어났다^[實沈臺駘爲崇]38고 하며, 산택^{山澤}에 들어가는 사람들은 산도깨비만 만나게 되는 것이다. "신^神이 신^莘의 땅에 내려오고^[神降于莘]",39 "진^晉의 위유^{魏楡}에서 돌이 말했다^[石言于晉]"40고 하며, "민^民과 신^神이 뒤섞여 있으면^[民神雜揉]"41 재해가 끊임없이 발생한다. "사람을 차저^{大雎}의 사^社에 바치는^[用人於大雎之社]"42 자도 나오고, "여자를 아내로 맞아 산구^{山嫗}로 해 버리는^[聚女爲山嫗]"43 자도 나온다. "백성의 귀가 한번 혼란해지면^[民聽一濫]"44 어찌할 방법이 없는 것이다.

나는 이러한 것을 걱정한 것이고, 부임한 이래 음사^{淫祀}45를 근절하는

37　臺駘 : 분수^{汾水}의 신으로 금천씨^{金天氏}의 손자이다.

38　實沈臺駘爲崇 : 『左傳』「昭公元年」, "卜人曰, 實沈臺駘爲崇.", '崇'은 미신적인 표현으로 귀신이 사람에게 가져다주는 재화^{災禍}를 일컫는 것이다.

39　神降于莘 : 『左傳』「莊公 32年」, "有神降于莘".

40　石言于晉 : 『左傳』「昭公 8年」, "石言于晉魏楡".

41　民神雜揉 : 인간과 신이 서로 교류하고, 교제할 수 있다는 신인동형사상^{神人同形思想}을 반영하는 말이다(『國語』楚語, "及少皞之衰也, 九黎亂德, 民神雜揉, 不可方物").

42　用人於大雎之社 : 『左傳』「僖公 19年」, "宋公使邾文公用鄫子於次雎之社".

43　聚女爲山嫗 : 『後漢書』列傳, 卷31, 「宋均傳」, "浚遒縣有唐后二山, 民共祠之, 衆巫遂取百姓男女以爲公嫗(李賢等注, 以男爲山公, 以女爲山嫗, 猶祭之有戶主也), 歲歲改易, 旣而不敢嫁娶, 前後守令莫敢禁".

44　民聽一濫 : 『左傳』「昭公 8年」, "晉侯問於師曠, 曰, 石何故言, 對曰, 石不能言, 或憑焉, 不然, 民聽濫也".

45　淫祀 : 제사의 중요성은 본래 왕권이나 신권과 매우 밀접한 연관을 가지고 있으므로, 전통왕조는 모두 예전^{禮典} 가운데에 제사의 명단^{名單}이나 제품, 의식, 참여자 등을 규정하고 있다. 합법적인 제사를 정사^{正祀}라던가 사전^{祀典}이라고 하고, 비합법적이거나 따돌림받는 제사를 음사^{陰祀}라고 한다. 국가는 그 권위를 이용하여, 기층^{基層}의 제사행위에 대해서 통제할 수 있었는데, 정사라는 합법적인 지위를 부여하면서 국가권력 쪽으로 이끌어들이거나, 음사라는 지위를 부여하면서 간여하거나 탄압하였다. 특히, 송대에 관방^{官方} 쪽에서 음사와 관련된 기록이 많이 남아 있는 것은, 지방정권과 조정이 음사 문제에 관한 관점이 달랐던 점도 있으며, 또한 서남 지역이나 영남 지역에 대한 정치적 공간이 펼쳐졌던 점과 더불어 경제적 개발이 이루어졌던 것과 연관이 있을 것이다. 皮慶生, 「論宋代的打擊"淫祀"與文明的推廣」, 《淸華大學學報》, 2008-2; 劉黎明, 『宋代民間巫術硏究』, 巴蜀書社, 2004; 皮慶生, 「宋人的正祀, 淫祀觀」, 《東嶽論叢》, 2005-4; 皮慶生, 「材料, 方法与問題意識－對近年來宋代民間信仰硏究的思考」, 《江漢論壇》, 2009-3; 劉黎明, 「論宋代民間淫祠」, 《四川大學學報》, 2004-5; 劉黎明, 「宋代民間求雨巫術」, 《西南民族學院學報》, 2002-12; 楊建宏, 「略論宋代 淫祀政策」, 《貴州社會科學》, 2005-3; 梁聰, 「兩宋時期民間祠祀的法律控制」, 《重慶師範大學學報》, 2005-6 참고.

것을 급선무로 해 왔다. 철폐한 사묘祠廟를 모두 헤아려 보니 4~500곳 이상이나 된다. 만일 몇 개월이 지나도 죄악을 생각해 철거하지 않으면 반드시 흔적도 없이 철폐한 후에 그만 둘 것이다. 지금 "그 뜻을 수시로 바꾸는二三其德"[46] 일관되지 않는 태도는 취하지 않고, 강력하게 숭대崇臺[47]의 명령을 받들 것이다. 또 최근 명공名公이 저술한 이른바 『대월집對越集』[48]을 입수하여 읽었는데, 거기에 기록되어 있는 사건 처리의 방침과 이번 안건이 유사한 점이 있었다. 이것은 내 생각과 일치하는데, 현명한 여러 공公들은 이미 나보다도 먼저 깨닫고 있었던 것이다. 이 이상 무엇을 말하겠는가.

이상으로 식견이 좁은 의견을 감히 말하면서, 아울러 유속문諭俗文한 통을 제출한다. 본인이 바라는 것은 현명한 공公들이 특별히 이러한 취지를 가납해 주기를 삼가 바라며, 이것을 묘 안에서 불태워 "요상한 귀신들淫昏之鬼"[49]에게 부끄러움을 알리고, 묘 앞에 방을 붙여 이로 하여금 세간의 어리석은 자들을 일깨우려고 하는 것이다. 이는 세상 사람들의 교화에 도움이 될 것이다.

竊惟世間怪誕之事, 有必待察之而後知者, 有不必察之而可知者. 必察之而後知者, 欺我以其方者也. 不必察而可知者, 罔我以非其道也. 今觀劉舍人之救護綱一事, 眞所謂罔我以非其道矣. 夫鬼神之事, 本自難言, 聖如夫子, 尤所不語, 愚也何足以知之. 然求之深遠則難窮, 求之於淺近則易見, 姑請舍其遠且深者, 而言其淺且近者, 可乎. 夫陰陽不測之謂神, 聖而不可知之謂神, 聰明正直而一之謂神, 是神也, 在天則爲星辰, 在地則爲河嶽, 而在人則爲聖

---

46 二三其德 : 여기서 말하는 二三은 마음이 전적으로 하나로 귀결되지 않고, 2가지 뜻이나 3가지 마음을 품고 지조가 없이 항상 변한다는 의미이다. 여기에서의 德은 操守·心志를 말한다. 『詩經』 衛風·氓, "士也罔極, 二三其德".

47 崇臺 : 崇臺의 의미에 대해서는 확실하지 않다. 아마도 路의 감사監司에 대한 존칭의 의미라고 추측된다.

48 『對越集』 : 대월對越은 범응령范應鈴의 당호堂號이다. 그가 광서廣西·절동제점형옥浙東提点刑獄 재임 시절에 『對越集』 49卷을 저술하였다. 범응령은 『宋史』 列傳에도 수록되어 있다. 「징악문」 12-4 각주 范西堂 참조.

49 淫昏之鬼 : '淫昏'은 放蕩·昏庸이라는 의미이다(『左傳』 僖公19年 "用諸淫昏之鬼").

帝, 爲明王, 爲大賢君子, 爲英雄豪傑. 其大者足以參天地之化, 關盛衰之運, 其小者亦莫不隨世以就功名, 書簡冊而銘彝鼎. 彼其生也, 旣有所自來, 故死也, 是以有精爽至于神明. 古人所謂聖人之精氣爲鬼者, 蓋如此也. 雖下如伯有之鬼, 亦必從政三世, 用物也弘, 取精也多, 所憑者厚, 然後能爲厲其國. 至於其他蚩蚩之民, 則不過與草木俱腐而已, 死縱有知, 且不免於若敖氏之餒, 果何自而能靈. 劉舍人者, 本一愚民, 以操舟爲業, 後因衰老, 遂供洒掃之職於洞庭之祠. 遇有祠禱者, 則假鬼神之說以熒惑之. 亦旣多言, 豈不惑信[50] 於是流傳遠近, 咸以爲神. 及其死也, 巫祝之徒遂以其枯朽之骨, 臭穢之體, 塑而祀之, 又從而爲之辭, 謂其能興風雲, 神變化, 見怪物, 以驚動禍福其人. 其始也, 不過小人崇奉之, 至其久也, 雖王公大人亦徼福乞靈於其前矣, 又爲之請封號, 請廟額, 鼓天下衆而從之矣. 嗚呼, 抑何弗思之甚耶. 使其在數千年之前, 非時人耳目之所接, 則猶在可疑之域, 今其死未及六·七十年, 老商猶有能識其面者, 數十年前, 其顧主猶有存者, 彼其生尙不能自給其口腹, 而衣食於人, 其頑冥不靈, 亦可想見, 焉有旣死之後, 反能爲生民捍大患, 禦大災者哉. 蓋萬萬無是理. 且吾夫子嘗有言曰, 鬼神之爲德, 視之而弗見, 聽之而弗聞. 又曰, 洋洋乎如在其上, 如在其左右. 是則所謂鬼神雖同流天地之間, 無所不在, 而實非如人果有形迹之可求也. 今舟人所陳, 乃謂禱祀之頃, 目擊旗幟滿空, 上有劉字. 信斯言也, 則夫子爲欺我矣. 齊東野人, 何所知識, 語言謬妄, 豈足憑信, 假令恍惚之間, 果有所見, 亦由所守易於內, 故所觀變於前, 如李廣之石如虎, 樂令之弓爲蛇. 龍秉義之所會, 雖不異於危從政之所申, 然祥符天書之降, 宣和天神之現, 雖號爲一時賢者, 猶不免一聲以傅會之, 而今乃取一武弁之言以爲證, 是誠借聽於聾, 而問道於盲矣. 況劉之建祠于湘, 受爵于朝, 迨今已數十年, 商賈之貿遷, 郡縣之貢輸, 士夫之遊宦, 凡爲泛舟之役, 上下於江湖間者, 莫不奉牲奉醴, 進禮廟下而後敢行. 若其果有神靈, 則皆當爲之拘蚕黿, 摯蛟蜃, 鞭逐鯨鯢, 號令風伯, 彈壓水神, 使沅湘無波, 江水安流, 祥飆送颿, 棹夫奏功, 擧無驚湍怒濤之厄, 然後食於其土而無愧. 今問諸水濱, 則葬於江魚腹中者, 殆無虛日, 其作神羞亦甚矣. 而乃指所全三十艘以爲功, 是何以異於一牛之失, 則隱而不言, 五羊之獲, 則指以爲勞績乎. 設或異時果能假東南之風, 以助赤壁之捷, 假風鶴之聲, 以濟淮淝之師, 則又將何以報之. 論至於此, 正使劉舍人聞之, 亦將垂頭喪氣, 伏辜謝罪之不暇, 尙安敢貪天之功以爲己力哉. 某楚産也, 楚之俗實深知之. 蓋自屈原賦離騷, 而九歌之作, 辭旨已流於神怪, 其俗信鬼而好祀, 不知幾千百年. 於此沉酣入骨髓而不可解者, 豈獨庸人孺子哉. 雖吾黨之士, 求其能卓然不惑者, 亦百無一二矣. 絶地天通, 罔有降格, 正於守道君子是望, 亦從而曲狗其說, 則百姓愚

---

50 豈不惑信 : 豈不惑而信之일 것으로 생각된다.

冥, 易惑難曉, 女巫男覡, 乘釁興妖, 自此湖湘之民, 益將聽於神而不聽於人矣. 卜疾病者, 謂實沈臺駘爲祟, 入山澤者, 唯魑魅魍魎是逢, 神降于莘, 石言于晉, 民神雜揉, 疢厲薦臻, 用人於次雎者有之, 娶女爲山嫗者有之, 民聽一濫, 何所不至. 某爲此懼, 於是自守郡以來, 首以禁絶淫祠爲急, 計前後所除毁者, 已不啻四・五百處. 儻更數月, 不以罪去, 必使靡有孑遺而後已. 今不敢二三其德, 以强奉崇臺之命, 又近得名公所謂對越集者讀之, 竊見其間施行, 有適相類者, 是則我心之所同, 然明公已先得之矣, 尙何言哉. 謹以固陋之見, 冒昧申聞, 倂將諭俗印牒一本繳呈, 伏望明公特賜嘉納, 焚之廟中, 使此等淫昏之鬼有所愧懼, 榜之廟前, 使世間蠢愚之人有所覺悟, 其於世敎, 實非小補.

14-22. 칙액을 받지 못한 사묘는 모두 소각을 명한다
非勅額者, 並仰焚毁

호석벽(胡石壁)

하夏나라의 우왕禹王은 예전의 제왕인데 그 공적은 만대에까지 이른다. "만약 우禹임금이 없었더라면, 우리는 물고기가 되었을 것이다微禹吾其魚乎]51라는 탄성은 그저 유자劉子, 劉夏에게서만 나오는 것이 아니다. 무릇 천지간에 충만해 있는 만물이 홍수懷襄52의 재해에서 벗어나서 지금까지 계속해서 살아 올 수 있었던 이유는 우임금의 덕에 의한 것임을 누가 모르겠는가. 이것은 사전祀典에 기재되어 있는 것으로 우임금은 여러 신들 가운데 으뜸이다. "몸을 정결하게 하고 옷을 가지런히 해서 제사祭祀를 지내면齊明盛服, 以承其祭祀53 위로부터 보호받고 옆으로부터 인도받는" 것이다. 누

---

51 微禹吾其魚乎: '하나라의 우왕이 없었더라면 우리는 물고기가 되었을 것이다'라는 의미이다. 우 임금이 치수治水를 잘 행하였다는 것을 비유하는 말이다(『左傳』昭公 元年, "劉子曰, 美哉禹功, 明德遠矣, 微禹吾其魚乎, 吾與子弁冕端委, 以治民臨諸侯, 禹之力也").
52 懷襄:『書經』堯傳에 "帝曰, 咨四岳, 湯湯洪水方割, 蕩蕩懷山襄陵, 浩浩滔天"라 되어 있다.
53 齊明盛服, 以承其祭祀: 明은 洁淨, 盛服은 盛裝. 『禮記』中庸, "子曰, 鬼神之爲德, 其盛矣乎 (…中略…) 使天下之人, 齊明盛服, 以承其祭祀, 洋洋乎如在其上, 如在其左右".

가 감히 이것을 모욕하겠는가.

적량공狄梁公 : 狄仁傑은 음사淫祠 1,800여 개소를 철폐撤廢하고 네 곳의 묘만 남겨두었다. 우묘禹廟는 그 가운데의 하나이다.[狄梁公毀淫祠一千八百余所, 獨存四廟, 禹其一焉.][54] 생각해 보니 "불변의 법을 준수한다[彝倫攸叙]"[55]는 우왕의 공적을 잊을 수 없었기 때문이다. 본관의 생각이 어찌 여기에까지 이르지 않았겠는가. 그러나 지금 어리석은 민초들은 신을 제사지내는 예법을 모르고, 함부로 묘를 건립하고 함부로 신상神像을 만들고 있다. 어리석은 남정네와 아낙네들은 마음대로 신성神聖을 모독하며, 남녀 무당[女巫男覡]들은 실제로 요상한 귀신을 제사지내며 민심을 현혹시키고 있는데, 일시적으로 정직한 신의 명목을 빌려 이로써 명호名號로 삼은 것이다. 지금 소위 우묘禹廟라는 것도 명목은 정직한 신이라 하지만 실상은 그렇지 못하다. 이는 소인들의 계략에 빠져든 것이 아니겠는가.[56]

칙액을 받지 못한 사묘는 모두 소각을 명하는데, (여기에는) 받들고 있는 신이 어떠한 신이라도 관계없다. 이 사실을 현지에 방榜을 붙여 알리도록

---

54 狄梁公毀淫祠一千八百余所, 獨存四廟, 禹其一焉 : 『舊唐書』卷89, 「狄仁傑傳」, "吳楚之俗多淫祠, 仁傑奏毀一千七百所, 唯留夏禹·吳太伯·季札·伍員四祠"(음사를 포함한 민간신앙에 관해서는, 김상범, 『당대 국가권력과 민간신앙』, 신서원, 2005 참조).

55 彝倫攸叙 : 彝倫은 常理를 지칭하며, 攸는 所以 즉 까닭을 의미한다. 叙는 順序를 의미한다. 『書經』「洪范」에 "嗚呼. 箕子, 惟天陰騭下民, 相協厥居, 我不知其彝倫攸叙"라 되어 있다.

56 위의 판례를 가지고 좀더 생각을 이어보면, 지방관이 세밀히 감찰하여 위장 사실을 발각하였지만 그렇지 않은 음사淫祠들은 정사正祀로 위장하여 국가로부터 음사로 지목되어 철폐되는 것을 모면하였던 것으로 생각된다. 뿐만 아니라 음사로 지목되어 사묘가 철폐되는 것을 막기 위해 관리들에게 뇌물을 주어 자신들의 사묘를 유지하려는 경우도 볼 수 있을 것이다. 이 부분의 내용에 관련해서는, 구경수, 「남송대 지방관들의 사묘신앙祠廟信仰에 대한 인식과 대응」, 임대희 엮음, 『판례로 본 송대사회』, 민속원, 2019, 594~625쪽 참조.

하라.

夏禹爲古帝王, 功被萬世, 微禹吾其魚乎之嘆, 豈獨發於劉子而已. 凡盈乎天地之間, 爲人
爲物所以得免於懷襄之禍, 至今生生不窮者, 孰不知其爲禹之德也. 載在祀典, 冠于羣神, 齊
明盛服, 以承其祭祀, 臨之在上, 質之在旁, 誰敢侮之, 狄梁公毁淫祠一千八百餘所, 獨存四
廟, 禹其一焉, 蓋以彝倫攸敍之功不可忘耳. 當職豈念不到此哉. 但以今世蚩蚩之氓, 不知事
神之禮, 擅立廟宇, 妄塑形像, 愚夫愚婦, 恣意褻瀆, 女巫男覡, 實祀淫昏之鬼,[57] 以惑民心, 姑
假正直之神, 以爲題號. 若今所謂禹廟, 其名雖是, 其實則非也, 豈可墮于小人之奸哉. 應非勑
額, 並仰焚毁, 不問所祀是何鬼神. 仍榜地頭.

14-23. 선현을 요상한 귀신과 혼동해서는 안 된다
先賢不當與妖神厲鬼錯雜

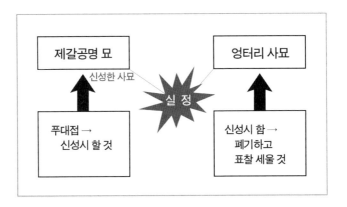

"제갈공명諸葛孔明의 고귀한 덕德은 결코 잊어서는 안 된다"라는 것은 단
지 왕통王通 씨만의 생각일까. 세월이 흘러도 충신忠臣·지사志士의 이야기를

---

[57]　滛昏之鬼 : 中華書局의 점교본에는 '滛'라고 표기되어 있는데, 문맥상 '淫'의 오기誤記라고
　　　생각된다. '淫昏之鬼'라는 용어는 음사淫祀 관련 판결문에서 가끔 등장하며, 『左傳』僖公
　　　19년에 나오는 용어이다.

듣고 감동하지 않는 자는 없을 것이다.

　본관은 「전·후출사표前·後出師表」를 읽을 때마다 읽던 책을 덮고 눈물을 흘리지 않은 적이 없었다. "죽은 자를 다시 살릴 수九原可作"58 있다면 "채찍을 들고 마부御者:馬車꾼가 되어도" 감내해야 될 것이다雖執鞭爲御, 亦所甘心.59 어찌 대대로 내려오는 제사를 받드는데 한 채의 건물을 아까워하겠는가.

　잠시 『촉지蜀志』의 기록을 생각해 보자. 소열제昭烈帝:유비가 형주荊州를 손에 넣었을 때, 제갈공명諸葛孔明은 군사중랑장軍師中郎將의 직책으로 형주에 주둔하고, 아울러 영릉零陵·계양桂陽·장사長沙 3군郡도 관할하고 있었다且攷蜀志, 昭烈收荊州, 孔明以軍師中郎將駐臨, 兼督零陵·桂陽·長沙三郡.60 이때 소릉邵陵은 영릉零陵의 관할 아래에 있었는데, 마차가 항상 왕래하는 것은 아니었다. 이러한 상태에서 여러 신神을 제사지내는 풍습도 근거가 없는 것은 아니다. 그러나 지금 길가에 세워져 있는 사묘祠廟를 보니 먼지투성이의 보잘 것 없는 것이었다闒塵湫隘.61 이것이 어찌 신들이 편안히 쉬는 집이란 말인가. 제사로 받들어지는 신상神像도 하잘 것 없는 것이어서, 영험한 기운을 보여줄 것 같지는 않았다. 아울러 요상한 귀신은 시대의 전후를 알 수 없이 뒤섞여 어수선하고, 그 주위에 있는 초라한 농민들은 벌거벗은 채 주위를 어슬렁거리고 있는 모습이다. 아무리 제물祭物이 훌륭하고, 바쳐지는 곡물이 많고 정갈하게 되었더라도, 축사祝史62가 속여서 제사를 지낸다면假令牲牷肥腯, 粢盛豊潔, 祝史矯擧以祭,63 가장 하등한 신神 마저도 제물祭物을 입에서 토해내 버릴 것인데 제

58　九原可作：九原可作은 죽은 사람이 다시 살아난다는 의미이다. '九原'은 춘추시기 진국晉國 경대부卿大夫의 묘지가 '九原'에 있었으므로, '묘지'를 지칭하는 말이고, '作'은 '起' 혹은 흥기興起하다라는 의미이다. 『國語』「晋語 8」에는, "趙文子與叔向遊於九原, 曰, 死者如可作也, 吾誰與歸"라 되어 있다.

59　雖執鞭爲御, 亦所甘心：『史記』卷62「管晏列傳」, "太史公曰 (…中略…) 假令晏子而在, 余雖爲之執鞭, 所忻慕焉".

60　攷獨志, (…中略…) 長沙三郡：『三國志』卷35「諸葛亮傳」, "先主遂收江南, 以亮爲軍師中郎將, 使督零陵·桂陽·長沙三郡, 調其賦稅, 以充軍實".

61　闒塵湫隘：『左傳』「昭公3年」, "初景公欲更晏子之宅, 曰, 子之宅近市, 湫隘囂塵, 不可以居".

62　祝史：공적으로는 제사를 담당하는 관리이지만, 민간에서의 무당을 축사祝史라고 했다.

63　假令牲牷肥腯, 粢盛豊潔, 祝史矯擧以祭：『左傳』桓公 6年에 "季梁止之曰 (…中略…) 今

갈공명諸葛孔明과 같은 훌륭한 신神이 어찌 이런 제사를 봉양받겠는가.

현위縣尉의 보고는 "하나를 알고 둘은 모르는 것이다知其一, 未知其二也."[64] 무학武學에 배향配饗되는 신神들의 예例를 원용하여武學配饗之例,[65] "오吳·촉蜀 출신의 사람을 나누어 제사해서는 안 된다는 것이 확실하다"는 말은 전혀 타당하지 않다. 원래 천하를 가진 자들은 여러 신들百神에게 제사지낸다有天下者祭百神.[66] 천지사방天地四方·명산대천名山大川[67]부터 덕德을 백성에게 베푼 자, 죽음으로서 임무를 수행한 자, 고생해서 나라를 안정시킨 자, 큰 재해를 막거나 국난을 극복한 자凡德施於民, 以死勤事, 以勞定國, 能禦大災, 捍大患者[68] 등은 사전祀典에 모두 등재되어 있다. 제후들은 단지 자신의 영지領地에서만 제사를 받들어 질 수 있으며若諸侯則止得祭於其地,[69] 진晉에서는 하신河神[70]을 제사지내고, 노魯에서는 태산泰山[71]을 제사지내고, 초楚에서는 휴수雎水·장수漳水·하수河水[72]·한수漢水를 제사지내고 있다晉祭河, 魯祭太山, 楚祭雎漳河漢. 지내서는 안 되

民餒而君逞欲, 祝史矯擧以祭, 臣不知其可也, 公曰, 吾牲牷肥腯, 粢盛豊備, 何則不信"라고 되어 있다.

64　知其一, 未知其二也 : 『莊子』「天地篇」에 "識其一, 未知其二, 治其內, 而不治其外"라 되어 있다.

65　武學配饗之例 : 『宋史』卷105「禮志」〈武成王廟〉에 "武成王廟從祀, 除本傳已有封爵者, 其未經封爵之人, 齊相管仲擬封淴水侯, 大司馬田穰橫山侯, 吳大將軍孫武滬瀆侯, 越相范蠡遂武侯, 燕將樂毅平虜侯, 蜀丞相諸葛亮順興侯, (…中略…) 吳將軍周瑜平虜伯"이라 되어 있다.

66　夫有天下者祭百神 : 『禮記』「祭法」에 "有天下者祭百神, 諸侯在其地則祭之, 亡其地則不祭"라 되어 있다.

67　天地四方名山大川 : 『禮記』「王制」에 "天子祭天地, 諸侯祭社稷, 大夫第五祀, 天子祭天下名山大川, 五岳視三公, 四瀆視諸侯, 諸侯祭名山大川之在其地者"이라 되어 있다.

68　凡德施於民, 以死勤事, 以勞定國, 能禦大災, 捍大患者 : 『禮記』「祭法」에 "夫聖王之制祭祀也, 法施於民則祀之, 以死勤事則祀之, 以勞定國則祀之, 能禦大菑則祀之, 能捍大患則祀之"라 되어 있다.

69　若諸侯則止得祭於其地 : 이 판례의 바로 위의 각주 가운데 "夫有天下者祭百神" 지금은 각주66과 "天地四方名山大川" 지금은 각주67에 나오는 『禮記』「祭法」과 『禮記』「王制」에 인용된 문장을 참조하기바람.

70　河神 : 河神의 '河'는 汾水를 지칭한다.

71　泰山 : 원문에는 "太"로 되어 있지만 여기서는 "泰"로 봐야 할 것이다.

72　河水 : 여기에서는 장강長江의 지류 가운데 하나를 지칭하는 것으로 생각된다. 구체적인

는 신을 제사지내는 것을 "음사淫祀"라 하고, 이러한 신에 제사지내더라도 아무런 복福도 받지 못한다.[73] 지금 "천자天子가 제사지내는 신神은 온 천하에서 모두 제사지내야 한다고 하지만, 하夏·은殷·주周 삼대三代의 제사命祀[74]는 아마도 이러하지 않았을 것이다.

"공公의 신령神靈이 천하에 존재하는 것은 물이 땅속에 있는 것과 같아, 어디든지 다가고, 모든 곳에 존재한다"라는 말은 원래 소동파蘇東坡가 한 말이다[若曰公之神在天下, 如水之在地中, 無所往而不在, 固有得於東坡之餘論矣].[75] 당시 조주潮州의 사람이 한창려韓昌黎의 신묘新廟를 주성州城의 남쪽에 축조하면서, 일 년 만에 완성하였는데[當時潮人作昌黎新廟於州城南, 期年而後成][76] (건물이) 상동하우上棟下宇[77]의 형태로 지어졌다는 것도 상상할 수 있다. 붉은 칠을 한 기둥과 조각을 해서 장식한 묘는 총명하고 정직한 사람이 모셔지는 곳은 아니지만, 한창려韓昌黎는 하늘에서는 별이 되었고, 땅에서는 하악河嶽이 되었다. "천하의 사람들에게 몸을 깨끗이 하고 옷을 단정히 해서, 그의 제사를 받들라고 해도[齊明盛服, 以承

하천명에 대해서는 불명이지만, 아마도 호북성湖北省 양양시襄陽市 조양棗陽 주변으로 흐르는 강을 일컫는 것으로 생각된다. 『水經注』에서는 「河水」 권1~5가 위수渭水를 포함한 황하 상류를 지칭한다(東洋文庫 中國古代地域史研究班編, 『水經注疏譯註; 渭水篇』 上·下, 東洋文庫, 2008·2011).

73 이 부분에서, 신분에 따라 그에 합당한 제사를 지내야 하는 것으로써 신분을 넘어선 신에게 제사하는 행위를 음사로 규정하고 있음을 살펴볼 수 있다. 또 음사는 제사 대상, 제사 장소, 제사 방법 등을 국가에서 규정한 사전祀典 즉 국가 예제에 관련된 기록인 예전禮典에 실려 있지 않은 신에게 제사를 지내는 행위도 음사로 규정한 것이다. 구경수, 「南宋代 地方官들의 祠廟信仰에 대한 인식과 대응」, 임대희 엮음, 『판례로 본 송대사회』, 민속원, 2019, 594~625쪽 참조.

74 命祀 : 천자의 명을 받아 거행하는 제사를 지칭하며, 하·은·주 삼대에 시행한 사전제도祀典制度였다. 『左傳』 哀公 6年, "三代命祀, 祭不越望"이라고 되어 있다. 侯書勇, 「試論 "殷禮"與"宗禮"」 《求索》, 2008-1.

75 若曰公之神在天下 (…中略…) 固有得於東坂之餘論 : 『蘇軾文集』 卷17, 潮州韓文公廟碑에는 "軾曰, 不然, 公之神在天下者, 如水之在地中, 無所往而不在也"이라 되어 있다.

76 當時潮人作昌黎新廟於州城南, 期年而後成 : 『蘇軾文集』 卷17, 潮州韓文公廟碑에는 "元祐五年, 朝散郎王君滌來守是邦, 凡所以養士治民者, 一以公爲師, 民旣悅服, 則出令曰, 願新公廟者聽, 民權趨之, 卜地於州城之南七里, 期年而廟成"라고 실려 있다.

77 上棟下宇 : 『易經』 「系辭」 下에 "上古穴居野處, 後世聖人易之以宮室, 上棟下宇, 以待風雨"라 되어 있다. 上棟下宇의 구조는 宮室의 기본적 체제로 이용되었다.

其祭祀"[78] (그의) 신神을 불러올 수 없는 것과 같다. 한창려韓昌黎는 일찍이 "신성한 묘廟에 비바람이 치고, 제물祭物과 신주神酒는 썩은 것을 바치고, 기도의 방법이 의례에 따르지 않으면, 남해南海의 신神은 (원하는 것을) 들어주지 않는다[若明宮齊廬, 上雨旁風, 牲酒瘠酸, 取具臨時, 鷹裸興俯, 不中儀式, 則昌黎嘗謂南海之神不肯歆享矣]"[79]고 했다. 조주潮州의 사람들은 과연 이런 방법으로 한창려韓昌黎 신神을 섬기지는 않았을 것이다. 현위縣尉가 말하는 제갈공명諸葛孔明 신神에 대한 예우도 아마 이와 같았을 것이다. 본관은 소양邵陽에 있는 제갈공명의 사묘祠廟가 조양潮陽에 있는 한창려韓昌黎의 사묘祠廟에 비해 어느 정도인지는 잘 모른다. 제갈공명諸葛孔明 신神은 일찍이 형양衡陽, 衡州의 증수蒸水 근처에 사묘祠廟를 가지고 있었다. 건도 연간(乾道, 1165~1173)에 제거상평사였던 범성상范成象[80]이 옛 흔적을 찾아, 폐묘廢廟를 초목 덤불 속에서 찾아냈다. 그래서 이것을 높고 밝은 장소로 옮겨 모습을 일신시킨 것이다. 장남헌張南軒[81] 선생이 문장을 남겨 이를 기록하고 있다. 따라서 사묘의 체제는 그렇게 형편없는 것은 아니었을 것이다. 현위는 이 묘를 존속시켜 나름대로 경의를 표한 것 같은데도, 이것이 최근까지 덤불 속에 방치되어 있었던 사실을 몰랐던 것은 태만한 일이다.

따라서 주성州城의 안팎에서 별도로 제갈공명 사묘의 유무를 조사하고, 만일 (제갈공명의 사묘가) 없다면 화공畵工에게 명령해 진짜 초상을 찾아, 비단에 다시 그리게 하고, 중춘仲春·중추仲秋에는 부학府學의 선현의 사묘祠廟에서 제사지내도록 하라. 아침·저녁으로 이를 받드는 자는 학문에도 성과가

---

78 齊明盛服, 以承其祭祀：『청명집』「징악문」14-22의 각주 齊明盛服 참조.

79 若明宮齊廬, (…中略…) 韓昌黎嘗謂南海之神不肯歆享矣：『韓昌黎文集』卷31「南海神廟碑」, "故明宮齊廬, 上雨旁風, 無所蓋障, 牲酒瘠酸, 取具臨時, 水陸之品, 狼藉籩豆, 鷹裸興俯, 不中儀式, 吏滋不供, 神不願享, 盲風怪雨, 發作無節, 人蒙其害"라 되어 있다.

80 范成象：자字는 치선致先, 호號는 담재澹齋, 오현吳縣 출신이다. 범성대范成大의 형兄이기도 하다. 소흥紹興 5년에 진사進士가 되었으며, 형호남로제거상평사荊湖南路提舉常平使 등을 역임하였다.

81 張南軒：장식張栻, 1133~1180의 자字는 경부敬夫이며, 호號가 남헌南軒이다. 송대의 유명한 유학자로 호상학파湖湘學派로 알려져 있으며, 악록서원岳麓書院을 창건하기도 하였다. 蘇鉉盛,「朱子與張南軒的仁說論辨」,《湖南大學學報》, 2012-6; 曾亦,「張南軒與胡五峰之異同及其學術之演變」,《湖南大學學報》, 2009-6.

있고, 과거시험에도 높은 점수로 합격할 것이고[昇堂入室],[82] 사악한 무당이나 요괴같은 무리들이 이를 문란하게 해서는 안 된다. 춘추春秋의 제사를 집행하는 것은 모두 몸가짐을 바르게 한 군자이므로, 요상한 무당이 신神을 모독하는 행위를 해서는 안 된다. 이상과 같이 하면 신神을 욕되게 하는 일은 없을 것이다. 현존하는 폐사敝祠는 모두 철폐해야 하고 현지에 이를 알리는 방을 붙이도록 하라.

孔明盛德, 不啻忘之者, 豈惟王通氏而已, 千載之下, 凡忠臣志士, 孰不聞風而興起也. 當職每讀其出師兩表, 未嘗不爲之掩卷流涕, 九原可作, 雖執鞭爲御, 亦所甘心, 何愛一椽之屋, 以奉百世之祀哉. 且攷蜀志, 昭烈收荊州, 孔明以軍師中郎將駐臨, 兼督零陵·桂陽·長沙三郡, 是時邵陵猶隸零陵, 車轍馬跡, 未必不常往來于此, 於焉廟食,[83] 夫豈無因. 然今觀道旁所立之祠, 囂塵湫隘, 豈足爲高卧之草廬, 所塑之像, 齷齪庸陋, 又絶無長嘯之英氣, 加以妖神厲鬼, 錯雜後先, 田夫野老, 裸裎左右, 假令牲牷肥腯, 粢盛豐潔, 祝史矯擧以祭, 雖馬醫夏畦之鬼, 亦將出而吐之矣, 謂孔明享之乎. 縣尉所陳, 蓋知其一, 未知其二也. 至於援引武學配饗之例, 以明其祀事不當在吳蜀之分, 此說尤爲未然. 夫有天下者祭百神, 自天地四方名山大川, 凡德施於民, 以死勤事, 以勞定國, 能禦大災, 捍大患者, 無不載之祀典. 若諸侯則止得祭於其地者, 晉祭河, 魯祭太山, 楚祭睢漳河漢. 非其所祭而祭之, 名曰淫祀, 無福. 今而曰天子所祭, 擧天下皆可祭之, 三代命祀, 恐不如此. 若曰公之神在天下, 如水之在地中, 無所往而不在, 固有得於東坡之餘論矣. 當時潮人作昌黎新廟於州城南, 期年而後成, 則上棟下宇之制, 亦可想見. 雖丹楹刻桷, 聰明正直之所不事, 然斯人也, 旣在天爲星辰, 在地爲河嶽矣, 下之齊明盛服, 以承其祭祀, 猶恐不能使神之格思, 若明宮齊廬, 上雨旁風, 牲酒瘠酸, 取其臨時, 薦祼興俯, 不中儀式, 則昌黎嘗謂南海之神不肯歆享矣, 潮人其敢以此事昌黎乎. 縣尉謂孔明之神, 恐亦

82 昇堂入室 : 학식이나 기예 등에 깊은 조예가 있는 사람을 지칭한다. '入室升堂'과 같은 말. 『論語』「先進篇」에 "子曰, 由也昇堂矣, 未入於室也"라 되어 있다. 또 『孔子家語』권3 弟子行에는 "衛將軍文子問子貢曰, 吾聞孔子之施敎也, 先之以詩書, 而道之以孝悌, 說之以仁義, 觀之以禮樂, 然後成之以文德, 蓋入室升堂者七十有餘人, 其孰爲賢子"라 되어 있다. 蔣雅雲, 「引領學生從"升堂"到"入室"—《淸兵衛與葫蘆》的一種敎法」, 《語文學習》, 2017-3; 李懷玉,"升堂"與"入室"」,《當代職校生》, 2010-2.

83 廟食 : 죽어서 종묘나 사당에서 제사를 받는다는 뜻으로 여기서는 '食'을 '사'로 발음해야 한다. 吳燦, 「"封侯"與"廟食":明淸時期地方神傳記的一種書寫模式」, 《地方文化硏究》, 2019-4.

如是, 吾不知邵陽之祠視潮陽之廟何如也. 孔明嘗有祠在衡陽蒸水上, 乾道間, 常平使者范君成象, 搜訪舊跡, 得廢宇于蓁莽中, 乃徙于高明而一新之, 南軒張先生作文以記其事, 然則廟貌之設, 其可苟乎. 縣尉欲存此以致敬, 而不知適委之蓁莽, 又所不可. 議案契勘近城內外, 別有無武侯祠宇, 如別無之, 卽命畫工求眞貌, 用絹圖寫一本, 仲春秋祭祀于府學先賢之祠, 使朝夕與之處者, 皆升堂入室之高第, 而淫昏魍魎之輩, 不得以亂之, 春秋尸其祭者, 皆冠冕佩玉之君子, 而妖冶魅醉之巫, 不得以瀆之, 如此則庶幾不爲神羞矣. 所有見存敝祠, 合行毁拆. 仍榜地頭.

14-24. 음사가 철거되지 않도록 뇌물을 주고 이로써 부정한 이익을 얻다
計囑勿毁淫祠以爲姦利

호석벽(胡石壁)

관할부[本府]는 음사[淫祠]를 헐고 포역[鋪驛][84]을 세웠다. 대개 일반 주현[州縣]에서 때때로 음사를 헐고 개수공사를 할 때 촌보[村保]에 할당해서 인부를 모으고 자재를 조달하지만, 이것이 백성에게 주는 손실은 막대하다. 지금 관할 부[府]에서는 백성에게 해를 주지 않으면서 이 개수공사를 진행하려고 했다. 이는 무익한 것은 없애고 유익하게 하려는 것이다. 또한 백성에게 해도 없고 게다가 관청에도 도움이 된다고 하니 실로 일거양득의 사업이라 할 수 있다. 그런데 어리석은 민초들은 귀신의 말에 현혹되어 여러 가지 방법을 강구하여 이를 방해하고 있다. 본관은 작년 "유속문[諭俗文]"[85]을 게시하여 민심을 일신시키는 근거는 모두 만들어져 있는데 어찌 민초

---

[84] 鋪驛:'驛'과'遞鋪'를 鋪驛이라 하고, 그 기능에 따라 역전驛傳·역체驛遞·우전郵傳·우치郵置 등으로 불렸다.

[85] 諭俗文:지방관이 관할 지역의 나쁜 풍속과 습관을 바로잡기 위해 포고하는 문장을 지칭한다. 이에 관해서는 小林義廣,「宋代の諭俗文」(宋代史硏究會 編,『宋代の政治と社會』,汲古書院, 1988); 熊慧嵐,「論宋代的諭俗文:王與守牧共天下」,《新北大史學》,2004-2; 姚雯雯·吳傳剛·周晶,「宋元時期諭俗文和諷喩文對社會敎化影響探析」,《品牌》, 2015-6下; 楊建宏,「論宋代官方諭俗文與基層社會控制」,《湖南社會科學》,2006-3 등 참조.

경이십이 → '신노'라 자칭하며 음사에 사고,
향민을 속여 부정한 이익을 취함
→ 음자를 폐지하려하자 이를 막음

들이 귀신에 현혹되는 것은 한층 더 심해지는가. 게다가 본관은 부임 이후 얼마나 많은 음사淫祠를 폐기했단 말인가. 만일 이런 일 때문에 천신天神·지신地神의 노여움을 받게 된다면 어찌 연년連年 "음양의 기운이 서로 조화롭고 풍우風雨가 순조로우며[陰陽和而風雨時]",[86] "오곡이 풍성하여 백성을 생육시킬 수 있는[五穀熟而人民育]"[87] 등과 같은 일이 일어나겠는가. 어찌 재해는 일어나지 않고 전쟁도 없으며 풍요롭고 평화로운 날들이 이전보다 확실히 많아지고 있단 말인가. 이것을 비추어보면 음사淫祠를 철폐해야 하는 것은 명확하다.

경이십이卿二十二는 평상시에는 "신노神老"라 자칭하며 이 묘에 살면서, 향민을 속여 부정한 이익을 얻고 있다. 일단 관청이 음사淫祠를 철거하자, 자신의 거처를 잃게 되는 것이 두려워 결국 백성의 재산을 거둬 관리에게 뇌물을 바치고 "교활한 토끼의 굴[狡兔之穴]"[88]과 같은 자신의 거처를 남기려는 것이다. 어찌 이런 나쁜 자를 응징하지 않고 가만둘 수 있겠는가. 그를 감장 100대로 처결하고, 다른 사람은 추궁을 면하고 석방하라.

다만 이전의 현위가 보고해 온 바에 의하면 "아낙네 이 씨[阿李] 등은 30

86 　陰陽和而風雨時: 『漢書』卷75, 「翼奉傳」, "上曰, 蓋聞賢聖在位, 陰陽和, 風雨時, 日月光, 星辰靜".

87 　五穀熟而人民育: 『孟子』「勝文公 (上)」에 "后稷教民稼穡, 樹藝五穀, 五穀熟而人民育"라고 되어 있다.

88 　狡兔之穴: 교활한 토끼가 자신의 몸을 숨기기 위해 굴窟을 파놓고 준비하고 있다는 의미이다. 확대하여 자신이 은폐할 지역이나 방법이 많이 있음을 비유하는 말이다(『戰國策』「齊策 4」에 "狡兔有三窟, 僅得免其死耳. 今君有一窟, 未得高枕而臥也. 請爲君復鑿二窟").

여 명을 모아 손에 무기를 들고 궁수^{弓手}[89]와 보정^{保正}을 쫓아가서 죽이려고 했다"고 한다. 만일 이것이 사실이라면 그 죄는 어떤 것에 해당하겠는가. 그런데 지금 각자의 진술에 따르면, 이러한 궁수와 보정의 의도는 도리어 향민을 억누르려고 하는데 있었다. 이 때문에 무리를 모아 목소리를 높이고 사람들의 눈과 귀를 놀라게 한 것이다. 심지어 현위는 사정을 조사하지 않고 범인의 체포를 요구해 왔다. 만일 관할 부가 그 편향된 소송을 믿고 가볍게 처리한다면, 한 마을의 개와 닭마저도 남김없이 없어져 버릴 것이다. 현에 공문을 보내 부보정^{副保正}[90]인 강전^{姜全}, 궁수인 왕도^{王珝}를 체포해서 각각 감장 60대로 처결하고, 이로써 관부에 거짓으로 보고한 경우의 본보기로 삼도록 하라.

本府毁拆淫祠, 整葺鋪驛. 蓋尋常州縣間, 遇有修造, 皆是科役村保, 起集鄉夫, 望靑探斫, 其爲民害甚大, 今本府只欲不擾而辦, 故廢無益以作有益, 無害於民而有補於官, 實爲兩便.

89　弓手 : '射士'나 '弓兵'이라고도 불렸다. 송대의 현역^{縣役}의 하나였다. 당시, 사회의 치안을 유지하는 기층무력^{基層武力}이었다. 송 태조^{宋 太祖}가 '배주석병권^{杯酒釋兵權}'으로 절도사들의 병권을 회수하여 번진할거^{藩鎭割據}를 끝낸 이야기는 널리 알려진 내용이다. 그에 뒤이어 지방에 현위^{縣尉}를 두고 그 아래에 궁수를 두어 그들에게 지방의 치안을 맡도록 하였다. 그 이전에도 궁수라는 용어가 있었지만, 이전에는 활로서 군사작전을 하는 병사의 분류였던 것이 위에 언급한 조치 이후에는 궁수가 지방 치안을 맡는 무장병력을 가리키게 되었다. 그들은 5등호 가운데 3등호에 해당하는 피통치자 가운데 선발되어 이러한 역^役을 맡았던 것이다. 신종^{神宗} 때에 차역^{差役}에서 모집형태로 바뀌었는데, 이때부터 고전^{雇錢}을 지급하였다. 궁수의 주요한 직책은 도적을 잡는 것이었으나, 점차 사회치안이 좋고 나쁨에 따라서, 인원편제도 수시로 변하였다. 남송대에는 궁수를 증강하여, 私鹽·茶·礬 등의 전매물품을 단속하는 직능도 가졌으며, 그 밖의 다른 분야도 많았으므로, 업무가 매우 번잡하였다. 인종^{仁宗}시대에는 송하^{宋夏}전쟁 때문에, 금인^{金人}의 상인이 대거 들어오게 되어서, 궁수를 대거 확충하였으며, 자자^{刺字}하여 병^兵으로 삼았으며, 궁수를 지방치안군으로 바꾸어 나아갔다. 이리하여, 궁수^{弓手}의 성질·호등^{戶等}·복역년한^{服役年限}이나 관리^{管理} 등에서 커다란 변화를 가져왔다. 송조 조정에서는 궁수의 훈련과 교열^{敎閱}을 중시하였으며, 그에 상응하는 상벌 기제도 만들었다. 黃寬重,「唐宋基層武力與基層社會的轉變-以弓手爲中心的觀察」,《歷史硏究》, 2004-1; 雷家宏,「宋代"弓手"述論」,《晉陽學刊》, 1993-4; 陶緖,「論宋仁宗時期弓手制度的變化」,《湖南科技大學學報》, 1991-1). 궁병^{弓兵}이라고도 불리었다(「징악문」 12-33의 각주 弓兵 참조).

90　保副 : 副保正을 지칭한다.

而愚夫無知, 口惑於鬼神之說, 輒多端以沮撓之. 當職去年諭俗榜文, 其所以開明人心, 非不甚悉, 何爾民之惑也滋甚. 且自當職到任以來, 拆淫祠不知其幾, 若使因此而獲戾于上下神祇, 則何緣連年陰陽和而風雨時, 五穀熟而人民育, 災害不生, 禍亂不作, 降康降祥, 反遠過於往年. 以此觀之, 則淫祠之當毁也明矣. 卿二十二平時自稱神老, 憑藉此廟, 誑惑鄉民以爲姦利, 一旦見官司拆毁, 深恐失其所依, 遂欲哀歛民財, 計囑官吏, 以存此狡兔之穴. 此等姦民, 何可不治, 勘杖一百, 餘人並免根究, 放. 但昨據本尉所申, 謂阿李等聚集三十餘人, 各執器杖, 趕殺弓手·保正, 若果有此事, 則其罪當何如. 今據各人所供, 原來却是恁地弓手·保正意在求勝鄉民, 故張大聲勢, 驚駭聽聞, 縣尉又不討仔細, 便行乞追捕. 若使本府信其偏詞, 輕易施行, 則一鄉雞犬皆無孑遺矣. 帖縣追保副姜全·弓手王琯, 各杖六十, 以爲妄申官府之戒.

음사淫祀

14-25. 영향현의 단칠팔이 요상한 사묘를 세우다
寧鄕段七八起立怪祠

범서당(范西堂)

 적인걸狄仁傑은 강남江南에 파견되어[狄仁傑持節江南][1] 음사淫祠 1,700개를 철폐
했고, 이덕유李德裕는 절서관찰사로 재임했을 때[李德裕觀察浙西][2] 음사淫祠 1,010
개를 철폐했다. 옛 현인들은 대개 풍속을 정비하려고 이런 조치를 취한 것
이다. 제오륜第五倫은 회계會稽의 풍속을 고치고[伍倫易會稽之俗],[3] 송균宋均은 진양
辰陽의 풍속을 고쳤는데[宋均移辰陽之風][4] 이것도 오로지 이런 의도에서 나온 것
이다.[5] 귀신을 빌어 민중을 현혹시킨 것에 대해 반드시 성인들은 이것을
내쳤는데도[假鬼神以疑衆, 聖人所必殺],[6] 후세에는 오히려 이것에 기대어 복을 구하
는 등 어리석기 짝이 없다. 요망한 귀신은 형荊·초楚 지역에 산재해 있는데,

1　狄仁傑持節江南:『청명집』「징악문」14-22 각주 狄梁公毁淫祠一千八百余所 참조.
2　李德裕觀察浙西:『舊唐書』 卷174,「李德裕傳」에 "九月, 出德裕爲浙西觀察使, (…中
　略…) 屬郡祀廟, 按方志前代名臣賢后則祠之, 四郡之內, 除淫祠一千一十所." 당대의 민
　간신앙이나 祠廟에 관해서는 김상범,『당대 국가권력과 민간신앙』, 신서원, 2005 참조.
3　伍倫易會稽之俗: 伍倫은 第五倫을 지칭한다. 第五倫의 字는 伯魚이며, 京兆長陵人이다.
　『後漢書』「列傳」卷31,「第五倫傳」, "追排會稽太守, (…中略…) 會稽俗多淫祀, 好卜筮,
　民常以牛祭神, (…中略…) 後遂斷絶, 百姓以安".
4　宋均移辰陽之風:『後漢書』「列傳」卷31,「宋均傳」, "至二十餘, 調補辰陽長, 其俗少學者
　而信巫鬼, 均爲立學校, 禁絶淫祀, 人皆安之".
5　송대 지방 단위까지 편찬된 사전祀典과 함께, 송 이전 역대 중국왕조의 지방관들이 실행
　한 음사 철폐의 역사적 전범도 불법적 사묘신앙인 음사를 철폐하는 하나의 기준이 되기
　도 했다. 구경수,「南宋代 地方官들의 祠廟信仰에 대한 인식과 대응」(임대희 엮음,『판례
　로 본 송대사회』, 민속원, 2019, 594~625쪽)을 참조하면 좋을 듯하다.
6　假鬼神以疑衆, 聖人所必殺:『禮記』「王制」에 "析言破律, 亂名改作, 執左道以亂政, 殺. 作
　淫聲. 異服. 奇技. 寄器, 以疑衆, 殺. 行爲而堅, 言僞而辯, 學非而博, 順非而澤, 以疑衆, 殺.
　假於鬼神·時日·卜筮, 以疑衆, 殺. 此四誅者, 不以聽"라 되어 있다.

이 지역에는 이러한 귀신을 제사지내는 것이 특히 심하다. (예전의) 예禮가 무너져 버린 이상 만일 이것을 금지하지 않으면 오히려 야만인과 다를 바 없을 것이다[禮已亡矣, 若不禁止, 此無乃其戎之先乎].[7]

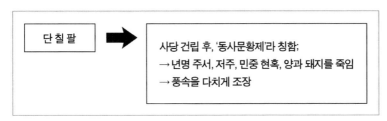

최근 관인이 찍히지 않은 공문서[白箚子][8]가 도착했는데, 거기에는 "영향현寧鄕縣[9]의 단칠팔段七八은 묘를 훼손시켰다고 고발당했는데, 신에게 기도함으로 형벌을 면할 수 있었다. 이에 있는 힘을 다해 사당을 건립하고 강변에 안치해서 동사문황제東沙文皇帝라 칭하고 있다"고 되어 있다. 이것은 어떤 신이란 말인가?

원래 사전祀典에서는 본보기를 민중에게 보인 경우에 신神으로 제사지내고, 목숨 바쳐 일한 자, 힘써 나라를 안정시킨 자를 신으로 제사지내고, 재해와 환란을 막은 자를 제사지낸다고 되어 있다[法施於民, 則祀之].[10] 동사東沙의 신은 민중에게 어떤 공적이 있어 그의 사묘를 세우는 것일까?

관할 현本縣이 직접 조사하고 보고해 온 바에 따르면, "(원한이 있는 사람의) 연명年命[11]을 주서朱書하고, 그것을 묘廟 밑에 묻어 저주하는 등 전적으로 무고巫蠱 행위를 하고 있다. 사묘도 부당한 것인데 현재의 건물은 웅대하고 신神의 도상圖像도 휘황찬란하며 점점 민중을 현혹시키는 것으로 되고 있다"

---

7   禮已亡矣, (…中略…) 此無乃其戎之先乎 : 『左傳』 「僖公22年」에 "不及百年, 此其戎乎, 其
    禮先亡矣"라고 되어 있다.
8   白箚子 : '箚子'는 공문서의 일종으로, 상부기관에서 하부기관으로 보내는 공문서에 자
    주 사용된다. 백차자白箚子는 문서에 관인이 찍히지 않은 비공식적인 공문서이다.
9   寧鄕縣 : 형호남로荊湖南路 담주潭州 관할이다.
10 法施於民, 則祀之 : 『청명집』 「징악문」 14-23 각주 凡德施於民, 以死勤事 참조.
11 年命 : 운명運命이나 수명壽命을 가리킨다.

고 한다. 양과 돼지를 죽이고[刲羊刺豕][12] 날마다 피를 흘리는 제물祭物을 바치는 것을 허락할 수 있을까? "박사亳社에서 사람을 희생에 사용하더라도 주공은 반드시 노魯의 제사는 지내지 않았던[用人於亳社]"[13] 것처럼 풍속을 어지럽히도록 조장하는 것을 허락할 수가 없는 것이다.

그래서 현위에게 명령을 내려 모두 소각 처분하게 했다. 보고에 따르면 그들의 소굴은 흔적도 없이 사라졌고[犁庭掃穴],[14] 모두 소각해서 남은 것은 조금도 없다고 한다. 초楚 지역의 풍속이라는 것은 오래 전부터 무격巫覡의 풍습[15]에 젖어, 완고해서 고치려고 하지 않았다. 그러나 해당 현縣의 현위에게는 나쁜 풍습을 없애어 지역을 안정시키는 힘定力이 있고, 민중을 현혹시키는 것을 없애는 것이 자신의 임무라고 생각해 풍속 개선의 조력자가 되었다. 이것은 예전의 이른바 "현덕자"라 할 수 있다.

단칠팔은 척장脊杖 50대[16]로 처결한 후, 무강군武岡軍[17]으로 자배刺配하라.

12　刲羊刺豕 : 양은 배를 갈라 죽이고, 돼지는 찔러 죽인다.

13　用人於亳社 : 『佐傳』「昭公10년」, "秋七月, 平子伐莒取郠, 獻俘, 始用人於亳社, 臧武仲在齊聞之, 曰, 周公其不饗魯祭乎".

14　犁庭掃穴 : 적의 최고 통수부를 평정하고, 다른 소굴까지도 소탕한다는 뜻으로, 적진敵陣을 철저하게 소탕하는 것을 비유하는 말이다(『漢書』卷94, 「匈奴傳下」, "固已犁其庭, 掃其閭, 郡縣而置之").

15　巫覡 : 무격巫覡으로 하나의 특수한 사회[群體]로 본다. 첫째로, 社會學의 이론적 시각視角에서 본다면, 그 존재의 합리성과 국한성을 변증할 수 있다. 둘째로, 宋代의 巫覡을 긴 시간적 배경으로 보자면 전대前代의 발전 궤적軌跡에서 송 이후의 발전 방향을 보면, 상대적으로 확실한 定位, 定性을 볼 수 있다. 셋째로, 거시적인 연구의 기초 아래에 개별 안건을 고찰하여, 巫女(가령, 媽祖)의 신앙을 연구해 보면, 송대 사회의 여러 가지 역량을 巫覡 및 그 신앙 문제 위에서 서로 연결되는 점을 찾을 수 있겠다. 史繼剛, 「宋代的懲"巫" 揚 "醫"」, 《西南師範大學學報》, 1992-3; 方燕, 「宋代女性崇病的民間療法 —以『夷堅志』爲中心」, 《宗教學研究》, 2008-4; 李玉淸, 「宋代禁巫興醫原因之分析」, 《醫學與哲學》, 2008-12; 李小紅, 「宋代的尙巫之風及其危害」, 《史學月刊》, 2002-10; 唐春生 孫雪華, 「宋代巴蜀地區的巫覡信仰與崇祀祠廟」, 《三峽大學學報》 41-3, 2019; 陳偉慶, 「試論宋代巫覡對農業生産的影響」, 《懷化學院學報》 33-4, 2014.

16　50대는 아마도 15대 일 것으로 본다(가와무라 야스시川村康 지음, 「宋代 折杖法 初考」, 임대희 엮음, 『판례로 본 송대 사회』 민속원, 2019 참고).

17　武岡軍 : 형호남로荊湖南路 관할 아래에 있다. 소주邵州 무강현武岡縣에 무강군武岡軍을 설치하였다. 元朝의 至元14년(1277)에 무강로武岡路로 변경되었다.

그 가족도 모두 압송하고 상군廂軍에게 맡겨 생업을 바꾸도록 하라.[18] 현위縣尉에게는 승진 절차를 밟을發門陞狀[19] 수 있도록 하라.

狄仁傑持節江南, 毁淫祠千七百所, 李德裕觀察浙西, 除淫祀一千一十所, 前賢所爲, 大槩 爲風俗設也. 伍倫易會稽之俗, 宋均移辰陽之風, 一出於此. 假鬼神以疑衆, 聖人所必殺, 後世 反憑以爲徼福之用, 愚亦甚矣. 昏淫之鬼, 散在荊楚, 習尙尤甚. 禮已亡矣, 若不禁止, 此無乃 其戎之先乎. 近有白箚子, 指言寧鄕段七八因刻墓事發, 禱神得免, 竭力爲祠, 奉于水濱, 謂之 東沙文皇帝. 此何神也. 夫祭祀之典, 法施於民, 則祀之, 故以死勤事, 以勞定國, 則祀之, 能禦 大災, 捍大患, 則祀之. 東沙之神, 何功於民, 乃立廟祀. 據本縣體究回申, 朱書年命, 埋狀屋 下, 更相詛咒, 專行巫蠱之事, 廟非所當, 今棟宇宏壯, 圖像炳煥, 愈爲民惑. 刲羊刺豕, 日享血 食之奉, 此猶可也, 用人於亳[20]社, 必有周公之所不享者, 豈容聽其滋長以爲風俗之蠹. 行下 尉司, 一切焚毁, 已據申到, 犁庭掃穴, 悉付炎火, 尺椽寸瓦, 不復存在. 楚之爲俗, 荒於巫風, 久其日矣, 牢不可破. 尉有定力, 不惑於衆, 以身行之, 可爲善俗之助, 亦古之所謂賢德者也. 段七八決脊杖五十, 刺配武岡軍, 幷家口押發, 置在廂軍, 使之改業. 縣尉發門陞狀.

14-26. 조정에서 해당 로에 살인하여 귀신을 제사 지내지 않도록 규정을 하달하다
行下[21]本路禁約殺人祭鬼

들리는 바에 의하면, 해당 로本路[22]의 여러 마을에는 사람을 죽여 귀신

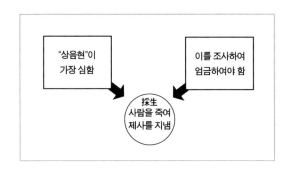

에게 제사지내는 집이 많다고 한다. 이러한 집에서는 평상시에 여러 무리들을 보내 노예를 사들이기도 하고, 평민을 유괴하기도 한다고 한다. 만약 제사지낼 희생자를 얻지 못하게 되면, 노복奴僕을 제사의 희생물로 이용하기도 하고, 부득이한 경우에는 아들과 딸을 제사의 희생물로 이용하기도 한다. 그들의 육신을 잘라서 삶거나 굽기도 하니, 잔학함이 이루 말할 수가 없다. 이러한 정황은 상음현湘陰縣[23]이 가장 심하다. 이런 요상한 신神이 어찌 사람들의 행복과 불행을 좌우할 수 있다는 것일까. 어리석은 백성들의 무지無知가 이런 상황을 초래하고 있는 것이다.[24]

조정의 법령에는 당연히 이런 행위를 금지하는 조항이 있는데도[朝廷條令, 自有明禁],[25] 관사官司에서는 이를 받들어 제대로 시행하지 않으므로, 이러

22 本路 : 여기서 해당 로[本路]는 형호남로荊湖南路를 말한다.

23 湘陰縣 : 형호남로 담주潭州 관할이다.

24 남송대南宋代 사천四川지방의 치수신治水神인 이빙묘李水廟는 그 제사 때에 양5만두萬頭를 도축하여 양에 대한 도축 세금만 2~3만민萬緡이 될 정도로 큰 제사를 행했으며, 사산묘祠山廟에도 소 2천두千頭를 매년 제사에 사용하고 제사에 온 상인들에게 참가비를 거두는 등의 사묘 제사가 큰 수익사업이었음을 확인할 수 있다. 지역 사묘들은 지역민들을 모이게 하는 구심점이 되었으며, 경제적으로도 엄청난 부를 창출하였다. 작은 사묘를 운영하는 것으로도 생계의 수단이 충분히 되었던 것으로 보이며, 이러한 상당한 경제적 수익을 보전하기 위해 관리와 결탁하는 것으로 보인다. 음사의 무축들은 관리와 결탁을 통해 자신들의 사묘가 음사로 지목되어 철폐되는 것을 피해갈 수 있었다. 음사를 탄압하는 관리들에게는 지방의 오랜 관습 또한 무시할 수 없는 요소로 작용한 것으로 보인다. 이러한 상황에 대해서는 구경수, 「南宋代 地方官들의 祠廟信仰에 대한 인식과 대응」(임대희 엮음, 『판례로 본 송대사회』, 민속원, 2019, 594~625쪽)을 참조할 것.

25 朝廷條令, 自有明禁 : 『宋會要輯稿』「刑法」 2-152, 表 "(紹興)二十一年閏四月十六日, 知沅

한 불행한 상황이 발생한 것이다. 내년은 윤년^{閏年}이므로 이 금령을 확실히 밝히지 않으면 안 된다. 이미 사람을 파견해 조사시킨 사건 외에, 여러 현^縣의 순검^{巡檢}과 현위^{縣尉}에게 명령해 항상 확실히 조사하고 이를 단속하게 하라. 지현^{知縣}은 이 뜻을 더 잘 받들어야 할 것이다.

철거해야 할 음사는 모두 철거하고, 귀신을 모시는 집은 모두 면밀하게 파악하며, 근처의 "채생^{採生}"²⁶을 행하는 무리는 남기지 말고 체포하라. 인근의 사람들은 이미 시행하고 있는 보오법^{保伍法}에 따라 서로 감시하게 하고, 보고한 자에게는 상금 3,000관^貫을 주라. 또 제색인^{諸色人}의 고발을 허락한다. 만일 죄를 범한 자가 있다면 주범^{主犯}·종범^{從犯}에 관계없이 능지처참^{陵遲處斬}²⁷의 극형으로 처벌한다. 그들의 기속^{家屬}은 배류^{配流}에 처하고, 그들의 재산은 몰수해서 상금으로 충당한다.

만일 관리가 이들의 단속을 허술하게 하였을 경우, 관할 부서가 이를 조사해서 그 사실이 발각되면 지현^{知縣} 및 순검^{巡檢}·현위^{縣尉}는 탄핵하고, 담당 서리는 배류^{配流}에 처한다. 또 인인^{隣人}과 보정^{保正}이 은폐한 경우에도 똑같이

州傳寧言, 湖南北路風俗, 每遇閏月之年, 前期盜殺小兒以祭淫祠, 謂之採生, 望逐路師臣·監司督責巡尉, 如一任之內糾察採生七人以上, 依獲賊盜法, 特與推賞, 失于糾察, 因事發覺, 巡尉坐失捕强盜之罪, 從之'로 시작하는 금령을 가리킨다(宮崎市定,「宋代における殺人祭鬼の風俗について」,『アジア史研究』第5,『宮崎市定全集』卷10 수록).

26 採生: 살아 있는 사람을 죽여, 이를 신^神에게 제사지내는 것. 고대 중국의 일부 지방에서 행한 잔혹한 미신적 악습이다. 채생^{採生}의 희생자로는 승려와 부녀자가 제일 많은 것으로 알려져 있다.

27 陵遲處斬: 사형에는 교수형^{絞首刑}과 참수형^{斬首刑}이 있는 이외에, 송대에는 능지처사^{陵遲處死}와 장살^{杖殺; 重杖處死}이 있었다. '능지처사'는 수형자^{受刑者}의 지체^{肢體}를 절단하는 형벌이다.(仁井田陞,「陵遲處死について」,『中國法制史研究-刑法』, 東京大學東洋文化研究所, 1959; 海老名俊樹,「宋代の陵遲處死について」,『宋代の社會と宗敎』, 汲古書院, 1985) 海老名俊樹는 능지처사가 생기는 것을 송조^{宋朝}가 형벌 규정을 세분화시켜가는 경향과 관련짓고 있다. 그밖에 장살^{杖殺}은 수 문제^{隋文帝}와 명 태조^{明太祖}가 자주 집행한 것으로 유명하다. 송대에는 교수형^{絞首刑}을 중장처사^{重杖處死}라는 형태로 형을 집행하였으므로 결국 장살^{杖殺}로 된 것이다. 송대에는 사형 안건^{案件}을 황제가 재단^{裁斷}할 필요가 없었으므로, 그에 따르는 사형 안건의 조건에 변화가 생긴 것이다(川村康,「建中3年重杖處死法考」,『中國禮法と日本律令制』, 東方書店, 1992; 川村康,「唐五代杖殺考」,《東洋文化研究所紀要》117, 1992; 川村康,「宋代杖殺考」,《東洋文化研究所紀要》120, 1993; 川村康,「宋代死刑奏裁考」,《東洋文化研究所紀要》124, 1994).

처벌한다. 방을 붙여 이를 알리도록 하라.

訪聞本路所在鄉村, 多有殺人祭鬼之家, 平時分遣徒黨, 販賣生口, 誘畧平民, 或無所得, 則用奴僕, 或不得已, 則用親生男女充代, 臠割烹炮焙, 備極慘酷, 湘陰尤甚. 淫昏之鬼, 何能爲人禍福, 愚俗無知, 一至於此. 朝廷條令, 自有明禁, 官司玩視, 久不奉行, 致無忌憚. 來歲閏年, 所合申明禁戢. 除已密切差人體探外, 今仰諸縣巡·尉, 常切跟緝, 知縣尤當加意. 應有淫祠去處, 並行拆毀, 奉事邪鬼之家, 並行籍記, 四路探生之人, 並行收捉, 鄰甲照已排立保伍, 互相擧覺, 賞錢三千貫, 仍許諸色人陳告. 如有違犯, 不分首從, 並行凌遲處斬, 家屬斷配, 家業抄籍充賞. 如官容縱, 本司體探得知, 定將知縣幷巡·尉按劾, 當行人吏決配, 鄰人·保正隱蔽, 一體施行. 仍鏤榜曉示.

14-27. 유량사가 묘축의 지위를 차지하다
劉良思占充廟祝

"귀신을 빌어 백성을 현혹시키는 자"에게는 정해진 형벌이 있다. 유량사劉良思는 원래 묘축廟祝[1]의 지위에 충원되어 있었는데, 자신에게 신神이 강림降臨했다고 속이고, 감옥을 부수고 죄수를 풀어주면서, 이러한 자신의 행위를 신력神力이 그렇게 하게 만든 것이라고 속였다. 주현州縣에서는 이를 철저히 조사하고 법령에 따라 처벌해야 하나, 임시방편으로 그를 인근 주州에 편관編管시킨 것은 법 집행에 구멍이 뚫린 것이나 마찬가지다. 지금 유량사劉良思는 도주하여 본래의 근거지로 돌아가서 예전과 같이 묘축廟祝의 자리를 차지하고 있다. 이는 어떤 일을 꾸미려는 의도가 있는 것으로, 엄격하게 징계하지 않는다면 민중을 현혹시켜 큰 화를 불러일으킬 것이 분명하다.[2] 척장脊杖[3] 20대에 처결한 후, 1,000리 떨어진 곳으로 자배刺配에 처하도록 하라.

(묘축의 자리에는) 별도로 신뢰할 수 있는 자를 선발해서 충원하라.[4]

1 　廟祝 : 사묘寺廟에서 향화香火를 관리하던 사람이다.
2 　이 부분은 실제 판례문判例文이 아니라, 살인제귀의 악습을 미연에 방지하려는 유속문諭俗文의 형태를 띠고 있다. 살인제귀 행위는 능지처참 형을 원칙으로 하고 있으나, 남송대 살인제귀 풍습이 소멸되지 않고 오히려 사천四川 지방을 넘어 확대되는 현상이 있었던 것을 고려하면 실제 법 집행이 이루어졌는지도 의문스럽다. 이런 야만적 풍습도 묵인되고 실제 법 적용이 의심되는 상황에서 음사淫祠에 관한 엄격한 법 적용 또한 의문스럽다. 구경수, 「南宋代 地方官들의 祠廟信仰에 대한 인식과 대응」(임대희 엮음, 『판례로 본 송대 사회』, 민속원, 2019, 594~625쪽)을 참조할 것.
3 　脊杖 : 脊杖에 관해서는 「징악문」 권12-1 각주 참조.
4 　민간의 만담가라 할 수 있는 묘축廟祝으로서 활동하던 유량사劉良思의 판례로 그는 법을 위반하여 처음에는 편관형에 처해졌으나 도주하여 다시 죄를 저질렀으며, 이에 척장脊杖으로 처결된 후 자배를 받은 사례이다. 요서妖書나 요언妖言을 만들어 3인 이상을 미혹시켰을 경우에는 사죄死罪에 해당되며, 동시에 율문에서 또 규정하기를 큰 무리를 이루지

假鬼神以疑衆, 自有常刑. 劉良思元充廟祝, 僞作神降, 破獄出囚, 妄以神力所致. 州縣根勘, 自當從條, 一時姑息, 編置隣州, 可謂漏網. 今又輒敢逃歸, 仍前在廟, 占據神祝, 意在生事, 倘不懲戒, 疑惑羣聽, 爲禍必大, 合決脊杖二十, 刺配千里. 別擇信實人充.

14-28. 여러 묘의 묘축을 단속하다
約束諸廟廟祝

조사해 보니, 무릇 묘축^{廟祝}이라는 무리들은 "귀신을 가탁하여 사람들을 현혹시키는 자"들로만 이뤄져 있는데, 그렇다고 해서 이들을 모두 쫓아낼 수도 없을 것이. 차후 모든 공적인 종교의식(縣官朝拜)[5]에서는 단지 향과 등불을 준비하는 역할만 하고, 함부로 기도를 해서는 안 되고, 또 묘 밖에서도 함부로 길흉^{吉凶}을 말하면서 어리석은 백성을 현혹해서도 안 된다. 이러한 점을 확실하게 알리고, 만약 이를 어기면 처벌하도록 한다.

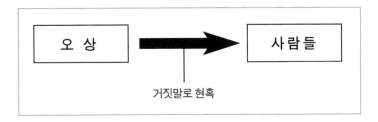

거짓말로 현혹

照得凡是廟祝, 無非假鬼神以疑衆, 未欲盡行罷逐. 自後應縣官朝拜, 只仰備辦香燭, 不計

못했을 경우에는 유형 3천 리에 처하도록 되어 있다. 여기서 요서와 요언은 그 내용이 사회적 질서에 반하는 여러 서적이나 말을 뜻하는 것인데 이러한 규정은 송대^{宋代}에도 그대로 시행된 것이다. 이에 따라 유량사^{劉良思}의 죄도 원래대로라면 사죄에 해당하는 것이지만 무리를 이루지는 못했는지 대신 편관형^{編管刑}에 처해져 인근 주로 배류^{配流}되었다가, 이에 그치지 않고 도주하여 다시 죄를 저지른 것이다. 이에 따라 관관은 유량사의 죄에 1등을 더하여 도형^{徒刑} 3년에 해당하는 척장 20대 이후 자자^{刺字}하여 배류토록 하였다. 정우석, 「송대 編管刑의 등장과 그 시행상의 특징」, 임대희 엮음, 『판례로 본 송대사회』, 민속원, 2019, 400~443쪽 참조.

5   縣官朝拜 : '조배^{朝拜}'는 사원^{寺院}에서 거행하는 종교적 의식을 지칭한다.

擅自祝白在外, 輒敢妄言禍福, 誑惑愚民, 定昭約束懲斷.

14-29. 민간예능인인 오상이 현문에 방을 붙이다
說史路岐人[6]作常掛榜縣門

오상作常은 먼 타향의 기이한 사람으로 "그가 하는 말은 거짓이었지만 언변이 뛰어났기 때문에[言僞而辯][7] 사람들을 현혹시켰다. 이것이야말로 진짜 "사도邪道를 가지고 정도正道를 어지럽히는[執左道以亂政][8] 것이리라. 본관은 부임하자마자 먼저 금령禁令을 포고布告했다. 지금 (오상은 갑자기) 방문榜文을 현문 밖에 크게 붙였는데, 본현本縣[9]의 금령禁令과 나란히 붙여서 알리고[曉示] 있었던 것이다. 이는 관부를 두려워하지 않은 행위이므로 마땅히 징벌해야 한다. 그러나 정월 초하루元旦이므로, 형벌 집행을 면제하고, 우선 본현本縣의 경계 밖으로 압송하여 추방한다. 만약 재차 본현本縣 안으로 들어온다면 감장勘杖 100대로 처결한 후, 백성들 앞에 구경거리가 되게 하고 용서하지 않을 것이다.

作常遠鄕怪民, 言僞而辯, 鼓惑衆聽, 此眞執左道以亂政之人. 當職到官, 首行戒約, 今輒大張榜文, 掛于縣外, 與本縣約束, 並行曉示, 肆無忌憚, 自合懲斷. 且以正旦, 與免行刑, 只今押出本縣界. 再敢入境, 勘杖一百, 令衆, 無恕.

---

6 說史路岐人 : '說史'는 漫談家의 의미이며, '路岐人'은 민간에서 노래·연극·기예 등을 행하는 민간 예능인을 지칭한다.
7 言僞而辯 : 『청명집』 「징악문」 14-25 각주 참조.
8 執左道以亂政 : 『청명집』 「징악문」 14-25 각주 참조.
9 本縣 : "본현本縣" 혹은 "관할 현[本縣]"으로 볼 수 있다.

무격巫覡

14-30. 사도로 사람들을 현혹시키는 무격은 단속해야 하고, 이설(異說)로 유혹하는 사인도 징계해야 한다

巫覡以左道疑衆者當治士人惑於異者亦可責

호석벽(胡石壁)

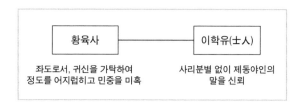

황육사 ── 이학유(士人)

좌도로서, 귀신을 가탁하여   사리분별 없이 제동야인의
정도를 어지럽히고 민중을 미혹   말을 신뢰

『예기禮記』「왕제王制」에는 "사도邪道로 정도正道를 문란하게 한 자는 사형에 처하고", "귀신을 빌어 사람들을 현혹시키는 자도 사형에 처한다"고 되어 있다. 예전 성왕聖王이 살생을 좋아했을 리가 없음에도 불구하고 이렇게 기록되어 있는 것은 사설邪說이나 부정한 행위는 자칫하면 도道를 벗어나고 덕德을 해치기 때문이다. 또한 이러한 위법적인 행위를 하면, 혼란과 재난을 초래하기 때문에, 어떻게 해서든 이들에 대한 금령을 엄중하게 정해야만 했다.[1] 그런데 초楚 지역의 풍속에는 미신이 뿌리 깊게 존재하는데, 그 유래는 상당히 오래되었으며, 특히 이 지역은 심하다. 본관의 절실한 바람은 이단을 배척攘却詆排[2]하는 데 힘을 쏟고, 요상한 사당을 부수는

---

[1]   당시에 입법 과정에서, 유가적 사상이 송 왕조의 실증법에 그대로 적용되고 있음을 보여주고 있다. 또한, 불법적 신앙에 대해서는 『청명집』에서 나타나는 감형減刑에 관한 일반적 관례를 적용하지 않겠다는 의지를 표명하고 있다. 이는 불법적 신앙에 대해 상당히 엄벌주의를 지향하는 것으로 볼 수 있으며, 이것은 국가 중심의 예제 질서를 확립하려는 송 왕조의 입법의지가 지방관들에게도 침투되었음을 확인할 수 있다. 구경수, 「南宋代 地方官들의 祠廟信仰에 대한 인식과 대응」, 임대희 엮음, 『판례로 본 송대사회』, 민속원, 2019, 594~625쪽 참조.

등 인심을 계몽하고 구습舊習을 고치는 것이다. 이로써 도덕을 일관되게 하여 풍속을 같게 만들고[道德一, 風俗同],[3] 서민은 그 고향에서 편안히 살며 사람들을 현혹[無或譸張爲幻][4]시켜 앞에서 말한 선왕先王의 금령을 범하는 자가 없는 상황에 조금이라도 근접하고 싶은 것이다.

그런데 황육사黃六師라는 자는 미신 같은 데에 집착하며 이러한 행위를 바로 잡지 못하여 금령을 어긴 주범이다. 그 소행을 말하면 모두 사전祠典에서 벗어나는 것으로 '통천삼랑通天三娘'·'맹공사자孟公使者'·'황삼랑黃三郎'·'태백공太白公' 등등의 괴상한 명칭으로 요괴와 같은 것이라고 할 수 있다. 이를 이용하여 주술을 행하고 각종 재난과 환란을 야기惹起시키는 것이다. 이는 진실로 죄도左道[5]로써 귀신을 가탁하여 정도正道를 어지럽히고 민중을 미혹하는 사람이라고 할 수 있을 것이다. 만약 이들을 처벌하여 다른 사람들의 본보기로 삼지 않으면 이후 이런 것이 날마다 늘어나고 요상한 말은 점점 횡행하게 될 것이다. 그리하여 가령 구덩이에 오동나무로 만든 인형을 묻어 사람을 해치도록 주문을 걸거나, 살아 있는 인간을 제물로 바치는 등, 해서는 안 될 일을 하게 될 것이다. 이것은 국가가 금지하는 것이라고 확실히 밝혀 세간이 현혹되지 않도록 해야 한다. 그렇지만 우선 금령禁令을 포고한지 얼마 되지 않은 것도 있고, (또) 충분히 알려 주지周知시키지 못했을 가능성이 있는 점을 고려해서 무거운 처분은 피해서, 이번은 가벼운 바에 따라 장형 100대에 처결한 후 인근 주州에 편관하기로 한다. "오구대왕묘烏龜大王廟"는 현縣에 알려서 즉각 철거하고, 몰수한 목재의 귀면鬼面 등은 관청에서 파기한 후 시장에서 소각하도록 하라.

2　攘却詆排: 『韓昌黎文集』 卷12, 「進學解」, "觸排異端, 攘斥佛老"라고 있다.

3　道德一, 風俗同: 『禮記』 「王制」에 "司徒修六禮以節民性, 明七教以興民德, 齊八政以防淫, 一道德以同俗"라 되어 있다.

4　無或譸張爲幻: 『書經』 「無逸」에 "周公曰, 嗚呼, 吾聞曰, 古之人, 猶胥訓告, 胥保惠, 胥教誨, 民無或譸張爲幻"라 되어 있다.

5　左道: 부정不正의 도道를 지칭하는 것으로, 무속巫俗이나 사도邪道를 말한다. 이에 반해 정도正道를 우도右道라 한다.

한편 이李학유學諭[6]는 본래 사인士人이므로 마땅히 의리義理를 알고 있을 터이다. 그런데 어찌 질병이라는 것이 살아가면서 조심하지 않거나, 음식을 편식하거나, 혈기가 쇠퇴하거나, 혹은 감기가 악화되어 생겨났다는 것을 모르고, 또 질병에는 약藥[7]으로 처방하는 것이 중요하며, 귀신에 의지해서는 안 되는 것을 어찌 모를 수가 있단 말인가. 그럼에도 불구하고 그 "부친의 병은 사무師巫의 주술에 의한 것으로, 신체神體의 배를 찌르면 아버지의 배가 아프고, 심장을 찌르면 아버지의 심장이 아프다"고 말하고 있다. 이러한 "제동야인齊東野人의 말語"이 학자의 입에서 나왔다는 것은 통탄할 일이다. 본관은 이전의 사건에서 이미 도박에 대해 훈유訓諭를 하였는데 아직 깨우치지 못 하고 있는 듯하다. 마음 속의 생각이 이러한데 어찌 학생을 올바로 가르칠 수 있겠는가. "자신이 어리석으면서 타인을 가르치는 以其昏昏, 使人昭昭[8] 것은 해서는 안 되는 일이다. 학교에 공문을 보내 우선 면직시키고, 교수敎授 밑에서 학문에 정진하게 하여, 다시 이단사설異端邪說에 현혹되지 않도록 하라.

王制曰, 執左道以亂政, 殺. 假於鬼神疑衆, 殺. 古先聖王, 豈樂於殺人哉, 蓋以其邪說波行, 足以反道敗常, 詭計姦謀, 足以階亂稔禍, 故不容不嚴爲之禁也. 禁俗尙鬼, 其來已久, 而此邦爲尤甚. 當職正欲極攘却祗排之力, 毀淫昏妖厲之祠, 開明人心, 變移舊習, 庶幾道德一, 風俗同, 庶民安其田里, 無或譸張爲幼, 以干先王之誅. 而黃六師者, 乃敢執迷不悛, 首犯約束. 觀其所犯, 皆祀典之所不載, 有所謂通天三娘, 有所謂孟公使者, 有所謂黃三郎, 有所謂太白公, 名稱怪誕, 無非魍魅魍魎之物, 厭勝咀呪, 作孽興妖, 若此者, 眞所謂執左道, 假鬼神, 亂政疑

---

6   學諭 : 송대 각 학교에 설치된 학관學官이다.
7   藥 : 남송시대에는 각 로路・부府・주州・현縣에 지방 관약국官藥局을 세우는 것을 매우 활발하게 하였으며, 객관상으로 의약 공급의 체계가 잘 갖추어져서 가짜 약품이나 열약한 약품을 막는 데에 기여하였으며, 민간 무풍의 저지를 막는 데에도 적극적인 영향을 미칠 수 있었다(楊芳・潘榮華, 「南宋地方文獻中的官藥局考述」, 《中國地方志》, 2009-5).
8   以其昏昏, 使人昭昭 : '혼혼昏昏'은 애매모호하다는 의미이고, '소소昭昭'는 명백하다는 의미이다. 자기는 애매모호하면서 다른 사람에게 명백함을 요구하거나 가르치는 것을 의미하며, 자신은 어리석으나 다른 사람을 깨우치려고 하는 것을 비유하는 말이다. 『孟子』 「盡心下」에는 "賢者以其昭昭, 使人昭昭, 今以其昏昏, 使人昭昭"라고 되어 있다.

衆者矣. 若不誅鋤一二, 以警動其餘, 則異時傳習日滋, 妖訛者甚, 埋桐人造蠱, 用生人以代犧, 何所不至哉. 宜伸國禁, 毋俾世迷. 姑以榜示之初, 恐未聞, 知之未徧, 未欲重作施行, 且從輕杖一百, 編管鄰州. 其烏龜大王廟, 帖縣日下拆毀, 所追到木鬼戲面等, 並當廳劈碎, 市曹焚燒. 但李學諭既爲士人, 當曉義理, 豈不知人之疾病, 或因起居之失節, 或因飮食之過傷, 或因血氣之衰, 或因風邪之襲, 但當惟醫藥之是急, 不當於鬼神而致疑. 而乃謂其父病之由, 起於師巫之呪, 釘神之脅, 則父之痛在脅, 釘神之心, 則父之痛在心, 此何等齊東野人之語, 而發於學者之口哉. 當職於其初詞, 已嘗訓以博奕之事, 尙不通曉, 而又見之所供. 胸中所存, 亦加知矣, 其何以訓誨諸生乎. 以其昏昏, 使人昭昭, 無乃不可乎. 牒學且與罷職, 請敎授勉令篤志學問, 無使復爲異端所惑.

14-31. 안화현^{安化縣}의 조만승이 조구사의 주술 행위를 고소한 사건을 제형사가 판결하여 보내오다
提刑司押下安化曹萬勝訟曹九師符禁⁹事

범서당(范西堂)

"귀신을 가탁하여 사람들을 현혹시키는 자^{假於鬼神疑衆}[10]는 죽인다"는 것은 성인^{聖人}의 격언^{格言}[11]이다. 조만승^{曹萬勝}은 "조구사^{曹九師}가 저희 일가^{一家}의 연명^{年命}[12]을 묘^廟 안에 묻어 재난과 환란을 일으키려고 하고 있었다. 이에 대해서 왕혼삼^{王魂三}이 신^神에 의지하여 원인을 밝혀냈다. 곧 묘에 가서 조사해 보니 과연 철부^{鐵符}가 안에서 발견되었다"고 고소했다. 이 사건에 관해 제형사^{提刑使}에서는 "사악한 무당이 사람들을 현혹시키는데 어찌 이를 단속하지 않고 방치할 것인가?"라고 판결했고, 이를 현^縣에 알려 조구사^曹

---

9   符禁 : 부주^{符呪}와 금가^{禁架}의 약칭이다. 즉 주술적^{呪術的}인 행위에 사용하는 부적^{符籍}이나 주문^{呪文}이나 주술행위를 지칭한다.

10 假於鬼神疑衆, 殺 : 『청명집』 「징악문」 14-25 각주 假於鬼神疑衆 참조.

11 성인^{聖人}의 격언^{格言} : 『청명집』 「징악문」 권14-25 각주 "假於鬼神疑衆"에 있듯이, 『禮記』에 나와 있는 문장이다.

12 年命 : 수명이나 운명을 지칭한다. 풍수나 역학에 응용되기도 한다.

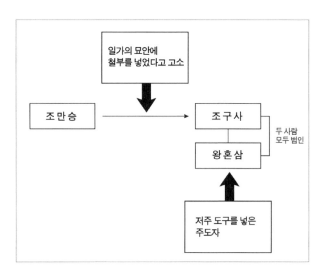

九師를 소환해 철저히 조사하도록 했다.

그런데 지현이 보고해 온 것에 의하면 "저주詛呪의 도구가 묘안에서 나온 것은 사실 왕혼삼王魂三이 직접 꾸민 것"이라고 하면서, 이 안건에 대해서는 마땅히 왕혼삼王魂三을 처벌해야 한다고 보고해 온 것이다. 그러나 조구사曹九師는 "사師" 자를 이름에 사용하고, 왕혼삼王魂三은 "혼魂" 자를 이름에 사용하는 등, 이 두 사람 모두 "귀신을 가탁하여 사람들을 현혹시킨 자"이므로, 한 쪽만 용서할 수는 없다. 각각 척장脊杖 12대에 처결한 후 인근 주州로 자배刺配해서 함부로 귀환하지 못하도록 한다. 그 외의 사람은 모두 석방하라. 재차 이 사건에 대한 소송을 금지시키고 이것을 위반하면 반드시 처벌하도록 하라.

假於鬼神以疑衆者, 殺, 此聖人之格言也. 曹萬勝狀論曹九師, 將一家年命埋廟中, 以興災患, 係是王魂三憑神報知, 就廟搜尋, 果有鐵符在內. 準提刑判下, 則曰邪巫惑衆, 豈可不治, 遂送縣追曹九師根究. 據知縣所申, 則曰巫蠱在廟, 王自爲之, 啓其終訟, 罪當坐王. 然曹以師名, 王以魂名, 二者皆假鬼神以疑衆者也, 不可偏恕, 各脊杖十二, 刺配鄰州, 不許放還. 餘人並放. 無得再詞, 違定懲斷.

인신매매販生口[1]

14-32. 인신매매를 단속하다
禁約販生口

오우암(吳雨巖)

최근 인신매매상들은 하나같이 요주饒州 관내에 와서 인신매매를 하고 있고, 혹은 흉년이 들거나 역병疫病이 발생한 해가 되면 이곳저곳을 다니며 사람들을 납치하고 있는데[徑行掠去],[2] 이 경우 대부분은 구식인求食人[3]에게 팔아넘긴다. 아마 그것은 일반 양민 가정에 팔아넘기면 이익이 적지만,

---

1 　販生口 : 인신매매라고 볼 수 있다. 송대에는 워낙 경제적으로 힘들었던 사람들이 많아서, 먹고 살아가기 위해서, 딸을 판다던가[賣女]·처를 판다던가[賣妻]·처를 빌려주는[雇妻] 상황이 보편적으로 행해지고 있었다. 여러 사료에 이러한 사례가 꾸준히 나오고 있으며, 심지어 이렇게 여자를 사서 첩으로 삼는 경우에 우리들이 익히 들어오던 유명한 인사마저도 그 이름이 거론되고 있다. 윤리적으로는 비난받을 일이겠지만, 경제적으로 어려웠던 사회상황에서 이렇게라도 해서 삶이 해결되었다는 점에서 이해해야 할 것이다. 그리고 이 부분은 당시에는 사법적인 제재 대상이 되지는 않았다. 「호혼문」 9-51 〈婚嫁皆違條法〉에서처럼 『당률소의』 제14권 187條 「호혼문」 38, "諸和娶人妻, 及嫁之者, 各徒二年, 妾減二等, 各離之, 卽夫自嫁者亦同, 仍兩離之"을 적용하여 처벌하는 경우도 있기는 하지만, 「호혼문」 9-49, "定壻爭婚"이나, 그밖에 다른 사례를 보더라도 매녀賣女·매처賣妻·고처雇妻로서 사법司法 대상이 되는 경우는 드물었다. 그러나 사람을 약탈하거나 납치하여 매매賣買하는 경우는 형사 사건으로 처벌하고 있다(余貴林, 「宋代買賣婦女現象初探」, 《中國史硏究》, 2000-3; 初春英, 「淺析宋代的賣女及賣妻現象」, 《岱宗學刊(泰安敎育學院學報)》, 2002-2; 鐵愛花, 「從唐宋性越軌法律看女性人身權益的演變」, 《中國史硏究》, 2006-1).

2 　徑行掠去 : '徑行'은 여러 가지 의미가 있는데, '徑'은 小路이고 '行'은 大道로 볼 수 있다.

3 　求食人 : '구식求食'이라는 용어는 중국에서는 일상적으로 쓰이는 것 같다. 당唐 고종高宗이 장안長安 지역에 오랜 가뭄이 들자, 신료臣僚를 데리고 하남 지역으로 求食하러갔다는 표현이 나오는가 하면, 신라新羅에서 오랜 기근이 들자 100여 명이 절강浙江 지역으로 가서, 구식求食하러 갔다던가 하는 내용이 나오기도 한다. 가장 많이 등장하는 것은 사찰寺刹에서 승려가 求食하러 갔다는 표현이므로, 아마도 "동냥하다"로 표기하면 될 것 같다. 여기에서 求食人이라고 나오는 것은 아마도, 일종의 앵벌이 집단으로 볼 수 있을 것이다.

구식인求食人을 상대로 하면 이익이 많기 때문일 것이다. 오직 이익만을 꾀하고 사람을 사람으로 보지 않고 돼지나 양을 팔아넘기듯이 생각하고 있었던 것이다. '인신매매'·'부녀유괴'·'양인良人을 천민 신분으로 떨어뜨리는 것'[抑良爲賤][4] 등 이 세 가지 죄명은 도형徒刑이나 유배형流配刑에 해당하는 것인데도, 무지한 무리들은 아무렇지 않은 듯이 가볍게 이러한 죄를 범하고 있고 이들 대부분은 복건로福建路 출신의 사람들이다.

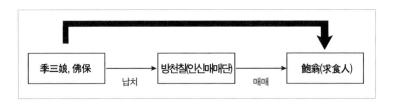

본관이 이 사건을 바로 잡기 위해 방榜을 써 붙여 단속하려고 하자, 갑자기 구식인求食人 포옹鮑翁이라는 사람이 소송장을 제출하면서 이르기를 "사람을 데리고 요주饒州로 지나가는데, 노상路上에서 데리고 가던 사람을 약탈掠奪당했다"고 했다. 이에 사건을 조사해 본 결과, (인신매매단에게) 약탈당한 사람은 악평현樂平縣, 江南東路 饒州의 주민인 계삼낭季三娘과 불보佛保라는 자들인데, 이 두 사람은 부모가 병으로 죽자 인신매매단에 납치된 것이었다. 그 후 익양현弋陽縣, 江南東路 信州으로 끌려가서 중개인[牙人][5]이 구식인求食

---

4   抑良爲賤: 『唐律疏議』 제400조 「雜律」 〈以良人爲奴婢質債〉, "무릇 함부로 양인을 노비로 하여 부채에 대한 저당으로 삼은 경우는 각기 스스로 판죄에서 3등을 감한다. 사정을 알고도 취한 경우는 또 1등을 감하고, (그 때까지의) 노임을 계산하여 부채를 제償한다.[諸妄以良人爲奴婢, 用質債者, 各減自相賣罪三等, 知情而取者, 又減一等]"(임대희·김택민 역주, 1998, 3214쪽); 『唐律疏議』 제401조 「雜律」 〈錯認良人爲奴婢部曲〉, "무릇 양인을 잘못 인지하여 (자신의)노비로 삼은 경우에는 도형 2년에 처하고 부곡으로 삼은 경우에는 1등을 감한다[諸錯認以良人爲奴婢, 徒二年, 爲部曲者, 減一等]"(임대희·김택민 역주, 1998, 3215쪽) 등과 관련이 있다. 또 郭東旭, 「論宋代奴僕的社會地位」, 《河北大學學報》, 1993-3 참조.
5   牙人은 '위쾌爲儈'·'아쾌牙儈'·'아랑牙郞'이라고도 불리웠다. 중개인이라는 뜻이다. 任仲書·于海生, 「宋代"牙人"的經濟活動及影響」, 《史學集刊》, 2003-3; 黎志剛, 「宋代牙人與鄉村經濟的市場化」, 《雲南社會科學》, 2006-1; 張小健·陳匡明, 「"牙人"在宋代蕃漢貿易交往中的活動及影響」, 《蘭台世界》, 2014-18; 楊卉靑, 「宋代契約中介"牙人"法律制度」, 《河北大學學報》, 2010-1; 李達三, 「宋代的牙人變異」, 《中國經濟史硏究》, 1991-4; 馮莎莎, 「略

人 포옹鮑翁에게 팔았고 포옹鮑翁이 그녀들을 이끌고 요주饒州에서 걸식乞食을 하던 도중, 우연히 길에서 계삼낭季三娘과 불보佛保의 친오빠親兄와 마주쳐 그 오빠가 두 사람을 알아보고 데리고 돌아간 것이다.

남매가 헤어졌다가 다시 재회해서, 고향을 벗어났다가 다시 돌아갈 수 있게 되었으며, 천한 신분에서 벗어나 양민良民으로 돌아온 것은 하늘이 불쌍히 여겨 도와준 것이다. 포옹鮑翁이 허위로 소송을 하는 등과 같은 행위는 관부官府를 조금도 두려워하지 않는 것이라 할 수 있다. 그중 특히 중개인인 방천칠方千七과 납치해 간 사람의 죄는 가장 무겁다고 할 수 있다. 익양현弋陽縣에 공문을 보내匣帖,[6] 방천칠方千七을 소환해 취조하고 누가 납치했는지를 밝힌 후에 규정대로 처벌하도록 한다. 포옹鮑翁에 대해서는 악평현樂平縣에 공문을 보내 연행하게 하고 별도로 엄중하게 처벌한다. 또 포옹鮑翁이 불법적으로 받은 돈은 몰수한 후에 이성이季省二 등에게 돌려주도록 하라.

이것과는 별도로 방문榜文을 여러 현縣에 보내 단속하게 하고, 만일 4월 헌향四月入獻香[7] 때에 인신매매를 행하거나, 아울러 평상시에도 인신매매를 하는 자가 있으면 누구라도諸色人[8] 고발하거나 붙잡아 관청으로 압송해도 된

論唐宋之際商業牙人的演變與政府管理」,《宋代文化研究》, 2011; 張本順, 「論宋代"田宅牙人"之弊及其法律控制」,《東嶽論叢》, 2009-6; 薄新娜, 「淺論兩宋時期的居間契約」,『法制與社會』, 2008-9(下); 張熙惟, 「宋代如何調控房地産市場」,《人民論壇》, 2019-2; 龍登高, 「論宋代的捆客」,『思想戰線』, 1990-5; 張熙惟, 「宋代如何調控房地産市場」,《人民論壇》, 2019-2; 羅維英, 「論宋代國家對私人壟斷行爲的法律約束」,《學術探索》, 2018-7; 無名, 「宋朝的"家政服務"」,《文史天地》, 2018-3; 王偉超, 「宋代城市新興商業管理制度」,《長安大學學報》, 2012-2; 金亮新, 「略論宋代政府對經濟的法律規制」,《蘭州學刊》, 2008-3 참조.

6 匣帖:『청명집』「인품문」11-14 〈법을 따르지 않고, 백성을 해친다違法害民〉), 「인품문」 11-20 〈명령을 적당히 한다慢令〉에는 "卽以錫匣限一日追至"라는 문장이 있고, 「인품문」 11-23 〈뇌물을 받는다受贓〉에도 "本司入錫匣追赴臺治"라는 문장이 있다. 이들 용례를 통해 볼 때, "작은 상자匣에 공문을 넣어 보낸다"라는 의미로 생각된다.

7 四月入獻香 : 4월 8일 석가탄생일 축제 행사를 말하는 것이다. 사원寺院에서는 관불회灌佛會가 실시된다. 이때 시장市場도 열리므로 당시에 거기서 인신매매人身賣買도 이뤄지지 않았을까.

8 諸色人 : 여기에서 지칭하는 제색인諸色人은 신분身分 고하高下를 막론하고 각종각양의 사람

다. (고발된 자에 대해서는) 규정대로 도형^{徒刑}을 집행하기로 한다.

前後販生口人, 專一來饒管下販賣, 或遇荒歉疾疫年分, 徑行掠去, 多是賣與求食人家. 蓋賣與良人家得錢少, 賣與求食人得錢多, 惟利是嗜, 直是不曾把做人看, 猶賣猪羊爾. 販生口, 掠婦女, 抑良爲賤, 三項罪名, 並該徒配, 無知之人故意輕犯, 兼之多係福建路人. 當職正欲給榜約束, 忽有求食人鮑翁者入狀, 稱是帶人口過饒州, 在路被人奪去. 行下追究, 乃是樂平人口季三娘幷佛保, 因父母病亡, 被販生口人掠去. 至弋陽, 係牙人引賣與求食人鮑翁, 鮑翁因帶過饒州求食, 道遇季三娘, 佛保親兄, 識認喚取前去. 兄妹離而復聚, 家鄕失而復歸, 脫身風塵, 再爲良婦, 此天憫之也. 鮑翁乃敢誣告妄詞, 可謂無忌憚. 最是引賣牙人方千七, 及原掠去人罪最重. 匣帖弋陽, 追上方千七勘問, 當來係何人引到, 當與照條施行. 其鮑翁帖樂平追來, 別行重斷, 仍監取鮑翁妄領過錢, 復還李省二等. 別給榜下諸縣約束, 如有因四月入獻香, 興販生口, 及平時販賣者, 許諸色人告捉解官, 照條徒斷施行.

─── 을 지칭한다.

익명서匿名書

14-33. 익명으로 방榜을 붙인 것에 대해 본관이 깨우치도록 가르치다
匿名榜連粘曉諭

옹호당(翁浩堂)

이번 달 2일, 아탐衙探[1]에서 입수한 한 통의 익명匿名의 전단지[榜][2]에는 지현知縣, 즉 본관이 개인적인 친분 때문에 뇌물을 받았다고 적혀 있었다. 본관도 이를 읽고는 크게 탄복하게 되었다. 반드시 현지의 사우士友에게 훈계해서 대업大業을 달성하도록 도와주려는 선의[美意][3]일 것으로 생각된다. 옛

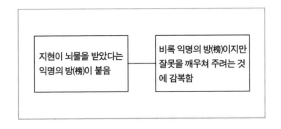

1 　衙探 : '衙探'이라는 것은 현아縣衙의 리吏이다. 한편으로는, 官衙의 "앞잡이"이라는 뉴앙스를 띄고 있다. 그리고, 이와 유사한 형태로 내탐內探 · 성탐省探 · 아탐衙探 등이 있다. 이들이 공권력의 실행에 간여하고 있는데, "衙探"은 "吏"의 範疇에 屬해 있었다고 볼 수도 있다. 하급관리나 서리는 그나마 일관적이고 계속적으로 官衙에 위치하고 있지만, "衙探"은 官衙보다는 바깥을 나돌아 다니면서, 바깥의 정세에 관해서 官衙에 알려주는 역할을 하였다. 『朝野類要』卷4 "朝報"條載: "每日門下後省編定, 請給事判報, 方行下都進奏院, 步行天下. 其有所謂內探, 省探, 衙探之類, 皆吏私小報, 率有漏洩之禁, 故隱而號之曰新聞. 이 부분은 李倩교수와 趙晶교수 및 屈超立교수의 敎示를 받았다. 이에 感謝의 뜻을 表한다.

2 　榜 : 편액, 공고문, 전단지傳單紙, 합격자명단, 편액을 말한다.

3 　지현知縣은 자신을 비방하는 방榜을 읽고 놀라서, 자신의 견해를 피력하고 있다. 이 과정에서 '탄복했다'라든지 '미의美意'라든지 각종 수식어를 붙여가면서, 자신을 비방하는 글에 대해 반박하는 판결문判決文을 작성한 것이다.

날 성인인 공자는 "나는 행복하다. 만일 잘못이 있다면 사람들이 반드시 알려준다[昔孔聖有言, 某也幸, 苟有過, 人必知之][4]고 했다. 속언[俗諺]에도 "나의 잘못을 깨우쳐 주는 사람이야말로 나의 스승이다"라고 한다.

본관은 천학비재[淺學非才]한 신분임에도 불구하고 본현에 부임해서 벌써 1년[一考][5]이 경과하였다. 그 과정에서 세무와 재판을 비롯한 업무가 대단히 많아 잘못이 없었다고는 할 수 없다. 실로 두려워하고 삼가 해야 할 것이다. 하물며 개인적인 친분이나 뇌물에는 밤낮 일일이 사안을 검토하여 오로지 그런 불미한 일들이 일어날까 염려했다. 처음 겪은 것을 교훈으로 삼아 차후[此後]의 잘못을 사전에 막고, 화복[禍福]을 언급하여 훈계로 삼고자하는 입장에서 본다면, 방[榜]을 붙여 본관을 꾸짖는 내용야말로 이른바 "정문[頂門]에 일침을 가하는 것"과 같은 것이며, 실로 본관의 스승이라고 할 수 있을 것이다. 그러나 유감스러운 것은 이것이 공식적인 문서[割子]로서 지적된 것이 아니라, 익명[匿名]의 형태로 게재된 것이다. 이런 방식은 옛 사람의 충후[忠厚]의 뜻에 어긋나는 것이다. 아무튼 본관은 아부하는 것은 싫어하고 솔직하게 잘못을 지적하는 것을 반기며, 사사로운 것에 치우치는 것을 멀리하고, 정대[正大]함을 좋아하기 때문에, 익명[匿名]으로 붙은 방[榜]에 본관이 생각하는 바를 자세히 적어 모든 사람들에게 알리고자 한다. 이는 시비곡직[是非曲直]을 환한 태양처럼 밝혀, 현지의 현명한 사대부와 함께 이를 공의[公議]하려는 것이다. 따라서 여기에 방[榜]을 붙여 알리고자 하니, 각자 나의 뜻을 충분히 이해해주기 바란다.

照對今月初二日, 據伺探收到匿名榜一道, 說知縣通關節, 納苞苴事. 當職伏讀, 不勝敬

---

4   昔孔聖有言, 某也幸, 苟有過, 人必知之 : 『論語』「述而篇」, "陳司敗問, 昭公知禮乎", (…中略…) 巫馬期以告. 子曰 "丘也幸, 苟有過, 人必知之" "陳의 司敗가 묻건데, 昭公이 禮를 아시더이까? (…中略…) 巫馬期가 告하니, 子가라사대, 나는 행복하도다. 잘못이 있으면 남이 반드시 알려주노라"(『논어』 미야자키 이치사다 해석, 박영철 옮김, 이산, 2001. 117쪽).
5   一考 : 송대 관료는 관직에 따라 재임기간이 2년・30개월・3년 등으로 차이가 있다. 관료의 재임기간 동안 1년마다 근무 성적을 평가하는 것을 "고[考]"라고 한다. 경우에 따라서는 "3년 일고[一考]"도 있다.

服, 必是此邦士友, 欲相警戒成就之美意. 昔孔聖有言, 某也幸, 苟有過, 人必知之. 俗諺亦云, 道吾惡者是吾師. 當職識淺才踈, 扶持劇邑, 已及一考, 催科決訟, 事目繁多, 豈無過謬, 當自兢畏, 至于關節苞苴, 日夜點檢, 惟恐有之. 今蒙示諭諄復, 述其始至之得, 防其後來之差, 敷陳禍福, 明著勸戒, 此所謂於頂門上着一鍼, 眞當職之師也. 所可恨者, 不箚以指陳, 乃匿名而標貼, 則恐非古人忠厚意耳. 當職厭諂諛而喜抗直, 惡偏私而樂正大, 今連粘原榜在前, 倂備述心事曉諭, 使是非曲直, 昭然如日, 與此邦賢士大夫公議之. 故玆榜示, 各請知悉.

경도競渡

14-34. 경도하는 과정에서 13명이 사망하다
競渡死者十三人

채구헌(蔡久軒)

경도競渡[1]에 관해서, 법률에는 명확히 이를 금지하는 규정이 있다. 주범인 경우에는 도형 1년에 처하고, 종범인 경우에는 (주범의 처벌에서) 1등급 경감하여 처벌하는 것으로 규정되어 있어, 그것에 관한 법률 조항은 결코 가벼운 것은 아니다[競渡一節, 法有明禁, 造意者徒一年[2], 隨從減一等,[3] 此其條亦不輕矣]. 예구진汭口鎭[4]의 적백赤白 두 척이 싸움을 벌인 사건의 경우, 싸우려고 하는 마음은 이미 2～3일 동안 쌓여 있었다. 예구의 적룡주赤龍舟와 범오范塢의 적선赤船[5]이 싸운 이래로 한쪽에서는 한 번도 이긴 적이 없었기 때문에, 그 마

---

1 競渡 : 배를 타고 하는 경주競舟를 지칭한다. 長部和雄, 「競渡と 水嬉と 習水戰」(『史林』 25-3)에서는 당송시대의 경도에 관한 사료나 사례를 풍부하게 제시하고 있다. 송대에 경도가 금지된 이유로는 여러 가지를 들 수 있지만, 이 판결문判決文에서도 문제가 되고 있는 부상負傷이나 사망死亡을 방지하기 위한 것이라든지, 요교妖敎의 전도傳道 방편으로 경도가 이용되었기 때문에 국가에서는 엄격하게 금지하였다.

2 競渡一節, 法有明禁, 造意者徒一年, 隨從減一等 , 此其條亦不輕矣 : 『慶元條法事類』 권80 「雜文」에 "諸聚衆競渡者, 徒壹年. 許人告"라 되어 있으므로, "造意(主謀)者徒一年"에 관해서는 이것으로 보충설명하고 있다. 이 부분은 李倩교수의 敎示를 받았다. 이에 感謝의 뜻을 表한다.

3 隨從減一等 : 『宋刑通』 卷2, "人兼有議請減"條疏議: "從坐減者, 謂共犯罪, 造意者謂首, 隨從者減一等". 『唐律疏議』 「名例律」, "共犯罪, 以造意爲首, 隨從者減一等". 이 부분은 趙晶교수 및 屈超立교수의 敎示를 받았다. 이에 感謝의 뜻을 表한다.

4 汭口鎭 : 강남동로江南東路 신주信州 연산현鉛山縣에 위치하고 있으며, 상요강上饒江에 인접해 있다.

5 McKnight 씨는 이 부분을 뒷문장에 나오듯이 '백선白船'으로 보아야 한다고 지적하였다 (馬伯良, 戴建國 譯, 「宋代競渡騷亂罪」, 《南京大學法律評論》, 2000; *Journal of Sung-Yuan Studies*, No. 25, 1995(原載)).

음속에는 분노가 이미 잠재되어 있었던 것이다. 예구의 적룡주赤龍舟의 사람이, 먼저 칼을 들고 배에서 내리자,[6] 백룡선白龍船의 배 안에 있던 장만이張萬二·여만일余萬一도 칼을 들고 이에 맞서려고 했다. 칼을 잡고 사투死鬪를 벌이려고 하는 의도는 본래 이 시점에서 이미 생겨난 것이다.

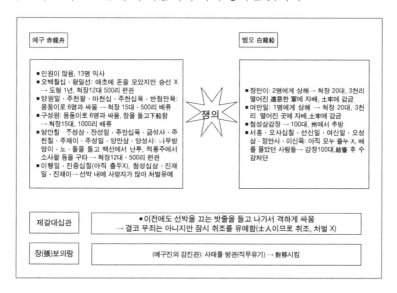

두 배가 해산한 뒤에도, 적룡주에서는 이신일李辛一·양동楊童이 배를 에워싸고 협박하면서 배를 세우고 싸움을 벌이는 형세가 되었다. 배가 나타나자 소인小人들은 "한때의 분노에 자신의 몸을 망각하고一朝之忿忘其身[7] 칼을 휘두르고 돌을 서로 던졌다. 그런데 적룡주赤龍舟에는 때마침 많은 인원이 타고 있었기 때문에, 배가 전복되어 사망자가 13명이나 되었다. 그중에서 첨백이십팔詹百卄八·첨만십사詹萬十四·이천李千[8] 세 명은 모두 칼에 찔려 부

---

6 본래 이 시점에서 싸움의 발단이 일어났다면, 이 사람의 이름이 드러나야겠지만, 채구헌蔡久軒의 입장에서는 이러한 사건에서는 사망자가 많은 적룡주赤龍舟보다는 백룡선白龍船의 배 안에 있던 사람들을 처벌處罰하여야 사태事態를 수습收拾할 수 있으리라고 판단判斷했을 것이라고, McKnight 씨는 설명하고 있다(馬伯良,「宋代競渡騷亂罪」, 戴建國 역,《南京大學法律評論》, 2000).

7 一朝之忿忘其身 :『論語』「顏淵篇」에 "一朝之忿忘其身以及親, 非惑與"라 되어 있다.

상을 당했고, 진재사陳再四·정천오程千五·소사팔邵些八·진원삼陳元三·장육사張六四·첨세십칠詹細十七·주세십칠朱細十七·엽사葉四·소사소오邵些小五·양동楊童 등 10명도 모두 다른 흉기에 찔려 상처를 입었다. 비록 치명적인 상처는 아니지만, 이 상처로 인해, 물에 빠진 후에는 (물에서) 나올 수 없어 모두 익사해 버렸던 것이다. 이러한 즉, 13명이 익사溺死한 것은 어찌 장만이張萬二와 여만일 등의 죄가 아니겠는가.

해당 현[本縣]에서는 서둘러 판결을 내지 못하고, 수감 기간이 길어지고, 관계자도 오랫동안 잡아두게 된다면, 그 해 말에는 각 가정의 노인과 어린이가 거리로 나와 굶주림과 추위에 직면하게 될 것이다. 본관이 부임한 이래로 이 문제에 관한 소송이 가장 많다. 분쟁 중인 사건에 관해서는 그 원인을 이미 알고 있지만, 또한 중앙정부에서 2번에 걸쳐 감형減降 지휘指揮가 내려져 있으므로 본관으로서도 판결을 내려야만 할 것이다.

장만이張萬二·여만일은 함부로 첨백이십팔·첨만십사·이천십李千十을 칼로 찔러 상처傷處입혔다. 치명상은 아니었다고 하지만, 그들은 이 상처로 말미암아 익사한 것이다. 감형減降사은救恩에 따라, 장만이張萬二는 2명에게 상해를 가하였으므로, 척장脊杖 20대에 처한 후 3,000리 떨어진 영남 원악遠惡의 주군州軍에 자배刺配하고, 토뢰土牢에 감금하며, 매월每月 그의 생사生死를 보고하게 하라. 여만일은 한 명에게 상해를 가하였으므로, 척장脊杖 20대에 처한 후 3,000리에 자배刺配[9]하고 토뢰土牢에 감금해서 영원히 귀환을 허

---

8 李千 : 바로 뒤에 후술하는 李千十은 동일인으로 보인다.
9 刺配 : 여기에서, 송대의 형벌 체계로서 주형主刑인 척장脊杖과 종형從刑인 자배刺配 의 관계 표를 제시해 두는 것이 이해하는 데에 도움이 될 것이다.

主刑	刺配 等級	資料 出處
(徒罪)脊杖 12대	刺配 本城 隣州 500里	『청명집』 권13·14
(徒罪)脊杖 15대	刺配 隣州 500里 1千里 2千里	『청명집』 권11·12·14
(徒罪)脊杖 17대	刺配 500里 1千里	『청명집』 권13·14
(徒罪)脊杖 20대	刺配 本城 1千里	『청명집』 권12
(流罪)脊杖 20대	刺配 2千里 3千里 廣南州軍	『청명집』 권11·14
(貸死)脊杖 20대	刺配 2千里 3千里	『청명집』 권14
(貸死)脊杖 20대	刺配 廣南州軍	『송회요집고』 「형법」 4-25

락하지 않는다.

오백십칠吳百十七.왕일선王日宣은 처음에 돈을 모은 자이지만, 당시 승선하지 않았으므로, 법률 규정에 따라 도형徒刑 1년, 척장脊杖 12대에 처한 뒤, 500리에 편관編管한다.[10] 양원일楊元一.구성원丘省元.주천팔周千八.마천십馬千十.주천십육朱千十六.반첨만육潘僉萬六은 각각 나무 몽둥이[木杖]를 손에 들고 6명과 싸웠기 때문에, 각각 척장脊杖 15대에 처한 후 500리에 유배한다. 이 중 구성원丘省元은 함부로 칼을 들고 하선下船했다. 비록 그가 칼을 사용하지 않았지만, 그의 의도 또한 나쁜 행위이므로 (구성원은) 1,000리에 배류配流한다. 산신잔선인散身剗船人[11]이었던 양만칠楊萬七.주성삼周省三.장성일蔣省一.주만십육朱萬十六.금성사金省四.주천칠周千七.주재이朱再二.주성일周省一.양만삼楊萬三.양성사楊省四는 각각 목봉木棒.노.돌을 손에 들고, 백선白船에서 난투를 벌이고, 적룡주赤龍舟의 선상船上에서 소사팔 등을 때렸다고 진술했으므로, 각각 척장脊杖 12대에 처한 후 500리에 편관編管한다. 첨성삼은 백선白船의 선원稍工[12]으로, 감장 100대에 처하고, 주州에서 추방한다. 적룡주赤龍舟상에 있었던 첨성십삼.진재일.진재이 및 아직 출두하지 않은 이행일李幸一.진증십칠陳曾十七에 대해서는, 법률 조문에 따라 처벌해야 하지만, 선박 내에 사망한 자가 이미 많이 발생했으므로 잠시 처벌을 유예해 둔다. 백룡선白龍船상에 있던 아직 출두出頭하지 않은 서흥徐興.오사십칠吳卋十七.서신일徐辛一.여신일余辛一.오성삼吳省三.정만사鄭萬四.이신육李辛六 등 7명은 모두 배를 몰았던 사람들이

主刑	刺配 等級	資料 出處
(貸死)脊杖 2대	刺配 海外州軍	『송회요집고』「형법」6-39

戴建國,「宋代刑罰體系」,『宋代刑法史研究』, 上海人民出版社, 2008, 212쪽.

10　편관형에 처해진 죄인들은 편관되기 이전에 장형杖刑을 처결받았다. 정우석,「송대 編管刑의 등장과 그 시행상의 특징」, 임대희 엮음,『판례로 본 송대사회』, 민속원, 2019, 400~443쪽 참조.

11　散身剗船人 : '잔선인剗船人'은 조수漕手・수부水夫로 생각되며, '산신散身'은 정규 구성원이 아닌 임시 구성원으로 생각된다. 즉 임시로 고용雇傭되어 배를 몰던 사람들이라는 뜻으로 생각된다.

12　稍工 : 선원船員을 가리킨다.

며, 각각 감장勘杖 100대에 처하고, 결심結審 후에 수감해서 처단한다. 제갈대십관諸葛大十[13]은 전에도 선박을 끄는 밧줄彈[14]을 들고 나가 격하게 싸웠으므로, 결코 무죄無罪로 할 수는 없지만, 이 또한 잠시 취조取調를 유예해 둔다亦且免根究. 예구진의 감진관監鎭[15]인 장張보의랑保義[16]은 경도競渡를 단속하지 못했고, 연일 싸움이 발생했는데도 수수방관하면서 여러 사람들이 익사하도록 (직무를 태만히) 하였다. 그 직무職務 태만怠慢이 명확하므로, 해당 주本州의 지사指使[17]로 대이對移[18]시킨다. 또 해당 주本州에 공문을 보내 압송押送해서 녹문錄問하고, 이미 판결한 것에 따라 집행하라.

競渡一節, 法有明禁, 造意者徒一年, 隨從減一等, 此其條亦不輕矣. 汭口鎭赤白二舟之鬪, 其欲爭之心, 已積於二三日之間, 自汭口赤龍舟與范塢赤船鬪, 一不勝而心已忿. 汭口赤龍舟, 首持刀下船, 白龍船内張萬二・余萬一又持刀在身, 將以應之, 此其以刀死鬪之意, 固已萌孼於此矣. 兩舟既散之後, 赤龍舟却爲李辛一・楊童所激, 遂固舟求鬪, 而舟道相遇, 小人一朝之忿忘其身, 刀石交下, 赤龍舟偶以人多, 舟覆, 死者一十三人. 詹百卄八・詹萬十四・李千三人, 皆有刀傷痕, 陳再四・程千五・邵些八・陳元三・張六四・詹細十七・朱細十七・葉四・邵些小五・楊童十人, 皆有他物傷痕, 雖非致命, 然以此落水, 遂不能出, 從而

---

13 제갈대십관은 사인士人이므로 취조하지 않았으며, 처벌處罰도 하지 않았다고 MacKnight 씨는 설명하고 있다. 이러한 혜택을 사인士들에게 베풀어서 정부에 대한 지지를 이끌어낼 수 있다고 보았다(馬伯良, 戴建國 역, 「宋代競渡騷亂罪」, 『南京大學法律評論』, 2000).

14 彈 : 선박船舶을 끄는 밧줄 즉 탄자彈子를 지칭한다.

15 監鎭 : 감진관監鎭官을 말한다.

16 保義 : 보의랑이며, 하급 무관 중의 하나이다.

17 指使 : 하급下級 무관武官 가운데 하나이다.

18 對移 : 「징악문」(13-10)의 각주 對移 참조. 송대 관료의 근무 부실이나 과실에 대응하는 행정조치의 한 방법이다. 『청명집』 「관리문」에서는 (1-11) 縣官無忌憚・(1-12) 因吏警令・(1-27) 細故不應牒官差人承牒官不應便自親出・(1-28) 責罰巡尉下鄕・(1-30) 責巡檢下鄕縱容隨行人生事・(2-2) 汰去貪庸之官・(2-4) 縣尉受詞・(2-5) 知縣淫穢貪酷且與對移 등의 대이對移를 다룬 사안이 실려 있으며, 권2에서 對移를 한 항목으로 설정하여, (2-19) 對移貪吏・(2-20) 對移司理・(2-21) 對移縣丞・(2-22) 對移縣丞・(2-23) 對移贓汚・(2-24) 監稅遷怒不免對移・(2-25) 繆令 등의 안례案例를 싣고 있다. 임대희, 「송대 "대이對移"제도의 실행」, 『판례로 본 송대사회』, 민속원, 2019.

溺死. 則是十三人之所以死者, 豈非張萬二·余萬一等之罪哉. 本縣不早結解, 囚禁日久, 牽連淹滯, 當此歲暮, 各家老小奔走道路, 饑寒可念. 當職入境, 此項詞訴最多. 所爭事旣有因, 又有朝省兩次減降指揮, 則亦可裁斷. 張萬二·余萬一不合以刃傷及詹百廿八·詹萬十四·李千十, 雖非致命痕, 然因此溺水身死, 照減降赦恩, 張萬二所傷兩人, 決脊杖二十, 刺配三千里嶺南惡州軍, 拘鎮土牢, 月具存亡申. 余萬一所傷一人, 決脊二十, 刺配三千里, 拘鎮土牢, 永不放還. 吳百十七·王日宣爲首歛錢人, 是時不曾在船上, 照條徒一年, 決脊杖十二, 仍編管五百里. 楊元一·丘省元·周千八·馬千十·朱千十六·潘詹萬六各持木杖爭鬪六名, 各決脊杖十五, 配五百里. 內丘省元不合將刃下船, 雖不曾用, 然意亦不善, 改配一千里. 散身剗船人楊萬七·周省三·蔣省一·朱萬十六·金省四·周千七·朱再二·周省一·楊萬三·楊省四各供招行手內木棒·船楫·石頭, 在白船上混亂作鬧, 打蕩赤船上邵些八[19]等, 各決脊杖十二, 編管五百里. 詹省三是白船稍工, 勘杖一百, 押出州界. 赤龍船上詹省十三·陳再一·陳再二及未到人李幸一·陳曾十七, 合照條科斷, 以其船內死人已多, 姑與免斷. 白龍船上未到人徐興·吳些十七·徐幸一·余辛一·吳省三·鄭萬四·李辛六七名, 並係剗船之人, 各勘下杖一百, 案後收斷. 諸葛大十官, 先以彈激鬧, 不爲無罪, 亦且免根究. 汭口監鎮張保義不能禁戢競渡, 及連日交爭, 又復坐視, 致各人溺死, 可見不職, 對移本州指使. 仍牒本取解錄問, 照已斷施行.

---

19 八 : 송판본에는 '人'으로 되어 있다.

패도霸渡

14-35. 나루터를 점거하는 것
霸渡

채구헌(蔡久軒)

칙령勅에 의하면, "무릇 나루터津渡에서 강폭이 깊고 넓으며, 동시에 급류로 위험한 장소에서, 사람을 위협하고 재물을 빼앗은 경우에는 "지장절도죄持杖竊盗罪"로 논죄한다勅, 諸津渡於深闊湍險之據, 嚇乞取財者, 以持杖竊盗論"[1]고 되어 있다. 또 법률律에 따르면 "무릇 애초에는 다른 이유로 사람을 때렸지만, 재물財物을 탈취奪取한 경우에는, 빼앗은 액수에 따라 강도죄强盗罪로 논죄한다律, 諸本以他故毆擊人, 因而奪其財物者, 計贓以強盗論"[2]고 되어 있다. 또 칙령勅에 의하면, "강도와 같은 행위로 재물을 탈취한 경우에는, 도형 3년에 처하고, 사람을 때린 경우에는 1,000리에 유배한다勅, 諸強盗得財者, 徒三年, 毆人者, 配千里"[3]고 되어 있다. 법령에는 이와 같이 명확하게 규정되어 있다. 그럼에도 불구하

1 　勅, 諸津渡於深闊湍險之據, 嚇乞取財者, 以持杖竊盗論 : 이 칙을 기록해 놓은 자료에 관해서는 불명이다. 『청명집』 「징악문」 14-41의 원문에도 동일한 내용의 칙을 인용하고 있다.

2 　律, 諸本以他故毆擊人, 因而奪其財物者, 計贓以強盗論 : 『宋刑統』 권19 〈恐喝取人財物〉. 또한 이 부분은 『唐律疏議』 「賊盗律」에 동일한 법률 조문이 규정되어 있다. "무릇 본래는 다른 이유로 사람을 구타毆擊하고, 그로 인해 그 재물을 빼앗은 경우에는 장물을 계산해서 강도죄로 논하고, 死罪에 이르는 경우에는 加役流에 처한다"(임대희 · 김택민 주편, 『譯註唐律疏議』〈各則 上〉, 한국법제연구원, 1997, 2466~2467쪽 참조).

3 　勅, 諸強盗得財者, 徒三年, 毆人者, 配千里 : 이 칙령의 반포에 관해서도 불명이지만, 『唐律疏議』第281條 「賊盗律」 34. 強盗, 「律文1」 諸強盗, 「律文2」 不得財徒二年, 一尺徒三年, 二疋加一等, 十疋及傷人者, 絞, 殺人者, 斬' 규정을 참조할 수 있다. 「賊盗律」 34 強盗, 「율문1」 무릇 강도하였으나, 「율문2」 재물을 얻지 못하였다면 도형2년에 처한다. 1尺이면 도형3년에 처하며, 2疋마다 1등씩 가중한다. 10疋이 되거나 사람을 상해한 경우에는 絞首刑에 처한다. 사람을 살해한 경우에는 斬首刑에 처한다(임대희 · 김택민 주편, 『譯註唐律疏議』〈各則 上〉, 한국법제연구원, 1997, 2453쪽 참조).

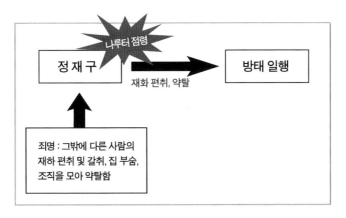

고, 소행이 나쁜 사람들은 감히 이런 죄를 범하는 것이다.

정재구鄭在九·鄭再九가 강을 건너고 있던[過渡]⁴ 여행객 방태方太로부터 강 건너는 뱃삯[渡錢]⁵을 갈취한 후에, 또한 마포麻布 1필을 갈취하고, 방태 등 일행을 포박한 것은 바로 상술한 법률을 위반한 것이다. 아울러 다른 사람의 재물을 편취하고, 다른 사람의 집을 부수고, "동전도전銅田渡錢"⁶ 80관을 탈취하는 등 그의 범죄 행위는 단순히 하나에 그치는 것이 아니었다. 이

4　過渡 : 여기에서 과도過渡라고 하는 것은 강을 건너는 것이다. 하도河渡와 같은 의미이다. 하도의 경우에, 큰 강 [가령, 황하黃河·장강長江·회하淮河·전당강錢塘江]은 큰 배를 이용해야 하는 사정도 있고, 또한 치안治安문제도 있었으므로, 관영官營으로 실행했으며, 사도私渡를 금하였다. 그러나, 양송兩宋의 교체기交替期에 정국政局이 혼란해지고 전쟁이 빈번하게 일어나는 바람에 사도私渡현상을 막을 수 없게 되었으며, 편벽偏僻한 곳에 있는 내하內河나 비교적 작은 강에는 매박買撲의 형태를 취하지 않을 수 없었다. 하도를 매박으로 실시한 것은 송 신종神宗시기부터 비롯했다. 그 방식으로서는 기일을 정해서 돈을 많이 내는 사람에게 독점권獨占權을 주는 실봉투장實封投狀 방식과 담보를 내놓고 기일을 지정하지 않고 대체로 3년을 기준으로 연장해주는 명장明狀 방식이 있었다. 이러한 재산담보는 금액이 컸으므로, 위험부담이 컸다. 따라서, 호호豪戶가 경영하거나 관부官府에서 파견한 사람이 이를 감찰監察하거나 하는 경우도 있었다(王坤, 「宋代河渡中的買撲經營」, 《和田師專科學校學報》, 2009-5; 曹家齊, 「宋代關津管理制度初探」, 《西南師範大學學報》, 1999-2). 매박買撲에 관해서는 「징악문」, 14-38 〈裴乙訴鄧四勒渡錢行打〉의 각주 買撲 참조.
5　渡錢 : 강 건너는 뱃삯이라는 의미이다. 멱전覓錢(「징악문」, 14-41 참조)라고 표현되기도 하는데, '멱전'은 약간 비공식적인 뉘앙스를 갖고 있는 표현이다.
6　銅田渡錢 : '동전도銅田渡'는 진도津渡의 명칭으로 생각되지만, 정확한 위치에 대해서는 명확하지 않다.

주변 일대에 자신의 세력을 넓히고, 조직을 불러 모아 함부로 약탈하고, 통행하는 사람들이 그 피해를 당해도 고소마저 할 수 없는 경우가 헤아릴 수 없을 정도였다. 따라서 (정재구는) 척장^{脊杖}15대에 처한 후 1,000리에 배류하여, 이로써 나루터를 점거해서 사람들에게 해를 가하는 자들의 본보기로 삼고자 한다. 주재을^{朱再乙}은 명목상으로는 정재구를 고소했지만, 그 다툼의 진정한 목적은 "나루터 점령"을 둘러싼 것이고, 그 자신은 오랫동안 이 나루터를 점거한 세력가이므로 결코 선량한 백성이라고는 할 수 없다. 강 건너는 뱃삯을 갈취한 사건은 원래 도리에 맞지 않는 행위이므로 감장^{勘杖}100대에 처한 후, 방면하도록 한다.[7] 나머지 다른 사람에 대해서는 담당 관청의 원안^{原案}판결에 따라 시행하고, 각각의 나루터에 방^榜을 붙여 이를 알리도록 하라.

勅, 諸津渡於深闊湍險之處, 嚇乞取財者, 以持杖竊盜論. 律, 諸本以他故毆擊人, 因而奪其財物者, 計贓以強盜論. 又勅, 諸強盜得財者, 徒三年, 毆人者, 配千里. 法令所載, 昭如日星. 姦民無狀, 輒敢冒犯. 鄭在九捉討過渡客人方太渡錢, 搶去麻布一疋, 及將方太等縛打, 正犯上項條令. 況其騙人財, 拆人屋, 多取銅田渡錢八十貫, 罪犯非一而止, 豪據一方, 呼嘯朋儕, 肆爲劫奪, 往來之人, 被其苦害, 不能伸訴者, 何可勝計. 決脊杖十五, 配一千里, 以爲霸渡害民者之戒. 朱再乙名爲訴鄭再九, 而所爭正係爭奪據渡, 累代豪占, 決非善良, 搶取渡錢一節, 尤爲非理, 勘杖一百, 放. 餘照廳所擬行下, 仍榜諸處津渡.

---

7   감장^{勘杖} 뒤에 "방방^放"이 언도^{言渡}되는 경우가 있었다. 과연 실형^{實刑}으로서의 장형^{杖刑}이 집행^{執行}되었는지는 아직 의문이다. 가와무라 야스시^{川村康}, 「宋代 折杖法 初考」, 임대희 옮김, 『판례로 본 송대사회』, 민속원, 2019, 444~533쪽 참고.

14-36. 왕래하는 선박에 방문을 붙여 알리고, 인근 주에도 공문서를 보내다
曉示過船榜文仍移文隣郡

범서당(范西堂)[8]

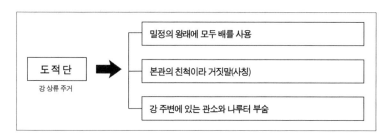

최근 안무사가 보내온 관방 문서에 따르면, 정탐꾼[姦細][9]을 단속하는 것에 관해서는 상당히 엄밀히 시행되고 있다고 한다. 지금 도적들은 강 상류 주변에 머무르면서, 정탐하는 행위를 하는 것에 모두 배를 사용하고 있다. 조사해 보니, 최근에는[日來][10] 본관의 친척이라 거짓말하며, 배를 타고 강을 내려가, 강 주변에 있는 관문[關門]과 나루터[關津][11]를 부수거나 하는 상당히 나쁜 행위마저 있었다. 따라서 풍성현[豊城縣]부터 상류의 각지에 공문을 보내 각각 범죄 상황을 자세히 알아보게 하였다. 모름지기 증명서[照刊]에 의거해야 하며, 주[州]의 관인[官印, 州印]이 찍힌 것이 비로소 진짜이므로,

---

8　이 시기는 범서당[范西堂]이 호남전운판관[湖南轉運判官] 겸 안무사[按撫使]에 있던 시기였는데, 당시 반란이 발발하여 혼란스러운 상태였다. 「징악문」, 12-4. "공사의 간악한 행위"의 각주 范西堂 참조.

9　姦細 : 밀정[密偵]이나 정탐꾼을 의미한다. 『宋會要』 「方域」 13-10, "壽皇聖帝隆興元年十月五日臣僚言, 歸正人略無來歷‧因依, 慮影匿姦細, 措置下諸渡, 密切伺察, 如有透漏, 監渡並巡鋪, 各黜官一等罷任, 任內無透漏進官. 如之. 詔, 獲姦細, 轉官外, 增給賞錢三百貫. 仍令責辦守臣" 참조.

10　日來 : '평상시에'‧'최근에' 등의 의미가 있다. 문맥상 '최근에'로 번역해 둔다.

11　關津 : 관진[關津]은 관문[關門]이나 나루터를 가리킨다. 사람의 왕래가 잦은 길목에 있으므로, 지방행정을 담당자로서는, 이곳에서 소란이 일어나지 않도록 주의를 하게 된다. 曹家齊, 「宋代關津管理制度初探」, 《西南師範大學學報》, 1999-2 참조.

주의 관인을 이 공문 끝에 찍어 둔다.

만일 선박이 다가온 경우, 통행증[牌]은 있지만 증명서[引]가 없는 경우, 증명서[引]는 있지만 도장이 찍히지 않는 경우, 도장은 찍혀 있지만 주[州]의 관인이 아닌 경우 등은 모두 가짜로 간주해, 잘 조사한 뒤 엄격하게 징벌하도록 하라. 조인[條印]12이나 봉기[封記]가 모두 없으면, 비록 정탐이 아니더라도, 다른 곳에서 온 배가 어떤 사람과 연계를 하여 세금을 납부해야 하는 물건[稅物]들을 숨기고 있으면[影占],13 이것도 또한 위법행위이다. 이러한 경우는, 속이고 은닉한 것으로 간주하여 두 배의 세금을 부과하도록 허락한다. 담당 관청이 허가증[引]을 들고 다른 곳으로 갈 때, 만일 허가증[引]에 휴대하는 물건에 관해 명확히 기재되지 않은 경우, 이는 부정소지[來帶]14에 해당하므로 그대로 방치해 두어서는 안 된다. (이상의 사건에 대해) 협강[峽江]15의 북진[北津]에 상세히 방[榜]을 붙이고, 나아가 연안 일대에도 일제히 알리도록 한다.

近準安撫使司行關防姦細, 大段嚴謹. 見今寇在上流, 姦細往來, 無非船隻. 訪問日來假作當職親故, 乘舟順下, 脫漫關津, 深屬不便. 移牒豊城以上沿流去處, 各請仔細譏察, 須憑照引, 用州印者方實, 就以印文呈于牒後. 如遇船隻經過, 或有牌而無引, 或有引而無印, 印而非州, 並是假僞, 合行根究, 重與懲斷. 條印封記皆不在, 使縱非姦細, 客舟並綠影占稅物, 亦是違法, 聽作詐慝, 從倍稅施行. 其承局執引差出他所, 若引內不曾分明開具隨行物色, 亦是夾帶, 不應欲放行. 備榜峽江北津, 仍請沿流一體曉示.

12 條印:『事物起原』卷三「條印」, "通典, 北齊有督攝萬機之印, 一鈕, 以木爲之, 長尺二寸, 廣二寸五分, 背上爲鼻鈕, 長九寸, 厚一寸, 廣七分, 腹下隱起篆文曰, 督攝萬機, 凡四字, 唯以印縫合齪, 蓋原於此."
13 影占 : 여기에서는 과세[課稅]대상[對象]이 되는 상품을 선창[船倉] 등에 은닉해서 수송하여 과세를 내지 않는 행위를 말한다. 좀 더 포괄적인 뜻으로는, 당말부터 권력의 비호[庇護] 아래에 들어가 국가의 부담을 피하려는 영비[影庇]와 권력과 결탁하여 이익을 독점하는 영점[影點]으로 나눌 수 있다. 누노메 조후 외,『중국의 역사(수당오대사)』, 임대희 옮김, 혜안, (2001)의 제11장 "황소의 대란"의 작은 항목인 〈영비[影庇]・영점[影點]〉을 참조하기 바람.
14 來帶 : 금지된 제품을 사리[私利]를 위해 조운선[漕運船] 등에 쌓아 나르는 것이다.
15 峽江 : 동정호[洞庭湖]의 서북쪽에서 동정호[洞庭湖]로 흘러들어오는 강이다.

14-37. 객상 범경산이 익양현^{益陽縣}[16]의 서 교련 등이 호위하던 자를 구타했다고 고소하다
客人范景山訟益陽徐敎練[17]等打檐仗[18]

여기저기의 나루터에서는 그곳을 지키는 자가 무뢰배와 결탁해서 객상을 협박해서 금품을 갈취하고 있었다. 또 조금이라도 마음에 들지 않는 점이 있으면, 무리를 이루어 객상을 구타하였는데, 이것은 겁탈^{劫奪}과 다를 바 없다.

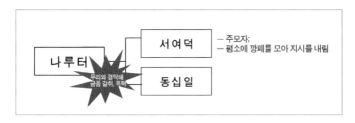

서여덕^{徐汝德}은 비록 현장에는 없었지만, 평소부터 무뢰배를 모으고 있었기 때문에, 실제로는 그가 이것을 주동하였는데, 위세로써 사람들을 부린 주모자였던 것이다. 객상들이 부득이하게 관청에 하소연할 만한 사정이 없었다면 무엇 때문에 수백 리를 멀다않고 관청에 고소하러 오겠는가. 서여덕·동십일^{董十一}은 각각 감장 100대에 처한 후에 방면하도록 한다.[19]

到處渡頭, 結托無賴之徒, 騙脅客人, 要勒錢物, 稍不如意, 羣然毆打, 無異劫掠. 徐汝德雖不在旁, 平時科集, 此實主之, 當以威力使人爲首, 客人非甚不得已, 豈能越數百里求直于官.

16　益陽 : 형호남로^{荊湖南路} 담주^{潭州} 익양현^{益陽縣}이다.

17　敎練 : 종래 방진체제^{方鎭體制}하에 있어서의 교련사^{敎練使}를 지칭하는 것인지, 아니면 단순히 군사훈련하는 교관을 말하는 것인지 불명이다.

18　檐仗 : 첨장^{檐杖}이라고도 하며, 호위^{護衛}를 지칭한다.

19　"감장^{勘杖}" 뒤에 "방^放"이 언도되는 경우가 있었는데, 여기에서 "결^決", "단^斷" 등의 집행^{執行}을 의미하는 말을 동반하지는 않았다. 이로 보아서, 오히려 실질적으로 집행은 면제되었다고 생각해야 되지 않을까. 가와무라 야스시^{川村康}, 「宋代 折杖法 初考」, 임대회 옮김, 『판례로 본 송대사회』, 민속원, 2019, 444~533쪽 참고.

徐汝德·董十一, 各勘杖一百, 放.

14-38. 배을은 등사가 강 건너는 뱃삯을 강제로 요구하면서 구타했다고 고소하다
裵乙訴鄧四勒渡錢行打

배을裵乙이 강을 건너려 할 때[過渡], 등사鄧四가 강 건너는 뱃삯을 요구했기 때문에, 싸움이 발생하였다. 유팔游八·등삼鄧三은 모름지기 아무런 관계도 없는데 여기에 개입해 문제가 더 커졌다.

지금 독점위탁[買撲]20받고 있는 나루터에는 대부분 불량한[破落]21 무뢰배들을 모아, 때때로 분쟁이 발생하면, 무리들이 당사자들인 것처럼 싸움에 개입하였는데, 이러한 악습은 가장 먼저 징벌해야만 하는 것이다.

이번 싸움의 발단에 대해서는 아직 심문하여 조사하고 싶지는 않다.

---

20 買撲 : 매박買撲은 박매撲買·승매承買·박단撲斷·단박斷撲·단임斷賃·단매斷買·승람承攬·람매攬買라고도 불리었다. 매박買撲의 '매買'는 매매賣買의 뜻이며, '박撲'은 쟁탈爭奪이나 경쟁競爭의 뜻이 포함되어 있어서, 매박은 매매하는 권한을 쟁탈하였다는 의미로 보아서, 독점위탁매매라고 보아야 할 것이다. 송대 매박買撲은, 특정된 사람들이 자원自願하여 중앙정부에 일정한 액수의 전물錢物을 바침으로써, 일정한 시간, 일정한 지역 범위範圍 안에서 어떠한 경제적인 독점권(생산권, 경영권이나 관리권 포함)이나 혹은 어떠한 산권(産權 : 소유권, 사용권, 수익권이나 처치권 포함)을 사버리는 것을 일컫는다. 이는 당대唐代 말기부터 출현하고 있는데, 송대에는 술·소금·상세商稅·갱야坑冶·진도津渡·피당陂塘·차茶·반攀·관전택官田宅·정부 구매 등의 경제영역에서 광범하게 이루어지고 있었다(楊永兵,「近30年來宋代買撲制度研究綜述」,《中國史研究動態》, 2009-10; 楊永兵,「宋代政府對買撲課額的征收, 蠲免和使用」,《思想戰線》, 2009-5; 劉雲生,「宋代招標, 投標制度論略」,《廣東社會科學》, 2004-5; 李華瑞,「試論宋代榷酒制度中的買撲形式」,《西北師大學報(社會科學版)》, 1991-1; 楊師群,「宋代榷酒中的買撲經營」,《學術月刊》, 1988-11; 李華瑞,「試論宋代榷酒制度中的買撲形式」,《西北師大學報》, 1991-1; 李曉·姜雪燕,「宋朝政府購買中的承包制」,《學術研究》, 2006-11; 近藤一成,「宋代地主の營利活動と買撲坊場」,《早稻田大學大學院紀要》1, 1975; 佘小滿,「宋代的和買與科配」,《廣東教育學院學報》, 2009-4, 黃慶中,「名公書判淸明集 懲惡門 豪橫類中的豪民」,《中正歷史學刊》12, (2009)).

21 破落 : 몰락한 집안, 또는 그 자제이며 확대하면 깡패 내지는 불량배와 같은 부류를 지칭한다.

이는 당사자 쌍방兩詞22의 주장이 완전하게 준비되어 있는 것도 아니므로, 관계자들을 관청에 머무르게 해서, 중간에서 화해시킨 것은 실로 잘 처리한 것이라 할 수 있다. 그러나 등사鄧四가 가지고 온 배을裵乙에 관한 "진술서[對定23文狀24]"의 내용을 보면, "방채장放債狀25 계려장戒勵狀"26과 같은 증서보다 더 심한 내용이 적혀 있다. 또 배을裵乙은 여러 사람에게 차를 밀매했을 뿐만 아니라, 차의 밀매를 위해 직접 호위병欄仗까지 데리고 다녔다고 하고 있다. 과연 그의 주장대로라면, (배을이) 배에서 다화茶貨를 가라

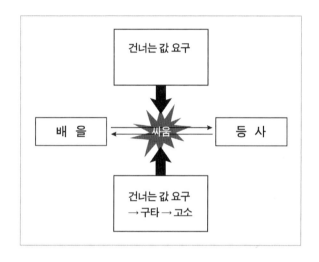

---

22 양사兩詞 : 쌍방雙方 간의 소송장訴訟狀이라는 뜻도 있고, 피고被告와 원고原告로서 쌍방의 당사자當事者라는 뜻도 있다.

23 對定 : 공대정단供對定斷의 약어일 것으로 생각되지만, 그 뜻은 여러 가지로 볼 수 있다. 첫째, 쌍방을 대면시켜 조사取調하다. 둘째, 공술供述시키다. 셋째, 대면對面하여 공술供述하다. 이 외에『청명집』권10「人倫門」〈母子兄弟之訟當平心處斷〉의 "財産乃其交爭禍根, 今已對定"과『慶元條法事類』권77 服制門, "諸品官, 若婦人有官品封邑犯罪, 雖被推鞫, 而有祖父母父母及夫喪者, 除應禁奏外, 聽奔赴. 卽事干要切, 仍須對定. 其私罪, 徒臟罪杖錄訖, 聽行"라는 용례가 있다.

24 文狀 : '문약文約' 즉 증빙문서證憑文書 · 보증서保證書를 말한다.

25 放債 : 放債狀일 것이다. 방채장放債狀은 돈을 대출할 때 당사자로부터 받은 증서이다.

26 戒厲 : 戒厲狀일 것이다. 계려장戒厲狀은 죄를 범한 당사자로부터 주의하겠다고 받은 증서이다.

앉히고 말았을 것이고, 이는 본래 등사와는 관계가 없는 일인데, 무엇 때문에 군이 법을 어기면서까지 직접 고소한 것일까. 실제로는 (등사의 주장대로 배을이) 차를 밀매하고 있었다고 한다면, (오히려) 배을^{裴乙}이 형벌을 받을 것이고, 또 (배을이) 호위병까지 데리고 있었다고 한다면, (배을에게) 폭행을 한 등사의 죄가 면제될 수 있다는 (생각에서 이런 주장을 했을 것이다.) 위의 진술서의 내용을 보면, 무리들을 모아 악당들이 모의해서 날조한 것이고, 배을의 소송을 무효로 만들려고 하려는 속셈이 아니라면, 결코 상술한 내용과 같은 (진술서가) 나오지도 않았을 것이고, 악랄한 중개인이 개입하는 일도 없었을 것이다. 그러나 이번 안건은 배을이 상해를 입지 않았으므로, (본관이) 이에 대한 사실관계를 자세히 조사하려고 생각하지는 않고 있다. 등사·등삼·유팔은 각각 장형 15대에 처하고, 다른 사람들은 모두 방면하도록 한다.

裴乙過渡, 鄧四邀求, 因而作鬧. 游八·鄧三, 殊無干涉, 故入生事. 令²⁷之買撲津岸, 多是結集一黨破落無賴之徒, 遇有交爭, 羣然相助, 無敢與較, 此風最不可不懲. 今作鬧之端未欲鞫勘, 是非當無兩詞, 扭拽經官, 中塗勸解, 此意亦善. 但據鄧四賫出裴乙對定文狀, 甚於放債戒厲, 旣言裴乙通衆興販茶貨, 又言裴乙自行裝載檐杖, 果如其說, 船沉茶貨, 自與鄧四不相干, 何敢更以違法自來陳訴. 其實興販茶貨, 則有以入裴乙之罪, 自載檐杖, 則又以脫鄧四之罪. 觀此文約, 非羣兇相翼, 計議撰造, 以絶裴乙之訟, 決不能如此, 可見姦馹. 然見今裴乙無所傷損, 不欲盡情根究. 鄧四·鄧三·游八各杖十五, 餘人並放.

14-39. 장가도에서 강제로 금품을 요구하는 것을 금지하다
約束張家渡乞覓

조사해 보니, 광제현^{淮南西路, 蘄州}의 장가도^{張家渡}는 관민^{官民}의 여객^{旅客}이 왕래하는 교통의 요충지인데, 매월 철전^{鐵錢28}에 의한 납세액은 100관^貫에도

---

27 '슈'은 '今'의 오자^{誤字}로 생각된다.

미치지 않으므로, 결코 과세가 무거운 곳이라고는 할 수 없다. 들리는 바에 의하면 감도監渡의 말단직원들에 의한 범죄가 속출되고 있고, 규정대로 세금을 걷는 것 외에 마음대로 금품을 여분으로 갈취하고, 심한 경우에는 소지품을 강탈하고, 몰수한 것을 다시 구매하라고 강요한 후 겨우 소지품을 돌려주는 등, 그 위법 행위가 상당히 심하다고 한다. 본관은 융흥부隆興府29에 살고 있고, 마을 사람들도 하소연해 왔기 때문에 그 폐해에 대해서는 숙지하고 있다. 작년 겨울에 광주光州의 서통판徐通判이 한 사람을 임천현臨川縣30으로 출장 보냈을 때, 당연히 통행증脚引31을 소지하고 있었을 터였는데도, 그들은 함부로 때린 후 관회官會 2관貫이나 협박해서 빼앗아 버린 것이다.

보고가 오는 것을 기다려, 별도로 추궁하도록 하라. 관청에서 출장 보낸 자들에 대해서마저 이런 정도이므로, 일반 여행자들이 통행할 경우에 그들은 어떻게 하겠는가. 지금 바로 현지에 방榜을 붙여 잘 알리고, 만일

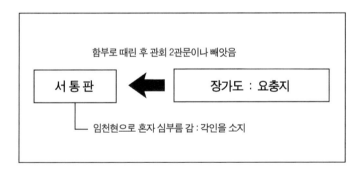

---

28 鐵錢 : 송대의 경제발전에 따라서, 귀금속인 백은白銀 등을 이용한 화폐貨幣라던가 지폐의 사용 등도 나타났다. 그러면서도 송대에는 상당히 광범위한 영역에서 철전鐵錢이 사용되었으며, 그 철전鐵錢의 사용량이 컸으며, 또한 시간적으로도 꽤 오래 사용되었다. 陳廣勝, 「宋代盛行鐵錢因果初探」,《中國社會經濟史研究》, 1990-2.

29 隆興府 : 강남서로江南西路 소속이다.

30 臨川縣 : 강남서로 무주撫州 소속이다.

31 脚引 : 관청의 출장증명서를 지칭한다. 이 '각인脚引'을 휴대하면 진도津渡・관소關所 등을 통과할 수 있다.

피해를 입은 자가 본 관청에 고소해 온 경우에는 반드시 관계자를 체포한 뒤 감옥에 넣어 철저히 취조하기로 한다. 그리고 그때까지 부정하게 획득한[受過] 장물의 액수를 계산해 우선 법사[法司]에 보내 양형을 알리고, 주[州]로 압송하여[解]32 배류로 처결하도록 하고, 판결대로 처벌해야 한다. 공문[空文]으로 해서는 안 된다. 관계자로부터 책임진다는 문서를 받아낸 후 이것을 각자에게 주지시키도록 하라[知委].33

照得廣濟縣張家渡, 係是官民客旅往來之衝, 月納鐵錢不過百貫, 初非重征之地. 訪聞監渡, 從客姦欺百出, 除納官錢之外, 恣行騙脅, 甚者奪攘財物, 邀求收贖, 方肯付還, 違法已甚. 當職居于隆興, 鄕人來熟知其弊. 去冬光州徐通判差人歸臨川, 自有脚引, 輒敢毆打, 騙去官會兩貫文. 俟有公移, 別行追究. 官司所差, 尙敢如此, 民旅經過, 何所忌憚. 今出榜地頭曉諭, 如遇被害之人, 仰就本廳陳訴, 切待追上付獄根勘. 計從前所受過贓, 先送法司指定, 解州決配, 斷不虛示. 除取合干人責狀外, 仰各知委.

14-40. 함부로 배를 저어 여행객을 건네주면서 돈을 요구하다
私撑渡船取乞

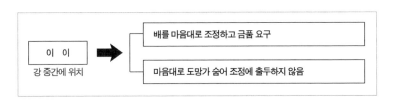

배를 저어 여행객을 건네줄 때, 얼마간의 돈을 그 노력에 대한 대가로 받는 것은 원래 어쩔 수 없는 것이다. 그러나 강 중간에서 배를 세우고 금

---

32 解 : '解'는 「징악문」 12-8 〈因姦射射〉 각주 '解上'에서 설명하였듯이 여러 가지 뜻이 있다. 여기에서는 '압송하다'라는 의미로 보면 될 것이다. 「징악문」 13-10의 각주 "解來" 참조.
33 知委 : 자세히 알리도록 하다는 뜻이다. '委'는 '委細'의 의미이다.

품을 요구하는 것은 인정^{人情}으로 볼 때 상당히 나쁜 행위이고, 법률로 보더라도 또한 처벌이 가볍지는 않다. 그 행위는 몽둥이를 들고 약탈하는 것과 무엇이 다르겠는가. 또 자신은 마음대로 도망가 숨어 관청에 출두하지도 않고 있다. 이이^{李二}는 가벼운 쪽에 따라 장형 100대에 처하고, 해당 현^縣으로 압송하도록 하고, 죄를 저지른 장소에서 10일간 다른 사람들의 구경거리가 되게 하라.[34] 이후 강물이 넘쳐 다리가 끊어진 상황이 될 경우에도, 이렇게 처리해야 한다. 또 감히 재범을 저지른 경우에는 현리^{縣吏}도 체포해서 처벌한다. 다른 사람은 모두 방면하기로 한다.

撐船過渡, 人山薄少以酬其勞, 此固不免. 停篙中流, 要勒錢物, 情最無狀, 決亦不輕, 其與持仗劫掠何異. 又且自擅外避, 不伏出官. 李二從輕杖一百, 押下本縣, 就地頭令衆十日. 自後水漲橋斷, 合行措置. 再敢有違, 追上縣吏懲斷, 餘人並放.

14-41. 엄사가 나루터 이용료 때문에 다투다가 요십사^{饒十四}를 익사시키다
嚴四爲爭渡錢溺死饒十四

호적^{湖磧}이라는 나루터는 (사람과 물자의 왕래에 대해) 세금^{官錢}을 징수하는 장소이다. 주인^{周寅}이라는 자의 명의로 이 나루터를 독점위탁^{攬撲}[35]받아 운영하고 있었는데, 엄사^{嚴四}라는 자가 실제로 나루터를 운영했다. 그런데 요십사^{饒十四}가 익사^{溺死}하였을 때,[36] 당시 주인^{周寅}은 병이 나서 나루터에 없었으므로, 그가 이 사건에 직접 관련되는 것은 아니다. 요십사^{饒十四}가 강을 건널 때, 엄사^{嚴四}는 나루터 이용료^{覓錢}[37]를 지불하라고 요구했고, 그

---

34 가와무라 야스시^{川村康}, 「宋代 折杖法 初考」, 임대희 옮김, 『판례로 본 송대사회』, 민속원, 2019, 444~533쪽 참고.

35 攬撲 : 攬撲에 대해서는 「징악문」 14-38 "裴乙訴鄧四勒渡錢行打"의 買撲에 관한 각주를 참조하기 바람.

36 원문에는 "落水", 즉 "물에 빠지다로 되어 있는데, 전후 문맥상 물에 빠져 사망한 것으로 보는 것이 타당하다. 따라서 익사^{溺死}하다로 번역해 둔다.

돈은 관청으로 보내지는 것이므로 이는 있을 수 있는 일이다. 그러나 엄사嚴四는 나루터 이용료로 한 사람당 17문을 요구했는데, 그 액수는 너무 비쌌으므로 요십사饒十四는 5문으로 깎아달라고 했다. 그 정도라면 그다지 많은 액수는 아니었으므로, 두 사람 모두 그 액수에 합의했다. 그런데 마침 배가 이미 나루터를 떠나자 다시 다툼이 시작되었다. 요십사饒十四가 먼저 주먹을 휘두르자 엄사嚴四가 이에 대응하고 결국 상대방의 얼굴을 때린 것이다.

검시관檢官[38]의 보고에 의하면, 피해자의 얼굴에는 주먹으로 얻어맞은 상처가 있고, 다른 이상은 없다고 한다. 따라서 요십사饒十四가 익사한 것은 엄사嚴四에게 얻어맞은 것이 원인이라 할 수 있다. 그러나 엄사嚴四는 원래 요십사饒十四를 죽이려는 의도는 없었는데, 배를 타고 있는 상태에서는 싸워서는 안 되는 것이고, 강을 건너는 도중에 나루터 이용료覓錢를 요구해서는 안 된다. 법률에는 "무릇 나룻터에서 수심이 깊은 장소나 물살이 급해서 위험한 장소에서 협박하여 금품을 공갈해서 갈취한 경우에는 "지장절도죄持仗竊盜罪"로 논죄하는데, 재물을 갈취하지 않았다고 하더라도 장형 100대에 처하고, 5관貫(미만)을 빼앗은 경우에는 도형 1년에 처하고, 5관貫(이상)[39]이라면 본성本城에 배류한다配本城"[40]고 되어 있다.

엄사嚴四가 요구한 것은 17문文에 불과하고, 실제로 손에 넣은 것은 5문文에 불과하다. 게다가 재물을 갈취하지 않은 것으로 논해야 하며, 설령 다른 사유가 없다고 하더라도 장형 100대에 처해야 한다. 그러나 지금 요십사饒十四가 익사한 경우에 있어서는 다른 범죄 사유가 있는 것이므로,[41] 전

---

37 覓錢 : 나루터 이용료. 「징악문」 14-35와 「징악문」 14-38에 나오는 '강건너는 뱃삯渡錢'과 같은 의미인지, 渡錢과는 별도로 '나루터 이용료'만을 따로 징수했는지는 명확하지 않다.

38 檢官 : 검시관檢屍官을 말하는 것이다. 초검관初檢官·복검관覆檢官 등이 있다.

39 원문에 "5관貫"이라고 되어 있으나, 문맥으로 보아서 "5관 이상"으로 해야될 것 같다.

40 配本城 : 관할 지역의 뇌성牢城에 배류配流하여 군역軍役에 복역하게 하는 것을 말한다.

41 재물을 갈취하지 않았다고 하더라도, 요십사饒十四를 익사시킨 원인을 제공한 범죄 행위가 성립한다는 점이다.

錢 5관貫을 획득한 법률 조항에 비부比附[42]하여 척장脊杖 12대에 처결한 후 해당 주州의 뇌성牢城에 자배刺配하라.[43] 그런데 최근에 어사대御史臺가 하달한 지침에 따라 작성한 검법관의 원안原案에 따르면[檢法所擬],[44] "요십사饒十四의 얼굴에는 주먹으로 얻어맞은 흔적이 있고, 엄사嚴四는 요십사饒十四와 싸웠으므로, 이때에 본인이 실제로 손을 휘둘렀는지 아닌지에 대해서 (목격자인) 요경조饒慶祖가 이에 동의하는 문서에 서명날인하는 것을 거부하고 있다. 따라서 격목格目[45]에는 두 명의 검시관檢屍官이 판정한 사인死因이 사실인지 아닌지에 대해서는 실상을 잘 밝혀야만 한다"고 되어 있다.

조사해 보니, 요십사饒十四가 배를 타러 왔을 때에는, 그와 동행하는 사람이 있었고, 엄사嚴四의 배에도 많은 승선자가 있었으므로, 당시 주위 사람의 증언[十目所視[46]에 의거하여 판단할 수 있다. 어찌 사망자의 아버지가 함부로 상처 난 얼굴의 상흔傷痕을 가리키는 것에 의거하여, 사망원인의 증거로 채택할 수 있겠는가. 엄사嚴四는 이미 관청에 나와 자백하고 있으므로, 그 책임을 벗어 날 수 없다. 그러나 익사溺死 그 자체에 대해서는 의도적으로 한 것이 아니다. 엄사嚴四는 원안대로 처리하고, 나머지 사람은 방면하기로 한다.

무더위가 한창인 성하盛夏 시기이므로, 주州로서는 범죄인의 죄상을 심

---

42 比附 : 법률에 명시되지 않은 범죄에 대하여, 그 성격이 비슷한 조항을 가지고 판결의 기준으로 삼는 것을 말한다. 「징악문」12-11의 각주를 참조하기 바람. 그런데, 여기에서는 "득재得財 5관에 비부比附해서 도형 1년을 적용하고, 이것을 환산하여 척장脊杖 12대로 했다".

43 도선渡船의 승객 요십사饒十四와 운임문제로 강 위에서 다투며 안면을 구타하여 배에서 떨어뜨려 익사시킨 선주 엄사에 대해, 죽일 뜻은 없었고, 얻은 것도 겨우 5문文이었으므로 부득재不得財로서 장형 100대를 판결했다. 여기에 요십사饒十四를 익사시킨 책임을 가중하고, 득재得財 5관에 비부比附해서 도형 1년을 적용하고 이것을 환산하여 척장 12대로 했다. 가와무라 야스시川村康, 「宋代 折杖法 初考」, 466~468쪽, 임대희 옮김, 『판례로 본 송대사회』, 민속원, 2019 참고.

44 檢法所擬 : 「징악문」권14-6 〈檢法書擬〉에도 비슷한 각주를 실어 놓았다. 劉馨珺, 「宋代判決文書中"檢法擬筆"的原則」,《法制史研究》11, 2007.

45 格目 : 驗屍格目・檢驗格目의 준말. 검시檢屍 내용을 기록한 문서를 지칭한다. 「징악문」13-20 〈숙부가 질녀의 사인死因이 명확하지 않다고 무고하다[叔誣告姪女身死不明]〉의 각주 참고.

46 十目所視 : 『禮記』 『大學』에는 "曾子曰, 十目所視, 十手所指, 其嚴乎"라 되어 있다.

문하여 기록[慮囚][47]해야 하지만, 약간 전결[專決][48]해서 부드럽게 처리해야 하는 것이다. 그렇게 하면 옥사(재판 사무)가 간략해지고, 상급 관청을 번잡하게 하는 것도 없을 것이다. (그렇다고 하지만 용서할 수 없는 것은) 도청都廳[49]이 소송장을 첨부해 보고[具申]해 왔는데, 그들의 사건조사[照會]에는 잘못된 부분이 있어, 해당 주州에 돌려보냈는데, 그들은 자신들의 직무에 적합하지 않다고 했다는 점이다. 지금 또한 그들의 보고문서[具狀]가 있는데, 거기에는 정봉正俸을 청하고 있을 뿐만 아니라, 봉급 이외의 수당까지 요구하는 것은 상당히 염치없는 행위가 아니겠는가? 설령 그들에게 본래의 직무를 맡긴다고 하더라도 그들이 하는 정무政務는 뻔히 보이므로, 본관本官, 담당관에게 이를 알리도록 하라.

湖磧一渡, 係收官錢, 周寅出名攬撲, 嚴四出力撐載. 當饒十四落水之時, 周以病故, 不在渡頭, 無相及也. 饒十四過渡, 嚴四覓錢, 既用輸官, 所不能免. 但人收十七, 其數太多, 與以五文, 似未爲過, 二者亦得其平矣. 不應舟已離岸, 又復作閙. 饒十四揮拳在先, 嚴四從而應之, 遂中其面, 檢官申上, 面有拳痕, 他皆無故, 饒之溺水, 起於嚴四, 却非嚴有意殺之也. 但登舟非作閙之時, 中流非覓錢之地. 準法, 諸津渡人於深闊淵險之處, 恐嚇乞取錢物者, 以持仗竊盜論, 不得財, 杖一百, 五貫, 徒一年, 五貫, 配本城. 嚴四所須不過十七, 所得不過五文, 且以不得財論, 縱無他故, 亦合從杖一百. 今饒十四溺水身死, 夫豈無因, 比附得錢五貫, 決脊杖十二, 刺配本城. 近準憲臺疏下, 照檢法所擬, 饒十四面上係有拳痕, 嚴四與之作閙, 是與不是本人下手, 饒慶祖不伏書押, 格目兩官所定致死, 是與不是, 當原本情. 契勘饒十四之來, 自有同

---

47 慮囚 : "범죄인의 죄상을 심문하여 기록하다"는 의미이며, 죄인을 심리하는 절차 가운데 하나로 생각된다. 이 과정을 통해서 죄인에 대한 사면이나 감면 등과 관련이 있을 경우도 있다. 려慮는 록錄의 의미와 통한다.
48 專決 : 상급 관청의 판단을 기다리지 않고, 해당 관청에서 독자적으로 판결을 하거나, 사건을 처리하는 것을 지칭한다.
49 都廳 : 『宋史』 卷167, 「職官 7」 〈通判〉에 "元符元年, 詔通判. 幕職官, 令日赴長官聽議事及都廳簽書文檄"이라 되어 있다. 또 『慶元條法事類』 卷4 「職制門 1」 〈職掌〉에 "諸州通判·幕職官·縣丞·簿·尉. 並日赴長官聽議事, 通判·幕職官, 仍於長官廳或都廳簽書當日文書"라 되어 있다. 원래 주州의 통판通判·막직관幕職官 등이 사무를 관장하는 장소가 장관청長官廳이고, 도청都廳은 첨서簽署하는 장소이다.

伴, 嚴四所載, 亦多同舟, 十目所視, 衆證可據, 豈容其父妄指傷損面上拳痕. 嚴四當官已行供認, 無緣可以辭其責. 第溺水死, 則非其所料也. 嚴四照斷, 餘人並放. 隆暑, 郡合盧囚, 稍可專決, 不敢淹滯, 庶幾獄事簡省, 不爲崇臺之累. 都廳備詞申上, 照會差脫, 發回原任, 正以其不能稱職, 今乃具狀, 旣請正俸, 又請添支, 何不廉之甚. 如此縱回本任, 爲政可知, 備示本官.

맺음말

　얼마 전에 『판례判例로 본 송대 사회』(민속원, 2019)라는 책을 출간하였다. 제1부 「부동산 거래와 계약서」, 제2부 「여성과 가족」, 제3부 「형벌과 사법 기관」, 제4부 「지방관과 지방」, 제5부 「사료 소개 및 연구 동향」으로 구성되었으며, 모두 21편의 글이 실려 있다. 또한, 위의 책의 「머리말」에서, 판례判例가 송대宋代 이후에서야 주목을 받는 이유에 관해서 세 가지로 나누어서 설명하였으므로, 그에 관해서는 그쪽으로 미루도록 하겠다.

　송대에는 여러 관료들이 재판裁判을 했던 판례判例를 남겨놓았기에, 지금도 그러한 판례判例를 이용하여 해당 시대의 상황을 분석하는 데에 도움을 받을 수 있다. 이러한 판례判例는 각기 그들의 문집文集 등을 통하여 확인할 수 있다. 이들 판례判例는 단순한 문학 작품作品이라기 보다는 그들이 관료官僚로서의 업무業務의 하나인 재판裁判의 내용과 결과를 적어서, 상부上府에 올리는 공문서公文書이다. 그러므로, 공무公務의 한 과정인 것이다. 그런데, 지금의 절강성浙江省이나 복건성福建省이나 강서성江西省 등을 중심으로 하는 지역에서 지방관地方官을 했던 사람들의 판례判例를 모아서, 『청명집淸明集』이라는 판례집判例集이 만들어졌다. 『판례判例로 본 송대 사회』의 「머리말」에서 언급하였듯이, 송대宋代부터는 지현知縣이나 지주知州가 판결判決한 결과判案를 상부上府에 올려서, 판안判案에 대한 문제점을 상부上府에서 지적받았다. 따라서, 판안判案이 잘못되었다고 상부에서 지적을 받지 않도록 하기 위해서, 지방관들은 참고서로서, 『청명집淸明集』과 같은 판례집判例集의 도움이 필요하였고, 점점 더 그 수요需要가 높아졌기 때문에 널리 보급普及되었으며, 오랜 시간이 지난 오늘날까지 전해져 왔다고 생각된다.

　이번에 이 판례집判例集을 역주譯註로 출판하는 것은 이를 통해서 송대宋

代를 좀 더 면밀하게 파악把握할 수 있는 계기가 되기도 하겠지만, 전통시대의 중국에서 법法이 어떻게 적용되고 있는지를 이해할 수 있기 때문이다. 앞에서 언급한 책을 어느 지역의 상공회의소 회장을 하고 계신 친척 형님께 드렸더니, "아, 이렇게 오래 전에도, 부동산不動産 거래 계약서契約書를 위조僞造를 했던 모양이네?"라고 하시면서, 흥미롭게 살펴보셨다. 그분은 서양사학과를 졸업하셨으므로, 역사적인 기록을 분석한 내용에 매우 흥미롭게 생각하셨다. 또 어떤 분은 "전통 시대의 중국에서는 이혼離婚하면, 재혼再婚할 수 없는 줄로 알았는데, 실제로는 달랐군요"라고 하시는 분도 계셨다. 그리고, "수모가자隨母嫁子해서 따라간 자식子息이 오히려 부유했던 친가親家에서 가시고 간 재산을, 양가養家에 점차 빼앗기는 사례도 있었네요"라고 지적하면서, 지나간 시대의 사실史實이 지금 되돌아보면, 흔히들 이제까지 가지고 있었던 예측豫測과 크게 차이가 나는 부분도 있는 것 같다고 말씀해 주시는 분도 있었다.

그런데, 『청명집淸明集』가운데에도 이번에 출판하는 부분은 「징악문懲惡門」으로서, 형법刑法부분을 싣고 있다. 따라서, 범죄犯罪에 관련된 내용이 주로 나오고 있다. 본 옮긴이는 여기에서 나오고 있는 범죄犯罪 유형은 상당히 다양多樣하다. 얼마 전에, TV에 나오는 <검사내전>이라는 드라마를 꽤 즐거이 시청하였다. 거기에서 다루는 것은 검사檢事들의 일상 생활이었는데, 『청명집』「징악문」에서 다루는 내용과 비슷한 면이 있었기에 관심을 가졌었던지도 모르겠다.[1] 그 드라마 속에서 '유척鍮尺'이라는 도구가 자주 등장하고 있다. 어릴 적 이야기인데, 중학교 1~2학년 때에 라디오 연속방송으로 즐겨듣던 <암행어사 박문수>에서 자주 쓰이던 용어였다. 어릴 때에, 왜 그렇게 <암행어사 박문수>를 즐겨들었는지 지금 생각해 보니, 나쁜 짓을 했던 범인犯人을 꼭 찾아내었다는 점과, 범인에 대한 혐의嫌

---

1 드라마 <검사내전>이 중간에 방송국 사정으로 1주일 결방缺放하였기에, 그 드라마가 다 끝난 줄 알았는데, 나중에 보니 계속되고 있기에, 못 본 부분을 다른 채널에서 재방송하는 것을 찾아서 볼 정도로 열성적으로 시청視聽하였다.

疑를 억지로 덮어씌우지 않고, 객관적으로 밝혀내어 범인으로부터 납득을 받아내었으므로, 공연히 쓸데없이 사람을 괴롭히지 않았다는 점이었던 것 같다.

이러한 중국의 판례집判例集이 새로 발견되면, 일본에서는 여러 대학에서 각기 강독회講讀會를 가진다. 그 결과를 노트 형식으로 출판하기도 한다. 그런데, 『청명집淸明集』의 「호혼문戶婚門」은 일본에서도 예전부터 있었으므로, 그에 대한 연구나 주역註譯이 여러 형태로 나왔다. 그런데, 최근에 북경도서관北京圖書館과 상해도서관上海圖書館이 소장所藏하고 있던 자료 속에서 『청명집淸明集』의 나머지 부분도 있다는 사실을 알게 되어, 중국사회과학원 역사연구소의 진지초陳智超씨를 비롯한 점교點校팀이 작업하여, 오늘날 유통되고 있는 활자본의 책이 나왔다.[2] 『청명집淸明集』의 「징악문懲惡門」은 오오사와 마사아끼大澤正昭교수를 중심으로 하는 연구팀이 역주고譯注稿를 만들어 내었다.[3]

그런데, 지금은 이미 시간이 30년이 훨씬 지나다 보니, 이를 이용한 연구 논문이 중국에서 많이 나와서, 『청명집淸明集』의 「징악문懲惡門」에 나오는 갖가지 개별個別 사항事項들에 대해서 여러 가지로 분석이 되어 나왔다. 최근에는 한국사 연구에서도 이러한 분위기가 반영되었는지, 조선시대의 법적法的인 개별 사안事案에 관해서 많은 연구가 나오고 있는 것은 매우 고무적鼓舞的인 현상이라고 보여진다.[4] 한韓·중中·일日 각국에서 전통시

---

2 1987년에 中華書局에서 초판이 발행되었다.

3 징악문懲惡門의 경우에는 大澤正昭교수를 중심으로 淸明集研究會,《〈名公書判淸明集〉懲惡門 譯注稿(Ⅰ)(Ⅱ)(Ⅲ)(Ⅳ)(Ⅴ)》, 1991,1992,1993,1994,1995(汲古書院)가 출판되어 나왔다.

4 한국사 분야에서도 심재우, 『조선후기 국가권력과 범죄 통제-『심리록』연구』, 태학사, 2009; 심재우, 「조선 후기 판례집·사례집의 유형과 『흠흠신서』의 자료 가치」, 『다산학』 20, 2012; 심재우, 「영조대 정치범 처벌을 통해 본 법과 정치-을해옥사를 중심으로」, 『정신문화연구』 121, 2010; 심재우, 「『審理錄』을 통해 본 18세기 후반 서울의 범죄 양상」, 『서울학연구』 17, 2001; 崔秉祚, 「조선 전기 奴婢와 主人 관계에 대한 지배층의 관념-成宗 8년(1477) 主人 謀害 사건을 중심으로」, 『법학』 162, 2012; 崔秉祚, 「15세기 후반 조선의 법률 논변-私婢 斤非사건을 중심으로」, 『법학』 158호, 2011; 국립중앙도서관 도서관연구소고

대의 법法과 관련된 문제를 연구할 때에, 법전法典에 당시 어떠한 법조문法條文이 있었는지에 관해서만 연구하는 것이 아니라, 한발 더 나아가서 어떠한 방향으로 법치法治의 흐름이 움직여가고 있었는지를 연구하게 되어가고 있는 것이다.

이러한 점에서 판례判例를 중시重視하여서, 그러한 내용을 살펴가면서, 시대적인 변화變化도 읽어내고자 하는 시도試圖를 하게 된다. 따라서, 이제는 그냥 내용 자체를 읽기 위해서 역주譯註를 만드는 것이 아니라, 기왕이면 이를 통해서 지금까지 나와 있는 연구의 흐름도 파악하며, 그를 바탕으로 더 앞선 연구에 뛰어들 수 있도록 할 필요가 생기게 되었다. 한국에서도 이렇게 바뀌어가는 연구 분위기에 걸맞도록 참여할 수 있는 바탕을 마련해 놓는 것이 필요하리라는 생각에서, 본 역주譯註에서는 그러한 기존旣存의 연구를 가급적 많이 반영反映하였으며, 또한 이들 연구에 관한 소개도 애써서 포함시켰다.

마지막으로 이 책은 한국연구재단의 "명저번역지원과제"의 지원을 받았으며, 그 덕택에 이 역주譯註를 완성할 수 있었을 뿐 아니라, 『판례判例로 본 송대 사회』의 머리말에서도 언급한 바와 같이, 이 지원금으로 방학 때마다 며칠 동안이나 교육대학원생들과 포항수련원에 가서 합숙할 수 있는 비용에 충당할 수 있었다. 매우 감사하게 생각한다. 또한, 윤소연·조혜린 씨를 비롯한 소명출판 여러분들께 그동안의 수고에 감사드린다.

임대희

전운영실[편], 『법률과 형벌로 보는 조선의 문화』, 국립중앙도서관, 2013.

『명공서판청명집 징악문』 관련 연구 논문 목록

Birge, Bettine, *Woman, property, and confucian reaction in Sung and Yuan China(960 ~1368)*, Cambridge University Press, 2001.

Brian E. Mcknight, *Law and Order in Sung China*, Cambridge University Press, 1992.

_____, *The Quality of Mercy*, University Press of Hawaii, 1981.

Kathryn Bernhardt, *Woman and Property in China, 960~1949*, Stanford Univ. Press, 1999.

P. B. Ebrey, *Family and property in Sung China : Yuan Ts'ai's Precepts for social life*, Princeton University Press, 1984.

_____, *The Inner Quarter : Marriage and the Live of Chinese Women in the Sung Period*, University of California Press, 1993.

_____, 배숙희 역, 『중국여성의 결혼과 생활-송대 여성을 중심으로』, 三知院, 2000.

加藤繁, 「宋の檢校庫に就いて」, 『支那經濟史考證』 下, 東洋文庫, 1974.

賈連港, 「宋代鄉村行政制度及相關問題研究的回顧與展望」, 《中國史研究動態》, 2014-1.

賈文龍, 「宋代"妖言"罪源流考」, 《河北學刊》, 2002-3.

賈芳芳, 「宋代地方豪民與政府的關系」, 《河北大學學報》, 2013-4.

賈玉英, 「宋代提擧常平司制度初探」, 《中國史研究》, 1997-3.

_____, 『宋代監察制度』, 河南大學出版社, 1996.

_____, 「台諫與宋代權臣當政」, 《河南大學學報》, 1996-3.

葛金芳, 「宋代官田包佃特征辨証」, 《史學月刊》, 1988-5.

_____, 「宋代戶帖考釋」, 《中國社會經濟史研究》, 1989-1.

葛金芳·常征江, 「宋代"錢荒"成因再探」, 《湖北大学学报》 35-2, 2008.

姜密, 「中國古代"非戶絕"條件下的遺囑繼承制度」, 『歷史研究』, 2002-2.

姜錫東, 「關於宋代的私鹽販」, 《鹽業史研究》, 1999-1.

_____, 「宋代官私商業的經營方式」, 《河北大學學報》, 1992-3.

_____, 「宋代糧商的成分、內部分工與經營狀況」, 《中國經濟史研究》, 2000-3.

姜希受, 「宋代의 女性 財産權에 대한 研究動向」, 《中國史研究》 17, 2002.

景剛, 「南宋滁州守臣小傳」, 《滁州學院學報》, 2009-4.

耿元驪, 「宋代鄉村社會秩序與法律運行機制-『清明集』所見之鄉村訴訟」, 《山西大學學報》, 2019-6.

桂始馨,「宋代雇婢性質淺析」,《史學月刊》, 2005-4.

高橋芳郎,「〈名公書判淸明集〉卷6 戶婚門 譯註稿 (1)」,《北海道大學文學部紀要》48-2, 1998.

_____,「〈名公書判淸明集〉卷6 戶婚門 譯註稿 (2)」,《北海道大學文學部紀要》48-3, 1999.

_____,「〈名公書判淸明集〉卷7 戶婚門 譯註稿」,《北海道大學文學部紀要》103, 2001.

_____,「名公書判淸明集」,『宋代中國の法制と社會』, 汲古書院, 2002.

_____,「名公書判淸明集」, 임대희 역,《法史學硏究》27, 2003.

_____,「宋代官田の'立價交佃'と'一田兩主制'」,《東北大學 東洋史論集》4, 1990.

_____,「宋元代の奴婢・雇傭人・佃僕について－法的身分の形成と特質」,《北海道大學文學部紀要》26-2, 1978.

_____,「妝奩是誰的東西－以南宋爲中心」,『중국사학회 제9회 국제학술대회논집』, 2008.

_____,「親を亡くした女たち－南宋期のいわゆる女子財産權について」,《東北大學 東洋史論集》6, 1995.

_____,『宋代の士人身分』, 北海島大學國書刊行會, 1988.

_____,『宋代中國の法制と社會』, 汲古書院, 2002.

_____,『譯註 名公書判淸明集 戶婚門 : 南宋代の民事の紛爭と判決』, 創文社, 2006.

_____,『譯註 名公書判淸明集－官吏門・賦役門・文事門』, 北海道大學出版會, 2008.

高楠,「南宋母親身後的奩産歸屬－以〈名公書判淸明集〉爲例」,《廣西社會科學》, 2006-12.

____,「宋甲匕烏丸突中的尾參産糾愛分－以已婚女爲例」,《中國社會經濟史硏究》, 2004-3.

____,「宋代家庭中的共有財産紛糾」,《中國社會歷史評論》8, 2007.

____,「宋代家庭中的奩産紛糾」,《中國社會經濟史硏究》3, 2004.

____,「宋代的私有田宅糾紛－以親郊法爲中心」,《安徽史學》, 2004-5.

____,「試析宋代官員官年與實年不符現象」,《史學月刊》, 2004-7.

高楠・仇靜莉,「南宋民事案件執行狀況考述－以『名公書判淸明集』中的財産案件爲中心」,《河北大學學報》, 2006-6.

高楠・宋燕鵬,「墓田上訴：一項南宋民間訴訟類型的考察」,《安徽師範大學學報》, 2009-1.

高楠・王茂華,「宋代家庭中的奩産糾紛－以在室女爲例」,《貴州文史叢刊》, 2004-2.

高葉青,「"宋無罰金之刑"質疑」,《陝西師範大學學報》, 2008-9.

高玉玲,「宋代婦女的財産處分權能與買賣契約效力」,《淮南師範學院學報》17, 2015.

_____,「論宋代的民事息訟－以『名公書判淸明集』爲考察中心」,《安徽師範大學學報》, 2012-6

顧春軍,「"發塚"考」,《文化遺産》, 2016-2.

穀更有・尹子平,「宋代豪民與官吏勾結對國家的內耗性分析」,《河北師範大學學報》,

2004-7.

龔汝富・姚小建,「南宋理財家李椿年與"經界法"的推行」,《煙台師範學院學報》, 1998-3.

孔學,「『名公書判淸明集』所引宋代法律條文述論」,《河南大學學報》, 2003-2.

郭建,「中國封建土地買賣合同制度考析」,『中國法律史研究』, 學林出版社, 2003.

郭桂坤,「『宋史・職官志』"爵一十二"試解 － 兼析宋代《官品令》中的爵位序列」,《中国史研究》, 2016-3.

郭東旭,「論南宋的越訴法」,《河北大學學報》, 1988-3.

_____,「論北宋"盜賊"重法」,《河北大學學報》, 2000-10.

_____,「宋代買賣契約制度的發展」,《河北大學學報》, 1997-9.

_____,「宋代財産繼承法初探」,『宋史研究論叢』, 河北大學出版社, 1997.

_____,「宋代酷刑論略」,《河北大學學報》, 1991-3.

_____,「宋朝以贓致罪法略述」,《河北大學學報》, 2002-3.

_____,「實封投狀法：宋代國有資産流轉中的競爭機制」,《中國經濟史研究》, 2009-3.

_____,『宋代法制研究』, 河北大學出版社, 1997・2000.

_____,『宋朝法律史論』, 河北大學出版社, 2001.

郭東旭・馬永娟,「宋朝民衆爭訟中自殘現象淺析」,《河北大學成人教育學院學報》, 2004-3.

郭東旭・陳玉忠,「宋代刑事複審制度考評」,《河北大學學報》, 2009-2.

郭東旭・李婕,「南宋蔡杭法律思想探析－以『名公書判淸明集』为中心」,《宋史研究論叢》, 2007.

郭東旭・王曉薇,「唐宋"書判"變革簡論」,《保定學院學報》, 2015-1.

郭麗冰,「"紹興和議"時期出版限禁研究」,《韓山師範學院學報》34-1, 2013.

_____,「宋代婦女奩産權的探討」,《廣東農工商職業技術學院學報》21-2, 2005.

_____,「『夷堅志』中的勞動婦女」,《廣東農工商職業技術學院學報》19-2, 2003.

郭琳,「宋代女使在家庭中的地位－以『名公書判淸明集』爲中心的考察」,《淮陽職業技術學院學報》, 2010-4.

郭尙武,「論宋代保護奴婢人身權的劃時代特徵－據兩宋民法看奴婢的人身權」,《晉陽學刊》, 2004-3.

郭正忠,「宋代的私鹾案和鹽子獄」,《鹽業史研究》, 1997-1.

_____,「宋代包買商人的考察」,《江淮論增》, 1985-2.

霍存福,「宋代"鞫讞分司""听""斷"合一與分立的体制機制考察」,《社会科学輯刊》, 2016-6.

_____, 「中國傳統法文化的文化性狀與文化追尋－情理法的發生」, 《法制與社會發展》, 2001-3.

郭秋蘭,「南宋贛南私鹽與鹽子獄探析」,《贛南師範學院學報》, 2006-2.

管漢暉・錢盛,「宋代紙幣的運行機制；本位, 回贖, 戰爭與通脹」,《經濟科學》, 2016-4.

邱凱·蔣勁峰,「從依國法到全族誼－宋代親屬相告訴訟硏究」,《雲南大學學報》, 2011-7.

具瞳水,「『南宋代 地方官들의 祠廟信仰에 대한 인식과 대응」, 임대희 편,『판례로 본 송대사회』, 민속원, 2018.

寇轍,「宋代的匿名書與社會輿論」,《山東工會論壇》, 2018-2.

屈超立,「論宋代轉運司的司法職能」,《浙江學刊》, 2003-4.

_____,「宋代民事案件的上訴程序考述」,《現代法學》, 2003-2.

_____,「宋代地方行政管理制度改革簡論」,《西南民族大學學報》, 2004-11.

_____,「송대(宋代) 전운사(轉運司)의 사법기능」, 임대희·서지영 옮김,『판례로 본 송대사회』, 민속원, 2018.

_____,「남송(南宋) 민사심판(民事審判)에서의 '단유(斷由)' 제도 연구」,《중국사연구》58, 2009.

_____,「송대 재우(宰牛) 금지 법령과 판례 연구」,《중국사연구》81, 2012.

宮崎市定,「胥吏の陪備を中心として」,『アジア史硏究』卷3, 1957.

_____,「宋代州縣制度の由來とその特色」,『アジア史硏究』卷4, 1957.

_____,「宋元時代の法制と裁判機構」,『アジア史硏究』卷4, 1957.

_____,「王安石の吏士合一策」,『アジア史硏究』卷1, 1957.

金慶喜,「宋代 孤兒 後見과 檢校」,『法史學硏究』36, 2007.

金相範,「國家禮制와 民間信仰의 衝突－唐初 狄仁傑의 淫祠撤廢措置를 중심으로」,《中國史硏究》17, 2002.

_____,「唐代祠廟信仰의 類型과 展開樣相」,《中國學報》44, 2001.

_____,「宋代 福州의 祠廟信仰과 地域社會－祠廟政策의 變化와 施行情況을 중심으로」,《중국사연구》38, 2005.

_____,『당대 국가권력과 민간신앙』, 신서원, 2005.

金榮濟,「南宋 中後期 地方財政의 一側面 : 慶元府의 酒稅收入과 '府'財政의 擴大過程을 中心으로」,《東洋史學硏究》85, 2003.

_____,「南宋의 地方財政에 對해서－浙東路 慶元府(明州)의 財政收支를 中心으로」,《中國史硏究》21, 2002.

_____,「唐·宋代 上供의 증대 과정－특히 宋代의 常平倉·和買·和糴 등을 중심으로」,《東洋史學硏究》36, 1991.

_____,「唐宋時代의 兩稅와 沿徵」,《東洋史學硏究》34, 1990.

_____,「宋代 發運使의 役割과 그 地位의 變化」,《中國史硏究》50, 2007.

_____,「宋代 兩稅의 부과체계에 대하여」,《송요금원사연구》창간호, 1997.

_____,「宋代의 物價와 兩稅負擔」,《東洋史學硏究》91, 2005.

_____,「宋代地方 州縣에 있어서 兩稅의 減免행정에 대하여」,《宋遼金元史硏究》2, 1998.

_____, 「王安石 新法과 地方財政－北宋代 財政集權의 地域差 問題와 關聯하여」,《東洋學》40, 2006.

_____, 『唐宋 財政史－租稅를 중심으로』, 신서원, 1995(2005).

金容完, 「南宋 初期의 民間 武裝集團 研究－紹興 11年 以前의 反政府集團을 中心으로」,《湖西史學》25, 1998.

_____, 「南宋 初期의 變亂集團에 關한 研究－鍾相・楊麽集團을 中心으로」,『인문학연구』28, 2001.

_____, 「南宋의 流民策에 관한 研究」,『논문집』18, 제주대학교, 1984.

金井德幸, 「南宋의 祠廟と賜額について－釋文向と劉克壯の視點」,『宋代の知識人－思想・制度・地域社會』, 東京: 汲古書院, 1992.

_____, 「宋代荊湖南北路における鬼の信仰について－殺人祭鬼の周邊」,《年報》(駒澤大學・禪研究所) 5, 1994.

金宗燮, 「唐・五代 幕職官의 임용 방식과 역할」,《東洋史學研究》71, 東洋史學會, 2000.

金池洙, 『傳統 中國法의 精神－情・理・法의 中庸調和』, 全南大學校出版部, 2005.

吉玄益, 「宋代 免役法의 性格」,《歷史學報》24, 1964.

김경희, 「宋代 孤兒 後見과 檢校」, 임대희 편,『판례로 본 송대사회』, 민속원, 2018.

김보영, 「宋代 女戶의 立戶와 國家管理」, 임대희 편,『판례로 본 송대사회』, 민속원, 2018.

金裕美, 「侗族與客家的繡花鞋變化比較研究－以三江侗族自治縣民族旅遊活動爲背景」,《贛南師範學院學報》, 2010-2.

김호, 『100년전 살인사건－검안을 통해 본 조선의 일상사』, ㈜휴머니스트, 2018.

남은혜, 「南宋代 여성의 持參財産 所有 實態」, 임대희 편,『판례로 본 송대사회』, 민속원, 2018.

_____, 「宋代 家族制度에 대한 연구동향」, 임대희 편,『판례로 본 송대사회』, 민속원, 2018.

남현정, 「宋代 刺字刑의 시행과 사회적 인식의 변화」, 임대희 편,『판례로 본 송대사회』, 민속원, 2018.

內河久平, 「宋初地方官昇進の過程－候選制度について」,『東洋法事の探究』, 1989.

譚景玉, 「宋代鄉村社會的多元權威－以民間糾紛的調解爲例」,《江淮論壇》, 2007-1.

_____, 「宋代鄉村行政組織演變趨勢初探」,《學術論壇》, 2007-1.

唐克亮, 「試論北宋時期的官吏經商」,《求索》, 1996-6.

唐自斌, 「略論南宋婦女的財産與婚姻權力問題」,《求索》, 1994-6.

唐智燕, 「談談『名公書判清明集』中的數字名」,《文史雜談》, 2008-2.

唐春生・孫雪華, 「宋代巴蜀地區的巫覡信仰與崇祀祠廟」,《三峽大學學報》, 2019-3.

戴建國, 「"主僕名分"與宋代奴婢的法律地位－唐宋變革時期階級結構研究之一」,《歷史研究》, 2004-4.

_____, 「20世紀宋代法律制度史研究的回顧與反思」,《史學月刊》, 2002-8.

_____, 「唐宋大赦功能的傳承演變」, 《雲南社會科學》, 2009-4.

_____, 「宋代加役流刑辨析」, 《中國史研究》, 2003.

_____, 「宋代贖刑制度述略」, 《法學研究》, 1994-1.

_____, 「宋代的提點刑獄司」, 《上海師範大學學報》, 1989-2.

_____, 「"主仆名分"与宋代奴婢的法律地位－唐宋変革时期阶级结构研究之一」, 《歷史研究》, 2004-4.

_____, 「南宋基層社會的法律人－以私名貼書、訟師爲中心的考察」, 《史學月刊》, 2014-2.

_____, 「宋代加役流刑辨析」, 《中國史研究》, 2003-3.

_____, 「宋代籍帳制度探析－以戶口統計爲中心」, 《歷史研究》, 2004-4.

_____, 「天一閣藏明抄本《官品令》考」, 《歷史研究》, 1999-3.

戴文坤, 「宋代"吃菜事魔"信仰與官方政策」, 《福建論壇》, 2011-S1.

戴揚本, 「北宋初期轉運使制度的演變」, 《中華文史論叢》, 2007-1.

_____, 『北宋轉運使考述』, 上海古籍出版社, 2007.

大澤正昭, 「劉後村の判語－『名公書判淸明集』と『後村先生大全集』」, 《중국사연구》 54, 2008.

_____, 『南宋の裁判と女性財産權』, 靑木書店, 2000.

_____, 『主張する〈愚民〉たち－伝統中国の紛争と解決法』, 角川書店, 1996.

_____, 『南宋の裁判と女性財産權』, 靑木書店, 2000.

_____, 『主張する〈愚民〉たち－伝統中國の紛争と解決法』, 角川書店, 1996.

_____, 「『淸明集』の世界」, 《上智史學》 85, 1997.

_____, 「南宋の裁判と女性裁判権」, 《歷史學研究》 717, 1998.

_____, 「劉後村の判語－『名公書判淸明集』と『後村先生大全集』」, 《중국사연구》 54, 2008.

_____, 「"五口の家"とその變容－家族規模とその變容－家族規模と構成の變化」, 『唐宋時代の家族・婚姻・女性』(明石書店, 2005).

_____, 「むち打つ者と打たれる者－家族から世代へ」, 『唐宋時代の家族・婚姻・女性』(明石書店, 2005).

_____, 「南宋判語にみる在地有力者, 豪民」, 『中國近世の規范と秩序』(東洋文庫, 2014).

_____, 「婦は強く－唐宋時代の婚姻と家族」, 『唐宋時代の家族・婚姻・女性』(明石書店, 2005).

_____, 「衰退する家族 －『名公書判淸明集』の場合」, 『唐宋時代の家族・婚姻・女性』(明石書店, 2005).

_____, 「遺産のゆくえ－女性財産權問題から」, 『唐宋時代の家族・婚姻・女性』(明石書店, 2005).

_____,「中國社會史研究と『淸明集』」,《ソフィア》40-4, 1992.

_____,「嫉妬する妻たち―夫婦關係の變容」, 『唐宋時代の家族・婚姻・女性』(明石書店, 2005).

_____,「胡石璧の"人情" ―『名公書判淸明集』定性分析の試み」 (大島立子編), 『宋―淸代の法と地域社會』, 東洋文庫論叢, 65, 2006.

德永洋介,「南宋時代の紛爭と裁判」,『中國近世の法制と社會』, 同朋舍, 1993.

陶立明,「宋元禁賭及其賭風昌盛之原因初探」,《淮南師範學院學報》, 2001-1.

陶立明・朱冠艾,「宋元時期賭風再探」,《淮南煤師院學報》, 2002-3.

島善高,「唐代量移考」,『東洋法事の探究』, 1989.

陶晉生,「北宋士族婦女的敎育」,《中央研究院歷史語言研究所集刊》67, 1996.

_____,「北宋婦女的再嫁與改嫁」,《新史學》6-3, 1995.

童光政,「唐宋"四等官"審判制度初探」,《法學研究》, 2001-1.

董文靜,「南宋台諫"必預經筵"政治模式的形成―以董德元爲線索的考察」,《浙江學刊》, 2012-5.

董春林,「法律視域下南宋紹興冤獄的政治取向」,《中南大學學報》, 2013-2.

杜桂榮,「宋代女子離婚, 再嫁與社會地位」,《湖北大學學報》, 2002-3.

杜文玉・王鳳翔,「唐宋時期牢城使考述」,《陝西師範大學學報》, 2006-2.

竇永壽・陳麗瑩,「我國宋朝時期的競渡運動硏究」,《蘭台世界》, 2012-36.

鄧勇,「論中國古代法律生活中的"情理場"―從『名公書判淸明集』出發」,《法制與社會發展》, 2004-5.

羅彤華,「宋代的孤幼檢校政策及其執行―兼論南宋的"女合得男之半"」,《中華文史論叢》, 2011-4.

羅鵬・黃懿,「浙江餘姚大隱南宋汪大猷墓發掘報告」,《南方文物》, 2011-4.

羅雄飛,「宋代汀・贛諸州私鹽問題探析」,《中國社會經濟史研究》, 2005-3.

羅益章,「宋代官吏的私鹽販賣」,《鹽業史研究》, 1995-2.

梁聰,「兩宋時期民間祠祀的法律控制」,《重慶師範大學學報》, 2005-6.

呂蕭奐,「論南宋中後期遊士階層的崛起―遊士的輿論力量與社會功用」,《中山大學學報》, 2014-6.

呂志興,「宋代立嗣制度探析」,《現代法學》, 2001-3.

路楊,「宋慈與南宋刑事偵查制度考析」,《蘭台世界》, 2014-3.

盧俊勇,「宋代牢城軍初探」,《海南大學學報》, 2008-5.

鹿軍,「宋朝縣級公吏職務犯罪相關問題透析―以『名公書判淸明集』爲中心的考察」,《凱里學院學報》33-5, 2015.

雷家宏,「北宋至晚淸民間爭訟解決方式的文化考察」,《船山學刊》, 2003-4.

_____, 「從民間爭訟看宋朝社會」, 《貴州師範大學學報》, 2001-3.

_____雷家宏, 「宋代"弓手"述論」, 《晉陽學刊》, 1993-4.

廖大珂, 「試論宋代市舶司官制的演變」, 《歷史研究》, 1998-3.

廖育群, 「宋慈与中国古代司法检验体系评说」, 《自然科學史研究》, 1995-4.

廖寅, 「南宋新型軍正制度與基層治安管理之創新」, 《武漢大學學報》, 2014-5.

廖峻, 「『名公書判淸明集』 中宋代司法審判的中庸理念及其方法」, 《貴州民族學院學報》, 2010-1.

劉佳, 「中國古代"匿名擧報"之法律規制」, 《法制與社會》, 2008-7.

劉黎明, 「論宋代民間淫祠」, 《四川大學學報》, 2004-5.

_____, 「宋代民間求雨巫術」, 《西南民族學院學報》, 2002-12.

_____, 『宋代民間巫術研究』, 巴蜀書社, 2004.

_____, 「『夷堅志』"建德妖鬼"故事研究」, 《淸華大學學報》, 2003-1.

柳立言, 「『名公書判淸明集』的無名書判－研究方法的探討」, 《中國古代法律文獻研究》5.

_____, 「南宋的民事裁判: 同案同判还是异判」, 《中國社會科學》, 2012-8.

_____, 「色戒—宋僧與姦罪」, 《法制史研究》12, 2007.

_____, 「從法律糾紛看宋代的父權家長制－父母舅姑與子女媳婿相爭」, 『宋代的家庭和法律』, 上海古籍出版社, 2008.

_____, 「"天理"在南宋審判中的作用」, 《中央研究院歷史語言研究所集刊》84-2, 2013.

劉兵, 「宋代競渡考略」, 《蘭台世界》, 2014-9.

劉世梁, 「宋代贛閩粤邊區私鹽問題研究－以私鹽販、地方豪民、政府的關系爲中心」, 《龍岩學院學報》, 2015-6.

劉素貞, 「論『名公書判淸明集』的語体特色」, 《畢節學院學報》, 2009-1.

劉黎明, 「論宋代民間淫祠」, 《四川大學學報》134, 2004-5.

柳雨春, 「身體的消費－宋代官妓的差排、祇應與國家權力」, 《宋史研究論叢》, 2015-1.

劉雲, 「國家, 法令與地方社會: 宋代財產檢校制度研究」, 《中國社會經濟史研究》, 2019-2.

____, 「砧基簿與南宋土地登記制度的建立」, 《農業考古》, 2012-6.

劉雲・刁培俊, 「宋代戶帖制度的變遷」, 《江西師範大學學報》42-6, 2009.

柳田節子, 「南宋期家產分割における女承分について」, 『宋元社會經濟史研究』, 創文社, 1994.

_____, 「宋代の雇傭人と奴婢」, 『宋元社會經濟史研究』, 創文社, 1995.

_____, 「宋代の地客－雇傭人身分關聯して」, 《學習院大學文學部研究年報》31, 1984.

_____, 『宋代庶民の女たち』, 汲古書院, 2003.

_____, 『宋元社會經濟史研究』, 創文社, 1995.

劉春萍, 「南宋田宅交易法初探」, 《求是學刊》, 1994-6.

_____, 「南宋婚姻家庭法規範中婦女地位芻議」, 《求是學刊》, 1996-6.

劉通, 「『名公書判清明集』宋慈判詞與《朱子語類》詞彙的比較研究」, 《朱子文化》80, 2019.

劉馨珺, 「請求公事－宋代地方官犯罪探析」, 《法律史譯評》, 2017-2.

_____, 「爭山盜葬－唐宋墓田法令演變之探討」, 高明士 編, 『東亞傳統家禮教育與國法 (2): 家內秩序與國法』, 臺北: 臺大出中心, 2005.

劉昕, 「宋代訟師對宋代州縣審判的沖擊探析」, 《湖南社會科學》, 2014-1.

_____, 「宋代訟學與訟師的形成及其影響下的民間好訟風尚」, 《邵陽學院學報》, 2011-6.

_____, 「宋代政府對訟師教唆誣告行爲的法律規制」, 《湖南社會科學》, 2012-3.

陸敏珍, 「宋代縣丞初探」, 《史學月刊》, 2003-11.

李建紅, 「再論"男女授受不親"」, 《科技致富向導》, 2011-32.

李金水, 「論北宋職役的財政屬性及其影響」, 《廈門大學學報》, 2006-4.

李麗, 「中國刑法中的重典治吏」, 《法制與社會》, 2007-3.

李祿峰, 「宋代中上層女子爲何難嫁」, 《文史雜志》, 2005-6.

李文靜, 「宋代法吏之名目及職掌考」, 《周口師範學院學報》, 2010-6.

李錫厚, 「宋代私有田宅的親鄰權利」, 《中國社會科學院研究生院學報》, 1999-1.

李雪菁, 「宋代"律師"的出現及其原因分析」, 《蘭台世界》, 2014-30.

李小紅, 「宋代的尚巫之風及其危害」, 《史學月刊》, 2002-10.

_____, 「『宋代社會中的巫覡研究』簡介」, 《寧波大學學報》, 2011-1.

_____, 「宋代"信巫不信醫"問題探析」, 《四川大學學報》, 2003-6.

_____, 「宋代民間"信巫不信醫"現象探析」, 《學術研究》, 2003-7.

_____, 「以醫制巫－宋代地方官治巫芻議」, 《科學與無神論》, 2004-3.

李永卉, 「宋代豪橫的危害以及懲治」, 《安徽師範大學學報》, 2010-1.

李玉清, 「宋代禁巫興醫原因之分析」, 《醫學與哲學》, 2008-12.

李雲根, 「北宋宰輔家族與皇族聯姻現象考論」, 《宜春學院學報》, 2016-2.

李雲彪, 「宋代贛南的私販」, 《宜春學院學報》, 2014-1.

李之亮, 「北宋開封府界提點官考」, 《華北水利水電學院學報》, 2002-1.

_____, 『宋代路分長官通考』, 巴蜀書社, 2003.

李智萍, 「宋代宗女婚姻論略」, 《殷都學刊》, 2004.

李昌憲, 「北宋前期官品令複原研究」, 《河南大學學報》52-1, 2012.

李倩文, 「南宋范應鈴法律思想探析, 以『名公書判清明集』 爲中心」, 《河北北方學院學報》 32-1, 2016.

李浩·范學輝, 「宋代山東地區的民間信仰與秘密宗教」, 《民俗研究》, 2004-4.

李華, 「宋代訴訟中減少誣告的規範及措施」, 《長安大學學報》19-2, 2013.

李華瑞, 「關於救荒政策與宋朝民變規模之評說」, 《遼寧大學學報》42-6, 2014.

李換平,「宋代的攝官縣令」,《鄭州航空工業管理學院學報》30-6, 2011.

李曉,「論宋代民間資本的流向」,《文史哲》, 2000-5.

＿＿＿,「論宋代的茶商和茶商資本」,《中國經濟史研究》, 1997-2.

＿＿＿,「宋朝江淮荊浙發運司的政府購買職能」,《中國社會經濟史研究》, 2004-2.

＿＿＿,「宋朝的政府購買制度」,《文史哲》, 2002-3.

＿＿＿,「宋朝政府購買的撥款系統研究」,《鄭州大學學報》, 2004-7.

＿＿＿,「宋朝制定政府購買預算的基本依據」,《文史哲》, 2004-1.

＿＿＿,「王安石市易法與政府購買制度」,《歷史研究》(專題研究), 2004-6.

李曉・姜雪燕,「宋朝政府購買預算的基本形式」,《歷史學術研究》, 2004-10.

李曉・姜雪燕,「宋朝政府購買資金的調撥方式」,《史學月刊》, 2005-1.

林劍華,「宋代東南地區民間宗教與官方政策」,《福建文博》, 2012-3.

馬雲橋,「淺析情理在宋代司法判決中的具體運用 - 以『名公書判清明集』中的婚嫁案件爲中心」,《商》, 2008.

馬泓波,「宋代法律由中央到地方頒布方式探析」,《歷史教學》, 2009-10.

萬里,「宋代唯物主義法學家胡穎事跡著述與思想考述」,《長沙電力學院學報》, 2001-3.

梅原旭,「宋代の戶口問題をめぐって」,《東方學報》62, 1990.

＿＿＿,『名公書判清明集譯注』, 同朋舍, 1986.

＿＿＿,『中國近世の法制と社會』, 京都大學校人文科學研究所, 1992.

穆朝慶,「兩宋戶籍制度問題」,《歷史研究》, 1982-1.

＿＿＿,「論南宋科舉中的"類省試"」,《中州學刊》, 1987-6.

苗書梅,「論宋代的權攝官」,《河南學院學報》, 1995-5.

＿＿＿,「宋代州級公吏制度研究」,《河南大學學報》, 2004-11.

＿＿＿,「宋代知州及其職能」,《史學月刊》, 1998-6.

＿＿＿,「宋代縣級公吏制度初論」,《文史哲》, 2003-1.

武乾,「中國古代對巫術邪教的法律懲禁」,《理論法學》, 1999-9.

朴玖澈,「抵當 訴訟을 중심으로」, 임대희 편, 『판례로 본 송대사회』, 민속원, 2018.

＿＿＿,「淸明集 戶婚門에서 본 業訴訟－典 訴訟을 중심으로」,《啓明史學》14, 2003.

박서진・임대희,「명공서판청명집名公書判淸明集 권일卷一 관리문官吏門 역주譯註」《대구사학》135, 2019.

＿＿＿＿＿＿,「명공서판청명집名公書判淸明集 권삼卷三 부역문賦役門 역주譯註Ⅰ」,《중국사연구》118, 2019.

＿＿＿＿＿＿,「명공서판청명집名公書判淸明集 권삼卷三 부역문賦役門 역주譯註Ⅱ」,《중국사연구》122, 2019.

＿＿＿＿＿＿,「명공서판청명집名公書判淸明集 권삼卷三 문사문文事門 역주譯註」,《역

사교육논집》71, 2019.

朴淳坤, 「宋代 地方胥吏의 모습」, 임대희 편, 『판례로 본 송대사회』, 민속원, 2018.

朴永哲, 「訟師의 출현을 통해 본 宋代 중국의 법과 사회」, 《法史學硏究》27, 2003.

_____, 「譯註 : 宋史刑法志(1)」, 《中國史硏究》19, 2002.

_____, 「『名公書判淸明集』의 版本과 讀解」, 《역사문화연구》22, 2005.

_____, 『名公書判淸明集－戶婚門 譯註』, 소명출판, 2008.

方寶璋, 「略論宋代財經監督機制」, 《福建師範大學學報》, 2000-2.

_____, 「宋代的會計賬籍」, 《北京師範學院學報》, 1991-5.

方燕, 「宋代女性崇病의 民間療法－以『夷堅志』爲中心」, 《宗敎學硏究》, 2008-4.

____, 「試論宋代匿名書」, 《四川師範大學學報》, 2014-3.

배수현, 「宋代 부동산거래 계약서의 위조 양상」, 임대희 편, 『판례로 본 송대사회』, 민속원, 2019.

裴淑姬, 「宋代 士大夫의 女性觀과 女性敎育論」, 『渭堂申採湜敎授停年紀念宋代史硏究論叢』, 三知院, 2000.

白文固, 「北宋文武官員恩蔭制度探究」, 《史學月刊》, 2002-3.

白賢, 「從『名公書判淸明集』看南宋士大夫的司法實踐與政治理念」, 《寧德師範學院學報》, 2018-3.

范建文, 「宋代書鋪再認識」, 《四川師範大學學報》42-4, 2015.

范立舟, 「論南宋"吃菜事魔"與明敎、白蓮敎的關系」, 《杭州師範大學學報》, 2016-3.

范學輝, 「宋代縣令兼銜考」, 《中國史硏究》, 2018-3.

傅日晶, 「試論宋代司法制度的發展」, 《學術探索》, 2006-3.

付海妮, 「近十餘年來宋代女性史硏究探述」, 《貴州文史叢刊》, 2005-4.

史繼剛, 「宋代私鹽販階級結構初探」, 《鹽業史硏究》, 1990-4.

_____, 「宋代嚴禁拐賣人口」, 《西南師範大學學報》, 1991-2.

史繼剛·余明, 「論宋代私鹽的市場供給」, 《鹽業史硏究》, 2008-2.

謝重光, 「宋代畬族史的幾個關鍵問題－劉劇庄『漳州諭畬』 新解」, 《福建師範大學學報》, 2006-4.

尙平, 「南宋馬綱水運考述」, 《首都師範大學學報》, 2010-1.

____, 「南宋砧基簿與魚鱗圖冊的關系」, 《首都師範大學學報》, 2010-1.

____, 「宋代戶帖的性質及其使用」, 《廣西社會科學》, 2007-5.

____, 「南宋馬綱水運考述」, 《首都師範大學學報》192, 2010.

徐東升, 「論宋代的監司關係－以轉運, 提點刑獄和提擧常平司爲中心」, 《江西社會科學》, 2008-5.

徐園, 「中國古代調解制度探析」, 《法制與社會》, 2008-12.

서지영, 「宋代 提點刑獄司에 대한 연구동향」, 임대희 편, 『판례로 본 송대사회』, 민속원, 2019.

_____, 「宋代 提點刑獄司의 機能變化와 그 意味」, 임대희 편, 『판례로 본 송대사회』, 민속원, 2019.

徐海燕, 「略論中國古代典妻婚俗及其産生根源」, 《沈陽師範大學學報》, 2005-4.

徐曉慧, 「南宋司法檢驗制度硏究」, 《南京師範大學》, 2008-11.

石濤, 「北宋提點刑獄司硏究」, 《聊城大學學報》, 2003-1.

蕭建新, 「宋代賬簿及其審計的法律規制」, 《南昌大學學報》, 2019-3.

小島毅, 「牧民官の祈り－眞德秀の場合」, 《史學雜誌》 100, 1991.

_____, 「正祠と淫祠－福建の地方志における記述と論理」, 《東洋文化硏究所紀要》 114, 1991.

小林義廣, 「宋代の『諭俗文』」, 『宋代の政治と社會』 (宋代史硏究會硏究報告 第三集), 1989.

蕭忠文, 「論宋代巫術」, 《天府新論》, 2001-3.

孫健, 「馬伯良的宋代"新法律史" 硏究－立足於『名公書判淸明集』英譯本的考察」, 《中國史硏究動態》, 2016-3.

孫濤, 「對北宋"盜賊重法"的法律經濟學分析」, 《海南廣播電視大學學報》, 2007-4.

宋乾, 「宋代官員贓罪的懲處機制」, 《安陽工學院學報》 14-3, 2015.

_____, 「試論宋代略賣人口的幾個問題」, 《樂山師範學院學報》, 2004-9.

宋乾・宋豔玲, 「試論宋代嚴禁略賣人口」, 《河北工程技術職業學院學報》, 2004-3.

宋國慶, 「宋朝"錢荒"」, 《決策》, 2013-8.

宋代官箴硏讀會 編, 「『名公書判淸明集』中所見的女使訴訟」, 『宋代社會與法律－『名公書判淸明集』討論』, 東大圖書股份有限司, 1998.

宋冬霞, 「從宋代海鹽私販誘因看當今私鹽泛濫」, 《揚州大學學報》, 2015-3.

宋東俠, 「簡析宋代在室女的財産權」, 《靑海師範大學學報》, 2002-1.

_____, 「論宋代婦女改嫁盛行的原因」, 《靑海師範大學學報》, 1996-1.

_____, 「淺議宋代婦女在社會生産中的作用」, 《靑海社會科學》, 2000-6.

松本浩一, 「宋代の社と祠廟」, 《史境》 38・39, 1999.

_____, 「中國村落における祠廟とその變遷」, 《社會文化史學》 31, 1993.

宋燕鵬・張文科, 「從『名公書判淸明集』看南宋族長的職權」, 《邯鄲師專學報》, 2001-4.

宋炯, 「宋代提擧常平司的沿革與財政體系的變化」, 《安徽史學》, 2002-1.

須江隆, 「南宋代における祠廟の記錄－"方臘の亂"に關する言說を中心に」, 《歷史》 95, 2000.

_____, 「唐宋期における祠廟・封號の下賜につて」, 《中國－社會と文化》 9, 1994.

_____, 「祠廟の記錄が語る『地域』觀」, 『宋代人の認識－相互性と日常空間』 宋代史硏究會硏究報告7, 2001.

_____, 「祠廟와 宗族-北宋 末 以後『地域社會』의 形成과 再編」,《중국사연구》27, 2003.

_____, 「熙寧七年の詔て-北宋神宗朝期の賜額・賜號」,《東北大學東洋史論集》 8, 2001.

隋傑,「論息訟及其司法選擇」,《法制與社會》, 2013-10.

水越知,「宋代社會と祠廟信仰の展開-地域核としての祠廟の出現」,《東洋史硏究》60-4, 2002.

勝山稔,「宋元代の聘財に關する一考察:高額聘財の推移から見る婚姻をめぐる社會」,《中央大學文學部アジア史硏究》22, 1998.

柴榮・郭理蓉,「宋代商業市場管理法律初探」,《北京工商大學學報》, 2008-1.

辛更儒,「論宋代婦女改嫁不受輿論非議」,《婦女研究論叢》, 1999-3.

申忠玲,「宋代的走馬承受公事探究」,《青海社會科學》, 2011-5.

辻正博,「宋代編管制度考」,《東洋史硏究》61-3, 2002.

_____,「宋初の配流と配軍」,《東洋史硏究》52-3, 東洋史硏究會, 1993.

楊康蓀,「宋代官田包佃述論」,《歷史研究》, 1985-5.

楊建宏,「略論宋代淫祀政策」,《貴州社會科學》, 2005-5.

楊高凡,「宋代大辟研究-從宋代死刑的執行率角度考察」,《保定學院學報》27-1, 2014-1.

楊果・柳雨春,「宋代國家對官員宿娼的管理」,《武漢大學學報》, 2011-1.

楊果・鐵愛花,「從唐宋性越軌法律看女性人身權益的演變」,《中國史研究》, 2006-1.

楊文新,「南宋福建宗室任官考述」,《龍岩學院學報》, 2014-6.

楊富學・史亞軍,「"吃菜事魔"名實再探」,《山西大學學報》, 2014-3.

楊翠蘭,「論宋代法律文獻的編纂成就」,《湖南科技學院學報》, 2006-12.

梁太濟,「兩宋的土地買賣」,『宋史研究論文集』, 上海古籍出版社, 1982.

楊曉紅,「宋代占蔔與宋代社會」,《四川師範大學學報》, 2002-5.

余貴林,「宋代買賣婦女現象初探」,《中國史研究》, 2000-3.

餘貴林・郝群,「宋代典賣制度散論」,《中州學刊》, 1997-5.

永田三枝,「南宋期における女性の財産權について」,《法制史研究》42, 1992.

芮傳明,「論宋代江南之"吃菜事魔"信仰」,《史林》, 1999-3.

吳建偉,「再論宋代作僞現象」,《哈爾濱學院學報》, 2005-7.

吳寶琪,「宋代的離婚與婦女再嫁」,《史學集刊》, 吉林大學, 1990.1.

吳旭霞,「淺談宋代婦女的就業」,《學術研究》, 1997.10.

吳秋紅,「論宋以例破法原因」,《黃岡師範學院學報》, 2004-5.

翁育瑄,「唐代の姦罪-以唐律爲中心的探討」,《法制史研究》22, 2012.

_____,「宋代の姦罪」,《お茶の水史學》50, 2006.

_____,『唐宋的姦罪與兩性關係』, 稻鄕出版社, 2012.11.

王嘉,「關於"親親相隱"的研究」,《法學研究》, 2011-2.

王健,「近年來民間信仰問題研究的回顧與思考：社會史角度的考察」,《史學月刊》, 2005-1.

王國強,「試論宋代寺院占田的新方式」,《保山師專學報》, 1999-3.

王寧,「再說"牢"」,《南方文物》, 1994-3.

王麗,「北宋轉運使的設置問題探討」,《河南大學學報》, 2001-6.

王墨,「淺論宋代婦女的社會地位」,《廣東民族學院學報》, 1988-11.

王菲,「宋慈『洗冤集錄』與宋朝司法鑒定淵源探析」,《蘭台世界》, 2014-5.

王賽時,「宋代的競渡」,《民俗研究》, 1992-2.

王瑞蕾,「論宋代地方官吏的瀆職」,《貴州文史叢刊》, 2011-2.

王善軍,「強宗豪族與宋代基層社會」,《河北大學學報》, 1998-9.

_____,「宋代世家大族消費述論」,《社會科學戰線》, 2008-7.

_____,「宋代宗族制度的社會職能及其對階級關系的影響」,《河北大學學報》, 1996-3.

_____,「從『名公書判清明集』看宋代的宗桃繼承及其與財産繼承的關系」,《中國社會經濟史研究》, 1998-2.

汪聖鐸,「南宋對會子的兩次大規模"稱提"」,《中國錢幣》, 1993-1.

王述尧,「历史的天空－－略论贾似道及其与刘克庄的关系」,《蘭州學刊》, 2004-3.

王述堯,「劉克莊研究綜述」,《古典文學知識》, 2004-4.

王申,「論南宋前期東南會子的性質與流通狀況」,《清華大學學報》, 2019-3.

王雲海,『宋代司法制度』, 河南大學出版社, 1992.

王爲東, 「南宋民事審判依據的分類考察－以『名公書判清明集』 爲中心」, 《中州學刊》, 2009-7.

王瑜,「宋代"淫祀"觀及地方官員的政治實踐」,《西安電子科技大學學報》, 2016-6.

王應瑄,「從國淵、王安禮驗字破案看古代的投匿名書告人罪、誣告罪、誹謗罪、投書誹謗罪」,《法學評論》, 1987-3.

王俊奇,「宋代的"水戲"和"龍舟競渡"」,《文史雜志》, 1998-3.

王曾瑜,「宋朝賣官述略」,《史學集刊》, 2006-4.

王志強,「南宋司法裁判中的價值取向－南宋書判初探」,《中國社會科學》, 1998-6.

_____,「名公書判清明集法律思想初探」,《法學研究》, 1997-5.

王志强,「『名公书判清明集』法律思想初探」,《法學研究》, 199-5

_____,「南宋司法裁判中的價值取向－南宋書判初探」,《中國社會科學》, 1998-6.

王棣,「論宋代縣鄉賦稅征收體制中的鄉司」,《中國經濟史研究》, 1999-2.

_____,「宋代鄉司在賦稅征收體制中的職權與運作」,《中州學刊》, 1999-2.

王平宇,「『名公書判清明集』中所見的女使訴訟－傳統婦女法律地位的一個側面」,『宋代社會與法律－『名公書判淸明集』討論』, 大圖書公司, 1998.

王華豔·范立舟, 「南宋鄕村的非政府勢力初探」, 《浙江社會科學》, 2004-1.

王曉龍, 「論宋代提點刑獄司在地方"三農"事務中的作用」, 《中國經濟史硏究》, 2010-1.

_____, 「從提點刑獄司制度看宋代"路"之性質」, 《中國歷史地理論叢》, 2008.

_____, 『宋代提點刑獄司制度硏究』, 人民出版社, 2008.

王曉龍·杜敬紅, 「宋代監司對宋代法律文明建設的貢獻」, 《河北大學學報》, 2012-6.

牛傑, 「宋代好訟之風産生原因再思考－以鄕村司法機制爲中心」, 《保定師範專科學校學報》, 2006-1.

禹成淑, 「宋代 女性의 再婚과 財産問題」, 임대희 편, 『판례로 본 송대사회』, 민속원, 2019.

虞雲國, 「宋代台諫系統的破壞與君權相權之關系」, 《學術月刊》, 1995-11.

_____, 「宋代台諫的職事回避」, 《上海師範大學學報》, 1996-1.

_____, 「試論宋代對台諫系統的監控」, 《史林》, 1997-3.

尤陳俊, 「"訟師惡報"話語模式的力量及其複合功能」, 《學術月刊》, 2019-3.

袁冬梅, 「論宋朝胥吏在基層社會控制中的負面作爲」, 《新餘高專學報》, 2005-2.

袁俐, 「宋代女性財産權述論」, 『宋史硏究集刊』 2, 1998.

袁一堂, 「北宋錢荒:從財政到物價的考察」, 《社會科學戰線》, 1993-2.

魏道明, 「南宋"女合得男之半"分産法探究」, 《靑海社會科學》, 2018-5.

魏峰, 「從刺字看宋代軍制」, 《史學月刊》, 2005.9.

魏殿金, 『宋代刑罰制度硏究』, 齊魯書社, 2009.

_____, 「試析宋代配的刑罰內容」, 《中國史硏究》, 2001-4.

魏天安, 「宋代官田鬻賣規模考實」, 《史學月刊》, 2005-1.

_____, 「宋代的契稅」, 《中州學刊》, 2009-5.

_____, 「宋代弓箭手營田制度的興衰」, 《中國社會經濟史硏究》, 2006-1.

遊君彦, 「南宋四川類省試類元考論」, 《宋史硏究論叢》, 2017-2.

柳立言, 「宋代女兒的法律權利和責任」, 『家庭史硏究的新視野』, 三聯書店, 2004.

_____, 「淺談宋代婦女的守節與再嫁」, 『婦女與社會』, 大百科全書, 2005.

柳田節子, 「宋代女子財産權」, 『法政史學』 42, 1990.

遊彪, 「略論宋代寺院, 僧尼經營的商業和高利貸」, 《河北學刊》, 1990-6.

____, 「宋代"禁寺、觀毋市田"新解」, 《中國經濟史硏究》, 2002-4.

劉馨珺, 「宋代的請託風氣－以「請求」罪爲中心之探討」, 『宋代社會與法律』 (宋代官箴硏究會 編), 2001.

遊惠遠, 『宋代民婦的角色與地位』, 新文豊出版, 1998.

陸貞任, 「宋代 딸의 相續權과 法令의 變化」, 《梨花史學硏究》 30, 2003.

_____, 「宋代 分割相續과 家族」, 《東洋史學硏究》 83, 2003.

_____, 「宋代 養子의 財産繼承權」,《東洋史學研究》74, 2001.

_____, 「宋代 遺囑에 의한 財産相續」,《中國學報》46, 2002.

_____, 「宋代 戶絶法 研究」,《宋遼金元史研究》5, 2001.

李玠奭, 「宋 徽宗代 紹述新政의 挫折과 私權的 皇權强化」,《東洋史學研究》53, 1996.

李瑾明, 「南宋時代 兩浙의 人口와 社會變化－麥作의 普及 問題를 中心으로」,《中國研究》28, 2001.

_____, 「宋代 社會救濟制度의 運用과 國家權力－居養院制의 變遷을 中心으로」,《東洋史學研究》57, 1997.

_____, 「五代宋初 胥吏 존재형태의 변화와 그 성격」,《東洋史學研究》40, 1992.

李錫炫, 「宋代 '奴婢' '雇傭人' 研究現況과 課題－日本에서의 研究를 中心으로」,《中國史研究》21, 2002.

_____, 「譯註宋史刑法志(II)」,《中國史研究》49, 2007.

李如鈞, 「從『名公書判淸明集』看宋代田宅典賣中的'典'」,『宋代社會與法律』, 東大圖書股份有限公司, 2001.

李偉國, 「略論宋代的檢校庫」,『宋史研究論文集』, 浙江人民出版社, 1987.

이종찬, 「宋代 不動産 거래와 親隣法」, 임대희 편, 『판례로 본 송대사회』, 민속원, 2019.

李鉉, 「宋初期 發運司에 관한 一問題－端拱年間의 置廢原因을 中心으로」,《釜大史學》4, 1981.

仁井田陞, 「『淸明集』〈戶婚門〉の研究」,『中國法制史 研究－法と慣習・法と道德』, 東京大學出版會, 1964(니이다 노보루 지음, 「『청명집』「호혼문」의 연구」, 임대희 옮김, 『판례로 본 송대 사회』, 민속원, 2019 참조).

_____, 『唐令拾遺』, 東京大學出版會, 1964. 1997(再版).

_____, 『唐令拾遺補』, 編者代表・池田温, 東京大學出版會, 1997.

_____, 『唐宋法律文書の研究』, 東京大學出版會, 1937・1983(再版).

_____, 『中国の農村家族』, 東京大學出版會, 1952.

_____, 『中国の法と社会と歴史』, 岩波書店, 1967(遺稿集).

_____, 『中國法制史研究(家族村落法)』, 東京大學出版會, 1962(니이다 노보루 지음, 『중국법제사연구(가족법)』, 박세민・임대희옮김, 서경문화사, 2013).

_____, 『中國法制史研究(法と慣習, 法と道德)』, 東京大學出版會, 1964.

_____, 『中國法制史研究(取引法)』, 東京大學出版會, 1960(니이다 노보루 지음, 『중국법제사연구(거래법)』, 박세민・임대희 옮김, 近刊).

_____, 『中國法制史研究(土地法)』, 東京大學出版會, 1960(니이다 노보루 지음, 『중국법제사연구(토지법)』, 임대희 옮김, 近刊).

_____, 『中國法制史研究－刑法編』, 東京大學出版會, 1959(니이다 노보루 지음, 『중국법

제사연구(형법)』, 전영섭・조지만・임대희 옮김, 近刊).

_____,『中国法制史』, 岩波書店, 1952(新裝版・岩波全書, 1979・2005).

임대희・박구철 역,「譯註『淸明集』「호혼문」卷四」,《중국사연구》33, 2004.

_____,「譯註『淸明集』「호혼문」卷五」,《중국사연구》34, 2005.

_____,「譯註『淸明集』「호혼문」卷六 (上)」,《중국사연구》37, 2005.

_____,「譯註『淸明集』「호혼문」卷六 (下)」,《중국사연구》38, 2005.

_____,「譯註『淸明集』「호혼문」卷七 (上)」,《중국사연구》41, 2006.

_____,「譯註『淸明集』「호혼문」卷七 (下)」,《중국사연구》42, 2006.

_____,「譯註『淸明集』「호혼문」卷八 (上)」,《중국사연구》47, 2007.

_____,「譯註『淸明集』「호혼문」卷八 (中)」,《중국사연구》55, 2008.

_____,「譯註『淸明集』「호혼문」卷八 (下)」,《중국사연구》62, 2009.

_____,「譯註『淸明集』「호혼문」卷九 (上)」,《중국사연구》73, 2011.

_____,「譯註『淸明集』「호혼문」卷九 (中)」,《중국사연구》80, 2012.

_____,「譯註『淸明集』「호혼문」卷九 (下)」,《중국사연구》84, 2013.

任慶華,「從『洗冤集錄』看宋代法治思想發展」,《蘭台世界》, 2016-12.

張光輝,「中國古代"雜犯死罪"與"眞犯死罪"考略」,《商丘師範學院學報》, 2009-2.

張克偉,「從『洗冤集錄』談談宋慈對我國古代法醫學的貢獻」,《貴州師範大學學報》, 1994-3.

張金花,「宋朝政府對夜市的幹預與管理」,《首都師範大學學報》, 2016-2.

蔣楠楠,「社会變革下的宋代司法秩序－从司法活動中的"幹"說起」,   《南京大學學报》, 2014-4.

張德英,「宋代法律在民間的傳播」,《濟南大學學報》, 2003-6.

_____,「宋代學校中的"自訟齋"」,《文史知識》, 2003-12.

張東光・邰鳳琳,「宋代官憑文書告身的管理機構官告院」,《檔案管理》, 2014-1.

張麗娟,「從『名公書判淸明集』看南宋的財産繼承制度」,《智庫時代》, 2018.

張連擧,「從『洗冤集錄』看屍傷檢驗之審愼」,《政法學刊》, 2016-4.

張玲,「論宋代交引鋪戶與入中、榷賣的關系」,《山西大同大學學報》, 2014-6.

張利,「"義理決獄"探析－以『名公書判淸明集』爲主要依據」,《河北學刊》, 2006-2.

____,「宋代"名公"司法審判精神探析－以『名公書判淸明集』 爲主要依據」,《河北法學》, 2006-10.

張邦煒,「兩宋婦女的歷史貢獻」,『社會科學研究』, 1997.6.

_____,『宋代婚姻與社會』, 四川人民出版社, 1989.

張帆,「『淸明集』中"田縣丞遺屬分産案"書判釋讀」,《社會縱橫》30-6, 2015.

張本順,「南宋親屬間財産訴訟的調解模式初探」,《天府新論》, 2013-1.

_____,「論宋代親屬財産爭訟的司法藝術風格與精神」,《四川師範大學學報》, 2014-4.

_____, 「變革與轉型 南宋民事審判"斷由"制度生成的歷史成因、價值功能及意義論析」,《首都師範大學學報》, 2015-3.

張本順·陳景良,「宋代親屬財産訴訟中的"利益衡平"藝術及其當代借鑒」, 《蘭州學刊》, 2015-6.

張斐怡,「從判例來看宋元時期法律對婚外情事件的處理」,『宋代社會與法律-《清明集》 討論』, 東大圖書公司, 2001.

張小貴,「唐宋祆祠廟祝的漢化－以史世爽家族爲中心的考察」,《中山大學學報》, 2005-3.

張小玲,「從『洗冤集錄』看宋慈司法刑事檢驗的法律思想」,《蘭台世界》, 2015-6.

張筱兒,「論宋代娼優與榷酤之制」,《甘肅社會科學》, 2005-3.

張松,「『洗冤錄彙校』整理說明及『洗冤錄』研究索引」,《法律文獻信息與研究》, 2007-1.

張守東,「人命與人權; 宋代死刑控制的數據 程序及啟示」,《政法論壇》33-3, 2015.

章深,「北宋"盜賊重法"解析－兼論刑亂國用重典的法律傳統」,《人文天地》, 2005-1.

張亦冰,「唐宋時估制度的相關令文與制度實踐－兼論《天聖令·關市令》宋10條的復原」,《中國經濟史研究》, 2017-1.

장용준,「송대 소송제도에 대한 연구동향」, 임대희 편,『판례로 본 송대사회』, 민속원, 2018.

蔣竹山,「宋至清代的國家與祠神信仰研究的回顧與討論」,《新史學》8-2. 1997.

田莉姝·成思亮,「從『洗冤集錄』 看宋代刑事司法糾錯制度存在的缺陷」,《貴州大學學報》34-6, 2016.

錢崇豪,「宋慈與中國司法鑒定」,《中國司法鑒定》, 2006-1.

전영섭,「唐·宋·元의 법전에 구현된 謀大逆罪의 構成要件과 刑罰體系－『唐律疏議』名例律·十惡條·盜賊律·謀反大逆條의 規定 內容을 中心으로」,《역사와 세계》53, 2018.

_____,「唐·宋代 법률에 규정된 姦罪 비교 연구」,《법학연구》(인하대학교) 22-1, 2019.

_____,「唐律에 규현된 謀叛罪의 構成要件과 刑罰體系; 宋·元律과의 비교 검토」,《역사와 경계》, (부산경남사학회) 110, 2019.

田志光,「宋代大理寺諸職能論析」,《保定學院學報》, 2014-1.

鄭克,『折獄龜鑑』, 김지수 譯, 소명출판, 2001.

程濤,「宋代鄉村"團"制考論」,《中國歷史地理論叢》34-4, 2019.

鄭銘德,「『名公書判淸明集』中所見墓地相關問題」,『宋代社會與法律』, 東大圖書股份有限公司, 2001.

程民生,「宋代的傭書」,《中國史研究》, 2019-3.

丁燁,「南宋『洗冤集錄』研究綜述」,《法制與社會》, 2012-2.

鄭穎慧,「宋代法官灸理訴訟制度探討」,《南都學壇》, 2003-11.

_____,「宋代刑訊制度及其實踐」,《保定學院學報》, 2009.1.

정우석, 「宋代 編管刑의 등장과 그 시행상의 특징」, 임대희 편, 『판례로 본 송대사회』, 민속원, 2018.

鄭定·柴榮, 「兩宋土地交易中的若幹法律問題」, 《江海學刊》, 2002-6.

程宗璋, 「中國傳統社會"無訟觀"—再認識」, 《中華文化論壇》, 1999-3.

趙克生, 「屠釣之禁的歷史考察」, 《安徽史學》, 2000-4.

晁根池, 「宋代宗室犯罪的預防及懲治問題述論」, 《邢台學院學報》25-4, 2010.

_____, 「宋代宗室居住問題述論」, 《宋史研究論叢》21, 2017.

曹明升, 「宋代歌妓略論」, 《西華師範大學學報》, 2005-1.

刁培俊, 「宋代的富民與鄉村治理」, 《河北學刊》, 2005-3.

_____, 「宋代鄉村精英與社會控制」, 《社會科學輯刊》, 2004-2.

_____, 「宋代鄉役人數變化考述」, 《中国史研究》, 2005-1.

_____, 「宋朝"保甲法"四題」, 《中國史研究》, 2009-1.

刁培俊·張國勇, 「宋代國家權力滲透鄉村的努力」, 《江蘇社會科學 歷史學研究》, 2005-4.

曺福鉉, 「宋代 官僚社會에서 賂物授受가 盛行한 背景과 士風」, 《東洋史學研究》95, 2006.

_____, 「宋代 官員의 公使錢 研究」, 《東洋史學研究》81, 2003.

_____, 『송대 관원의 봉록제도』, 신서원, 2006.

趙章超, 「宋代巫術妖教犯罪與法律懲禁考述」, 《宗教學研究》, 2002-4.

趙晶, 「中國傳統司法文化定性的宋代維度—反思日本的『名公書判清明集』研究」, 《學術月刊》50-9, 2018.

_____, 「『宋刑統』研究與中國監獄史學—以薛梅卿先生的著述爲基點的拓展閱讀」, 《中國政法大學學報》, 2009-1.

_____, 「宋代明法科登科人員綜考」, 《華東政法大學學報法學論壇》, 2011-3.

趙正琴, 「宋代舉告制度作用芻議」, 《牡丹江師範學院學報》, 2011-1.

祖慧, 「論宋代胥吏的作用及影響」, 《學術月刊》, 2002-6.

_____, 「宋代胥吏出職與差遣制度研究」, 《浙江學刊》, 1997-5.

_____, 「宋代青吏的選任與遷轉」, 《杭州大學學報》, 1997-6.

趙曉耕, 「兩宋法律中的田宅細故」, 《學研究》, 2001-2.

_____, 『宋代官商及其法律調整』, 中國人民大學出版社, 2001.

佐立治人, 「『淸明集』の"法意"と"人情"」, 『中國近世の法制と社會』, 京都大學人文科學研究所, 1993.

朱奎澤, 「兩宋鄉治體系中"管"的幾個問題」, 《甘肅社會科學》, 2016-6.

周藤吉之, 「南宋の田骨·屋骨·園骨—特に改典就賣との關係について」, 『唐宋社會經濟史研究』, 東京大學出版會, 1995.

朱磊, 「宋代的"斷由"制度研究—基於『名公書判淸明集』的考察」, 《研究生法學》, 2013-3

周名峰, 『名公書判清明集校釋(人倫門・人品門・懲惡門)』(法律出版社, 2020)

朱文慧, 「榜示・讀示・門示 －『名公書判清明集』所見宋代司法中的信息公開」, 《浙江學刊》, 2015-5.

_____, 「現實與觀念:南宋社會"民風好訟"現象再認識」, 《中山大學學報》54, 2014-6.

朱秘穎, 「對傳統德治主義的批判與繼承」, 《巢湖學院學報》, 2003-6.

周瑞熙, 「宋代的刺字和文身習俗」, 《中國史研究》, 1998-1.

朱瑞熙, 「宋代土地價格研究」, 《中華文史論叢》82, 2006

_____, 『宋代社會研究』, 中州書畫社, 1983.

周藤吉之, 「宋代の佃戶・佃僕・傭人制－特に『宋代の佃戶制』の補正を中心として」, 『中國土地制度史研究』東京大學出版會, 1954.

朱禹・任檬佳・王茜茜, 「探析『名公書判清明集』中的"無訟"思想－以親屬間訴訟爲視角」, 《法制與社會》, 2014-8.

朱俊民・張大春, 「宋代"龍舟競渡"對地區文化交流的影響」, 《蘭台世界》, 2015-1.

朱振輝・丁國峰, 「從古代錄囚制度看刑事法律糾錯程序的建立」, 《求索》, 2013-3.

周炫, 「从劉克庄劄子看其治国理念」, 《贺州學院學报》29-3, 2013.

中村治兵衛, 「宋代廣德軍祠山廟の牛祭について－宋代社會の一事例として」, 《史林》109, 1972.

曾我部靜雄, 「宋代の刺配について」, 『中國律令史の研究』, 吉川弘文館, 1971.

_____, 「宋代軍隊の入墨について」, 《東洋學報》24, 1943.

陳景良, 「試論宋代士大夫的法律觀念」, 《法學研究》, 1998-4.

_____, 「崔述反"息訟"思想論略」, 《法商研究》, 2000-5.

陳譚娟, 「中國古代贖刑與罰金刑之區別」, 《理論月刊》, 2005-10.

陳明光・毛蕾, 「唐宋以來的牙人與田宅典當買賣」, 《中國史研究》, 2000-4.

陳志英, 「社會變革與宋代民事法的發展」, 《河北法學》, 2006-5.

陳智超, 「宋史研究的珍貴史料－明刻本『名公書判清明集』介紹」, 『名公書判清明集』, 中華書局, 1987(2002).

陳澤芳, 「"盜寇"與宋代潮州社會」, 《瓊州學院學報》, 2007.8.

川村康, 「建中3年重杖處死法考」, 『中國司法と日本律令制』, 東方書店, 1992.

_____, 「慶元條法事類と宋代の法典」, 『中國法制史－基本資料の研究』, 東京大學出版會, 1993.

_____, 「宋代における養子法－判語を主たる史料として」, 《早稻田法學》 64-1・2, 1988.

_____, 「宋代斷例考」, 《東洋文化研究所紀要》126, 1995.

_____, 「宋代杖殺考」, 《東洋文化研究所紀要》120, 1993.

_____, 「宋代折杖法初考」, 임대희 옮김, 『판례로 본 송대사회』, 민속원, 2019.

_____, 「宋代贅婚小考」, 『柳田節子先生古稀記念 中國の傳統社會と家族』, 汲古書院, 1993.

_____, 「政和 八年 折杖法考」, 『裁判と法の歷史的展開』, 敬文堂, 1992.

_____, 임대희 역, 『송대 양자법』, 서경문화사, 2005.

鐵愛花, 「唐宋婦女史硏究的深化與突破」, 《婦女硏究論叢》, 2004-7.

_____, 「論宋代女性的賑濟活動」, 《西北師大學報》, 2009-7.

_____, 「宋代社會的女性閱讀－以墓志爲中心的考察」, 《晉陽學刊》, 2005-5.

淸明集硏究會, 『〈名公書判淸明集〉人品門 譯注稿(上)』, 2000.

靑山定雄, 「唐宋時代の轉運使及び發運使」, 『唐宋時代の交通と地誌地圖の硏究』, 吉川弘文館, 1963.

淸水架江子, 「墓誌銘より見た宋代女性像－再婚・守節・離婚について」, 《立命館文学》, 619, 2010.

草野靖, 「南宋文獻に見える田骨・田根・田租・田底」, 《熊本大法文論叢》28, 1971.

_____, 『中國近世の寄生地主制 : 田面慣行』, 汲古書院, 1989.

楚永橋, 「宋元話本中的配刑考論」, 《南通紡織職業技術學院學報》, 2002-2.

初春英, 「也論宋代婦女的離婚, 再嫁及其地位」, 《黑龍江敎育學院學報》, 2002-3.

_____, 「淺析宋代的賣女及賣妻現象」, 《佾宗學刊》, 2002-6.

崔明石, 「事實與規範之問 : 情理法的再認識－以『名公書判淸明集』爲考察依據」, 《當代法學》, 2010-6.

_____, 「情理法的正當性 : 以"情"爲核心的闡釋－以『名公書判淸明集』爲考察依據」, 《吉林師範大學學報》, 2011-3.

崔佩姮・陳茜, 「『洗冤集錄』的史料價值」, 《宿州學院學報》32-6, 2017.

최해별, 「唐・宋 시기 가정 내 妾의 位相 변화－夫妾 관계의 계약적 특성을 중심으로」, 《동양사학연구》113, 2010.

_____, 「南宋 시기 婚姻節次의 법적 효력－혼인관계의 증명 및 혼약 '翻悔'의 판결을 중심으로」, 《이화사학연구》43, 2011.

_____, 「南宋代 "有夫者" 姦通의 처벌에 관한 연구－"姦從夫捕"를 중심으로」, 《동양사학연구》121, 2012.

_____, 「宋代 檢驗 제도에서의 결과보고－"驗狀"類 문서를 중심으로」, 《이화사학연구》47, 2013.

_____, 「宋代 檢驗 제도의 운영－'檢驗格目'을 중심으로」, 《역사학보》220, 2013.

_____, 「宋代 "有夫者" 姦通에서의 "謀殺其夫" 처벌 : "姦妻"의 처벌에 대한 법률 논쟁을 중심으로」, 《중국학보》67, 2013.

_____, 「南宋시기 지방관이 알아야할 ‘檢驗’ 관련 법률－『洗冤集錄』 「조령」을 중심으로」, 《동양사학연구》 129, 2014.

_____, 「宋元시기 ‘檢驗(檢屍)지식’의 형성과 발전－『洗冤集錄』과 『無冤錄』을 중심으로」, 《중국학보》 69, 2014.

_____, 「南宋시기 ‘檢驗’관원이 알아야할 구급의학 처방－『洗冤集錄』〈救死方〉을 중심으로」, 《동양사학연구》 134, 2016.

_____, 「宋代 사대부의 의학 지식 입수와 교류－홍준(洪遵)의 『洪氏集驗方』을 중심으로」, 《역사학보》 230, 2016.

_____, 「宋代 殺傷 사건 판례를 통해 본 ‘檢驗’의 실제」, 《역사문화연구》 58, 2016.

_____, 「13~18세기 동아시아 ‘檢驗(檢屍)’ 지식의 전승과 변용; 死因분류 체계와 死因규명에 관한 지식을 중심으로」, 《역사문화연구》 61, 2017.

_____, 「남송 시기 지방관의 姦罪 처리 원칙－『청명집』의 판례를 중심으로」, 《동양사학연구》, 150, 2020.

_____, 「宋代 檢屍 지식의 사인(死因) 분류 배경」, 《의료사회사연구》 제1집, 2018.

_____, 「남송 시기 지방관의 ‘違法’혼인에 대한 인식과 판결」, 《동양사학연구》, 153, 2020.

_____, 「송대 醫方지식의 전승과 사대부의 역할－化毒排膿內補散을 중심으로」, 《의사학》, (大韓醫史學會) 27, 2018.

_____, 「송대 儒醫 연구 회고; 儒醫의 출편 배경·개념 변화·전형 탐색」, 《역사와 담론》, (호서사학회) 86, 2018.

_____, 『송대 司法 속의 檢屍 문화』, (세창문화사).

_____, 「송대 『夷堅志』 수록 ‘醫方’지식의 특징」, 《동양사학연구》 146, 2019.

祝尚書, 「論南宋的四川“類省試”」, 《四川師範大學學報》 30-5, 2003.

彭海浪, 「劉克莊的女性墓志書寫活動初探」, 《中山大學研究生學刊》, 27-3, 2016.

包偉民, 「試論宋代紙幣的性質及其歷史地位」, 《中國經濟史研究》, 1995-3.

皮慶生, 「論宋代的打擊“淫祀”與文明的推廣」, 《清華大學學報》 23, 2008-2.

_____, 「宋人的正祀·淫祀觀」, 《東嶽論叢》 26-4, 2005.

何強, 「宋朝尋醫制度考論」, 《四川師範大學學報》 44-6, 2017.

何勤華, 「論宋代中國古代法學的成熟及其貢獻」, 《法律科學》, 2000-1.

_____, 「宋代的判例法研究及其法學價值」, 《華東政法學院學報》, 2000-1.

何玉紅, 「關於宋代“自訟齋”的一點補充」, 《文史知識》, 2007-6.

夏維中, 「宋代鄉村基層組織衍變的基本趨勢－與『宋代鄉里兩級制度質疑』一文商榷」, 《歷史研究》, 2003-4.

何兆泉, 「論宋代宗室的法律管理」, 《浙江社會科學》, 2006-3.

何忠禮, 「揭開宋代戶部人口統計中戶多口少之謎」, 《國際社會科學雜志》, 2014-6.

_____,「宋代戶部人口統計考察」,《歷史研究》, 1999-4.

_____,「宋代官吏的傣祿」,《歷史研究》, 1994-3.

韓健平,「『洗冤集錄』"監當官"考」,《自然科學史研究》38-2, 2019

向軾,「近三十年我國巫術研究綜述」,《河南師範大學學報》, 2010-11.

許桂榮,「宋代女子離婚・再嫁與社會地位」,《湖北大學學報》, 2000-3

許浩,「『名公書判淸明集』中的女性用名探析」,《民俗研究》, 2010. 1.

許懷林,「宋代民風好訟的成因分析」,《宜春學院學報》, 2002-1.

_____,「宋代福建的民間訴訟」,《福州師專學報》, 2001-6.

邢琳,「宋代地方官司法審判中的定罪原則探析」,《中州學刊》, 267, 2019-3

邢湘臣,「宋代廚娘瑣談」,《文史雜談》, 2002.

邢鉄,「唐宋時期婦女的分家權益」,『家庭史研究的新視野』, 三聯書店, 2004.

_____,「宋代的財産遺囑繼承問題」,《歷史研究》, 1992.

邢鐵,「唐宋時期的盒産」,《廊坊師範學院學報》, 2011-6.

_____,「宋代的奩田和墓田」,《中國社會經濟史研究》, 1993-4.

胡成華,「南宋贛南的豪强與地方社會」,《安徽文學》, 2010-10.

胡海寶,「成語"良莠不齊"與"不郎不秀"考源」,《辭書研究》, 2019-1.

胡興東,「宋朝死罪分類制度及對死刑適用的影響」,《鄭州大學學報》51-1, 2018.

洪洋・蘇可,「南宋時期的基層社會治理路徑—以『名公書判淸明集』爲視角」,《廣東敎育大
　　　　學學報》39, 2019-4.

華志强・魏文超,「論宋代的書證制度」,《滁州學院學報》, 2013-3.

黃啓昌・趙東明,「從『名公書判淸明集』看宋代的遺囑繼承」,《湘潭大學學報》, 2007-3.

黃寬重,「唐宋基層武力與基層社會的轉變－以弓手爲中心的觀察」,《歷史研究》, 2004-1.

_____,「宋代基層社會的武裝警備－弓手」,『宋代社會與法律』(宋代官箴研究會 編), 2001.

黃錦君,「宋代典籍中的"刺"・"招刺"等析義」,《西南民族大學學報》26, 2005.

黃麗雲,「略論宋慈法治思想及當代價値」,《東南學術》, 2017-4.

黃莉娟,「關於回贖權幾個問題的思考」,《湖南行政學院學報》, 2002-2.

皇甫允植,「北宋代 女口不統計 原因 考察」,《中國史研究》18, 2002.

黃山松・胡寧寧,「略論宋代州縣公吏違法」,《中共浙江省委黨校學報》, 1999-5.

黃瑞亭,「『洗冤集錄』與宋慈的法律學術思想」,《法律與醫學雜志》11-2, 2004.

_____,「宋慈『洗冤集錄』産生的歷史文化條件－紀念宋慈誕辰830周年」,《中國法醫學雜
　　　　誌》31-4, 2016.

_____,「宋慈『洗冤集錄』與宋朝司法鑒定制度」,《中國司法鑒定》, 2006-1.

黃瑞亭・陳新山,「對『洗冤集錄』 中特殊方式窒息死亡論述的探討」, 《中國法醫學雜志》
　　　　25-6, 2010.

黃瑞亭・胡丙傑・陳玉川, 「宋慈『洗冤集錄』與法醫昆蟲學」, 《法律與醫學雜志》7-1, 2000.

黃純艷, 「宋代專賣制度變革與地方政府管理職能演變」, 《鄭州大學學報》, 2005-5.

黃玉環, 「提點刑獄公事與審刑院・御史台推勘官」, 《貴州民族學院學報》, 2005-5.

黃志繁・胡瓊, 「宋代南方山區的"峒寇"-以江西贛南爲例」, 《南昌大學學報》33-3, 2002.

징악문 판안자 일람표

판안자				출신	청명집	생졸년	열전	저서
名	字	號	賜號		懲惡門			
蔡杭	仲節	久軒	文肅		12-01	1193~1259		久軒集
胡穎	叔獻	石壁		荊胡南路潭州湘潭縣	12-02	咸淳 年間死	『宋史』卷416	
趙 知縣					12-03			
范應鈴	旂叟	西堂		豊城(江西)	12-04	1218年前後在世	『宋史』卷410	『西堂雜著』10卷『對越集』49卷
翁甫	景山	浩堂		建寧府崇安(福建武夷山)	12-05	1226 進士		『浩堂類稿』『閩中理學淵源考』卷25
胡穎	叔獻	石壁		12-02	12-06	咸淳 年間死	『宋史』卷416	
劉克莊	潛夫	後村		福建路興化軍莆田縣	12-07	1187~1269		後村先生大全集
范應鈴	旂叟	西堂		12-04	12-08	1218年前後在世	『宋史』卷410	『西堂雜著』10卷『對越集』49卷
婺州					12-09			
蔡杭	仲節	久軒	文肅		12-12 12-13 12-14 12-15 12-16	1193~1259		久軒集
吳勢卿	安道	雨巖		建安(福建)	12-17 12-18 12-19	1241 進士		
宋慈	惠父	自牧		建陽(福建)	12-20	1186~1249		『洗冤集錄』5卷
				檢法書擬	12-21			

판안자				출신	청명집 懲惡門	생졸년	열전	저서
名	字	號	賜號					
宋慈	惠父	自牧		12-20	12-22 12-23 12-24	1186~1249		『洗冤集錄』 5卷
				檢法書擬	12-25			
宋慈	惠父	自牧		12-20	12-26 12-27	1186~1249		『洗冤集錄』 5卷
				檢法書擬	12-28			
馬光祖	華父	裕齋	莊敏	金華	12-30	1200~1273		
胡穎	叔獻	石壁		12-02	12-31	咸淳 年間 死	『宋史』 卷416	
				劉寺丞	12-32			
蔡杭	仲節	久軒	文肅	12-01	12-33	1193~1259		久軒集
翁甫	景山	浩堂		12-05	12-34 12-35	1226 進士		『浩堂類稿』 『閩中理學淵源考』卷25
胡穎	叔獻	石壁		12-02	12-36	咸淳 年間 死	『宋史』 卷416	
蔡杭	仲節	久軒	文肅	12-01	12-37	1193~1259		久軒集
胡穎	叔獻	石壁		12-02	12-38 12-39 12-40	咸淳 年間 死	『宋史』 卷416	
方嶽	巨山	方秋崖		衢州	12-41	1199-1262		『秋崖集』
蔡杭	仲節	久軒	文肅	12-01	13-01 13-02	1193~1259		久軒集
馬光祖	華父	裕齋	莊敏	12-30	13-03			
蔡杭	仲節	久軒	文肅	12-01	13-04	1193~1259		久軒集
吳勢卿	安道	雨巖		建安 (福建)	13-05 13-06	1241 進士		
劉克莊	潛夫	後村		12-07	13-10	1187~1269		後村先生大全集
胡穎	叔獻	石壁		12-02	13-11	咸淳 年間 死	『宋史』 卷416	
					13-12			
劉克莊	潛夫	後村		12-07	13-13	1187~1269		後村先生大全集

名	字	號	賜號	출신	청명집 懲惡門	생졸년	열전	저서
胡穎	叔獻	石壁		12-02	13-14 13-15	咸淳 年間 死	『宋史』卷416	
吳勢卿	安道	雨巖		建安(福建)	13-16	1241 進士		
翁甫	景山	浩堂			13-17 13-18 13-19 13-20	1226 進士		『浩堂類稿』『閩中理學淵源考』卷25
婺州					13-21			
建倅					13-22			
胡穎	叔獻	石壁		12-02	13-23	咸淳 年間 死	『宋史』卷416	
胡穎	叔獻	石壁		12-02	13-24	咸淳 年間 死	『宋史』卷416	
蔡杭	仲節	久軒	文肅	12-01	13-25	1193~1259		久軒集
胡穎	叔獻	石壁		12-02	13-26	咸淳 年間 死	『宋史』卷416	
擬					13-27			
主簿擬					13-28			
提擧司判					13-30			
天水					13-31			
蔡杭	仲節	久軒	文肅	12-01	14-01 14-02 14-03 14-04	1193~1259		久軒集
宋慈	惠父	自牧		12-20	14-05	1186~1249		『洗冤集錄』5卷
檢法書擬					14-06			
宋慈	惠父	自牧		12-20	14-07	1186~1249		『洗冤集錄』5卷
胡穎	叔獻	石壁		12-02	14-08 14-09	咸淳 年間 死	『宋史』卷416	
翁甫	景山	浩堂		12-05	14-10	1226 進士		『浩堂類稿』『閩中理學淵源考』卷25
潘司理擬					14-12			

판안자				출신	청명집 懲惡門	생졸년	열전	저서
名	字	號	賜號					
蔡杭	仲節	久軒	文肅	12-01	14-13	1193～1259		久軒集
方嶽	巨山	秋崖		衢州	14-14	1199～1262		『秋崖集』
胡潁	叔獻	石壁		12-02	14-15 14-16	咸淳 年間 死	『宋史』 卷416	
劉克莊	潛夫	後村		12-07	14-17 14-18	1187～1269		後村先生大 全集
蔡杭	蔡久 軒			12-01	14-19	1193～1259		久軒集
吳勢卿	安道	雨巖		建安 (福建)	14-20	1241 進士		
胡潁	叔獻	石壁		12-02	14-21 14-22 14-24	咸淳 年間 死	『宋史』 卷416	
范應鈴	旂叟	西堂		豐城 (江西)	14-25	1218年前 後在世	『宋史』 卷410	『西堂雜著』 10卷 『對越集』 49卷
胡潁	叔獻	石壁		12-02	14-30	咸淳 年間 死	『宋史』 卷416	
范應鈴	旂叟	西堂		豐城 (江西)	14-31	1218年前 後在世	『宋史』 卷410	『西堂雜著』 10卷 『對越集』 49卷
吳勢卿	安道	雨巖		建安 (福建)	14-32	1241 進士		
翁甫	景山	浩堂		12-05	14-33	1226 進士		『浩堂類稿』 『閩中理學 淵源考』 卷25
蔡杭	仲節	久軒	文肅	12-01	14-34	1193～1259		久軒集
蔡杭	仲節	久軒	文肅	12-01	14-35	1193～1259		久軒集
范應鈴	旂叟	西堂		豐城 (江西)	14-36	1218年前 後在世	『宋史』 卷410	『西堂雜著』 10卷 『對越集』 49卷